Guide de Charme

HOTELS UND LANDGASTHÄUSER MIT CHARME IN ITALIEN

Wichtiger Hinweis

Gemäß einer Rechtsprechung (Toulouse, 14.01.1887) kann der Verleger für eventuelle Fehler, die sich trotz sorgfältiger Arbeit des Redaktionsteams eingeschlichen haben, nicht haftbar gemacht werden.

ISBN: 2-7436-0436-0
ISNN : 099-4771
© Editions Payot & Rivages, 1999
106, boulevard Saint-Germain - 75006 Paris
10, rue Fortia - 13001 Marseille

Guide *de* Charme

HOTELS UND LANDGASTHÄUSER MIT CHARME IN ITALIEN

Projektleitung:
Michelle Gastaut

Mitarbeiter: Lidia Breda und Fabrice Camoin

Aus dem Französischen von Inge Hanneforth

Rivages

Diese 99er Ausgabe umfaßt 483 Adressen. Die von uns ausgewählten Häuser gehören verschiedenen Kategorien an und reichen vom schlichten Landgasthof bis zum Luxushotel. Mit Hilfe der Beschreibungen der Hotels – die vor der Reservierung aufmerksam gelesen werden sollten – sind die Kategorien leicht zu erkennen. Es versteht sich von selbst, daß man bei einem Zimmer, das umgerechnet gut hundert Mark kostet, nicht das gleiche wie bei einem Zimmer verlangen kann, für das man doppelt oder dreimal so viel bezahlen muß.

Außerdem möchten wir darauf hinweisen, daß die von uns angegebenen Preise 1998 gültig waren und von den Hoteliers jerderzeit revidiert werden können. Deshalb ist es ratsam, sich bei der Reservierung die Preise für Halb- und Vollpension (je nach Anzahl der Personen und Aufenthaltsdauer sehr unterschiedlich) bestätigen zu lassen.

Am Ende des Buches sind einige empfehlenswerte Restaurants nach Regionen aufgeführt. Die Preisangaben entsprechen vollständigen Mahlzeiten ohne Getränke. Einige Adressen zum Einkaufen lokaler Spezialiten oder ausgefallener Souvenirs geben wir ebenfalls an.

Wie man diesen Hotelführer benutzen sollte

Die Hotels sind nach Regionen, und innerhalb dieser Regionen nach Ortschaften alphabetisch geordnet; die Seitennummer des Hotels entspricht der Nummer auf den eingangs abgebildeten Straßenkarten. Um eine bestimmte Adresse zu finden, kann man entweder das Hotelverzeichnis am Anfang oder das alphabetische Verzeichnis am Ende des Führers benutzen.

Um unsere Ausgabe weiterhin zu verbessern, wären wir Ihnen für eine Bewertung der ausgewählten Hotels dankbar, aber auch für Vorschläge neuer Adressen, die Ihnen empfehlenswert erscheinen. Wenn ein Hotel Sie enttäuscht hat, sollten Sie uns das ebenfalls mitteilen.

Telefon
Die Länderwahl für Italien ist 0039; wenn man von Deutschland aus anruft, darf die «0» der Vorwahl selbstverständlich nicht gewählt werden.

Unsere Anschrift:

Editions Rivages
106, bd. Saint-Germain
F - 75006 Paris

oder

10, rue Fortia
F - 13001 Marseille

INHALT

Hotelverzeichnis
Generalkarte
Regional-Landkarten

Hotels
Basilicata - Kalabrien 1
Kampanien 5
Emilia-Romagna 44
Latium - Abruzzen 62
Ligurien 93
Lombardei 108
Marken 146
Umbrien 152
Piemont - Aostatal 186
Apulien 210
Sardinien 221
Sizilien 232
Toskana 265
Trentino - Südtirol 396
Veneto - Friaul 420

RESTAURANTS

Basilicata - Kalabrien	484
Kampanien	486
Emilia-Romagna	490
Latium - Abruzzen	494
Ligurien	499
Lombardei	502
Marken	506
Umbrien	507
Piemont - Aostatal	508
Apulien	512
Sardinien	514
Sizilien	516
Toskana	518
Trentino-Südtirol	527
Veneto - Friaul	529

HOTELVERZEICHNIS

Agriturismo, **Landgasthäuser, zu mietende Villen :**

BASILICATA - KALABRIEN

Altomonte (Cosenza) - Karte 21
  – **Hotel Barbieri** *(130 000 L)* 1
Cetraro (Cosenza) - Karte 24
  – **Grand Hotel San Michele** *(190-350 000 L)* 2
Maratea (Potenza) - Karte 21
  – **Locanda delle Donne Monache** *(240-420 000 L)* 3
Matera - Karte 21
  – **Hotel Sassi** *(140 000 L)* 4

KAMPANIEN

Telese Terme (Benevento) - Karte 20
  – **Grand Hotel Telese** *(180-215 000 L)* 5
Baia Domizia (Caserta) - Karte 19
  – **Hotel della Baia** *(130-160 000 L)* 6
Napoli - Karte 19
  – **Hotel Santa Lucia** *(459 000 L)* 7
  – **Hotel Excelsior** *(470 000 L)* 8
  – **Grand Hotel Parker's** *(330-390 000 L)* 9
  – **Hotel Paradiso** *(240-290 000 L)* 10
Isola di Capri (Napoli) - Karte 19
  – **Villa Brunella** *(385 000 L)* 11
  – **Europa Palace Hotel** *(390-680 000 L)* 12
  – **Hotel Luna** *(260-500 000 L)* 13
  – **Hotel Punta Tragara** *(480-560 000 L)* 14
  – **Albergo Villa Sarah** *(240-290 000 L)* 15
  – **Pensione Quattro Stagioni** *(150-180 000 L)* 16
Isola d'Ischia (Napoli) - Karte 19
  Sant'Angelo
  – **Park Hotel Miramare** *(316 000 L)* 17

– **Pensione Casa Sofia** *(120 000 L m. HP)* 18
– **Pensione Casa Garibaldi** *(100 000 L)* 19
Porto d'Ischia
– **La Villarosa** *(200-250 000 L)* 20
Forio d'Ischia
– **La Bagattella Hotel** *(143-163 000 L m. HP)* 21
Lacco Ameno
– **Albergo Terme San Montano** *(360-620 000 L)* 22
Sorgeto - Panza d'Ischia
– **Hotel Residence Punta Chiarito** *(200-220 000 L)* 23
Cenito - Santa Maria di Castellabate (Salerno) - Karte 20
– **Giacaranda** *(156 000 L m. HP)* 24
Santa Maria di Castellabate (Napoli) - Karte 20
– **Palazzo Belmonte** *(250-510 000 L)* 25
Sorrento (Napoli) - Karte 20
– **Grand Hotel Excelsior Vittoria** *(431-619 000 L)* 26
– **Hotel Bellevue Syrene** *(250-440 000 L)* 27
Vico Equense (Napoli) - Karte 20
– **Capo La Gala Hotel** *(250 000 L)* 28
Amalfi (Salerno) - Karte 20
– **Hotel Luna Convento** *(250-300 000 L)* 29
– **Hotel Santa Caterina** *(390-590 000 L)* 30
– **La Conchiglia** *(130-160 000 L)* 31
Conca dei Marini - Amalfi (Napoli) - Karte 20
– **Hotel Belvedere** *(180-240 000 L)* 32
Positano (Salerno) - Karte 20
– **Hotel San Pietro** *(650-740 000 L)* 33
– **Le Sirenuse** *(450-850 000 L)* 34
– **Hotel Poseidon** *(290-410 000 L)* 35
– **Hotel Palazzo Murat** *(320-500 000 L)* 36
– **Albergo Casa Albertina** *(150-240 000 L m. HP)* 37
– **La Fenice** *(170 000 L)* 38
– **Casa Cosenza** *(160 000 L)* 39
Praiano (Salerno) - Karte 20
– **Grand Hotel Tritone** *(260-360 000 L)* 40
Ravello (Salerno) - Karte 20
– **Hotel Palumbo - Palazzo Confalone** *(367-420 000 L m. HP)* 41
– **Hotel Caruso Belvedere** *(250-360 000 L m. HP pro 2 Pers.)* 42
– **Villa Cimbrone** *(380-580 000 L)* 43

EMILIA ROMAGNA

Bologna - Karte 10
– **Hotel Corona d'Oro** *(315-475 000 L)* 44
– **Hotel Commercianti** *(260-475 000 L)* 45
– **Hotel Orologio** *(220-315 000 L)* 46
Ferrara - Karte 10
– **Hotel Duchessa Isabella** *(430-480 000 L)* 47
– **Locanda della Duchessina** *(180-220 000 L)* 48
– **Locanda Borgonuovo** *(130-160 000 L)* 49

Modena - Karte 9
– **Canalgrande Hotel** *(283 000 L)* 50
Castelfranco Emilia (Modena) - Karte 9
– **Villa Gaidello** *(150-310 000 L)*..51
Portico di Romagna (Forlì) - Karte 10
– **Hotel Al Vecchio Convento** *(130 000 L)* 52
Santarcangelo di Romagna (Rimini) - Karte 11
– **Hotel della Porta** *(140-170 000 L)* 53
Parma - Karte 9
– **Hotel Verdi** *(255-290 000 L)* 54
Soragna (Parma) - Karte 9
– **Locanda del Lupo** *(200 000 L)* 55
Ravenna - Karte 10
– **Hotel Bisanzio** *(160-210 000 L)* 56
Brisighella (Ravenna) - Karte 10
– **Il Palazzo** *(90 000 L)*..57
Cavina - Brisighella (Ravenna) - Karte 10
– **Relais Torre Pratesi** *(250 000 L)* 58
Reggio nell'Emilia - Karte 9
– **Hotel Posta** *(280 000 L)* 59
– **Albergo delle Notarie** *(240-255 000 L)*......................................60
Puinello (Reggio Nell'Emilia) - Karte 9
– **Albergo Casa Matilde** *(280 000 L)* 61

L A T I U M   A B R U Z Z E N

Formia (Latina) - Karte 19
– **Hotel Castello Miramare** *(150-180 000 L)* 62
Gaeta (Latina) - Karte 19
– **Gran Hotel Le Rocce** *(160-350 000 L)* 63
Isola di Ponza (Latina) - Karte 18
– **Hotel Cernia** *(240-360 000 L)*..64
Sabaudia (Latina) - Karte 18
– **Hotel Le Dune** *(300-340 000 L)*..65
San Felice Circeo (Latina) - Karte 18
– **Hotel Punta Rossa** *(220-450 000 L)* 66
Sperlonga (Latina) - Karte 19
– **Parkhotel Fiorelle** *(145 000 L)*..67
Poggio (Rieti) - Karte 14
– **Hotel Borgo Paraelios** *(450 000 L)*..68
Roma - Karte 14
– **Hotel Lord Byron** *(400-750 000 L)* 69
– **Hotel Giulio Cesare** *(470 000 L)* 70
– **Hotel d'Inghilterra** *(480-600 000 L)* 71
– **Hotel Raphaël** *(495-590 000 L)*..72
– **Hotel Sole Al Pantheon** *(520 000 L)* 73
– **Hotel dei Mellini** *(420 000 L)* 74
– **Hotel Carriage** *(340 000 L)* 75
– **Mecenate Palace Hotel** *(560 000 L)*..76

- Hotel Villa Grazioli *(210-260 000 L)* 77
- Hotel Gregoriana *(360 000 L)* 78
- Hotel Locarno *(290-320 000 L)* 79
- Hotel Teatro di Pompeo *(290 000 L)* 80
- Hotel Sant'Anselmo *(270 000 L)* 81
- Hotel Villa del Parco *(220-260 000 L)* 82
- Pensione Scalinata di Spagna *(450 000 L)* 83

Grottaferratta (Roma)- Karte 14
- Park Hotel Villa Grazioli *(300-390 000 L)* 84

Tivoli (Roma) - Karte 14
- Hotel Ristorante Adriano *(160-260 000 L)* 85

Anagni (Frosinone) - Karte 14
- Villa La Floridiana *(220 000 L)* 86

Vignola (Chieti) - Karte 16
- Villa Vignola *(280 000 L)* 87

Viterbo- Karte 13
- Country Hotel Rinaldone *(120-140 000 L)* 88

Bolsena (Viterbo)- Karte 13
- Hotel Royal *(160-240 000 L)* 89

Farnese (Viterbo)- Karte 13
- Il Voltone *(150-180 000 L)* 90

Tuscania (Viterbo)- Karte 13
- Hotel Al Gallo *(173 000 L)* 91

Venafro (Isernia)- Karte 19
- Dimora DelPrete di Belmonte *(130 000 L)* 92

L I G U R I E N

Camogli (Genova) - Karte 8
- Hotel Cenobio dei Dogi *(300-500 000 L)* 93

San Fruttuoso (Genova) - Karte 8
- Albergo da Giovanni *(125 000 L m. HP)* 94

Portofino (Genova) - Karte 8
- Albergo Splendido *(600-720 000 L m. HP)* 95
- Splendido Mare *(630-720 000 L m. HP)* 96
- Piccolo Hotel *(180/-320 000 L)* 97
- Hotel Nazionale *(300 000 L)* 98

Santa Margherita Ligure (Genova) - Karte 8
- Imperiale Palace Hotel *(360-580 000 L)* 99

Sestri Levante (Genova) - Karte 8
- Grand Hotel Villa Balbi *(280-320 000 L)* 100
- Hotel Helvetia *(210 000 L)* 101
- Hotel Miramare *(220-340 000 L)* 102

Grimaldi Inferiore - Ventimiglia (Imperia) - Karte 7
- Baia Benjamin *(400 000 L)* 103

San Remo (Imperia) - Karte 7
- Royal Hotel *(326-540 000 L)* 104

Finale Ligure (Savona) - Karte 8
- Hotel Punta Est *(300-400 000 L)* 105

Garlenda (Savona) - Karte 7
  – **La Meridiana** *(350-400 000 L)* 106
Monterosso al Mare (La Spezia) - Karte 9
  – **Hotel Porto Roca** *(260-380 000 L)* 107

L O M B A R D E I

Bergamo - Karte 3
  – **Agnello d'Oro** *(135 000 L)* 108
Colline di Iseo - Iseo (Brescia) - Karte 3
  – **I Due Roccoli** *(190-220 000 L)* 109
Cologne Franciacorta (Brescia) - Karte 3
  – **Cappuccini** *(250 000 L)* 110
Erbusco (Brescia) - Karte 3
  – **L'Albereta - Ristorante G. Marchesi***(ab 330 000 L)* 111
Lago di Garda (Brescia) - Karte 3
  Fasano di Gardone Riviera
  – **Hotel Villa del Sogno** *(320-460 000 L)* 112
  – **Grand Hotel Fasano** *(190-450 000 L)* 113
  – **Villa Fiordaliso***(350-650 000 L)* 114
  Gargnano
  – **Hotel Baia d'Oro** *(160-240 000 L)* 115
  – **Villa Giulia** *(280-320 000 L)* 116
  Salò
  – **Hotel Laurin** *(450 000 L)* 117
  Sirmione
  – **Villa Cortine Palace Hotel** *(510-650 000 L)* 118
Lago di Como - Karte 2
  Como
  – **Albergo Terminus** *(210-320 000 L)* 119
  – **Hotel Villa Flori** *(210-320 000 L)* 120
  Bellagio (Como)
  – **Grand Hotel Villa Serbelloni** *(470-720 000 L)* 121
  – **Hotel Florence** *(250-280 000 L)* 122
  Cernobbio (Como)
  – **Grand Hotel Villa D'Este** *(704-979 000 L)* 123
  Moltrasio (Como)
  – **Grand Hotel Imperiale** *(240-450 000 L)* 124
  Lenno (Como)
  – **San Giorgio Hotel** *(230 000 L)* 125
  Menaggio (Como)
  – **Grand Hotel Victoria** *(220-260 000 L)* 126
  San Mamete (Como)
  – **Hotel Stella d'Italia** *(165-195 000 L)* 127
  Varenna (Como)
  – **Hotel Royal Vittoria** *(160-220 000 L)* 128
  – **Hotel Olivedo** *(120-160 000 L)* 129
San Fedele d'Intelvi (Como) - Karte 2
  – **Villa Simplicitas e Solferino** *(115-150 000 L m. HP)* 130
Mantova - Karte 9
  – **Albergo San Lorenzo** *(225-300 000 L)* 131

Pomponesco (Mantova) - Karte 9
 – **Il Leone** *(160 000 L)*..132
Milano - Karte 2
 – **Four Seasons Hotel** *(935-1 078 000 L)*..133
 – **Excelsior Hotel Gallia** *(578-649 000 L)*...134
 – **Grand Hotel Duomo** *(540-630 000 L)*..135
 – **Hotel Pierre Milano** *(390-550 000 L)*...136
 – **Hotel Diana Majestic** *(430-580 000 L)*...137
 – **Hotel Spadari al Duomo** *(368-450 500 L)*.....................................138
 – **Hotel de la Ville** *(490 000 L)*..139
 – **Antica Locanda dei Mercanti** *(180-250 000 L)*..............................140
Monza (Milano) - Karte 2
 – **Hotel de la Ville** *(380 000 L)*..141
Cantello (Varese) - Karte 2
 – **Albergo Madonnina** *(157 000 L)*...142
Maleo (Milano) - Karte 9
 – **Albergo del Sole** *(260 000 L)*..143
Varese - Karte 2
 – **Hotel Colonne***(200 000 L)*...144
Lago Maggiore
 Ranco (Varese) - Karte 2
 – **Il Sole di Ranco** *(350 000 L)*..145

M A R K E N

Portonovo (Ancona) - Karte 11
 – **Hotel Fortino Napoleonico** *(260-320 000 L)* 146
 – **Hotel Emilia** *(200-300 000 L)* 147
Sirolo (Ancona) - Karte 11
 – **Hotel Monteconero** *(155-205 000 L)*...148
Pesaro - Karte 11
 – **Hotel Vittoria** *(120-280 000 L)*..149
 – **Villa Serena** *(130-180 000 L)* 150
Urbino - Karte 11
 – **Hotel Bonconte** *(190-290 000 L)* 151

U M B R I E N

Perugia - Karte 14
 – **Locanda della Posta** *(200-295 000 L)*..152
Perugia-Cenerente - Karte 14
 – **Castello dell' Oscano** *(320 000 L)*..153
 – **Villa Ada** *(220 000 L)* 154
Castel del Piano Umbro (Perugia) - Karte 14
 – **Villa Aureli** *(1 270-1 980 000 L/Woche)*..155

Torgiano (Perugia) - Karte 14
 – **Relais Le Tre Vaselle** *(295-330 000 L)* 156
 – **La Bondanzina** *(295-330 000 L)* 157
Assisi (Perugia) - Karte 14
 – **Hotel Subasio** *(260 000 L)* 158
 – **Hotel Umbra** *(130-150 000 L)* 159
Armenzano - Assisi (Perugia) - Karte 14
 – **Le Silve di Armenzano** *(300 000 L)* 160
Bevagna (Perugia) - Karte 14
 – **L'Orto degli Angeli** *(200-240 000 L)* 161
Bovara di Trevi (Perugia) - Karte 14
 – **Casa Giulia** *(180 000 L)* 162
Canalicchio (Perugia) - Karte 14
 – **Relais Il Canalicchio** *(200-335 000 L)* 163
Citta di Castello (Perugia) - Karte 13
 – **Hotel Tiferno** *(170-200 000 L)* 164
Colle San Paolo di Tavernelle (Perugia) - Karte 13
 – **Villa di Monte Solare** *(200-240 000 L)* 165
Montali - Tavernelle di Panicale - Karte 13
 – **Azienda Agrituristica Montali** *(98-108 000 L)* 166
Gùbbio - Monteluiano (Perugia) - Karte 14
 – **Villa Montegranelli Hotel** *(175 000 L)* 167
Lago Trasimeno (Perugia) - Karte 13
 Passignano sul Trasimena
 Poggio del Belvedere *(700 000 L/Woche)* 168
 Isola Maggiore
 – **Hotel da Sauro** *(80-90 000 L)* 169
Montefalco (Perugia) - Karte 14
 – **Hotel Villa Pambuffetti** *(260 000 L)* 170
Paciano (Perugia) - Karte 13
 – **Locanda della Rocca** *(150-170 000 L)* 171
Pissignano-Campello (Perugia) - Karte 14
 – **Residenza Vecchio Molino** *(195 000 L)* 172
Spoleto (Perugia) - Karte 14
 – **Hotel Gattapone** *(200 000 L)* 173
 – **Palazzo Dragoni** *(200 000 L)* 174
 – **Hotel San Luca** *(175-360 000 L)* 175
Spoleto - Monteluco (Perugia) - Karte 14
 – **Hotel Eremo delle Grazie** *(350 000 L)* 176
Spello (Perugia) - Karte 14
 – **Hotel Palazzo Bocci** *(200-224 000 L)* 177
 – **Hotel La Bastiglia** *(140 000 L)* 178
Todi (Perugia) - Karte 14
 – **San Valentino Country House** *(280-350 000 L)* 179
 – **Hotel Fonte Cesia** *(250 000 L)* 180
Todi-Asproli (Perugia) - Karte 14
 – **Poggio d'Asproli** *(200 000 L)* 181
Amelia (Terni) - Karte 14
 – **El Piccolo Hotel del Carleni** *(138-170 000 L)* 182
Orvieto (Terni) - Karte 13
 – **Hotel Ristorante La Badia** *(254-284 000 L)* 183
 – **Villa Ciconia** *(170-340 000 L)* 184
Titignano-Orvieto (Terni) - Karte 14
 – **Fattoria di Titignano** *(100-120 000 L)* 185

PIEMONT AOSTATAL

Alba (Cuneo) - Karte 7
– Villa La Meridiana - Cascina Reine *(110-120 000 L)* 186
Canelli (Asti) - Karte 7
– La Luna e i Falo' *(160 000 L)* 187
Torino - Karte 7
– Villa Sassi *(400 000 L)* 188
– Hotel Victoria *(230-260 000 L)* 189
Sauze d'Oulx (Torino) - Karte 6
– Il Capricorno *(270 000 L)* 190
Sestriere (Torino) - Karte 6
– Hotel Principi di Piemonte *(Nach Vereinbarung)* 191
Cioccaro di Penango (Asti) - Karte 7
– Locanda del Sant'Uffizio *(260-320 000 L m. HP)* 192
Verduno (Cuneo) - Karte 7
– Albergo del Castello *(160-200 000 L)* 193
Lago Maggiore Karte 2
  Cannobio (Novara)
  – Hotel Pironi *(170-230 000 L)* 194
  Ghiffa (Novara)
  – Hotel Ghiffa *(260 000 L)* 195
  Stresa (Novara)
  – Hotel Verbano *(240 000 L)* 196
Lago d'Orta - Karte 2
  Orta San Giulio (Novara)
  – Villa Crespi *(380 000 L)* 197
  – Hotel San Rocco *(260-380 000 L)* 198
San Giorgio Montferrato (Alessandria) - Karte 8
– Castello di San Giorgio *(240 000 L)* 199
Breuil-Cervinia (Aosta) - Karte 1
– Hotel Hermitage *(257-367 000 L)* 200
– Les Neiges d'Antan *(210 000 L)* 201
Champoluc (Aosta) - Karte 1
– Albergo Villa Anna Maria *(125 000 L m. HP)* 202
Cogne (Aosta) - Karte 1
– Hotel Bellevue *(240-540 000 L)* 203
Valnontey (Aosta) - Karte 1 und 7
– Hotel Herbetet *(69-90 000 L)* 204
– Hotel Petit Dahu *(85-125 000 L m. HP)* 205
Courmayeur-Arnouva (Aosta) - Karte 1
– Chalet Val Ferret *(120-140 000 L)* 206
Courmayeur-Entrèves (Aosta) - Karte 1
– La Grange *(150-200 000 L)* 207
– Hotel La Brenva *(120-220 000 L)* 208
Gressoney-la-Trinité (Aosta) - Karte 1
– Hotel Lo Scoiattolo *(70-140 000 L m. HP)* 209

A P U L I E N

Alberobello (Bari) - Karte 22
 – **Hotel dei Trulli** (140-170 000 L m. HP) 210
Monopoli (Bari) - Karte 22
 – **Il Melograno** (360-600 000 L) 211
Cisternino (Brindisi) - Karte 22
 – **Villa Cenci** (120-160 000 L) 212
Fasano (Brindisi) - Karte 22
 – **Masseria Marzalossa** (260-280 000 L) 213
Pezze di Greco (Brindisi) - Karte 22
 – **Masseria Salamina** (140 000 L) 214
Salvetrini di Fasano (Brindisi) - Karte 22
 – **Masseria San Domenico** (310-550 000 L) 215
Selva di Fasano (Brindisi) - Karte 22
 – **Hotel Sierra Silvana** (135-220 000 L) 216
Ostuni - Costa Meriata (Brindisi) - Karte 22
 – **Grand Hotel Masseria Santa Lucia** (220-320 000 L) 217
Ostuni (Brindisi) - Karte 22
 – **Lo Spagnulo** (420-800 000 L m. HP f. 1 Woche) 218
Lecce (Salento) - Karte 22
 – **Hotel Patria** (270-290 000 L) 219
Martina Franca (Taranto) - Karte 22
 – **Hotel Villa Ducale** (140 000 L) 220

S A R D I N I E N

Isola di San Pietro - Carloforte (Cagliari) - Karte 28
 – **Hotel Hieracon** (130 000 L) 221
Isola di Sant Pietro - Tacca Rossa (Cagliari) - Karte 28
 – **Albergo Paola e Primo Maggio** (60-120 000 L) 222
Santa Margherita di Pula (Cagliari) - Karte 28
 – **Is Morus Relais** (150-390 000 L m. HP) 223
Su Gologone - Oliena (Nuoro) - Karte 28
 – **Hotel Su Gologone** (170-250 000 L) 224
Alghero (Sassari) - Karte 28
 – **Villa Las Tronas** (264-396 000 L) 225
Arzachena - Cannigione (Sassari) - Karte 28
 – **Hotel Li Capanni** (150-250 000 L m. HP) 226
Costa Dorata - Porto San Paolo (Sassari) - Karte 28
 – **Hotel Don Diego** (300-500 000 L) 227
Costa Smeralda - Porto Cervo (Sassari) - Karte 28
 – **Hotel Cala di Volpe** (230-785 000 L m. HP) 228
 – **Hotel Le Ginestre** (195-360 000 L m. HP) 229
 – **Hotel Romazzino** (670-1 770 000 L m. HP, 2 Pers.) 230
Porto Conte (Sassari) - Karte 28
 – **El Faro** (240-450 000 L) 231

S I Z I L I E N

Agrigento - *Karte 26*
- **Villa Athena** *(300 000 L)* 232
- **Foresteria Baglio della Luna** *(380-480 000 L)* 233

Menfi (Agrigento)- *Karte 26*
- **Villa Ravidà** *(200 000 L)*..234

Canizzaro-Catania - *Karte 27*
- **Grand Hotel Baia Verde** *(290 000 L)* 235

Palermo - *Karte 26*
- **Grand Hotel Villa Igiea** *(390 000 L)* 236
- **Centrale Palace Hotel** *(325 000 L)*..................................237
- **Grand Hotel et des Palmes** *(290 000 L)* 238
- **Hotel Principe di Villafranca** *(250 000 L)*......................239
- **Massimo Plaza Hotel** *(190 000 L)* 240

Gangi (Palermo) - *Karte 27*
- **Tenuta Gangivecchio** *(110-200 000 L m. HP)* 241

Trabia (Palermo) - *Karte 26*
- **Hotel Tonnara Trabia** *(120-210 000 L)*..........................242

Siracusa - *Karte 27*
- **Villa Lucia** *(290 000 L)*..243
- **Grand Hotel di Siracusa** *(350 000 L)* 244

Castel di Tusa (Messina) - *Karte 27*
- **Museo Albergo L'Atelier sul Mare** *(120-200 000 L)* 245

Taormina (Messina) - *Karte 27*
- **San Domenico Palace Hotel** *(630-750 000 L)* 246
- **Hotel Villa Belvedere** *(150-252 000 L)* 247
- **Hotel Villa Ducale** *(250-360 000 L)* 248
- **Hotel Villa Paradiso** *(180-270 000 L)* 249
- **Hotel Riis** *(300 000 L)*..250
- **Hotel Villa Schuler** *(134 000 L)*......................................251
- **Hotel Villa Sant'Andrea (à Mazzarro)** *(310-540 000 L)*......252

Erice (Trapani) - *Karte 26*
- **Hotel Erimo Erice** *(250 000 L)* 253

Scopello (Trapani)- *Karte 26*
- **Pensione Tranchina** *(75-90 000 L m. HP)* 254

Isola di Lampedusa (Agrigento) - *Karte 26*
- **Club Il Gattopardo** *(1 800-2 700 000 L pro Pers., 1 Woche)*..............255

Isole Eolie o Lipari (Messina) - *Karte 27*
  Isola Lipari
- **Hotel Carasco** *(85-170 000 L m. HP)* 256
- **Hotel Villa Augustus** *(70-220 000 L)*..............................257
- **Hotel Villa Meligunis** *(220-340 000 L)* 258
  Isola Panarea
- **Hotel Raya** *(180-260 000 L)* 259
  Isola Salina
- **Hotel Signum** *(150-270 000 L)*..260
  Isola Stromboli
- **Hotel La Sciara Residence** *(100-215 000 L m. HP)* 261
- **La Locanda del Barbablu** *(100-220 000 L)* 262
- **La Sirenetta Park Hotel** *(180-300 000 L)* 263
  Isola Vulcano
- **Les Sables Noirs** *(170-265 000 L m. HP)* 264

T O S K A N A

Cortona (Arezzo) - Karte 13
– **Albergo San Michele** *(18000 L)* 265
Cortona - San Martino (Arezzo) - Karte 13
– **Relais Il Falconiere** *(380-540 000 L)* 266
Montebenichi - Bucine (Arezzo) - Karte 13
– **Castelletto di Montebenichi** *(320-380 000 L)* 267
Monte San Savino (Arezzo) - Karte 13
– **Castello di Gargonza** *(145-280 000 L)* 268
San Pietro a Dame (Arezzo) - Karte 13
– **Stoppiacce** *(200 000 L)* 269
Firenze - Karte 10
– **Hotel Helvetia & Bristol** *(484-638 000 L)* 270
– **Hotel Regency** *(400-620 000 L)* 271
– **Grand Hotel Villa Cora** *(470-860 000 L)* 272
– **Hotel Brunelleschi** *(470 000 L)* 273
– **Hotel J & J** *(350-400 000 L)* 274
– **Hotel Monna Lisa** *(300-500 000 L)* 275
– **Grand Hotel Minerva** *(390-500 000 L)* 276
– **Hotel Montebello Splendid** *(305-485 000 L)* 277
– **Hotel Lungarno** *(400-510 000 L)* 278
– **Torre di Bellosguardo** *(450 000 L)* 279
– **Villa Belvedere** *(290-330 000 L)* 280
– **Villa Carlotta** *(210-410 000 L)* 281
– **Hotel Hermitage** *(330 000 L)* 282
– **Hotel Loggiato dei Serviti** *(325 000 L)* 283
– **Hotel Splendor** *(180-240 000 L)* 284
– **Hotel Villa Azalee** *(268 000 L)* 285
– **Hotel Morandi alla Crocetta** *(230 000 L)* 286
– **Hotel Pensione Pendini** *(190-250 000 L)* 287
– **Pensione Annalena** *(220-270 000 L)* 288
– **Hotel Tornabuoni Beacci** *(300-340 000 L)* 289
– **Hotel David** *(240 000 L)* 290
– **Hotel Botticelli** *(300 000 L)* 291
– **Residenza Johanna I** *(120 000 L)* 292
– **Residenza Johanna II** *(135 000 L)* 293
Firenze-Candeli - Karte 10
– **Villa La Massa** *(490-650 000 L)* 294
Firenze-Fiesole - Karte 10
– **Villa San Michele** *(1 210-1 580 000 L m. HP)* 295
– **Pensione Bencistà** *(120-140 000 L m. HP)* 296
Firenze - Trespiano - Karte 10
– **Hotel Villa Le Rondini** *(180-320 000 L)* 297
Firenze - Giogoli - Karte 10
– **Fattoria Il Milione** *(150 000 L)* 298
Artimino - Carmignano (Firenze) - Karte 10
– **Hotel Paggeria Medicea** *(220-260 000 L)* 299
Le Valli-Incisa Val d'Arno (Firenze) - Karte 10
– **Residenza San Nicolo d'Olmeto** *(850 000 L/Woche)* 300
Mercatale (Firenze) - Karte 10
– **Salvadonica** *(160-170 000 L)* 301

Montagnane (Firenze) - Karte 10
 – **Castello di Montegufoni** *(160 000 L)*..302
Montefiridolfi (Firenze) - Karte 10
 – **Fattoria La Loggia** *(150-200 000 L)*..303
Panzano in Chianti (Firenze) - Karte 10
 – **Villa Le Barone** *(195-225 000 L m. HP)*..304
Pomino-Rufina (Firenze) - Karte 10
 – **Fattoria di Petrognano** *(110 000 L)*..305
Prato (Firenze) - Karte 10
 – **Villa Rucellai - Fattoria di Canneto** *(130-150 000 L)*.....................306
Reggello - Vaggio (Firenze) - Karte 10
 – **Villa Rigacci** *(240-280 000 L)*..307
Barberino Val d'Elsa (Firenze) - Karte 13
 – **La Callaiola** *(140 000 L)*..308
Barberino Val d'Elsa - San Filippo (Firenze) - Karte 13
 – **Il Paretaio** *(120-160 000 L)*..309
Barberino Val d'Elsa - Cortine (Firenze) - Karte 13
 – **Fattoria Casa Sola** *(65-80 000 L pro Pers.)*....................................310
Sesto Fiorentino (Firenze) - Karte 10
 – **Villa Villoresi** *(260-360 000 L)*..311
Pontessieve (Firenze) - Karte 10
 – **Tenuta Bossi** *(800-2 000 000 L/Woche)*..312
Vicchio (Firenze) - Karte 10
 – **Villa Campestri** *(220-270 000 L)*...313
Certaldo Alto (Firenze) - Karte 13
 – **Osteria del Vicario** *(100 000 L)*...314
Siena - Karte 13
 – **Park Hotel** *(350-450 000 L)*...315
 – **Hotel Certosa di Maggiano** *(700-900 000 L)*................................316
 – **Grand Hotel Villa Patrizia** *(370 000 L)*..317
 – **Hotel Villa Scacciapensieri** *(280-370 000 L)*................................318
 – **Hotel Antica Torre** *(170 000 L)*..319
 – **Hotel Santa Caterina** *(160-220 000 L)*..320
Castellina in Chianti (Siena) - Karte 13
 – **Palazzo Squarcialupi** *(170-220 000 L)*..321
 – **Hotel Salivolpi** *(160 000 L)*...322
 – **Tenuta di Ricavo (Ricavo)** *(320-420 000 L)*..................................323
 – **Hotel Villa Casalecchi** *(300-380 000 L)*..324
 – **Locanda Le Piazze** *(260-380 000 L)*..325
 – **Albergo Fattoria Casafrassi (Casafrassi)** *(240-300 000 L)*.............326
 – **Hotel Belvedere di San Leonino (San Leonino)** *(180 000 L)*........327
Gaiole in Chianti (Siena) - Karte 13
 – **Castello di Spaltenna** *(380-450 000 L)*...328
Argenina - Gaiole in Chianti (Siena) - Karte 13
 – **Borgo Argenina** *(180-220 000 L)*..329
La Ripresa di Vistarenni - Gaiole in Chianti (Siena) - Karte 13
 – **L'Ultimo Molino** *(345-390 000 L)*..330
Tornano - Lecchi (Siena) - Karte 13
 – **Castello di Tornano** *(1 150-2 300 000 L/Woche)*.........................331
San Sano - Lecchi (Siena) - Karte 13
 – **Residence San Sano** *(190-250 000 L)*...332

Greve in Chianti (Siena) - Karte 10
– **Castello di Uzzano** (2 000-2 500 000 L/Woche) 333
Monteriggioni (Siena) - Karte 13
– **Hotel Monteriggioni** (340 000 L) 334
Montefollonico (Siena) - Karte 13
– **La Chiusa** (300 000 L) 335
Pienza (Siena) - Karte 13
– **La Saracina** (300 000 L) 336
– **Relais Il Chiostro di Pienza** (240 000 L) 337
Monticchiello di Pienza (Siena) - Karte 13
– **L'Olmo** (250 000 L) 338
San Quirico d'Orcia - Ripa d'Orcia (Siena) - Karte 13
– **Castello di Ripa d'Orcia** (140-170 000 L) 339
Castiglione d'Orcia - Rocca d'Orcia (Siena) - Karte 13
– **Cantina Il Borgo** (110-130 000 L) 340
Modanella-Serre di Rapolano (Siena) - Karte 13
– **Castello di Modanella** (785-1 280 000 L/Woche) 341
Pievescola di Casole d'Elsa (Siena) - Karte 13
– **Relais La Suvera** (400-600 000 L) 342
Poggibonsi (Siena) - Karte 13
– **Hotel Villa San Lucchese** (200-300 000 L) 343
Pretale-Sovicille (Siena) - Karte 13
– **Albergo Borgo Pretale** (340-380 000 L) 344
Rosia (Siena) - Karte 13
– **Azienda Montestigliano** (130-255 000 L/T.) 345
Radda in Chianti (Siena) - Karte 13
– **Relais Fattoria Vignale** (270-360 000 L) 346
– **Podere Terreno** (*Volpaia*) (150-160 000 L m. HP) 347
– **Albergo Vescine** (*Vescine*) (260-280 000 L) 348
– **Torre Canvalle** (*La Villa*) (1 100-1 250 000 L/Woche) 349
Castelnuovo Berardenga (Siena) - Karte 13
– **Castello di Montalto** (750-2 400 000 L/Woche) 350
San Gusmè - Castelnuovo Berardenga (Siena) - Karte 13
– **Hotel Villa Arceno** (484 000 L) 351
San Felice - Castelnuovo Berardenga (Siena) - Karte 13
– **Hotel Relais Borgo San Felice** (450 000 L) 352
San Casciano dei Bagni (Siena) - Karte 13
– **Sette Querce** (250-350 000 L) 353
San Gimignano (Siena) - Karte 13
– **Hotel L'Antico Pozzo** (200 000 L) 354
– **Hotel La Cisterna** (155-195 000 L) 355
– **Hotel Bel Soggiorno** (150 000 L) 356
– **La Collegiata** (550-670 000 L) 357
– **Villa San Paolo** (190-340 000 L) 358
– **Hotel Le Renaie** (135-180 000 L) 359
Casaglia - San Gimignano (Siena) - Karte 13
– **Villa Remignoli** (145-160 000 L) 360
Il Cotone - San Gimignano (Siena) - Karte 13
– **Il Casale del Cotone** (140 000 L) 361
Libbiano - San Gimignano (Siena) - Karte 13
– **Il Casolare di Libbiano** (230 000 L) 362
Pescille - San Gimignano (Siena) - Karte 13
– **Hotel Pescille** (150-240 000 L) 363
– **Casanova di Pescille** (120-130 000 L) 364

Lucignano d'Asso (Siena) - Karte 13
– Azienda Lucignanello Bandini *(1 400-1 600 000 L/Woche)* 365
Sinalunga (Siena) - Karte 13
– Locanda dell'Amorosa *(380-440 000 L)* 366
Cetona (Siena) - Karte 13
– La Frateria *(360 000 L)* 367
Le Vigne (Siena) - Karte 13
– La Palazzina *(118-125 000 L m. HP)* 368
Forte dei Marmi (Lucca) - Karte 9
– California Park Hotel *(280-540 000 L)* 369
– Hotel Byron *(295-570 000 L)* 370
– Hotel Tirreno *(193 000 L)* 371
Pietrasanta (Lucca) - Karte 9
– Albergo Pietrasanta *(300-390 000 L)* 372
Santa Maria del Guidice (Lucca) - Karte 9
– Hotel Villa Rinascimento *(190-225 000 L)* 373
Viareggio (Lucca) - Karte 9
– Hotel Plaza e de Russie *(240-360 000 L)* 374
Pontremoli (Massa Carrara) Karte 9
– Azienda Costa d'Orsola *(120-140 000 L)* 375
Montecatini Val di Cecina (Pisa) - Karte 12
– Il Frassinello *(150 000 L)* 376
Pugnano (Pisa) - Karte 9
– Casetta delle Selve *(105-120 000 L)* 377
Rigoli - San Giuliano Terme (Pisa) - Karte 9
– Hotel Villa di Corliano *(110-164 000 L)* 378
Volterra (Pisa) - Karte 12
– Albergo Villa Nencini *(125 000 L)* 379
Monsummano Terme (Pistoia) - Karte 9
– Hotel Grotta Giusti *(250-270 000 L)* 380
Montecatini Terme (Pistoia) - Karte 9
– Grand Hotel e La Pace *(490-550 000 L)* 381
Montevettolini (Pistoia) - Karte 9
– Villa Lucia *(260-360 000 L)* 382
Pontenuovo (Pistoia) - Karte 9
– Il Convento *(160 000 L)* 383
Manciano (Grosseto) - Karte 13
– Le Pisanelle *(160-180 000 L)* 384
Montieri (Grosseto) - Karte 13
– Rifugio Prategiano *(140-214 000 L)* 385
Porto Ercole (Grosseto) - Karte 13
– Hotel Il Pellicano *(350-990 000 L)* 386
Punta Ala (Grosseto) - Karte 12
– Hotel Cala del Porto *(400-800 000 L)* 387
– Piccolo Hotel Alleluja *(195-425 000 L)* 388
Roccatederighi (Grosseto) - Karte 13
– Fattoria di Peruzzo *(140-214 000 L)* 389
Saturnia (Grosseto) - Karte 13
– Hotel Terme di Saturnia *(540-640 000 L)* 390
– Hotel Villa Clodia *(140 000 L)* 391
Pomonte Scansano - Saturnia (Grosseto) - Karte 13
– Saturnia Country Club *(190 000 L)* 392

Isola d'Elba (Livorno) - Karte 12
 – **Parkhotel Napoleone** *(170-410 000 L)* 393
 – **Hotel Hermitage** *(100-600 000 L)* 394
 – **Hotel da Giacomino** *(60-125 000 L)* 395

TRENTINO - SÜDTIROL

Bolzano - Karte 4
 – **Park Hotel Laurin** *(285-415 000 L)* 396
 – **Hotel Città** *(170 000 L)* 397
Merano (Bolzano) - Karte 3
 – **Hotel Castel Labers** *(100-180 000 L)* 398
 – **Hotel Castel Fragsburg** *(140-200 000 L m. HP)* 399
Merano - Marling (Bolzano) - Karte 3
 – **Hotel Oberwirt** *(149-166 000 L m. HP)* 400
Missiano - Appiano (Bolzano) - Karte 4
 – **Hotel Schloss Korb** *(220-280 000 L)* 401
Appiano (Bolzano) - Karte 4
 – **Schloss Freudenstein** *(160-180 000 L m. HP)* 402
Caldaro (Bolzano) - Karte 4
 – **Pensione Leuchtenburg** *(160 000 L)* 403
Redagno (Bolzano) - Karte 4
 – **Berghotel Zirmerhof** *(101-145 000 L m. HP)* 404
San Vigilio - Lana (Bolzano) - Karte 3
 – **Albergo Monte San Vigilio** *(80-120 000 L m. HP)* 405
Fié Allo Sciliar (Bolzano) - Karte 4
 – **Hotel Turm** *(192-310 000 L)* 406
Castelrotto-Siusi (Bolzano) - Karte 4
 – **Hotel Cavallino d'Oro** *(100-140 000 L)* 407
 – **Albergo Tschötscherhof** *(74-84000 L)* 408
Ortisei (Bolzano) - Karte 4
 – **Hotel Adler** *(158-266 000 L m. HP)* 409
Bulla - Ortisei (Bolzano) - Karte 4
 – **Pension Uhrerhof Deur** *(200-300 000 L)* 410
Bressanone (Bolzano) - Karte 4
 – **Hotel Elephant** *(232-244 000 L)* 411
Corvara in Badia (Bolzano) - Karte 4
 – **Hotel La Perla** *(300-640 000 L)* 412
San Cassiano (Bolzano) - Karte 4
 – **Hotel Armentarola** *(120-225 000 L m. HP)* 413
San Candido (Bolzano) - Karte 4
 – **Parkhotel Sole Paradiso** *(220-350 000 L)* 414
Santa Cristina (Bolzano) - Karte 4
 – **Albergo Uridl** *(93-128 000 L m. HP)* 415
Trento - Karte 3 und 4
 – **Albergo Accademia** *(250 000 L)* 416
Pergine Valsugana - Karte 4
 – **Castello Pergine** *(100 000 L m. HP)* 417

Lago di Garda - Riva del Garda (Trento) - Karte 3
 – **Lido Palace Hotel** (220-300 000 L) 418
Roncegno (Trento) - Karte 4
 – **Palace Hotel** (220 000 L) 419

V E N E T O - F R I A U L

Venezia - Karte 4
 – **Hotel Cipriani et Palazzo Vendramin** (990-1 650 000 L) 420
 – **Bauer Gründwald et Grand Hotel** (360-850 000 L) 421
 – **Gritti Palace Hotel** (830-1 130 000 L) 422
 – **Hotel Monaco e Grand Canal** (650-850 000 L) 423
 – **Hotel Londra Palace** (375-680 000 L) 424
 – **Hotel Gabrielli Sandwirth** (620 000 L) 425
 – **Hotel Metropole** (350-650 000 L) 426
 – **Pensione Accademia-Villa Maravegie** (200-345 000 L) 427
 – **Hotel Flora** (340 000 L) 428
 – **Hotel Torino** (200-320 000 L) 429
 – **Hotel Bel Sito & Berlino** (215-320 000 L) 430
 – **Hotel La Fenice et des Artistes** (350 000 L) 431
 – **Hotel Do Pozzi** (200-280 000 L) 432
 – **Hotel Panada** (220-450 000 L) 433
 – **Hotel Ai due Fanali** (200-350 000 L) 434
 – **Hotel Residenza** (180-230 000 L) 435
 – **Locanda Ai Santi Apostoli** (290-460 000 L) 436
 – **Hotel Agli Alboretti** (250 000 L) 437
 – **Hotel Santo Stefano** (250-330 000 L) 438
 – **Pensione Seguso** (310-350 000 L m. HP) 439
 – **Pensione La Calcina** (180-280 000 L) 440
 – **Pensione Alla Salute da Cici** (140-200 000 L) 441
 – **Hotel Pausania** (150-320 000 L) 442
 – **Palazetto da Schio** (1 300 000 L/Woche) 443
Venezia-Lido - Karte 4
 – **Hotel des Bains** (581-870 000 L) 444
 – **Albergo Quattro Fontane** (380-450 000 L) 445
 – **Hotel Villa Mabapa** (200-450 000 L) 446
Venezia - Torcello - Karte 4
 – **Locanda Cipriani** (260 000 L m. HP) 447
Dolo (Venezia) - Karte 4
 – **Villa Ducale** (160-280 000 L) 448
Mira Porte (Venezia) - Karte 4
 – **Hotel Villa Margherita** (230-320 000 L) 449
Scorzé (Venezia) - Karte 4
 – **Villa Soranzo Conestabile** (180-220 000 L) 450
Cortina d'Ampezzo (Belluno) - Karte 4
 – **Hotel Bellevue** (290-520 000 L) 451
 – **Hotel de la Poste** (250-480 000 L) 452
 – **Hotel Ancora** (270-460 000 L) 453
 – **Hotel Pensione Menardi** (120-280 000 L) 454
 – **Franceschi Park Hotel** (60-400 000 L) 455
Cortina d'Ampezzo - Fraina (Belluno) - Karte 4
 – **Baita Fraina** (140-190 000 L) 456

Tai di Cadore (Belluno) - Karte 4
– **Villa Marinotti** *(150-180 000 L)* 457
San Floriano del Collio (Gorizia) - Karte 5
– **Golf Hotel** *(325 000 L)*..458
Sappada - Karte 5
– **Haus Michaela** *(100-150 000 L)* 459
Padova - Karte 4
– **Albergo Leon Bianco** *(155-167 000 L)*......................................460
Rovigo - Karte 10
– **Hotel Villa Regina Margherita** *(160 000 L)* 461
Asolo (Treviso) - Karte 4
– **Hotel Villa Cipriani** *(437-572 000 L)* 462
– **Albergo del Sole** *(250-350 000 L)* 463
Fanzolo (Treviso) - Karte 4
– **Villa Emo** *(300 000 L)*..464
Follina (Treviso) - Karte 4
– **Hotel Abbazia** *(190-240 000 L)* 465
Mogliano Veneto (Treviso) - Karte 4
– **Villa Stucky** *(270 000 L)*..466
Portobuffolé (Treviso) - Karte 5
– **Villa Giustinian** *(220-250 000 L)* 467
Solighetto (Treviso) - Karte 4
– **Locanda Da Lino** *(130 000 L)*..468
Zerman Mogliano Veneto (Treviso) - Karte 4
– **Hotel Villa Condulmer** *(300 000 L)* 469
Cividale del Friuli (Udine) - Karte 5
– **Locanda Al Castello** *(135 000 L)* 470
Verona - Karte 3 u. 4
– **Hotel Gabbia d'Oro** *(250-550 000 L)*.......................................471
– **Hotel Due Torri** *(285-540 000 L)* 472
– **Albergo Aurora** *(130-190 000 L)*..473
Pedemonte (Verona) - Karte 3
– **Hotel Villa del Quar** *(400-450 000 L)*......................................474
Gargagnago di Valpolicella (Verona) - Karte 3
– **Foresteria Serègo Alighieri** *(210-490 000 L)*.............................475
Villabella - San Bonifacio (Verona) - Karte 4
– **Relais Villabella** *(290 000 L)*...476
Sant'Ambrogio di Valpolicella (Verona) - Karte 3
– **Coop. 8 Marzo-Ca`Verde** *(50-70 000 L)* 477
Torri del Benaco (Verona) - Karte 3
– **Hotel Gardesana** *(95-170 000 L)* 478
Arcugnano (Vicenza) - Karte 4
– **Hotel Villa Michelangelo** *(275-316 000 L)* 479
Barbarano Vicentino (Vicenza) - Karte 4
– **Il Castello** *(40 000 L pro Pers.)* 480
Costozza di Longare (Vicenza) - Karte 4
– **Azienda A & G da Schio** *(2 800 000 L/Woche)* 481
Trissino (Vicenza) - Karte 4
– **Relais Ca' Masieri** *(150 000 L)*..482
Trieste - Karte 5
– **Duchi d'Aosta** *(330 000 L)* 483

*Die in Klammern angegebenen Preise gelten für ein Zimmer mit Doppelbett, manchmal für Halbpension. Für weitere Informationen bitte auf der angegeben Seite nachschlagen.

KARTENERKLÄRUNG

Maßstab : 1/1 000 000
Karten 30 und 31 : Maßstab 1/1 200 000

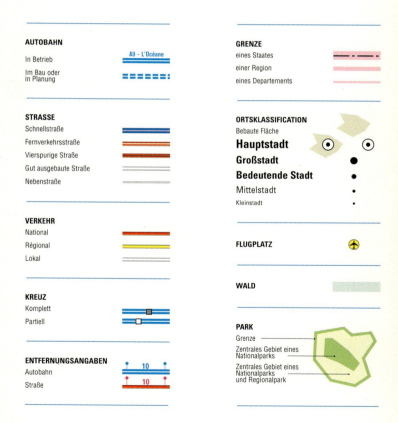

AUTOBAHN

In Betrieb

Im Bau oder in Planung

STRASSE
Schnellstraße
Fernverkehrsstraße
Vierspurige Straße
Gut ausgebaute Straße
Nebenstraße

VERKEHR
National
Régional
Lokal

KREUZ
Komplett
Partiell

ENTFERNUNGSANGABEN
Autobahn
Straße

GRENZE
eines Staates
einer Region
eines Departements

ORTSKLASSIFICATION
Bebaute Fläche
Hauptstadt
Großstadt
Bedeutende Stadt
Mittelstadt
Kleinstadt

FLUGPLATZ

WALD

PARK
Grenze
Zentrales Gebiet eines Nationalparks
Zentrales Gebiet eines Nationalparks und Regionalpark

Kartographie

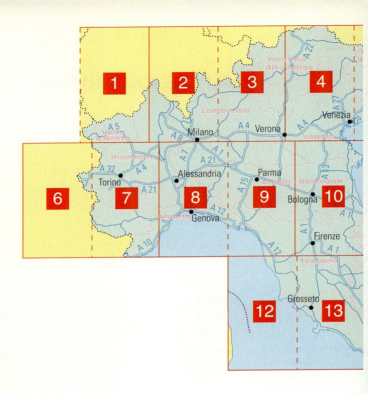

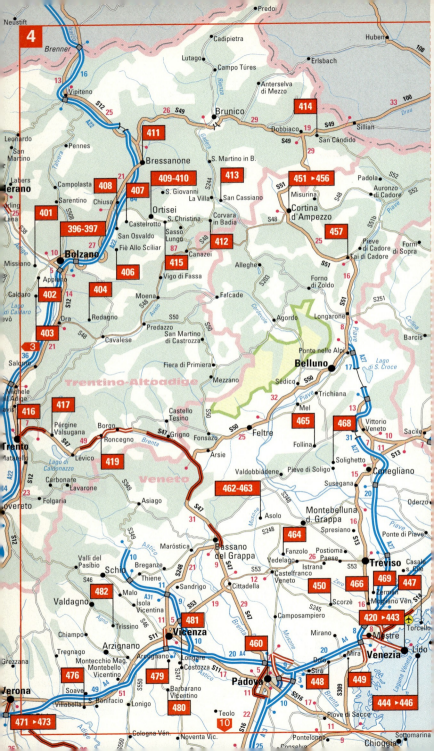

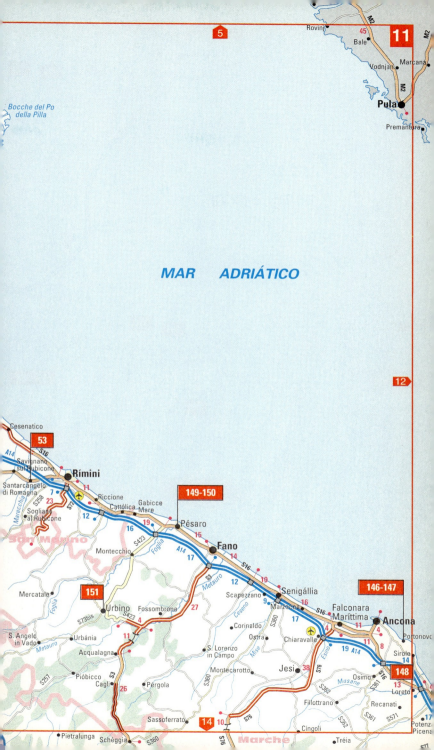

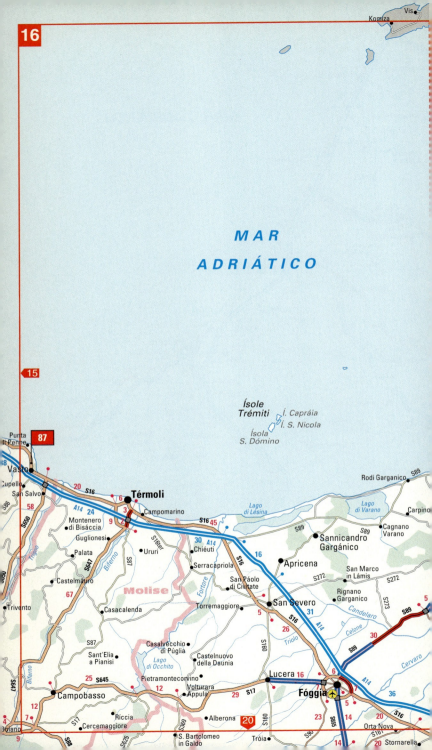

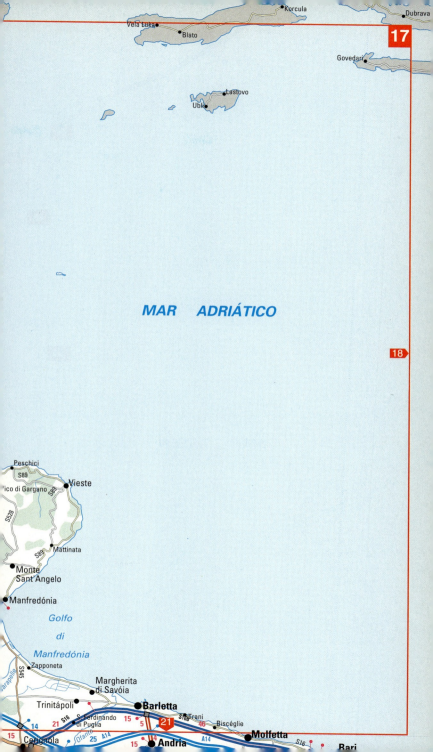

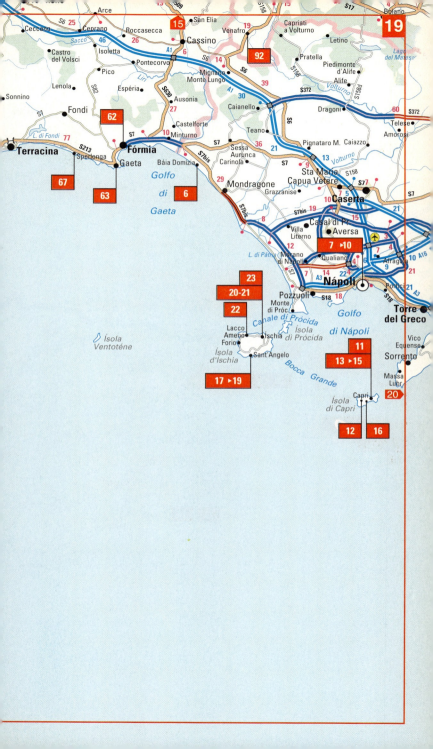

23

ALBANIA

Novosele

Vlore

MAR ADRIÁTICO

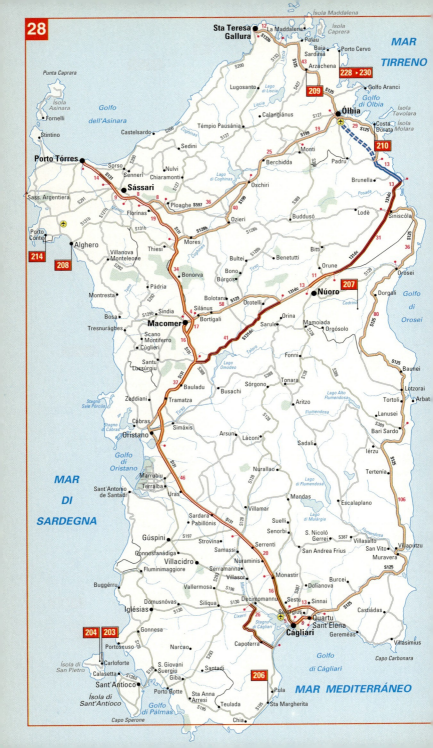

HOTEL UND
LANGASTÄUSER

BASILICATA - KALABRIEN

Hotel Barbieri

87042 Altomonte (Cosenza)
Via San Nicola, 30
Tel. 0981-94 80 72 - Fax 0981-94 80 73 - Sig. Barbieri
Web: http://www.telsa.it/mercato/barbieri/barbieri./it.

Kategorie ★★★ **Ganzj.** geöffn. **30 Zimmer** m. Klimaanl., Tel., Dusche, WC, TV, Minibar **Preise** EZ u. DZ: 75000 L, 130000 L - Frühst inkl., von 6.30 bis 10.00 Uhr - HP u. VP: 100000 L, 130000 L (pro Pers., mind. 3 Üb.) **Kreditkarten** akzeptiert **Verschiedenes** Hunde erlaubt - Tennis (5000 L) - Schwimmb. in der Casa Barbieri - Parkpl. **Umgebung** Kathedrale in Altomonte (Grab von Filippo Sangineto, 14. Jh., u. "Saint Ladislas" (wird Simone Martini zugeschrieben) - Bergmassif des Pollino - Alte kalabrische Dörfer (Stilo, Sibari, Paola, Altomonte) **Restaurant** von 12.30 bis 15.00 u. von 19.30 bis 23.00 Uhr - Menüs: 65-75000 L - Spezialitäten: Pasta fatta in casa - Funghi - Salumi tipici - Legumi.

Das ungefällige Äußere dieses Hotels sollte niemanden täuschen: Hier wird die beste Küche Kalabriens angeboten. Man genießt also nicht nur die ausgezeichneten Spezialitäten der Region, sondern auch den wundervollen Ausblick auf Altomonte mit seinen malerischen Häusern und dem Kloster aus dem 16. Jahrhundert. Die Zimmer sind angenehm, geräumig und schlicht (einige verfügen über einen kleinen Balkon mit Ausblick auf Atltomonte). Wer mehr Luxus wünscht, kann in einer der wunderschönen Suiten wohnen, die in einem alten Haus in der Altstadt angeboten werden. Das italienische Frühstück ist ein Genuß. Einnehmen kann man es am Ufer des kleinen Sees del Farneto und sich an der warmen *ricottina* mit geröstetem Brot und hausgemachten Konfitüren erfreuen. All diese Qualitätsprodukte werden im übrigen in einem Geschäft neben dem Hotel verkauft. Die Atmosphäre ist familiär und sehr angenehm.

Anreise *(Karte Nr. 21): 50 km nördl. von Cosenza über die A 3, Ausf. Altomonte.*

BASILICATA - KALABRIEN

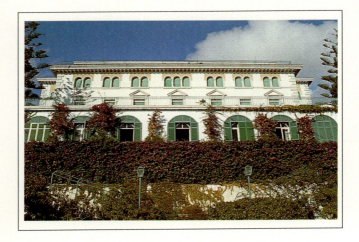

Grand Hotel San Michele

87022 Cetraro (Cosenza)
Tel. 0982-91 012 - Fax 0982-91 430
Sig.ra Siniscalchi
E-mail: sanmichele@antares.it

Kategorie ★★★★ **Geschlossen** im November **73 Zimmer** m. Klimaanl., Bad, WC, TV **Preise** EZ u. DZ: 120-230000 L, 190-350000 L; Suiten: 250-450000 L - Frühst. inkl., von 7.30 bis 10.00 Uhr - HP u. VP: 160-270000 L, 180-290000 L (pro Pers., mind.3 Üb.) **Kreditkarten** akzeptiert **Veschiedenes** Hunde erlaubt - Schwimmb. - Tennis - Golfpl. (9 L.), Green Fee: 40000 L - Privatstrand **Umgebung** alte kalabrische Dörfer (Stilo, Sibari, Paola, Altomonte) **Restaurant** von 13.00 bis 14.30 u. von 19.30 bis 21.30 Uhr - Menüs: 40-60000 L - Karte - Regionale Küche.

Diese ehemalige Privatvilla wurde Anfang des Jahrhunderts vom Vater des jetzigen Besitzers erbaut. Sie ist heute nicht nur ein sehr luxuriöses Hotel mit Swimmingpool, Tennis, Privatstrand und ausgezeichnetem Service, sondern sicherlich auch eines der charmantesten Hotels Kalabriens. Das majestätische Haus ist geschmackvoll und stilsicher eingerichtet. Im fast 50 Hektar großen Park gibt es einen Bauernhof, der praktisch alle Produkte für die Hotelküche liefert, sowie einige kleine Ferienhäuser, die gemietet werden können. Die schönsten Zimmer gehen aufs Meer. Für den Monat August müssen sie allerdings im voraus reserviert werden. Die Gästezimmer mit Blick auf den Hügel sind preiswerter. Im Sommer Restaurant-Service am Strand. Eine gute Nachricht: wenn Sie mit diesem Führer anreisen, erhalten Sie einen Preisnachlaß von immerhin 10 Prozent!

Anreise (Karte Nr. 24): 55 km nordwestl. von Cosenza über die A 3, Ausf. Cosenza-Nord, Rtg. Praia, dann SS 18, Rtg. Süden.

BASILICATA - KALABRIEN

Locanda delle Donne Monache

85046 Maratea (Potenza)
Via Carlo Mazzei, 4
Tel. 0973-87 74 87 - Fax 0973-87 76 87
Sig. Raffaele Bruno

Kategorie ★★★★ **Geschlossen** von November bis Ostern **30 Zimmer** u. 6 Suiten m. Klimaanl.,Tel., Bad, WC, Satelliten-TV, Minibar **Preise** EZ u. DZ: 150-255000 L, 240-420000 L; Suiten: 340-520000 L - Frühst. (Buffet) inkl., von 7.30 bis 10.00 Uhr - VP: + 40000 L (pro Pers., im DZ) **Kreditkarten** akzeptiert **Verschiedenes** Hunde nicht erlaubt - Schwimmb. - Privatstrand - Parkpl. **Umgebung** Maratea - Santuario Monte San Biagio - Rivello - S. Lorenzo Padula - Parco Nazionale Monte Pollino **Restaurant** von 12.30 bis 14.30 u. von 20.00 bis 23.00 Uhr - Karte - Regionale Küche.

Zwischen dem Meer und den Bergen und an den Hängen des San Biagio schmiegen sich die weißen Häuser von Maratea in eine Bucht der Küste des tyrrhenischen Meeres an. Das im Dorf gelegene Hotel ist ein ehemaliges Kloster; das vollkommen umgebaute Haus verfügt über viel Charme. Außer der ein wenig barocken Rezeption ist die allgemeine Ausstattung zurückhaltend elegant. Die durchweg komfortablen Zimmer verfügen zwar über Baldachin-Betten, haben aber die mönchische Schlichtheit beibehalten. Der ein wenig geheimnisvoll wirkende Garten mit einem schönen Schwimmbad liegt vor dem Haus, das Hotel besitzt aber auch einen Privatstrand und stellt ein Boot zur Verfügung. Die Region Basilicata besteht zu 90 Prozent aus Wäldern und Bergen und besitzt Naturschutzgebiete. Das Hotel verfügt über eine sehr angenehme Piano-Bar.

Anreise (Karte Nr. 21): 176 km südöstl. von Salerno über die A 3, Ausf. Lagonegro Nord/Maratea, S 585, dann Maratea.

BASILICATA - KALABRIEN

Hotel Sassi

75100 Matera
Via San Giovanni Vecchio, 89
Tel. 0835-33 10 09 - Fax 0835-33 37 33
Sig.ra Cristallo

Kategorie ★★★ **Ganzj.** geöffn. **15 Zimmer** m. Tel., Bad, WC, TV, Minibar **Preise** EZ: 80000 L, DZ: 140000 L, 3 BZ: 160000 L - Frühst. inkl., von 8.30 bis 9.30 Uhr **Kreditkarten** akzeptiert **Verschiedenes** Hunde erlaubt **Umgebung** Sassi und Duomo in Matera, Felszeichkirchen über die Straße von Tarento. **Kein Restaurant** im Hotel (siehe unsere Restaurantauswahl S. 484).

Die Sehenswürdigkeiten von Matera sind die Heiligtümer und die Troglodyten von Sasso Caveoso (von der UNESCO als "Welt-Kulturgut" ernannt) und die Höhlen-Kirchen der Basilianer-Möche der unmittelbaren Umgebung. In einem dieser alten Häuser hat die Familie Cristallo dieses kleine Hotel eingerichtet, das die ganze Sassi-Architektur vereint: mehrere Gewölberäume auf verschiedenen Ebenen und kleine Terrassen mit hübschen Ausblicken auf den nahen Dom. Wenn auch großer Wert darauf gelegt wurde, Charakteristisches und die besondere Atmosphäre zu bewahren, so wurde der Komfort dennoch nicht vernachlässigt - ganz im Gegenteil. Jedes Zimmer ist individuell gestaltet, einige sind größer als die anderen, aber alle sind hübsch und komfortabel. Wenn die Italiener sich eine Zeitlang die Hölle von Dante wie Sasso vorstellten, lange Jahre von armen Menschen bewohnt (wie von Carlo Levi in "Cristo si è fermato a Eboli" beschrieben), dann gibt es hier heute Architekten, Intellektuelle und Hotels mit Charme.

Anreise (Karte Nr. 21): 67 km südl. von Bari.

KAMPANIEN

Grand Hotel Telese

82037 Telese Terme (Benevento)
Piazza Minieri
Tel. 0824-94 05 00 - Fax 0824-94 05 04
Sig. Montagna

Kategorie ★★★★ **Ganzj.** geöffn. **110 Zimmer** m. Klimaanl., Tel., Bad od. Dusche, WC, Minibar **Preise** EZ u. DZ: 105-125000 L, 180-215000 L - Frühst. inkl., von 7.00 bis 9.30 Uhr - HP u. VP: 110-157000 L, 130-178000 L (pro Pers., mind. 3 Üb.) **Kreditkarten** Amex, Visa, Eurocard, MasterCard **Verschiedenes** Kleine Hunde erlaubt - Tennis (8000 L) - Schwimmb. - Thermen - Schönheits-Center - Parkpl. **Umgebung** Telesia - Faicchio - Cerreto Sannita - Duomo, römisches Theater, Trajan-Triumphbogen, Santa Sofia, Samnium-Museum in Benevento **Restaurant** von 12.30 bis 14.30 u. von 19.30 bis 21.30 Uhr - Menü - Karte - Spezialitäten: Risotto con broccoli - Agnello.

Dem *Grand Hotel Telese* ist es gelungen, sich diesen gewissen Charme alter Kurhotels zu bewahren. Das große Haus, Ende des letzten Jahrhunderts erbaut und von einer geradezu majestätischen Symmetrie, liegt inmitten eines kleinen Parks. Das Innere des Hauses besticht durch die große Treppe, die schönen Zimmer im Erdgeschoß und im ersten Stock durch den Salon im Louis-quinze-Stil. Alle Zimmer sind luxuriös ausgestattet. An das Restaurant in den Kellergewölben schließt sich auf der einen Seite ein Billardraum an, auf der anderen ein Schachzimmer. Ein im Grunde perfektes Hotel, wäre da nicht die Nähe zur Autobahn, deren Lärm an windigen Tagen stören kann.

Anreise (Karte Nr. 20): 65 km nördl. von Neapel über die A 1, Ausf. Caserta-Sud, dann S 265 über Maddaloni bis Telese.

KAMPANIEN

Hotel della Baia

Baia Domizia - 81030 Cellole (Caserta)
Via dell' Erica
Tel. 0823-72 13 44 - Fax 0823-72 15 56
Sig.ra Sello

Kategorie ★★★★ **Geschlossen** vom 30. September bis 10. Mai **56 Zimmer** m. Tel., Bad od. Dusche, WC **Preise** EZ u. DZ: 85-105000 L, 130-160000 L - Frühst.: 15000 L, von 7.30 bis 9.30 Uhr - HP u. VP: 140-160000 L, 150-170000 L (pro Pers.) **Kreditkarten** akzeptiert **Verschiedenes** Kleine Hunde erlaubt (außer im Restaurant) - Tennis (20000 L) - Parkpl. **Umgebung** Gaeta - Mausoleum von L.M. Plancus u. Bergkirche Speccata bei Gaeta - Caserta - Neapel- Pompeji **Restaurant** von 12.30 bis 14.15 u. von 19.30 bis 21.00 Uhr - Menüs: 50-60000 L - Karte - Spezialitäten: Tonnarelli freddi con crema di trotta affumicata - Coquilles Saint Jacques farcite di gamberi.

Elsa, Imelde und Velja Sello sind die drei sympathischen Schwestern, die sich seit den siebziger Jahren um das Hotel kümmern. Nachdem sie in Venetien und Rom gelebt hatten, beschlossen sie, dies sei das neue Haus der Familie; die Atmosphäre, die sie ihm verliehen haben, ist außergewöhnlich freundlich. Das Haus ist ein moderner Bau mediterranen Stils, das sich in seinem weißen Äußeren von der großen, mit Bambus und anderen exotischen Gewächsen bepflanzten Rasenfläche abhebt. Die schlichte Innenausstattung, ob in den Salons oder Gästezimmern, ist gepflegt. Terrakotta und Pastellfarben schaffen eine frische Sommer-Atmosphäre. Auch schätzt man die Küche des Hauses und das nahe Meer.

Anreise (Karte Nr. 19): 67 km nordwestl. von Neapel. Über die A 1 (Rom-Neapel), Ausf. Cassino Rtg. Formia u. Neapel bis zur Ampel von Cellole, dann rechts.

KAMPANIEN

Hotel Santa Lucia

80121 Napoli
Via Partenope, 46
Tel. 081-764 06 66 - Fax 081-764 85 80 - Sig. Ferraro
Web: http://www.santalucia.it - E-mail: slucia@tin.it

Kategorie ★★★★ **Ganzj.** geöffn. **102 Zimmer** m. Klimaanl., Tel., Bad od. Dusche, WC, Satelliten-TV, Minibar **Preise** EZ u. DZ: 343000 L, 459000 L; Suiten: 600-1800000 L - Frühst. inkl., von 7.00 bis 11.00-12.00 Uhr **Kreditkarten** akzeptiert **Verschiedenes** Hunde nicht erlaubt - Garage (30000 L) **Umgebung** Neapel: Archäologisches Museum, Museum Capodimonte, Villa Floridiana, Kartause von San Martino; Veranstaltungen: Estate di Napoli (Konzerte, Opern, Theater) - Pompeji - Ercolano - Cuma - Solfatara in Pozzuoli - Capri - Ischia - Amalfitanische Küste bis Salerno - Paestum **Restaurant** Mo bis Sa von 12.30 bis 24.00 Uhr; So von 12.30 bis 15.30 u. 19.30 bis 23.00 Uhr - Karte: 75000 L - Spezialitäten: Casarecce ai sapori mediterranei - tagliatelle broccoli e frutti di mare - Pesce fresco del golfo all' acqua pazza.

Die Bucht von Neapel mit dem von Nebel umhüllten Vesuv und der Halbinsel von Sorrent im Hintergrund zählt zu den berühmtesten Gegenden der Welt. Das Hotel liegt am Meer in unmittelbarer Nähe des Hafens dem Castel dell'Ovo gegenüber - in einem Dekor, der gemalt sein könnte. Seine klassizistische Fassade und die Innenräume im Libertystil wurden 1990 renoviert. Die Flucht der kleinen Salons stellt ein wahres Labyrinth dar; sie sind sehr elegant in Grau- und Blautönen eingerichtet, die den wundervollen Marmor und die Stuckdecken besonders gut zur Geltung bringen. In den mit bedruckten Stoffen aufgelockerten Gästezimmern die gleiche Ausstattung mit gutem Komfort; die an der Fassade gelegenen Zimmer haben Blick auf die Bucht. Ein gutes Haus, das sowohl die Intimität eines kleinen Hotels als auch den Komfort eines Luxushotels bietet.

Anreise (Karte Nr. 19): Direkt am Meer, zwischen Castell dell'Ovo, dem Hafen Santa Lucia u. Palazzo Reale.

KAMPANIEN

Hotel Excelsior

80121 Napoli
Via Partenope, 48
Tel. 081-764 01 11 - Fax 081-764 97 43 - Sig. Vincenzo Pagano
Web: http://www.excelsior.it - E-mail: info@excelsior.it

Kategorie ★★★★ **Ganzj.** geöffn. **136 Zimmer** m. Klimaanl., m. Tel., Bad od. Dusche, WC, Satelliten-TV, Minibar, Safe; Aufzug **Preise** EZ u. DZ: 370000 L, 470000L; Suiten: 700-1100000 L - Frühst. inkl., von 7.00 bis 10.30 Uhr **Kreditkarten** akzeptiert **Verschiedenes** Hunde nicht erlaubt - Garage (32000 L) **Umgebung** Neapel: Archäologisches Museum, Museum Capodimonte, Villa Floridiana, Kartause von San Martino; Veranstaltungen: Estate di Napoli (Konzerte, Opern, Theater) - Pompeji - Ercolano - Cuma - Solfatara in Pozzuoli - Capri - Ischia - Amalfitanische Küste bis Salerno - Paestum **Restaurant** von 12.30 bis 15.30 u. von 19.00 bis 23.30 Uhr - Karte: 60-90000 L - Regionale Küche - Fisch.

Die im Zentrum durchgeführten Renovierungsarbeiten machen aus Neapel endlich eine offene Stadt. Seine Denkmäler, wie das Museum Copodimonte, das über zahlreiche Schätze der italienischen Kunst verfügt, sind endlich zugänglich. Das berühmte neapolitanische Luxushotel ist ein Gedicht der Belle Epoque, ganz aus Stuck und Spiegeln, und hat den veralteten Charme der großen Hotels aus dem frühen 20. Jahrhundert. Wenn die Salons auch noch immer über ihren Flamboyantstil verfügen, so kann man sich über den Geschmack, der in den Zimmern herrscht, streiten, und den großen Bädern täte eine kleine Renovierung sehr gut. Dennoch genießt man das Plüschige dieses in die Jahre gekommenen Palastes. Von den Zimmern aus blickt man auf die Bucht von Neapel und das Castel dell'Ovo. Bei schönem Wetter erblickt man sogar Capri und den majestätischen Vesuv. Lassen Sie sich auf der *Terrazza* mit Blick auf die Bucht von den wundervollen regionalen Gerichten verwöhnen, die Pasta und Fisch aufs Glücklichste miteinander verbinden.

Anreise (Karte Nr. 19): Am Meer, zwischen Castel dell'Ovo, dem Hafen Santa Lucia u. Palazzo Reale.

KAMPANIEN

Grand Hotel Parker's

80121 Napoli
Corso Vittorio Emanuele, 135
Tel. 081-761 24 74 - Fax 081-663 527
Sig. Luigi Richard

Kategorie ★★★★ **Ganzj.** geöffn. **83 Zimmer** m. Klimaanl., Tel., Bad od. Dusche, WC, Satelliten-TV, Minibar, Safe; Aufzug **Preise** EZ u. DZ: 230-280000 L, 330-390000 L; Suiten: 800-1500000 L - Frühst. inkl., von 7.00 bis 10.00 Uhr **Kreditkarten** akzeptiert **Verschiedenes** Hunde nicht erlaubt - Garage **Umgebung** Neapel: Archäologisches Museum, Museum Capodimonte, Villa Floridiana, Kartause von San Martino; Veranstaltungen: L'Estate di Napoli (Konzerte, Opern, Theater) - Pompeji - Ercolano - Cuma - Solfatara in Pozzuoli - Capri - Ischia - Amalfitanische Küste bis Salerno - Paestum **Restaurant** von 12.30 bis 14.30 u. von 19.30 bis 22.30 Uhr - So geschl. - Karte: 60-90000 L - Regionale Küche - Fisch.

Schick und elegant. Das sind die Adjektive, die das *Grand Hotel Parker's* seit 120 Jahren für sich in Anspruch nimmt. Ein großes Foyer mit Täfelungen, Marmor und Klubsesseln kultivieren ein eher angelsächsisches Ambiente - das trifft auch zu für die Piano-Bar Napoleone, in der sich die Gäste abends zum Aperitif treffen. Die klassischen, sehr komfortablen Zimmer haben je nach Etage einen besonderen Stil, der von Louis-seize bis Charles-dix reicht. Auf einem kleinen Hügel der Innenstadt gelegen, überragt es die Bucht. Diese berühmte Aussicht ist besonders schön von Bellevue aus, dem gastronomischen Restaurant des Hotels, in dem man bei Kerzenschein in raffinierter Atmosphäre zu Abend ißt. Außerdem besitzt das Hotel eine schöne Bibliothek mit alten, sehr interessanten Werken.

Anreise (Karte Nr. 19): Im Zentrum.

KAMPANIEN

Hotel Paradiso

80122 Napoli
Via Catullo, 11
Tel. 081-761 4161 - Fax 081-761 3449
Sig. Vincenzo di Donato

Kategorie ★★★★ **Ganzj.** geöffn. **72 Zimmer** m. Klimaanl., Tel., Bad od. Dusche, WC, Satelliten-TV, Minibar; Aufzug **Preise** EZ u. DZ: 165-190000 L, 240-290000 L; Suiten: 400000 L - Frühst. inkl., von 7.00 bis 10.30 Uhr - HP: 160-180000 L (pro Pers., mind. 2 Üb.) **Kreditkarten** akzeptiert **Verschiedenes** Hunde nicht erlaubt - Garage in unm. Nähe (25000 L) **Umgebung** Neapel: Archäologisches Museum, Museum Capodimonte, Villa Floridiana, Kartause von San Martino; Veranstaltungen: Estate di Napoli (Konzerte, Opern, Theater) - Pompeji - Ercolano - Cuma - Solfatara in Pozzuoli - Capri - Ischia - Amalfitanische Küste bis Salerno - Paestum **Restaurant** von 12.30 bis 14.45 u. von 19.15 bis 22.30 Uhr - So geschl. - Menü u. Karte: 45000 L - Italienische und neapolitanische Küche.

Wer sich vom ermüdenden Getöse des neapolitanischen Lebens etwas zurückziehen möchte, für den ist das Hotel Paradiso ideal gelegen. Niedergelassen auf dem Hügel Posillipo, einem luftigen Wohnviertel Neapels, das nur zehn Gehminuten vom historischen Zentrum entfernt liegt, bietet es einen eindrucksvollen Blick über die Stadt, die Bucht, den Vesuv und die Inseln Ischia und Capri. Das Hotel ist entschieden modern; seine Hauptvorteile sind der Komfort, die Ruhe und der Ausblick. Im Panoramarestaurant werden Sie Bekanntschaft machen mit einer lokalen Küche, die vorwiegend Fischgerichte anbietet.

Anreise (Karte Nr. 19): Posillipo-Hügel.

KAMPANIEN

Villa Brunella

Isola di Capri - 80073 Capri (Napoli)
Via Tragara, 24
Tel. 081-837 01 22 - Fax 081-837 04 30 - Sig. Ruggiero
E-mail: brunella@mbox.caprinet.it

Kategorie ★★★★ **Geschlossen** vom 7. November bis 18. März **8 Zimmer** u. 12 Suiten m. Klimaanl., Tel., Bad, WC, Satelliten-TV, Minibar **Preise** DZ: 385000 L; Suiten: 495000 L - Frühst. inkl., von 8.30 bis 12.00 Uhr **Kreditkarten** Amex, Visa, Eurocard, MasterCard **Verschiedenes** Hunde nicht erlaubt - Schwimmb. **Umgebung** Kartause von San Giacomo - Villa Jovis - Punta Tragara (Faraglioni) - Anacapri - Villa San Michele - Grotta di Matromaria - Grotta Azzura - Villa Malaparte - Monte Solara - Neapel - Pompeji - Ercolano - Cuma - Solfatara in Pozzuoli - Ischia - Amalfitanische Küste - Paestum **Restaurant** von 12.30 bis 15.30 u. von 19.30 bis 23.00 Uhr - Menüs: 40-50000 L - Karte - Spezialitäten: Ravioli alla Caprese - Frutti di mare - Linguine al cartoccio.

Die Villa liegt in der Nähe der Straße, die zur Villa Tibero führt. Die Terrassen hoch über dem Meer sind durch die Bucht vor starken Brisen geschützt. Zur Mittagszeit wird dort ein schmackhaftes Buffet aufgefahren. Die großen und behaglichen Zimmer verfügen nicht alle über die gleiche Aussicht: die mit Blick aufs Meer sind selbstverständlich angenehmer als die zum kleinen Hof. Anzumerken ist, daß das Hotel keinen Fahrstuhl besitzt und die unten gelegenen Zimmer einiges Treppensteigen erforderlich machen. Familiäre Atmosphäre.

Anreise (Karte Nr. 19): Überfahrten ab Neapel (zw. 40 u. 70 Min.) oder ab Sorrento (35 Min.); auf Capri von der Piazzetta Rtg. Villa Tiberio über die Via Camerelle u. die Via Tragara.

KAMPANIEN

Europa Palace Hotel

Isola di Capri
80071 Anacapri (Napoli)
Tel. 081-837 38 00 - Fax 081-837 31 91
A. Cacace und Sig. Mantegazza

Kategorie ★★★★ **Geschlossen** von November bis März **80 Zimmer** m. Klimaanl., Tel., Bad, WC u. TV, davon 4 m. eig. Pool **Preise** EZ u. DZ: 240-295000 L, 390-680000 L; 690-890000 L (m. eig. Pool); Suite: 900-2300000 L - Frühst. inkl., von 7.00 bis 12.00 Uhr - HP: + 60000 L (pro Pers.) **Kreditkarten** akzeptiert **Verschiedenes** Hunde nicht erlaubt - Schwimmb. - Beauty Farm **Umgebung** Villa Axel Munthe - Kartause von San Giacomo - Villa Jovis - Punta Tragara (Faraglioni) - Villa San Michele - Grotta di Matromania - Grotta Azzura - Villa Malaparte - Monte Solaro - Neapel - Pompeji - Ercolano - Cuma - La solfatara in Pozzuoli - Ischia - Amalfitanische Küste - Paestum **Restaurant** ab 12.00 u. ab 19.30 Uhr - Menüs: 60-70000 L - Karte - Spezialitäten: Tagliolini al limone - Ravioli caprese - Risotto al melone - Spigola del golfo farcita al salmone - Torta di mandorla, torta di limone e mandorle.

In Anacapri, dem ursprünglichsten Teil der Insel gelegen, läßt das *Europa Palace Hotel* seine Gäste von seiner Erfahrung profitieren, die es besitzt, seit es der Familie des *Mariantonia* gehört; das ist auf der ganzen Insel für seine gute Küche und Gastfreundlichkeit bekannt. Zu diesen grundlegenden Vorzügen hat man dem Europa noch maßvollen Luxus hinzugefügt. So verfügt das Hotel unter anderem über zahlreiche Suiten mit eigenem Garten, die Megaron-Suite und drei Appartements haben sogar ein eigenes Schwimmbad, aber auch über sehr komfortable Zimmer mit Terrasse, auf der man frühstücken und die wohltuende Seeluft genießen kann. Im Restaurant des Hotels wird die Familientradition fortgesetzt, d.h. die Gerichte sind schmackhaft mediterran. Schätzten nicht schon Augustus und Tiberius das regenerierende Klima der Insel?

Anreise (Karte Nr. 19): Überfahrten ab Neapel (zw. 40 u. 70 Min.) od. Sorrent (35 Min.); auf Capri Taxi im Hafen oder Privatbus.

KAMPANIEN

Hotel Luna

Isola di Capri - 80073 Capri (Napoli)
Viale Matteotti, 3
Tel. 081-837 04 33 - Fax 081-837 74 59 - Sig. Vuotto
E-mail: luna@capri.it - Web: http://www:capri.it/it/hotels/luna/home.htlm

Kategorie ★★★★ **Geschlossen** von November bis März **48 Zimmer** m. Klimaanl.,Tel., Bad, WC, Satelliten-TV, Safe, Minibar; Aufzug **Preise** EZ u. DZ: 185-230000 L, 260-500000 L - Frühst. inkl., von 7.30 bis 11.30 Uhr - HP: 185-315000 L (pro Pers.) **Kreditkarten** akzeptiert **Verschiedenes** Hunde nicht erlaubt - Schwimmb. **Umgebung** Kartause San Giacomo - Villa Jovis - Punta Tragara (Faraglioni) - Anacapri - Villa San Michele - Grotta di Matromaria - Grotta Azzura - Villa Malaparte - Monte Solara - Neapel - Pompeji - Ercolano - Cuma - Solfatara in Pozzuoli - Ischia - Amalfitanische Küste - Paestum **Restaurant** von 12.30 bis 14.30 u. von 19.30 bis 21.30 Uhr - Menü: 65000 L - Karte - Neapolitanische Küche.

Dieses komfortable Hotel erfreut sich einer außergewöhnlichen Lage. Die Zimmer sind groß, aber ohne eigenen Stil, die Ausstattung wirkt etwas überladen. Dafür genießt man aber die Terrassen, den großen blühenden Garten und den Pool. All das in unmittelbarer Nähe des Kartäuserklosters. Obwohl nur einige Meter vom Zentrum entfernt, ist dies der ideale Ort für einen ruhigen Aufenthalt. Der Empfang ist sympathisch und sogar herzlich. Eine der besten Adressen der Insel.

Anreise (Karte Nr. 19): Überfahrten ab Neapel (zw. 40 u. 70 Min.) oder ab Sorrento (35 Min.); auf Capri von der Piazzetta Rtg. Giardini di Augusto über die Corso Vittorio Emanuele u. die Via F. Serena.

KAMPANIEN

Hotel Punta Tragara

Isola di Capri
80073 Capri (Napoli)
Via Tragara, 57
Tel. 081-837 08 44 - Fax 081-837 77 90 - Sig. Ceglia

Kategorie ★★★★ **Geschlossen** von November bis März **47 Zimmer** m. Klimaanl., Tel., Bad od. Dusche, WC, TV, Minibar; Aufzug **Preise** DZ: 480-560000 L; Suiten: 600-900000 L - Frühst. inkl., von 8.00 bis 11.00 Uhr **Kreditkarten** akzeptiert **Verschiedenes** Hunde nicht erlaubt - 2 Schwimmb. **Umgebung** Kartause von San Giacomo - Villa Jovis - Punta Tragara (Faraglioni) - Anacapri - Villa San Michele - Grotta di Matromaria - Grotta Azzura - Villa Malaparte - Monte Solara - Neapel - Pompeji - Ercolano - Cuma - Solfatara in Pozzuoli - Ischia - Amalfitanische Küste - Paestum **Restaurant** von 13.00 bis 15.30 u. von 20.00 bis 22.30 Uhr - Menü: 80000 L - Karte - Mittelmeerküche.

Diese ockerfarbenen, von Le Corbusier konzipierten Häuser hoch über dem Meer in den Fels gebaut, sind ungewöhnlich für Capri. Heute ist *Punta Tragara* ein Luxushotel mit mehr Suiten als Zimmern. Möbel, Gemälde, Teppiche und Tapisserien sind zwar im ganzen Hotel verteilt, wirken aber ein wenig altmodisch und schaffen keine besonders behagliche Atmosphäre. Die beiden Restaurants sind angenehm; im *La Bussola* speist man im Freien mit einem überwältigenden Ausblick. Im tropischen Garten mit riesigen Kakteen und Bougainvilleen stehen den Gästen zwei sehr schöne Meerwasser-Pools zur Verfügung, einer davon ist auf 35° C erwärmt. Empfang und Service sind die eines Grandhotels.

Anreise (Karte Nr. 19): Überfahrten ab Neapel (zw. 40 u. 70 Min.) oder ab Sorrento (35 Min.); auf Capri von der Piazzetta Rtg. Villa Tiberio über die Via Camerelle u. die Via Tragara.

KAMPANIEN

Albergo Villa Sarah

Isola di Capri - 80073 Capri (Napoli)
Via Tiberio, 3/A
Tel. 081-837 06 89/837 78 17 - Fax 081-837 72 15
Sig. de Martino Domenico

Kategorie ★★★ **Geschlossen** von November bis Ostern **20 Zimmer** m. Tel., Bad od. Dusche, Satelliten-TV, WC **Preise** EZ u. DZ: 140-190000 L, 240-2900000 L - Frühst. inkl., von 8.00 bis 10.00 Uhr **Kreditkarten** akzeptiert **Verschiedenes** Hunde nicht erlaubt - Solarium **Umgebung** Kartause von San Giacomo - Villa Jovis - Punta Tragara (Faraglioni) - Grotta di Matromaria - Grotta Azzura - Anacapri - Villa San Michele - Villa Malaparte - Monte Solara - Neapel - Pompeji - Ercolano - Cuma - Solfatara in Pozzuoli - Ischia - Amalfitanische Küste - Paestum **Kein Restaurant** im Hotel (siehe unsere Restaurantauswahl S. 487-488).

Eine der typischen Villen in erhöhter Lage auf Capri. Villa Sarah besitzt als Verlängerung ihres Gartens den traditionellen Weinberg und den obligatorischen Obstgarten, dem die guten Frühstücks-Konfitüren zu verdanken sind. Diese Gegend in der Nähe des Zentrums ist dennoch sehr ruhig; das heißt, man kann das Bad in der Menge im Sommer dosieren. Die Atmosphäre ist sehr angenehm, und es ist eine Freude, sich im Garten oder auf der Sonnenterrasse des Hauses aufzuhalten. Alle Zimmer bieten Standardkomfort. Aufgrund ihrer Schönheit ist die Insel Capri schick und teuer. *Villa Sarah* macht es möglich, unter guten Bedingungen und zu vernünftigen Preisen von ihr zu profitieren.

Anreise (Karte Nr. 19): Überfahrten ab Neapel (zw. 40 u. 70 Min.) od. Sorrento (35 Min.); auf Capri: ab Piazzetta Rtg. Villa Tiberio über Via Camerelle u. Via Tragara; von der Piazzetta aus gelangt man zur Via Tiberio.

KAMPANIEN

Pensione Quattro Stagioni

Isola di Capri
80073 Marina Piccola (Napoli)
Tel. 081-837 00 41
Sig.ra Salvia

Kategorie ★ **Geschlossen** vom 1. November bis 14. März **12 Zimmer** m. Bad od. Dusche, WC **Preise** 150-180000 L (wenn Sie mit unserem Führer anreisen, erhalten Sie in den Monaten April, Mai, Juni u. Oktober einen Preisnachlaß) - HP: 120-150000 L (pro Pers.) - Frühst. inkl., von 8.00 bis 10.00 Uhr **Kreditkarten** Visa, Eurocard, MasterCard **Verschiedenes** Hunde nicht erlaubt **Umgebung** Strand - Kartause von San Giacomo - Villa Jovis - Punta Tragara (Faraglioni) - Anacapri - Villa San Michele - Grotta di Matromaria - Grotta Azzura - Villa Malaparte - Monte Solara - Neapel - Pompeji - Ercolano - Cuma - Solfatara in Pozzuoli - Ischia - Amalfitanische Küste - Paestum **Restaurant** ab 20.00 Uhr - Menü - Spezialitäten: Pasta alle zucchine - Pollo caprese.

Nach und nach gehen in Italien die berühmten *pensione* verloren, in denen der Reisende von einer gastfreundlichen Familie aufgenommen wird. Das überfeinerte Capri kann damit aber noch dienen. Die Lage von *Pensione Quattro Stazione* ist besonders gut (denn nach Marina Piccola kommt man zum Baden oder zum Abendessen in den Straßenrestaurants mit Blick aufs Meer); es ist eines dieser Häuser voller Blumen, die oberhalb der Bucht zwischen dem Mont Solaro und dem Mont Castiglione liegen. Heute hat jedes Zimmer sein eigenes Bad. Die Tradition der *pensione* verpflichtet jedoch zu Halbpension. Das muß man unter Berücksichtigung der günstigen Preise in Kauf nehmen. Die Promenade, die das Zentrum Capris mit Marina Piccola über die Augustus-Gärten mit wundervollem Ausblick verbindet, ist besonders reizvoll.

Anreise (Karte Nr. 19): Überfahrten ab Neapel (zw. 40 u. 70 Min.) od. Sorrento (35 Min.); auf Capri: ab Piazzetta Rtg. Villa Tiberio über Via Camerelle u. Via Tragara.

KAMPANIEN

Park Hotel Miramare

Isola d'Ischia
80070 Sant'Angelo (Napoli)
Tel. 081-999 219 - Fax 081-999 325 - Sig.ra Calise
Web: http://www.hotelmiramare.it - E-mail: miramare@pointel.it

Kategorie ★★★★ **Geschlossen** von Oktober bis März **50 Zimmer** m. Tel., Bad od. Dusche, WC, Satelliten-TV, Minibar, Ventilator **Preise** EZ u. DZ: 203000 L, 316000 L - Frühst.: 18000 L, von 7.30 bis 10.00 Uhr - HP u. VP: 205-215000 L, 230-240000 L (pro Pers.) **Kreditkarten** Diners, Visa, Eurocard, MasterCard **Verschiedenes** Kleine Hunde erlaubt - Thermen "Giardini Aphrodite" **Umgebung** Inselrundfahrt (32 km) - Castello - Aussichtspunkt Cartaromana - Ausflug zum Monte Epomeo (788 m) ab Fontana (1 Std.) - Kirche u. Poseidongarten in Forio - Lacco Amono - Lido S. Montano - Capri - Neapel - Pompeji - Ercolano - Cuma - Solfatara in Pozzuoli - Ischia - Amalfitanische Küste - Paestum **Restaurant** von 13.00 bis 14.00 u. von 19.30 bis 21.00 Uhr - Menü: 75000 L - Regionale Küche.

Schon die kurze Fahrt mit der Fähre nach Ischia ist ein Vergnügen. Mit Blick auf den majestätischen Vesuv durchquert man den herrlichen Golf von Neapel und fährt der Halbinsel Pozzuoli und der Insel Procida entlang. Das *Hotel Miramare* befindet sich in Sant'Angelo (einem der wenigen unbeschädigten Orte der Insel) und liegt hoch über dem Meer, nur ein paar Schritte vom kleinen Hafen und seiner hübschen *piazzetta* entfernt. Das Hotel verfügt über eine angenehme Atmosphäre und eine solide Tradition. Die komfortablen und angenehmen Zimmer - einige mit Balkon - bieten einen außergewöhnlichen Panoramablick. Auf der Terrasse werden typische Gerichte der Insel serviert, die selbstverständlich viel Fisch umfassen. Eine private, blumengesäumte Allee führt zum Aphrodite/Apollon-Thermalgarten. Hier, am Hang, gibt es zwölf Schwimmbäder mit unterschiedlichen Temperaturen.

Anreise (Karte Nr. 19): Südl. von Neapel die A 3 bis Castellammare di Stabia, dann die S 145 - Fähre tägl. ab Neapel (zw. 40 u. 70 Min.) u. Pozzuoli (40 Min.).

KAMPANIEN

Pensione Casa Sofia

Isola d'Ischia - 80070 Sant'Angelo (Napoli)
Via Sant'Angelo, 29 B
Tel. 081-999 310 - Fax 081-999 859 - Sig.ra Bremer-Baricelli
E-mail: htlsofia@pointel.it

Ganzj. geöffn. **8 Zimmer** u. 2 App. m. Dusche, WC, Satelliten-TV **Preise** m. HP: 120000 L (pro Pers.) - Frühst. inkl., ab 8.00 Uhr **Kreditkarten** akzeptiert **Verschiedenes** Kleine Hunde erlaubt - 2 Thermalschwimmb. **Umgebung** Inselrundfahrt (32 km) - Castello - Aussichtspunkt Cartaromana - Ausflug zum Mont Epomeo (788 m) ab Fontana (1 Std.) - Kirche u. Poseidongarten in Forio - Lacco Ameno - Lido S. Montano - Capri - Napoli - Pompei - Ercolano - Cuma - Solfatara in Pozzuoli - Ischia - Amalfitanische Küste - Paestum **Restaurant** ab 19.30 Uhr im Sommer - Menü - Regionale Küche.

Signora Dolly Bremer-Baricelli machte aus ihrem schönen großen Haus mit beeindruckender Aussicht aufs Meer eine charmante Adresse für diejenigen, die eine heitere familiäre Atmosphäre mögen. Alle Zimmer sind hübsch hergerichtet. Von der Terrasse, auf der das (reichhaltige) Frühstück eingenommen wird, hat man einen Blick auf die Bucht von Sant'Angelo. Dieser alte Fischerhafen ist das einzige Dorf auf Ischia, das noch heute über jenen Charme verfügt, der einst auf der ganzen Insel verbreitet war. Gleich neben *Casa Sofia* können Sie die Thermalbäder des Aphrodite-Gartens genießen (man geht von einem Bad zum nächsten, und in jedem sollte man mindestens zehn Minuten verweilen). Wer nach Ischia kommt, darf diese stimulierenden Bäder in keinem Fall verpassen! Frau Bremer-Baricelli, sie ist Deutsche, serviert das Abendessen um 18.30 Uhr. Hoffen wir, daß die Gäste, die es nicht gewohnt sind, zu so früher Stunden zu dinieren, sich später zu Tisch begeben können.

Anreise (Karte Nr. 19): Südl. von Neapel über die A 3 bis Castellammare di Stabia, dann S 145 - Fähre tägl. ab Neapel (zw. 40 u. 70 Min.) u. Pozzuoli (40 Min.).

KAMPANIEN

Pensione Casa Garibaldi

Isola d'Ischia
80070 Sant'Angelo (Napoli)
Via Sant'Angelo, 52
Tel. 081-99 94 20 - Fax 081-99 94 20 - Sig. Di Iorio

Geschlossen von November bis Ostern **20 Zimmer** m. Dusche u. WC **Preise** EZ: 56000 L, DZ: 100000 L; Suite: 120000 L - Frühst.: 8000 L, von 8.00 bis 10.00 Uhr **Kreditkarten** nicht akzeptiert **Verschiedenes** Hunde erlaubt - Schwimmb. **Umgebung** Inselrundfahrt (32 km) - Castello - Aussichtspunkt Cartaromana - Ausflug zum Mont Epomeo (788 m) ab Fontana (1 Std.) - Kirche u. Poseidongarten in Forio - Lacco Ameno - Lido S. Montano - Capri - Napoli - Pompei - Ercolano - Cuma - Solfatara in Pozzuoli - Ischia - Amalfitanische Küste - Paestum **Kein Restaurant** im Hotel (siehe unsere Restaurantauswahl S. 488).

Das Fischerdorf Sant'Angelo, 300 Meter vom Pier entfernt, ist nur zu Fuß erreichbar (Garagenangebot und Gepäckträger gleich bei der Ankunft). Von diesem schlichten, weißen, von Feigenbäumen umgebenen Haus aus überblickt man den Strand und das malerische Fischerdorf. Die Gästezimmer wurden in den kleinen Häusern eingerichtet, die über terrassierte Dächer miteinander verbunden sind. Auf der höchsten dieser Terrassen befindet sich das Schwimmbad. Obwohl sehr einfach, ist *Casa Garibaldi* ein Ort, an dem man sich sehr wohl fühlt. Der Empfang ist sympathisch, der Ausblick einzigartig, und die Zimmer haben trotz ihrer Kargheit alle eine Dusche. Ein Restaurant steht nicht zur Verfügung, dafür aber eine große Küche, wo sich jeder jederzeit etwas zubereiten kann.

Anreise (Karte Nr. 19): Südl. von Neapel über die A 3 bis Castellamare di Stabia, dann S 145 - Überfahrten tägl. ab Neapel (zw. 40 u. 70 Min.) u. Pozzuoli (40 Min.).

La Villarosa

Isola d'Ischia
80077 Porto d'Ischia (Napoli)
Via Giacinto Gigante, 5
Tel. 081-99 13 16 / 98 44 90 - Fax 081-99 24 25 - Sig. Pepe

Kategorie ★★★★ **Geschlossen** von November bis 21. März **33 Zimmer** (10 m. Klimaanl.) u. 4 Suiten m. Tel., Bad, WC., Satelliten-TV, Minibar; Aufzug **Preise** EZ u. DZ: 115-165000 L, 200-250000 L-Frühst. inkl., von 7.00 bis 10.00 Uhr - HP u. VP: 130-170000 L, 140-190000 L (pro Pers.) **Kreditkarten** akzeptiert **Verschiedenes** Kleine Hunde erlaubt - Schwimmb. - Thermen - Hydrotherapie u. Massagen **Umgebung** Inselrundfahrt (32 km) - Castello - Aussichtspunkt Cartaromana - Ausflug zum Monte Epomeo ab Fontana - Kirche u. Poseidongarten in Forio - Lacco Ameno - Lido S. Montano - Capri - Neapel - Pompeji - Ercolano - Cuma - Solfatara in Pozzuoli - Amalfitanische Küste - Paestum **Restaurant** für Hotelgäste von 13.00 bis 14.00 u. von 19.30 bis 21.00 Uhr - Menüs: 40-60000 L.

Verborgen inmitten eines üppigen tropischen Gartens gelegen, gehört *Villarosa* zu jenen magischen Orten, deren Charme einen ganz langsam gefangennimmt und der einem dann beim Verlassen "unsägliche Qual" bereitet. Kein offen zur Schau gestellter Luxus, wohl aber bester Geschmack: Schlichtheit und Raffinesse im Detail. Ein eleganter Salon öffnet sich zum Garten und zu einem Thermalbad hin. Die Zimmer (davon zehn mit Terrasse oder Balkon) besitzen den diskreten Charme alter Landhäuser. Auf dem Dach der Villa wurde das Restaurant eingerichtet, an das sich eine von Glyzinien geschmückte Terrasse anschließt, auf der im Sommer gespeist wird. Im Souterrain des Hotels wurde eine Thermalanlage installiert.

Anreise (Karte Nr. 19): Überfahrten ab Neapel - Molo Beverello (75 Min. mit der Fähre, 40 Min. per Schnellboot), Tel. 081-551 32 36.

KAMPANIEN

La Bagattella Hotel

Isola d'Ischia
80075 Forio d'Ischia (Napoli)
Spiaggia di San Francesco - Via Tommaso Cigliano
Tel. 081-98 60 72 - Fax 081-98 96 37 - Sig.ra Lauro

Kategorie ★★★★ **Geschlossen** von November bis März **56 Zimmer** m. Klimaanl., Tel., Bad, WC, TV **Preise** HP u. VP: 143-163000 L, 173-193000 L (pro Pers. mind. 3 Üb.) - Frühst. inkl., von 7.30 bis 9.30 Uhr **Kreditkarten** Visa, Eurocard, MasterCard **Verschiendenes** Hunde nicht erlaubt - Schwimmb. - Hydrotherapie - Parkpl. **Umgebung** Inselrundfahrt (32 km) - Castello - Aussichtspunkt Cartaromana - Ausflug zum Monte Epomeo (788 m) ab Fontana (1 Std.) - Kirche u. Poseidongarten in Forio - Lacco Ameno - Lido S. Montano - Capri - Neapel - Pompeji - Ercolano - Cuma - Solfatara in Pozzuoli - Ischia - Amalfitanische Küste - Paestum **Restaurant** für Hotelgäste von 13.00 bis 14.00 u. von 19.00 bis 20.30 Uhr - Menü: 103000 L - Spezialitäten: Fisch.

Dieses Hotel im maurischen Zuckerbäckerstil liegt versteckt in einem Garten voller Oleander und üppiger Bougainvilleen, nur fünf Minuten zu Fuß von einem schönen Sandstrand entfernt. Es wurde kürzlich von Grund auf modernisiert und um einen Flügel erweitert, der einfache und zweckmäßige Zimmer und Mini-Appartements beherbergt, die sich alle zum Garten hin öffnen. Die Zimmer in der maurischen Villa sind dagegen sehr luxuriös. Die Ausstattung grenzt bisweilen an Kitsch, ist aber nie zu aufdringlich. Einige Zimmer besitzen einen blumenbewachsenen Balkon. Im hinteren Teil des Gartens liegt das von großen Hibisken und Palmen geschützte Thermalbad. Das Restaurant geht auf diesen Garten hinaus.

Anreise (Karte Nr. 19): Überfahrten ab Neapel - Molo Beverello (75 Min. mit der Fähre, 40 Min. per Schnellboot); Tel. 081-551 32 36, 10 km von Porto d'Ischia entf. Taxis an den Landungsbrücken.

KAMPANIEN

Albergo Terme San Montano

Isola d'Ischia
80076 Lacco Ameno (Napoli)
Tel. 081-99 40 33 - Fax 081-98 02 42
Sig. Farace

Kategorie ★★★★ **Geschlossen** von November bis März **65 Zimmer** u. 2 Suiten m. Tel., Bad, WC, Satelliten-TV, Minibar **Preise** EZ u. DZ: 230-300000 L, 360-620000 L; Suiten: + 100000 L (pro Pers.) - Frühst. inkl., von 7.30 bis 11.00 Uhr - HP u. VP: 220-350000 L, 270-400000 L (pro Pers., mind. 8 Üb.) **Kreditkarten** akzeptiert **Verschiedenes** Kleine Hunde im Zimmer erlaubt - 2 Schwimmb. - Tennis - Thermen - Sauna - Privatstrand - Wasserski - Beauty Center - Minibus - Parkpl. **Umgebung** Inselrundfahrt (32 km) - Castello - Aussichtspunkt Cartaromana - Ausflug zum Monte Epomeo (788 m) ab Fontana (1 Std.) - Kirche u. Poseidongarten in Forio - Lacco Ameno - Lido S. Montano - Capri - Neapel - Pompeji - Ercolano - Cuma - Solfatara in Pozzuoli - Ischia - Amalfische Küste - Paestum **Restaurant** von 13.00 bis 15.00 u. von 20.00 bis 22.00 Uhr - Karte.

Dieses Hotel erfreut sich der schönsten Lage auf der Insel: vom höchsten Punkt eines Hügels aus geht der Blick über das offene Land, über das Meer mit den Inseln Vivara und Procida, und in der Ferne erahnt man die Silhouette des Vesuvs. In der einzigartigen Atmosphäre dieses Hotels vergißt man schnell die sehr moderne Erscheinung des Hauses, so sehr bezaubern Luxus und Komfort. Die Zimmer sind Bootskabinen nachempfunden, die Aussicht ist prachtvoll; einige haben einen Balkon, andere einen eigenen Garten. Im terrassierten Park liegen zwei Pools und ein Tennisplatz. Ein Pendelbus bringt Sie zum Privatstrand. Dieses Hotel könnte durch eine persönlichere Note noch hinzugewinnen. Die gehobenen Preise sind jedoch gerechtfertigt.

Anreise (Karte Nr. 19): Überfahrten ab Neapel - Molo Beverello (75 Min. mit der Fähre, 40 Min. per Schnellboot); Tel. 081-551 32 36, 6 km von Porto d'Ischia entfernt.

KAMPANIEN

Hotel Residence Punta Chiarito

Isola d'Ischia
80074 Sorgeto - Panza d'Ischia (Napoli)
Tel. 081-908 102 - Fax 081-09 277
Sig. Impagliazzo

Ganzj. geöffn. **8 Zimmer** u. 7 Studios (m. Klimaanl.) m. Tel., Dusche, WC, TV, Minibar **Preise** DZ: 200-220000 L; Studio (2 Pers.): 1300-1600000 L (f. 1 Woche) - Frühst. inkl., von 8.00 bis 10.00 Uhr - HP: 120-150000 L (pro Pers.) **Kreditkarten** Visa, Eurocard, MasterCard **Verschiedenes** Hunde erlaubt - Thermalbad - Sauna - Parkpl. **Umgebung** Inselrundfahrt (32 km) - Castello - Aussichtspunkt Cartaromana - Ausflug zum Monte Epomeo (788 m) ab Fontana (1 Std.) - Kirche u. Poseidongarten in Forio - Lacco Ameno - Lido S. Montano - Capri - Neapel - Pompeji - Ercolano - Cuma - Solfatara in Pozzuoli - Ischia - Amalfitanische Küste bis Salerno - Paestum **Restaurant** von 12.45 bis 14.15 u. von 20.00 bis 21.30 Uhr - Karte.

Wenn Sie nach zu vielen Besichtigungen und Ausflügen eine Pause einlegen und nichts als das Meer sehen möchten, sollten Sie nicht zögern, im *Punta Chiarito* haltzumachen. In diesem auf einer felsigen Anhöhe direkt am Meer gelegenen Hotel werden Sie sich rasch erholen können. Ein Thermalschwimmbad gleich am Hotel; eine (steile) Treppe führt zum Strand, wo man dank des besonders warmen Meeres auch im Winter baden kann. Von den modernen und schlichten, aber komfortablen Gästezimmern blickt man direkt aufs Meer. Am schönsten gelegen sind die mit Blick auf die Halbinsel Sant'Angelo. Wenn Sie mit der Familie reisen, sind Zimmer mit Kochnischen vorhanden. Und wenn im Sommer im Innern der Insel der Betrieb zunimmt, ist und bleibt *Punta Chiarito* das ganze Jahr über ein Ort der Ruhe.

Anreise (Karte Nr. 19): Überfahrt ab Neapel-Molo Beverello (75 Min. mit der Fähre, 40 Min. per Schnellboot); Tel. 081-551 32 36 nach Forio, Panza, Sorgeto.

KAMPANIEN

Giacaranda

Cenito 84071 Santa Maria de Castellabate (Salerno)
Tel. 0974-96 61 30 - Fax 0974-96 68 00
Sig.ra Cavaliere

Ganzj. geöffn. (außer 24., 25., 26. Dezember) **4 Zimmer** u. 8 App. m. Bad, Satelliten-TV **Preise** HP: 156000 L (1 Pers.), 280000 L (2 Pers.), App.: 280000 L (2 Pers.), 560000 L (4 Pers.) - Frühst. inkl., von 9.00 bis 11.30 Uhr **Kreditkarten** akzeptiert **Verschiedenes** Kleine Hunde erlaubt - Tennis - Parkpl. **Umgebung** Amalfi - Neapel - Pompeji - Paestum - Velia - Capri - Padula Vietri **Restaurant** von 13.00 bis 15.00 u. von 19.30 bis 22.00 Uhr - Menüs - Vegetarisches Menü - Mediterrane Küche.

Das Hinterland vom Golf von Salerno bietet besonders reizvolle Sehenswürdigkeiten wie die griechischen Tempel von Paestum (die, wenn man in der Gegend ist, sich unbedingt bei Sonnenuntergang ansehen sollte) und die monumentale Porta Rossa de Velia, zwar weniger aufgesucht, aber als einziges Beispiel griechischer Rundbogen-Kunst bekannt ... Diese Präzisionen sollen dazu beitragen, *Giacaranda,* auf halbem Weg dieser beiden Sehenswürdigkeiten gelegen, besser einordnen zu können. Es ist ein schönes Anwesen, das stets darauf bedacht ist, den Gästen die Zeit so angenehm wie möglich zu gestalten. Zimmer und Appartements sind gepflegt: gute Betten, komfortable Bäder, antikes Mobiliar und hübsche Wäsche schaffen einen schlicht-raffinierten Rahmen. Die typisch italienische Küche ist gepflegt: hausgemachte Spaghetti und Ravioli, viele regionale Gerichte, ohne die berühmte Pizza zu vergessen, die im Prinzip am letzten hier verbrachten Abend serviert wird. Auch erhalten Sie wertvolle Tips für Besichtigungen, Wanderungen und wo man am besten schwimmt. Ein Haus, in das man gern zurückkehrt.

__Anreise__ (Karte Nr. 20): 120 km südl. von Neapel. Über die A 3 (Salerno/Reggio), Ausf. Battipàglia, dann SS 18 (Rtg. Agropoli) bis Santa Maria di Castellabate.

KAMPANIEN

Palazzo Belmonte

84072 Santa Maria di Castellabate (Salerno)
Tel. 0974-96 02 11 - Fax 0974-96 11 50
Sig.ra Wilkinson

Geschlossen von November bis April **20 Suiten** m. Tel., Bad, WC, einige m. Kochnische **Preise** 250-510000 L (f. 2 Pers.); 550-850000 L (f. 4 Pers.) - Frühst. inkl. **Kreditkarten** Visa, Eurocard, MasterCard **Verschiedenes** Hunde nicht erlaubt - Schwimmb. - Privatstrand - Parkpl. **Umgebung** Amalfi - Neapel - Paestum - Capri - Padula Vietri **Restaurant** von 13.00 bis 14.30 u. von 20.00 bis 22.30 Uhr - Menü - Regionale Küche.

In den Sommermonaten öffnet Prinz Belmonte seinen im 17. Jahrhundert errichteten und in einem kleinen Fischerdorf gelegenen Palast, in dem einst die Könige Spaniens und Italiens als Gäste weilten. Der Prinz und seine Familie bewohnen den linken Flügel des Schlosses; in einem anderen Teil dieses herrlichen, historischen Gebäudes wurden einige Suiten eingerichtet. Die Ausstattung ist nicht gerade als prachtvoll zu bezeichnen, aber überall herrscht - mit hellen Farben und Bambusmöbeln - ein raffiniertes Urlaubs-Ambiente. Von einigen Suiten blickt man auf den hübschen Hof, in dem es nach chilenischem Jasmin duftet, andere gehen zum Garten mit Pinien, Magnolien, Hibisken und Oleander, und die restlichen haben eine Terrasse mit Blick aufs Meer: bei klarem Wetter kann man von hier aus Capri erblicken. Schwimmbad, Privatstrand - und etwas weiter Neapel, Pompeji und die Küste von Amalfi. Kultur *und* farniente!

Anreise (Karte Nr. 20): 120 km südl. von Neapel über die A 3, Ausf. Battipàglia, dann Rtg. Paestum, Agropoli u. Castellabate.

KAMPANIEN

Grand Hotel Excelsior Vittoria

80067 Sorrento (Napoli)
Piazza Tasso, 34
Tel. 081-807 10 44 - Fax 081-877 12 06 - Sig. Fiorentino
E-mail: exvitt@exvitt.it - Web: http://www.exvitt.it

Kategorie ★★★★ **Ganzj.** geöffn. **106 Zimmer** m. Klimaanl., Tel. Bad u. Dusche, WC, TV, Safe, Minibar **Preise** EZ u. DZ: 347000 L, 431-619000 L; Suite: 789-1310000 L - Frühst. inkl., von 7.30 bis 9.30 Uhr - HP: 441-526000 L (pro Pers., mind. 3 Üb.) **Kreditkarten** akzeptiert **Verschiedenes** Hunde erlaubt (Zuschlag) - Schwimmb. - Parkpl. **Umgebung** Villa Comunale, Aussichtspunkt in Sorrento - Halbinsel von Sorrento: Positano, Grotta di Smeraldo, Amalfi, Ravello, Salerno - Capri **Restaurant** von 12.30 bis 14.00 u. von 19.30 bis 22.00 Uhr - Menü: 75000 L - Karte - Neapolitanische Küche.

Dieses Palasthotel, das auf einem Felsen über dem Golf von Neapel thront, zählt zu den renommiertesten Adressen in Sorrent. Der Garten, in dem sich duftende Blumen, Rosensträuche und Kletterpflanzen harmonisch vermischen, die Terrasse mit dem endlosen Meerblick und der von Zwergpalmen und türkisblauen Blumen überbordende Wintergarten sind eine reine Freude. Im Innern beeindrucken Stuckfrise und bemalte Decken im Liberty-Stil. Die großen behaglichen Zimmer und die Salons sind mit schönen alten Möbeln eingerichtet. Das Hotel hat schon eine Reihe illustrer Gäste beherbergt - zum Beispiel Goethe, Wagner und Verdi. Das berühmteste und meistverlangte Zimmer ist jedoch das des großen Caruso.

Anreise (Karte Nr. 20): 48 km südl. von Neapel über die A 3 bis Castellammare di Stabia, dann S 145.

KAMPANIEN

Hotel Bellevue Syrene

80067 Sorrento (Napoli)
Piazza della Vittoria, 5
Tel. 081-878 10 24 - Fax 081-878 39 63
Sig. Russo

Kategorie ★★★ **Ganzj.** geöffn. **73 Zimmer** m. Klimaanl., Tel., Bad od. Dusche, WC, TV, Minibar, Safe; Aufzug **Preise** EZ u. DZ: 170-280000 L, 250-440000 L; Suiten: 500-550000 L - Frühst. inkl., von 7.00 bis 10.00 Uhr - HP: + 50000 L (pro Pers.) **Kreditkarten** akzeptiert **Verschiedenes** Hunde erlaubt (außer im Restaurant) - Privatstrand - Garage (25000 L) **Umgebung** Villa Comunale, Aussichtspunkt in Sorrento - Halbinsel von Sorrento: Positano, Grotta di Smeraldo, Amalfi, Ravello, Salerno - Capri **Restaurant** von 19.00 bis 21.00/22.00 Uhr - Menü: 60000 L - Karte - Spezialitäten: Spaghetti con cozze o vongole - Gnocchi alla serrentina - Fisch.

Dort, wo seinerzeit eine römische Villa stand, in der schon Tiberius und Virgilius zu Gast waren, befindet sich heute, direkt am Meer, ein schönes Gebäude aus dem 18. Jahrhundert. Die Räume sind nicht alle gleichermaßen reizvoll: an das neu eingerichtete Restaurant schließen sich zwei kleine Salons an, deren Fresken und Mosaike an die Vergangenheit des Hauses erinnern. Um zum Privatstrand zu gelangen, steht den Gästen ein Fahrstuhl zur Verfügung. Man sollte jedoch auch einmal den Weg über die Treppe und die überwölbte Passage nehmen; ebenso wie die Säulen im Garten sind das Überreste der römischen Villa. Verlangen Sie, falls möglich, das Zimmer Nr. 4 mit eigenem Balkon und Blick aufs Meer.

Anreise (Karte Nr. 20): 48 km südl. von Neapel über die A 3 bis Castellammare di Stabia, dann S 145.

KAMPANIEN

Capo La Gala Hotel

80069 Vico Equense (Napoli)
Via Luigi Serio, 7
Tel. 081-801 57 58 - Fax 081-879 87 47 - Sig.ra Savarese
Web: http://www.venere.it/campania/vico equense/capo la gala

Kategorie ★★★★ **Geschlossen** von November bis März **18 Zimmer** (9 m. Klimaanl., + 50000 L) m. Tel., Bad u. Dusche, WC, TV, Minibar; Aufzug **Preise** EZ u. DZ: 170000 L, 250000 L - Frühst. inkl., von 8.00 bis 10.30 Uhr - HP u. VP: 175-220000 L - 215-260000 L (pro Pers.) **Kreditkarten** akzeptiert **Verschiedenes** Kleine Hunde erlaubt - Schwimmb. - Privatstrand - Parkpl. **Umgebung** Neapel - Pompeji - Ercolano - Cuma - Solfatara in Pozzuoli - Halbinsel von Sorrento - Paestum - Capri **Restaurant** von 13.00 bis 14.30 u. von 20.00 bis 21.30 Uhr - Menü: 60000 L - Karte - Spezialitäten: Fisch - Meeresfrüchte.

Das *Capo La Gala*, vom Vater des jetzigen Besitzers in den Fels gehauen, geht mit seinen Terrassen und kleinen Treppen so sehr in der umliegenden Natur auf, daß man es vom Meer aus nicht sieht. Die wenigen Zimmer sind alle gleich gestaltet; sie verfügen jeweils über einen Balkon mit Meerblick und wurden nach den verschiedenen Winden benannt. Die Atmosphäre ist die eines Privathauses. Die Entspannung im Swimmingpool mit schwefelhaltigem Wasser ist perfekt. Die Küche basiert auf frischem Fisch und frischem Gemüse.

Anreise (Karte Nr. 20): 39 km südl. von Neapel über die A 3 bis Castellammare di Stabia, dann S 145 Rtg. Sorrento.

KAMPANIEN

Hotel Luna Convento

84011 Amalfi (Salerno)
Via P. Comite, 19
Tel. 089-871 002 - Fax 089-87 13 33
Sig. Milone

Kategorie ★★★★ **Ganzj.** geöffn. **48 Zimmer** m. Klimaanl., Tel., Dusche, WC, TV **Preise** EZ u. DZ: 200-250000 L, 250-300000 L; Suiten: 350-420000 L - Frühst.: 20000 L, von 7.30 bis 10.00 Uhr **Kreditkarten** akzeptiert **Verschiedenes** Hunde nicht erlaubt - Schwimmb. - Privatstrand - Parkpl. **Umgebung** Sorrento - Halbinsel von Sorrento: Positano, Grotta di Smeraldo, Ravello, Salerno - Paestum - Capri - Neapel - Pompeji - Ercolano - Cuma - Solfatara in Pozzuoli - Ischia **Restaurant** von 12.30 bis 14.30 u. von 19.30 bis 21.30 Uhr - Menü: 80000 L - Karte - Spezialitäten: Cannelloni del Convento - Crespoline - Risotto pescatore - Gamberoni alla griglia.

Das *Luna Convento* überragt einen sarazenischen Turm, der die Seefahrt des Golfes überwacht, klammert sich an die Felsen und ist ein ehemaliges, für seinen herrlichen byzantinischen Kreuzgang berühmtes Franziskanerkloster. Dieses prachtvolle Hotel ist seit mehreren Generationen im Familienbesitz, wurde in den fünfziger Jahren umgebaut und erhielt ein neues Gebäude, in dem weitere Gästezimmer eingerichtet wurden. Der Komfort der Zimmer ist unterschiedlich; die des Stammhauses verfügen selbstverständlich noch über den Charme vergangener Zeiten. Das Haus hat einige Erinnerungen berühmter Gäste aufbewahrt, so Ibsens Korrespondenz mit Signora Barbano, der Inhaberin des Hotels. Auch wenn einige Verbesserungen wünschenswert erscheinen, ist dies ein reizvolles Haus.

Anreise *(Karte Nr. 20): 25 km westl. von Salerno über die A 3, Ausf. Vietri sul Mare, dann S 163 über die Küstenstraße.*

KAMPANIEN

Hotel Santa Caterina

84011 Amalfi (Salerno)
Via S.S. Amalfitana, 9
Tel. 089-87 10 12 - Fax 089-87 13 51
Web: http://www.starnet.it/santacaterina - E-mail: s.caterina@starnet.it

Kategorie ★★★★★ **Ganzj.** geöffn. **68 Zimmer** m. Klimaanl., Tel., Bad, WC, TV, Minibar **Preise** EZ u. DZ: 350-400000 L, 390-590000 L; Suiten: 680-1200000 L - Frühst.: 25000 L, 7.30 bis 10.00 Uhr - HP u. VP: + 85000 L + 160000 L (pro Pers., mind. 2 Üb.) **Kreditkarten** akzeptiert **Verschiedenes** Hunde nicht erlaubt - Schwimmb. - Privatstrand - Parkpl. - Garage **Umgebung** Sorrento - Halbinsel von Sorrento: Positano, Grotta di Smeraldo, Ravello, Salerno - Paestum - Capri - Neapel - Pompeji - Ercolano - Cuma - La solfatara à Pozzuoli - Ischia **Restaurant** von 13.00 bis 15.00 u. von 20.00 bis 22.00 Uhr - Menü: 75000 L - Karte - Spezialitäten: Linguine al limone - Limoni farciti Santa Caterina - Crespoline all'amalfitana - Penne alla saracena.

Seit drei Generationen ist das *Santa Caterina* im Besitz einer Familie, die Gäste sehr gut und gern bewirtet. Das sorgfältigst ausgesuchte, meist alte Mobiliar verleiht jedem Zimmer eine persönliche Note. Die Bäder haben den Vorteil, sehr modern zu sein; einige verfügen sogar über einen Whirlpool. Das Meer oder das Salzwasser-Schwimmbad erreicht man per Fahrstuhl. Kleiner Tip: verlangen Sie ein Zimmer im *Chalet*, dem kleinen Haus etwas abseits vom Hotel, das versteckt hinter den Zitronenbäumen des Gartens liegt.

Anreise *(Karte Nr. 20): 25 km westl. von Salerno über A 3, Ausf. Vietri sul Mare, dann S 163 der Küste entlang.*

KAMPANIEN

La Conchiglia

84011 Amalfi (Salerno)
Piazzale dei Protontini, 9
Tel. 089-87 18 56 - Fax 089-87 18 56
Sig. Torre

Kategorie ★★ **Ganzj.** geöffn. **11 Zimmer** m. Bad od. Dusche, WC **Preise** EZ u. DZ: 77-100000 L, 130-160000 L - Frühst.: 10000 L, 7.30 bis 9.30 Uhr **Kreditkarten** nicht akzeptiert **Verschiedenes** Hunde nicht erlaubt - Parkpl. **Umgebung** Sorrento - Halbinsel von Sorrento: Positano, Grotta di Smeraldo, Ravello, Salerno - Paestum - Capri - Neapel - Pompeji - Ercolano - Cuma - La solfatara à Pozzuoli - Ischia **Restaurant** von 19.30 bis 21.00 Uhr - Juli u. August geöffnet. - Menü: 25000 L - Regionale Küche - Fisch.

Wir haben keine Angst, die Schönheit der amalfitanischen Küste mit ihren terrassierten Felsen voller blühender, duftender Zitronenbäume oberhalb der Küste mit zahllosen kleinen Buchten und Stränden immer wieder zu preisen. Dieses kleine Hotel liegt am Ende des Dorfes, eingeschoben zwischen Felsen, dem Meer und dem Land: wundervoll. Das Haus mit blauen Fensterläden ist charmant, die schlicht gestalteten Zimmer sind groß, einige haben einen Balkon mit Meerblick. Nr. 4 ist besonders empfehlenswert, denn es hat eine Terrasse, ist noch größer als die anderen und der Blick von dort ist besonders weit. Ein zusätzlicher Vorteil von *Conchiglia* ist ihr kleiner Privatstrand. In seiner Einfachheit ist dieses sympathische Haus eine gute Adresse für alle, die die außergewöhnliche Lage der Stadt Amalfi genießen möchten, aber nicht den Komfort eines Grandhotels erwarten.

***Anreise** (Karte Nr. 20): 25 km westl. von Salerno über die A 3, Ausf. Vietri sul Mare, dann S 163 dem Meer entlang.*

KAMPANIEN

Hotel Belvedere

84010 Conca dei Marini (Salerno)
Tel. 089-83 12 82 - Fax 089-83 14 39
Famiglia Lucibello

Kategorie ★★★★ **Geschlossen** von November bis März **36 Zimmer** m. Klimaanl., Tel., Bad u. WC; Aufzug **Preise** EZ u. DZ: 115-155000 L, 180-240000 L; Suiten: 260-320000 L - Frühst.: 15000 L, von 7.00 bis 10.00 Uhr - HP u. VP: 180-225000 L, 210-255000 L **Kreditkarten** akzeptiert **Verschiedenes** Hunde erlaubt - Schwimmb. - Zugang zum Meer - Parkpl. **Umgebung** Sorrento - Halbinsel von Sorrento: Positano, Grotta di Smeraldo, Ravello, Salerno - Paestum - Capri - Neapel - Pompeji - Ercolano - Cuma - Solfatara in Pozzuoli - Ischia **Restaurant** m. Klimaanl. - von 12.30 bis 14.00 u. von 19.30 bis 21.00 Uhr - Menü: 50000 L - Karte - Spezialitäten: Crespolini al formaggio - Timballo di maccheroni - Fusilli Belvedere.

Man sollte sich weder von der Fassade des *Belvedere* noch von seiner Lage direkt an der Straße beeinflussen lassen. Es wurde derart an den Felsen gebaut, daß es wirklich "über dem Meer" liegt. Diese einzigartige Lage läßt die gesamte amalfische Küste überblicken. Die modernen und sehr komfortablen Zimmer verfügen alle über einen Balkon oder eine Terrasse mit Meerblick. Ein Fahrstuhl bringt Sie zum Swimmingpool, der zwischen den Felsen liegt. Von dort hat man auch einen Zugang zum Meer. Das *Belvedere* ist ein Hotel mit vollendeter Professionalität, die Küche ist exzellent, der Service perfekt und sehr freundlich. Der zurückhaltende, aber freundliche Empfang der Familie Lucibello verleiht diesem Hotel das gewisse Etwas, das nur die echten Hotels mit Charme haben.

Anreise (Karte Nr. 20): 65 km südöstl. von Neapel über A 3, Ausf. Castellammare di Stabia, dann N 336, Rtg. Amalfi. (Transfert, 1-4 Pers., ab Bahnhof Salerno 110000 L, ab Flugplatz Neapel 160000 L).

KAMPANIEN

Hotel San Pietro

84017 Positano (Salerno)
Tel. 089-87 54 55 - Fax 089-81 14 49
Sig. Attanasio

Kategorie ★★★★★ **Geschlossen** von November bis März **60 Zimmer** m. Klimaanl., Tel., Bad, WC, TV, Minibar **Preise** EZ u. DZ: 630-720000 L, 650-740000 L, 3 BZ: 740000 L - Frühst. inkl., 7.00 bis 11.30 Uhr **Kreditkarten** akzeptiert **Verschiedenes** Hunde nicht erlaubt - Schwimmb. - Tennis - Privatstrand - Wasserski u. Windsurfing - Parkpl. **Umgebung** Sorrento - Halbinsel von Sorrento: Grotta di Smeraldo, Ravello, Salerno - Paestum - Capri - Neapel - Pompeji - Ercolano - Cuma - Solfatara in Pozzuoli - Ischia **Restaurant** von 13.00 bis 15.00 u. von 20.00 bis 21.30 Uhr - Karte - Neapolitanische Küche.

Vom Meer aus betrachtet gleicht das *San Pietro* einer grünen, von Terrasse zu Terrasse den Monte Littari hinunterstürzenden Kaskade. Mit einem phantastischen Ausblick gesegnet, ist das Hotel eine Art verrückter Laune: Bougainvilleen und wilder Wein bahnen sich einen Weg bis in die Salons. Die Zimmer mit ihren Bädern, die an Hollywood erinnern, stechen sich gegenseitig hinsichtlich Pracht und Komfort aus. Sie besitzen alle einen mit Fayencen ausgelegten Balkon mit Blick aufs Meer. Ein in den Fels gehauener Fahrstuhl bringt die Gäste zum Privatstrand: der liegt 88 Meter tiefer und hat eine Snackbar; einen Tennisplatz gibt es in der Bucht nebenan. Die Küche ist exzellent und der Empfang bemerkenswert. Aus Sicherheitsgründen empfängt das Hotel keine Kinder unter 12 Jahren.

Anreise (Karte Nr. 20): 57 km südöstl. von Neapel über die A 3 bis Castellammare di Stabia, dann S 145 bis Meta u. S 163 nach Positano.

KAMPANIEN

Le Sirenuse

84010 Positano (Salerno)
Via C. Colombo, 30
Tel. 089-87 50 66 - Fax 089-81 17 98
Sig. Sersale

Kategorie ★★★★★ **Ganzj.** geöffn. **60 Zimmer** m. Klimaanl., Tel., Bad, Dusche, WC, TV, Minibar **Preise** EZ u. DZ: 390-800000 L, 450-850000 L; Suiten: 700-1000000 L - Frühst. inkl., von 7.00 bis 11.00 Uhr - HP u. VP: + 95000 L + 150000 L (pro Pers., mind. 3 Üb.) **Kreditkarten** akzeptiert **Verschiedenes** Hunde außer im Rest. u. am Pool erlaubt - beheizt. Schwimmb. - Parkpl. (30000 L) **Umgebung** Sorrento - Halbinsel von Sorrento: Positano, Grotta di Smeraldo, Ravello, Salerno - Paestum - Capri - Neapel - Pompeji - Ercolano - Cuma - Solfatara in Pozzuoli - Ischia **Restaurant** von 13.00 bis 14.30 u. von 20.00 bis 22.00 Uhr - Karte - Spezialitäten: Pasta - Fisch.

Hinter der dunkelroten Fassade des *Sirenuse* verbirgt sich eines der besten Hotels der amalfischen Küste. Der ursprüngliche, sich zur Bucht von Positano hin öffnende Palast aus dem 18. Jahrhundert wurde im Laufe der Zeit vergrößert. Das erklärt die heute unregelmäßige, aber charmante Architektur des Hotels mit vielen Terrassen und Winkeln. Eingerichtet ist es mit sehr schönem venezianischem und neapolitanischem Mobiliar. Die Zimmer sind außerordentlich behaglich. Einige im ältesten Teil des Hauses besitzen noch den Original-Kachelboden. Am Swimmingpool stehen Tische für das Mittag- und Abendessen. Die Küche entspricht der Qualität des Hauses. Liebenswürdiger und effizienter Service.

Anreise (Karte Nr. 20): 57 km südöstl. von Neapel über die A 3 bis Castellammare di Stabia, dann S 145 bis Meta u. S 163 nach Positano.

KAMPANIEN

Hotel Poseidon

84017 Positano (Salerno)
Via Pasitea, 148
Tel. 089-81 11 11 - Fax 089-87 58 33 - Famiglia Aonzo
Web: http://www.starnet.it/poseidon - E-mail: poseidon@starnet.it

Kategorie ★★★★ **Geschlossen** von Mitte Januar bis Mitte März **45 Zimmer** u. 3 Suiten m. Klimaanl., Tel., Bad, WC TV, Minibar; Aufzug **Preise** DZ: 290-410000 L; Suiten: 550-720000 L - Frühst. inkl., von 8.00 bis 11.00 Uhr - HP: + 70000 L (pro Pers.) Kreditkarten akzeptiert **Verschiedenes** Hunde erlaubt - Schwimmb. - Fitneß-Center - Parkpl. (40000 L) **Umgebung** Sorrento - Halbinsel von Sorrento: Positano, Grotta di Smeraldo, Ravello, Salerno - Paestum - Capri - Neapel - Pompeji - Ercolano - Cuma - Solfatara in Pozzuoli - Ischia **Restaurant** von 13.00 bis 14.30 u. von 20.00 bis 22.00 Uhr - Karte.

Wie die Familie Aonzo berichtet, sollte hier in den fünfziger Jahren ein kleines Ferienhaus entstehen. Daraus wurde dann aber ein sympathisches Hotel, das trotz seiner vier Sterne schlicht und sehr gastfreundlich geblieben ist. Deshalb fühlt man sich hier besonders wohl. Diese Atmosphäre und der aufmerksame Service sind nicht zuletzt darauf zurückzuführen, daß das Hotel verhältnismäßig klein ist. Wie alle Häuser des Dorfes klammert sich auch dieses an jenen Hügel an, der die Bucht überragt. Von dieser außergewöhnlichen Lage profitieren die Zimmer mit ihren Terrassen; sie sind elegant, geräumig und verfügen über jeglichen Komfort, den ihre Sterne versprechen. Die große Panoramaterrasse wurde wie ein großer Innenraum ausgestattet: in der wärmsten Jahreszeit ist hier unter Bougainvilleen das Restaurant untergebracht, etwas weiter das Schwimmbad und das Solarium. Das Hotel besitzt ein "Center des Wohlbefindens".

Anreise (Karte Nr. 20): 57 km südl. von Neapel über die A 3, Ausf. Castellammare di Stabia, Rtg. Sorrento, Positano.

KAMPANIEN

Hotel Palazzo Murat

84017 Positano (Salerno)
Via dei Mulini, 23
Tel. 089-875 177 - Fax 089-811 419 - Famiglia Attanasio
Web: http://www.starnet.it/murat/welcome.html - E-mail: htm@starnet.it

Kategorie ★★★★ **Ganzj.** geöffn. **30 Zimmer** m. Klimaanl., Tel., Bad, WC, Satelliten-TV, Minibar **Preise** EZ u. DZ: 250-300000 L, 320-500000 L - Frühst. (Buffet) inkl., von 8.00 bis 11.00 Uhr **Kreditkarten** akzeptiert **Verschiedenes** Hunde erlaubt **Umgebung** Sorrento - Halbinsel von Sorrento: Positano, Grotta di Smeraldo, Ravello, Salerno - Paestum - Capri - Neapel - Pompeji - Ercolano - Cuma - Solfatara in Pozzuoli - Ischia **Restaurant** von 19.30 bis 21.00 Uhr - Karte.

Dieser als Sommerresidenz für Joachim Murat (Marschall von Frankreich, König von Neapel) errichtete Palazzo ist erst seit einigen Jahren ein Hotel. Die Hauptstrukturen des Barockbaus blieben erhalten, u.a. ein bezaubernder Patio, in dem bisweilen Kammermusik-Konzerte stattfinden. Die schönsten (und die teuersten) Zimmer liegen im älteren Teil des Hauses; die von 1 bis 5 haben einen Balkon mit Aussicht auf die Bucht von Positano. Aber auch die meisten Zimmer des neueren Gebäudeteils besitzen fast alle einen Balkon mit Meerblick. Einige klimatisierte Zimmer gibt es auch. Das Hotel kann mit dem Auto nicht direkt erreicht werden, aber es gibt einen Parkplatz auf der Piazza dei Mulini, 50 Meter vom Hotel entfernt.

Anreise (Karte Nr. 20): 57 km südöstl. von Neapel über die A 3, Ausf. Castellammare di Stabia, Rtg. Sorrento, Positano; in der Altstadt.

KAMPANIEN

Albergo Casa Albertina

84017 Positano (Salerno)
Via Tavolozza, 3
Tel. 089-87 51 43 - Fax 089-81 15 40 - Sig. L. Cinque
E-mail: alcaal@starnet.it

Ganzj. geöffn. **21 Zimmer** m. Klimaanl., Tel., Bad, Dusche, WC, Minibar; Aufzug **Preise** DZ m. HP: 150-240000 L, 150-170000 L (pro Pers.); Suiten: 170-240000 L (pro Pers.) - Frühst. inkl., von 7.30 bis 12.00 Uhr **Kreditkarten** akzeptiert **Verschiedenes** Hunde erlaubt - Parkpl. (30-35000 L) **Umgebung** Sorrento - Halbinsel von Sorrento: Positano, Grotta di Smeraldo, Ravello, Salerno - Paestum - Capri - Neapel - Pompeji - Ercolano - Cuma - Solfatara in Pozzuoli - Ischia **Restaurant** von 20.00 bis 21.30 Uhr - Karte - Spezialitäten: Risotto alla pescatore - Penne all'impazzata - Zuppa di pesce - Pesce alla griglia.

Steigt man einige Stufen der kleinen, abschüssigen Gasse herunter, entdeckt man die *Casa Albertina*. Diese alte *Albergo* wird von dem Sohn eines Fischers geführt, der zuvor im *Sirenuse* angestellt war. Das Haus ist, mit Ausnahme der wundervollen Holztüren aus dem 17. Jahrhundert, fast ausschließlich im Stil der sechziger Jahre eingerichtet. Geschirr, Sitzmöbel, Nippes - alles wurde von Handwerkern speziell angefertigt und verleiht dem Ganzen eine eigenwillige Atmosphäre. Die meisten Zimmer verfügen über einen Balkon mit Meerblick, ideal zum Frühstücken. Der Empfang in diesem einfachen Haus voller Charme ist besonders freundlich. Das Hotel kann per Auto nicht errreicht werden, Gepäckträger stehen zur Verfügung.

Anreise (Karte Nr. 20): 57 km südöstl. von Neapel über die A 3 bis Castellammare di Stabia, dann S 145 bis Meta u. S 163 nach Positano.

KAMPANIEN

La Fenice

84017 Positano (Salerno)
Via G. Marconi, 4
Tel. 089-87 55 13 - Fax 089-81 13 09
Famiglia Mandara

Ganzj. geöffn. **14 Zimmer** m. Bad od. Dusche, 13 m. WC **Preise** DZ: 170000 L; Suite: 340000 L - Frühst. inkl., von 8.00 bis 10.00 Uhr **Kreditkarten** nicht akzeptiert **Verschiedenes** Hunde nicht erlaubt - Privatstrand - Garage (15000 L) **Umgebung** Sorrento - Halbinsel von Sorrento: Positano, Grotta di Smeraldo, Ravello, Salerno - Paestum - Capri - Neapel - Pompeji - Ercolano - Cuma - Solfatara in Pozzuoli - Ischia **Kein Restaurant** im Hotel (siehe unsere Restaurantauswahl S. 489).

Die sich an den Felsen klammernde Villa, mit schattigen Terrassen und üppiger Vegetation, wurde auf mehreren Ebenen erbaut. Der größte Vorteil der *Fenice* ist zweifellos ihre Lage, weshalb die Positano-Fans, die vor allem diese einzigartige Lage mit Meerblick lieben, gegen das einfache Mobiliar und die gewöhnliche Ausstattung der Bäder nichts einzuwenden haben – um so mehr, als die Preise dies berücksichtigen. Selbstverständlich sollte man ein Zimmer mit Meerblick wählen, allerdings werden die oft von einem Jahr zum anderen reserviert. Alle anderen müssen sich mit dem phantastischen Panorama beim Einnehmen des Frühstücks in der weinüberwucherten Laube der Terrasse inmitten von Blumen und Feigenbäumen "begnügen". Der direkte Zugang zu einer Mini-Bucht ist auch nicht zu verachten; an diesem kleinen Privatstrand morgens und abends zu baden, wenn das Meer besonders ruhig ist, ist einfach unvergeßlich.

Anreise (Karte Nr. 20): 57 km südl. von Neapel über die A 3, Ausf. Castellamare di Stabia, Rtg. Sorrento, Positano; in der Altstadt.

KAMPANIEN

Casa Cosenza

84017 Positano (Salerno)
Trara Genoino, 18
Tel. 089-87 50 63 - Fax 089-87 50 63
Sig.ra Maria Rosaria Vitaglione-Cosenza

Ganzj. geöffn. **9 Zimmer** m. Dusche, WC **Preise** EZ u. DZ: 100000 L, 160000 L; Suite: 180000 L - Frühst.: 15000 L, von 8.00 bis 9.30 Uhr **Kreditkarten** nicht akzeptiert **Verschiedenes** Hunde nicht erlaubt **Umgebung** Sorrento - Halbinsel von Sorrento: Positano, Grotta di Smeraldo, Ravello, Salerno - Paestum - Capri - Neapel - Pompeji - Ercolano - Cuma - Solfatara in Pozzuoli - Ischia **Restaurant** von 13.00 bis 14.00 u. von 20.00 bis 21.00 Uhr - Menü: 20000 L - Produkte des Anwesens.

Casa Cosenza zählt zu jenen zahlreichen kleinen Häusern in unterschiedlichen Pastellfarben, die an den Felsen von Positano "hängen" und den Strand und das blaue Mittelmeer überragen. Zum Haus gelangt man über eine der zahlreichen Gassen und Treppen, die sich zwischen den Häusern winden. Dieses echte Gästehaus ist geprägt von einfachem Charme und von viel, aber niemals aufdringlicher Gesellichkeit. Von allen freundlich gestalteten Zimmern hat man Aussicht aufs Meer. Dennoch empfehlen wir Ihnen besonders das Zimmer mit einer Kuppel, die wie der Rest des Hauses aus dem 17. Jahrhundert stammt. Manche Gästezimmer teilen sich eine Terrasse, andere haben einen eigenen Balkon. Auch hier ist das in der Laube servierte Frühstück ein wunderbarer Augenblick des Tages.

Anreise (Karte Nr. 20): 57 km südl. von Neapel über die A 3, Ausf. Castellamare di Stabia, Rtg. Sorrento, Positano; in der Altstadt.

KAMPANIEN

Grand Hotel Tritone

84010 Praiano (Salerno)
Via Campo, 5
Tel. 089-87 43 33 - Fax 089-81 30 24 - Sig. Gagliano
E-mail: tritone@xcom.it - Web: http://www.xcom.it/tritone

Kategorie ★★★★ **Geschlossen** vom 21. Oktober bis 31. März **56 Zimmer** u. 12 Suiten m. Klimaanl., Tel., Bad od. Dusche, WC, Minibar, Satelliten-TV; Aufzug **Preise** EZ u. DZ: 200-260000 L, 260-360000 L; Suiten: 450-500000 L - Frühst.: 20000 L, von 7.00 bis 10.30 Uhr - HP u. VP: 210-310000 L, + 50000 L (pro Pers., mind. 3 Üb.) **Kreditkarten** akzeptiert **Verschiedenes** Hunde erlaubt - 2 Meerwasserschwimmb. - Privatstrand - Parkpl. **Umgebung** Halbinsel von Sorrento: Sorrento - Positano, Grotta di Smeraldo, Amalfi, Ravello, Salerno - Paestum - Capri - Neapel - Pompeji - Ercolano - Cuma - Solfatara in Pozzuoli - Ischia **Restaurant** von 13.00 bis 14.30 u. von 19.30 bis 21.30 Uhr - Menü: 60000 L - Karte - Spezialitäten: Risotto - Fisch.

Das Hotel liegt an der amalfitischen Küste, nur vier Kilometer von Positano und zehn von Amalfi entfernt. Mit seinen verschiedenen, zum Meer hin abfallenden Terrassen erfreut sich dieser Neubau einer außergewöhnlich schönen Lage. Persönlichkeiten aus Politik, Sport und Showbusineß haben hier Entspannung gesucht (Madonna scheint vom *Tritone* hingerissen gewesen zu sein). Der Privatstrand (über Fahrstuhl erreichbar), die beiden Meerwasser-Swimmingpools und der tadellose Service geben den Stars recht. Was die Mahlzeiten anbelangt, werden auch Sie überrascht sein: das Restaurant befindet sich in einer Grotte.

***Anreise** (Karte Nr. 20): 65 km südöstl. von Neapel über die A 3, Ausf. Castellammare Vietri sul Mare, dann S 163 dem Meer entlang; 10 km von Amalfi.*

KAMPANIEN

Hotel Palumbo - Palazzo Confalone

84010 Ravello (Salerno)
Via San Giovanni del Toro, 16
Tel. 089-85 72 44 - Fax 089-85 81 33 - Sig. Vuilleumier
Web: http://www.hotel-palumbo.it - E-mail: palumbo@amalfinet.it

Kategorie ★★★★★ **Ganzj.** geöffn. **21 Zimmer** m. Klimaanl., Tel., Bad od. Dusche, WC, TV, Safe, Minibar **Preise** HP u. VP im Palazzo: 367-420000 L, 420-472000L (pro Pers.); Dependance: 250-295000 L, 280-325000 L (pro Pers.) - Frühst. inkl., von 7.30 bis 10.30 Uhr **Kreditkarten** akzeptiert **Verschiedenes** Kleine Hunde erlaubt - Parkpl. (20000 L) **Umgebung** Villa Rufolo u. Villa Cimbrone in Ravello - Halbinsel von Sorrento: Positano, Grotta di Smeraldo, Amalfi, Salerno - Paestum - Capri - Neapel - Pompeji - Ercolano - Cuma - Solfatara in Pozzuoli - Ischia **Restaurant** von 13.00 bis 14.30 u. von 20.00 bis 21.30 Uhr - Menü: 95000 L - Karte - Spezialitäten: Crespelle Palumbo - Ravioli alla menta - Filetto al Confalone.

Pasquale Palumbo, der im 19. Jahrhundert aus der Schweiz kam, richtete zunächst im Palast Episcopio ein Hotel ein, das rasch zum Treffpunkt der Aristokratie der Küste von Amalfi wurde. Später dann wurde das Hotel in den *Palazzo Gonfalone* verlegt, und der gute Ruf ließ nicht auf sich warten. Dieses prachtvolle Haus arabisch-normannischen Stils mit Kreuzbogen-Innenhof und Majolika-Fußboden bietet auf fünf Etagen ein zum Meer hin offenes Labyrinth. Die Innenausstattung mit alten Gemälden, wozu ein großes Bild der Schule Caravaggios in einem Alkoven des großen Salons zählt, ist prächtig. Jedes Gästezimmer verfügt über eine besondere Atmosphäre und entspricht den Namen wie *Suite blu, Torre, Romantica* ... Die Zimmer in der Dependance sind preiswerter. Ob aufs Meer oder die Berge, von hier ist der Ausblick von überall außergewöhnlich. Der Garten voller Lauben und Rosen ist hochromantisch.

Anreise *(Karte Nr. 20): 65 km südöstl. von Neapel.*

KAMPANIEN

Hotel Caruso Belvedere

84010 Ravello (Salerno)
Piazza San Giovanni del Toro, 2
Tel. 089-85 71 11 - Fax 089-85 73 72
Sig. Caruso

Kategorie ★★★★ **Ganzj.** geöffn. **24 Zimmer** m. Tel., Bad od. Dusche, WC **Preise** HP u. VP: 250-360000 L, 345-440000 L (f. 2 Pers.) - Frühst. inkl., von 7.30 bis 10.00 Uhr **Kreditkarten** akzeptiert **Verschiedenes** Hunde erlaubt (Zuschlag) **Umgebung** Ravello: Villa Rufolo u. Villa Cimbrone - Halbinsel von Sorrento: Positano, Grotta di Smeraldo, Amalfi, Salerno - Paestum - Capri - Neapel - Pompeji - Ercolano - Cuma - Solfatara in Pozzuoli - Ischia **Restaurant** von 12.30 bis 14.30 u. von 19.30 bis 21.00 Uhr - im Febr. 15 Tage geschl. - Menü: 45000 L - Karte - Spezialitäten: Crespolini al formaggio - Scaloppina alla Caruso - Soufflé al limone e cioccolato.

Das *Caruso* liegt an der kleinen Straße, die zum Kirchplatz S. Giovanni del Tore führt, aber in einem schönen, ruhigen Garten. Erst muß man das von zwei aus Stein gemeißelten Löwen bewachte und von Säulen und Pfeilern eingerahmte Tor durchschreiten, und dann erreicht man die Rezeption im ersten Stock. Der Palast hat seine Fresken und den Keramik-Fußboden mit geometrischen Motiven bewahren können. Zahlreiche Gemälde aus dem 19. Jahrhundert (Interieur- und Landschaftsmalerei) schmücken die Wände des großen Salons. Die Zimmer sind groß, und die meisten haben einen außergewöhnlichen Panoramablick. Der Inhaber des Hotels kümmert sich persönlich um seine Gäste. Die Preise sind recht annehmbar (Halbpension ist hier obligatorisch), und die Schönheit der Bucht von Salerno ist unvergeßlich.

Anreise (Karte Nr. 20): 65 km südöstl. von Neapel über die A 3, Ausf. Vietri sul mare, dann Rtg. Costiera amalfitana u. Ravello; oder Ausf. Angri, Rtg. Valico di Chiunzi u. Ravallo.

KAMPANIEN

Villa Cimbrone

84010 Ravello (Salerno)
Via Santa Chiara, 26
Tel. 089-85 74 59 - Fax 089-85 77 77 - Famiglia Vuilleumier
E-mail: villacimbrone@amalfinet.it

Kategorie ★★★★ **Geschlossen** von Dezember bis Ostern **19 Zimmer** m. Tel., Bad od. Dusche, WC, Minibar **Preise** EZ: 280000 L; DZ u. Suite: 380-580000 L - Frühst. inkl., von 7.30 bis 9.30 Uhr **Kreditkarten** Amex, Visa, Eurocard, MasterCard **Verschiedenes** Hunde nicht erlaubt **Umgebung** Villa Rufolo u. Villa Cimbrone in Ravello - Halbinsel von Sorrento: Positano, Grotta di Smeraldo, Amalfi, Salerno - Paestum - Capri - Neapel - Pompeji - Ercolano - Cuma - Solfatara in Pozzuoli - Ischia **Kein Restaurant** im Hotel (siehe unsere Restaurantauswahl S. 488).

Die prachtvollen Gärten der *Villa Cimbrone* wie die der *Villa Rufolo* empfehlen wir allen Ravallo-Besuchern. Von ihrem Belvedere und ihren mit Statuen nach antikem Vorbild umsäumten Terrassen aus ist man von der Aussicht und der Gegend ganz und gar eingenommen, in der sogar Gott mit dem Teufel verhandeln soll! Selbstverständlich kann man hier auch wohnen. Aber selbst nach einigen Instandsetzungsarbeiten ist das Hotel nicht so prachtvoll wie seine Lage. Das Haus verfügt selbstverständlich über Fresken, Kamine und Majoliken, aber trotz der Preise ist sein Komfort veraltet.

Anreise (Karte Nr. 20): 65 km südöstl. von Neapel über die A 3, Ausf. Vietri sul mare, dann Rtg. Costiera amalfitana u. Ravello; oder Ausf. Angri, Rtg. Valico di Chiunzi u. Ravallo.

EMILIA - ROMAGNA

Hotel Corona d'Oro

40124 Bologna
Via Oberdan, 12
Tel. 051-23 64 56 - Fax 051-26 26 79 - Sig. Orsi
E-mail: hotcoro@tin.it

Kategorie ★★★★ **Geschlossen** vom 25. Juli bis 20. August **35 Zimmer** m Klimaanl., Tel., Fax-Anschluß, Dusche, WC, Satelliten-TV, Safe, Minibar **Preise** EZ u. DZ: 210-330000 L, 315-475000 L - Frühst. inkl. (Buffet), von 7.30 bis 11.00 Uhr **Kreditkarten** akzeptiert **Verschiedenes** Hunde erlaubt - Fahrräder **Umgebung** Madonna di San Luca - San Michele in Bosco - Wanderweg um Bologna herum (1 Std., Hinweisschilder: giro sulle colline) - Schlösser-Straße: Bazzano, Monteveglio, S. Maria - Golfplatz in Chiesa Nuova di Monte San Pietro, (18-Lochpl. in Bologna) **Kein Restaurant** im Hotel (siehe unsere Restaurantauswahl S. 490-491).

Die Mischung verschiedener Stilrichtungen verleiht diesem 4-Sterne-Hotel eine angenehme und keinesfalls steife Atmosphäre. Das Bauwerk aus dem 13. Jahrhundert hat einige Veränderungen durchlaufen, und neben einer Jungfrau mit Kind aus dem 15. Jahrhundert kann man Stuckverzierungen im Liberty-Stil der Jahrhundertwende bewundern. Das kürzlich renovierte Hotel hat das, was bislang seinen Ruf ausmachte, nun noch verbessert: Komfort, Service und Ruhe. Es verfügt über eine ausgezeichnete Lage im historischen Zentrum von Bologna.

Anreise (Karte Nr. 10): A 14, Ausf. Bologna-Arcoveggio. Bei der "Tangenziale" Abfahrt Nr. 7, Rtg. Zentrum u. Piazzo Maggiore.

EMILIA - ROMAGNA

Hotel Commercianti

40124 Bologna
Via de' Pignattari, 11
Tel. 051-23 30 52 - Fax 051-22 47 33 - Sig.ra Orsi
Web: http://www.cnc.it/bologna - E-mail: hotcom@tin.it

Kategorie ★★★ **Ganzj.** geöffn. **34 Zimmer** m. Klimaanl., Tel., Bad od. Dusche, WC, Satelliten-TV, Safe, Minibar **Preise** EZ u. DZ: 180-330000 L, 260-475000 L; Suite: 450-700000 L - Frühst. inkl. (Buffet), von 7.30 bis 12.00 Uhr **Kreditkarten** akzeptiert **Verschiedenes** Kleine Hunde erlaubt - Fahrräder - Parkpl. (35000 L) **Umgebung** Madonna di San Luca - San Michele in Bosco - Wanderweg um Bologna herum (1 Std., Hinweisschilder: giro sulle colline) - Schlösser-Straße: Bazzano, Monteveglio, S. Maria - Golfplatz in Chiesa Nuova di Monte San Pietro, (18-Lochpl. in Bologna) **Kein Restaurant** im Hotel (siehe unsere Restaurantauswahl S. 490-491).

Von den Vorzügen dieses Hotels gilt es, an erster Stelle die besondere Lage zu erwähnen: direkt neben der Kathedrale San Petronio und damit in der Fußgängerzone, ist es dennoch mit dem Auto zu erreichen und verfügt sogar über eine eigene Garage. Das Hotel wurde von Grund auf renoviert. Die moderne Einrichtung wich einem traditionelleren Stil, der das Ambiente alter Paläste evoziert: Pastelltöne in den Gesellschaftsräumen, schöne Tapisserien in den Zimmern, Nr. 19 besitzt sogar Fresken. Die Zimmer 310, 311, und 312 und die Turmzimmer haben eine Terrasse mit einem ungewöhnlichen Ausblick auf Kirchenfenster und Kapitelle der Kathedrale. Von den anderen Zimmern aus blickt man auf die Piazza Maggiore.

Anreise (Karte Nr. 10): A 14, Ausf. Bologna-Arcoveggio. Bei der "Tangenziale" Abfahrt Nr. 7, Rtg. Zentrum u. Piazzo Maggiore.

EMILIA - ROMAGNA

Hotel Orologio

40123 Bologna
Via IV Novembre, 10
Tel. 0532-231 253 - Fax 0532-260 552 - Sig.ra Orsi
Web: http://www.cnc.it/bologna - E-mail: hotcom@tin.it

Kategorie ★★★ **Ganzj.** geöffn. **35 Zimmer** m. Klimaanl., Tel., Bad od. Dusche, WC, Satelliten-TV, Minibar; Ausfug. **Preise** EZ u. DZ: 150-210000 L, 220-315000 L - Frühst. inkl. (Buffet), von 7.00 bis 11.00 Uhr **Kreditkarten** akzeptiert **Verschiedenes** Hunde erlaubt - Fahrräder - Parkpl. (30000 L) **Umgebung** Bologna: Pinakothek, Nettuno (Platz u. Brunnen), Kirchen S. Petronio, S. Domenico, S. Francesco; Kinderbuchmesse im April - Madonne di San Luca - San Michele in Bosco - Rundwanderweg Bologna (1 Std., ausgeschildert) - Schlösser-Straße: Bazzano, Monteveglio - S. Maria - Golfpl. in Chiesa Nuova di Monte San Pietro, Golfpl. (18 L) in Bologna **Kein Restaurant** im Hotel (siehe unsere Restaurantauswahl S. 490-491).

Dieses kleine Hotel, das gleich neben der Piazza Maggiore in einer besonders stark besuchten Stadt Italiens liegt, in der man zu Messezeiten nur schwierig ein Hotel findet, ist dies eine wertvolle Adresse. Wundervoll ist aber auch die Stadt, die touristische und gastronomische Aufenthalte lohnt. Das *Orologio* besitzt komfortable Zimmer. Von den meisten hat man eine schönen Blick auf die ältesten Überreste der Stadt, und die (für '99 geplanten) Renovierungsarbeiten werden ihnen hoffentlich jenen Charme verleihen, der ihnen noch immer fehlt. Der Professionalität der Familie Orsi, die einige der besten Hotels der Stadt leitet, hat man es zu verdanken, daß Empfang und Service stets sehr zufriedenstellend sind.

Anreise (Karte Nr. 10): A 14, Ausf. Bologna-Arcoveggio. Bei der "Tangenziale" Abfahrt Nr. 7, Rtg. Zentrum u. Piazzo Maggiore.

EMILIA - ROMAGNA

Hotel Duchessa Isabella

44100 Ferrara
Via Palestro, 70
Tel. 0532-20 21 21 - Fax 0532-20 26 38
Sig.ra Evelina Bonzagni

Kategorie ★★★★★ **Ganzj.** geöffn. **21 Zimmer** u. 7 Suiten m. Klimaanl., Tel., Bad, WC, Satelliten-TV, Minibar **Preise** EZ u. DZ: 170000 L, 430-480000 L, Suite: 410-600000 L - Frühst.: 25000 L, von 7.30 bis 11.00 Uhr - HP: 300-350000 L **Kreditkarten** akzeptiert **Verschiedenes** Hunde nicht erlaubt - Parkpl. **Umgebung** in Ferrara: Duomo, Palazzo Ludovico il Moro, Castello Estense, Palazzo dei Diamanti; Veranstaltungen: Palio im Mai - Abtei von Pomposa (Konzerte in der Abtei von Pomposa Juli/Aug.) - Comacchio - Abtei San Bartolo - Cento u. Pieve di Cento **Restaurant** von 12.00 bis 14.30 u. von 19.30 bis 21.30 Uhr - So abends u. Mo geschl. - Menüs: 70-130000 L - Regionale Küche.

Ein außergewöhnliches Luxushotel in einem Palast aus dem 15. Jahrhundert im Zentrum von Ferrara. Die Villa war lange im Besitz der Familie d'Este; Isabella, Tochter von Ercole I., war im 15. Jahrhundert in ganz Europa berühmt für die Pracht und das Raffinement ihrer Feste. Der Palast besitzt noch immer viel von seinem einstigen Glanz, zum Beispiel die herrlichen Salons mit bemalten Kassettendecken. Die Zimmer und Suiten, die fast alle auf einen Garten voller Vögel hinausgehen, sind in einem ungewöhnlichen Stil eingerichtet: Friese, Spitzen und Pastellfarben - ein wenig kitschige "Jungmädchenzimmer". Der Service hingegen ist perfekt, das Restaurant sehr gut und der Empfang besonders liebenswürdig. Bis heute das beste Grandhotel von Ferrara.

Anreise (Karte Nr. 10): 47 km nordöstl. von Bologna über die A 13, Ausf. Ferrara-Nord.

EMILIA - ROMAGNA

Locanda della Duchessina

44100 Ferrara
Vicolo Voltino, 11
Tel. 0532-20 69 81 - Fax 0532-20 26 38
Sig.ra Evelina Bonzagni

Kategorie ★★★ **Geschlossen** im August **5 Zimmer** m. Klimaanl., Tel., Bad od. Dusche, WC, Satelliten-TV, Minibar, Safe **Preise** EZ u. DZ: 140000 L, 180-220000 L, Suite: 270000L - Frühst. inkl., von 7.30 bis 10.00 Uhr **Kreditkarten** akzeptiert **Verschiedenes** Hunde erlaubt (15000 L) **Umgebung** in Ferrara: Duomo, Palazzo Ludovico il Moro, Castello Estense, Palazzo dei Diamanti; Veranstaltungen: Palio im Mai - Abtei von Pomposa (Konzerte in der Abtei von Pomposa Juli/Aug.) - Comacchio - Abtei San Bartolo - Cento u. Pieve di Cento **Restaurant** im *Duchessa Isabella* - Menüs: 50-60000 L - (siehe unsere Restaurantauswahl S. 491).

Ferrarra bewahrt aus seiner geschichtsreichen Vergangenheit einen bedeutenden Kern im Renaissancestil. Er ist sehr interessant und lohnt einen Besuch. Die *Locanda della Duchessina* ist eine Dependance der luxuriösen *Duchessa Isabella* und entschiedenen preiswerter als diese. Es handelt sich um ein kleines Gebäude mit Innenhof, das einige angenehme, funktionell eingerichtete Gästezimmer anbietet, die allerdings wie in der *Duchessa* in einem "Bonbonniere"-Stil gehalten sind, der unserem Geschmack nicht entspricht. Da die *Locanda della Duchessina* aber sehr ruhig unweit des Zentrums liegt und zudem Komfort bietet, ist sie dennoch ein gutes Quartier in einer Stadt, der ein Hotel mit Charme noch immer fehlt. Die Mahlzeiten können im Hotel *Duchessa* (exzellente Küche) *Isabella* eingenommen werden. Wer mit unserem Führer anreist, erhält einen Preisnachlaß von immerhin acht Prozent pro Zimmer!

Anreise (Karte Nr. 10): 47 km nordöstl. von Bologna über die A 13, Ausf. Ferrara-Nord.

EMILIA - ROMAGNA

Locanda Borgonuovo

44100 Ferrara
Via Cairoli, 29
Tel. 0532-21 11 00 - Fax 0532-24 80 00 - Sig.ra Adèle Orlandini
Web: http://www.4net.com/business/borgonuovo

Ganzj. geöffn. **4 Zimmer** m. Klimaanl., Tel., Dusche, WC, TV, Minibar **Preise** EZ u. DZ: 95000 L, 130-160000 L - zusätzl. Pers. 40000 L - Frühst. inkl., von 7.30 bis 10.00 Uhr **Kreditkarten** Amex, Visa, Eurocard, MasterCard **Verschiedenes** Hunde nicht erlaubt - Fahrräder **Umgebung** in Ferrara: Duomo, Palazzo Ludovico il Moro, Palazzo dei Diamanti; Veranstaltungen: Palio im Mai - Abtei von Pomposa (Konzerte in der Abtei von Pomposa im Juli/Aug.) - Comacchio - Abtei San Bartolo - Cento u. Pieve di Cento **Kein Restaurant** im Hotel (siehe unsere Restaurantauswahl S. 491).

Die inmitten der alten Stadt der Herzöge von Este gelegene *Locanda Borgunuovo* ist intim wie ein kleiner Landgasthof. Sie entstand innerhalb einer Klosteranlage aus dem 15. Jahrhundert und ist insofern eine interessante Adresse, als diese Stadt kaum charmante Hotels besitzt und verhältnismäßig teuer ist - vor allem für Alleinreisende. Besonders groß sind die vier Zimmer des Hauses nicht. Sie sind schlicht eingerichtet, verfügen aber über den erforderlichen Komfort; eines hat sogar eine Kochnische und eignet sich somit für einen längeren Aufenthalt. In der warmen Jahreszeit wird das reichliche Frühstück im Innenhof der *Locanda* oder im Salon serviert, der mit den ebenso hilfsbereiten wie sympathischen Gastgebern geteilt wird. Auch kann man hier Fahrräder mieten, um auf diese Art das historische Zentrum kennenzulernen, das, wie so oft in Italien, ausschließlich aus Fußgängerzonen besteht. Ein angenehmer Ausgangspunkt zum Entdecken dieser schönen, verhältnismäßig unbekannten Stadt.

Anreise (Karte Nr. 10): 47 km nordöstl. von Bologna über die A 13, Ausf. Ferrara-Nord. Im historischen Zentrum.

EMILIA - ROMAGNA

Canalgrande Hotel

41100 Modena
Corso Canalgrande, 6
Tel. 059-21 71 60 - Fax 059-22 16 74

Web: http://www.canalgrandehotel.it - E-mail: info@canalgrandehotel.it

Kategorie ★★★★ **Ganzj.** geöffn. **79 Zimmer** m. Klimaanl., Tel., Bad od. Dusche, WC, TV, Minibar; Aufzug **Preise** EZ u. DZ: 195000 L, 283000 L; Suiten: 445000L - Frühst. inkl., von 7.00 bis 10.30 Uhr **Kreditkarten** akzeptiert **Verschiedenes** Hunde erlaubt - Parkpl. (15000 L) **Umgebung** Modena: Duomo, Museum del Duomo (Metope), Galleria Estense, Palazzo Ducale - Romanische Kirchen San Cesario sul Panaro u. Pieve Trebbio bei Monteorsello - Abtei von Nonantola - Golf: 18- u. 9-Lochpl. in Colombaro di Formigine **Restaurant** von 12.30 bis 13.45 u. von 19.30 bis 21.45 Uhr - Di geschl. - Menüs: 50-70000 L - Karte - Spezialitäten: Paste modenesi - Verdure ai ferri - Dolci casalinghi.

Die ehemalige Patriziervilla *Canalgrande* ist heute ein Hotel im klassizistischen Stil. Ältere Teile lassen sich jedoch noch im Eingangsbereich ausmachen, wo Stuck und *cotto* die Halle und die umliegenden Salons schmücken. Bequeme moderne Sessel und alte Gemälde geben dem Ganzen eine persönliche Note. Die Zimmer und Bäder sind komfortabel. Das Hotel verfügt, obwohl mitten im Zentrum gelegen, über einen großen Garten mit hundertjährigen Bäumen, die einen reizenden Springbrunnen beschatten. Im *La Secchia Rapita*, dem im Souterrain gelegenen Restaurant, speist man unter schönen Backsteinbögen. Einziger Makel: die Beleuchtung ist zu hell.

Anreise (Karte Nr. 9): 39 km nordwestl. von Bologna über die A 1, Ausf. Modena-Sud, dann S 9 (über Emilia-Est) bis zum Corso Canalgrande u. links; nahe der Kirche.

EMILIA - ROMAGNA

Villa Gaidello

41013 Castelfranco Emilia (Modena)
Via Gaidello, 22
Tel. 059-92 68 06 - Fax 059-92 66 20
Sig.ra Bini

Geschlossen im August - So abends u. Mo **3 Appartements** m. Bad. u. Dusche, WC, TV, Miribar **Preise** App. (1-5 Pers.): 150-310000 L - Frühst.: 8000 L, von 8.00 bis 10.00 Uhr **Kreditkarten** akzeptiert **Verschiedenes** Hunde nicht erlaubt - See im Hotelpark - Parkpl. **Umgebung** Kirche von Castelfranco ("Mariä Himmelfahrt" von Guido Reni) - romanische Kirchen von San Cesario sul Panaro u. von Pieve Trebbio bei Monteorsello - Abtei Nonantola - Modena - Bologna **Restaurant** auf Reserv., ab 13.00 u. 20.00 Uhr - Menü: 70000 L - Regionale Küche.

Wenn Sie planen, sich eine zeitlang in Bologna oder Modena aufzuhalten und wenn Sie außerdem das Land lieben, dann entscheiden Sie sich möglicherweise dazu, einige Kilometer außerhalb der großen Städte bei Signora Bini zu wohnen, die auf ihrem Bauernhof nur drei Appartements für je zwei bis fünf Personen anbietet. Hier ist die Kunst des Empfangens und des Kochens - mit viel *fatto a casa* - ausgesprochen individuell. Bett und Tisch im voraus zu reservieren, ist für dieses Haus unumgänglich. Die Appartements, ob in der Villa oder in den Dependancen, schätzt man wegen ihres ländlichen Charmes, und Signora Binis Küche aufgrund ihrer Qualität und frischen Produkte: täglich frische Pasta, Gemüse und Früchte kommen aus dem eigenen Garten, und der eigene Weinberg gibt den guten Tropfen her.

Anreise (Karte Nr. 9): 13 km südöstl. von Modena. 26 km nordwestl. von Bologna über die S 9 (das Hotel liegt auf dem Land, 1 km von der Stadt entf.).

EMILIA - ROMAGNA

Hotel Al Vecchio Convento

47010 Portico di Romagna (Forli)
Via Roma, 7
Tel. 0543-96 70 53 - 96 70 14 - Fax 0543-96 71 57 - Sig.ra Raggi

E-mail: vecchioconvento@mail.asianet.it

Kategorie ★★★ **Ganzj.** geöffn. **14 Zimmer** m. Tel. (9 m. Bad, WC, TV) **Preise** EZ u. DZ: 100000 L, 130000 L - Frühst.: 17000 L - jederzeit - HP u. VP: 130000 L, 150000 L (pro Pers., mind. 3 Üb.) **Kreditkarten** akzeptiert **Verschiedenes** Hunde nicht erlaubt - Parkpl. **Umgebung** Kirche von Polenta - Biblioteca Malatestiana in Cesena - Kloster Madona del Monte bei Cesena - Ravenna **Restaurant** von 12.30 bis 14.00 u. von 19.30 bis 22.00 Uhr - Mi außer im Sommer geschl.- Menüs: 35-55000 L - Karte - Spezialitäten: Funghi tartufi - Cacciagione.

Dieses ehemalige Kloster, in dem sich heute das *Hotel Al Vecchio Convento* befindet, liegt neben dem Palazzo der Beatrice Portinari, Dantes Muse. Zur Aufwertung der Originalarchitektur des Gebäudes und zum Restaurieren der alten Möbel nutzte man die Kunst bzw. das Können der hiesigen Künstler und Handwerker. So gibt es Betten aus Holz und aus handgeschmiedetem Eisen, Sessel und Kommoden aus der damaligen Zeit. In der Küche, die reichlich Gemüse, Teigwaren oder Reis sowie köstliche Konfitüren und einen hausgemachten Likör (den *laurino*) anbietet, wird Tradition groß geschrieben. Und da auch Gastfreundschaft hier eine Tradition ist, werden Sie den kleinen Umweg nicht bedauern, sondern im Gegenteil den ganzen Charme des alten Italiens genießen.

Anreise (Karte Nr. 10): 97 km südöstl. von Bologna über die A 14, Ausf. Forli - S 67 (Rtg. Florenz).

EMILIA - ROMAGNA

Hotel della Porta

47822 Santarcangelo di Romagna (Rimini)
Via Andrea Costa, 85
Tel. 0541-62 21 52 - Fax 0541-62 21 68

Kategorie ★★★ **Ganzj.** geöffn. **20 Zimmer** u. 2 Suiten m. Tel., Bad, WC, TV, Minibar; Aufzug, Eingang f. Behinderte **Preise** EZ u. DZ: 100-120000 L, 140-170000 L; Suiten: 240000 L - Frühst. inkl., von 7.00 bis 10.30 Uhr **Kreditkarten** akzeptiert **Verschiedenes** Hunde erlaubt - Sauna (15000 L), Parkpl. **Umgebung** Santarcangelo: Völkerkunde-Museum, Rocco Malatestiana, Kirche San Michele - Verruchio - Longiano - Rimini - San Marino - Golf Amalia (9-Lochpl.) **Kein Restaurant** im Hotel (siehe unsere Restaurantauswahl S. 494).

Santarcangelo liegt einige Kilometer von Rimini entfernt, in der Region des Montefeltro, zwischen der Romagna und den Marken. Diese Region und Wiege der Malatesta hat bemerkenswerte Renaissance-Denkmäler aufbewahrt wie auch die Erinnerung der sündhaften Liebe der Francesca und des Paolo aus Dantes *Göttlicher Komödie*. Das Hotel umfaßt zwei Häuser des alten Dorfes. Der sehr große Rezeptions-Salon mit großem Lichteinfall und moderner Ausstattung dient ebenfalls als Touristeninformation. Die Zimmer sind traditioneller gehalten: geräumig, mit einer Ecke zum Entspannen oder Arbeiten, und alle sind äußerst komfortabel. Die Einrichtung ist sehr gepflegt, aber unsere Lieblingszimmer sind die der Dependance: nach herkömmlicher Art möbliert, hübsche, mit Blumen bemalte Decken. Kein Restaurant im Hotel, aber Partnerschaft mit den besten Restaurants am Ort.

Anreise (Karte Nr. 11): 15 km westl. von Rimini; über die A 14, Ausf. Rimini-Nord, dann Rtg. Santarcangelo.

EMILIA - ROMAGNA

Hotel Verdi

43100 Parma
Viale Pasini, 18
Tel. 0521-29 35 39 - Fax 0521-29 35 59 - Sig.ra Dondi
E-mail: hotelverdi@netvalley.it

Kategorie ★★★★ **Ganzj.** geöffn. **20 Zimmer** m. Klimaanl., Bad u. Dusche, WC, Satelliten-TV, Minibar, Safe; Aufzug **Preise** EZ u. DZ: 175-220000 L, 255-290000 L; Suiten: 285-330000 L - Frühst.: 18000 L, von 7.00 bis 12.00 Uhr - HP: + 40000 L (pro Pers., mind. 3 Üb.) **Kreditkarten** akzeptiert **Verschiedenes** Hunde auf Anfr. erlaubt - Garage - Parkpl. **Umgebung** Parma - Schloß von Torrechiara, Fontanellato, Soragna - Certosa di Parma - Verdi-Theater in Busseto - Verdi-Haus in Roncole - Villa Verdi in Sant'Agata - Mantova - Sabbioneta **Restaurant** "Santa Croce" von 12.00 bis 14.00 u. von 20.00 bis 22.00 Uhr - Sa mittags u. So geschl. - Menü u. Karte: 50-60000 L - Regionale Küche.

Parma, nicht so bekannt wie viele andere italienische Städte, ist dennoch ein wahres Schmuckstück im Herzen Norditaliens. Die berühmten Maler Parmas (u.a. Correggio und Parmigianio) hinterließen in den Kirchen und Palästen der Stadt bewundernswerte Werke. Parma ist aber auch eine Hochburg der italienischen Küche und verfügt über mehr beachtliche Restaurants als Hotels. Im *Verdi* läßt es sich allerdings gut wohnen. Es liegt in unmittelbarer Nähe des herzoglichen Palastes und war ursprünglich ein kleines Gebäude im Libertystil. Restauriert, ist es heute ein charmantes und sympathisches Haus, das sich zum Kennenlernen der Stadt (der, nebenbei gesagt, die Kartause sehr fehlt!) gut eignet. Im Restaurant *Santa Croce*, das zum Hotel gehört und ein paar Schritte weiter liegt, sollten Sie die berühmten *culatello*, aber auch die hausgemachten *tortellini* und *lasagne* kosten. Einziger Nachteil: die Straße, an der das Hotel liegt, ist belebt. Kürzlich erhielten die Zimmer allerdings einen effizienten Schallschutz.

Anreise (Karte Nr. 9): 96 km nordwestl. von Bologna über die A 1.

EMILIA - ROMAGNA

Locanda del Lupo

43019 Soragna (Parma)
Via Garibaldi, 64
Tel. 0524-59 71 00 - Fax 0524-59 70 66 - Sig. E. Dioni
E-mail: locanda@polaris.it

Kategorie ★★★★ Geschlossen vom 23. bis 27. Dezember **46 Zimmer** m. Klimaanl., Tel.. Bad od. Dusche, WC, Satelliten-TV; Zi. f. Behinderte **Preise** EZ u. DZ: 140000 L, 200000 L; Suiten: 270000 L - Frühst. inkl., von 7.30 bis 10.00 Uhr - HP: 140-160000 L (pro Pers.) **Kreditkarten** akzeptiert **Verschiedenes** Hunde außer im Restaurant erlaubt - Parkpl. **Umgebung** Schloß von Soargna - Verdi-Theater in Busseto - Verdi-Haus in Roncole - Villa Verdi in Sant'Agata - Kirche von Fidenza - Schloß Fontanellato - Abtei Chiaravelle della Colomba - Golf la Rocca in Sala Barganza (18-Lochpl.) **Restaurant** von 12.00 bis 14.00 u. von 19.30 bis 22.00 Uhr - Menü: 55000 L - Karte - Spezialitäten: Salami tipici - Formaggi di Parma - Tortelli di ricotta.

Obwohl Gastlichkeit in der Emilia Romagna eine große Tradition hat, gibt es in dieser Region mehr gute Restaurants als Hotels. Das traf auch auf das *Locanda del Lupo* zu, ein in der Gegend geschätztes und von der französischen Gastronomiekritik gelobtes Restaurant. Kürzlich hat es sich jedoch vergrößert und kann nun 46 Zimmer vorweisen. Diese und die Salons sind sehr schlicht gestaltet, was allerdings Schönheit und Komfort nicht ausschließt. Unbedingt kosten müssen Sie die Küche des Roberto Schwartz, der es versteht, die alten Rezepte aus den Archiven des Prinzen Meli Lupi und früheren Hausherrn zuzubereiten. Guter Weinkeller und sehr sympathischer Empfang.

Anreise (Karte Nr. 9): 33 km nordwestl. von Parma über die A 1, Ausf. Fidenza.

EMILIA - ROMAGNA

Hotel Bisanzio

48100 Ravenna
Via Salara, 30
Tel. 0544-21 71 11 - Fax 0544-32 539
Sig. Fabbri

Kategorie ★★★★ **Geschlossen** im Januar **38 Zimmer** m. Klimaanl., Tel., Bad, WC, Satelliten-TV, Safe, Minibar; Aufzug **Preise** EZ u. DZ: 140000 L, 160-210000 L - Frühst. inkl. (Buffet), von 7.00 bis 10.00 Uhr **Kreditkarten** akzeptiert **Verschiedenes** Kleine Hunde erlaubt **Umgebung** Ravenna: Basilika von Sant'Apollinare in Classe (Mosaike) - Mausoleum Galla Placidia, Kathedrale Sant' Apollinare Nuovo, Basilika Sant'Apollinare in Classe Cervia - Milano Marittimo 20 km südlich von Ravenna an der Adriatischen Küste - im Sommer Festival klassischer Musik - Golf Adriatic (18-Lochpl.) **Kein Restaurant** im Hotel (siehe unsere Restaurantauswahl S. 493).

Lassen Sie sich nicht von der tristen Fassade des *Bisanzio* abschrecken: kaum hat man die Eingangstür durchschritten, befindet man sich im hübschen Rezeptions-Salon, der angenehm und behaglich mit Möbeln der zwanziger Jahre eingerichtet ist. Die Zimmer sind zwar klein, aber ansprechend und geschmackvoll gestaltet, die Bäder modern und gut durchdacht. Ein Hotel mit viel Professionalität im positiven Sinn, und seinen ländlichen Charme büßt es darum keinesfalls ein. Das *Bisanzio* ist ideal im historischen Zentrum Ravennas gelegen, hinter der Kathedrale San Vitale und dem Galla-Placidia-Mausoleum mit seinen berühmten Mosaiken. Die Altstadt läßt sich vom Hotel aus zu Fuß erkunden. Verlangen Sie möglichst ein Zimmer zum Garten hinaus, die Via Salara ist nämlich ziemlich belebt.

***Anreise** (Karte Nr. 10): 74 km östl. von Bologna.*

EMILIA - ROMAGNA

Il Palazzo

Via Baccagnano, 110
48013 Brisighella (Ravenna)
Tel. und Fax 0546-803 38 - Sig. Matarese
E-mail: ematarese@racine.ra.it

Geschlossen von November bis Februar **4 Zimmer** m. Dusche **Preise** DZ: 90000 L - Frühst. inkl., von 8.30 bis 10.00 Uhr **Kreditkarten** nicht akzeptiert **Verschiedenes** Hunde nicht erlaubt - Parkpl. **Umgebung** Brisighella: La Rocca, Sanktuarium von Monticino, Terme - Pieve del Tho (Kirche S. Giovanni in Ottovano) - Park Carnè - Park della Vena del Gesso (La Tanaccia) - Modigliona - Faenza (Museum) - Ravenna - Rimini - Riolo Terme - Golf (18-Lochpl.) **Restaurant** von 12.30 bis 20.00 Uhr - Menü: 25000 L - Biologische Küche.

Brisighella, ein charmantes mittelalterliches Dorf an den Ausläufern des Appeningebirges, ist auch ein kleiner Badeort. Die Adria mit ihren Stränden ist nicht weit, weshalb sich ein Ausflug ins nahe Rimini anbietet: die obligatorische Besichtigung des Tempels Malatestino wegen seiner grandiosen Architektur, erbaut von Leon Battista Alberti, und wegen seiner wunderbaren, von Sigismond de Piero della Francesca entworfenen Fassade. Die berühmten Mosaiken von Ravenna sind auch nicht weit. Wenn Sie sich in dieser Gegend aufhalten, empfehlen wir Ihnen dieses ganz einfache Gasthaus, in dem der Besitzer und Architekt rustikal-moderne Zimmer mit Blick auf die Weinberge und die Obstgärten des Anwesens anbietet. Wenn Sie Ihre Mahlzeiten hier einzunehmen gedenken, sollten Sie wissen, daß alle Spezialitäten von der Hausherrin mit Bio-Produkten zubereitet werden.

Anreise (Karte Nr. 10): 12 km von Faenza. A 14, Ausf. Faenza Rtg. Brisighella-Firenze, ab Brisighella Rtg. Terme/Modigliona. "Il Palazzo" liegt links, drei Häuser hinter dem "Hotel Terme".

EMILIA - ROMAGNA

Relais Torre Pratesi

Cavina 48013 Brisighella (Ravenna)
Via Cavina, 11
Tel. 0546-845 45 - Fax 0546-845 58
Sig. und Sig.ra Raccagni

Kategorie ★★★★ **Ganzj.** geöffn. **3 Zimmer** u. 4 Suiten m. Klimaanl., Tel., Bad od. Dusche, WC, TV, Minibar, Safe **Preise** DZ: 250000 L; Suiten: 300000 L - Frühst. inkl., bis 14.00 Uhr - HP: 150-175000 L (pro Pers.) **Kreditkarten** akzeptiert **Verschiedenes** Hunde erlaubt - Schwimmb. - Palestra **Umgebung** Faenza (Keramikmuseum) - Brisighella - Kirche San Giovanni in Ottavo (Pieve del Tho genannt) - Riolo Terme - Bagnacavallo u. Kirche San Pietro in Sylvis - Ravenna - Golf-Club la Torre, Manneggio Villa Corte, Thermal-Schwimmbad Riolo Terme **Restaurant** von 20.00 bis 22.00 Uhr - Menü u. Karte: 50-70000 L - Regionale Küche.

Mitten auf dem Land der für ihren Wein, ihr Öl und vor allem ihre Trüffeln berühmten Emilia Romagna wurde 1510 das massive *Torre Pratesi* errichtet, das die umgebenden Talmulden überragt. Im 19. Jahrhundert kam dann noch ein Bauernhof dazu. Die hervorragend durchgeführte Renovierung wurde von der Kunstakademie beaufsichtigt, und die Räume behielten ihre ursprüngliche Größe. Das schlicht-elegante Mobiliar wertet die Materialien Stein und Holz auf, der hier verbreitete modernste Komfort beeinträchtigt die Authentizität der Räumlichkeiten nicht im geringsten. Die hausgemachten Speisen werden mit Zutaten aus der eigenen Produktion zubereitet. Für alle, die dieses unverdorbene und bis Florenz herrlich anzuschauende Lamone-Tal genießen möchten, ist dies ein zauberhafter Ort.

Anreise (Karte Nr. 10): 28 km südl. von Faenza über die A 14, Ausf. Faenza, S 302 (Brisighella-Firenze) bis Fognano, dann Rtg. Zattaglia.

EMILIA - ROMAGNA

Hotel Posta

42100 Reggio Nell'Emilia
Piazza Del Monte, 2
Tel. 0522-43 29 44 - Fax 0522-45 26 02 - Sig. Salomon
Web: http://www.hotelposta.re.it - E-mail: hotelposta@citynet.re.it

Kategorie ★★★★ **Ganzj.** geöffn. **43 Zimmer** m. Klimaanl., Tel., Bad od. Dusche, WC, TV, Minibar; Aufzug **Preise** EZ u. DZ: 220000 L, 280000 L; Suiten: 330000 L; App.: 410000 L - Frühst. inkl., von 7.00 bis 10.30 Uhr **Kreditkarten** akzeptiert **Verschiedenes** Hunde nicht erlaubt - Parkpl. (20000 L) **Umgebung** Kirche San Faustino in Rubiera - Kirche Novallara - Schloß Scandiano - Schloß Canossa - Parma - Golf Matilde di Canossa (18-Lochpl.) in Reggio **Kein Restaurant** im Hotel (siehe unsere Restaurantauswahl S. 494).

Dieser ehemalige Palast liegt ideal im historischen Stadtkern, an der Piazza Del Monte. Die eher strenge mittelalterliche Fassade verbirgt eine gepflegte Einrichtung im Rokoko-Stil. Für die Gestaltung wurden Stuckelemente verwendet, die ehedem die Wände einer berühmten Patisserie - Treffpunkt der Honoratioren der Stadt - schmückten. Die Zimmer sind mit viel Originalität eingerichtet und verfügen über jenen Komfort, den man in einem Hotel dieser Klasse erwartet.

Anreise (Karte Nr. 9): 27 km südöstl. von Parma über die A 1, Ausf. Reggio Nell'Emilia.

EMILIA - ROMAGNA

Albergo delle Notarie

42100 Reggio Nell'Emilia
Via Pallazuolo, 5
Tel. 0522-45 35 00 - Fax 0522-45 37 37
Dr. Stefano Zamichelli

Kategorie ★★★★ **Geschlossen** im August **34 Zimmer** m. Klimaanl., Tel., Bad od. Dusche, WC, Satelliten-TV, Minibar; Aufzug **Preise** EZ u. DZ: 200-210000 L, 240-255000 L; Suite (3-4 Pers.): 290-360000 L - Frühst.: 20000 L, von 7.00 bis 10.00 Uhr **Kreditkarten** akzeptiert **Verschiedenes** Hunde erlaubt - Parkpl. (20000 L) **Umgebung** Kirche San Faustino in Rubiera - Kirche Novallara - Schloß Scandiano - Schloß Canossa - Parma - Golf Matilde di Canossa (18-Lochpl.) in Reggio **Restaurant** von 12.30 bis 14.30 u. von 19.30 bis 22.30 Uhr - So, Sa u. So von Juni bis September geschl. - Menüs: 45000 L - Karte - Regionale Küche.

Wenn die kleine Stadt der Emilia Romagna auch nicht über den Glanz ihrer Nachbarinnen Parma und Modena verfügt, so ist sie dennoch ein angenehmer Ort zum Haltmachen. Die Basiliken San Prospero und della Ghiara, die unweit des Hotels liegen, bezeugen Reggios künstlerische Bedeutung in der Vergangenheit. Im alten, eher farbenfrohen Viertel dieser Stadt spiegelt die *Albergo delle Notarie* eher die diskrete Eleganz von Reggio wider. Erst kürzlich wurde sie in einem schlichten Stil renoviert und hat heute sehr guten Komfort. Die Größe sowie die modernen oder Stilmöbel schaffen dieses elegant-raffinierte Ambiente. Ein weiterer großer Vorteil des Hauses: ein ausgezeichnetes Restaurant, in dem jene Pasta sowie Fleisch- und Wurstwaren aufgetischt werden, die den kulinarischen Ruf dieser italienischen Provinz ausmachen.

Anreise (Karte Nr. 9): 27 km südöstl. von Parma über die A 1, Ausf. Reggio Nell'Emilia.

EMILIA - ROMAGNA

Albergo Casa Matilde

42030 Puianello (Reggio Emilia)
Via A. Negri, 11
Tel. 0522-88 90 06 - Fax 0522-88 90 06
Famiglia Bertolini

Kategorie ★★★★ **Ganzj.** geöffn. **7 Zimmer** m. Tel., Bad, WC, TV, Minibar **Preise** DZ: 280000 L; Suiten: 400000 L - Frühst. inkl., ab 7.30 Uhr **Kreditkarten** Amex, Visa, Eurocard, MasterCard **Verschiedenes** Hunde nicht erlaubt - Schwimmb. **Umgebung** Parma - Reggio Emilia (Kirche Madonna della Ghiara, Galleria Parmigiana) - Rocca de Novellara - Schloß Scandiano - Schloß Canossa über Quattro Castella, San Polo d'Enza u. Ciano d'Enza - Golf Matilde di Canossa (18-Lochpl.) in Reggio - Lok. Veranstaltung (Juni): Rekonstitution der Krönung von Mathilde, Contessa der Toskana **Restaurant** nur f. Hausgäste.

Die freundliche kleine Herberge *Casa Matilda* befindet sich in einer ländlichen Gegend, in der die Gastronomie stets groß geschrieben wurde und die zum Ausruhen nicht besser liegen könnte: umgeben von Hügeln des Appeningebirges und inmitten eines kleinen Parks voller Blumen. Die persönlich gestalteten Zimmer sind geräumig und freundlich. In den großen und sorgfältig eingerichteten Gesellschaftsräumen fühlt man sich wie zu Hause. Außerdem lädt die ansprechende Besitzung zu romantischen Spaziergängen ein. Erkundigen Sie sich bei Ihrer Gastgeberin nach "Matilde": Sie werden feststellen, daß sie alles über die gleichnamige deutsche Königin und die Geheimnisse der Region weiß!

Anreise (Karte Nr. 9): 35 km südwestl. von Parma u. 10 km von Reggio Emilia. A 1, Ausf. Reggio Emilia, dann Rtg. Puianello-Quattro Castella.

LATIUM - ABRUZZEN

Hotel Castello Miramare

04023 Formia (Latina)
Via Pagnano
Tel. 0771-70 01 38 - Fax 0771-70 01 39
Sig.ra Celletti

Kategorie ★★★★ **Ganzj.** geöffn. **10 Zimmer** m. Klimaanl., Tel., Bad od. Dusche, WC, TV, Minibar, Safe **Preise** EZ u. DZ: 110-140000 L, 150-180000 L - Frühst.: 16000 L, von 7.30 bis 12.00 Uhr - HP u. VP: 150-170000 L, 160-190000 L (pro Pers., mind. 3 Üb.) **Kreditkarten** akzeptiert **Verschiedenes** Hunde erlaubt - Parkpl. **Umgebung** Grab von Cicero (2 km auf der Via Appia Richtung Rom) - Kirche San Pietro in Minturno - Kloster Montecassino - Isola di Ponza (2.20 Std.) **Restaurant** von 12.30 bis 15.00 u. von 19.30 bis 21.30 Uhr - Menüs: 50-65000 L - Karte - Spezialitäten: Tonnarelli all'aragosta e funghi - Cocktail di astice alla catalana.

Wenn Sie auf dem Weg nach Süditalien sind, ist das *Castello Miramare* ein empfehlenswertes Quartier. Die Stadt Formia ist zugegebenermaßen nicht sehr interessant, es sei denn für Latinisten, die sich am Grab Ciceros zwei Kilometer weiter an der *Via Appia* verneigen möchten. Das Schloß verfügt über einige hübsche, auf herkömmliche Art eingerichtete Zimmer mit gutem Komfort sowie über wundervolle Gärten und zahlreiche Salons, in denen oft Empfänge stattfinden. Das sollte man wissen. Es wird jedoch alles getan, um die anderen Gäste in ihrer Ruhe nicht zu stören. Und zwar mit größter Liebenswürdigkeit und Aufmerksamkeit.

Anreise (Karte Nr. 19): 76 km südöstl. von Latina über die A 2, Ausf. Cassino, dann S 630 Rtg. Formia u. SS 7.

LATIUM - ABRUZZEN

Grand Hotel Le Rocce

04024 Gaeta (Latina)
Via Flacca, km 23,300
Tel. 0771-74 09 85 - 0771-74 16 33 - Sig. Viola
Web: http://www.lerocce.com - E-mail: lerocce@lerocce.com

Kategorie ★★★ **Geschlossen** von Oktober bis März **48 Zimmer** m. 6 Suiten m. Tel., Bad od. Dusche, WC, TV (Klimaanl. m. Minibar in Suiten) **Preise** EZ: 140-250000 L, DZ: 160-350000 L, Suite: 300-400000 L - Frühst. inkl., von 8.30 bis 10.00 Uhr - HP: 120-230000 L, VP: 130-260000 L (pro Pers., mind. 3 Üb.) **Kreditkarten** akzeptiert **Verschiedenes** Hunde nicht erlaubt - Privatstrand - Parkpl. **Umgebung** Golf von Gaeta **Restaurant** von 12.30 bis 20.00 Uhr - Karte: 55-60000 L.

Wer von einem Urlaub direkt am Meer träumt, für den ist dieses Hotel ideal. Es liegt in einer kleinen Bucht des Golfs von Gaeta. Die Gärten mit üppiger mediterraner Vegetation sind terrassiert und gehen bis zum Solarium hinunter, das oberhalb des Privatstrandes liegt. Die Innenarchitektur ist vom Stil der Region geprägt und von einer Vorliebe für Großräumiges, unterbrochen von Arkaden und Böden aus Majolika-Fayencen. Die Zimmer haben ausnahmslos einen Balkon oder eine Terrasse mit Blick aufs Meer. Die meisten sind geräumig, alle sind komfortabel, und die *superiore* haben zudem eine Klimaanlage. Auch die Salons und das Restaurant, ob drinnen oder draußen, wurden so gestaltet, daß man vom Garten und Meer voll profitiert. Eine hervorragende Adresse für diejenigen, die weiter nach Süden fahren, aber auch für längere Aufenthalte. Zudem ist *Le Rocce* ideal für Abstecher nach Rom und Neapel, denn Gaete liegt zwischen diesen beiden Kapitalen Süditaliens.

Anreise (Karte Nr. 19): 140 km südl. von Rom, 95 km nördl. von Neapel. 7 km westl. von Gaeta über die S 213.

LATIUM - ABRUZZEN

Hotel Cernia

Isola di Ponza
Chiaia di Luna 04027 Ponza (Latina)
Via Panoramica
Tel. 0771-804 12/80 99 51 - Fax 0771-80 99 54 - Sig. Paolo Greca

Geschlossen vom 16. Oktober bis Mai **60 Zimmer** (40 m. Klimaanl.), Tel., Bad od. Dusche, WC, TV, Minibar **Preise** EZ u. DZ: 150-190000 L, 240-360000 L - Frühst. inkl., von 8.30 bis 10.30 Uhr **Kreditkarten** akzeptiert **Verschiedenes** Hunde erlaubt - Schwimmb. - Tennis - Privatbus **Umgebung** Strand von Chiaia di Luna (5 Min.) - Unterwasserfischen **Restaurant** von 13.00 bis 14.30 u. von 20.00 bis 21.30 Uhr - Menüs: 60-70000 L - Karte - Regionale Küche.

Das *Cernia* liegt nur fünf Minuten zu Fuß vom sehr schönen Strand von Chiaia di Luna entfernt; zum Hafen, wo sich das Hotelrestaurant *Gennarino a Mare* befindet, ist es auch nicht weit. Dort können über das Hotel Boote (10 oder 25 Meter) gemietet werden. Das Hotel ist weiträumig, die Zimmer sind zahlreich. Einige bieten neben Meerblick auch eine große Terrasse. Verlangen Sie die Zimmer 201, 202, 203 oder 204. Bastrollos, Schaukelstuhl und große weiße Sofas in den Salons schaffen eine angenehme Ferienatmosphäre. Und wenn es auch zum Strand nicht weit ist, hat der große schattige Hotelpool seinen Reiz.

Anreise *(Karte Nr. 18): Überfahrten ab Rom, Neapel, Anzio, San Felice Circeo, Terracina, Formia (1.30-2.30 Std.) - Auto im Sommer auf der Insel bei einem Aufenthalt von mindestens 14 Tagen erlaubt.*

LATIUM - ABRUZZEN

Hotel le Dune

04016 Sabaudia (Latina)
Lungomare
Tel. 0773-51 291 - Fax 0773-51 292 51
Sig. Fanzese

Geschlossen vom 1. November bis 31. März **78 Zimmer** m. Klimaanl., Tel., Bad od. Dusche, WC, TV, 10 m. Minibar **Preise** EZ u. DZ: 150-170000 L, 300-340000 L; Suiten: 450-550000 L - Frühst. (Buffet) inkl., von 7.30 bis 12.00 Uhr - HP u. VP: 200-230000 L, 230-270000 L (pro Pers., mind. 3 Üb.) **Kreditkarten** akzeptiert **Verschiedenes** Hunde nicht erlaubt - Schwimmb. - Tennis (16000 L) - Sauna - Parkpl. **Umgebung** Strände **Restaurant** von 13.00 bis 14.30 u. von 19.30 bis 22.00 Uhr - Menüs u. Karte: 50-70000 L - Spezialitäten: Fisch - Risotto alla crema di scampi - Ravioli con ripieno di scamorza e melanzane - Spigola al cartoccio.

Sabaudia, die Sommerfrische der römischen Intelligenzia, verfügt über reichlich Charme und ist 100 Kilometer von Rom entfernt. In einem Nationalpark gelegen, breitet sich diese Halbinsel im Schatten des majestätischen Vorgebirges Circeo aus. Und wenn der Morgennebel verschwunden ist, kann man vom Balkon aus die Insel Ponza erblicken. Die großen und komfortablen Zimmer gehen ausnahmslos aufs Meer, von dem das Hotel lediglich durch sein Schwimmbad und seinen Privatstrand getrennt ist. Das Restaurant reicht "kreative" (und oft zufriedenstellende) Speisen (meist Fischgerichte). Sollten Sie sich nach einem Aufenthalt in Rom auszuruhen wünschen, ist diese Adresse mit frischer Prise genau das richtige - allerdings nur im Juni oder September, denn im Juli/August geht es hier sehr lebendig zu.

Anreise (Karte Nr. 18): 20 km südl. von Latina, der Küstenstraße entlang, 2 km von Sabaudia entfernt.

LATIUM - ABRUZZEN

Hotel Punta Rossa

04017 San Felice Circeo (Latina)
Via delle Batterie, 37
Tel. 0773-54 80 85 - Fax 0773-54 80 75 - Sig. und Sig.ra Battaglia
Web: http://www.italyhotel.com/lazio/punta-rossa - E-mail: punta-rossa@panservice.it

Kategorie ★★★★ **Ganzj.** geöffn. **36 Zimmer**, 4 Suiten u. 20 Mini-Appartements m. Klimaanl., Tel., Bad, WC, TV, Video, Minibar **Preise** DZ: 220-450000 L; Suiten: 420-520000 L - Frühst. inkl., von 8.00 bis 11.00 Uhr - HP (ausschließl. während der Saison): 275000 L (pro Pers.) **Kreditkarten** akzeptiert **Verschiedenes** Hunde erlaubt - Schwimmb. - Sauna (20000 L) - Privatstrand - Healthcenter - Parkpl. **Umgebung** Piazza del Municipio u. Duomo de Terracina - Abtei von Fossonova - Jupiter Anxur-Tempel - Circeo-Nationalpark **Restaurant** von 13.00 bis 14.30 u. von 20.00 bis 22.30 Uhr - Menü: 65000 L - Spezialitäten: Fisch - Meeresfrüchte.

Das *Punta Rossa* liegt in einem drei Hektar großen, zum Meer hin abfallenden Park. In der geschützten Landschaft der Halbinsel San Felice Circeo ist dies eine einzigartige Lage. Das moderne Hotel wirkt wie zufällig an den Fels gebaut, wie ein kleines Dorf, von üppigem Grün bedeckt. Die geräumigen, aber einfach eingerichteten Zimmer sind angenehm. Sie gehen alle aufs Meer hinaus, und die meisten haben eine Terrasse. Die verstreut im Park liegenden Mini-Appartements für vier oder sechs Personen werden wöchentlich vermietet. Außer über ein Healthcenter verfügt das Hotel auch über ein schönes Meerwasser-Schwimmbad, einen Privatstrand und einen kleinen Hafen; erreichbar über blühende Wege. Exzellentes Fischrestaurant im Hotel.

Anreise (Karte Nr. 18): 106 km südöstl. von Rom über die A 1, Ausf. N 148, Rtg. Latina, dann Terracina.

LATIUM - ABRUZZEN

Parkhotel Fiorelle

04029 Sperlonga (Latina)
Via Fiorelle, 12
Tel. 0771-540 92 - Fax 0771-540 92
Sig. Di Mille

Kategorie ★★★ **Geschlossen** von Oktober bis Ostern **33 Zimmer** m. Tel., Bad od. Dusche, Safe, WC **Preise** EZ u. DZ: 125000 L, 145000 L - Frühst.: 10000 L, von 8.00 bis 9.30 Uhr - HP u. VP: 95-125000 L, 100-135000 L (pro Pers.) **Kreditkarten** Visa, Eurocard, MasterCard **Verschiedenes** Hunde erlaubt - Schwimmb. - Privatstrand - Parkpl. **Umgebung** National-Museum der Archeologie u. Tiberius-Grotte in Sperlonga - Piazza del Municipio u. Duomo Terracina - Abtei Fossanova **Restaurant** nur f. Hausgäste - von 13.00 bis 14.00 u. von 20.00 bis 21.00 Uhr - Menü: 35000 L - Karte - Regionale Küche - Fisch.

Die Stammgäste, die sich hier Jahr für Jahr ein Stelldichein geben, beäugen jeden Neuankömmling mit einem gewissen Argwohn. Nur keine Störung der extremen Ruhe, über die die Besitzer im Interesse ihrer Gäste besonders wachen. Man kann ganz sicher sein, daß hier wirklich nur Hotelgäste in den Genuß des Swimmingpools, des Privatstrandes und der Bar kommen. Der Garten, Objekt ständiger Pflege, blüht das ganze Jahr über und trägt viel zur sanften und angenehmen Atmosphäre des Hotels bei. In der Küche werden vorwiegend Produkte aus dem eigenen Gemüsegarten verwendet. Gipfel der Aufmerksamkeit: die Menüs werden am Abend zuvor angekündigt, damit jeder seine Zustimmung geben kann.

Anreise (Karte Nr. 19): 57 km südöstl. von Latina über die S 148 bis Terracina, dann S 213 nach Sperlonga.

LATIUM - ABRUZZEN

Hotel Borgo Paraelios

Valle Collicchia
02040 Poggio Mirteto Scalo (Rieti)
Tel. 0765-26 267 - Fax 0765-26 268
Sig. Salabe

Kategorie ★★★★★ **Geschlossen** von November bis Februar **13 Zimmer** u. 2 Suiten m. Klimaanl., Tel., Bad u. Dusche, WC, TV **Preise** EZ u. DZ: 350000 L, 450000 L; Suite: 550000 L - Frühst. inkl., von 8.30 bis 10.30 Uhr - HP: 670000 L (f. 2 Pers.) **Kreditkarten** akzeptiert **Verschiedenes** Hunde erlaubt (Zuschlag) - 1 Frei- u. 1 Hallenbad - Tennis - Sauna - Pendelbus Bahnhof/Flugplatz - Parkplatz **Umgebung** Rom - Golf ad Olgiata (18- u. 9-Lochpl.) in Rom **Restaurant** von 13.00 bis 15.00 u. von 20.00 bis 22.30 Uhr - Menüs: 110-130000 L - Karte.

Das *Borgo Paraelios* ist ein erstaunliches Hotel: wenige Zimmer, aber eine ganze Reihe großer und kleiner Salons. Eine Insel feinen Geschmacks inmitten der ruhigen Landschaft um Rom. Die prachtvolle Ausstattung dieses schönen Privathauses mag man dem Luxus der Paläste vorziehen. Wo man sich hinwendet: Möbel und Gemälde von außergewöhnlicher Schönheit, selbst in den Zimmern, die allesamt im Erdgeschoß und zum Garten hin liegen. Im schön gestalteten Billardsaal spielen die Gäste unter der Aufsicht römischer Kaiser, die auch bei den besten Schlägen aus Marmor bleiben. Ein Ort voller Ruhe und Luxus und ein Fest für die Sinne.

Anreise (Karte Nr. 14): 40 km nördl. von Rom über die A 1, Ausf. Fiano Romano - S 4 bis Passo Corese, S 313, Poggio Mirteto, Rtg. Stimigliano; Hotel ausgeschildert.

LATIUM - ABRUZZEN

Hotel Lord Byron

00197 Roma
Via G. de Notaris, 5
Tel. 06-322 04 04 - Fax 06-322 04 05 - Sig. Ottaviani - Sig.ra Savona
Web: http://www.lordbyronhotel.com - E-mail: info@lordbyronhotel.com

Kategorie ★★★★★ **Ganzj.** geöffn. **37 Zimmer** m. Klimaanl., Tel., Bad, WC, TV, Minibar, Safe; Aufzug **Preise** DZ: 400-750000 L; Suiten: 800-2000000 L - Frühst. inkl., ab 7.00 Uhr **Kreditkarten** akzeptiert **Verschiedenes** Kleine Hunde erlaubt (Zuschlag) - Parkpl. **Umgebung** an der Straße der Castelli Romani: Villa u. Gärten Aldobrandini in Frascati - Tusculum - Kloster von Grottaferrata - Piazza della Repubblica (Bernini) in Ariccia - Tivoli (per Bus ab Bahnhof): Villa d'Este (Licht- u. Tonaufführ. im Sommer) u. Villa Adriana (6 km vor Tivoli) - Palestrina - Anagni - Golf ad Olgiata (9- u. 18-Lochpl.) in Rom **Restaurant** von 12.30 bis 15.00 u. von 20.00 bis 22.30 Uhr - So geschl. - Karte - Jahreszeitenküche.

Von dem im Herzen von Rom gelegenen *Lord Byron* überblickt man die Gärten der Villa Borghese. Dem Besitzer, Amedeo Ottaviani, ist es gelungen, seinem Hotel die geruhsame Atmosphäre eines Privathauses zu geben. Das ständige Bemühen um Perfektion zeigt sich in vielen Details: tiefe weiße Sessel mit den Hotelinitialen, luxuriöse Teppiche, prachtvolle Blumenarrangements, weiß lackierte Decken (das Hotel gehört zur Gruppe "Relais et Châteaux"). Das edel ausgestattete Restaurant *Relais Le Jardin* zählt zu den meistgeschätzten Küchen Roms. Nehmen Sie auch einen Drink an der Bar: Gestaltung und Atmosphäre angenehm.

Anreise (Karte Nr. 14): In der Nähe der Galleria Nazionale d'Arte Moderna - nördl. der Gärten der Villa Borghese.

LATIUM - ABRUZZEN

Hotel Giulio Cesare

00192 Roma
Via degli Scipioni, 287
Tel. 06-321 07 51 - Fax 06-321 17 36 - Sig. Pandolfi
E-mail: giulioce@uni.net - Web: http://www.travel.it/roma/guilioce/giulioce.html

Kategorie ★★★★ **Ganzj.** geöffn. **90 Zimmer** m. Klimaanl., Tel., Bad, WC, Satelliten-TV, Minibar; Aufzug **Preise** EZ u. DZ: 370000 L, 470000 L - Frühst. (Buffet) inkl., von 7.00 bis 10.30 Uhr **Kreditkarten** akzeptiert **Verschiedenes** Hunde nicht erlaubt - Parkpl. **Umgebung** an der Straße der Castelli Romani: Villa u. Gärten Aldobrandini in Frascati - Tusculum - Kloster von Grottaferrata - Piazza della Repubblica (Bernini) in Ariccia - Tivoli (per Bus ab Bahnhof): Villa d'Este (Licht- u. Tonaufführ. im Sommer) u. Villa Adriana (6 km vor Tivoli) - Palestrina - Anagni - Golf ad Olgiata (9- u. 18-Lochpl.) in Rom **Kein Restaurant** im Hotel (siehe unsere Restaurantauswahl S. 494-498).

In diesem Hotel, das einst die Residenz der Gräfin Solari war, herrscht eine elegante Atmosphäre. Die Teppiche, Wandbespannungen und alten Möbel schaffen ein Ambiente von Behaglichkeit und Wohlbefinden, das man auch in den Zimmern empfindet. Sobald das Wetter es zuläßt, wird das Frühstück im Garten serviert, der zum Verweilen einlädt und viel zum Charme dieses Hauses beiträgt.

Anreise (Karte Nr. 14): In der Nähe der Piazza del Popolo.

LATIUM - ABRUZZEN

Hotel d'Inghilterra

00187 Roma
Via Bocca di Leone, 14
Tel. 06-69 981 - Fax 06-699 222 43 - Sig. Franco Ensoli
Web: http://www.charminghotels.it - E-mail: reservation@charminghotels.it

Kategorie ★★★★ **Ganzj.** geöffn. **100 Zimmer** m. Klimaanl., Tel., Bad, WC, TV, Minibar; Aufzug **Preise** EZ u. DZ: 360-390000 L, 480-600000 L; Suiten: 730-1750000 L - Frühst.: 34000 L, von 7.30 bis 10.30 Uhr **Kreditkarten** akzeptiert **Verschiedenes** Hunde nicht erlaubt - Parkpl. m. Service **Umgebung** An der Straße der Castelli Romani: Villa u. Gärten Aldobrandini in Frascati - Tusculum - Kloster von Grottaferrata - Piazza della Repubblica Bernini in Ariccia - Tivoli (per Bus ab Bahnhof): Villa d'Este (Licht- u. Tonaufführ. im Sommer) u. Villa Adriana (6 km vor Tivoli) - Palestrina - Anagni - Golf ad Olgiata (9- u. 18-Lochpl.) in Rom **Restaurant** von 12.30 bis 15.00 u. von 19.30 bis 22.30 Uhr - Menüs: 70-100000 L - Karte.

Schon Anatole France, Franz Liszt und Mendelssohn waren zu Gast im *Hotel d'Inghilterra*, das, kürzlich sehr geschmackvoll restauriert, auch heute noch Berühmtheiten aus aller Welt empfängt. Das Hotel befindet sich in einer Fußgängerstraße in der Nähe der Piazza di Spagna. Die Eingangshalle besticht durch schwarzen und weißen Marmor; die Stuckpfeiler zieren weiße Palmen. Alte und moderne Möbel, Orientteppiche und neapolitanische Gouachen schmücken den bezaubernden Salon. Die Zimmer sind alle makellos; um aber in den Genuß eines Frühstücks über den Dächern von Rom zu kommen, muß man ein Zimmer der letzten Etage mit Terrrasse reservieren. Empfang und Service sind tadellos. Leichte Gerichte werden auch auf den Zimmern serviert.

Anreise *(Karte Nr. 14): In der Nähe der Piazza di Spagna.*

LATIUM - ABRUZZEN

Hotel Raphaël

00186 Roma
Largo Febo, 2
Tel. 06-68 28 31 - Fax 06-68 78 993
Sig. Vannoni

Kategorie ★★★★ **Ganzj.** geöffn. **73 Zimmer** m. Klimaanl., Tel., Bad, WC, TV, (9 m. Terrasse); Aufzug **Preise** EZ u. DZ: 335-395000 L, 495-6950000 L; Suiten: 681-851000 L - Frühst.: 22-31000 L, von 7.00 bis 10.30 Uhr **Kreditkarten** akzeptiert **Verschiedenes** Hunde erlaubt - Sauna - Fitneßcenter **Umgebung** An der Straße der Castelli Romani: Villa u. Gärten Aldobrandini in Frascati - Tusculum - Kloster von Grottaferrata - Piazza della Repubblica (Bernini) in Ariccia - Tivoli (per Bus ab Bahnhof): Villa d'Este (Licht- u. Tonaufführ. im Sommer) u. Villa Adriana (6 km vor Tivoli) - Palestrina - Anagni - Golf ad Olgiata (9- u. 18-Lochpl.) in Rom **Restaurant** "Relais Picasso", von 12.30 bis 14.30 u. von 19.30 bis 23.00 Uhr - Karte.

Das *Raphaël* zählt zu den bekanntesten Hotels Roms, denn seine Salons und seine Zimmer wurden regelmäßig von internationalen Persönlichkeiten aufgesucht. Seine Lage, nahe der Piazza Navona, ist ideal. Dennoch haben nicht alle Zimmer, die immerhin sehr komfortabel sind, renovierte Bäder, was einige Kunden bedauern. Die "Luxus"-Zimmer hingegen wurden erneuert, mit besonders gutem Mobiliar eingerichtet und von einem venezianischen Künstler bewundernswert dekoriert. Wissenswert ist, daß das Hotel günstige Wochenend-Preise mehrere Monate im Jahr anbietet. Im *Café Picasso* kann man (außer am Wochenende, dann nur Snack-Service) zu Mittag und zu Abend essen. Außerdem organisiert das Hotel im Sommer Diners auf der herrlichen Panoramaterrasse (reservieren).

Anreise *(Karte Nr. 14): Neben der Piazza Navona.*

LATIUM - ABRUZZEN

Hotel Sole Al Pantheon

00186 Roma
Piazza della Rotonda, 63
Tel. 06-678 04 41 - Fax 06-699 406 89

Kategorie ★★★★ **Ganzj.** geöffn. **26 Zimmer** m. Klimaanl., Tel., Bad od. Dusche, WC, TV, Minibar; Aufzug **Preise** EZ u. DZ: 380000 L, 520000 L; Suiten: 650-700000 L - Frühst. inkl., von 7.00 bis 11.00 Uhr **Kreditkarten** akzeptiert **Verschiedenes** Hunde nicht erlaubt - Parkpl. m. Service (35000 L), Garage (500 m, 35-45000 L) **Umgebung** an der Straße der Castelli Romani: Villa u. Gärten Adobrandini in Frascati - Tusculum - Kloster von Grottaferrata - Piazza della Repubblica (Bernini) in Ariccia - Tivoli (per Bus ab Bahnhof): Villa d'Este (Licht- u. Tonaufführ. im Sommer) u. Villa Adriara (6 km vor Tivoli) - Palestrina - Anagni - Golf ad Olgiata (9- u. 18-Lochpl.) in Rom **Kein Restaurant** im Hotel (siehe unsere Restaurantauswahl S. 494-498).

Dieses Hotel liegt sehr günstig an der Piazza della Rotonda, dem Pantheon gegenüber. Es wurde kürzlich vollständig renoviert, der Charme eines alten Palazzo blieb jedoch erhalten. Es gibt nicht mehr als 26 Zimmer, aber alle sind sehr behaglich. Besonderen Wert wurde auf die Ausstattung der Bäder gelegt. Alle Badewannen verfügen über Massagedüsen - eine wahre Wohltat nach einem langen Tag auf den Straßen Roms. Jedes Zimmer trägt den Namen einer Persönlichkeit, die hier genächtigt hat, namentlich Jean-Paul Sartre, der zu den Stammgästen gehörte.

Anreise (Karte Nr. 14): Dem Pantheon gegenüber.

LATIUM - ABRUZZEN

Hotel dei Mellini

00193 Roma
Via Muzzio Clementi, 81
Tel. 06-324 771 - Fax 06-324 77 801
Sig. Luciano Bucchi

Kategorie ★★★★ **Ganzj.** geöffn. **80 Zimmer** m. Klimaanl., Tel., Bad od. Dusche, WC, Satelliten-TV, Minibar, Safe, Fax-Anschluß u. PC; Aufzug **Preise** EZ u. DZ: 340000 L, 420000 L; Suiten: 650000 L - Frühst. inkl. (Buffet), von 6.30 bis 10.30 Uhr **Kreditkarten** akzeptiert **Verschiedenes** Hunde nicht erlaubt - Dachgarten - Garage (35000 L) **Umgebung** an der Straße der Castelli Romani: Villa u. Gärten Aldobrandini in Frascati - Tusculum - Kloster von Grottaferrata - Piazza della Repubblica (Bernini) in Ariccia - Tivoli (per Bus ab Bahnhof): Villa d'Este (Licht- u. Tonaufführ. im Sommer) u. Villa Adriana (6 km vor Tivoli) - Palestrina - Anagni - Golf ad Olgiata (9- u. 18-Lochpl.) in Rom **Kein Restaurant** im Hotel (siehe unsere Restaurantauswahl S. 494-498).

Das Hotel liegt im Viertel des Castello Sant'Angelo, das heißt in der Nähe der Peterskirche, auf dem linken Tiberufer der Piazza del Popolo. Das Hotel entstand in einem Gebäude des 19. Jahrhunderts, das vollkommen umgebaut und neu gestaltet wurde. Die Inneneinrichtung ist eher die eines üppigen modernen Appartements als die eines Hotels. Die ausgesuchten Möbel, Accessoires und Gemälde schaffen eine sehr persönliche Atmosphäre. Angesichts der ausgesuchten Farben und warmen Werkstoffe erinnert die Dekoration an die dreißiger und vierziger Jahre. Die Zimmer und Bäder verfügen über den gleichen eleganten Komfort. Wenn man am späten Nachmittag ins Hotel zurückkehrt, ist es sehr angenehm, an der amerikanischen Bar einen Drink zu nehmen. Der Service ist sehr aufmerksam und höflich. Eine gute Adresse.

Anreise *(Karte Nr. 14): Nahe des Castello Sant'Angelo.*

LATIUM - ABRUZZEN

Hotel Carriage

00187 Roma
Via delle Carrozze, 36
Tel. 06-699 01 24 - Fax 06-678 82 79
Sig. Del Sole

Kategorie ★★★ **Ganzj.** geöffn. **24 Zimmer** m. Klimaanl., Tel., Bad u. Dusche, WC, TV, Minibar; Aufzug **Preise** EZ u. DZ: 260000 L, 340000 L - 3 BZ: 430000 L; Suiten: 550000 L - Frühst. inkl., von 7.00 bis 11.00 Uhr **Kreditkarten** akzeptiert **Verschiedenes** Hunde nicht erlaubt - Dachgarten **Umgebung** an der Straße der Castelli Romani: Villa u. Gärten Aldobrandini in Frascati - Tusculum - Kloster von Grottaferrata - Piazza della Repubblica (Bernini) in Ariccia - Tivoli (per Bus ab Bahnhof): Villa d'Este (Licht- u. Tonaufführ. im Sommer) u. Villa Adriana (6 km vor Tivoli) - Palestrina - Anagni - Golf ad Olgiata (9- u. 18-Lochpl.) in Rom **Kein Restaurant** im Hotel (siehe unsere Restaurantauswahl S. 494-498).

Das *Carriage* ist ein kleines Hotel und liegt in der Nähe der Piazza di Spagna, im Herzen jenes Viertels, in dem sich die Luxusboutiquen der Hauptstadt angesiedelt haben. Empfangshalle, Salon und Frühstücksraum sind geschmackvoll im Stil des 18. Jahrhunderts eingerichtet. Die Zimmer sind komfortabel, klimatisiert und somit vom Straßenlärm abgeschirmt. Wählen Sie, falls Sie frühzeitig reservieren, die Zimmer 501 oder 601, die auf die Terrasse hinausgehen und einen schönen Ausblick auf die Ewige Stadt bieten. Sollte das nicht gelingen, können Sie in jedem Fall auf der Terrasse frühstücken. In den Suiten finden vier Personen Platz.

Anreise *(Karte Nr. 14): In der Nähe der Piazza di Spagna.*

LATIUM - ABRUZZEN

Mecenate Palace Hotel

00185 Roma
Via Carlo Alberto, 3
Tel. 06-44 70 20 24 - Fax 06-44 61 354
Sig.ra Capuzzo

Kategorie ★★★★ **Ganzj.** geöffn. **62 Zimmer** m. Klimaanl. (5 Nichtraucher-Zi) m. Tel., Bad, WC, Satelliten-TV, Minibar, Safe; Aufzug **Preise** EZ u. DZ: 430000 L, 560000 L; 3 BZ: 700000 L; Suiten: 1100000 L - Frühst. inkl., von 7.00 bis 10.00 Uhr **Kreditkarten** akzeptiert **Verschiedenes** Kleine Hunde erlaubt - Garage (45000 L) **Umgebung** an der Straße der Castelli Romani: Villa u. Gärten Aldobrandini in Frascati - Tusculum - Kloster von Grottaferrata - Piazza della Repubblica (Bernini) in Ariccia - Tivoli (per Bus ab Bahnhof): Villa d'Este (Licht- u. Tonaufführ. im Sommer) u. Villa Adriana (6 km vor Tivoli) - Palestrina - Anagni - Golf ad Olgiata (9- u. 18-Lochpl.) in Rom **Restaurant** *Terraza dei Papi:* von 12.00 bis 14.30 u. von 19.30 bis 23. Uhr - Karte: ca. 60000 L.

Die langwährende Renovierung des *Mecenate*, in der Nähe des Bahnhofs Termini und gegenüber der Kirche Santa Maria Maggiore gelegen, ist nun abgeschlossen und hat aus ihm ein wahres Luxushotel gemacht. Die Inhaberin wollte dem Hotel, vor allem aber den drei Suiten (die die Namen der römischen Dichter *Horace, Virgilio* und *Propersio* tragen) einen "privaten" Touch verleihen. So kann man mit dem Wasserkocher den Tee selbst zubereiten und sich entspannen (Jacuzzi in den Suiten), bevor man zum Abendessen ausgeht. Die Einrichtung ist elegant-gepflegt, die dazu passenden Marmorbäder sind groß. Von der Hälfte der Zimmer blickt man auf die Kirche, ebenso vom ansprechend hergerichteten Dachgarten "La Terrazza dei Papi" aus, auf dem das Frühstück und auch alle anderen Mahlzeiten serviert werden. Eine bemerkenswerte Adresse, die diesem Viertel fehlte.

Anreise (Karte Nr. 14): In der Nähe des Bahnhofs (Stazione Termini). Via Carlo Alberto führt zur Piazza Santa Maria Maggiore.

LATIUM - ABRUZZEN

Hotel Villa Grazioli

00199 Roma
Via Salaria, 241
Tel. 06-841 65 87 - Fax 06-841 33 85
Sig. Gianpaolo Italo

Kategorie ★★★ **Ganzj.** geöffn. **30 Zimmer** m. Klimaanl., Tel., Bad od. Dusche, WC, Satelliten-TV, Minibar; Aufzug **Preise** EZ u. DZ: 168-197000 L, 210-260000 L - Frühst. inkl., von 7.00 bis 10.30 Uhr **Kreditkarten** akzeptiert **Verschiedenes** Kleine Hunde erlaubt - Parkpl. **Umgebung** an der Straße der Castelli Romani: Villa u. Gärten Aldobrandini in Frascati - Tusculum - Kloster von Grottaferrata - Piazza della Repubblica (Bernini) in Ariccia - Tivoli (per Bus ab Bahnhof): Villa d'Este (Licht- u. Tonaufführ. im Sommer) u. Villa Adriana (6 km vor Tivoli) - Palestrina - Anagni - Golf ad Olgiata (9- u. 18-Lochpl.) in Rom **Kein Restaurant** im Hotel (siehe unsere Restaurantauswahl S. 494-498).

Das Gebäude, in dem sich die *Villa Grazioli* befindet, ist vollkommen neu und liegt an der antiken Via Salaria, im grünen Parioli-Bereich, in der Nähe der Parks der Villa Borghese und der Villa Ada (das Museum Borghese wurde nach mehrere Jahre dauernden Umbauarbeiten kürzlich wiedereröffnet). Dieser Stadtteil ist zwar sehr zentral, aber trotzdem verhältnismäßig ruhig, was man nach einem besichtigungsreichen Tag besonders schätzt. Die 30 Zimmer sind zwar nicht groß, aber gut, wenn auch nicht luxuriös ausgestattet und haben schöne Marmorbäder. Rezeption, Salon und Frühstücksraum sind elegant. Der kostenlose Privatparkplatz ist auch nicht zu verachten.

Anreise *(Karte Nr. 15): Nahe Villa Borghese.*

LATIUM - ABRUZZEN

Hotel Gregoriana

00187 Roma
Via Gregoriana, 18
Tel. 06-679 42 69 - Fax 06-678 42 58
Sig. Panier-Bagat

Kategorie ★★★ **Ganzj.** geöffn. **19 Zimmer** m. Klimaanl., Tel., Bad od. Dusche, TV, Minibar, Aufzug **Preise** EZ u. DZ: 220000 L, 360000 L - Frühst. inkl., von 7.00 bis 11.00 Uhr **Kreditkarten** nicht akzeptiert **Verschiedenes** Hunde erlaubt (Zuschlag) **Umgebung** an der Straße der Castelli Romani: Villa u. Gärten Aldobrandini in Frascati - Tusculum - Kloster von Grottaferrata - Piazza della Repubblica (Bernini) in Ariccia - Tivoli (per Bus ab Bahnhof): Villa d'Este (Licht- u. Tonaufführ. im Sommer) u. Villa Adriana (6 km vor Tivoli) - Palestrina - Anagni - Golf ad Olgiata (9- u. 18-Lochpl.) in Rom **Kein Restaurant** im Hotel (siehe unsere Restaurantauswahl S. 494-498).

Das Hotel liegt ideal in der Via Gregoriana oberhalb der Treppen der Piazza di Spagna, nahe der Kirche Trinita dei Monti. Dennoch ist die Straße ruhig, was zur intimen Atmosphäre des *Gregoriana* beiträgt. Die Einrichtung, eine Mischung aus Artdeco, Liberty und Exotik, trifft nicht genau unseren Geschmack, aber es mangelt weder an Komfort noch Ruhe, und einige Zimmer haben einen hübschen Ausblick auf die Dächer von Rom. Was aber dieses Hotel mit Charme besonders kennzeichnet, ist der liebenswürdige Empfang und die große Disponibilität. Von Anfang an fühlt man sich als privilegierter Gast. Das erklärt die Treue der Kundschaft, aber auch die Notwendigkeit, im voraus zu reservieren.

Anreise (Karte Nr. 14): Oberhalb der Treppen der Piazza di Spagna.

LATIUM - ABRUZZEN

Hotel Locarno

00186 Roma
Via della Penna, 22
Tel. 06-36 10 841 - Fax 06-32 15 249 - Sig.ra Celli
Web: http://www.venere.it/roma/locarno - E-mail: locarno@venere.it

Kategorie ★★★ **Ganzj.** geöffn. **47 Zimmer** m. Klimaanl., Tel., Bad u. Dusche, WC, Satelliten-TV, Safe, Minibar; Aufzug, 1 Zi. f. Behinderte **Preise** EZ u. DZ: 195000 L, 290-320000 L; Suiten: 360000 L; App. (3-4 Pers.): 1750000 L (pro Woche) - Frühst. inkl., von 7.00 bis 11.00 Uhr **Kreditkarten** akzeptiert **Verschiedenes** Hunde nicht erlaubt - Fahrräder kostenlos **Umgebung** an der Straße der Castelli Romani - Villa u. Gärten Aldobrandini in Frascati - Tusculum - Kloster von Grottaferrata - Piazza della Repubblica (Bernini) in Ariccia - Tivoli (per Bus ab Bahnhof): Villa d'Este (Licht- u. Tonaufführ. im Sommer) u. Villa Adriana (6 km vor Tivoli) - Palestrina - Anagni - Golf ad Olgiata (9- u. 18-Lochpl.) in Rom **Kein Restaurant** im Hotel (siehe unsere Restaurantauswahl S. 494-498).

Das *Locarno* liegt nur ein paar Schritte von der Piazza del Popolo entfernt und verfügt über hübsche, vollkommen renovierte und mit alten Stilmöbeln eingerichtete Zimmer mit komfortablen Bädern, welche allerdings recht klein sind. Die durch große weiße Sonnenschirme geschützte Terrasse im Innenhof, der charmante Empfang, die moderaten Preise und die günstige Lage im Herzen der Stadt machen aus dem *Locarno* eines der angenehmen Hotels der Stadt. Der Blick auf Rom ist wunderbar.

Anreise (Karte Nr. 14): In der Nähe der Piazza del Popolo.

LATIUM - ABRUZZEN

Hotel Teatro di Pompeo

00186 Roma
Largo del Pallaro, 8
Tel. 06-872 812 - Fax 06-880 55 31
Sig. Mignoni

Kategorie ★★★ **Ganzj.** geöffn. **12 Zimmer** m. Klimaanl., Tel., Bad od. Dusche, WC, TV, Minibar
Preise EZ u. DZ: 230000 L, 290000 L - Frühst. inkl., von 7.00 bis 10.00 Uhr **Kreditkarten** akzeptiert
Verschiedenes Hunde nicht erlaubt **Umgebung** An der Straße der Castelli Romani: Villa u. Gärten Aldobrandini in Frascati - Tusculum - Kloster von Grottaferrata - Piazza della Repubblica (Bernini) in Ariccia - Tivoli (per Bus ab Bahnhof): Villa d'Este (Licht- u. Tonaufführ. im Sommer) u. Villa Adriana (6 km vor Tivoli) - Palestrina - Anagni - Golf ad Olgiata (9- u. 18-Lochpl.) in Rom **Kein Restaurant** im Hotel (siehe unsere Restaurantauswahl S. 494-498).

Wenn Sie ein ruhiges und dennoch zentral gelegenes Hotel in Rom suchen, dann ist dieses genau das richtige. Das *Teatro di Pompeo* befindet sich mitten in der Stadt am Campo dei Fiori in unmittelbarer Nähe der Piazza Navona an einem kleinen ruhigen Platz. Alle Zimmer liegen unter dem Dach, und von der Hälfte blickt man auf den Platz. Die Ausstattung ist zwar schlicht, aber aufgrund der Größe ist dies ein Ort voller Wärme mit dem Charme der früheren *pensione* (allerdings mit mehr Komfort). Die Küche des danebenliegenden, aber nicht zum Hotel gehörenden Restaurants *Constanza* ist sehr zufriedenstellend; die Dekoration umfaßt die Ruinen des antiken Theaters des Pompeius, das 55 v. Chr. eingeweiht wurde. Diskreter und effizienter Service.

Anreise (Karte Nr. 14): In der Nähe der Piazza Campo dei Fiori u. der Kirche S. Andrea delle Valle.

LATIUM - ABRUZZEN

Hotel Sant' Anselmo

00153 Roma
Piazza Sant' Anselmo, 2
Tel. 06-74 51 74 - 06-574 52 31/2 - Fax 06-578 36 04
Sig. Piroli

Kategorie ★★★ **Ganzj.** geöffn. **45 Zimmer** m. Tel., Bad od. Dusche, WC, TV **Preise** EZ u. DZ: 190000 L, 290000 L - Frühst. inkl., von 7.00 bis 10.30 Uhr **Kreditkarten** akzeptiert **Verschiedenes** Hunde nicht erlaubt **Umgebung** An der Straße der Castelli Romani: Villa u. Gärten Aldobrandini in Frascati - Tusculum - Kloster von Grottaferrata - Piazza della Repubblica (Bernini) in Ariccia - Tivoli (per Bus ab Bahnhof): Villa d'Este (Licht- u. Tonaufführ. im Sommer) u. Villa Adriana (6 km vor Tivoli) - Palestrina - Anagni - Golf ad Olgiata (9- u. 18-Lochpl.) in Rom **Kein Restaurant** im Hotel (siehe unsere Restaurantauswahl S. 494-498).

Bereits in der Antike für seine große Ruhe geschätzt, ist der Aventino-Hügel (auf dem die Römer einst Thermen errichteten) in der Hitze der Stadt noch immer sehr erholsam. Drei alte Patrizierhäuser, die diese grünen, schattigen Alleen säumen, beherbergen drei Hotels: das *S. Anselmo*, die *Villa S. Pio* und das *Aventino*. Eine einzige Reservierungsnummer verteilt die Kunden auf die drei Häuser - die beiden ersten sind vorzuziehen. Die Zimmer sind klein, nicht ohne Charme und komfortabel; ein wenig mehr Pflege würde ihnen allerdings nicht schaden. Die oben gelegenen Räume mit Blick auf den Süden der Stadt sind besonders angenehm. Das Frühstück ist nicht berauschend, dafür wird es aber in einem kleinen frischen Garten serviert. Eine für Rom aufgrund der Ruhe und der Preise bemerkenswerte Adresse.

***Anreise** (Karte Nr. 14): In der Nähe der Caracalla-Thermen.*

LATIUM - ABRUZZEN

Hotel Villa del Parco

00161 Roma
Via Nomentana, 110
Tel. 06-442 377 73 - Fax 06-442 375 72
Famiglia Bernardini

Kategorie ★★★ **Ganzj.** geöffn. **31 Zimmer** m. Klimaanl., Tel., Bad od. Dusche, WC, TV, Safe, Minibar; Aufzug - 2 Zi. m. Eingang f. Behinderte **Preise** EZ u. DZ: 175000 (Wochenenden)-215000 L, 220 (Wochenenden)-260000 L; 3 BZ: 257 (Wochenenden)-290000 L - Frühst. inkl., von 7.00 bis 10.30 Uhr **Kreditkarten** akzeptiert **Verschiedenes** Hunde erlaubt - Parpl. (10000 L) **Umgebung** An der Straße der Castelli Romani: Villa und Gärten Aldobrandini in Frascati - Tusculum - Kloster von Grottaferrata - Piazza della Repubblica (Bernini) in Ariccia - Tivoli (per Bus ab Bahnhof): Villa d'Este (Licht- und Tonaufführ. im Sommer) und Villa Adriana (6 km vor Tivoli) - Palestrina - Anagni - Golf ad Olgiata (9- und 18-Lochpl.) in Rom **Kein Restaurant** im Hotel (siehe unsere Restaurantauswahl S. 494-498).

Dieses um die Jahrhundertwende erbaute Haus liegt in einer ruhigen Wohngegend etwas abseits des historischen Zentrums. Zur Via Veneto sind es 20 Gehminuten. Das Rosa der Fassade ist im Laufe der Jahre in Würde verblaßt. Ein kleiner Garten und die Nähe zum Park spenden Frische und Schatten. Eine Flucht von Salons (von denen einige im Souterrain den unerwarteten Charme eines Londoner "basement" haben), eine intime kleine Bar und einige Tische unter Bäumen für einen Tee oder Imbiß - all das macht aus der Villa sicherlich bald *Ihre* Adresse in Rom. Vor kurzem erhielt es eine neue Einrichtung im angelsächsischen Stil. Die Zimmer sind individuell gestaltet. Die angenehmsten sind Nr. 5, 7, 12 und 22.

Anreise (Karte Nr. 14): Nördl. von Rom, in der Nähe der Piazza Bologna.

LATIUM - ABRUZZEN

Pensione Scalinata di Spagna

00187 Roma
Piazza Trinita dei Monti, 17
Tel. 06-69 94 08 96 - Fax 06-69 94 05 98
Sig. Bellia

Kategorie ★★★ **Ganzj.** geöffn. **16 Zimmer** m. Klimaanl., Tel., Bad od. Dusche, WC, TV, Safe, Minibar **Preise** EZ u. DZ: 380000 L, 450000 L; 3 BZ: 550000 L, Suite (4-5 Pers.): 800000 L - Frühst. inkl., von 7.30 bis 11.00 Uhr **Kreditkarten** akzeptiert **Verschiedenes** Hunde erlaubt **Umgebung** an der Straße der Castelli Romani: Villa und Gärten Aldobrandini in Frascati - Tusculum - Kloster von Grottaferrata - Piazza della Repubblica (Bernini) in Ariccia - Tivoli (per Bus ab Bahnhof): Villa d'Este (Licht- und Tonaufführ. im Sommer) und Villa Adriana (6 km vor Tivoli) - Palestrina - Anagni - Golf ad Olgiata (9- und 18-Lochpl.) in Rom **Kein Restaurant** im Hotel (siehe unsere Restaurantauswahl S. 494-498).

Dieses kleine Hotel, das in der Nähe des Luxushotels *Hassler Medici* oberhalb der berühmten Treppen der Piazza di Spagna und der Straßen mit den schicken Läden liegt, braucht seinen berühmten Nachbarn hinsichtlich der Lage keineswegs zu beneiden. *Pensione Scalinata* ist intim und elegant. Die Zimmer verfügen über eine komfortable Einrichtung, die erforderliche Klimaanlage und eine geschmackvolle Dekoration. Von der Terrasse aus blickt man auf die Dächer (viele mit Terrasse) der Ewigen Stadt. Der Empfang ist höflich, der Service aufmerksam. Eine der besten "kleinen" Häuser (vor kurzem wurde es vollkommen renoviert) für einen Aufenthalt in Rom.

Anreise (Karte Nr. 14): Oberhalb der Treppen der Piazza di Spagna.

LATIUM - ABRUZZEN

Park Hotel Villa Grazioli

1999

00046 Grottaferrata (Roma)
Tel. 06-94 54 00 - Fax 06-94 13 506 - Sig. Rolf Rampf
Web: http://www.villagrazioli.com - E-mail: info@villagrazioli.com

Ganzj. geöffn. **58 Zimmer** m. Klimaanl., Bad od. Dusche, WC, Satelliten-TV, Minibar, Safe; Aufzug, Eingang f. Behinderte **Preise** EZ u. DZ: 220-320000 L, 300-390000 L; Suiten: 450-600000 L - Frühst. inkl., von 7.30 bis 10.00 Uhr - HP u. VP: + 60000 L + 100000 L (pro Pers.) **Kreditkarten** akzeptiert **Verschiedenes** Hunde erlaubt - Pendelverkehr nach Rom u. Fiumicino - Parkpl. **Umgebung** an der Straße der Castelli Romani: Villa u. Gärten Aldobrandini in Frascati - Tusculum - Kloster von Grottaferrata - Piazza della Repubblica (Bernini) in Ariccia - Rom - Tivoli (per Bus ab Bahnhof): Villa d'Este (Licht- u. Tonaufführ. im Sommer) u. Villa Adriana (6 km vor Tivoli) - Golf-Club Castel Gandolfo (18-Lochpl.) (kostenloser Pendelverkehr) **Restaurant** von 12.30 bis 14.00 u. von 20.00 bis 22.00 Uhr - Menü: 70000 L (alles inkl.) - Regionale Küche.

Die Castelli Romani gruppieren die auf den Hügeln entstandenen Dörfer der Albaner Berge, die im Südosten von Rom die Weinberge der römischen Umgebung überragen. Von jeher haben die Römer in diesen Hügeln, nur 10 Kilometer von der Hauptstadt entfernt, Kühle und Ruhe gesucht - wie noch heute der Papst, der sich im Sommer nach Casteldandolfe zurückzieht. Die historische, im 16. Jahrhundert erbaute *Villa Grazioli* diente ebenfalls diesem Zweck. Nach einer bemerkenswerten Restaurierung des Hauses und des Gartens heute ein Hotel, bietet die Villa ihren Gästen eine Lektion in Kunstgeschichte: die Fresken in der Stanza di Eliseo und erst recht in der Galleria del Pannini sind großartig. Die Gästezimmer befinden sich im Obergeschoß. Sie sind komfortabel und recht luxuriös und haben fast alle Aussicht auf die Umgebung, die abends, wenn alles in goldenes Licht getaucht ist, besonders besticht.

Anreise (Karte Nr. 14): 10 km südöstl. von Rom über Via Tuscolana, Rtg. Frascati; Raccordo Anulare, Rtg. Neapel, die Ausf. 21-22 Frascati. Ab Frascati ausgeschildert.

LATIUM - ABRUZZEN

Hotel Ristorante Adriano

Villa Adriana 00010 Tivoli (Roma)
Via di Villa Adriana, 194
Tel. 0774-38 22 35 / 53 5028 - 0774-53 51 22
Famiglia Cinelli

Ganzj. geöffn. **7 Zimmer** u. 3 Suiten m. Klimaanl., Tel., Bad od. Dusche, WC, TV, Minibar **Preise** DZ: 160-260000 L, Suiten: 260000 L - Frühst. inkl., von 8.30 bis 10.00 Uhr **Kreditkarten** akzeptiert **Verschiedenes** Hunde nicht erlaubt - Tennis - Parkpl. **Umgebung** Tivoli: Duomo, Villa Adriana, Villa d'Este, Villa Gregoriana - Rom **Restaurant** um 12.30 u. 20.00 Uhr - Karte: 70-80000 L.

Für den, der Rom besucht, ist Villa Hadriana ein Muß Und deshalb empfehlen wir, einen oder mehrere Abende im *Adriano* gleich neben der Villa Hadriana zu verbringen und bei der Gelegenheit auch Villa d'Este und Villa Gregoriana zu besuchen, die nur sechs Kilometer weiter in Tivoli liegen. Sie werden weder das Schauspiel der Gärten voller Springbrunnen und Kaskaden bedauern, die schon Fragonard, Corot und auch Maurice Ravel inspirierten, noch das Hotel, das komfortabel und gastronomisch ist. Das Gebäude in schönem Fuchsrot ist von einem großen Rasen umgeben, dem die Palmen und Zypressen des Parks Schatten spenden. Die Zimmer liegen im Obergeschoß, sind luxuriös, haben viel Komfort und teilweise Ausblick auf die Mauern der berühmten Nachbarin. Das Restaurant ist mit seinen weißen Wänden und dem Mobiliar aus dem 19. Jahrhundert sehr elegant. Um die hervorragende Küche kümmert sich Gabriella, Patrizia bereitet ausschließlich die Süßspeisen zu, und Umbertos Empfang ist sehr zuvorkommend. Ein lohnender "Seitensprung" von Rom aus.

Anreise (Karte Nr. 14): 36 km von Rom, 6 km vor Tivoli.

LATIUM - ABRUZZEN

Villa La Floridiana

03012 Anagni (Frosinone)
Via Casilina, km 63,700
Tel. 0775-76 99 60 - Fax 0775-76 99 60
Sig.ra Camerini

Kategorie ★★★★ **Geschlossen** im August **9 Zimmer** m. Klimaanl., Tel, Bad od. Dusche, WC, TV; Eingang f. Behinderte **Preise** EZ u. DZ: 150000 L, 220000 L - Frühst inkl., von 7.00 bis 10.00 Uhr - HP u. VP: 150000 L, 180000 L **Kreditkarten** akzeptiert **Verschiedenes** Hunde erlaubt - Parkpl. **Umgebung** Anagni: Kathedrale, Palazzo Bonifaccio VIII, Palazzo comunale, Casa Barnekow - Rom - Palestrina - Alatri - Ferentino - Abtei von Casamari - Parco Naturele La Selva di Paliano - Monasterio de Subiaco - Golf-Club di Fiuggi (18-Lochpl.) **Restaurant** von 12.00 bis 15.00 u. von 19.30 bis 22.30 Uhr - So abends u. Mo mittags geschl. - Menüs: 60000 L - Regionale Küche.

Entdecken Sie ca. 50 Kilometer vor Rom an der Autostrada del Sole Anagni, Alatri und Ferentino: kleine, mittelalterliche Städte an den Hängen der Ernici-Berge, die weiterhin in einer zeitlosen Atmosphäre leben. Anagni, ehemalige Sommerresidenz der Kaiser und Päpste (drei von ihnen wurden hier geboren) besitzt eine wunderbare romanische Kathedrale. Wir entdeckten sie dank der kürzlichen Eröffnung der *Villa La Floridiana*. Dieses ehemalige Landhaus hat seinen Charme von früher erhalten: rosa Verputz und grüne Fensterläden der Fassade des durch eine schattige Terrasse verlängerten Hauses. Das Interieur ist freundlich und schlicht und hübsch mit regionalen Möbeln ausgestattet. Die Zimmer sind geräumig und komfortabel, der Service ist nett und aufmerksam. Das Hotel informiert Sie über die Öffnungszeiten zur Besichtigung der Denkmäler der Stadt - die Zeiten werden nicht strikt eingehalten.

Anreise (Karte Nr. 14): 50 km südöstl. von Rom. Über die A 2, Ausf. Anagni.

LATIUM - ABRUZZEN

Villa Vignola

Vignola 66054 Vasto (Chieti)
Corso Vannucci, 97
Tel. 0873-31 00 50 - Fax 0873-31 00 60
Sig. Mazzetti

Kategorie ★★★★ **Ganzj.** geöffn. **5 Zimmer** m. Klimaanl., Tel., Bad u. Dusche, WC, TV, Minibar
Preise EZ u. DZ: 160000 L, 280000 L - Frühst. inkl., von 7.30 bis 10.30 Uhr **Kreditkarten** akzeptiert
Verschiedenes Hunde erlaubt (Zuschlag) - Parkpl. **Umgebung** Vasto (3 km) **Restaurant** von 12.30 bis 14.30 u. von 19.30 bis 22.30 Uhr - Menü: 65000 L - Karte - Fisch.

Die erst vor einigen Jahren eröffnete *Villa Vignola* ist quasi noch ein Geheimtip und ein Hotel für einige wenige, d.h. für Kenner. Und das im doppelten Sinn, denn es gibt nur fünf Zimmer und vielleicht ein Dutzend Tische. Von den Terrassen und den Zimmern aus geht der Blick aufs Meer durch Bäume hindurch, die hier fast den Strand erreichen. Alles in diesem Haus erinnert an ein Ferienhaus am Meer. Der Salon und die wenigen Zimmer mit der geschmackvollen Einrichtung tragen sicherlich viel dazu bei. Ein Haus, das zum Entspannen und Verweilen einlädt.

Anreise (Karte Nr. 16): 74 km südl. von Pescara über die A 14, Ausf. Vasto, dann Rtg. Porto di Vasto (6 km nördl. von Vasto).

LATIUM - ABRUZZEN

Country Club Rinaldone

01100 Viterbo
Strada Rinaldone, 9
Tél. 0761-35 21 37 - Fax 0761-35 21 16 - M. Lamami

Kategorie ★★★ **Geschlossen** im Januar u. Februar **20 Zimmer** m. Tel., Bad od. Dusche, TV, Minibar **Preise** EZ u. DZ: 90-110000 L, 120-140000 L; Suiten: 160-180000 L - Frühst.: 10000 L, von 8.30 bis 10.00 Uhr - HP: 93-150000 L (pro Pers., mind. 2 Üb.) **Kreditkarten** Visa, Eurocard, MasterCard **Verschiedenes** Hunde erlaubt - Schwimmb. - Mountainbikes - Tennis - Garage u. Parkpl. **Umgebung** Viterbo u. Etruskisches Land; Santa Maria della Quercia; Bagnaia : Villa Lante; Ferentium; Bomarzo "Le Bois sacré", le parc des monstres (19.00-20.00 Uhr) - Lago di Bolsena - Lago di Vico - Caprarola: Palais Farnèse **Restaurant** von 12.30 bis 14.30 u. von 20.00 bis 22.30 Uhr- Menu u. Karte: 30-35000 L - Regionale Küche.

Der Raub der Sabinerinnen fand in der Region Viterbo statt, und vielleicht heißt es deshalb in einem Sprichwort seit jener Zeit, dies sei die Stadt der schönen Frauen und der schönen Brunnen ... Das historische Zentrum innerhalb der Stadtmauern blieb vom Krieg verschont. Das Gasthaus *Rinaldo* befindet sich allerdings auf dem Land, im Norden der Stadt, auf einem 180 Hektar großen Gebiet. Country-Club-Ambiente mit komfortablen rustikalen Einrichtungen. Auch die Zimmer mit ihren hier und da so belassenen Steinwänden und den regionalen Möbeln sind ländlich gestaltet. Im Restaurant wurden etruskische Überreste gefunden, die den Freuden des Tisches eine besonders interessante Seite hinzufügen. Da das *Rinaldo* 80 Kilometer von Rom entfernt ist, ist es eine gute Stopp-, aber auch Aufenthalts-Adresse, um die mittelalterliche Stadt und den außergewöhnlichen Monsterpark Bomarzo voller seltsamer Skulpturen zu besichtigen, die diesen symbolischen Garten bevölkern.

Anreise (Karte Nr. 13): 3 km nördl. von Viterbo. Straße SS Cassia. Kilometerstein 86.

LATIUM - ABRUZZEN

Hotel Royal

01023 Bolsena (Viterbo)
Piazzale D. Alghieri, 8/10
Tel. -761-79 70 48/49 - Fax 0761-79 60 00
Sig. Paolo Equitani

Kategorie ★★★★ **Ganzj.** geöffn. **37 Zimmer** m. Bad u. Dusche, Satelliten-TV, Safe, Minibar; Aufzug **Preise** EZ u. DZ: 110-160000 L, 160-240000 L; Suite: 190-270000 L - Frühst. (Buffet): 18000 L, von 7.30 bis 10.30 Uhr **Kreditkarten** Visa, Eurocard, MasterCard **Verschiedenes** Hunde nicht erlaubt - Schwimmb. - Parkpl. **Umgebung** Orvieto - Lago di Bolsena u. Etruskisches Land: Chuisi, Pitigliano, Sorano u. Sovana - Isola Bizantina - Montefiascone - Viterbo **Kein Restaurant** im Hotel (siehe unsere Restaurantauswahl S. 495).

Bolsena liegt im Herzen des alten Etrurien am nordöstlichen Ufer jenes Sees, nach dem es benannt ist. Trotz der archäologischen Ausgrabungen wurde die Stätte des großen etruskischen, Voltumna geweihten Heiligtums nicht gefunden; die Umgebung ist jedoch reich an Grotten und Überresten. Ein weiterer Schatz des italienischen Kulturgutes, die private Insel Bisentina (ehemals Sommerresidenz der Päpste), befindet sich in der Nähe. Das Hotel, es liegt am dunklen Wasser des Sees, ist das älteste der Stadt. Und das verleiht ihm wahrscheinlich diese üppige, professionelle Grandhotel-Atmosphäre. Luxus und Eleganz in den Empfangsräumen, wo Marmor und Säulen gut mit den damastbezogenen Sofas und den venezianischen Leuchtern harmonieren. Die mit herkömmlichem Hotelmobiliar eingerichteten Zimmer sind klassischer, aber dennoch elegant und funktionell. Angesichts der Leistungen sind die Preise noch immer akzeptabel und gestatten es, auf eine sehr komfortable Art die sanfte Stimmung dieses weniger aufgesuchten italienischen Sees zu entdecken.

Anreise (Karte Nr. 13): 31 km nördl. von Viterbo.

LATIUM - ABRUZZEN

Il Voltone

Voltone 01010 Farnese (Viterbo)
Tel. 0761-42 25 40 - Fax 0761-42 25 40
Sig. ras Parenti

Geschlossen vom 15. November bis 28. März **30 Zimmer** m. Tel., Bad, WC **Preise** EZ u. DZ: 105-120000 L, 150-180000 L; Suiten: 200-230000 L - Frühst. inkl., von 8.00 bis 10.00 Uhr - HP u. VP: 115-155000 L, 145-185000 L (pro Pers.) **Kreditkarten** Visa, Eurocard, MasterCard **Verschiedenes** Hunde auf Anfr. erlaubt - Schwimmb. - Parkpl. **Umgebung** Etruskisches Land: Viterbo, Tarquinia, Ortebello, Cerveteri, Véio - Isola Bizantina - Lago di Bolsena - Golf "Le Querce" (18-Lochpl.) in Viterbo **Restaurant** um 13.00 u. 20.00 Uhr - Menüs: 45-70000 L - Regionale Küche - Wildschwein in der Saison.

Zwischen dem lateinischen Rom und der florentinischen Toskana empfehlen wir einen Aufenthalt im schönen Etruskerland. Denn *Il Voltone* ist eine seltene Adresse. Es ist eine große landwirtschaftliche Besitzung, liegt isoliert in einem kleinen Ort aus dem 17. Jahrhundert, wurde grundlegend renoviert und mit viel Geschick zu einem "Hotel" umfunktioniert, das aber eigentlich mehr ein Gästehaus ist. Die Pastellfarben in Gelb, Ocker und Rosa verleihen dem Haus große Behaglichkeit. Die alten Möbel und Teppiche tragen dazu bei, daß man meint, sich in einem Privathaus zu befinden. Die Zimmer sind komfortabel und persönlich gestaltet. Auch gibt es hier die Möglichkeit, Ausritte oder Touren per Mountainbike zu unternehmen. Vom superben Schwimmbad aus blickt man aufs Tal. Die Umgebung, die Wiege der allmächtigen Familie Farnese, ist reich an historischen Sehenswürdigkeiten. Bessere Führer als die Parentis gibt es nicht, denn alles Wissenswerte erfahren Sie von ihnen. Ein außergewöhnlicher Ort voller Ruhe.

Anreise (Karte Nr. 13): 45 km nördl. von Viterbo, A 1 (Rom-Florenz), Ausf. Orte, dann Viterbo, Capodimento, Valentano, Voltone. A 1 (Florenz-Rom), Ausf. Orvieto.

LATIUM - ABRUZZEN

Hotel Al Gallo

01017 Tuscània (Viterbo)
Via del Gallo, 22
Tel. 0761-44 33 88 - Fax 0761-44 36 28 - Sig. José Pettiti

Kategorie ★★★ **Ganzj**. geöffn. **10 Zimmer** m. Klimaanl., Tel., Bad od. Dusche, WC, TV; Aufzug **Preise** EZ u. DZ: 138000 L, 173000 L - Frühst.: 12000 L, von 7.30 bis 10.00 Uhr - HP u. VP: 198000 L (1 Pers.), 170000 L (pro Pers., im DZ, mind. 2 Üb.) **Kreditkarten** akzeptiert **Verschiedenes** Kleine Hunde erlaubt - Tennis - Parkpl. **Umgebung** Etruskisches Land: Viterbo, Tarquinia, Ortebello, Cerveteri, Véio - Golf "Le Querce", (18-Lochpl.) in Viterbo **Restaurant** von 12.00 bis 14.00 u. von 19.00 bis 22.00 Uhr - Menüs: 50-80000 L (-10% auf jedes Gericht für Gäste mit unserem Führer), auf Reserv. - Karte - Spezialitäten: ventaglio di proscuitto d'ola al peperone con carciofi e peperoni arrostiti - Ravioli di aneth.

Die zwischen der Toskana und dem Latium gelegene kleine Stadt Tuscània zählt zu den mysteriösesten der etruskischen Städte. In ihrer Umgebung finden sich zahlreiche Nekropolen, Grabhügel und Galerien. Die Stadt verfügt aber auch über Denkmäler aus dem frühen Mittelalter: die Basiliken San Pietro und Santa Maria Maggiore sind Kleinode paläolitisch-christlicher und romanischer Kunst. *Al Gallo* ist das einzige Hotel von Tuscània. Es ist schlicht, gepflegt, komfortabel. Trotz des grasgrünen Teppichbodens sind die Zimmer mit ihrem hellem Mobiliar und den Tapeten mit Blumenmuster geschmackvoll ausgestattet. Wir empfehlen insbesondere die Zimmer 7, 8, oder 9, von denen man den unteren Teil der Stadt überblickt. Zimmer 6 hat einen Balkon. Einige kleine Einzelzimmer werden als *uso doppia* angeboten. Daß der Komfort für zwei Personen geringer als für eine Person ist, versteht sich von selbst. Das Restaurant von *Al Gallo* ist berühmt. Jeden Monat bietet es ein abwechslungsreiches Jahreszeiten-Menü an.

Anreise *(Karte Nr. 13): 20 km von Viterbo, A 1, Ausf. Orte; A12, Ausf. Civitavecchia.*

LATIUM - ABRUZZEN

Dimora delPrete di Belmonte

86079 Venafro (Isernia)
Via Cristo, 49
Tel. 0865-900 159 - Fax 0865-900 159
Luigi und Dorothy delPrete

Genschlossen 2 Wochen im August **3 Zimmer** m. Bad, WC **Preise** DZ: 130000 L - Frühst. inkl., von 8.00 bis 10.00 Uhr **Kreditkarten** nicht akzeptiert **Verschiedenes** Hunde erlaubt **Umgebung** Venafro: Museum der Archäolgie, römisches Theater u. Amphitheater, roman. Kathedrale, Palazzio Caracciolo, Kirche von Annunziata, Castello Pandono - Isernia - Nationalpark der Abruzzen - Capua - Caserta - Abbazia de Montecassino - Grotte di Pasterna - Neapel (1 Std.) **Kein Restaurant** im Hotel.

Eine ideale Stopp-Adresse für alle, die auf der Autobahn Rom-Neapel gen Süden fahren, denn knapp 20 Kilometer hinter der Ausfahrt von Cassino werden Sie sich in der Molise - der kleinsten und unbekanntesten Region Italiens - in einem Dorf befinden, das trotz seines nichtssagenden Aussehens noch zahlreiche Überreste aus römischer Zeit des alten Venafrum sowie in einem im 19. Jahrhundert restaurierten Palast neoklassischen Stils erhalten hat. Die Nachfahren der heutigen Besitzer der *Dimora* verließen Neapel vor einigen Jahren, um sich hier niederzulassen. Angesichts ihrer natürlichen Gastfreundschaft hatten sie die Idee, drei Gästezimmer für interessierte, ja wißbegierige Reisende einzurichten. Empfangen wird man hier als Freund, also nicht wie ein Kunde. Die Villa verfügt über archäologische Schätze - die meisten werden im Museum aufbewahrt, das die Schenkung des Großvaters besitzt - , außerdem kann man Möbel und Gemälde aus dem Familienbesitz bewundern. Die Gästezimmer sind nicht so prachtvoll wie die Salons. Ihre Einrichtung mit ganz neuen Bädern ist einfach, aber geschmackvoll. Das Frühstück wird unter der Freskomalerei im Speiseraum serviert. Schöner, von hundertjährigen Palmen beschatteter Garten.

Anreise (Karte Nr. 19): 200 km südl. von Rom (A 1), Ausf. Cassino, Rtg. Venafro, Isernia.

LIGURIEN

Hotel Cenobio dei Dogi

16032 Camogli (Genova)
Via Nicolo Cuneo, 34
Tel. 0185-72 41 - Fax 0185-77 27 96 - Sig. Siri
Web: http://www.cenobio.it - E-mail: cenobio@promix.it

Kategorie ★★★★ **Ganzj.** geöffn. **107 Zimmer** m. Klimaanl., Tel., Bad od. Dusche, TV, Minibar; Aufzug **Preise** EZ u. DZ: 135-235000 L, 300-500000 L; Suiten: 600-700000 L - Frühst. inkl., von 7.30 bis 10.15 Uhr - HP u. VP: + 60000 L + 120000 L (pro Pers., mind. 3 Üb.) **Kreditkarten** akzeptiert **Verschiedenes** Hunde erlaubt (15000 L) - Schwimmb. - Solarium - Tennis (25000 L) - Privatstrand - Parkpl. **Umgebung** Ruta u. Portofino Vetta (Monte di Portofino) - Stündl. Bootstouren zur Abtei San Fruttuoso di Capodimonte, Punta della Chiata, Calla del'Oro - Golf von Rapallo (18-Loch-Golfpl.) **Restaurant** von 12.45 bis 14.15 u. von 20.00 bis 21.30 Uhr - Karte - Spezialitäten: Fisch.

Diese schöne, große Villa, die am Ende der Bucht des hübschen kleinen Badeortes Camogli liegt und ein Zwilling von Portofino ist, befand sich lange im Besitz einer Familie der Republik Genua, die mehrere Dogen zählte. In den fünfziger Jahren zu einem Hotel umgestellt, verlangte die Geschichte vom neuen Besitzer diesen Namen. Heute zählt das *Cenobio dei Dogi* zwar zu den Luxushotels der ligurischen Riviera, uns aber fehlt ein gewisser Charme, den es nicht zu schaffen wußte. Auch die Qualität der Zimmer ist unterschiedlich. Um unter Berücksichtigung der Preise mit diesem Hotel wirklich zufrieden zu sein, muß man ein Zimmer mit Meerblick nehmen. Die anderen sind banaler. Die Anlagen entsprechen dennoch denen eines grandhotels: wundervolle Blumengärten, Privatstrand direkt am Hotel und Schwimmbad von absoluter Ruhe, auch mitten im Sommer.

Anreise (Karte Nr. 8): 26 km östl. von Genua über die A 12, Ausf. Recco, dann S 333 bis Recco, Camogli über die Küstenstraße.

L I G U R I E N

Albergo da Giovanni

15032 San Fruttuoso - Camogli (Genova)
Casale Portale, 23
Tel. 0185-77 00 47
Famiglia Bozzo

Geschlossen von Oktober bis Mai (außer an Wochenenden im Mai u. Oktober) **7 Zimmer** m. Dusche außerh. des Zi. **Preise** Zi. m. HP u. VP: 125000 L, 160000 L (pro Pers.) **Kreditkarten** nicht akzeptiert **Verschiedenes** Hunde nicht erlaubt **Verschiedenes** Abtei San Fruttuoso - Camogli - Portofino **Restaurant** von 13.00 bis 14.30 u. von 20.00 bis 21.45 Uhr - Menü - Karte - Spezialitäten: Fisch.

Wenn man in Camogli und Portofino ist, nimmt man gewöhnlich das Schiff nach San Fruttuoso. Und dann - welch' angenehme Überraschung! In einer winzigen Bucht, von Bäumen umgeben, die bis ans Meer reichen, steht die Abtei mit dem Kampanile und dem Andrea-Doria-Turm. Die Geschichte dieses magischen Ortes geht bis zu den Römern zurück, aber die große Kirche stammt aus dem 13. Jahrhundert. Im Laufe der Zeit mehrmals umgebaut, wurde ihre Restaurierung erst vor kurzem abgeschlossen. Man muß wissen, daß man in San Fruttuoso durchaus wohnen kann - an einem Ort, der aufgrund seiner besonderen Lage vor touristischer Begehrlichkeit vollkommen geschützt ist. Eine der ersten Familien, die sich hier niedergelassen haben, verfügt über ein Haus mit sieben Zimmern. Der Komfort ist dürftig und der Service inexistent, aber es gibt ein gutes Restaurant mit stets frischen Fischen. Was aber vor allem zählt, ist der Zauber dieses Ortes, wenn das letzte Schiff die Bucht verlassen hat ...

Anreise (Karte Nr. 8): 26 km östl. von Genua über die A 12, Ausf. Recco, S 333 bis Recco, dann am Meer entlang bis Camogli. In Camogli das Schiff nach San Fruttuoso (Auskunft: 0185-77 10 66).

LIGURIEN

Albergo Splendido

16034 Portofino (Genova)
Viale Baratta, 16
Tel. 0185-26 95 51 - Fax 0185-26 96 14 - Sig. Saccani
E-mail: spendido@pn.itnet.it

Kategorie ★★★★ **Geschlossen** vom 5. Januar bis 25. März **69 Zimmer** m. Klimaanl., Tel., Bad, WC, TV u. Minibar; Aufzug **Preise** HP: 630-720000 L (1 Pers.) - 1250-1590000 L (2 Pers.); Suiten: 1940-2730000 L (2 Pers.) - VP: + 110000 L - Frühst. inkl., von 7.30 bis 10.30 Uhr **Kreditkarten** akzeptiert **Verschiedenes** Hunde im Zimmer erlaubt - Schwimmb. - Sauna - Tennis (40000 L) - Parkpl. (38000 L) **Umgebung** Fortezza di San Giorgio in Portofino - Fußweg Portofino-Rappallo (8 km über die Felsen, im Sommer nicht zu empfehlen) - Abtei San Fruttuoso - Golf von Rapallo (18-Lochpl.) **Restaurant** von 13.00 bis 14.30 u. von 20.00 bis 21.45 Uhr - Karte - Regionale Küche.

Das *Splendido*, das aus dem bewaldeten Hang von Portofino hervorragt, ist Teil der Landschaft dieses berühmten kleinen Hafens, der auf wunderbare Art erhalten blieb. Für Juli/August empfehlen wir diese Adresse weniger. Welch' ein ein Pläsier, wenn man hier durch die duftenden Gärten voller Pflanzen und Blumen spaziert und das Kommen und Gehen der Segelschiffe im Hafen beobachten kann. Das *Splendido* ist ein romantisches Luxushotel. Die Salons sind frisch und komfortabel. Eine wunderschöne Terrasse dient im Sommer als Restaurant. Der Garten voller Alleen und Wege, die zum Dorf und zum Strand hinunterführen, bieten viele Plätze mit einzigartigem Ausblick. Die von uns bevorzugten Zimmer sind die mit Balkon im Grünen, auch wenn es nicht die frisch renovierten sind. Das *Splendido* ist gewiß teuer, aber es ist ein Paradies.

Anreise (Karte Nr. 8): 36 km östl. von Genua über die A 12, Ausf. Rapallo, S 227 über die Küstenstraße bis Portofino.

LIGURIEN

Splendido Mare

1999

16034 Portofino (Genova)
Via Roma, 2
Tel. 0185-267 802 - Fax 0185-267 807 - Sig. Saccani
E-mail: spendido@pn.itnet.it

Kategorie ★★★★ **Geschlossen** vom 4. Januar bis 26. März **16 Zimmer** u. 8 Suiten m. Klimaanl., Tel., Bad u. Dusche, WC, TV, Minibar; Aufzug **Preise** EZ u. DZ m. HP: 630-720000 L, 1250-1590000 L; Suite m. HP: 1940-2730000 L - zusätzl. Pers.: 130000 L - Frühst. (Buffet) inkl., von 7.00 bis 11.00 Uhr - VP: + 110000 L (pro Pers.) **Kreditkarten** akzeptiert **Verschiedenes** Hunde im Zimmer erlaubt - Schwimmb. u. Tennis (35000 L) - Sauna (40000 L) - Fitneßcenter - Parking (38000 L) **Umgebung** Fortezza di San Giorgio in Portofino - Fußweg Portofino-Rappallo (8 km über die Felsen, im Sommer nicht zu empfehlen) - Abtei San Fruttuoso - Golf von Rapallo (18-Lochpl.) **Chuflay Bar** von 12.00 bis 16.00 u. von 19.30 bis 23.00 Uhr - Menü: 130000 L - Karte.

Nur einige Kabellängen vom Ponton des kleinen Hafens Portofino, in dem die luxuriösesten Schiffe der ligurischen Küste anlegen, eröffnete das *Splendido* kürzlich einen luxuriösen "Anbau". Zu Beginn des Jahrhunderts hatte Silvio Gazzolo beschlossen, aus seinem Fischerhaus ein kleines Hotel zu machen, um sich im Rentenalter nicht zu langweilen ... Heute gibt es noch immer das *Hotel Nazionale*, zudem das ganz neue *Splendido Mare* sowie die *Chuflay Bar* - all das wurde übernommen von den Orients-Express-Hotels. Die Zimmer liegen wunderbar, das heißt so, daß man am Leben dieses Hafens, der zu den schicksten von ganz Italien zählt, voll und ganz Anteil hat. Die besonders bemerkenswerten Zimmer sind die mit Terrasse. Komfort und Service: wie im berühmten Mutterhaus, das seinen Garten und Schwimmbad mit anderen "teilt". Wenn man sehen will und gesehen werden möchte, geht man in die *Chuflay Bar*, die für die *beautiful people* herrlicher Yachten vom Frühstück bis zum späten Abendessen da ist.

Anreise *(Karte Nr. 8): Am Hafen.*

Hotel Piccolo

16034 Portofino (Genova)
Via Duca degli Abruzzi, 31
Tel. (0185) 269 015 - Fax (0185) 269 621 - Sig. Bologna

Kategorie ★★★★ **Geschlossen** vom 4. November bis 26. Dezember **22 Zimmer** m. Tel., Dusche, WC, TV, Minibar; Aufzug **Peise** EZ u. DZ: 110-200000 L, 180-320000 L; Suiten: 320-400000 L - Frühst. inkl., von 7.30 bis 10.00 Uhr - HP u. VP: 200000 L, 240000 L (pro Pers.) **Kreditkarten** akzeptiert **Verschiedenes** Hunde erlaubt - Parkpl. (klein) u. Garage (10000 L) **Umgebung** Fortezza di San Giorgio in Portofino - Fußweg Portofino-Rappallo (8 km über die Felsen, im Sommer nicht zu empfehlen) - Abtei San Fruttuoso - Golf von Rapallo (18-Lochpl.) **Restaurant** von 12.30 bis 14.00 u. von 19.30 bis 21.00 Uhr - Menü u. Karte: 40000 L.

Das *Piccolo* liegt in jener letzten Kurve, von wo aus man endlich die ersten Häuser des berühmten kleinen Hafens erblickt (da Sie aber keinen Anlieger-*Pass* besitzen, werden Sie am Ausgang von Santa Margherita auf die frei werdenden Parkplätze von Portofino warten). In diesem kürzlich schön renovierten Hotel wurde der zur Verfügung stehende Raum bestmöglich genutzt. Das brachte eine kleine, aber freundliche Rezeption hervor (Ihr Auto können Sie ein paar Meter weiter parken). In den Gästezimmern, die an Schiffskabinen erinnern, läßt es sich angenehm wohnen; sie verfügen alle über eine Sitzecke und einen kleinen, ideenreich gestalteten Duschraum, in dem es an nichts mangelt. Einige Zimmer verfügen über eine Terrasse; die in den oberen Stockwerken haben Meerblick. Zum Baden in der kleinen Bucht mit eigenen Liegestühlen braucht man nur über die Straße zu gehen. Ein nicht unbedeutender Pluspunkt angesichts des nicht leichten Zugangs zu den Stränden. Sympathischer Empfang.

Anreise (Karte Nr. 8): 36 km östl. von Genua über die A 12, Ausf. Rapallo, S 227 über die Küstenstraße bis Portofino.

LIGURIEN

Hotel Nazionale

16038 Portofino (Genova)
Via Roma, 8
Tel. 0185-26 95 75 - Fax 0185-26 95 78
Sig. Briola

Kategorie ★★★★ **Geschlossen** von Dezember bis 14. März **12 Zimmer** m. Klimaanl., Tel., Bad od. Dusche, WC, TV, Minibar **Preise** DZ: 300000 L; Suite: 400-500000 L - Frühst.: 25000 L, von 7.30 bis 12.00 Uhr **Kreditkarten** Visa, Eurocard, MasterCard **Verschiedenes** Hunde erlaubt **Umgebung** Fortezza di San Giorgio in Portofino - Fußweg Portofino-Rappallo (8 km über die Felsen, im Sommer nicht zu empfehlen) - Abtei San Fruttuoso di Camogli - Golf von Rapallo (18-Lochpl.) **Kein Restaurant** im Hotel (siehe unsere Restaurantauswahl S. 501).

Das *Nazionale* liegt am Hafen. Wenn Sie kein Ereignis in Portofino verpassen wollen, müssen Sie ganz einfach in einem der rosa, gelben, ockeroder orangefarbenen Fischerhäuser wohnen, die dem Dorf seinen Charme verleihen. Obwohl der Eingang des Hotels in der Via Roma liegt, haben einige Zimmer Aussicht auf den Platz, andere auf den Hafen. Nur: das "Spektakel" findet sowohl am Tag als auch nachts statt. Das Hotel wurde vor einigen Jahren renoviert, wobei zwar auf Luxus, nicht aber auf die Gestaltung Wert gelegt wurde. Die Zimmer sind komfortabel und haben das beste Preis-Leistungsverhälnis von ganz Portofino. Den Empfang kann man nicht als zuvorkommend bezeichnen. Möglicher Grund: die wenigen Hotels am Ort.

Anreise (Karte Nr. 8): 36 km östl. von Genua über die A 12, Ausf. Rapallo, dann S 227 über die Küstenstraße bis Portofino (Parkplatz am Ortseingang, 300 m vom Hotel entf.).

LIGURIEN

Imperiale Palace Hotel

16038 Santa Margherita Ligure (Genova)
Via Pagana, 19
Tel. 0185-28 89 91 - Fax 0185-28 42 23 - Sig. Mura
E-mail: info@hotelimperiale.com - Web: http://www.hotelimperiale.com

Kategorie ★★★★★ **Geschlossen** von Dezember bis März **102 Zimmer** m. Klimaanl., Tel., Bad od. Dusche, WC, TV, Minibar; Aufzug **Preise** EZ u. DZ: 230-320000 L, 360-580000 L - Frühst. inkl., von 7.30 bis 10.30 Uhr - HP u. VP: + 85-105000 L + 145-165000 L (pro Pers.) **Kreditkarten** akzeptiert **Verschiedenes** Hunde erlaubt - Schwimmb. - Parkpl. **Umgebung** Fußweg Portofino-Rappallo (8 km über die Felsen, im Sommer nicht zu empfehlen) - Abtei San Fruttuoso - Golf von Rapallo (18-Lochpl.) **Restaurant** von 13.00 bis 14.30 u. von 20.00 bis 22.30 Uhr - Menü: 110000L - Karte - Italienische Küche.

Das *Imperiale Palace Hotel* erstrahlt seit kurzem wieder in seiner früheren Pracht. Das war sich dieses historische Hotel auch schuldig. Der 1889 errichtete Palast gehörte einer reichen korsischen Familie, bevor er um 1910 zu einem Grandhotel wurde. Seitdem wird an diesem Ort Geschichte geschrieben, denn hier wurde 1922 der Rappalovertrag unterzeichnet, Eva Braun übernachtete hier, und der Portier, das Gedächtnis des Hotels, erinnert sich noch an alle mehr oder minder turbulenten Aufenthalte gewisser Stars ... Die Zimmer sind geräumig und klassisch-luxuriös. Die Fassadenzimmer haben einen sehr schönen Blick aufs Meer. Die Salons und Speisesäle sind prächtig. Ein Grill sorgt im Sommer für ein Mittagessen am Pool, der oberhalb des Privatstrandes liegt. Abends Kerzenlicht-Diner und Tanz auf der großen Terrasse. Ein wahrer Palast.

Anreise *(Karte Nr. 8): 30 km östl. von Genua über A 12, Ausf. Rapallo, dann S 227 über die Küstenstraße bis Portofino.*

LIGURIEN

Grand Hotel Villa Balbi

16039 Sestri Levante (Genova)
Viale Rimembranza, 1
Tel. 0185-42 941 - Fax 0185-48 24 59
Sig. Rossignotti

Kategorie ★★★★ **Geschlossen** von Oktober bis Dezember **99 Zimmer** m. Klimaanl. (auf Wunsch), Tel., Bad, TV, Minibar; Aufzug **Preise** EZ u. DZ: 110-200000 L, 280-320000 L; Suiten: 350-450000 L - Frühst. inkl., von 7.30 bis 10.00 Uhr - HP u. VP: 190-250000 L, 220-280000 L (pro Pers., mind. 3 Üb.) **Kreditkarten** akzeptiert **Verschiedenes** Hunde nicht erlaubt - Beheizt. Schwimmb. u. Privatstrand (40000 L) - Parkpl. (15000 L) **Umgebung** Sestri Levante: Kirche San Nicolo, Museum Rizzi - Küstenstraße von Sestri Levante nach Monterosso al Mare - Cinqueterre - Golf von Rapallo (18-Lochpl.) **Restaurant** von 12.30 bis 14.00 u. von 19.30 bis 21.00 Uhr - Menüs: 65-75000 L - Karte - Regionale Küche.

Villa Balbi zählt zu jenen historischen Häusern, die für die Fürsten gebaut und, in Ermangelung eines Königs, anschließend zu luxuriösen Sommerresidenzen umgestaltet wurden. Die Ausstattung änderte sich im Laufe der Jahrhunderte, die Kundschaft ebenfalls - wenn man dies aufgrund der zahlreichen Mercedes beurteilen will, die sich im Park eine Spur zu breit machen -, aber die Salons mit Blick auf die Palmen der *passagiata* und die Kiefern im Garten haben ihr Mysterium bewahrt. Die großen Zimmer verfügen über das obligatorische alte Mobiliar, der Service ist der eines Grandhotels. Obwohl *Villa Albi* im Zentrum von Sestri Levante liegt, trennt einen nur die Straße vom Privatstrand, wo Kabinen, Sonnenschirme und Liegestühle Sie erwarten. Kinder scheinen den Swimmingpool vorzuziehen. Ein idealer Urlaubsort für diejenigen, die ihn sich leisten können.

Anreise (Karte Nr. 8): 50 km östl. von Genua über die A 12, Ausf. Sestri Levante.

LIGURIEN

Hotel Helvetia

16039 Sestri Levante (Genova)
Via Cappuccini, 43
Tel. 0185-41 175 - Fax 0185-45 72 16
Sig. Pernigotti

Kategorie ★★★ **Geschlossen** von November bis Februar **24 Zimmer** m. Klimaanl., Tel., Bad od. Dusche, WC, Satelliten-TV, Minibar, Safe; Aufzug **Preise** EZ u. DZ: 160000 L, 210000 L; Suiten: 230000 L - Frühst. inkl. (Buffet), von 7.30 bis 10.30 Uhr **Kreditkarten** Visa, Eurocard, MasterCard **Verschiedenes** Hunde nicht erlaubt - Privatstrand - Fahrräder - Geschlossene Boxen (20000 L) **Umgebung** Sestri Levante: Park des Hotels dei Castelli (Besichtig. bei Sonnenuntergang) - Kirche San Nicolo, Museum Rizzi - Küstenstraße von Sestri Levante nach Monterosso al Mare - Cinqueterre - Golf von Rapallo (18-Lochpl.) **Kein Restaurant** im Hotel (siehe unsere Restaurantauswahl S. 501).

In diesem hübschen Badeort der ligurischen Riviera ist das *Helvetia* unser Lieblingshotel. Es liegt geschützt in der kleinen *Bucht der Stille* und wird seit Jahren mit liebevoller Sorgfalt von der Familie Pernigotti geführt. Vor kurzem wurden alle Gästezimmer renoviert; sie sind hell und freundlich, haben gut eingerichtete Bäder und Blick entweder aufs Meer oder auf den Garten. Diesen Ausblick nicht zu genießen, wäre schade, aber auch in den Salons und auf der Terrasse hat man einen "Logenplatz". Morgens ist es hier besonders angenehm. Nehmen Sie dem Meer gegenüber Platz und genießen Sie das reichhaltige, bis 10 Uhr servierte Frühstücksbuffet. Wenn Sie im Meer baden möchten, können Sie dies tun, ohne einen weiten Weg zurückzulegen: es liegt Ihnen zu Füßen. Der Empfang des Signore Perginotti ist besonders liebenswürdig. Auch deshalb ist es immer wieder eine Freude, im *Helvetia* zu wohnen.

Anreise (Karte Nr. 8): 50 km östl. von Genua über die A 12, Ausf. Sestri Levante. Obwohl die Straße zur Fußgängerzone gehört, kann man zum Abladen des Gepäcks mit dem Auto vorfahren.

LIGURIEN

Hotel Miramare

16039 Sestri Levante (Genova)
Via Cappellini, 9
Tel. 0185-48 08 55 - Fax 0185-41 055 - Sig. Carmagnini
Web: http://www.rainbownet.it/miramare - E-mail: hrm.rainbownet.it@miramare

Kategorie ★★★★ **Geschlossen** von Dezember bis Januar **43 Zimmer** m. Klimaanl., Tel., Bad od. Dusche, WC, Satelliten-TV, Minibar; Aufzug **Preise** EZ u. DZ: 150-190000 L, 220-340000 L; Suiten: 360-440000 L - Frühst.: 20000 L, von 7.30 bis 10.00 Uhr - HP: 185-250000 L (1 Pers.), 155-230000 L (pro Pers. im DZ, mind. 3 Üb.) - VP: + 40000 L **Kreditkarten** Visa, Eurocard, MasterCard **Verschiedenes** Hunde nicht erlaubt - Privatstrand in der Bucht der Stille - Parkpl. (18000 L) u. geschlossene Boxen **Umgebung** Sestri Levante: Park des Hotels dei Castelli (Besichtig. bei Sonnenuntergang) - Kirche San Nicolo, Museum Rizzi - Küstenstraße von Sestri Levante nach Monterosso al Mare - Cinqueterre - Golf von Rapallo (18-Lochpl.) **Restaurant** von 12.30 bis 14.00 u. von 19.30 bis 21.00 Uhr - Menüs: 60-70000 L - Karte - Spezialitäten: Risotto all'aragosta - Filetto di pesce in crosta alle erbe.

Das *Miramare* wurde renoviert und ist heute ein Luxushotel, was man bemerken soll, sobald man es betritt. Die Rezeption ist freundlich und geschäftig. Im Erdgeschoß befinden sich die allen zugänglichen Räume wie Salons und Restaurants, aber auch Boutiquen und Säle zum Abhalten von Seminaren. Alles ist hell und clean. Die Gästezimmer mit moderner Ausstattung, die vorwiegend als Appartements eingerichtet wurden, können kombiniert werden und bis zu sechs Personen beherbergen. Die angenehmsten sind die mit Meerblick. Auch in diesem Hotel führen eine große Terrasse und ein Garten direkt zum Strand der "Bucht der Stille". *Miramare* ist ein komfortables Hotel, das durch die unumgängliche Renovierung leider ein wenig von seinem ehemaligen Charme eingebüßt hat.

Anreise (Karte Nr. 8): 50 km östl. von Genua über die A 12, Ausf. Sestri Levante. Obwohl die Straße zur Fußgängerzone gehört, kann zum Abladen des Gepäcks mit dem Auto vorfahren.

LIGURIEN

Baia Beniamin

18036 Grimaldi Inferiore - Ventimiglia (Imperia)
Corso Europa, 63
Tel. (0184) 380 02/380 27 - Fax (0184) 380 02/380 27
Sig. Brunelli

Geschlossen im November **5 Zimmer** m. Tel., Dusche, WC, TV **Preise** DZ: 400000 L - Frühst. inkl. (wird jederzeit serviert) **Kreditkarten** akzeptiert **Verschiedenes** Hunde nicht erlaubt - Parkpl. **Umgebung** Menton (Museum Jean-Cocteau, exotischer Garten); Garten der Villa Hambury; Fürstentum Monaco - San Remo (Fr großer Markt) - Golf von San Remo, (18-Lochpl.) **Restaurant** von 12.30 bis 14.00 u. von 20.00 bis 21.30 Uhr - Mo geschl. - Menü: 70000 L (mittags außer an Feiertagen)-120000 L - Karte - Spezialitäten: Agnolotti di nasello - Taglioni ai crostacei e fiori di zucchine - Branzino con funghi porcini - Medaglioni di pescatrice di timo - Piccata di branzino con petali di melone all'aceto balsamico.

Baia Beniamin liegt eingebettet von Oleander, Geranien, Eukalyptusbäumen und Palmen auf den Felsen, die zum kleinen Strand nur wenige Hundert Meter vom Hafen von Menton hinunterführen. Carlo Brunelli übergab in der Küche an Frederic Cartier, dessen Referenzen beachtlich sind: das Mittagsmenü wird Ihnen einen ersten Eindruck seines Talents vermitteln. In dem fünf über dem Restaurant eingerichteten Zimmern wohnen deshalb vor allem Feinschmecker. In der delikaten Küche werden vorwiegend Fischgerichte kreiert, und wer das Mittagsmenü "affaire" bestellt, erhält einen Eindruck vom Talent des Chefkochs. Die eleganten und komfortablen Zimmer gehen auf eine große Terrasse. Wir ziehen Nr. 5 wegen der beiden Türen vor. Auch hier steht ein Privatstrand mit Liegestühlen zur Verfügung. Eine Gourmet-Adresse zum Entdecken von Menton, der letzten Perle der französischen Riviera.

Anreise (Karte Nr. 7): 3 km von Menton, 8 km von Ventimiglia, an der unteren Steiluferstraße.

Royal Hotel

18038 Sanremo (Imperia)
Corso Imperatrice, 80
Tel. 0184-53 91 - Fax 0184-661 445 - Sig. William Mayer

Web: http://www.royalhotelsanremo.com - E-mail: royal@royalhotelsanremo.com

Kategorie ★★★★★ **Geschlossen** vom 10. Oktober bis 20. Dezember **142 Zimmer** m. Klimaanl., Tel., Bad, WC, TV, Minibar; Aufzug, Eingang f. Behinderte **Preise** EZ u. DZ: 183-324000 L, 326-540000 L; Suiten: 575-1020000 L - Frühst. inkl., von 7.30 bis 10.15 Uhr (bis 14.30 Uhr im Zi.) - HP u. VP: 226-350000 L, 268-395000 L (pro Pers., mind. 3 Üb.) **Kreditkarten** akzeptiert **Verschiedenes** Kleine Hunde erlaubt (23000 L) - Beheizt. Meerwasserschwimmb. (von Juni bis September) - Tennis (25000 L) - Minigolf - Fitneßcenter - Sauna - Parkpl. (15000 L), Garage (31000 L) **Umgebung** in Sanremo das Casino und der große Samstagsmarkt - Bussana Vecchia - Taggia (Kirche San Domenico) - Golf von San Remo (18-Lochpl.) **Restaurant** von 12.30 bis 14.30 u. von 19.30 bis 21.30 Uhr - Menü: 98000 L - Karte - Spezialitäten: Risotto - Ravioli di nasello all'astice - Agnello Royal - Branzino ai carciofi.

Das malerische historische Zentrum der Stadt liegt oberhalb, in Pigna. Sanremo (nach dem Namen des heiligen Romolo benannt) wurde im 19. Jahrhundert zu einem internationalen Badeort und begann von da an, sich zum Meer hin auszubreiten. Aus dieser Zeit stammt das prachtvolle *Casino Municipal* im Libertystil und auch das *Royal Hotel,* das den einstigen Luxus an der Riviera di Ponente erlebte. Die letzte Renovierung verbesserte den Komfort, der Charme wurde jedoch erhalten. Die Säle und die riesigen Salons öffnen sich zum Park hin, die Gästezimmer sind luxuriös gestaltet. Service und Empfang entsprechen dem Stil des Hauses. Die Preise sind zwar immer noch recht hoch, beweisen aber, daß San Remo ein wenig der Vergangenheit angehört. Das Hinterland ist wunderschön.

Anreise (Karte Nr. 7): 56 km von Nizza über die A 10, Ausf. San Remo West, dann Rtg. Zentrum über Via Aurelia.

LIGURIEN

Hotel Punta Est

17024 Finale Ligure (Savona)
Via Aurelia, 1
Tel. 019-60 06 11 - Fax 019-60 06 11
Sig. Podesta

Kategorie ★★★★ **Geschlossen** von Oktober bis April **40 Zimmer** m. Tel., Bad od. Dusche u. WC (30 m. TV., 30 m. Minibar); Aufzug **Preise** EZ u. DZ: 160-250000 L, 300-400000 L; Suiten: 400-800000 L - Frühst.: 25000 L, von 8.00 bis 10.00 Uhr - HP u. VP: 170-300000 L (pro Pers., mind. 3 Üb.) **Kreditkarten** Amex, Visa, Eurocard, MasterCard **Verschiedenes** Hunde nicht erlaubt - Schwimmb. - Strand m. reserv. Plätzen - Parkpl. **Umgebung** Kloster von Finale Pia - prähistorische Grotten bei Toirano - Noli - Golf von Garlenda (18-Lochpl.) **Restaurant** von 13.00 bis 14.00 u. von 20.00 bis 21.00 Uhr - Menüs: 50-100000 L - Karte - Spezialitäten: Branzino al sale, - Pennette al profumo di mare - Terrina di basilico e olive.

Das *Punta Est* liegt oberhalb des Strandes auf einem kleinen Vorgebirge. Das Hotel besteht aus zwei Gebäuden: einer Villa aus dem 18. Jahrhundert und einem modernen Bau. Sie versinken in einem Garten aus Spalieren großer Pinien, Palmen, Bougainvilleen und Hibisken. Die Zimmer sind sehr komfortabel und verfügen alle über Meerblick. Der Swimmingpool sowie reservierte Plätze auf dem gegenüberliegenden Strand bewahren Sie im Sommer vor dem "Kontakt mit der Menge". Die große Panoramaterrasse mit Pianobar ist auch abends sehr angenehm.

Anreise *(Karte Nr. 8): 30 km südl. von Savona über die A 10, Ausf. Finale Ligure.*

LIGURIEN

La Meridiana

17033 Garlenda (Savona)
Via ai Castelli, 11
Tel. (0182) 58 02 71 - Fax (0182) 58 01 50 - Sig. und Sig.ra Segre
E-mail: meridiana@ab.infocomm.it

Kategorie ★★★★ **Geschlossen** Anfang November bis Mitte März **32 Zimmer** (Suiten m. Klimaanl.) m. Tel., Bad, WC, Satelliten-TV, Minibar, Safe; Aufzug; Eingang f. Behinderte **Preise** DZ: 350-400000 L, App.: 450-600000 L - Frühst.: 30000 L - HP: 300-450000 L (pro Pers., mind. 3 Üb.) **Kreditkarten** akzeptiert **Verschiedenes** Kleine Hunde im Zi. erlaubt (25000 L) - Schwimmb. von Juni bis Sept. geöffn.- Mountainbikes - Sauna (25000 L) - Golf von Garlenda - Parkpl. **Umgebung** Römische Überreste u. Baptisterium in Albenga - Golf von Garlenda (18-Lochpl.) **Restaurant** (im Sommer mittags am Schwimmbad) - von 12.30 bis 14.00 u. von 20.00 bis 22.00 Uhr -Menüs: 90000 L - Karte - Regionale Spezialitäten.

Lassen Sie sich von der wenig einladenden Umgebung und der Straße, die zum *Meridiana* führt, nicht entmutigen. Die Landschaft am Zielpunkt ist viel freundlicher. Das Hotel liegt an einem Golfplatz, der zunehmend von einer französischen Klientel aufgesucht wird. Die Atmosphäre ist die eines luxuriösen Ferienhauses, das sich weit auf das offene Land, den Garten und zum Schwimmbad hin öffnet. Gleiches gilt für die gemütlichen, komfortablen Zimmer. Das Restaurant *Il Rosmarino* ist eine der guten Adressen der Region. Der junge dynamische Direktor, Sig. Segre, wacht darüber, daß seine feine Küche mit den besten regionalen Produkten zubereitet wird. Ein idealer Ort für ein erholsames Wochenende.

Anreise (Karte Nr. 7): 100 km östl. von Nizza (Frankreich) über die A 10, Ausf. Albenga, dann SS 453 nach Westen u. Rtg. Garlenda.

LIGURIEN

Hotel Porto Roca

19016 Monterosso Al Mare (La Spezia)
Via Corone, 1
Tel. 0187-81 75 02 - Fax 0187-81 76 92
Sig.ra Guerina Arpe

Kategorie ★★★★ **Geschlossen** von Dezember bis März **43 Zimmer** m. Klimaanl., Tel., Dusche, WC, TV, Minibar **Preise** EZ u. DZ: 250000 L, 260-380000 L - Frühst. inkl., von 7.30 bis 10.00 Uhr - HP u. VP: 190-240000, 220-270000 L (pro Pers., mind. 3 Üb.) **Kreditkarten** Amex, Visa, Eurocard, Master-Card **Verschiedenes** Hunde erlaubt (15-20000 L) - Privatstrand während der Hochsaison - bewachter Parkpl. im Dorf **Umgebung** Cinqueterre zwischen La Spezia u. Levanto: Riomaggiore, Manarola, Corniglia, Vernazza u. Monterosso al Mare - Golf Marigola (9-Lochpl.) in Lerici **Restaurant** von 12.30 bis 13.30 u. von 20.00 bis 21.00 Uhr - Menüs:60-70000 L - Karte - Spezialitäten: Sfogliatelle Porto Roca - Straccetti paradiso - Branzino al sale - Crostate di frutta fresca.

Monterosso ist ein Dorf, das es, was den Charme betrifft, mit seinen Nachbarn im Cinqueterre aufnehmen kann. Es ist auch das einzige, das ein Hotel vom Rang des *Porto Roca* vorweisen kann. Dieses verfügt über 43 Zimmer und beherrscht, dank seiner Lage in den Klippen, die Bucht von Porticciolo und den Strand von Fegina. In der Inneneinrichtung vermischen sich nonchalant verschiedene Stilrichtungen (vom Mittelalter bis zu Gemälden des 18. Jahrhunderts) zu liebenswürdigem Kitsch. Für ein Sonnenbad stehen die Hotelterrasse und natürlich der Strand zur Verfügung. Im Sommer parkt man seinen Wagen auf dem Tag und Nacht bewachten Dorfparkplatz; ein Minibus bringt das Gepäck zum Hotel.

Anreise (Karte Nr. 9): 32 km nordwestl. von La Spezia über die S 370 am Meer entlang.

LOMBARDEI

Agnello d'Oro

24129 Bergamo Alta
Via Gombito, 22
Tel. 035-24 98 83 - Fax 035-23 56 12
Sig. Capozzi

Kategorie ★★★ **Ganzj.** geöffn. **20 Zimmer** m. Tel., Bad od. Dusche, WC, Satelliten-TV; Aufzug **Preise** EZ u. DZ: 80000 L, 135000 L - Frühst.: 10000 L, von 7.30 bis 10.00 Uhr **Kreditkarten** akzeptiert **Verschiedenes** Hunde erlaubt **Umgebung** Bergamo: Piazza Vecchia, S. Maria Maggiore, Kapelle Colleoni, Galleria Carrara; Veranstaltungen: Internationales Klavierfestival Arturo Benedetti, im Herbst Festival (Oper, neue Theaterstücke) im Theater Donizetti - Abtei Pontida - Kirche von Treviglio u. von Rivolto d'Adda - Sanctuaire della Madonna di Caravaggio in Caravaggio - Albenza Golf (9-Lochpl.) in Almenno San Bartolomeo - Rossera Golf (9-Lochpl.) in Chiuduno **Restaurant** von 12.30 bis 14.30 u. von 19.30 bis 22.00 Uhr - Mo u. So abends geschl. - Menü: 55-65000 L - Karte - Regionale Küche.

Dieser kleine Gasthof liegt an einem kleinen Platz im oberen Teil der Stadt. *Agnello d'Oro* ist ein typisches Restaurant mit glänzenden Kupfergegenständen an den Wänden und derben Holztischen (mit rotweiß karierten Decken) und -stühlen. Aufgetischt werden hier ausgezeichnete Spezialitäten der Lombardei, und wenn Sie das *risotto al profumo del bosco* bestellen, können Sie den Teller als Souvenir mitnehmen. Die Zimmer wurden unlängst renoviert. Sie sind schlicht, verfügen aber über ausreichend Komfort zum Wohnen in einer Stadt, die aufgrund ihrer Kulturgüter und ihrer Historie zu einer der interessantesten der Lombardei zählt. Sollte bei Ihrer Ankunft die Rezeption nicht besetzt sein, brauchen Sie nur die Glocke zu läuten. Dann kommt der Chef aus der Küche.

Anreise (Karte Nr. 3): 47 km nordöstl. von Mailand - Flugplatz di Orio al Serio 4 km entf.

LOMBARDEI

I Due Roccoli

25049 Iseo (Brescia)
Via Silvio Bonomelli, 54
Tel. 030-98 22 977 - Fax 030-98 22 980
Sig. Agoni

Kategorie ★★★ **Geschlossen** vom 1. November bis 15. März **13 Zimmer** m. Tel, Bad od. Dusche, WC, TV, Safe, Minibar **Preise** EZ u. DZ: 150-160000 L, 190-220000 L; Suiten: 230-260000 L - Frühst.: 16000 L, von 7.30 bis 10.00 Uhr **Kreditkarten** akzeptiert **Verschiedenes** Kleine Hunde erlaubt - Schwimmb. - Tennis - Parkpl. **Umgebung** Lokaler Markt Di u. Fr - Iseo-See - Val Camonica - Abtei von Rodengo - Kirche S. Pietro de Lamosa in Provaglio d'Iseo - Brescia - Bergamo - Sirmione - Franciacorta Golf (18-Lochpl.) **Restaurant** von 12.00 bis 14.00 u. von 19.30 bis 22.00 Uhr - Menüs: 45-65000 L - Karte - Spezialitäten: Fagotino di ricotta - Code di gamberi - Pesce del lago.

Dank des milden Klimas entwickelte sich der See von Iseo zu einer touristischen Gegend, in der kleine Badeorte entstanden, die die Ufer des Sees nutzen. Die mediterrane Vegetation und die Wälder, die sich ins Wasser zu stürzen scheinen, verleihen der Landschaft etwas alpenähnliches, obwohl man sich auf einer Höhe von nur 185 Metern befindet. Die Ferienbauten, die hier entstanden, sind nicht immer gelungen; wer Ursprüngliches bevorzugt, sollte sich deshalb vom Seeufer etwas entfernen. *I Due Roccoli* befindet sich in hoher Lage mit Blick auf den See. Der alten Villa wurde ein Gebäude hinzugefügt, in dem sich die komfortablen und ländlich-hübschen Gästezimmer befinden. Sollten Sie die Wahl haben, empfehlen wir die mit Seeblick. Ein Quartier, das zwar etwas abseits, aber nicht zu weit entfernt von den Sehenswürdigkeiten der Lombardei liegt.

Anreise (Karte Nr. 3): 25 km nördl. von Brescia, A 4 Mailand/Venedig, Ausf. Rovato, Rtg. Isepo-See, dann Polaveno (4 km von Iseo entf.).

LOMBARDEI

Cappuccini

25033 Cologne Franciacorta (Brescia)
Via Cappuccini, 54
Tel. 030-715 72 54 - Fax 030-715 72 57 - Sig. Massimo Pelizzari
Web: http://www.freeyellow.com/membres3/cappuccini - E-mail: cappuccini@numerica.it

Kategorie ★★★ **Geschlossen** vom 1. bis 20. Januar u. vom 1. bis 20. August - Mi mittags geschl. **7 Zimmer** m. Klimaanl., Tel, Bad, WC, Satelliten-TV, Minibar **Preise** EZ u. DZ: 160000 L, 250000 L; Suiten: 300000 L - Frühst. 20000 L, von 9.30 bis 11.00 Uhr **Kreditkarten** Diners, Visa, Eurocard, MasterCard **Verschiedenes** Hunde nicht erlaubt - Parkpl. **Umgebung** Iseo-See - Val Camonica - Abtei von Rodengo - Kirche S. Pietro de Lamosa in Provaglio d'Iseo - Brescia - Bergamo - Sirmione - Golf Franciacorta (18-Lochpl.) **Restaurant** von 12.30 bis 14.30 u. von 19.30 bis 22.00 Uhr - Mi geschl. - Menüs: 60-85000 L - Karte - Spezialitäten: Manzo all' olio con polenta - Pesce di lago - Stufato di coniglio al rosso di franciacorta.

Schlichte Eleganz und Raffinement sind die Eigenschaften, die dieses ehemalige Kloster kennzeichnen, das respektvoll zu einem gastlichen Hotel umgestaltet wurde. In diese schöne Gegend, die reich an Hügeln und Weinbergen ist und zwischen der Lombardei und Venetien liegt, "wagen" sich nur wenige Touristen. Die Landschaft ist heiter, und die Gebäude ganz aus Stein, deren Fassaden Markisen schmücken, sind schlicht. Die für Klosterbauten typischen langen Flure und Gewölbepassagen führen zu den Gästezimmern, die trotz der auf beeindruckende Art minimalistischen Einrichtung sehr komfortabel sind. Die größten, mit Blick auf die Landschaft, haben ein Mezzanin und einen kleinen Salon mit Kamin. Dank mehrerer Speiseräume fühlt man sich als Hotelgast durch die Empfänge, die hier hin und wieder stattfinden, nicht gestört. Regionale Rezepte und einheimische Produkte werden Sie vom guten Leben im Franciacorta überzeugen.

Anreise (Karte Nr. 3): 27 km westl. von Brescia über die Nationalstraße Rtg. Bergamo.

LOMBARDEI

L'Albereta
Ristorante G. Marchesi

Erbusco (Brescia)
Via Vittorio Emanuele, 11
Tel. 030-776 05 50 - Fax 030-776 05 73 - Sig. ra Moretti de Rosa
E-mail: alberta@terramoretti.it

Kategorie ★★★★ **Ganzj.** geöffn. **44 Zimmer** m. Klimaanl., Tel, Bad, WC, TV, Mini bar **Preise** EZ u. DZ: Ab 210000 L, Ab 330000 L; Suiten: Ab 650000 L - Frühst.: 25-45000 L, von 7.30 bis 10.30 Uhr - HP u. VP: 240000 L, 260000 L (pro Pers., mind. 3 Üb.) **Kreditkarten** akzeptiert **Verschiedenes** Hunde nicht erlaubt - Schwimmb. - Tennis - Sauna - Parkpl. **Umgebung** Iseo-See - Val Camonica - Abtei von Rodengo - Kirche S. Pietro de Lamosa in Provaglio d'Iseo - Brescia - Bergamo - Sirmione - Gclf Franciacorta (18-Lochpl.) **Restaurant** *Gualtiero Marchesi* von 12.30 bis 14.00 u. von 19.30 bis 22.00 Uhr - So abends u. Mo geschl. - Menüs: 120-180000 L - Karte - Spezialitäten: eine klassisch-moderne Küche.

Das *Albereta* ist zweifellos das Landhotel der Lombardei mit dem größten Ansehen, denn Gualtieri Marchesis Küche, in der traditionelle Spezialitäten auf eine neue, einfallsreiche Art interpretiert werden, und sein Weinkeller, in dem vorwiegend italienische und französische Weine lagern, sind berühmt. Wer hier wohnt, wird auch die Bellavista-Hügel mögen, die die grünen Weinberge des Franciacorta prägen. Vom großzügigen Restaurant aus, das unter einer großen Säulenhalle liegt, hat man einen weiten Blick auf den Park, der die schöne Villa aus dem 18. Jahrhundert und ihre Dependancen umgibt. Komfort und Raffinement in den Gästezimmern und edles Essen; für die restliche Zeit eines traumhaften Wochenendes stehen den Gästen eine Bibliothek, ein Billardsaal und bei schönem Wetter ein Schwimmbad sowie ein Tennisplatz zur Verfügung.

Anreise *(Karte Nr. 3): 60 km von Milano. 20 km westl. von Brescia über die A 4 (Mailand/Venedig), Ausf. Rovato.*

L O M B A R D E I

Hotel Villa del Sogno

Lago di Garda
25083 Fasano di Gardone Riviera (Brescia)
Via Zanardelli, 107
Tel. 0)365 29 01 81 - Fax 0)365 29 02 30 - Famiglia Calderan
Web : http://www.gsnet.it/sogno - E-mail : sogno@mail.gsnet.it

Kategorie ★★★★ **Geschlossen** vom 21. Oktober bis März **31 Zimmer** m. Klimaanl., Tel, Bad, WC, TV; Aufzug **Preise** EZ u. DZ: 190-260000 L, 320-460000 L; Suiten: 420-500000 L - Frühst. inkl. (Buffet), von 7.30 bis 10.00 Uhr - HP u. VP: 190-2700000 L, 210-260000 L (pro Pers., mind. 3 Üb.) **Kreditkarten** akzeptiert **Verschiedenes** Hunde nicht erlaubt - Schwimmb. - Sauna - Hydromassage - Tennis - Parkpl. **Umgebung** Botanischer Garten von Gardone di Sotto - Vittoriale degli Italiani (Residenz von d'Annunzio) - Aussichtspunkt San Michele - Verona - Golf von Soiano (27-Lochpl.) **Restaurant** von 12.30 bis 14.30 u. von 19.30 bis 21.30 Uhr - Menü: 90000 L - Karte - Spezialitäten: Trota del Garda - Ossibuchi alla Gardesana - Spaghetti alla Trota.

Die Fassade dieser Villa aus der Jahrhundertwende ist eine Sinfonie aus Ocker und sanftem Gelb; die malerische Terrasse scheint einem Traum entsprungen. Etwas abseits des Gardasees in einem wunderschönen, üppig wuchernen Garten gelegen, ist dies ein elegantes, geschmackvolles, im Libertystil eingerichtetes Hotel. Die Zimmer sind vollkommen, jenes mit der kleinen Loggia übertrifft die anderen noch. Empfehlenswert: die Hotelbar.

Anreise (Karte Nr. 3): 130 km östl. von Mailand - 36 km nordöstl. von Brescia über die "S 45 bis" auf dem linken Seeufer (2 km weiter im kleinen Ort Fasano).

LOMBARDEI

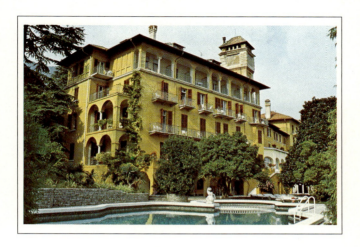

Grand Hotel Fasano

Lago di Garda
25083 Fasano di Gardone Riviera (Brescia)
Corso Zanardelli, 190
Tel. 0365-290 220 - Fax 0365-210 54/290 221 - Sig.ra Mayr
Web: http://www.grand-hotel.fasano.it - E-mail: info@hotelondra.it

Kategorie ★★★★ **Geschlossen** von Dezember bis Ostern **87 Zimmer** (30 m. Klimaanl.1 m. Tel., Bad od. Dusche, WC; Aufzug, Eingang f. Behinderte **Preise** DZ: 190-450000 L - Frühst. inkl., von 7.30 bis 10.30 Uhr - HP: + 55000 L (pro Pers.) **Kreditkarten** nicht akzeptiert **Verschiedenes** Hunde erlaubt (10000 L) - Beheizt. Schwimmb. - Privatstrand - Tennis (25000 L) - Parkpl. (10000 L) **Umgebung** Villa Martinengo in Barbarano - Botanischer Garten von Gardone Riviera - Vittoriale degli Italiani (Residenz von d'Annunzio) - Aussichtspunkt San Michele - Verona - Golf von Soiano (27-Locnpl.) **Restaurant** von 12.30 bis 14.00 u. von 19.30 bis 21.30 Uhr - Menü: 65000 L - Karte - Italienische Küche.

D as *Grand Hotel Fasano* war einst ein Jagdhaus der österreichischen kaiserlichen Familie. Die Tatsache, daß die Hotelbesitzerin deutschstämmig ist, erklärt vielleicht die besondere Beliebtheit des Hauses bei deutschen Touristen. Die Einrichtung ist etwas überladen, das Hotel aber trotzdem sehr angenehm. Die Zimmer sind allesamt nett, wir empfehlen dennoch die des älteren Gebäudeteils. Der Garten liegt direkt am See und ist eine sehr gelungene Mischung aus Blumen, Grün und Palmen.

Anreise (Karte Nr. 3): 130 km östl. von Mailand - 36 km nordöstl. von Brescia über die "S 45 bis" auf dem linken Seeufer (der kleine Ort Fasano liegt 1 km weiter).

LOMBARDEI

Villa Fiordaliso

Lago di Garda
25083 Gardone Riviera (Brescia)
Corso Zanardelli, 132
Tel. 0365-20 158 - Fax 0365-29 00 11 - Sig. Tosetti

Kategorie ★★★★ Geschlossen vom 2. Januar bis 28. Februar **6 Zimmer** u. 1 Suite m. Klimaanl., Tel., Bad, WC, TV, Minibar **Preise** DZ: 350-650000 L; Suite: 900000 L - Frühst. inkl., von 8.00 bis 10.00 Uhr **Kreditkarten** akzeptiert **Verschiedenes** Hunde nicht erlaubt - Parkpl. - priv. Bootssteg **Umgebung** Villa Martinengo in Barbarano - Botanischer Garten von Gardone di Sotto - Vittoriale degli Italiani (Residenz von d'Annunzio) - Aussichtspunkt San Michele - Verona - Golf von Bogliaco (9-Lochpl.) **Restaurant** von 12.30 bis 14.00 u. von 19.30 bis 22.00 Uhr - Mo u. Di mittags geschl. - Menüs: 85-130000 L - Karte - Spezialitäten: Jahreszeiten- und regionale Küche.

Die vier Etagen der *Villa Fiordaliso* erheben sich direkt über dem See. Hier herrscht architektonischer Ekklektizismus, denn Renaissance-Loggias und neoklassizistische Fenster venezianischen Stils wechseln einander ab. Gabriele d'Annunzio war hier zu Gast (bevor er sich ganz in der Nähe niederließ), und von 1943 bis 1945 war dies der Wohnsitz von Claretta Petacci, der Gefährtin Mussolinis. 1985 wurde das Hotel restauriert, und es wurde viel Wert darauf gelegt, seinen Charme zu bewahren. Alle Zimmer sind komfortabel. *Iris* und *Mimosa* sind klein, haben aber Ausblick auf den See, von *Gardenia* und *Magnolia* blickt man auf den See, aber auch auf die Straße, und das kleine *Camelia* und die Suite *Claretta* (die sogenannten "Historischen") haben eine Terrasse am See; das rosa Zimmer besitzt ein prachtvolles Bad ganz aus Carrara-Marmor. Das gastronomische Restaurant ist sehr empfehlenswert, auch wenn man nicht im Hotel wohnt. Stilvoller Empfang.

Anreise (Karte Nr. 3): 130 km östl. von Mailand - 35 km nordöstl. von Brescia über die "S 45 bis" auf dem linken Seeufer (1 km von Gardone Riviera).

LOMBARDEI

Hotel Baia d'Oro

Lago di Garda
25084 Gargnano (Brescia)
Via Gamberera, 13
Tel. 0365-71 171 - Fax 0365-72 568 - Sig. Terzi

Kategorie ★★★ **Geschlossen** von November bis Ende März **12 Zimmer** m. Klimaanl., Tel., Dusche, WC, TV, Minibar **Preise** HP: 160-240000 L (2 Pers.) - Frühst. inkl., von 8.00 bis 10.00 Uhr **Kreditkarten** nicht akzeptiert **Verschiedenes** Hunde erlaubt - Garage (15000 L) **Umgebung** Villa Feltrinelli - Idro-See - Sanctuario de la Madonne di Monte Castello in Tignale - Pieve di Tremosine - Verona - Golf von Bogliaco (9-Lochpl.) **Restaurant** von 19.00 bis 20.30 Uhr - Karte - Spezialitäten: Regionale Küche- Pesce del lago e di mare.

Das *Baia d'Oro*, ehemals ein kleines Fischerhaus, liegt direkt am Gardasee. Über einen Steg erreicht man das Hotel auch per Boot. Auf der pittoresken Terrasse direkt am Wasser genießt man am Tage wie auch abends eine der besten Küchen der Region. Das Hotel empfiehlt seinen Gästen deshalb Halbpension. Die meisten der Gästezimmer, von denen vier zur Straße gehen, haben einen kleinen Balkon, auf dem es sich bei prächtigem Ausblick gut frühstücken läßt. An den Wänden des Restaurants kann man Dankesbriefe illustrer Größen lesen; der schönste trägt die Unterschrift Winston Churchills.

Anreise (Karte Nr. 3): 46 km nordwestl. von Brescia über die "S 45 bis" auf dem linken Seeufer.

LOMBARDEI

Villa Giulia

Lago di Garda
25084 Gargnano (Brescia)
Tel. 036-71 022/71 289 - Fax 0365-72 774
Famiglia Bombardelli

Kategorie ★★★ **Geschlossen** vom 11. Oktober bis 7. April **25 Zimmer** m. Tel., Dusche, WC, Satelliten-TV, Safe, Minibar **Preise** EZ u. DZ: 140000 L, 280-320000 L - Frühst. inkl., von 7.30 bis 11.00 Uhr **Kreditkarten** akzeptiert **Verschiedenes** Kleine Hunde erlaubt (20000 L) - Schwimmb. - Sauna - Privatstrand - Parkpl. **Umgebung** Villa Feltrinelli - Idro-See - Sanctuario de la Madonne di Monte Castello in Tignale - Pieve di Tremosine - Verona -Golf von Bogliaco (9-Lochpl.) **Restaurant** von 12.30 bis 15.00 u. von 18.30 bis 20.30 Uhr - Karte - Regionale Küche.

Erfolg ist oft auf Leidenschaft und Hartnäckigkeit zurückzuführen, zwei Eigenschaften, die Rina Bombardelli dazu brachten, aus der Familienpension ein Hotel mit Charme zu machen. Die äußerst gut gelegene Villa im neugotischen Stil (1900) liegt direkt am See, und der Blick auf den Gardasee und Monte Baldo - je nach Jahreszeit grün oder mit Schnee bedeckt - ist wunderbar. Die Atmosphäre des Hauses kann man als ausgesprochen anheimelnd bezeichnen: Lehn- und Clubsessel schaffen im Salon mit Bar mehrere ungestörte Sitzecken. Ähnlich ist die Stimmung in dem von zwei schönen Murano-Lampen erhellten Restaurant. Im Sommer wird das Restaurant auf die Terrasse direkt am Garten verlegt. Von den gut ausgestatteten Zimmern blickt man entweder auf den Garten oder den See. Schwimmbad und Solarium liegen ein wenig abseits. Eine sympathische Adresse.

Anreise (Karte Nr. 3): 46 km nordwestl. von Brescia über die "S 45bis" am linken Seeufer.

LOMBARDEI

Hotel Laurin

Lago di Garda
25087 Salò (Brescia)
Viale Landi, 9
Tel. 0365-220 22 - Fax 0365-223 82 - Sig. Rossi

Kategorie ★★★★ **Geschlossen** von Dezember bis Januar **36 Zimmer** (18 m. Klimaanl.), Tel., Bad od. Dusche, WC, TV, Minibar **Preise** EZ u. DZ: 250000 L, 450000 L - HP: 230-280000 L (pro Pers., mind. 3 Üb.) - Frühst. inkl., von 8.00 bis 10.00 Uhr **Kreditkarten** akzeptiert **Verschiedenes** Kleine Hunde erlaubt - Schwimmb. - Parkpl. **Umgebung** Villa Martinengo in Barbarano - Bot. Garten Gardone di Sotto - Vittoriale degli Italiani (Residenz von d'Annunzio) - Belvedere San Michele - Verona - Golf von Bogliaco (9-Lochpl.) **Restaurant** von 12.30 bis 14.30 u. von 20.00 bis 21.30 Uhr - Menü u. Karte: 80000 L - Spezialitäten: Fisch.

Im 19. Jahrhundert war der Gardasee eine berühmte Sommerfrische und hat aus dieser Zeit bemerkenswerte Häuser erhalten. Mit Salo, einem der wenigen Dörfer, die die Pracht dieser Vergangenheit bewahrt haben, ist ein trauriges Kapitel der italienischen Geschichte verbunden, denn es war die letzte, wenn auch ephemere Hochburg der Getreuen Mussolinis. Das *Laurin* zählt zu den Kleinoden des Ortes. Es ist eine schön erhaltene Villa im Libertystil, die Salons sind mit romantischen und sinnenfreudigen Fresken dekoriert. Die geschmackvoll eingerichteten Zimmer mit Parkettboden entsprechen voll und ganz der Eleganz des Hauses. Wenn auch einige Zimmer zur Straße gehen, die an der Rückseite des Hotels vorbeiführt, so liegen die meisten zum See und laden zum Träumen ein. Freundlicher Empfang. Der Spaziergang dem Seeufer entlang zum Dorf ist unumgänglich, ebenso der Besuch von *Vittoriale*, dem ehemaligen Palais und heutigen Museum des Dichters Gabriel d'Annunzio.

Anreise (Karte Nr. 3): 130 km östl. von Mailand - 35 km nordöstl. von Brescia über die S 45 auf dem linken Seeufer (1 km von Gardone Riviera).

LOMBARDEI

Villa Cortine Palace Hotel

Lago di Garda
25019 Sirmione (Brescia)
Via Grotte, 12
Tel. 030-99 05 890 - Fax 030-91 63 90 - Sig. Cappelletto

Kategorie ★★★★ **Geschlossen** vom 26. Oktober bis Anfang April **49 Zimmer** m. Klimaanl., Tel., Bad, WC, TV; Aufzug **Preise** DZ: 510-650000 L; Junior Suite: 720-990000 L, Suite: 820-1150000 L - Frühst. inkl., von 7.30 bis 10.30 Uhr - HP u. VP: 330-370000 L, 400-460000 L (pro Pers., während d. Hauptsaison obligat.) **Kreditkarten** akzeptiert **Verschiedenes** Hunde erlaubt (50000 L) - Beheizt. Schwimmb.- Tennis - Privatstrand - Parkpl. **Umgebung** Schloß Scaliger - Grotte Catulle - Brescia - Verona - Garda Golfplatz (18-Lochpl.) in Soiano **Restaurant** von 12.30 bis 14.15 u. von 19.30 bis 21.15 Uhr - Menüs: 90-110000 L - Karte - Italienische Küche.

Graf Koseritz, der aus dem Zweiten Weltkrieg nicht zurückkehrte, erbaute diese schöne Villa im neoklassizistischen Stil. Ein reicher Mailänder Industrieller setzte sie später instand und machte aus ihr ein Grandhotel. Kannelierte Säulen mit korinthischen Kapitellen, Marmor, vergoldetes Holz und Fresken schmücken diese alte Villa. Ein Gebäude jüngeren Datums ergänzt zwar die Hotelstruktur, schadet aber etwas dem Gesamtbild. Der hier verbreitete Luxus wirkt ein wenig zur Schau gestellt, der Komfort und die Serviceleistungen sind dennoch gut und entsprechen dem, was man von diesem Haus erwartet. Außerdem ist die Lage außergewöhnlich schön: der Park mit seinen Zierbrunnen und den Balkons am See bestätigen, wovon bereits Catull überzeugt war, denn der schrieb, Sirmione sei das Juwel dieser Halbinsel.

Anreise (Karte Nr. 3): 127 km östl. von Mailand - 40 km östl. von Brescia über die A 4, Ausf. Sirmione - San Martino di Battaglia; am Seeufer.

LOMBARDEI

Albergo Terminus

Lago di Como
22100 Como - Lungo Lario Trieste, 14
Tel. 031-329 111 - Fax 031-302 550 - Dr. Passera
E-mail: larioterminus@galactica.it

Kategorie ★★★★ **Ganzj.** geöffn. **38 Zimmer** m. Klimaanl., Tel., Bad od. Dusche, WC, Satelliten-TV, Minibar; Aufzug **Preise** EZ u. DZ: 180-220000 L, 210-320000 L; Suiten: 420-580000 L - Frühst. (Buffet): 25000 L, von 7.15 bis 10.30 Uhr **Kreditkarten** akzeptiert **Verschiedenes** Hunde erlaubt - Sauna - Parkpl. u. Garage (25000 L) **Umgebung** Menaggio - Villa Carlotta in Tremezzo - Bellagio: Gärten der Villa Serbelloni und Villa Melzi - Golf Villa d'Este, (18-Lochpl.) in Montorfano **Restaurant** *Bar delle Terme*, von 12.30 bis 15.00 u. von 19.30 bis 22.30 Uhr - Di geschl. - Karte - Italienische Küche.

An den Kais des Comer Hafens berühren sich die großen Villen beinahe. Den kleinen französischen Garten, der zwischen *Albergo Terminus* und der Straße liegt und aus Kieselsteinen und Rasen besteht, kann man jedoch nicht übersehen. Das Hotel hat seine Stuckdecken, seine Holztäfelungen und seine Floral-Dekoration des Libertystils bewahrt, aber auch die phantasiereiche Aufteilung im Innern mit einer großen Halle und Galerien, um die herum die Salons angelegt sind wie auch das Veranda-Restaurant, das im Sommer die Terrasse einschließt. Alle Gästezimmer haben guten Komfort, aber die mit Seeblick sind die schönsten. Besonders erwähnenswert ist die Suite *Torretta* mit Terrasse und Panoramablick auf Como.

Anreise *(Karte Nr. 2): 48 km von Mailand; am Hafen.*

Hotel Villa Flori

Lago di Como
22100 Como - Via Cernobbio, 12
Tel. 031-573 105 - Fax 031-570 379 - Famiglia Passera
E-mail: lariovillaflori@galactica.it

Geschlossen vom 1. Dezember bis 28. Februar **44 Zimmer** m. Klimaanl., Tel., Bad od. Dusche, WC, TV, Minibar; Aufzug **Preise** EZ u. DZ: 180-250000 L, 210-320000 L; Suiten: 380-500000 L - Frühst. (Buffet): 25000 L, von 7.15 bis 11.00 Uhr **Kreditkarten** akzeptiert **Verschiedenes** Hunde erlaubt (außer im Restaurant) - Parkpl. (22000L) **Umgebung** Menaggio - Villa Carlotta in Tremezzo - Bellagio: Gärten der Villa Serbelloni und Villa Melzi - Golf Villa d'Este in Montorfano (18-Lochpl.) **Restaurant** "Raimondi", von 12.30 bis 14.30 u. von 19.30 bis 21.00 Uhr - Menüs: 65-90000 L - Karte - Italienische Küche.

Die Geschichte von *Villa Flori* beginnt wie ein Märchen. Sie war das Hochzeitsgeschenk des Marchese Raimondi an seine Tochter, die Garibaldi heiraten sollte, blieb aber lange unbewohnt, weil der General auf Guiseppa wegen ihrer nicht fehlerlosen Vergangenheit schließlich verzichtete. Heute ist *Villa Flori* ein angenehmes Comer Hotel. Die Salons und das Restaurant sind üppig in freundlichen Pastelltönen eingerichtet. Die Gästezimmer, meist mit großem Salon und Balkon, gehen ausnahmslos auf den See. Dank der Seidenstoffe, des dicken Teppichbodens und der großen, modernen Bäder fühlt man sich sehr wohl in ihnen. Da Mailand nicht weit entfernt ist, finden hier Empfänge und Seminare statt, aber alles ist so eingerichtet, daß die Hotelgäste hierdurch nicht gestört werden.

Anreise (Karte Nr. 2): 48 km von Mailand; 3 km von Como, Straße nach Cernobbio.

LOMBARDEI

Grand Hotel Villa Serbelloni

Lago di Como - 22021 Bellagio (Como) - Via Roma, 1
Tel. 031-95 02 16 - Fax 031-95 15 29 - Sig. Spinelli
Web: http://www.villaserbelloni.it - E mail: inforequest@villaserbelloni.it

Kategorie ★★★★★ **L Geschlossen** von November bis März **85 Zimmer** m. Klimaanl., Tel., Bad, WC, TV, Minibar; Aufzug **Preise** EZ u. DZ: 325-450000 L, 470-720000 L, Suite 900-1100000 L - Frühst. inkl., von 7.30 bis 10.30 Uhr - HP u. VP: + 85000 L + 160000 L (pro Pers., min. 3 Üb.) **Kreditkarten** akzeptiert **Verschiedenes** Hunde erlaubt - Beheizt. Schwimmb. - Sauna - Tennis (20000 L) - Squash - Privater Anleger - Wassersport - Fineßcenter - Garage (25000 L) - Parkpl. **Umgebung** Villa Melzi - Comer See: Gärten der Villa Trotti, Grüne Grotte in Lezzeno, Careno, Villa Pliniana in Riva di Faggetto - Menaggio u. Cadenabbia Golf (18-Lochpl.) in Menaggio **Restaurant** von 12.30 bis 14.30 u. von 20.00 bis 22.00 Uhr - Menü: 100000 L - Karte - Spezialitäten: Pasta della casa - Pesce del lago.

Das Serbollini zählt zu den historischen Villen, die zu Beginn des 19. Jahrhunderts in diesem wunderschönen Teil des Sees errichtet wurden, um den Wunsch der aristokratischen Familien der Lombardei nach Größe zu befriedigen. Dazu zählen *Villa d'Este* in Cernobbio. *Villa Carlotta* in Tremezzo, *Villa Olmo* in Como und *Villa Ricordi* in Cadenabbia, wo Verdi einen Teil der Traviata komponierte. In dem wundervollen englischen Garten, in dem unglaublich viele Pflanzenarten gedeihen und der die Ufer des Sees überragt, zeigt *Villa Serbelloni* ihre imposante Fassade im Libertystil. Stuck und Säulen verleihen den Salons noch immer viel Pracht. Die meisten Zimmer verfügen nach wie vor über ihre Größe, ihre bemalten Decken und ihr Mobiliar von einst. Paläste besitzen oft Gästezimmer, die weniger repräsentativ sind und keine besondere Lage haben. Wenn Sie sich also verwöhnen und im *Serbollini* wohnen möchten, sollten Sie eines der Zimmer mit Seeblick reservieren, um das Panorama zu genießen, das bereits Flaubert und Liszt begeisterte.

Anreise (Karte Nr. 2): 31 km nördl. von Como.

Hotel Florence

Lago di Como
22021 Bellagio (Como)
Piazza Mazzimi
Tel. 031-950 342 - Fax 031-951 722 - Sig. und Sig.ra Ketzlar

Kategorie ★★★ **Geschlossen** Oktober bis April **32 Zimmer** m. Tel., Bad od. Dusche, WC, Satelliten-TV, Fön **Preise** EZ u. DZ: 170-190000 L, 250-280000 L; Suiten: 360000 L, - Frühst. inkl., von 7.30 bis 10.15 Uhr - HP: 155-160000 L (pro Pers.) **Kreditkarten** Visa, Eurocard, MasterCard **Verschiedenes** Hunde erlaubt (außer im Restaurant) **Umgebung** Gärten der Villa Serbelloni - Villa Melzi - Comer See: Gärten der Villa Trotti, Grüne Grotte in Lezzeno, Careno, Villa Pliniana in Riva di Faggetto - Golf von Grandola (18-Lochpl.) **Restaurant** von 12.30 bis 14.30 u. von 19.30 bis 21.30 Uhr - Karte - Spezialitäten: Stracci di pasta agli spinaci e pecorino - Cappellacci - Barbabiet - Pesce persico con salsa di porri e tortino di mais.

Unter den Arkaden, die den Hafen begrenzen, und direkt neben dem *Serbelloni* entdeckt man dieses kleine Hotel, das jenen Touristen Erfrischungen serviert, die auf das Boot warten. Restaurant und Zimmer befinden sich in den oberen Stockwerken. Heute sind alle Gästezimmer hübsch eingerichtet und verfügen über einen Ausblick auf den See und das Leben und Treiben im Hafen. Das Restaurant mit Kamin strahlt eine gesellige Atmosphäre aus, und der Empfang der Hotelbesitzer ist sehr freundlich. Weniger luxuriös als sein Nachbar, das *Serbelloni*, aber auch nicht so teuer, ist das *Hotel Florence* eine durchaus charmante Adresse mit nicht wenigen Vorzügen.

Anreise (Karte Nr. 2): 31 km nördl. von Como über die S 583, am rechten Seeufer.

LOMBARDEI

Grand Hotel Villa d'Este

Lago di Como - 22012 Cernobbio (Como)
Via Regina, 40
Tel. 031-348 1 - Fax 031-348 844 - Sig. Ceccherelli
Web: http://www.villadeste.it - E-mail: info@villadeste.it

Kategorie ★★★★★ **Geschlossen** vom 15. November bis 29. Februar **166 Zimmer** m. Tel., Bad, WC, Satelliten-TV, Safe, Minibar; Aufzug **Preise** EZ u. DZ: 413-660000 L, 704-979000 L - Frühst. (Buffet) inkl. **Kreditkarten** akzeptiert **Verschiedenes** Hunde erlaubt - Beheizt. Schwimmb., Hallenbad - spa - Sauna - Squash - Fitneßcenter - Tennis - Palestre - Garage **Umgebung** Ossuchio und Park der Villa Arconati in Punta di Balbianello - Mennagio - Villa Carlotta in Tremezzo - Bellagio: Gärten der Villa Serbelloni u. Villa Melzi - Golf Villa d'Este (18-Lochpl.) in Montorfano **Restaurant** von 12.00 bis 14.30 u. von 19.30 bis 22.00 Uhr - Karte - Internationale Küche.

Die Berühmtheiten, die in der Villa d'Este wohnten, haben von jeher Schlagzeilen in jener Presse gemacht, die auf derartiges spezialisiert ist. Sie wurde im 16. Jahrhundert erbaut und schon damals vom internationalen Jet-set aufgesucht. Der Napoleon-Salon hat seine Seidenstoffe bewahrt, und eine Canova zugeschriebene Statue erinnert an den Besuch des berühmten Bildhauers. Jedes Zimmer ist einzigartig: persönliche Gestaltung mit viel Seide und altem Mobiliar. Vor allem aber sind es die Gärten, die unvergeßlich sind: Ruinen, Säulen, Rocailles und Bassins setzen eine außergewöhnliche Vegetation in Szene. Um den anspruchsvollen Gästen die Langeweile zu vertreiben, stellt das Hotel eine Reihe sportlicher Anlagen zur Verfügung: einen großen, auf dem See schwimmenden Swimmingpool, jegliche Wassersportarten, einen Golfplatz in Montofano, ein Healthcenter. Nach dem hervorragenden Abendessen (mit Tanz, falls Sie es wünschen) können Sie den Abend im privaten Nachtclub fortsetzen und beenden.

Anreise (Karte Nr. 2): 5 km nördl. von Como.

LOMBARDEI

Grand Hotel Imperiale

Lago di Como
22010 Moltrasio (Como)
Via Durini
Tel. 031-346 111 - Fax 031-346 120

Kategorie ★★★★ **Ganzj.** geöffn. **92 Zimmer** m. Klimaanl., Tel., Bad, WC, Satelliten-TV, Safe, Minibar; Aufzug **Preise** EZ u. DZ: 160-225000 L, 240-450000 L; Suiten: 450-550000 L - Frühst. inkl. - HP u. VP: 150-260000 L, 175-285000 L (pro Pers., mind. 3 Üb.) **Kreditkarten** akzeptiert **Verschiedenes** Hunde erlaubt - Beheizt. Schwimmb. - Künstlicher Strand - Tennis - Squash - Garage (15000 L) **Umgebung** Ossuchio und Park der Villa Arconati in Punta di Balbianello - Mennagio - Villa Carlotta in Tremezzo - Bellagio: Gärten der Villa Serbelloni u. Villa Melzi - Golf Villa d'Este (18-Lochpl.) in Montorfano **Restaurants** von 12.00 bis 14.30 u. von 19.30 bis 22.00 Uhr - Karte - Italienische Küche.

Wenn Sie vor der Einfriedung der *Villa d'Este* lediglich zu träumen vermögen, sollten Sie bis Moltrasio weiterfahren - es sind nur ein paar Kilometer. Denn hier wurde eine schöne Villa, deren Gebäude teils im Park und teils am Seeufer liegen, vollkommen umgestaltet. Im hinteren Teil entstand ein kleines Gebäude, das mit dem Stammhaus durch ein großes Atrium im Designstil verbunden ist und in dem sich die Rezeption befindet. Verbindungsgänge aus Metall führen zu den moderneren Gästezimmern. Wenn denen auch nichts vorzuwerfen ist, so empfehlen wir trotzdem die der *Villa Stucchi* mit Blick auf den Garten, und denjenigen, die es sich leisten können, das zum See hin offene *Romantica*. Die Salons mit Sofas und Zimmerpflanzen wirken sehr einladend. Von einem der beiden Restaurants blickt man auf das Schwimmbad und den künstlich angelegten Seestrand. Die Preise sind zwar interessant, aber man sollte wissen, daß das Hotel über mehrere Säle zum Abhalten von Seminaren verfügt, die dem Charme des Hauses Abbruch tun könnten.

Anreise (Karte Nr. 2): 7 km nördl. von Como.

LOMBARDEI

San Giorgio Hotel

Lago di Como
Tremezzo 22016 Lenno (Como)
Via Regina, 81
Tel. 0344-40 415 - Fax 0344-41 591 - Sig.ra Cappelletti

Kategorie ★★★ **Geschlossen** von Mitte Oktober bis März **26 Zimmer** m. Tel., Bad od. Dusche, WC **Preise** DZ: 230000 L - Frühst. inkl., von 8.00 bis 11.00 Uhr - HP u. VP: 135-170000 L (pro Pers., mind. 3 Üb.) **Kreditkarten** Amex, Visa, Eurocard, MasterCard **Verschiedenes** Hunde nicht erlaubt - Tennis (20000 L) - Parkpl. **Umgebung** Menaggio - Villa Carlotta in Tremezzo - Bellagio: Gärten der Villa Serbelloni und Villa Melzi - Golf (18-Lochpl.) in Grandola u. Uniti **Restaurant** für Hotelgäste: von 12.30 bis 13.30 u. von 19.30 bis 20.30 Uhr - Menü.

Das *San Giorgio* ist ein Familienunternehmen. Der Großvater der jetzigen Besitzerin ließ das große, weiße Gebäude errrichten, das sich mit dem kleinen, älteren Haus nebenan verbindet. Schon damals als Hotel konzipiert, war es leicht, im Laufe der Jahre den Komfort zu verbessern. Das Restaurant und der große Salon, beide mit Möbeln aus dem Familienbesitz eingerichtet (Sessel, Stühle, Sekretär aus dem 18./19. Jahrhundert) gehen direkt auf die Loggia und den Garten hinaus. Die Zimmer, mit Blick auf die Berge und die Bucht von Tremezzina, verfügen alle über einen Balkon. Sie sind groß und mit zweckmäßigen Bädern ausgestattet. Der sanft zum Seeufer abfallende Garten war früher ein Olivenhain. Heute blühen hier im Frühjahr Glyzinien und Magnolien, im Herbst füllt sich die Luft mit ölhaltigen Düften. Nur wenige Kilometer von den Bootsanlegern nach Tremezzo, Cadenabbio oder Menaggio (Überfahrten ans andere Ufer), ist dies der ideale Ausgangspunkt für eine Reise zu den italienischen Seen.

Anreise (Karte Nr. 2): 27 km nördl. von Como über die S 340, am linken Seeufer.

LOMBARDEI

Grand Hotel Victoria

Lago di Como
22017 Menaggio (Como)
Tel. 0344-32 003 - Fax 0344-32 992
Sig. Proserpio und Sig. Palano

Kategorie ★★★★ **Ganzj.** geöffn. **53 Zimmer** m. Tel., Bad od. Dusche, WC, Satelliten-TV, Radio, Minibar; Aufzug **Preise** EZ u. DZ: 145-175000 L, 220-260000 L; Suiten: 370000 L - Frühst. (Buffet): 25000 L, von 7.30 bis 11.00 Uhr - HP: + 55000 L (pro Pers.) **Kreditkarten** akzeptiert **Verschiedenes** Hunde erlaubt - Schwimmb. - Parkpl. **Umgebung** Panoramastraße von Menaggio nach Lugano - Villa Carlotta in Tremezzo - Lugano - Golf (18-Lochpl.) in Grandola e Uniti (Pauschale f. Hotelgäste) **Restaurant** von 12.30 bis 14.00 u. von 19.30 bis 21.00 Uhr - Menü: 60000 L - Karte - Italienische Küche.

Inmitten eines wundervollen Parks liegt das *Grand Hotel Victoria* dem Comer See gegenüber. Der 1886 im Stil der Jahrhundertwende erbaute Palast bietet mit großen Salons, Parkettböden und Stuckdecken eine ruhige und harmonische Atmosphäre. Die Mahlzeiten werden bei schönem Wetter auf der Terrasse serviert, die dem See gegenüberliegt und von einem großen, gestreiften Zeltdach Sonnenschutz erhält. Die neu gestalteten Zimmer haben das an Komfort hinzugewonnen, was sie möglicherweise an persönlichem Stil eingebüßt haben. Für ein Zimmer mit Ausblick werden zusätzliche 15000 L pro Tag verlangt. Angenehmer Empfang.

Anreise (Karte Nr. 2): 35 km nördl. von Como über die S 340, am linken Seeufer.

LOMBARDEI

Hotel Stella d'Italia

Lago di Lugano
San Mamete 22010 Valsolda (Como)
Piazza Roma, 1
Tel. 0344-68 139 - Fax 0344-68 729 - Sig. Ortelli
E-mail: stelladitalia@mclink.it

Kategorie ★★★ **Geschlossen** von November bis März. **35 Zimmer** m. Tel., Dusche od. Bad, WC, Satelliten-TV, Safe; Aufzug **Preise** EZ u. DZ: 85000 L, 165-195000 L - Frühst. (Buffet) inkl., von 7.30 bis 10.00 Uhr - HP: 110-130000 L (pro Pers., mind. 3 Üb.) **Kreditkarten** akzeptiert **Verschiedenes** Kleine Hunde erlaubt - Privatstrand - Garage (10000 L) **Umgebung** Villa Favorita - Panoramastraße von Menaggio nach Lugano - Lugano - Villa Carlotta in Tremezzo **Restaurant** von 12.30 bis 14.00 u. von 19.30 bis 21.00 Uhr - Menü: 35000 L - Karte - Spezialitäten: Pesce del lago - Pasta.

San Mamete ist eines dieser hübschen kleinen Dörfchen am Luganer See. Das *Stella d'Italia*, seit drei Generationen im Besitz der Familie Ortelli, besteht aus einem Haupt- und einem Nebengebäude. Die Zimmer sind renoviert, die angenehmsten haben große Flügeltüren zum See. Der Garten direkt am Ufer ist phantastisch. Eine eindrucksvolle Laube aus Rosen und wildem Wein lädt zum Frühstücken ein, der kleine Strand zum Baden oder Sonnen. Die Umgebung und das Panorama sind superbe, die Preise moderat, und der Empfang ist sympathisch.

Anreise (Karte Nr. 2): 42 km nördl. von Como über die A 9, Ausf. Lugano-Sud, dann S 340, am nördlichen Seeufer.

LOMBARDEI

Hotel Royal Vittoria

Lago di Como
23829 Varenna (Lecco)
Piazza San Giorgio, 5
Tel. 0341-81 51 11 - Fax 0341-83 07 22 - Sig. Sorrentino
E-mail: hotelroyalvictoria@promo.it

Kategorie ★★★★ **Ganzj.** geöffn. **43 Zimmer** m. Tel., Bad, WC, Satelliten-TV, Minibar, Safe **Preise** EZ u. DZ: 130-170000 L, 160-220000 L + 50000 L mit Seeblick - zusätzl. Pers.: + 70000 L - Frühst. 20000 L, von 8.00 bis 10.15 Uhr - HP u. VP: 110-140000 L, 130-160000 L (pro Pers., im DZ) **Kreditkarten** akzeptiert **Verschiedenes** Hunde nicht erlaubt - Garage (25000 L) **Umgebung** Varenna: Gärten der Villa Monastero Mornico, (April-Oktober) - Villa Cipressi u. Gärten - Villa Carlotta u. Gärten in Tremezzo - Villa del Balbianello u. Gärten in Lenno - Villa Melzi u. Gärten in Bellagio - Lecco (Villa Manzoni) - Comer See **Restaurant** von 12.30 bis 14.00 u. von 19.30 bis 21.00 Uhr - Menü: 50000 L - Karte.

Die Ostüste des legendären Comer Sees wird weniger als die Westküste von der Sonne verwöhnt. Vielleicht ist es das, was einige Touristen zurückhält. Wir sagen: um so besser! Der Name des Hotels geht auf den Aufenthalt der englischen Königin im Jahr 1838 zurück. Das *Royal Vittoria* liegt an der Seeuferstraße, aber weit genug zurück, um von der Ruhe des kleinen, von alten Platanen beschatteten Platzes zu profitieren. Von der Rückseite des Hauses schaut man direkt auf den See. Die Empfangsräume des Erdgeschosses besitzen noch immer eine gewisse nostalgische Pracht. Die Gästezimmer sind komfortabel, aber einfacher. Den Blick auf den See, der den größten Charme dieser Hotels ausmacht, muß man ganz einfach haben. Der romantische Garten und das gute Restaurant mit Aussicht aufs Wasser sind zwei weitere Vorteile des *Royal Vittoria*.

Anreise (Karte Nr. 2): 50 km von Como.

L O M B A R D E I

Hotel Olivedo

Lago di Como
23829 Varenna (Lecco)
Piazza Martiri de la Liberta', 4
Tel. 0341-83 01 15 - Fax 0341-83 01 15 - Sig.ra Laura Colombo

Kategorie ★★ **Geschlossen** vom 1. November bis Mitte Dezember **15 Zimmer** (6 m. Bad od. Dusche) **Preise** 95-110000 L (ohne Bad), 120-160000 L (m. Bad) - Frühst. inkl., von 8.00 bis 10.15 Uhr - HP: 90-95500 L (ohne Bad) u. 110-115000 L (m. Bad) pro Pers. **Kreditkarten** Visa, Eurocard, MasterCard **Verschiedenes** Hunde erlaubt - Parkpl. **Umgebung** Varenna: Gärten der Villa Monastero Mornico, (April-Oktober) - Lecco (Villa Manzoni) - Comer See **Restaurant** von 12.30 bis 14.00 u. von 19.30 bis 21.00 Uhr - Menü: 45000 L - Spezialitäten: Pesce di lago, antipasti i dolci fatti in casa.

Am schönsten ist es, in Varenna mit der Fähre anzukommen; die nimmt man in Menaggio oder Bellagio, überquert den See und entdeckt dann die kleinen, bunten Häuser, die bis ans Ufer reichen. Das Hotel liegt dem Pier gleich gegenüber. Auf der schattigen Terrasse warten einige Touristen auf die Fähre zwecks Rückfahrt. *Olivedo* ist ein edles Haus mit grünen Fensterläden, in dem alles einfach, aber sehr gepflegt ist. Man braucht nur einen Blick ins Restaurant mit seinen geschmackvoll gedeckten Tischen oder in das kleine, ganz und gar charmante Bistro zu werfen. Die Zimmer sind tadellos, und Laura freut sich über ihre Wäsche-Spezialistinnen, die es noch verstehen, dieselbe zu stärken. Der Komfort der Zimmer ist allerdings unterschiedlich, denn nicht alle haben ein eigenes Bad, und das Mobiliar ist veraltet. Deshalb sollte man die mit Blick auf den See reservieren. Ein unprätentiöses, besonders sympathisches Hotel in einem von Touristen ein wenig vernachlässigten Dorf - was kein Nachteil ist.

Anreise (Karte Nr. 2): 50 km von Como.

LOMBARDEI

Villa Simplicitas e Solferino

22028 San Fedele d'Intelvi (Como)
Tel. 031-83 11 32
C. Castelli

Kategorie ★★ **Geschlossen** von November bis Ostern **10 Zimmer** m. Dusche, WC **Preise** Zi. m. HP: 115000 L (pro Pers.) **Kreditkarten** nicht akzeptiert **Verschiedenes** Hunde erlaubt (Zuschlag) - Parkpl. **Umgebung** Cernobbio - Kirche von Sala Comacina - Isola Comacina - Val d'Intelvi: Lanzo d'Intelvi - Drahtseilbahn zum Aussichtspunkt di Lanzo mit Santa Margherita am Ufer des Luganer Sees - Lugano **Restaurant** von 12.30 bis 14.30 u. von 20.30 bis 22.00 Uhr - Menüs: 40-55000 L - Karte - Trentino-Küche.

Einer der schönsten Flecken in dieser Seenlandschaft, wo Berge und üppige Vegetation die Buchten des Comer Sees begrenzen, ist das Intelvi-Tal. Eine romantische Landschaft, die die Erinnerung an Manzonis *Die Verlobten* wachruft und an den jungen Visconti, der, von seiner Mutter begleitet, oft hierher kam ... Die *Villa Simplicitas* ist ein von Weiden und hundertjährigen Kastanien umgebenes großes Landhaus. Das Innere bietet bis ins kleinste Detail den Anblick eines Landsitzes aus dem frühen 19. Jahrhundert: Schäferidyllen, Thonet-Sessel, Deckchen auf den kleinen Tischen, Stiche - und dies mit der "Patina" des Authentischen. Die Zimmer sind hübsch mit Nußbaummöbeln eingerichtet, die Wände schön gestaltet. Die Küche, Obst und Gemüse aus eigenem Anbau verwendend, ist sehr gut. Die Mahlzeiten werden im Sommer in einem großen, offenen Restaurant, im Herbst im kleinen Speiseraum vor dem Kamin eingenommen.

Anreise (Karte Nr. 2): 30 km nördl. von Como über die S 340, auf dem linken Seeufer bis Argegno, dann links Rtg. San Fedele Intelvi.

LOMBARDEI

Albergo San Lorenzo

46100 Mantova
Piazza Concordia, 14
Tel. 0376-22 05 00 - Fax 0376-32 71 94 - Sig. Tosi
Web: http://www.hotelsanlorenzo.it - E-mail: hotel@hotelsanlorenzo.it

Kategorie ★★★★ **Ganzj.** geöffn. **21 Zimmer** u. 9 Junior-Suiten m. Klimaanl., Tel., Bad od. Dusche, WC, Satelliten-TV, Minibar; Aufzug, 2 Zi. f. Behinderte **Preise** EZ u. DZ: 188-350000 L, 225-300000 L; Suiten: 263-350000 L - Frühst. (Buffet) inkl., von 7.00 bis 10.00 Uhr **Kreditkarten** akzeptiert **Verschiedenes** Hunde nicht erlaubt - Garage (30000 L) **Umgebung** Mantova: Piazza Sordelo, Duomo, Palazzo Ducale, Piazza delle Erbe, S. Andrea - Santuario delle Grazie (6 km), wo Mitte August das nationale Madonnaria-Treffen stattfindet - Abfahrt des Mincio u. Pô (von März bis Oktober, ab Castello di San Giorgio), an Bord der Andes 2000 nach Venedig; Rückkehr per Bus über die Abtei San Benedetto Pô u. den Park Mincio - Sabbioneta: Park Palazzo del Giardino, Teatro Olimpico u. Palazzo Ducale, Kirche Villa Pasquali (2 km) u. Viadana (11 km) - Verona **Kein Restaurant** im Hotel (siehe unsere Restaurantauswahl S. 505).

Mitten in der Fußgängerzone, nur ein paar Schritte vom Duomo und Palazzo Ducale entfernt, liegt die *Albergo San Lorenzo* geradezu ideal, um die ausgesprochen großbürgerliche Stadt Mantova zu besichtigen. Alte Möbel und Rokoko-Dekor, geräumige Zimmer und behagliche Salons charakterisieren dieses Hotel. Auf dem Dach wurde eine hübsche Terrasse eingerichtet, auf der man auch frühstücken kann. Das Hotel besitzt drei Versammlungssäle, aber da es über kein Restaurant verfügt, stört dies im Grunde nicht. Die unleugbar schöne Stadt Mantova bietet zudem den Vorteil, von Touristen im Sommer wenig besucht zu werden.

Anreise *(Karte Nr. 9): 62 km nordöstl. von Parma über die S 343. 45 km südwestl. von Verona.*

LOMBARDEI

Il Leone

46030 Pomponesco (Mantova)
Piazza IV Martiri, 2
Tel. 0375-86 077 - Fax 0375-86 770
Famiglia Mori

Kategorie ★★★ **Geschlossen** vom 27. Dezember bis 26. Januar **8 Zimmer** (DZ m. Klimaanl.), Tel., Dusche, WC, TV, Minibar **Preise** EZ u. DZ: 110000 L, 160000 L - Frühst. inkl., von 8.00 bis 10.00 Uhr - HP u. VP: 135-145000 L, 155-165000 L (pro Pers., mind. 3 Üb.) **Kreditkarten** akzeptiert **Verschiedenes** Kleine Hunde erlaubt - Schwimmb. **Umgebung** Kirche Viadana - Kirche Villa Pasquali - Sabbioneta - Mantova - Parma **Restaurant** von 12.00 bis 14.00 u. von 20.00 bis 22.00 Uhr - So abends und Mo geschl. - Karte - Spezialitäten: Salumeria - Ravioli al zucca - Tartufi - Risotto - Zabaione e semifreddo.

In Pomponesco, am Ufer des Po, liegt dieser ehemalige Wohnsitz der Familie Gonzague. Hinter der schlichten Fassade verbergen sich ein Patio und ein sehr angenehmer Pool. Die Salons beeindrucken durch das Mobiliar und die Höhe der Decken: eine verfügt über wundervolle Fresken. Die Zimmer in diesem bemerkenswerten Gasthaus sind groß und komfortabel; wählen sollten Sie die mit Blick aufs Schwimmbad. Das Frühstück ist reichhaltig, die Küche tadellos, das Risotto unvergeßlich. Der Weinkeller bietet eine große Auswahl internationaler Weine. Die Umgebung eignet sich für Mini-Kreuzfahren auf dem Po und für Radtouren nach Mantua und zum Mincio-Park.

Anreise (Karte Nr. 9): 32 km nordöstl. von Parma über die S 62 bis Viadana, dann links Rtg. Pomponesco.

LOMBARDEI

Four Seasons Hotel

20121 Milano
Via Gesù, 8
Tel. 02-77 088 - Fax 02-77 08 5000 - Sig. V. Finizzola

Kategorie ★★★★★ **Ganzj.** geöffn. **70 Zimmer** u. 28 Suiten m. Klimaanl., Tel., Bad, WC, Safe, Satelliten-TV, Videorecorder, Minibar; Aufzug **Preise** EZ u. DZ: 803-946000 L; 935-1078000 L; Suiten: 1188-6270000 L - Frühst.: 45000 L (Brunch), von 7.00 bis 11.30 Uhr **Kreditkarten** akzeptiert **Verschiedenes** Kleine Hunde erlaubt (außer im Restaurant) - Fitneßclub - Garage (75000 L) **Umgebung** Mailand: Dom, Museum La Brera - Veranstaltungen in Mailand: Eröffnung am 7. Dez. der Opernsaison in der Scala, Piccolo Teatro, Triennale von Mailand (Kunstgewerbe, moderne Architektur ...), Abtei Chiaravalle - Villa Reale in Monza - Abtei Viboldone - Comer See - Piazza Ducale in Vigevano - Kartause von Pavia - Golf al Parco di Monza (9- und 18-Lochpl.) **Restaurant** *La Veranda*: von 11.30 bis 23.00 Uhr - Menü: 75000 L - Karte - Italienische Küche - *Il Teatro*: von 19.30 bis 23.30 Uhr - Menü: 90000 L - Mediterrane Küche.

Eine superbe Oase in jenem Dreieck, das von Mode und Kultur beherrscht wird: Via Montenapoleone, Via della Spiga, Sant'Andrea. Das *Four Seasons* befindet sich in einem ehemaligen Franziskanerkloster aus dem 15. Jahrhundert, das glücklicherweise seinen Kreuzgang und seine Kolonnade sowie einige Fresken bewahren konnte. Alles ist sehr luxuriös und diskret. Die Zimmer sind geräumig und von eleganter Schlichtheit; Fortuny-Stoffe in bleichen Tönen, speziell für das Hotel entworfene Sykomore-Möbel, Badezimmer ganz aus Marmor. Alles ist komfortabel, gedämpft und sehr ruhig, denn die meisten Zimmer gehen zum Kreuzgang. Der Roomservice ist rund um die Uhr gewährleistet: wenn Sie nach einem in der Scala verbrachten Abend im Zimmer zu dinieren wünschen, brauchen Sie nur auf die Klingel zu drücken. Außerdem: zwei Restaurants mit raffinierter, hervorragender Küche. Traumhaft.

Anreise (Karte Nr. 2): Im Zentrum der Stadt.

LOMBARDEI

Excelsior Hotel Gallia

20124 Milano
Piazza Duca d'Aosta, 9
Tel. 02-67 851 - Fax 02-66 713 239 - Sig. Marcel Levy
E-mail: gallia_reservations@csi.com

Kategorie ★★★★ **Ganzj.** geöffn. **237 Zimmer** m. Klimaanl., Tel., Bad, WC, Satelliten-TV, Pay-TV, Minibar **Preise** EZ u. DZ: 446-523000 L, 578-649000 L; Suiten: 902-1980000 L - Frühst.: 28-42000 L, von 7.00 bis 10.30 Uhr **Kreditkarten** akzeptiert **Verschiedenes** Hunde nicht erlaubt - Parkpl. (60000 L) **Umgebung** Mailand: Dom, Museum La Brera - Veranstaltungen in Mailand: Eröffnung am 7. Dez. der Opernsaison in der Scala, Piccolo Teatro, Triennale von Mailand (Kunstgewerbe, moderne Architektur ...), Abtei Chiaravalle - Villa Reale in Monza - Abtei Viboldone - Comer See - Piazza Ducale in Vigevano - Kartause von Pavia - Golf al Parco di Monza (9- und 18-Lochpl.) **Restaurant** von 12.30 bis 14.30 u. von 19.30 bis 22.30 Uhr - Menü: 80000 L - Karte.

Das *Excelsior Hotel Gallia* liegt dem Bahnhof gegenüber und gehört zu den Institutionen Mailands. In den dreißiger Jahren erbaut und kürzlich restauriert, strahlt seine Inneneinrichtung Luxus und Behaglichkeit aus. Die modernen Salons sind sehr geschmackvoll gestaltet. Den gleichen raffinierten Komfort findet man in den Zimmern vor, die im Stil der dreißiger bzw. fünfziger Jahre oder sehr modern ausgestattet sind. Eine exzellente Küche (sie zählt zu den besonders guten Adressen Mailands!) und ein tadelloser Empfang erwarten die Gäste. Nachtschwärmern steht *Le Baboon* für ein letztes Glas bei ausgezeichneter Musik (Klavier) zur Verfügung. Ein großes klassisches Hotel in einer Stadt, in der es nicht leicht ist, eine Unterkunft zu finden.

Anreise *(Karte Nr. 2): Dem Bahnhof gegenüber.*

LOMBARDEI

Grand Hotel Duomo

20121 Milano
Via San Raffaele, 1
Tel. 02-88 33 - Fax 02-864 620 27 - Sig. Gnoni
E-mail: hduomores@telemacus.it - Web: http://www.duomohotel.it

Kategorie ★★★★ **Ganzj.** geöffn. **153 Zimmer** m. Klimaanl., Tel., Bad, WC, Satelliten-TV, Minibar, Safe; Aufzug **Preise** EZ u. DZ: 380-450000 L, 540-630000 L; Suiten: 810-990000 L - Frühst. inkl., von 7.00 bis 11.00 Uhr **Kreditkarten** akzeptiert **Verschiedenes** Hunde erlaubt - Garage (Fuhrmann, 70000 L) **Umgebung** Mailand: Dom, Museum La Brera - Veranstaltungen in Mailand: Eröffnung am 7. Dez. der Opernsaison in der Scala, Piccolo Teatro, Triennale von Mailand (Kunstgewerbe, moderne Architektur ...), Abtei Chiaravalle - Villa Reale in Monza - Abtei Viboldone - Comer See - Piazza Ducale in Vigevano - Kartause von Pavia - Golf al Parco di Monza (9- und 18-Lochpl.) **Restaurant** von 12.30 bis 14.30 u. von 19.30 bis 23.00 Uhr - Menü: 70-90000 L - Karte.

Das *Duomo* ist das traditionelle grandhotel Mailands. Seine Lage dem Dom gegenüber hat zu seiner Berühmtheit beigetragen. Wenn die Salons und die Rezeption noch immer den modernistischen Stil der fünfziger Jahre aufweisen, dem es im übrigen nicht an Klasse mangelt, so entspricht die Ausstattung der Zimmer den Anforderungen von heute. Sie sind geräumig und elegant, verfügen ausnahmslos über sehr guten Komfort und exzellenten Service. Die Suiten sind ihrerseits regelrechte Maisonnetten und bieten Aussicht auf den Dom. Im Winter werden das Frühstück und die anderen Mahlzeiten im großen Restaurant serviert: Arkadenfenster und Blick auf den Platz. Sobald das Wetter schön zu werden beginnt, kann man auf der Panoramaterrasse speisen, wo die Türme und gotischen Spitzen des marmornen Doms greifbar nahe sind.

Anreise (Karte Nr. 2): Piazza del Duomo.

Hotel Pierre Milano

20123 Milano
Via de Amicis, 32
Tel. 02-720 005 81 - Fax 02-805 2157
Web: http://www.hotelpierre.it - E-mail: photel@punto.it

Kategorie ★★★★★ **Geschlossen** im August **49 Zimmer** m. Tel., Bad, WC, TV, Minibar **Preise** EZ u. DZ: 250-350000 L, 390-550000 L; Suiten: 690-800000 L - Frühst.: 22-35000 L (Brunch), von 7.00 bis 10.30 Uhr **Kreditkarten** akzeptiert **Verschiedenes** Hunde auf Anfr. erlaubt - Parkplatz (Fuhrmann) **Umgebung** Mailand: Dom, Museum La Brera - Veranstaltungen in Mailand: Eröffnung am 7. Dez. der Opernsaison in der Scala, Piccolo Teatro, Triennale von Mailand (Kunstgewerbe, moderne Architektur ...), Abtei Chiaravalle - Villa Reale in Monza - Abtei Viboldone - Comer See - Piazza Ducale in Vigevano - Kartause von Pavia - Golf al Parco di Monza (9- und 18-Lochpl.) **Restaurant** *Petit Pierre :* von 12.30 bis 14.30 u. von 19.30 bis 22.30 Uhr - Menü: 50-70000 L - Karte - Italienische Küche.

Wenn Sie im *Pierre Milano* wohnen, das in unmittelbarer Nähe des Ticinese-Viertels gleich hinter der Via Lanzone und der Via del Torchio mit zahlreichen Antiquitäten- und Kunsthandwerksgeschäften liegt, werden Sie diese große Stadt, die das Herzstück der italienischen Modernität ist, besonders schätzen lernen. Auch wenn ein Besuch der Gemäldegalerie Brera wegen Mantegnas *Beweinung Christi* unumgänglich ist, so ist der Besuch der Läden und Galerien, die die letzten Kreationen des italienischen Design anbieten, ein Muß. Dieses Hotel ist ein Kondensat jenes Mailänder Geistes, in dem sich die Tradition mit modernem Dekor und überfeinertem technologischem Komfort verbindet. Die Zimmer sind höchst modern und funktionell. Auch der Service ist perfekt. Die Piano-Bar mit ihrem eleganten Ambiente ist abends ein beliebter Aperitif-Treffpunkt, aber auch für einen *dopo-cena*-Drink läßt man sich hier gerne nieder.

Anreise (Karte Nr. 2): Stadtviertel Ticinese.

LOMBARDEI

Hotel Diana Majestic

20129 Milano
Viale Piave, 42
Tel. 02-29 51 34 04 - Fax 02-20 10 72

Kategorie ★★★★ **Ganzj.** geöffn. **94 Zimmer** m. Tel., Bad, WC, TV, Minibar; Aufzug **Preise** EZ u. DZ: 292-430000 L, 430-580000 L - Frühst.: 31-46200 L **Kreditkarten** akzeptiert **Verschiedenes** Kleine Hunde erlaubt - Parkpl. **Umgebung** Mailand: Dom, Museum La Brera - Veranstaltungen in Mailand: Eröffnung am 7. Dez. der Opernsaison in der Scala, Piccolo Teatro, Triennale von Mailand (Kunstgewerbe, moderne Architektur ...), Abtei Chiaravalle - Villa Reale in Monza - Abtei Viboldone - Comer See - Piazza Ducale in Vigevano - Kartause von Pavia - Golf al Parco di Monza (9- und 18-Lochpl.) **Restaurant** *La Veranda* im Sommer - von Mo bis Fr - von 13.00 bis 14.30 u. von 19.30 bis 23.00 Uhr (siehe unsere Restaurantauswahl S. 502-504).

Es erstaunt etwas, das *Diana Majestic* nicht öfter in den Listen guter Mailänder Hotels zu finden. Das in bester Lage am Ende des Corso Venezia gelegene Haus hat zu seiner alten Pracht zurückgefunden. Einfühlsam restauriert, sind Architektur und Liberty-Elemente erhalten geblieben: zu ebener Erde der kleine Rezeptions-Salon, mit Ledersesseln aus den dreißiger Jahren möbliert, gefolgt vom großen runden, mit Korbmöbeln eingerichteten Salon, der zum Garten hinausgeht. Dieser Garten ist der letzte Überrest jener Landschaft, die früher bereits an der Porta Venezia begann. Im April bildet eine immense Glyzinie eine blühende Laube. Man bedauert, daß das Restaurant (noch) nicht von diesem superben Anblick profitiert. Die Statue der Jagdgöttin Diana erinnert daran, daß hier die erste öffentliche italienische Badeanstalt für Frauen, das "Dianabad", eröffnet wurde. In den Zimmern wurde die ursprüngliche Ausstattung bewahrt, Einrichtungen neueren Datums sollen nur den Komfort erhöhen. *Diana Majestic* ist *das* Hotel mit Charme in Mailand.

Anreise *(Karte Nr. 2): In der Nähe des Corso Venezia.*

LOMBARDEI

Hotel Spadari al Duomo

20123 Milano
Via Spadari, 11
Tel. 02-720 023 71 - Fax 02-861 184
E-mail: spadari@tin.it

Kategorie ★★★★ **Ganzj.** geöffn. **38 Zimmer** u. 1 Suite m. Klimaanl., Tel., Bad, WC, Satelliten-TV, Minibar; Aufzug **Preise** EZ u. DZ: 328-368000 L, 368-450000 L; Suite: 650000 F - Frühst. inkl. **Kreditkarten** akzeptiert **Verschiedenes** Hunde nicht erlaubt - Parkplatz (Fuhrmann) **Umgebung** Mailand: Dom, Museum La Brera - Veranstaltungen in Mailand: Eröffnung am 7. Dez. der Opernsaison in der Scala, Piccolo Teatro, Triennale von Mailand (Kunstgewerbe, moderne Architektur ...), Abtei Chiaravalle - Villa Reale in Monza - Abtei Viboldone - Comer See - Piazza Ducale in Vigevano - Kartause von Pavia - Golf al Parco di Monza (9- und 18-Lochpl.) **Kein Restaurant** im Hotel (siehe unsere Restaurantauswahl S. 502-504).

Mit dem Dom als Nachbar und Erkennungszeichen wird die Anfahrt zum *Spadari* all die beruhigen, bei denen das Zentrum von Mailand Streß auslöst. Die Feinschmecker werden sich gleich in die benachbarten Läden von Speck - dem Mailänder Fauchon oder Käfer - begeben. Zuzüglich zu allen Vorteilen, die ein Vier-Sterne-Hotel bietet, besitzt dieses ein Ambiente, das den Besitzern, die leidenschaftlich moderne Kunst sammeln, zu verdanken ist. Alle Räumlichkeiten wurden derart umgestaltet, daß die Werke der jungen Künstler (Mailänder Schule), deren Fresken, Skulpturen und Bilder in den Empfangsräumen präsentiert werden, gut zur Wirkung kommen. Von Ugo La Pietrav im postmodernen Stil speziell entworfene Möbel und abstrakte Gemälde dekorieren auf unaufdringliche Art die Gästezimmer, die eine klassische Atmosphäre bewahrt haben. Die Bäder sind sehr modern. Von einer der Suiten im Obergeschoß blickt man auf die Spitzen des Doms. Eine Adresse für Liebhaber und Neugierige.

Anreise (Karte Nr. 2): In der Nähe des Doms.

LOMBARDEI

Hotel de la Ville

20121 Milano
Via Hoepli, 6
Tel. 02-86 76 51 - Fax 02-86 66 09 - Sig. Giuliano Nardiotti
E-mail: de.la.ville@italyhotel.com

Kategorie ★★★★ **Ganzj.** geöffn. **109 Zimmer** m. Tel., Bad, WC, Satelliten-TV, Minibar; Aufzug **Preise** EZ u. DZ: 370000 L, 490000 L; Suiten: 1100000 L - Frühst. inkl. **Kreditkarten** akzeptiert **Verschiedenes** Kleine Hunde erlaubt - Parkpl. (60000 L) **Umgebung** Mailand: Dom, Museum La Brera - Veranstaltungen in Mailand: Eröffnung am 7. Dez. der Opernsaison in der Scala, Piccolo Teatro, Triennale von Mailand (Kunstgewerbe, moderne Architektur ...), Abtei Chiaravalle - Villa Reale in Monza - Abtei Viboldone - Comer See - Piazza Ducale in Vigevano - Kartause von Pavia - Golf al Parco di Monza (9- und 18-Lochpl.) **Restaurant** *Le Canova* (siehe unsere Restaurantauswahl S. 502-504).

Das ideal im Geschäfts- und Einkaufsviertel, aber auch unweit des Domes und der Scala gelegene *Hotel de la Ville* ist eine elegante Adresse. Für die Ausstattung wurden ausschließlich Pastelltöne verwandt. In den Salons und im Rauchzimmer kommen die Farben Rosa und Blau besonders raffiniert zum Ausdruck. Die sehr komfortablen Zimmer verfügen ebenfalls über eine gepflegte Einrichtung, und ihre Wandbespannungen sind auf die Tagesdecken und die Vorhänge abgestimmt. Die geräumigeren Suiten bieten zudem einen Blick auf die Spitzen de Domes. Kein Restaurant im Hotel. Wenn Sie in der Nähe bleiben möchten, können Sie im nahegelegenen *Le Canova* dinieren.

Anreise (Karte Nr. 2): Zwischen der Piazza S. Babila und der Piazza della Scala.

LOMBARDEI

Antica Locanda dei Mercanti

20123 Milano
Via San Tomaso, 6
Tel. 02-805 40 80 - Fax 02-805 40 90 - Sig.ra Paola Ora - Sig. Bruce
E-mail: locanda@iol.it

Kategorie ★★★ **Ganzj.** geöffn. **14 Zimmer** (4 m. Klimaanl. u. Terrasse) m. Tel., Dusche, WC, TV auf Wunsch **Preise** 180-220000 L, 250000 L - Frühst.: 12000 L, von 7.30 bis 11.00 Uhr **Kreditkarten** Visa, Eurocard, MasterCard **Verschiedenes** Hunde nicht erlaubt - Vorbestellungen für die Scala **Umgebung** Mailand: Dom, Museum La Brera - Veranstaltungen in Mailand: Eröffnung am 7. Dez. der Opernsaison in der Scala, Piccolo Teatro, Triennale von Mailand (Kunstgewerbe, moderne Architektur ...), Abtei Chiaravalle - Villa Reale in Monza - Abtei Viboldone - Comer See - Piazza Ducale in Vigevano - Kartause von Pavia - Golf al Parco di Monza (9- und 18-Lochpl.) **Kein Restaurant** im Hotel (siehe unsere Restaurantauswahl S. 502-504).

Der Charme von Mailand hat auch mit dem Luxus dieser Stadt zu tun. Die Eröffnung dieses kleinen Hotels löst nicht etwa das Problem, eine hübsche Adresse zu finden, ohne sich zu ruinieren; es ist aber genau das, was den italienischen Städten sehr fehlt. *Antica Locanda* liegt im Viertel der Scala und nimmt den zweiten Stock eines alten Gebäudes ein. Man muß etwas aufpassen, denn es gibt keinerlei Aushängeschild, sondern nur den Namen an der Schelle des Hauses. Die Gästezimmer sind hübsch gestaltet; die Bäder sind zwar klein, reichen aber aus, und die Ruhe ist vollkommen. Das Frühstück wird auf dem Zimmer serviert, denn es gibt nur eine kleine Rezeption, keinen Salon und ein Minimum an Service. Darüber beklagen wir uns aber nicht, sondern sind froh, endlich ein Hotel mit Charme zu einem annehmbaren Preis gefunden zu haben. Und aufgrund dieses Preis-Leistungsverhältnisses ist *Antica Locanda dei Mercanti* eine Adresse mit Seltenheitswert.

Anreise *(Karte Nr. 2): In der Nähe der Scala; Piazza Castello, Via Cusani, Via Rovello, Via San Tomaso.*

LOMBARDEI

Hotel de la Ville

20052 Monza (Milano)
Viale Regina Margherita, 15
Tel. 039-382 581 - Fax 039-367 647 - Sig. Nardi
Web: http://www.hoteldelaville.com - E-mail: delaville@tin.it

Kategorie ★★★★ **Geschlossen** vom 1. bis 24. August u. vom 24. Dezember bis 6. Januar **55 Zimmer** m. Klimaanl., Tel., Bad, WC, Satelliten-TV, Safe, Minibar; Aufzug **Preise** EZ u. DZ: 255-285000 L, 380000 L - Frühst. (Buffet): 29000 L, von 7.00 bis 10.00 Uhr **Kreditkarten** akzeptiert **Verschiedenes** Hunde nicht erlaubt **Umgebung** in Monza, Dom, Villa Reale m. Park - Mailand - Golf al Parco di Monza (9- u. 18-Lochpl.) **Restaurant** "Derby Grill": von 12.30 bis 14.00 u. von 19.30 bis 22.00 Uhr - mittags, Sa u. So geschl. - Karte: 60-90000 L.

Monza ist selbstverständlich wegen seines Grand-Prix des Formel-1-Rennens bekannt, aber auch für seinen kleinen neoklassischen Palast, der von Erzherzog Ferdinand von Österreich als Landsitz gebaut wurde, als er Gouverneur der Lombardei war. Eugène de Beauharnais ließ hier später einen herrlichen Park anlegen, der einen Besuch lohnt. Das *Hotel de la Ville* liegt genau der *Villa Reale* gegenüber. Es ist ein kleines Luxushotel, das von der Familie Nardi seit mehreren Generationen geführt wird. Eleganz, Raffinement und Komfort definieren auf treffende Art dieses Haus, in dem auf Gastfreundschaft ebenso großer Wert gelegt wird wie in einem Privathaus. Die Mahagonimöbel, die chinesischen Keramiken und die Beleuchtung schaffen eine plüschige, angelsächsische Atmosphäre. Der Service ist unaufdringlich, aber stets präsent. Ein Hotel mit Stil, das Beachtung verdient, weil es nur 15 Kilometer von Mailand entfernt liegt.

Anreise (Karte Nr. 2): 15 km nordöstl. von Mailand.

LOMBARDEI

Albergo Madonnina

Ligurno 20050 Cantello (Varese)
largo Lanfranco da Ligurno, 1
Tel. 0332-417 731 - Fax 0332-418 403
Famiglia Limido

Ganzj. geöffn. **14 Zimmer** u. 2 Suiten m. Tel., Bad, WC, Satelliten-TV **Preise** EZ u. DZ: 118000 L, 157000 L; Suite: 250-350000 L - Frühst.: 16000 L - HP: 163000 L (pro Pers.) **Kreditkarten** akzeptiert **Verschiedenes** Hunde erlaubt - Parkpl. **Umgebung** Comer See; Lago Maggiore; Varese-See; Sanktuarium Sacro Monte und Monte Campo dei Fiori (Aussicht), Castiglione Olona (Chiesa di Villa, Stift, Baptisterium); Castelseprio (Fresken der Kirche S. Maria Foris Portas) **Restaurant** von 12.30 bis 14.00 u. von 19.30 bis 21.30 Uhr - Mo geschl. - Menüs: 55-75000 L - Regionale Küche.

Cantello ist ein kleines Dorf auf dem Land und liegt zwischen dem Comer See und dem Lago Maggiore, in der Nähe von Varese und des italienisch-Schweizerischen Grenzortes Staggio-Gaggiolo. *Albergo Madonnina* verdankt ihr Renommee hauptsächlich dem Restaurant, insbesondere aber ihren Spargel-Frühjahrsmenüs. In anderen Jahreszeiten werden Gerichte "nach Themen" angeboten, die anderen lokalen Produkten eine besondere Ehre erweisen. Diese ehemalige, von üppiger Vegetation bewachsene und umgebene Postwechselstation bietet aber auch einige Gästezimmer an. Die 14 Zimmer und 2 Suiten liegen im Stammhaus. Die Einrichtung ist schlicht und elegant und läßt die Architektur des Hauses zur Geltung kommen; den überall verbreiteten gepflegten Komfort schätzt man vor allem in den Bädern. Eine raffinierte Feinschmecker-Adresse in einer Gegend, die viele Sehenswürdigkeiten bietet. Ein guter Stopp für diejenigen, die auf dem Weg nach Süditalien sind.

Anreise (Karte Nr. 2): 9 km von Varese; 2 km von der Ausf. Stabio-Varese (Achse Schweiz-Italien).

LOMBARDEI

Albergo del Sole

20076 Maleo
Via Trabattoni, 22
Tel. 0377-58 142 - Fax 0377-45 80 58
Francesca und Mario Colombani

Kategorie ★★★★ **Geschlossen** im Januar u. August - So abends u. Mo **8 Zimmer** m. Tel., Bad od. Dusche, WC, TV, Minibar **Preise** EZ u. DZ: 160000 L, 2600000 L; App. (4 Pers.): 360000 L - Frühst. inkl. **Kreditkarten** akzeptiert **Verschiedenes** Hunde erlaubt - Parkpl. **Umgebung** Cremona - Piacenza - Kartause von Pavia **Restaurant** von 12.15 bis 14.15 u. von 20.15 bis 21.45 Uhr - So abends u. Mo geschl. - Menü: 60-90000 L - Karte - Spezialitäten: Spaghetti con pomodori, olive e cappri - Fegato di vitello all'uva - Fisch.

Wo die Adda- und die Po-Ebene sich vereinen, etwa 60 Kilometer von Mailand entfernt, liegt der bekannte Ort Maleo. Bisher war es üblich, in der *Albergo Del Sole* einzukehren, um sich von der ausgezeichneten lombardischen Küche des Franco Colombani verwöhnen zu lassen. Und hinterher machte man sich auf die Suche nach einer Unterkunft. Um nun auch Gäste zufriedenzustellen, die die Gaumenfreuden gerne noch etwas verlängern möchten, wurden einige Gästezimmer eingerichtet - eine Aktivität die der einstigen Postwechselstation durchaus entspricht. Die Zimmer sind von schlichter Eleganz und komfortabel. Die Leitung des Hauses haben inzwischen die beiden Söhne von Franco Colombani übernommen.Ein gastronomisches Must und ein angenehmes Wochenendquartier für jene, die Cremone oder die Kartause von Pavia besichtigen möchten.

***Anreise** (Karte Nr. 9): 60 km nördl. von Mailand über die A 1, Ausf. Casalpusterlengo, Rtg. Codogno, dann 5 km bis Maleo.*

Hotel Colonne

Via Fincarà, 37
Sacro Monte 21100 Varese
Tel. 0332-224 633- Fax 0332-821 593

Kategorie ★★★★ **Geschlossen** im Januar **10 Zimmer** m. Tel., Bad, WC, Satelliten-TV, Minibar **Preise** EZ: 130-150000 L, DZ: 200000 L - Frühst. inkl., von 6.30 bis 10.30 Uhr **Kreditkarten** Visa, Eurocard, MasterCard **Verschiedenes** Kleine Hunde erlaubt **Umgebung** Sacro Monte: ab Varese, Besichtigung (zu Fuß) der 14 Kapellen (Les Mysères du Rosaire) - Sanktuarium Santa Maria del Monte - Monte Campo dei Fiori (Panorama) - Varese-See - Luganer See - Castiglione Olona: Casa Castiglioni, Chiesa di villa - Golf di Luvinate (18-Lochpl.) **Restaurant** von 12.30 bis 14.30 u. von 19.45 bis 22.00 Uhr - Di geschl. - Menü - Karte.

Das *Colonne* liegt auf dem Sacro Monte, der mit dem Monte Campo dei Fiori Varese den See überragt. Selbstverständlich gelangt man mit dem Auto dorthin, aber die hübsche Promenade, die an den 14 Kapellen vorbeiführt, alle im 17. Jahrhundert errichtet und mit Fresken und Skulpturen Lombardischer Künstler dekoriert, darf man um keinen Preis verpassen. Aber zurück zum Hotel, das ein sehr angenehmes Haus ist und alle "Charme"-Kriterien erfüllt: "Eine elegante, raffinierte Gestaltung, höchst komfortable und gepflegte Zimmer, alle mit schönem Ausblick, ein exzellentes Restaurant, freundlicher Empfang und zuvorkommendes Personal ... Ein einziger Nachteil: Hotel und Restaurant sind dienstags geschlossen." Das schrieb uns ein Leserpaar. Als wir dann im *Colonne* wohnten, konnten wir ihm nur zustimmen.

Anreise (Karte Nr. 2): 56 km nordwestl. von Mailand. Ab Varese: Viale Aguggiari Rtg. Sacro Monte.

L O M B A R D E I

Il Sole di Ranco

Lago Maggiore
21020 Ranco (Varese)
Piazza Venezia, 5
Tel. 0331-97 65 07 - Fax 0331-97 66 20 - Famiglia Brovelli

Kategorie ★★★★ Geschlossen vom 15. Dezember bis 14. Februar **4 Zimmer** u. 10 Suiten m. Klimaanl., Tel., Bad od. Dusche, WC, TV, Safe, Minibar **Preise** EZ u. DZ: 330000 L, 350000 L; Suite: 500-700000 L - Frühst. inkl., von 7.30 bis 11.00 Uhr - HP: 300-470000 L (pro Pers., mind. 3 Üb.) **Kreditkarten** akzeptiert **Verschiedenes** Hunde nicht erlaubt - Parkpl. **Umgebung** Sanktuarium Santa Caterina del Sasso in Laveno - Arcumeggia - Stresa - Borromäische Inseln - Villa Bozzolo - Villa Taranto - Casalzuigno - Rocca di Angera **Restaurant** von 12.30 bis 14.00 u. von 19.45 bis 21.30 Uhr - Menüs: 85-135000 L - Karte - Kreative regionale Küche.

Seit drei Generationen ist das *Il Sole di Ranco* als eines der besten Restaurants der Lombardei bekannt. Es liegt auf dem lombardischen Ufer des Lago Maggiore (weniger touristisch als die Piemonteser Seite) und hat sich nun um acht Suiten vergrößert, die zweigeschossig mit Balkon oder Terrasse zum See hin liegen. Ettore Macchettis Gestaltung im italienischen Design-Stil ist ausgezeichnet und schließt keineswegs hohen Komfort und eine gewisse Behaglichkeit - dank großer Sorgfalt bei der Auswahl der Stoffe - aus. Die Küche von Carluccio Brovelli und seinem Sohn Davide ist außergewöhnlich. Auch die Konfitüren sowie andere hausgemachte Produkte (die man in der *Bottega del Sole* erwerben kann), die liebenswürdige Betreuung seiner Frau Itala, den schönen Garten und die reizende Laube schätzen die Gäste sehr.

Anreise (Karte Nr. 2): 67 km nordwestl. von Mailand über die A 8, Ausf. Sesto Calende, dann S 33 u. S 629 Rtg. Laveno, auf dem rechten Seeufer. 30 km vom Flugplatz Milano-Malpensa.

MARKEN

Hotel Fortino Napoleonico

60020 Portonovo (Ancona)
Via Poggio
Tel. 071-80 14 50 - Fax 071-80 14 54
Sig. Roscioni

Kategorie ★★★★ **Ganzj.** geöffn. **30 Zimmer** m. Klimaanl., Tel., Bad od. Dusche WC, TV, Minibar
Preise EZ u. DZ: 260-320000 L; Suiten: 360-400000 L - Frühst. inkl., von 7.30 bis 10.30 Uhr - HP u. VP: 170-210000 L, 200-240000 L (pro Pers., mind. 3 Üb.) **Kreditkarten** akzeptiert **Verschiedenes** Hunde erlaubt - Schwimmb. - Tennis (20000 L) - Health-Center - Privatstrand - Parkpl. **Umgebung** Kloster Santa Maria di Portonovo - Ancona - Golf Club Conero (27-Lochpl.) in Sirolo **Restaurant** von 13.00 bis 14.30 u. von 20.00 bis 22.00 Uhr - Menü: 60-70000 L - Karte - Spezialitäten: Fisch.

Dieses "Napoleonische Fort", 1808 von Eugène de Beauharnais an der Bucht von Portonovo errichtet, ist ein einzigartiges Hotel. Der Rundgang dieser ehemaligen Militäranlage wurde in eine begrünte Terrasse umgewandelt, auf der heute Lorbeerbäume und duftende Pflanzen wachsen. Die Waffenkammern beherbergen verschiedene Salons und Speisesäle, die - wie es sich gehört - im Empire-Stil eingerichtet sind. Eine ganz besondere Sorgfalt kam der Ausstattung der Zimmer zu, in denen alte Möbel mit Modernem harmonieren. Die Küche basiert auf Meeresprodukten, ist einfallsreich und köstlich.

Anreise (Karte Nr. 11): 10 km südl. von Ancona über die A 14, Ausf. Ancona-Sud, dann Rtg. Camerano.

MARKEN

Hotel Emilia

60020 Portonovo (Ancona)
Poggio di Portonovo, 149
Tel. 071-80 11 45 - Fax 071-80 13 30 - Sig. Fiorini
Web: http://www.hotelemilia.com - E-mail: info@hotelemilia.com

Kategorie ★★★★ Ganzj. geöffn. **27 Zimmer** u. 3 Suiten m. Klimaanl., Tel., Bad od. Dusche, WC, TV, Minibar - Eingang f. Behinderte **Preise** DZ: 200-300000 L; Suiten: 250-400000 L - Frühst. inkl., jederzeit - HP u. VP: 170-210000 L, 200-240000 L (pro Pers., mind. 3 Üb.) **Kreditkarten** akzeptiert **Verschiedenes** Hunde nicht erlaubt - Schwimmb. - Tennis - Parkpl. **Umgebung** Kloster Santa Maria di Portonovo - Ancona - Golf Club Conero (27-Lochpl.) in Sirolo **Restaurant** von 12.45 bis 14.00 u. von 20.00 bis 22.00 Uhr - Menüs: 70 000 L - Karte - Spezialitäten: Fisch - Pasta fatta in casa e verdure.

Ein gepflegter Rasen erstreckt sich vom Hotel bis zu den steil zum Meer hin abfallenden Klippen. In den Dachnischen nisten Schwalben, die Sie frühmorgens wecken. Die Zimmer, fast alle identisch, liegen zum Meer hin. Eine große Ruhe geht von diesem Familienbesitz aus, dem man den Namen jener Großmutter gegeben hat, die damals schon viel für den Schutz ihrer Region getan hat. Heute setzen Vater und Sohn, die sich Hotel und Restaurant teilen, diese Tradition fort.

Anreise (Karte Nr. 11): 10 km südl. von Ancona über die A 14, Ausf. Ancona-Sud, dann Rtg. Camerano.

MARKEN

Hotel Monteconero

Badia di San Pietro
60020 Sirolo (Ancona)
Tel. 071-93 30 592 - Fax 071-93 30 365

Kategorie ★★★ Geschlossen vom 16. November bis 14. März **41 Zimmer** u. 9 Suiten (einige m. Klimaanl. u. Minibar) m. Bad od. Dusche, WC; Aufzug **Preise** DZ: 155-205000 L - Frühst. inkl., von 8.00 bis 9.45 Uhr - HP: 130-160000 L (pro Pers., mind. 2 Üb.) **Kreditkarten** akzeptiert **Verschiedenes** Kleine Hunde außer im Restaurant erlaubt - Schwimmb. - Tennis - Parkpl. **Umgebung** Abtei von San Pietro - Kloster Santa Maria di Portonovo - Ancona - Golf Club Conero (27-Lochpl.) in Sirolo (-30% für Hausgäste) **Restaurant** von 13.00 bis 15.00 u. von 20.00 bis 22.00 Uhr - Karte - Spezialitäten: Fisch.

Auf dem Gipfel des gleichnamigen Regionalparks überragt dieses ehemalige Karmeliterkloster aus dem 12. Jahrhundert das Meer und das Dorf Sirolo. Die Besitzer haben, vom Kloster ausgehend, ein Hotel modernen Komforts mit einem Panoramarestaurant geschaffen. Die Zimmer sind einfach, aber gut ausgestattet und liegen zum Meer hin, die über dem Restaurant haben eine eigene Terrasse. Durch die Nähe zu den schönen, geschützten Stränden von Sirolo (vier Kilometer) wird das Hotel im Sommer sehr stark von italienischen Touristen frequentiert. Der Sommer ist also nicht unbedingt die ruhigste Jahreszeit, um diesen schönen Flecken zu genießen. Man registriert dann leider auch die Atmosphäre eines standardisierten Tourismus. Zum Hotel gehört ein schöner großer Pool.

Anreise (Karte Nr. 11): 26 km südöstl. von Ancona über die Küstenstraße bis Fonte d'Olio, Rtg. Sirolo, dann Rtg. Badia di San Pietro bis Monte Conero.

M A R K E N

Hotel Vittoria

61100 Pesaro
Piazzale della Libertà, 2
Tel. 0721-34 343 - Fax 0721-65 204
Alex Marcucci Pinoli

Kategorie ★★★★ **Ganzj.** geöffn. **30 Zimmer** m. Klimaanl., Tel., Bad, WC, TV; Aufzug **Preise** EZ u. DZ: 100-220000 L, 120-280000 L; App.: 200-450000 L - Frühst. (Buffet): 25000 L, von 7.30 bis 10.30 Uhr **Kreditkarten** akzeptiert **Verschiedenes** Hunde nicht erlaubt - Schwimmb. - Sauna - Garage **Umgebung** Pesaro: Piazza del Popolo (palazzo Ducale), Rossini-Haus - Villa Caprile - Villa Imperiale - Colle San Bartolo - Gradara - Urbino **Restaurant** von 13.00 bis 15.00 u. von 20.00 bis 22.00 Uhr - Menüs: 30-45000L - Karte - Spezialitäten: Fisch.

Die Stadt Pesaro wie ihre Nachbarin Rimini sind Badeorte, die den Gipfel ihres Ruhmes zu Beginn dieses Jahrhunderts erlebten. Da zu touristisch, zieht man es heute vor, Pesaro im August wegen seines Rossini-Opernfestival aufzusuchen, an dem die Stars des Belkanto teilnehmen. Viele von ihnen wohnen dann im *Vittoria*, einem der besten, direkt am Meer gelegenen Hotels der Stadt. Der Salon mit Stuck und Säulen im Stil von 1900 geht auf eine große Loggia, in der das Restaurant untergebracht ist. Im Sommer brauchen nur die großen Fenster geöffnet zu werden, um draußen mit Blick aufs Meer zu speisen. Die Zimmer sind von schlichter Eleganz, und der Komfort, auch in den Bädern, ist perfekt. Die Inhaber des Hotels besitzen in der Umgebung mehrere Häuser, so daß Sie die Möglichkeit haben, mal hier und mal dort einzukehren.

Anreise (Karte Nr. 11): Zwischen Bologna u. Rom über die A 14.

M A R K E N

Villa Serena

61100 Pesaro
Via San Nicola, 6/3
Tel. 0721-55 211 - Fax 0721-55 927 - Sig. Pinto
Web: http://www.cgm.it/villaserena

Kategorie ★★★ **Geschlossen** vom 2. bis 20. Januar **8 Zimmer** u. 1 Suite m. Klimaanl., Bad od. Dusche, WC **Preise** DZ: 130-180000 L; Suiten: 190-260000 L - Frühst.: 15000 L, von 7.30 bis 10.30 Uhr - HP u. VP: 110-180000 L, 160-240000 L (pro Pers., mind. 3 Üb.) **Kreditkarten** akzeptiert **Verschiedenes** Kleine Hunde erlaubt - Schwimmb. - Parkpl. **Umgebung** Pesaro: Piazza del Popolo (palazzo Ducale), Rossini-Haus - Musei Civici (Pinakothek u. Keramikmuseum) - Villa Caprile - Villa Imperiale - Colle San Bartolo - Gradara - Urbino **Restaurant** von 13.30 bis 15.00 u. von 20.30 bis 22.00 Uhr - Menü: 65000 L - Karte - Spezialitäten: salmone marinato con rucola - Filetto di branzino - Carre di vitello in crosta.

Wenn das Rossini-Festival oder andere Veranstaltungen Sie nach Pesaro führen, und wenn Sie weder die betriebsame Stadt noch die populäre Adriaküste besonders mögen, dann bleibt Ihnen nichts anderes übrig, als Zuflucht in den Bergen zu suchen, die die Stadt umgeben. Der denkmalgeschützte Sommersitz der Grafen Pinto de Franca J. Vargas ist seit den sechziger Jahren ein Hotel und liegt nur vier Kilometer vom Meer, und drei vom Stadtzentrum entfernt. 1600 erbaut, mit Fresken des 17. Jahrhunderts und alten Gemälden dekoriert und einem Mobiliar der Familie Pinto ausgestattet, die das Hotel noch immer führt, ist diese Villa ideal für Ruhesuchende. Vom Schwimmbad aus, das von Orangen- und Zitronenbäumen umgebenen ist, überblickt man die umbrische Ebene. Vor einer gewissen Strenge darf man jedoch keine Angst haben. Gästezimmer und Bäder sind sehr schlicht. Der mittlere Teil des Hauses, mit drei Zimmern und einem Salon, kann zu einem Appartement mit separatem Eingang umgestellt werden.

Anreise (Karte Nr. 11): Zwischen Bologna und Rom über die A 14.

MARKEN

Hotel Bonconte

61029 Urbino
Via della Mura, 28
Tel. (0722) 2463 - Fax (0722) 4782
Sig. A.F. Marcucci. Pinoli

Kategorie ★★★★ **Ganzj.** geöffn. **23 Zimmer** m. Klimaanl., Tel., Bad od. Dusche, WC, Satelliten-TV, Minibar **Preise** EZ u. DZ: 125-160000 L, 190-290000 L; Suiten: 315-450000 L - Frühst.: 25000 L, von 7.30 bis 10.30 Uhr **Kreditkarten** akzeptiert **Verschiedenes** Hunde erlaubt (8-10000 L) - Parkpl. **Umgebung** Urbino: Palazzo Ducale, Galleria delle Marche, S. Giovanni Battista - Urbania - Sant'Angelo in Vado - Schlösser und Dörfer von Montefeltro: Sassocoruaro, Macerata, Feltria - Pesaro (Vereinbarung mit dem "Victoria Club" für die Strandbenutzung) **Restaurant** von 20.00 bis 22.30 Uhr - So geschl. - Menüs: 28-35000 L - Spezialitäten: Antipasti vegetali - Passatelli in brodo, ravioli agli asparagi - Agnello.

Die kleine Stadt Urbino hat es verstanden, ihre Authentizität zu bewahren. Das ehemalige Herzogtum scheint seit der Pracht des Federico de Montefeltro unverändert. Dieser Herzog wollte es nämlich zu einem bevorzugten Ort für eine neue Gesellschaft mit feinen Manieren, humanistischer Bildung und ritterlichen Tugenden machen und sollte genau dem entsprechen, was Baldassare Castiglione in seinem *Il cortegiano* beschreibt. Am Rand dieses rosa Städtchens liegt das *Bonconte* nur ein paar Schritte vom Renaissancepalast der Herzöge entfernt. Der Hauptvorteil dieser Villa ist der Blick auf jene herrlichen Hügel der Marken, die den Hintergrund der Bilder von Piero della Francesca erleuchten. Das läßt die Enge einiger Zimmer vergessen, die dennoch über Komfort verfügen. Außer diesem haben wir in Urbino kein Hotel mit Charme ausfindig machen können.

Anreise (Karte Nr. 11): 34 km südwestl. von Pesaro über die A 14, Ausf. Pesaro-Urbino, dann die S 423.

UMBRIEN

Locanda della Posta

06100 Perugia
Corso Vanucci, 97
Tel. 075-57 28 925 - Fax 075-57 32 562
Sig. Bernardini

Kategorie ★★★★ **Ganzj.** geöffn. **40 Zimmer** m. Klimaanl., Tel., Bad od. Dusche, WC, TV, Minibar; Aufzug **Preise** EZ u. DZ: 150-187000 L, 200-295000 L; Suiten: 300-350000 L - Frühst. inkl., von 7.30 bis 10.30 Uhr **Kreditkarten** akzeptiert **Verschiedenes** Hunde erlaubt **Umgebung** Perugia: Piazza IV Novembre, Palazzo dei Priori und Galeria Nationale, Oratorio S. Bernardino, Via Bagliona - Torgiano - Assisi - Bettona - Kirche Madonna dei Miracoli in Castel Rigone bei Passignano - Etruskische Grabkammer in Ponte San Giovanni (N 75) - Spello - Spoleto - Golf ad Ellera in Perugia (18-Lochpl.) **Kein Restaurant** im Hotel (siehe unsere Restaurantauswahl S. 507).

Die erst kürzlich eröffnete *Locanda della Posta* liegt mitten in der Altstadt: im historischen Zentrum Perugias, an einem der schönsten und bekanntesten Corso Italiens. Die Zimmer in diesem vollständig restaurierten früheren Palast sind sehr behaglich und gut eingerichtet. Die Ausstattung ist geschmackvoll und stilsicher. In den Salons kann man noch die alten Fresken bewundern. Sympathischer Empfang.

***Anreise** (Karte Nr. 14): In der Altstadt.*

U M B R I E N

Castello dell'Oscano

Cenerente 06134 (Perugia)
Tel. 075-69 01 25 - Fax 075-69 06 66
Sig. Bussolati
Web: http://www.assino.perugia.it/oscano - E-mail: oscano@krenet.it

Kategorie ★★★★ **Ganzj.** geöffn. **22 Zimmer** m. Klimaanl. Tel., Dusche, WC, TV, Minibar; Aufzug in Schloß **Preise** EZ u. DZ: 300000 L, 320000 L; Suiten: 380000 L - 110000 L (zusätzl. Bett. - Frühst. inkl., von 7.00 bis 10.00 Uhr **Kreditkarten** akzeptiert **Verschiedenes** Hunde erlaubt - Schwimmb. - Parkpl. **Umgebung** Perugia - Torgiano - Assisi - Bettona - Kirche Madonna dei Miracoli in Castel Rigone bei Passignano - Etruskische Grabkammer in Ponte San Giovanni (N 75) - Spello - Spoleto - Golf ad Ellera in Perugia (18-Lochpl.) **Restaurant** für Hotelgäste - ab 20.30 Uhr - Di geschl. - Menü: 50000 L.

Nur einige Kilometer vom schönen Perugia ragen die Türme, Zinnen und Pechnasen des *Castello dell'Oscano* aus den Zedern, Mammutbäumen und Zypressen hervor. Dieses historische Schloß verfügt über eine interessante Bibliothek und große getäfelte Salons. Im *Castello* gibt es ausschließlich große Suiten, die voller Komfort und Luxus sind. Gemäß der Maxime Ciceros, dem zufolge ein Zimmer ohne Buch wie ein Körper ohne Seele sei, finden Sie auf Ihrem Nachttisch ein Buch mit Texten von Goldoni, Majakowski und Maupassant vor. Hier befindet sich auch das Restaurant, das ausschließlich Hotelgäste bewirtet, um so möglichst viel Intimität zu wahren. Gute Küche, liebenswürdiger Empfang. Eine bemerkenswerte Adresse, um Perugia und die Sehenswürdigkeiten Umbriens zu entdecken.

Anreise (Karte Nr. 14): 8 km von Perugia. Über die SS Florenz-Rom, Ausf. Madonna alta, rechts bis zum Stadion, dann Bahnübergang, Sta Lucia, San Marco.

UMBRIEN

Villa Ada

06134 Cenerente (Perugia)
Tel. 075-69 01 25 - Fax 075-69 06 66
Sig. Bussolati
Web: http://www.asind.perugia.it/oscano - E-mail: oscano@krenet.it

Kategorie ★★★★ **Ganzj.** geöffn. **12 Zimmer** m. Klimaanl., Tel., Dusche, WC, TV, Minibar **Preise EZ** u. DZ: 180000 L, 220000 L + 60000 L (zusätzl. Bett) - Frühst. inkl., von 7.00 bis 10.00 Uhr **Kreditkarten** akzeptiert **Verschiedenes** Hunde erlaubt - Schwimmb. - Parkpl. **Umgebung** Perugia Torgiano - Assisi - Bettona - Kirche Madonna dei Miracoli in Castel Rigone - Etruskische Grabkammer in Ponte San Giovanni (N 75) - Spello - Spoleto - Golf ad Ellera in Perugia (18-Lochpl.) **Restaurant** in Castello "Turandot" nur f. Hausgäste - ab 20.30 Hotel - Menü: 50000 L.

Die gleiche Besitzung mit 250 Hektar Land, in der sich das *Castello Oscano* befindet, verfügt auch über die *Villa Ada*, in der Sie ebenfalls logieren können. Es ist ein edles Haus aus dem 19. Jahrhundert. Die Ausstattung ist hier zwar nicht ganz so prachtvoll, aber ebenso elegant. Die Zimmer haben weniger Luxus, aber viel Komfort. Speisen kann man im *Turandot*, dem Restaurant des Schlosses. Eine gute Gelegenheit, von einer einzigartigen Umgebung zu günstigeren Konditionen zu profitieren. Für einen längeren Aufenthalt entscheiden Sie sich möglicherweise dazu, in der *Macina* (ein paar Kilometer weiter) ein nur mit dem Nötigsten eingerichtetes Appartement zu mieten, das immerhin ein Schwimmbad besitzt und wo man seinen Wein, seinen Käse und seinen Honig an Ort und Stelle kaufen kann. Die Preise sind je nach Größe der Häuser unterschiedlichlich, deshalb: Informationen beim Reservieren bzw. an der Rezeption einholen.

Anreise (Karte Nr. 14): 8 km von Perugia. Über die SS Florenz-Rom, Ausf. Madonna alta, rechts bis zum Stadion, dann Bahnübergang, Sta Lucia, San Marco.

UMBRIEN

Villa Aureli

06071 Castel del Piano Umbro (Perugia)
Via Cirenei, 70
Tel. 075-57 36 707 - Fax 075-514 94 08
Dott. L. di Serego Alighieri

Ganzj. geöffn. **2 Appartements** (4-6 Pers.) m. Küche, Speiseraum, Salon, 2 Zi., Tel., Bad, TV **Preise** 1 Woche: 1370-1980000 L (6 Pers.) - 1270-1790000 L (4 Pers.) **Kreditkarten** Nicht akzeptiert **Verschiedenes** Hunde nicht erlaubt - Schwimmb. - Parkpl. **Umgebung** Perugia - Assisi - Spello - Collegio del Cambio - Montefalco - Golf ad Ellera in Perugia (18-Lochpl.).

Die Ankunft in der *Villa Aureli* ist besonders reizvoll: eine zeitlose Szene, wie Visconti sie etwa gefilmt hätte. Jeden Sommer beherbergt der alte Graf di Serego Aligheri seine Enkelkinder aus ganz Europa, die des Großvaters und ihrer Wurzeln wegen kommen. Das Gebäude stammt aus dem 16. Jahrhundert, die Inneneinrichtung entspricht der schönsten Dekoration des 18. Jahrhunderts, der Zeit, da die Alighieris die Villa kauften. Man hat sich vorgenommen, mit Hilfe von Unterlagen alle Dekorelemente zu bewahren und die italienischen Barockgärten (ein Teil steht den Gästen des Hauses zur Verfügung) wieder anlegen zu lassen ... Die Villa ist groß, und es wurden zwei wunderschöne Appartements eingerichtet, die komfortabel, elegant und von der Vergangenheit geprägt sind. Das größte und schönste liegt im zweiten Stock. Es muß wohl nicht besonders erwähnt werden, daß Sie mit dem Herrn Grafen früh genug (am besten schriftlich) Kontakt aufnehmen müssen, um die Einzelheiten Ihres Aufenthalts zu besprechen. Ein schönes Experiment.

Anreise (Karte Nr. 14): 10 km Südl. von Perugia, Ausf. Madonna Alta, Statale 220, Rtg. Città della Pieve.

UMBRIEN

Relais Le Tre Vaselle

06089 Torgiano (Perugia)
Via G. Garibaldi, 48
Tel. 075-98 80 447 - Fax 075-98 80 214
G. Margheritini

Kategorie ★★★★★ **Ganzj.** geöffn. **48 Zimmer** u. 12 Suiten m. Tel., Bad u. Dusche, WC, Minibar **Preise** EZ u. DZ: 195-200000 L, 295-330000 L; Suiten: 400000 L - Frühst. inkl., von 7.30 bis 10.00 Uhr - HP u. VP: + 65000 L + 130000 L (pro Pers., min. 3 Üb.) **Kreditkarten** akzeptiert **Verschiedenes** Hunde nicht erlaubt - Schwimmb. - Fitneßcenter - Parkpl. **Umgebung** Weinmuseum und Keramiksammlung in Torgiano - Perugia - Bettona - Assisi - Golf ad Ellena (9-Lochpl.) in Perugia **Restaurant** von 12.30 bis 14.30 u. von 20.00 bis 22.00 Uhr - Menüs: 65-75000 L - Karte - Spezialitäten: Fiori di zucca gratinati con ricotta di bufala e timo e pomodori al torre di giano - Medaglioni di vitello alle erbe aromatiche - Terrina tre chocolati.

Wenn Sie Ländliches, Traditionelles, Raffinement und eine gute Küche mögen, dann sollten Sie im *Tre Vaselle* nur acht Kilometer von Perugia entfernt wohnen. Das Hotel verfügt über eine schöne Steinfassade, vor der sich eine superbe Terrasse hinzieht; hier nimmt man in den Sommermonaten das Frühstück und die anderen Mahlzeiten ein. Für die kühlere Jahreszeit finden sich im Restaurant und in den Salons Kamine, die eine intime Atmosphäre schaffen. Die Gästezimmer sind schlicht und elegant, der Service ist diskret und höflich. Und die Lage ist wunderschön. Das reizvolle, befestigte Dorf Torgiano ist für seinen *lungarotti* bekannt; das Weinmuseum zeigt interessante Sammlungen zu diesem Thema. Auch woanders kann man die lokale Produktion kennen- und schätzenlernen, so in der *Osteria del Museo*, wo man Olivenöl, exzellente Lagen (grands crus) und Honig der *Azienda Lungarotti* zu kosten vermag. Wer besonders interessiert ist, kann die Weinberge und -keller des Gutes besichtigen.

Anreise (Karte Nr. 14): 16 km von Perugia über die SS 3 bis, Rtg. Todi.

UMBRIEN

La Bondanzina

06089 Torgiano (Perugia)
Tel. 075-98 80 447 - Fax 075-98 80 214
G. Margheritini

Kategorie ★★★★★ **Ganzj.** geöffn. **4 Zimmer** u. 1 Suite m. Klimaanl., Tel., Dusche u. 1 m. Bad, WC, Minibar **Preise** EZ u. DZ: 200000 L, 295-330000 L; Suite: 400000 L - Frühst. inkl., von 7.00 bis 10.30 Uhr - HP: + 70000 L (pro Pers., mind. 3 Üb.) **Kreditkarten** akzeptiert **Verschiedenes** Hunde nicht erlaubt - Sauna (30000 L), Schwimmb. u. Health Center des Hotels *Le Tre Vaselle* **Umgebung** Weinmuseum und Keramiksammlung in Torgiano - Perugia - Bettona - Assisi - Golf ad Ellena (18-Lochpl.) in Perugia **Restaurant** des Hotels *Le Tre Vaselle*.

Das *Bondanzina*, das ebenfalls in Torgiano liegt und den Namen seiner ehemaligen Besitzer trägt, ist ein Haus aus dem 19. Jahrhundert. Die gleiche Leitung, der gleich gute Service und das gleiche Raffinement wie im *Tre Vaselle* mit der Ausnahme, daß es hier nur wenige, aber besonders edle Gästezimmer gibt: zwei kleine Einzelzimmer, zwei Doppelzimmer und eine Suite. Die edlen alten Möbel und vor allem der Panoramablick bieten ein erstaunliches Dekor voller Poesie. Die Hauptmahlzeiten werden im Stammhaus eingenommen, das Frühstück kann man Ihnen auf Wunsch auf dem Zimmer servieren. Ein Haus mit viel Charme.

Anreise (Karte Nr. 14): 16 km von Perugia über die SS 3bis, Rtg. Todi.

UMBRIEN

Hotel Subasio

06081 Assisi (Perugia)
Frate Elia, 2
Tel. 075-81 22 06 - Fax 075-81 66 91
Sig. Elisei

Kategorie ★★★★ Ganzj. geöffn. **70 Zimmer** m. Klimaanl., Tel., Bad od. Dusche, WC, TV, Minibar; Aufzug **Preise** EZ u. DZ: 180000 L, 260000 L; Suiten: 300000 L - Frühst.: 15000 L, von 7.00 bis 10.00 Uhr - HP: 180000 L (pro Pers.) **Kreditkarten** akzeptiert **Verschiedenes** Hunde erlaubt - Parkpl. (20000 L) **Umgebung** Assisi: Basilika S. Francesco, Santa Chiara, Duomo - Ermitage Eremo delle Carceri - Basilika Convento San Damiano - Basilika Santa Maria degli Angeli - Kirche Santa Maria di Rivortoto - Perugia - Kloster San Benedetto - Spello - Golf ad Ellena (18-Lochpl.) in Perugia **Restaurant** von 12.00 bis 14.00 u. von 19.00 bis 21.00 Uhr - Menü: 40000 L - Karte - Spezialitäten: Pollo in porchetta - Spaghetti alla Subasio.

Der erste Eindruck nach dem Überschreiten der Schwelle des berühmten *Subasio*, das schon viele Berühmtheiten beherbergt hat, ist denn doch ein gewisses Erstaunen angesichts des veralteten Stils des Hotels. Es wurde jedoch eine Renovierung in Angriff genommen, wie es zu ihrer Zeit schon Signora Violante, die Seele dieses großen Hotels mit einzigartiger Lage an der Basilika des heiligen Franz von Assisi, getan hat. Sollte der überladene Stil der Zimmer Ihr Geschmack nicht sein, müssen Sie unbedingt im alten gewölbten Restaurant oder auf der von Linden beschatteten Terrasse speisen: phantastischer Blick auf das umbrische Tal.

Anreise *(Karte Nr. 14): 25 km östl. von Perugia über die S 75, dann S 147 nach Assisi; neben der Basilika San Francesco.*

UMBRIEN

Hotel Umbra

06081 Assisi (Perugia)
Via degli Archi, 6
Tel. 075-81 22 40 - Fax 075-81 36 53
Sig. Laudenzi

Kategorie ★★★ **Geschlossen** vom 16. Januar bis 14. März **25 Zimmer** (16 m. Klimaanl.) m. Tel., Bad od. Dusche, WC, TV, (24 m. Minibar) **Preise** EZ u. DZ: 95-110000 L, 130-150000 L; Suiten: 150-170000 L - Frühst.: 15000 L, von 8.00 bis 10.00 Uhr **Kreditkarten** akzeptiert **Verschiedenes** Hunde nicht erlaubt **Umgebung** Assisi: Basilika S. Francesco, Santa Chiara, Duomo - Ermitage Eremo delle Carceri - Basilika Convento San Damiano - Basilika von Santa Maria degli Angeli - Kirche Santa Maria di Rivortoto - Perugia - Kloster San Benedetto - Spello - Golf ad Ellena (18-Lochpl.) in Perugia **Restaurant** von 12.30 bis 14.00 u. von 20.00 bis 21.15 Uhr - So geschl. - Karte - Spezialitäten: Delizia di cappelletti - Crespelle all' Umbra - Friccò - Piccione alla ghiotta - Zabaione al cioccolato.

Ein zentral, aber dennoch ruhig gelegenes Hotel in der Fußgängerzone des historischen Zentrums von Assisi. Auf einer Seite überragt das Haus den unteren Teil der Stadt und das Tal. Die Zimmer, die wir Ihnen empfehlen, haben diesen Ausblick, selbst wenn auch alle anderen - kleine Appartements mit Sitzecke und Balkon - angenehm sind. Das Restaurant vergrößert sich im Sommer auf die Laube der Terrasse. Küche und Landwein werden Ihnen weltliche Genüsse bereiten, auch dann, wenn die Schönheit und einsiedlerische Armut des heiligen Franz Sie zuvor beeindruckt haben.

Anreise (Karte Nr. 14): 25 km östl. von Perugia über die S 75, dann S 147 bis Assisi; im Zentrum.

UMBRIEN

Le Silve di Armenzano

Armenzano 06081 Assisi (Perugia)
Tel. 075-801 90 00 - Fax 075-801 90 05
Sig.ra Taddia

Kategorie ★★★★ **Geschlossen** vom 20. Oktober bis 1. April **15 Zimmer** m. Tel., Bad od. Dusche, WC, TV, Minibar **Preise** EZ u. DZ: 150000 L, 300000 L - Frühst. inkl., von 8.00 bis 10.00 Uhr - HP: 190000 L **Kreditkarten** akzeptiert **Verschiedenes** Hunde nicht erlaubt - Schwimmb.- Tennis - Sauna - Minigolf - Parkpl. **Umgebung** Assisi: Basilika San Francesco, Santa Chiara, Duomo - Ermitage Eremo delle Carceri - Basilika Convento San Damiano - Basilika von Santa Maria degli Angeli - Kirche Santa Maria di Rivortoto - Perugia - Kloster San Benedetto - Spello - Golf ad Ellena (18-Lochpl.) in Perugia **Restaurant** Menüs: 50-65000 L - Karte - Regionale Küche.

Eine Atmosphäre der Ruhe und Geborgenheit empfängt Sie in Armenzano. Dennoch ist diese restaurierte und zu einem Hotel umgewandelte mittelalterliche Bergsiedlung nur 13 Kilometer von Assisi entfernt. In einer grandiosen, wilden Berglandschaft gelegen, hat das *Silve di Armenzano* seinen rustikalen Charme bewahrt, verfügt aber über komfortable, geschmackvoll eingerichtete Zimmer. Erwähnenswert: neben Swimmingpool und Tennisplatz stellt das Hotel auch Pferde zum Ausreiten bereit, außerdem geländegängige Mopeds.

__Anreise__ (Karte Nr. 14): 32 km östl. von Perugia, Rtg. Assisi über die S 75 - am Ortsausgang von Assisi sofort rechts, Rtg. Armenzano (12 km).

U M B R I E N

L'Orto degli Angeli

06031 Bevagna (Perugia)
Via Dante Alghieri, 1
Tel. 0742-36 01 30 - Fax 0742-36 17 56 - M. F. Antonini Mongalli
Web: http://www.initaly.com - E-mail: orto.angeli@bcsnet.it

1999

Ganzj. geöffn. **9 Zimmer** m. Tel., Bad od. Dusche, WC, Satelliten-TV, Minibar **Preise** EZ u. DZ: 150000 L, 200-240000 L; Suite: 320000 L - Frühst. inkl., von 8.00 bis 10.30 Uhr **Kreditkarten** akzeptiert **Verschiedenes** Hunde nicht erlaubt **Umgebung** Bevagna: Piazza S. Silvestro, Palazzo dei Consoli, roman. Kirchen von S. Silvestro u. S. Michel, Pinacoteca F. Torti; *Il Mercato della Gaite* im Juni - Foligno (Dom, Pinakothek im Palazzo Trinci, Kirche S. Maria intraporias: das Turnier Giostra della Quintana am 2. So im september) - Montefalco - Abtei von Sassovino - Spello - Assisi - Perugia - Trevi - Spoleto **Restaurant** von 12.30 bis 13.30 (ausschließlich Sa u. So) u. von 20.00 bis 21.30 Uhr - Di geschl. - Menüs-Karte: 40-60000 L - Traditionelle Küche.

In Bevagna befindet man sich im Herzen der historischen Stätten Umbriens. Auch der kleine Ort stammt größtenteils aus dem Mittelalter, was die den hübschen Platz S. Silvestro umgebenden Bauten bezeugen, aber auch das interessante Fest, das Ende Juni stattfindet und bei dem das ganze Dorf seine Denkmäler und seine Geschichte ehrt. Das auf den Fundamenten eines Tempels und eines römischen Theaters errichtete *L'Orto degli Angeli* erfreut sich noch vieler Überreste aus jener Zeit. Ein wundervoller hängender Garten (in dem in der warmen Jahreszeit das Frühstück serviert wird) trennt den Palazzo Alberti (14.-17. Jh.) vom noblen Patrizierhaus (1710), das seit 1788 im Besitz der Familie Nieri Mongalli ist; heute wird man hier von den Nachfahren empfangen. Eine Monumentaltreppe führt zum Salon, dessen Decke mit Freskomalerei und dessen schöner Kamin bemerkenswert sind. Die mit exzellenten Bädern ausgestatteten Gästezimmer sind elegant und mit ansprechenden Stoffen gestaltet. Auch die Zubereitung der Spezialitäten, die zugleich auf eine einfache und raffinierte Art serviert werden, ist von Tradition geprägt. Freundlicher Empfang.

***Anreise** (Karte Nr. 14): 32 km südl. von Perugia.*

U M B R I E N

Casa Giulia 🌳

06039 Bovara di Trevi (Perugia)
Via S.S.Flaminia, km 140,100
Tel. 0742-78 257 - Fax 0742-38 16 32
Sig.ra Petrucci

Ganzj. geöffn. **4 Zimmer** u. 1 Suite (4 Pers.) m. Bad od. Dusche, WC u. 2 App. (2-4 Pers.) - 1 Zi. f. Behinderte **Preise** EZ u. DZ: 100000 L, 180000 L; f. 4 Pers.: 310000 L; App.: 100-120000 L (pro Pers.) - Frühst. inkl., von 8.30 bis 10.30 - HP: 120000 L (pro Pers.) - Abendessen **Kreditkarten** Nicht akzeptiert **Verschiedenes** Hunde nicht erlaubt - Schwimmb. - Parkpl. **Umgebung** Assisi - Perugia - Abtei von Sassovino - Montefalco - Spello - Tempietto del Clitunno - Fonti del Clitunno - Spoleto **Gemeins. Essen**.

Dieses Haus, das Giulia von der Großmutter erbte, ist heute ein angenehmes Landgasthaus für Reisende, die Umbrien entdecken möchten. Entfernt von den Verkehrsverbindungen der Großstädte dieser Region, bietet es nach den Besichtigungen angenehme Ruhe. Der alte Backsteinbau, in dem die meisten Zimmer untergebracht sind, erhielt einen Anbau, in dem zwei kleine Appartements eingerichtet wurden. Die Zimmer des Stammhauses haben die Möbel aus dem Familienbesitz bewahrt, und die der dritten Etage einige Fresken aus dem 17. Jahrhundert, Landschaften der Gegend darstellend. Am schönsten Platz des Gartens, dem große Pinien angenehmen Schatten spenden, liegt das Schwimmbad; von hier aus ist der Blick auf die Kornfelder und den Kirchturm besonders hübsch. Sonnenhungrigen steht dort ein Snackservice zur Verfügung. Die Landschaft ist lieblich, und wenn Sie sich fragen, warum alle Bauernhöfe von großen Tonkrügen umgeben sind, sollten Sie wissen, daß in dieser Gegend das meiste Olivenöl Italiens produziert wird.

Anreise (Karte Nr. 14): 50 km südöstl. von Perugia auf der S 75 Rtg. Spoleto, Trevi; 4 km von Trevi.

UMBRIEN

Relais Il Canalicchio

06050 Canalicchio di Collazzone (Perugia)
Via della Piazza, 13
Tel. 075-87 07 325 - Fax 075-87 07 296 - Sig. Orfeo Vassallo
E-mail: relais@ntt.it

Ganzj. Geöffn. **35 Zimmer** m. Klimaanl., Tel., Bad od. Dusche, WC, Satelliten-TV, Minibar **Preise** EZ u. DZ: 160-230000 L, 200-335000 L; Suiten: 300-375000 L - Frühst. inkl., von 8.00 bis 10.30 Uhr - HP u. VP: + 50000 L + 90000 L (pro Pers., mind. 2 Üb.) **Kreditkarten** akzeptiert **Verschiedenes** Kleine Hunde erlaubt - Schwimmb., Sauna, Gymnasium, Mountainbikes - Parkpl. **Umgebung** Perugia; Assisi; Todi **Restaurant** von 12.00 bis 14.30 u. von 20.00 bis 22.30 Uhr - Menüs: 50000 L - Regionale Küche.

Canalicchio, unweit von Assisi, ist eine kleine, befestigte, bereits im 9. Jahrhundert erwähnte Anlage mit Wachtturm und Kapelle; sie ragt aus dem von 50 Hektar Land umgebenen Wald hervor. Dieses edle Ländliche wurde bewahrt. Die robusten Wände aus umbrischem Quaderstein und die *cotto*-Fußböden stellen das Raffinement und die Eleganz dieses Hotels dar. Die "aristokratischen" Zimmer, die *Comtessa di Oxford* oder *Duci di Buckingham* heißen, verfügen über den Charme und den anheimelnden Komfort angelsächsicher Herrenhäuser: Betthäupter aus Schmiedeeisen bzw. gobelinbezogen, auf die gestreiften Stoffe abgestimmte Tapeten, niedrige Sessel in der Sitzecke und ein kleiner Schreibtisch am Fenster, um so den Ausblick auf die grünen Hügel zu genießen, die denen der benachbarten Toskana in nichts nachstehen. Das Restaurant in einer kleinen Straße des Dorfes bietet vorwiegend hiesige Spezialitäten an und verwendet Produkte von der Hacienda. Ein sehr angenehmer, erholsamer Ort mit allen Vorteilen des Landes (Reiten, Angeln, Wanderungen, Jagd).

Anreise (Karte Nr. 14): 25 km südl. von Perugia. E 45, Ausf. Ripabianca-Foligno, Rtg. Canalicchio.

UMBRIEN

Hotel Tiferno

06012 Città di Castello (Perugia)
Piazza R. Sanzio, 13
Tel. 075-85 50 331 - Fax 075-85 21 196
Sig. Mauro Alcherigi und Sig. Luigi Neri

Kategorie ★★★★ **Ganzj.** geöffn. **38 Zimmer** m. Klimaanl., Tel., Bad od. Dusche, WC, Fön, Satelliten-TV, Minibar; Aufzug **Preise** EZ u. DZ: 98-120000 L, 170-200000 L; Suite: 250000 L - Frühst. inkl. (Buffet), von 7.30 bis 10.00 Uhr - HP u. VP: 120-155000 L, 150-190000 L (pro Pers., mind. 3 Üb.) **Kreditkarten** akzeptiert **Verschiedenes** Hunde nicht erlaubt - Garage (25000 L) **Umgebung** Duomo, Pinacoteca, Burri Museum, Musiz-festival; Perugia - Assisi **Restaurant** von 12.30 bis 14.30 u. von 19.30 bis 22.00 Uhr - Mo geschl. - Menüs: 35-50000 L - Regionale Küche.

Das Hotel liegt inmitten des alten und freundlichen kleinen, umbrischen Dorfes, welches stolz darauf ist, daß der junge Raffael eine zeitlang hier gelebt hat. Wenn auch die meisten Gemälde, die der Meister hier schuf, in anderen Museen ausgestellt sind, so darf man sich unter keinen Umständen die beidseitig bemalte *Standarte* mit der *Schöpfung Evas* und der *Dreiheiligkeit* entgehen lassen, die sich in der interessanten Pinakothek der Gemeinde befindet. Nach Perugia besitzt sie im übrigen die bedeutendsten Malereien Umbriens. Das *Tiferno,* nach der römischen Bezeichnung der Stadt benannt, wurde kürzlich renoviert und die ursprüngliche Architektur dieses ehemaligen Klosters bewahrt, ebenso das Kreuzgewölbe und die großen Kamine in den Gesellschaftsräumen. Die Gästezimmer sind modern und entsprechen den Kriterien modernen, funktionellen Komforts (weshalb sie ein wenig unpersönlich wirken). Ein grandhotel von schlichter Eleganz. Ein gutes Quartier zum Kennenlernen Umbriens.

Anreise (Karte Nr. 10): 50 km von Perugia.

UMBRIEN

Villa di Monte Solare

Colle San Paolo - Tavernelle di Panicale
06136 Fontignano (Perugia) - Via Montali, 7
Tel. 075-83 23 76/835 58 18 - Fax 075-83 554 62
Sig. und Sig.ra Iannarone Strunk
Web: http://www.villamontesolare.com - E-mail: montesolare@ftbcc.it

Ganzj. geöffn. **13 Zimmer** u. 7 Suiten m. Dusche, WC **Preise** DZ: 200000-240000 L (pro Pers.); Suiten 240-280000 L - DZ m. HP: 135-190000 L (pro Pers.) - Frühst. inkl., von 8.00 bis 10.30 Uhr **Kreditkarten** akzeptiert **Verschiedenes** Kl. Hunde erlaubt - Schwimmb. - Tennis - Reiten - Weinproben - Konzerte Klassischer Musik - Parkpl. **Umgebung** Perugia - Assisi - Bettona - Kirche Madonna dei Miracoli in Castel Rigone bei Passignano - Lago Trasimeno- Circolo Golf di Perugia (18-Lochpl.) **Restaurant** ab 13.00 u. ab 20.00 Uhr - Menü - Regionale Küche.

Verzweifeln Sie nicht bei der Anreise zur *Villa di Monte Solare*: der Weg ist zwar lang und unbefestigt, aber befahrbar, und die umbrische Landschaft mit Weinbergen und Olivenhainen ist sehr schön. Es erwartet Sie hier ein schönes Patrizierhaus aus dem 18. Jahrhundert, restauriert von einem jungen Paar, das bemüht war, die dem Haus eigene Prägung zu erhalten; der Boden ist aus altem *cotto*, die Möbel stammen aus derselben Epoche, und das Frühstückszimmer schmücken Fresken. Die Zimmer sind alle sehr charmant und verfügen über eigene Bäder. Der italienische Garten wurde neu angelegt und etwas abseits ein Swimmingpool gebaut. Der landwirtschaftliche Betrieb produziert Olivenöl, Wein und noch viele andere Erzeugnisse, die in der ausgesprochen guten Küche verwertet werden.

Anreise (Karte Nr. 13): 25 km südwestl. von Perugia, die SS 220 Rtg. Città delle Pieve, vor Tavernelle in Colle San Paolo links den Weg bis Monte Solare.

U M B R I E N

Azienda Agrituristica Montali

Montali 06068 Tavernelle di Panicale (Perugia)
Via Montali, 23
Tel. 075-835 06 80 - Fax 075-835 01 44
M. Alberto Musacchio

Ganzj. geöffn. **10 Zimmer** m. Dusche, WC u. Tel. **Preise** m. HP: 98000-108000 L (DZ.) - Frühst. inkl., von 8.30 bis 10.00 Uhr **Kreditkarten** Diners - Visa - Eurocard - MasterCard **Verschiedenes** Hunde nicht erlaubt - Schwimmb. - Parkpl. **Umgebung** Perugia - Assisi - Bettona - Kirche Madonna dei Miracoli in Castel Rigone bei Passignano - Lago Trasimeno - Todi - Orvieto - Cortona - Circolo Golf di Perugia (18-Lochpl.) **Restaurant** ab 13.30 u. ab 20.30 Uhr - Menü: 25-35000 L - Vegetarische Küche: ravioli alla sudtirolese, parmigiana alle zucchine, charlot dell'abate.

Eine lange staubige Straße, die Aussichtspunkte auf den Trasimenischen See bietet, führt zum Dörfchen; dort liegt der Bauernhof und dort befinden sich einige Häuser, die nun Gästen zum Wohnen angeboten werden. Eine große grüne, von Olivenbäumen beschattete Wiese bildet den Garten dieser verschieden, aus trockenem Stein gebauten Häuser, die von Wein und Bougainvilleen überwuchert sind. Die charmante brasilianische Gastgeberin hat alles mit viel Talent gestaltet. So ließ sie regionales Mobiliar in Teakholz nachbauen, dekorierte sie die Zimmer mit blumigen Baumwollstoffen, hängte sie abstrakte Bilder an die Wände. Die Küche ist hier ausschließlich vegetarisch, aber auch die ist auf kreative Art regional, die Auswahl der Menüs ist groß. Hier, in der Zurückgezogenheit des umbrischen Landes, wirkt alles ruhig und heiter. Für diejenigen, die die Einsamkeit lieben.

Anreise (Karte Nr. 13): 25 km südwestl. von Perugia, SS 220, Rtg. Città delle Pieve; vor Tavernelle den Weg rechts des Colle San Paolo; am Colle San Paolo rechts nach Montali.

U M B R I E N

Villa Montegranelli Hotel

Monteluiano
06024 Gùbbio (Perugia)
Tel. 075-92 20 185 - Fax 075-92 73 372
Sig. Mongelli

Kategorie ★★★ **Ganzj.** geöffn. **21 Zimmer** m. Tel., Bad od. Dusche, WC, TV, Minibar; Aufzug - Eingang f. Behinderte **Preise** EZ u. DZ: 140000 L, 1750000 L; Suiten: 250000 L - Frühst.: 12500 L, von 7.30 bis 10.30 Uhr - HP u. VP 150000 L, 180000 L (pro Pers.) **Kreditkarten** akzeptiert **Verschiedenes** Hunde erlaubt - Garage - Parkpl. **Umgebung** Gùbbio: S. Francesco, Piazza della Signor a, Palazzo dei Consoli (Pinacoteca), Dom, Palazzo Ducale, Via dei Consoli, Via Baldassini - Perugia, Assisi **Restaurant** von 12.30 bis 14.30 u. von 19.00 bis 22.30 Uhr - Menüs: 60-70000 L - Karte - Spezialitäten: Caciotti fusa al coccio con tartufo, filetto con salsa ghiotta di fegatelli, tozzetti al vinc santo - Crespella di gelato alla vanilla con salsa calda di frutti di bosco.

Ein langer, von Zypressen bepflanzter Weg steigt langsam zu jenem Hügel hoch, auf dem sich dieses imposante Steinhaus erhebt, das bis zum 18. Jahrhundert die Sommerresidenz eines italienischen Aristokraten war. Vom Garten aus blickt man auf das Dorf Gubbio und weiter auf die Ausläufer des Appeningebirges. Bei der Restaurierung wurden die Original-Strukturen weitgehend bewahrt. Die Gästezimmer liegen im zweiten Stock, dort, wo einst das Korn aufbewahrt wurde. Sie sind auf eine nette Art ländlich und recht komfortabel. Die schickeren, größeren und nicht so "schmucken" Suiten liegen in der Beletage. Das schlicht gehaltene Restaurant ist mit seinem Gewölbe und seinen Bruchsteinen besonders stilvoll. Ausgezeichnete regionale Spezialitäten kennzeichnen die bodenständige Jahreszeitenküche, die donnerstags und freitags vorwiegend Fischgerichte anbietet. Die Weinkarte ist beachtlich. Ein gutes Haus.

Anreise (Karte Nr. 14): 35 km nordwestl. von Perugia, 4 km von Gùbbio.

UMBRIEN

Poggio del Belvedere

06065 Passignano sul Trasimena (Perugia)
Via San Donato, 65
Tel. 075-82 90 76 - Fax 075-82 90 76 - Dr. Lorenzo Rondini

Ganzj. geöffn. **13 Appartements** m. Dusche, WC, TV, (4 m. Tel.) **Preise** 700000 L, 1050000 L (4 Pers.), 1400000 L (4 Pers.) **Kreditkarten** nicht akzeptiert **Verschiedenes** Hunde erlaubt - Schwimmb. - Western-Reitbahn u. engl. Reitbahn - Reitwege - Parkpl. **Umgebung** Trasimenischer See - Isola Maggiore - Perugia - Assisi - Città del Castello - Spello **Restaurant** von 12.30 bis 14.30 u. von 20.00 bis 22.30 Uhr - Menüs - Karte - Regionale Küche.

Hier, am Ufer des Trasimenischen Sees, in einem Ambiente der fünfziger Jahre, ist es eine wahre Freude, sich ganz der Anmut der Landschaft hinzugeben - es sei denn, Sie hegen eine besondere Leidenschaft für Pferde. Von *Poggio del Belvedere* ist die Aussicht auf den See und die Hügel, die ihn umgeben, phantastisch; um dieses Haus wirklich zu schätzen, darf man sich allerdings weder an einer ein wenig rauhen, sportlichen Atmosphäre noch am direkten, unkomplizierten Empfang stoßen. Der Direktor, ein charmanter Veterinär, ist nämlich mehr mit seinen Pferden beschäftigt als mit der Überwachung der Pflege seiner Gästezimmer. Das Anwesen besitzt zwei Reitbahnen und 40 schönrassige Pferde. Hermann, der Chef des Restaurants, wechselt zu fortgeschrittener Stunde den Beruf: er wird Sänger. Wenn Sie aber die nächtlichen Agapen nur von fern betrachten möchten, raten wir Ihnen, die neuen, schlicht eingerichteten Appartements zu wählen, die oben auf dem Hügel liegen.

Anreise (Karte Nr. 13): 25 km westl. von Perugia. A 1 (Firenze-Roma), Ausf. Passignano (ab Florenz), Torricella (ab Rom).

U M B R I E N

Hotel da Sauro

Lago Trasimeno
06060 Isola Maggiore (Perugia)
Tel. 075-82 61 68 - Fax 075-82 51 30
Sig. Sauro

Kategorie ★★★ **Geschlossen** vom 8. November bis 1. Dezember u. vom 10. Januar bis 1. März **10 Zimmer** m. Tel., Bad od. Dusche, WC **Preise** EZ u. DZ: 60000 L, 80-90000 L; App. (f. 2-4 Pers.): 120-150000 L - Frühst. inkl., von 7.00 bis 10.00 Uhr - HP u. VP 65-70000 L, 75-80000 L (pro Pers., mind. 3. Üb.) **Kreditkarten** Diners, Visa, Eurocard, MasterCard **Verschiedenes** Hunde erlaubt **Umgebung** Isola Maggiore, Chiesa del Salvatore - Perugia - Assisi - Città del Castello - Spello **Restaurant** von 12.00 bis 14.00 u. von 19.00 bis 20.30 Uhr - Menüs: 20-28000 L - Karte - Regionale Küche - Fisch.

Sie haben beschlossen, Umbrien kennenzulernen. Nehmen Sie sich also die Zeit, die kleinen Inseln des Trasimenischen Sees aufzusuchen. Der Strand ist auf lokalen Tourismus beschränkt, was einen Teil seines Charmes ausmacht. Das *da Sauro* ist ein sehr schlichter Dorfgasthof, dessen Komfort für einen kürzeren Aufenthalt durchaus zufriedenstellend ist. Man ißt hier gut, selbstverständlich viel Fisch, aber es werden auch all die Vorspeisen und Teiggerichte angeboten, die einem in Italien so sehr gefallen. Ungezwungener Empfang und Service.

Anreise (Karte Nr. 13): 20 km westl. von Perugia. Regelmäßiger Schiffsverkehr: von Passignano u. Tuoro (Navaccia) zur Isola Maggiore (ca. 15 Min.).

UMBRIEN

Hotel Villa Pambuffetti

06036 Montefalco (Perugia)
Via della Vittoria, 20
Tel. 0742-379 417 - Fax 0742-379 245 - Sig.ra Angelucci

Kategorie ★★★★ **Ganzj.** geöffn. **15 Zimmer** m. Klimaanl., Tel., Bad, WC, TV, Safe, Minibar **Preise** EZ u. DZ: 170000 L, 260000 L; Suiten: 360000 L - Frühst. inkl. - HP: 180-230000 L (pro Pers.) **Kreditkarten** akzeptiert **Verschiedenes** Hunde nicht erlaubt - Schwimmb. - Parkpl. **Umgebung** Montefalco: Pinacoteca di San Francesco, Kirche von San Agostino, Palazzo comunale - Bevagna - Spello - Assisi - Perugia - Bettona - Spoleto - Todi - Orvieto **Restaurant** (Mo geschl.) von 20.00 bis 21.00 Uhr - Menü: 60000 L - Regionale Küche.

Montefalco ist eine kleine malerische, befestigte Stadt aus dem Mittelalter mit einer Panorama-Lage, die ihr die Bezeichnung "Terrasse von Umbrien" einbrachte: der Blick, den man vom Turm des Palazzo Comunale hat, lohnt sich allemal. Das gleiche gilt für die gotische Kirche San Francisco mit schönen Fresken von Benozzo Gozzoli und Perugino (die derzeit restauriert werden) sowie einigen bedeutenden Werken der Umbrischen Schule. Die das Tal überragende und in einem wunderschönen Park gelegene *Villa Pambuffetti* ist ein Familienhaus auf dem Land. Die geräumigen Zimmer sind unterschiedlich, und jedes verfügt über schöne alte Möbel - das erstaunlichste liegt in dem kleinen Turm und hat sechs Fenster, von denen man einen Panoramablick auf das ganze Tal hat. Das Restaurant serviert gute regionale Spezialitäten und verfügt über eine exzellente Weinkarte, wozu auch die Spezialität von Montefalco zählt: der "Sagrantino". Eine elegante, raffinierte Adresse in d'Annunzios *Città morta*.

Anreise (Karte Nr. 14): 41 km südöstl. von Perugia Rtg. Foligno, dann Montefalco.

UMBRIEN

Locanda della Rocca

06060 Paciano
Viale Roma, 4
Tel. 075-83 02 36 - Fax 075-83 01 55
Sig. und Sig.ra Buitoni

Ganzj. geöffn. (außer vom 15. Januar bis 15. Februar) **7 Zimmer** u. 1 Suite (4 Pers.) m. Bad od. Dusche, WC, TV, 4 m. Minibar **Preise** DZ: 150-170000 L, Suite: 420-450000 L - Frühst. inkl. (Buffet), von 8.30 bis 10.30 Uhr - HP: 125000 L (pro Pers. im DZ) **Kreditkarten** akzeptiert **Verschiedenes** Hunde erlaubt (außer im Restaurant) - Parkpl. **Umgebung** "Museo Aperto" Castiglione del Lago, Città della Pieve, Paciano, Panicale - Trasimenischer See **Restaurant** von 19.30 bis 21.00 Uhr - Di geschl. - Karte: 40-700000 L.

Paciano ist ein friedliches, mittelalterliches Dorf, das von seinen Einwohnern besonders liebevoll gepflegt wird, was sich an der bewundernswert erhaltenen Stadtmauer mit den sechs Türmen und den sechs Toren zeigt, die die Gassen und die Häuser mit Balkonen voller Blumen umgeben. Unter anderem liegt die *Locanda* im *torrione*, der im 17. Jahrhundert erbaut wurde, um das Rastella-Tor zu verteidigen. Zu ebener Erde an der Terrasse befindet sich der schöne, gewölbte Speiseraum mit großen Bögen, die bis tief in die Wand reichen, um dort die Weine zu lagern. Auf der Zwischenetage dann der sehr komfortabel gestaltete Salon mit tiefen Sofas und vielen Zimmerpflanzen. Die Zimmer liegen darüber. Außer der großen Suite im *torrione* mit Balkon und Loggia sind die Zimmer eher klein, aber mit korrektem Komfort. Die meisten haben Aussicht auf das Amphitheater. Paciano organisiert mit einigen anderen, am Trasimenischen See gelegenen Dörfern Rundfahrten zum Kennenlernen der Kunstschätze, die dem großen Tourismus noch unbekannt sind. Caterinas Empfang ist charmant.

***Anreise** (Karte Nr. 13): Über die A 1, Ausf. Valdichiana (aus Florenz kommend) od. Chiusi/Chiancano Terme (aus Rom kommend), Rtg. Lago Trasimeno.*

UMBRIEN

Residenza Vecchio Molino

06042 Pissignano - Campello sul Clitunno (Perugia)
Via del Tempio, 34
Tel. 0743-52 11 22 - Fax 0743-27 50 97
Sig.ra Rapanelli

Kategorie ★★★★ **Geschlossen** von November bis Ende März **13 Zimmer** m. Klimaanl., Tel., Bad, WC, Minibar **Preise** EZ u. DZ: 142000 L, 195000 L; Suite: 235000 L - Frühst. inkl., von 7.30 bis 11.30 Uhr **Kreditkarten** akzeptiert **Verschiedenes** Hunde nicht erlaubt - Parkpl. **Umgebung** Fonti del Clitunno - Tempietto del Clitunno - Ponte delle Torri - Kirche San Pietro - Basilika San Salvatore - Kirche San Ponziano - Monteluco und das Kloster von San Francesco - Trevi - Spoleto - Spello - Orvieto - Golf Soiano (9-Lochpl.) **Kein Restaurant** im Hotel (siehe unsere Restaurantauswahl in Campello sul Clitunno u. Spoleto S. 507-508).

Der kleine christliche Tempel, der das *Vecchio Molino* überragt, erinnert an das kulturelle und künstlerische Erbe des freundlichen Clitunno-Tals. Diese ehemalige Mühle wurde in ein sehr angenehmes Hotel umgewandelt. Das Mühlwerk aus dem 15. Jahrhundert besteht noch, und im Innern der Mühle sieht man auch heute noch das rauschende Flußwasser. Die schlichte weiße Ausstattung bringt die alten Strukturen des Gebäudes schön zur Geltung. Die Zimmer sind groß und wunderbar eingerichtet, alle sind unterschiedlich, und einige verfügen sogar über einen Salon. Auf jeder Etage stehen Lese- oder Ruheecken zur Verfügung. Das *Vecchio Molino* ist bei Cinephilen sehr beliebt, die regelmäßig zum Festival von Gian Carlo Menotti anreisen.

Anreise *(Karte Nr. 14): 50 km südöstl. von Perugia über die SS 75 bis Foligno, dann S 3.*

U M B R I E N

Hotel Gattapone

06049 Spoleto (Perugia)
Via del Ponte, 6
Tel. 0743-223 447 - Fax 0743-223 448 - Sig. Hanke
Web: http://www.caribusiness.it/gattapone - E-mail: gattapone@mail.caribusiness.it

Kategorie ★★★★ **Ganzj.** geöffn. **16 Zimmer** m. Klimaanl., Tel., Bad od. Dusche, WC, TV, Minibar
Preise EZ u. DZ: 155000 L, 200000 L; Suiten: 300000 L - Frühst.: 15000 L, von 7.30 bis 10.30 Uhr
Kreditkarten akzeptiert **Verschiedenes** Hunde erlaubt **Umgebung** Spoleto: Dom, Arco di Druso, Festival dei Due Mondi (Juni u. Juli) - Fonti del Clitunno - Tempietto del Clitunno - Ponte delle Torri - Kirche San Pietro - Basilika San Salvatore - Kirche San Ponziano - Monteluco und das Kloster San Francesco Trevi - Golf Soiano (9-Lochpl.) **Kein Restaurant** im Hotel (siehe unsere Restaurantauswahl S. 507).

Das *Hotel Gattapone*, etwas außerhalb des Dorfes, ist der Geheimtip der Besucher des Musikfestivals von Spoleto. An einen Steilhang angelehnt, von dem man das ganze Tessino-Tal überblickt (direkt gegenüber eines Aquädukts, das Lucrezia Borgia, die Herzogin von Spoleto, so geliebt hat), ist das *Gattapone* vollständig in die Landschaft integriert. Seine Inneneinrichtung ist gelungen und verbindet Komfort mit Harmonie. Die Zimmer sind geschmackvoll gestaltet, modern und bieten einen Panoramablick, was ihnen Ruhe und auch eine gewisse Heiterkeit verleiht. Einige verdienten allerdings komfortablere Betten. Professor Hanke, der Hotelbesitzer, weiß, was Gastfreudschaft bedeutet und sorgt dafür, daß die Hotelgäste sich wie geladene Gäste fühlen.

Anreise (Karte Nr. 14): 65 km südöstl. von Perugia über die SS 3bis Rtg. Terni bis Acquasparta, dann S 418 nach Spoleto.

U M B R I E N

Palazzo Dragoni

06049 Spoleto (Perugia)
Via del Duomo, 13
Tel. 0743-22 22 20 - Fax 0743-22 22 25

Ganzj. geöffn. (auf Reserv.) **15 Zimmer** m. Tel., Bad od. Dusche, WC, TV, Minibar; Aufzug **Preise** EZ u. DZ: 200000 L; Suite: 250000 L - Frühst. inkl., von 7.30 bis 10.30 Uhr **Kreditkarten** Visa, Eurocard, MasterCard **Verschiedenes** Kleine Hunde erlaubt **Umgebung** Spoleto: Dom, Arco di Druso, Festival dei Due Mondi (Juni u. Juli) - Fonti del Clitunno - Tempietto del Clitunno - Ponte delle Torri - Kirche San Pietro - Basilika San Salvatore - Kirche San Ponziano - Monteluco und das Kloster von San Francesco Trevi - Trevi - Golf Soiano (9-Lochpl.) **Kein Restaurant** im Hotel (siehe unsere Restaurantauswahl S. 507).

Diese *residenza d'epoqua* aus dem 14. Jahrhundert liegt in unmittelbarer Nähe des Doms und öffnet heute seine Toren, um Sie in dem einst für die Familie Dragoni errichteten Palast zu empfangen. Die Salons und die Gästezimmer liegen in der Beletage, also im ersten Stock. Tische mit tief herabfallenden Decken, Sessel, Sofas und einige alte Möbelstücke stellen die elegante Einrichtung des Palastes dar. Die Zimmer sind groß, einige haben zudem einen richtigen Salon. Es gibt zwei Speiseräume: das Frühstück wird in der Salon-Galerie mit Bogenfenstern und weitem Blick auf den mittelalterlichen Teil des Dorfes gereicht; im anderen, der mit seinem Dekor aus Stein und Gewölbe intimer ist, finden ausschließlich Privatdiners statt. Ihre Ruhe wird aber keineswegs beeinträchtigt, denn die drei Drachen mit grünen Köpfen wachen seit bereits mehreren Jahrhunderten über das Haus.

Anreise (Karte Nr. 14): 65 km südöstl. von Perugia über die SS 3bis, Rtg. Terni bis Acquasparta, dann S 418 bis Spoleto.

UMBRIEN

Hotel San Luca

06049 Spoleto (Perugia)
Via Interna delle Mura, 21
Tel. 0743-22 33 99 - Fax 0743-22 38 00 - Sig.ra Zuccari
E-mail: hotelsantaluca@mail.caribusiness.itww

Kategorie ★★★★ Ganzj. geöffn. **35 Zimmer** m. Tel., Bad od. Dusche, WC, Satelliten-TV, Safe, Minibar; Aufzug - Eingang u. Zi. f. Behinderte **Preise** EZ u. DZ: 130-200000 L, 175-360000 L; Suite: 290-500000 L - Frühst. inkl., von 7.30 bis 10.30 Uhr **Kreditkarten** akzeptiert **Verschiedenes** K eine Hunde erlaubt - Garage (25000 L) **Umgebung** Spoleto: Dom, Arco di Druso, Festival dei Due Mondi (Juni u. Juli) - Fonti del Clitunno - Tempietto del Clitunno - Ponte delle Torri - Kirche San Pietro - Basilika San Salvatore - Kirche San Ponziano - Monteluco und das Kloster von San Francesco Trevi - Trevi - Golf Soiano (9-Lochpl.) **Kein Restaurant** im Hotel (siehe unsere Restaurantauswahl S. 507).

Das Hotel befindet sich in einer ehemaligen Gerberei. Die Außenstruktur des Gebäudes aus dem 19. Jahrhundert ließen die Architekten unverändert, im Innern wurde jedoch alles umgebaut. Heute kommuniziert alles mit dem Innenhof und dem Garten dank eines ausgetüftelten Systems aus Gängen und eisernen Treppen, was ein erstaunliches Labyrinth hervorbringt. Die Zimmer gehen zum Garten, zum Hof oder zur Altstadt hinaus, die von Obstgärten umgeben ist. Sie sind sehr geschmackvoll eingerichtet, groß (in einigen können drei Personen übernachten), haben Bäder mit viel Komfort, die Suiten verfügen über Jacuzzi-Badewannen. Im freundlichen Salon, mit bequemen Sofas und Stilmöbeln, stehen frische Blumensträuße. An den Wänden hängen Zeichnungen und Radierungen, und in zwei Vitrinen kann man eine der Gastgeberin gehörende Sammlung alter Suppenschüssel bewundern. Eine Quelle mit legendärer therapeutischer Wirkung sprudelt noch immer auf dem Areal des Hotels; ein Gläschen sollten Sie schon probieren.

Anreise (Karte Nr. 15): 65 km südöstl. von Perugia.

UMBRIEN

Hotel Eremo delle Grazie

Monteluco
04960 Spoleto (Perugia)
Tel. 0743-49 624 - Fax 0743-49 650
Professore Lalli

Ganzj. geöffn. **11 Zimmer** m. Tel., Bad od. Dusche, WC **Preise** EZ u. DZ: 300000 L, 350000 L; Suiten: 450-500000 L - Frühst. inkl. **Kreditkarten** Visa, Eurocard, MasterCard **Verschiedenes** Hunde erlaubt - Schwimmb. **Umgebung** Spoleto: Dom, Arco di Druso, Festival dei Due Mondi (Juni u. Juli) - Fonti del Clitunno - Tempietto del Clitunno - Ponte delle Torri - Kirche San Pietro - Basilika San Salvatore - Kirche San Ponziano - Monteluco und das Kloster von San Francesco Trevi - Spello - Orvieto - Golf Soiano (9-Lochpl.) **Restaurant** auf Reserv. - Mo geschl. - Karte.

Bevor das *Eremo* zu einem Hotel umgestellt wurde, war es eine *residenzia d'epoca*, was der Besitzer, Pio Lalli, nachdrücklich erwähnt. Das *Eremo delle Grazie* könnte man aber auch *residenzia historica* nennen, denn es wurde vom Stammhaus des Ordens von Monteluco erbaut, weshalb die umliegenden Wälder den Anachoreten als Unterschlupf diente. Ferner kann es illustre Besucher wie Michelangelo und Papst Pius VI. vorweisen. Es ist aber auch eine *residenza museo*, denn es verfügt noch immer über interessante Erinnerungen wie etwa die Bibliothek von Kardinal Cybo, der hier lebte. Obwohl die Zellen-Zimmer mit dem nötigen Komfort ausgestattet wurden, haben sie eine gewisse klösterliche Atmosphäre bewahrt. Freundlicher sind die mit altem Mobiliar eingerichteten Salons, die auf eine Terrasse mit eindrucksvollem Ausblick gehen.

Anreise (Karte Nr. 14): 65 km südöstl. von Perugia über die SS 3bis, Rtg. Terni bis Acquasparta, dann S 418 nach Spoleto. 3 km südöstl. von Spoleto.

UMBRIEN

Hotel Palazzo Bocci

06038 Spello (Perugia)
via Cavour, 17
Tel. 0742-30 10 21 - Fax 0742-30 14 64 - Sig. Buono
E-mail: bocci@bcsnet.it

Kategorie ★★★★ **Ganzj.** geöffn. **23 Zimmer** m. Klimaanl., Tel., Bad od. Dusche, WC, Satellien-TV, Safe, Minibar; Aufzug **Preise** EZ u. DZ: 105-130000 L, 200-240000 L; Suiten: 260-320000 L - Frühst. inkl., von 7.30 bis 10.00 Uhr - HP u. VP: + 40000 L + 80000 L (pro Pers., mind. 3 Üb.) **Kreditkarten** akzeptiert **Verschiedenes** Hunde nicht erlaubt **Umgebung** Spello: Kirche Santa Maria Maggiore (cappella Baglioni), Palazzo Comunale, Porta Venere, Belvedere; Chiesa Tonda (2 km) - Assisi - Perugia - Trevi - Bevagna - Montefalco - Fonti del Clitunno - Tempietto del Clitunno - Spoleto **Restaurant** *Il Molino*: (Di geschl.) von 12.30 bis 15.00 u. von 19.30 bis 22.00 Uhr - Menüs: 40-60000 L - Karte - Spezialitäten: Pinturicchio - Tagliatelle alla molinara - Oca alla fratina - Funghi porcini - Tartufo.

Fresken, Stuck, Rundgemälde, Balken und Gewölbe aus Stein - *Palazzo Bocci* bietet seinen Gästen den ganzen Kontext und die Atmosphäre eines echten kleinen Palastes. Das Mobiliar ist klassischer und nicht so prachtvoll wie die Dekoration. Die Gästezimmer sind geräumig und verfügen über den Komfort eines neuen, guten Hotels. Im Sommer wird das Frühstück auf der Terrasse serviert, von wo aus man auf die kleinen Straßen und Dächer der Altstadt blickt. Das Restaurant, das bereits vor der Eröffnung des Hotels für seine gute Küche und seinen Weinkeller bekannt war, ist ein weiterer Pluspunkt des *Palazzo Bocci*.

Anreise *(Karte Nr. 14): 31 km südöstl. von Perugia.*

UMBRIEN

Hotel La Bastaglia

06038 Spello (Perugia)
Piazza Vallegloria, 7
Tel. 0742-65 12 77 - Fax 0742-30 11 59
Sig. L. Fancelli

Kategorie ★★★ **Ganzj.** geöffn. (außer Januar) **15 Zimmer** u. 7 Suiten m. Klimaanl., m. Tel., Dusche, WC, TV, Minibar **Preise** DZ: 140000 L; Suiten: 180000 L - Frühst. inkl., von 8.00 bis 10.00 Uhr - HP u. VP: 105-125000 L, 135-155000 L (pro Pers., mind. 3 Üb.) **Kreditkarten** akzeptiert **Verschiedenes** Hunde nicht erlaubt - Parkpl. **Umgebung** Spello: Kirche Santa Maria Maggiore (cappella Baglioni), Palazzo Comunale, Porta Venere, Belvedere; Chiesa Tonda (2 km) - Assisi - Perugia - Trevi - Bevagna - Montefalco - Fonti del Clitunno - Tempietto del Clitunno - Spoleto **Restaurant** von 13.00 bis 14.30 u. von 20.00 bis 22.00 Uhr - Mi u. Januar geschl. - Menü: 55000 L - Karte - Regionale Küche.

Wenn man Umbrien bereist, darf man Spello nicht vergessen, eine alte römische Stadt an den Hängen des Subasio-Berges. Die kleine Stadt betritt man erst hinter der Umwallung an der Porta Consolare oder an der Porta Venere, die beide aus der Zeit Augustus' stammen. Das kleine, charmante, im historischen Zentrum gelegene *La Bastaglia* ist eine ehemalige Mühle. Die superbe Terrasse liegt vor dem Salon und bietet einen Ausblick auf das Tal und die Olivenbäume. Das Restaurant mit seinen weißen Tischdecken, Balken und rustikalen Möbeln ist besonders ansprechend. Die Küche privilegiert die alten, umbrischen Spezialitäten, welche mit sorgfältig ausgewählten regionalen Produkten zubereitet werden. Die Zimmer sind hell und komfortabel. Es ist ratsam, die in den oberen Stockwerken mit Blick aufs Land zu wählen (die Suiten verfügen über einen eigenen Garten und einen separaten Eingang). Charmanter Empfang, angemessene Preise, warum also nicht länger in Umbrien verweilen?

Anreise (Karte Nr. 14): 31 km südöstl. von Perugia.

UMBRIEN

San Valentino Country House

06059 Todi (Perugia)
Vocabolo San Valentino, 38/A
Tel. 075-894 41 03 - Fax 075-894 41 03

Kategorie ★★★★ **Ganzj.** geöffn. **21 Zimmer** m. Tel., Bad od. Dusche, WC, Satelliten-TV u. Minibar **Preise** Kl. Suite: 280-350000 L; Suite: 380-550000 L - Frühst. inkl., von 8.30 bis 11.30 Uhr **Kreditkarten** akzeptiert **Verschiedenes** Hunde erlaubt (10000 L) - Schwimmb. - Tennis - Parkpl. **Umgebung** Todi: Kirche S. Maria della Consolazione (1 km Rtg. Orvieto) - Orvieto - Perugia - Spoleto - Assisi - Gùbbio - Golf ad Ellera (9-Lochpl.) in Perugia **Restaurant** von 13.00 bis 14.30 u. von 20.00 bis 22.00 Uhr - Menü - Karte.

Das Hotel befindet sich in einem ehemaligen Kloster aus dem 13. Jahrhundert. Die Innenarchitektur auf mehreren Ebenen, die aus Bögen, Gebälk und Bruchstein besteht, wurde gut erhalten. Das alte Mobiliar harmoniert mit all dem. Gelegen ist das *San Valentino* auf einem bewaldeten Hügel; sein Garten bietet wundervolle schattige Ecken, und von der Terrasse aus ist der Blick auf Todi und das Tal einnehmend.

Anreise (Karte Nr. 14): 30 km südl. von Perugia über SS 3bis, Ausf. Todi, 1 km vom Zentrum.

UMBRIEN

Hotel Fonte Cesia

06059 Todi (Perugia)
Via Lorenzo Leonj, 3
Tel. 075-894 37 37 - Fax 075-894 46 77 - Sig. Felice
E-mail: f.cesia@full-service.it - Web: http://www.full-service.it/cesia/cesia.htm

Kategorie ★★★★ **Ganzj.** geöffn. **32 Zimmer** u. 5 Junior-Suiten m. Klimaanl., Tel., Bad od. Dusche, WC, Satelliten-TV, Minibar **Preise** EZ u. DZ: 160000 L, 250000 L; Suiten: 330000 L - Frühst. inkl., von 8.00 bis 10.00 Uhr - HP u. VP: 195-205000 L, 225-235000L (pro Pers., mind. 3 Üb.) **Kreditkarten** akzeptiert **Verschiedenes** Hunde auf Anfrage erlaubt - Parkpl. **Umgebung** Todi: Kirche S. Maria della Consolazione - Orvieto - Perugia - Assisi - Spoleto - Gùbbio - Golf ad Eller, (9-Lochpl.) in Perugia **Restaurant** von 13.00 bis 14.30 u. von 20.00. bis 21.30 Uhr - Menü - Karte - Regionale Küche.

Die alte etruskische, oberhalb des Tiber-Tals gelegene Stadt Todi hat in all ihren kleinen Straßen die Erinnerung an ihre Blüte im Mittelalter bewahrt (ihr bekanntester Bürger war der Dichter Jacopone da Todi, der das berühmte *Stabat Mater* verfaßte). In diesem historischen Umfeld wurde vor kurzem das Hotel *Fonte Cesia* eröffnet. Es liegt in einem der wundervollen Paläste aus dem 17. Jahrhundert und hat es verstanden, Tradition, Eleganz und modernen Komfort harmonisch miteinander zu verbinden. Die gut erhaltene Architektur dieses Hauses (insbesondere die gewölbten Backsteindecken) muß lobend erwähnt werden. Das *Fonte Cesia* ist ein intimes, sehr geschmackvolles Hotel mit komfortablen, gut möblierten Zimmern - einige verfügen über *Trompel'oeil*-Malereien. Im Restaurant werden vorwiegend umbrische Spezialitäten angeboten, um Sie, falls erforderlich, von der besonderen Lebensart dieser Region zu überzeugen.

Anreise (Karte Nr. 14): 45 km südl. von Perugia über die SS 3bis Ausf. Todi.

UMBRIEN

Poggio d'Asproli

06059 Todi (Perugia)
Frazione Asproli N.7
Tel. 075-885 33 85 - Fax 075-885 33 85
Sig.ra Maria Claudia Pagliari

Ganzj. geöffn. **7 Zimmer** u. 1 Suite m. Tel., Dusche, WC **Preise** DZ: 200000 L, Suite: 290-360000 L (2 u. 4 Pers.) - Frühst. inkl., von 8.00 bis 10.00 Uhr **Kreditkarten** akzeptiert **Verschiedenes** Hunde nicht erlaubt - Schwimmb. - Parkpl. **Umgebung** Todi: Kirche von S. Maria della Consolazione (1 km) Rtg. Orvieto - Orvieto - Perugia - Spoleto - Assisi - Gùbbio - Golf ad Ellera in Perugia (18-Lochpl.) **Restaurant** ab 20.30 Uhr - Menü: 40000 L - Karte.

Den Eingang dieses Anwesens muß man nicht lange suchen, denn dank einer Skulptur, die der Herr des Hauses schuf, ist er gut sichtbar; weitere seiner Werke zieren den Garten. Die Architektur des Hauses, einst ein Gehöft, ist rustikal, während die Gestaltung im Innern ausgesprochen elegant ist. Es gibt zwar Natursteinbögen und -wände sowie Balkendecken, aber das Mobiliar, die Wahl der Stoffe und der Farben und die alten Accessoires schaffen eine ausgesprochen raffinierte Atmosphäre. Oft liegen die Räume auf verschiedenen Ebenen, was viele kleine Ecken schafft, in denen man gern etwas trinkt, liest, schreibt... In der warmen Jahreszeit wird draußen auf der angenehmen Terrasse mit Aussicht gespeist. Das Schwimmbad, die Zimmer und erst recht die Suiten sind wunderschön. *Poggio d'Asproli* ist weder ein Hotel noch ein Landgasthaus, sondern, wie es in der Broschüre steht, eine *residenza de campagna*.

***Anreise** (Karte Nr. 14): In Todi Rtg. Orvieto und links Rtg. Izzalini.*

UMBRIEN

Il Piccolo Hotel del Carleni

06022 Amelia (Terni)
Via Pellegrino Carleni, 21
Tel. 0744-98 39 25 - Fax 0744-97 81 43 - Sig. Ralli - Sig. F. de Boiscuille
Web: htttp://www.giubileoitalia.com/carleni - E-mail: carleni@tin.it

Ganzj. geöffn. **4 Zimmer** u. 3 Suiten m. Klimaanl., Tel., Bad, WC, Satelliten-TV, Safe, Minibar **Preise** EZ u. DZ: 108-140000 L, 138-170000 L; Suite: 170-210000 L - Frühst. inkl., von 7.30 bis 10.30 Uhr - HP u. VP: + 37000 L + 70000 L (pro Pers.) **Kreditkarten** akzeptiert **Verschiedenes** Hunde nicht erlaubt **Umgebung** Amelia; Monti Amerino (Dörfer); Narni - Perugia- Orvieto - Rom **Restaurant** von 12.00 bis 15.00 u. von 19.30 bis 23.00 Uhr - von Mitte Januar bis Mitte Februar u. Di (außer an Feiertagen) für Nicht-Hausgäste geschl. - Menü: 37000 L, vegetarische Küche: 28000 L, Kindermenü: 20000 L - Karte. Spezialitäten: Trüffeln u. Wild in der Saison.

Zwischen Orvieto und Rom führt die A1 an den von den Flüssen Tiber und Nera gesäumten Monti Ameriono vorbei. Es ist eine Region bewaldeter Hügel, auf denen hübsche mittelalterliche Dörfer und, an der Grenze zum Latium, die älteste umbrische Stadt Amelia liegen. Der Stadtrand mag etwas enttäuschen; die gewundenen Gassen hingegen, die zum Dom und Wachtturm hinaufsteigen, werden Sie an den mittelalterlichen Überresten der Stadt vorbeiführen, wozu auch der *Palazzo Carléni* zählt, der heute ein charmantes kleines Hotel ist. Das mit regionalen Möbeln eingerichtete Innere ist wie der Rest des auf eine elegante Art rustikalen Hauses: besonders einladend. Die Gästezimmer sind sehr gepflegt und haben einwandfreie Bäder mit viel Komfort. Im Sommer sitzt man unter großen Sonnenschirmen im nach Jasmin duftenden Rosengarten. Und dank des Gemüsegartens sind die im Restaurant servierten Tomaten und Rokambolen besonders frisch. Sollten Sie etwas länger bleiben, raten wir Ihnen zur Suite Nr. 1: mit Terrasse und Blick auf die Dächer von Amelia.

Anreise (Karte Nr. 14): 30 km südl. von Orvieto über die A1, Ausf. Orte. SS Terni-Perugia (9 km), dann Rtg. Amelia.

UMBRIEN

Hotel Ristorante La Badia

La Badia 05019 Orvieto (Terni)
Tel. 0763-30 19 59 / 30 18 76 - Fax 0763-30 53 96
Sig.ra Fiumi
Web: http://www.paginegialle.it/la badia-01

Kategorie ★★★★ **Geschlossen** im Januar u. Februar **17 Zimmer** u. 7 Suiten m. Klimaanl., Tel., Bad od. Dusche, WC, TV, Minibar **Preise** EZ u. DZ: 196-211000 L, 254-284000 L; Suiten: 416-500000 L - Frühst.: 18000 L, von 7.30 bis 10.00 Uhr - HP (währ. d. Sais. obligat.) u. VP: 230-338000 L, 300-408000 L **Kreditkarten** Amex, Visa, Eurocard, MasterCard **Verschiedenes** Hunde nicht erlaubt - Schwimmb. - 2 Tennispl. - Parkpl. **Umgebung** Orvieto: Dom, Palazzo del Popolo - Kirche S. Cristina in Bolsena - Bolsena-See - Region der Etrusker von San Lorenzo Nuovo bis Chiusi: Grotta di Castro, Pitigliano, Sorano, Sovana, Chiusi - Todi - Golf (9-Lochpl.) in Viterbo **Restaurant** von 12.30 bis 14.30 u. von 19.30 bis 21.30 Uhr - Mi geschl.- Menü: 70000 L - Karte - Spezialitäten: Panicetti - Coccinillo - Scaloppe Badia.

Dieses ehemalige, auf einem Hügel gelegene Kloster, das einen herrlichen Ausblick auf die umbrische Landschaft und die alte Stadt Orvieto bietet, ist ein prachtvolles Quartier auf dem Land. Das Hotel mit seinen perfekt eingerichteten Zimmern und Suiten, seinem guten Restaurant, seinem Schwimmbad und seinem Tennisplatz bietet viel Komfort und verfügt über alles, was man sich auf einem Landgasthof, nur fünf Kilometer vom historischen Zentrum, wünschen kann. Der Empfang ist sehr liebenswürdig.

Anreise (Karte Nr. 13): 86 km südl. von Perugia über die SS 3bis (bis zum Ortsausgang von Todi), dann S 448; der Ausschilderung Piazza Duomo folgen. Im Weiler La Badia, 5 km südl. von Orvieto.

UMBRIEN

Villa Ciconia

Ciconia 05019 Orvieto Scalo (Terni)
Via dei Tigli, 69
Tel. 0763-30 55 82 - Fax 0763-30 20 77
Sig. Falcone

Kategorie ★★★★ **Geschlossen** 2 Wochen im Februar **10 Zimmer** (Klimaanl. auf Wunsch + 20000 L) m. Tel., Bad, WC, Satelliten-TV, Fön **Preise** EZ u. DZ: 135000 L, 170-240000 L - Frühst. 15000 L, von 7.30 bis 10.30 Uhr - HP u. VP: + 35000 L + 70000 L (pro Pers., min. 3 Üb.) **Kreditkarten** akzeptiert **Verschiedenes** Hunde nicht erlaubt - Parkpl. **Umgebung** Orvieto: Dom, Palazzo del Popolo, Kirche S. Cristina in Bolsena - Markt Do u. Sa; Bolsena-See - Etruskisches Land von San Lorenzo Nuovo nach Chiusi: grotta di Castro, Pitigliano, Sorano, Chiusi - Todi - Golf (9-Lochpl.) in Viterbo **Restaurant** von 13.00 bis 15.00 u. von 20.00 bis 22.00 Uhr - Mo geschl. - Menüs u. Karte: 45-55000 L.

Orvieto ist nicht nur seines Weines wegen bekannt. Die Überlieferung will, daß sich bereits Signorelli für das Ausmalen des Doms zum Teil mit Wein bezahlen ließ. Wenn Sie in die Weinbar am Domplatz Nr. 2 einkehren, werden Sie einige gute Lagen entdecken. *Villa Ciconia* liegt nur ein paar Kilometer weiter mitten auf dem Land. Es ist ein superbes Haus aus grauem Stein des 15. Jahrhunderts, das einem Schüler Michelangelos zugeschrieben wird; er soll ebenfalls die allegorischen Sujets und die Landschaften in jenem Raum gemalt haben, in dem sich heute das Restaurant befindet. Altes Mobiliar und traditionelle Werkstoffe in den großen, komfortablen Gästezimmern, die Blick auf den Park haben. Zahlreich sind sie nicht, dafür gibt es aber drei Restaurants.

Anreise (Karte Nr. 13): 86 km südl. von Perugia. In der Höhe von Orvieto Scalo die Autobahnunterführung Rtg. Todi-Perugia, dann sofort links Rtg. Arezzo via SS 71 bis Kilometermarke 35. 200 m weiter.

UMBRIEN

Fattoria di Titignano

06039 Titignano-Orvieto (Terni)
Tel. 0763-30 80 00/30 80 22 - Fax 0763-30 80 02 - Famiglia Corsini
E-mail: fattoria@orvienet.it

Ganzj. geöffn. **6 Zimmer** im Schloß u. 5 kl. Appartements m. Dusche u. WC **Preise** DZ: 100-120000 L - Frühst. inkl., von 8.30 bis 10.30 Uhr - HP: 170000 L, VP: 180000 L (pro Pers.) **Kreditkarten** Nicht akzeptiert **Verschiedenes** Hunde erlaubt - Schwimmb. - Mountainbikes - Verkostung (Wein, Öl, Käse) - Parkpl. **Umgebung** Grotte Della Piana - La Roccacia - Corbara-See - Orvieto - Bolsena-See und Etruskisches Land **Gemeins. Essen** auf Best.

Nach Titignano zu fahren bedeutet, in die Vergangenheit zurückzukehren. Das Anwesen, das noch immer zweitausend Hektar Land besitzt, erlebte die Jahrhunderte in einem unveränderten Umfeld und bewahrte all seine Gebäude, die ein richtiges kleines Dorf bilden. Lassen Sie sich nicht irritieren von den Feldern und Wäldern, durch die man fahren muß, wenn man die Straße verlassen hat, denn Titignano ist ein wenig das Ende der Welt. Das Herrenhaus liegt am kleinen Platz. Und hier muß man wohnen, wenn man von der majestätischen Innenarchitektur profitieren möchte. Auch der Komfort ist hier am besten. Der ansprechende Salon führt zu einer Loggia, in der man sich entspannen kann, im Speiseraum werden Sie einen imposanten Kamin entdecken. Die Mini-Appartements liegen in Gebäuden mit Blick sowohl auf den Platz als auch aufs Tal, einige sind ein wenig dunkel. Unterhalb, aber Wiesen und Hügel des kleines Sees Corbara überragend, liegt das Schwimmbad; der Blick von hier auf eine der schönsten Landschaften Umbriens ist unvergeßlich.

Anreise (Karte Nr. 14): A 1, (Rom-Florenz), Ausf. Orvieto, Rtg. Arezzo-Prodo. Danach die Straße Nr. 79bis, nach Titignano rechts.

PIEMONT - AOSTATAL

Villa La Meridiana - Cascina Reine

12051 Alba (Cuneo)
Altavilla, 9
Tel. 0173-44 01 12 - Fax 0173-44 01 12 - Sig.ra Giuliana Pionzo

Ganzj. geöffn. **5 Zimmer** u. 2 App. m. Küche, Bad od. Dusche, WC, (TV u. Tel. auf Wunsch) **Preise** DZ: 110-120000 L; App.: 140000 L (2 Pers. - zusätzl. Pers.: + 20000 L) - Frühst. inkl., von 8.00 bis 10.00 Uhr **Kreditkarten** Nicht akzeptiert **Verschiedenes** Hunde erlaubt - Schwimmb. - Billard - Parkpl. **Umgebung** Alba: im April Weinfeste, im Oktober Trüffelfeste - Panoramastraße von Langhe nach Ceva - Barbaresco u. Muskatellerstraße von Astinach Canelli - Asti: Kathedrale, S. Secondo, pallio de Asti im September - Sanktuarium von Crea - Abtei Vezollano - Golf Le Chocciole (18-Lochpl.) **Kein Restaurant** im Hotel (siehe unsere Restaurantauswahl S. 510).

Lassen Sie sich verleiten von den mit Wein bedeckten Hügeln des Piemont, die den berühmten Spumante d'Asti oder die zu Recht geschätzten Weine wie Barolo oder Barbaresco hergeben. Asti und Alba sind reizende mittelalterliche Kleinstädte, die im friedlichen Rhythmus der Jahreszeiten und von der Landwirtschaft leben, was hier regelmäßig gefeiert wird. *La Meridiana*, auf den Anhöhen der Stadt errichtet, ist eine Villa im Libertystil, der später ein Flügel für die reizvollen Gästezimmer hinzugefügt wurde. Einige Möbel aus dem Familienbesitz tragen zum Charme bei, während die Bäder von besonders komfortabler Modernität sind. Der Garten ist freundlich und derart angelegt, daß man Blick auf die Weinberge, die Pappeln und auch auf die Türme des historischen Zentrums hat. Die Küche, die zum Vorbereiten des Frühstücks dient, steht Ihnen zur Verfügung, wenn Sie abends einmal nicht ausgehen möchten. Dennoch sollten Sie die Piemonteser Gerichte genießen, die nicht ganz dem entsprechen, was man sich unter italienischer Küche vorstellt.

Anreise (Karte Nr. 7): 62 km von Turin.

PIEMONT - AOSTATAL

La Luna e i Falo'

14053 Canelli (Asti)
Regione Aie, 37
Tel. 0141-83 16 43 - Fax 0141-83 16 43
Sig. Carnero

Ganzj. geöffn. (auf Reserv.) **5 Zimmer** m. Bad od. Dusche, WC, TV **Preise** DZ: 160000 L - Frühst. inkl., bis 10.00 Uhr **Kreditkarten** Nicht akzeptiert **Verschiedenes** Hunde erlaubt - Parkpl. **Umgebung** Alba: im April Weinfeste, im Oktober Trüffelfeste - Panoramastraße von Langhe nach Ceva - Barbaresco u. Muskatellerstraße von Astinach Canelli - Asti: Kathedrale, S. Secondo, Pallio de Asti im September - Sanktuarium von Crea - Abtei von Vezollano - Golf Le Chocciole (18-Lochpl.) **Restaurant** (auf Reserv.) - ab 19.30 Uhr - Menüs: 45000 L u. 75000 L (Wein inkl.) - Spezialitäten: Monferrina, Langarola.

Weil Franco Carnero Cesare Pavese sehr bewundert, benannte er sein Haus nach dem Titel des Meisterwerks dieses berühmten italienischen Schriftstellers: "La Luna e i falo" (Junger Mond). Denn Paveses Heimat ist hier, in den Hügeln des Piemont, wo jedes Jahr im Juni bei Vollmond die Lichter brennen und den Beginn der Ernte ankündigen. Ein wunderbares und ergreifendes Schauspiel, das Sie von der großen, den Weinberg überragenden Terrasse aus verfolgen können. Die Inneneinrichtung ist freundlich und erstaunlich aufgrund der zahlreichen imposanten Möbel und einer ebenso großen wie abwechslungsreichen Gemäldesammlung. Auch die Zimmer sind komfortabel und üppig. Die Küche, die bereits in Turin von sich reden machte, bevor die Carneros endgültig nach Canelli umzogen, kann sich sehen lassen. Die an Traditionen, Kultur und Gastronomie reiche Region verspricht einen interessanten Urlaub.

Anreise (Karte Nr. 7): 37 km von Asti. Ab Canelli Rtg. "Castello Gancia", Aie.

PIEMONT - AOSTATAL

Villa Sassi

10132 Torino Sassi
Strada Traforo di Pino, 47
Tel. 011-89 80 556 - Fax 011-89 80 095
Sig.ra Aonzo

Kategorie ★★★★ **Geschlossen** im August **17 Zimmer** m. Klimaanl., Tel., Bad, WC, TV; Aufzug **Preise** EZ u. DZ: 270000 L, 400000 L - Frühst.: 20000 L, von 7.00 bis 10.30 Uhr - HP u. VP: 270-320000 L, 350-400000 L (pro Pers., mind. 3 Üb.) **Kreditkarten** akzeptiert **Verschiedenes** Hunde nicht erlaubt - Parkpl. **Umgebung** Turin: Palazzo Madama, Ägyptisches Museum, Galleria Sabauda, Santuario della Consolata, Galleria d'Arte moderna - Basilika Superga - Villa Reale di Stupinigi - Kathedrale Chieri - Kirche Sant'Antonio di Ranverso - Abtei Sacra di San Michele - Golfplatz I Roveri in la Mandria **Restaurant** von 12.30 bis 14.30 u. von 20.00 bis 22.30 Uhr - So geschl. - Karte: 110000 L - Internationale und Piemonteser Küche.

Diese Villa aus dem 17. Jahrhundert, die einst auf dem Land lag, befindet sich heute unweit des Zentrums von Turin. Dem Park, von dem sie umgeben ist, ist es zu verdanken, daß sie nach wie vor viel Ruhe bietet. Von der ursprünglichen Innenarchitektur wurden eine Holztreppe und eine schöne Wandmalerei erhalten. Die Gästezimmer sind individuell gestaltet und bieten besten Komfort. Die Konzeption des Restaurants ist modern. Seine großen Glasflächen gehen zum Garten und bieten einen weiten Blick auf den Park. Das angrenzende Bauernhaus liefert die frischen Produkte der edlen Piemonteser Küche, die ebenso kulinarisch wie originell ist.

Anreise (Karte Nr. 7): Ausf. Turin-West, der Ausschilderung folgen.

PIEMONT - AOSTATAL

Hotel Victoria

10123 Torino
Via Nino Costa, 4
Tel. 011-56 11 909 - Fax 011-56 11 806
Sig. Vallinotto

Kategorie ★★★ **Ganzj.** geöffn. **100 Zimmer** m. Klimaanl., Tel., Bad od. Dusche, WC, TV, Minibar; Aufzug **Preise** EZ u. DZ: 160-190000 L, 230-260000 L; Suiten: 300000 L - Frühst. inkl. (Buffet), von 7.30 bis 11.00 Uhr **Kreditkarten** akzeptiert **Verschiedenes** Hunde nicht erlaubt **Umgebung** Turin: Palazzo Madama, Ägyptisches Museum, Galleria Sabauda, Santuario della Consolata, Galleria d'Arte moderna - Basilika Superga - Villa Reale di Stupinigi - Kathedrale Chieri - Kirche Sant'Antonio di Ranverso - Abtei Sacra di San Michele - Golfplatz I Roveri in la Mandria **Kein Restaurant** im Hotel (siehe unsere Restaurantauswahl S. 508-510).

Hier ein inmitten der Stadt verborgenes Hotel, das entdeckt werden will. Das moderne Gebäude liegt im Einkaufszentrum in der Nähe der Piazza San Carlo, des Doms und des Bahnhofs. Die originelle Ausstattung verbindet Funktionelles mit Artdeco, Phantasie mit Humor. Die Zimmer sind durchweg bewundernswert, und man hat die Qual bei der Wahl: "Rückkehr aus Ägypten", die romatischeren mit Jouy-Stoffen oder jene, die an New Orleans erinnern. Sie sind allesamt sehr ruhig, da sie entweder zur Fußgängerzone oder auf einen Garten der Handelskammer gehen. Das Frühstückszimmer hat den Charme eines Wintergartens. Vom sehr freundlichen Salon aus blickt man auf einen grünen Innenhof. Es gibt also mindestens drei gute Gründe, das *Victoria* (mit dem Komfort eines Vier-Sterne-Hotels) zu wählen: die Ruhe, die Ausstattung und ein hervorragendes Preis-Leistungsverhältnis.

Anreise (Karte Nr. 8): Im Stadtzentrum, in der Nähe der Piazza San Carlo u. des Bahnhofs.

Il Capricorno

10050 La Sauze d'Oulx (Torino)
Le Clotes
Tel. 0122-850 273 - Fax 0122-850 273
Sig. und Sig.ra Sacchi

Kategorie ★★★★ Geschlossen vom 26. April bis 14. Juni u. vom 16. September bis 30. November
7 Zimmer m. Tel., Bad, WC, TV **Preise** EZ u. DZ: 195000 L, 270000 L - Frühst. inkl., von 8.00 bis 10.30 Uhr - HP: 220000 L (pro Pers., mind. 3 Üb.) **Kreditkarten** Visa, Eurocard, MasterCard **Verschiedenes** Hunde nicht erlaubt - Parkpl. im Sommer **Umgebung** Bergwanderungen - Ski, Abfahrten ab Hotel - Bardonecchia - Sestriere - Briançon - Golf in Sestriere (18-Lochpl.) **Restaurant** von 12.30 bis 14.30 u. von 19.30 bis 21.00 Uhr - Karte - Spezialitäten: Antipasti di Mariarosa - Scottata rucola e Parmigiano - Tacchino su zucchini - Gnocchi alla menta - Ravioli alla crema di zucchini - Portofoglio alla Capricorno - Maltagliati al ragù di verdure - Marmellate - Torte - Semifreddi di Maria Rosa.

Sauze d'Oulx ist ein Bergdorf, das in 1500 Meter Höhe in der Nähe des französisch-italienischen Grenzübergangs Clavière-Montgenèvre liegt. Das hübsche Chalet *Capricorno*, noch 300 Meter höher mitten in den Bergen, zählt nicht mehr als acht Zimmer, aber alle haben kleine, zweckmäßige Bäder. Deshalb vermag die Gastgeberin Mariarosa auch ihre Gäste zu verwöhnen: ihre Küche ist unglaublich delikat. Das *Capricorno* ist sowohl im Sommer wie im Winter angenehm und liegt für Wanderer und Skifahrer gleichermaßen günstig: nur wenige Kilometer von Bardonecchia und Sestriere und 30 Kilometer von Briançon entfernt. Reservierung unumgänglich.

Anreise (Karte Nr. 6): 81 km westl. von Turin über die A 70 - 40 km nordöstl. von Briançon über den Col de Montgenèvre bis Oulx, dann Rtg. Sauze-d'Oulx (Les Clotes: im Winter per Sessellift, im Sommer über die Straße).

PIEMONT - AOSTATAL

Hotel Principi di Piemonte

10058 Sestriere (Torino)
Via Sauze di Cesana
Tel. 0122-7941 - Fax 0122-70270
Sig. Clemente

Kategorie ★★★★ **Geschlossen** vom 16. April bis 16. Juni u. vom 24. August bis 19. Dezember
94 Zimmer m. Tel., Bad, WC, TV, Minibar **Preise** Nach Vereinbarung - Frühst., von 7.00 bis 11.30 Uhr
Kreditkarten akzeptiert **Verschiedenes** Kleine Hunde erlaubt - Sauna - Schönheitssalon - Garage
(20000 L) - Parkpl. **Umgebung** Ski, Abfahrten ab Hotel - Golf von Sestriere (18-Lochpl.) **Restaurant**
von 12.30 bis 14.00 u. von 19.30 bis 21.00 Uhr - Menüs: 45-55000 L - Karte - Piemonteser Küche.

Das *Principi di Piemonte*, inmitten der berühmten Türme der Stadt, galt früher als das traditionelle Grandhotel von Sestriere. Aus den Türmen wurden Clubs, und auch das *Principi* hat einige Veränderungen durchgemacht, um sich der neuen Kundschaft anzupassen. Die Zimmer bieten viel Komfort, und die Suiten sind luxuriös. Zusätzlich zu Salons und Speisesälen verfügt das Hotel über Boutiquen, einen Friseur und eine Diskothek. Alles ist auf sportlichen Skiurlaub und angenehme Apres-Ski-Abende angelegt. Diejenigen jedoch, die das Hotel vor ein paar Jahren kannten und die vom Hotel *Suvretta* in Sankt Moritz inspirierte Atmosphäre schätzten, werden mit leichtem Bedauern und einer gewissen Wehmut daran zurückdenken.

Anreise (Karte Nr. 6): 32 km nordöstl. von Briançon über den Col de Montgenèvre bis Cesana Torinese, dann die S 23; 93 km westl. von Turin über die Autobahn E 70.

PIEMONT - AOSTATAL

Locanda del Sant' Uffizio

14030 Cioccaro di Penango (Asti)
Tel. 0141-91 62 92 - Fax 0141-91 60 68
Sig. Beppe

Kategorie ★★★★ **Geschlossen** vom 6. bis 16. Januar u. vom 9. bis 20. August **35 Zimmer** u. 5 Nebenzi. m. Tel., Bad od. Dusche, WC, TV, Minibar - Eingang f. Behinderte **Preise** EZ m. HP:360000 L; DZ m. HP: 260-320000 L (pro Pers.) - Frühst. inkl., von 7.30 bis 10.30 Uhr **Kreditkarten** Diners, Visa, Eurocard, MasterCard **Verschiedenes** Kleine Hunde auf den Zimmern erlaubt - Schwimmb. - Tennis - Parkpl. **Umgebung** Asti - Abtei Vezzolano in Albrugnano - Santuario von Crea in den Hügeln des Monferrato - Golf von Margara (18-Lochpl.) **Restaurant** von 12.30 bis 13.30 u. von 19.30 bis 21.00 Uhr - Menü: 100000 L - Karte - Spezialitäten: Funghi tartufi - Gnocchi de fonduta - Cinghiale di bosco - Lasagne con verdurini del orto - Storione al tartufo nero - Anatra stufata al miele e rhum.

Das *Locanda del Sant'Uffizio* ist ein altes Kloster aus dem 15. Jahrhundert, das inmitten von Weinbergen in den Hügeln des Monferrato liegt. Die kleine Kapelle, die wunderschönen behaglichen Zimmer, die absolute Ruhe, die Schönheit der Landschaft und die Gebäude aus roten Ziegeln machen es für uns zu einem der besonders liebenswerten Hotels dieses Führers. Das Frühstück wird in einem reizend gestalteten Raum eingenommen, bei schönem Wetter direkt am Swimmingpool. Das Restaurant serviert eine außerordentlich gute Piemonteser Küche, die von exzellenten Weinen begleitet wird. Die Mahlzeiten sind zudem sehr reichhaltig. Lassen Sie sich dieses Kleinod nicht entgehen!

Anreise (Karte Nr. 7): 64 km östl. von Turin - 21 km nördl. von Asti über die S 457 Rtg. Moncalvo (3 km vor Moncalvo).

PIEMONT - AOSTATAL

Albergo del Castello

12060 Verduno (Cuneo)
Via Umberto I, 9
Tel. 0172-47 01 25 - Fax 0172-47 02 98
Sig.ra Elisa Burlotto

Kategorie ★★ **Geschlossen** von Dezember bis Februar **13 Zimmer** m. Dusche, WC (5 m. Tel.) **Preise** DZ: 160-200000 L; Suite: 300000 L (2 Pers., mind 3 Üb.) - Frühst. inkl., von 8.00 bis 11.00 Uhr - HP + 130000 L (2 Pers., mind. 3 Üb.) **Kreditkarten** akzeptiert **Verschiedenes** Hunde nicht erlaubt - Parkpl. **Umgebung** Torino - Asti - Bra - Alba - Abtei von Vezzolano **Restaurant** ab 20.00 Uhr - Menü: 75000 L - Spezialitäten: Givra (stracotto di vacca) - Agnolotti al plin - Carne di verduno - Risotti albarolo - Anatra von insalata - Panna cotta.

Dieses kleine Schloß, das nach Zeichnungen von Juvarra, einem Architekten des 18. Jahrhunderts, errichtet wurde, war ab 1847 im Besitz der Savoias, einer königlichen Familie. Es liegt in einer für seinen Wein (*Barolo* und *Barbera*) berühmten Gegend, baut noch immer Wein an und besitzt einen bemerkenswerten Weinkeller. Dank der mit viel Gespür im Innern vorgenommenen Renovierung bewahrte das Schloß Ursprüngliches: Fresken, eindrucksvolle alte Möbel und einige Gemälde aus dem Besitz der Familie Savoia. Die Gästezimmer des Stammhauses sind klösterlich schlicht. Die des Nebengebäudes, das luxuriösere Rosa und Blaue, sind mit hübschen Fresken dekoriert. Vom reizenden Garten aus können Sie die Piemonteser Landschaft betrachten, der es an Charme nicht mangelt.

Anreise (*Karte Nr. 7*): *50 km südl. von Turin. A 21, Ausf. Asti-Est; A 6, Ausf. Marene.*

PIEMONT - AOSTATAL

Hotel Pironi

Lago Maggiore
28822 Cannobio (Verbania)
Via Marconi, 35
Tel. 0323-70 624/70 871 - Fax 0323-72 184 - Famiglia Albertella
E-mail: hotel.pironi@carnnobio.net

Kategorie ★★★ **Geschlossen** von November bis Mitte März **12 Zimmer** m. Tel., Bad od. Dusche, WC, TV, Fön, Safe, Minibar; Aufzug **Preise** HP u. VP: 120-140000 L, 170-230000 L - Frühst. inkl. (Buffet) **Kreditkarten** Amex, Visa, Eurocard, MasterCard **Verschiedenes** Hunde nicht erlaubt - **Umgebung** Santuario della Pietà - Cannobina-Tal (Orrido S. Anna) - Vigezzo-Tal - Stresa - Borromäische Inseln - Verbania, Villa Taranto - Ascona - Locarno - Lugano **Kein Restaurant** im Hotel (siehe unsere Restaurantauswahl S. 511).

Das letzte Dorf am westlichen Ufer des Lago Maggiore, dem heitersten Teil des Sees, ist Cannobio. Das *Pironi* liegt in einem Stadtpalais des historischen Zentrums der kleinen Stadt. Eine besonders sorgsame Restaurierung wurde bei den Arkaden, Treppen, der Loggia und den Fresken aus dem 15. Jahrhundert angewandt. Das heißt aber nicht, daß es dem Hotel an modernem Komfort mangelt. Die Zimmer liegen auf drei Stockwerken mit Fahrstuhl, sind hübsch rustikal möbliert und auf das Gebälk des Hauses gut abgestimmt; einige Zimmer haben einen Blick auf den See, zwei besitzen Terrassen. Der vollkommen mit Fresken bemalte Speiseraum ist ein Juwel. Der einzige kleine Nachteil ist die Anfahrt. Bei der Reservierung wird man Ihnen jedoch den besten Weg angeben, und falls Sie möchten, geht man Ihnen beim Tragen des Gepäcks zur Hand. Der Empfang ist sehr nett und das Preis-Leistungsverhältnis für Italien erfreulich.

Anreise (Karte Nr. 2): 117 km nordwestl. von Mailand über die A 8 (Milano/Laghi), Ausf. Verbania, Rtg. Locarno.

PIEMONT - AOSTATAL

Hotel Ghiffa

Lago Maggiore
28823 Ghiffa (Verbiana)
Corso Belvedere, 88
Tel. 0323-59 285- Fax 0323-59 585 - Sig. Cattaneo

Kategorie ★★★ **Geschlossen** vom 1. Januar bis 25. März u. vom 20. Oktober bis 31. Dezember
39 Zimmer (32 m. Klimaanl.) m. Tel., Bad od. Dusche, WC, Satelliten-TV; Aufzug **Preise** EZ u. DZ: 185000 L, 260000 L + 15000 L m. Balkon + 40000 L m. Terrasse - Frühst. inkl., von 7.15 bis 9.45 Uhr - HP (pro Pers., mind. 3 Üb): + 30000 L **Kreditkarten** akzeptiert **Verschiedenes** Hunde nicht erlaubt - Schwimmb. - Garage (18000 L) - Parkpl. **Umgebung** Stresa - Borromäische Inseln - Locarno - Ascona - Golfpl. Pian di Sole **Restaurant** von 12.20 bis 14.00 u. von 19.15 bis 21.15 Uhr - Menü: 50000 L - Spezialitäten: Filetti di pesce persico alle erbe - Bianco di rombo al finocchio selvatino - Cannelloni alla nizarda - Torta Daverina.

An dem "reichen Ufer" des Lago Maggiore mit üppiger Vegetation gelegen, das von Künstlerhand zu Gärten, Lauben und Parks gestaltet wurde, ist das *Ghiffa* ein ruhiger, romantischer Ferienort. Das Hotel befindet sich direkt am See und hat seine Salons und ein wenig Glanz aus seiner aristokratischen Vergangenheit bewahrt. Wenn die Gästezimmer auch von einer etwas kalten Modernität sind, so wird man bei denen, die eine Aussicht auf den See und die Berge haben, entlohnt. Ein Schwimmbad und ein kleiner Privatstrand sind (auch wenn vom Baden in den Alpenseen abgeraten wird) im Sommer sehr willkommen. Die Küche ist fein; der Ausblick, den das Restaurant bietet, ist reizvoll. Ein erfrischendes Quartier vor dem unumgänglichen Besuch der malerischen Borromäischen Inseln.

Anreise (Karte Nr. 2): 102 km nordwestl. von Mailand über die A 8, Ausf. Gravellona Toce, Rtg. Verbania/Lago Maggiore, Locarno.

PIEMONT - AOSTATAL

Hotel Verbano

Lago Maggiore
Isole Borromee 28049 Stresa (Novara) - Isola dei Pescatori
Tel. 0323-30 408/32 534 - Fax 0323-33 129 - Sig. Zacchera
E-mail: hotelverbano@gse.it - Web: http://www.hotelverbano.it

Kategorie ★★★ **Geschlossen** Januar u. Februar **12 Zimmer** m. Tel. Bad od. Dusche, WC **Preise** DZ: 240000 L - Frühst. inkl. - HP u. VP: 160-180000 L, 200-230000 L (pro Pers.) **Kreditkarten** akzeptiert **Verschiedenes** Hunde erlaubt - Boote **Umgebung** Isola Bella: Palazzo Borromeo und seine Gärten - Botanischer Garten der Isola Madre - Golf der Borromäischen Inseln (18-Lochpl.) in Stresa **Restaurant** von 12.00 bis 14.30 u. von 19.00 bis 21.30 Uhr - Menüs: 45-70000 L - Karte - Spezialitäten: Antipasti - Pesce del lago.

Die Borromäischen Inseln des Lago Maggiore muß man ganz einfach besuchen. Schiffe für eine Inselrundfahrt liegen im Hafen von Stresa. Diese wundervollen Inseln voller Charme mit ihren Villen und den bis zur Landungsbrücke reichenden Gärten laden zu einem Aufenthalt ein. Isola dei Pescatori ist eine der kleinsten der Borromäischen Inseln. Das *Verbano*, in dem Toscanini sich gerne aufhielt und arbeitete, ist auch nicht gerade groß. Großer Luxus wird hier nicht geboten, aber viel Charme und Gästezimmer mit knirschenden Fußböden. Eingerichtet sind die Zimmer mit dem Mobiliar aus dem Familienbesitz, das etwas veraltet wirkt, aber der Blick auf den See (von den meisten Zimmern aus) ist wunderschön. Wem dann noch immer Romantik fehlt, muß bis zum Abendessen bei Kerzenschein warten.

Anreise (Karte Nr. 2): Nordwestl. von Mailand über die A 8, Rtg. Lago Maggiore; in Stresa oder Pallanza das Schiff zu den Borromäischen Inseln bis zur Isola dei Pescatori nehmen. Überfahrten ab 18.30 Uhr; Taxi-Boote.

PIEMONT - AOSTATAL

Hotel Villa Crespi

Lago d'Orta
28016 Orta San Giulio (Novara)
Via Generale Fava, 8
Tel. 0322-91 19 02 - Fax 0322-91 19 19 - Famiglia Bacchetta

Kategorie ★★★★ **Geöffn.** ausschl. auf Reserv. **12 Zimmer** u. 7 Suiten m. Klimaanl., Tel. Bad, WC, TV, Minibar - Aufzug **Preise** EZ u. DZ: 280000 L, 380000 L; Suiten: 420-780000 L - Frühst. inkl., von 7.00 bis 10.30 Uhr - HP u. VP: 290-330000 L, 330-380000 L (pro Pers., im DZ, mind. 3 Üb.) **Kreditkarten** akzeptiert **Verschiedenes** Kleine Hunde erlaubt - Sauna - Parkpl. **Umgebung** Orta San Guilio - Sacro Monte - Isola di San Guilio - Stiftung Calderana in Vacciago - Golfpl. Gignese **Restaurant** von 12.00 bis 14.30 u. von 19.30 bis 22.00 Uhr - Menüs: 90-110000 L - Spezialitäten: Millefoglie di patate, Spugnole e fegato grasso in salsa "caline", raviolini del' Plin in cesto di parmigiano, carré di agnello in crosta di sale, gratin di frutta di stagione.

Da im Laufe des Jahres Renovierungsarbeiten geplant sind, ist es unumgänglich, vorher Informationen einzuholen. Am Ufer des ausgesprochen romantischen Lago d'Orta werden Sie ein ungewöhnliches maurisches Minarett entdecken: eine luxuriöse Hommage des Baumwoll-Industriellen Benigno Crespi an den Orient. Die Villa (1880) wurde inmitten eines herrlichen Parks voller schattenspendender Lärchen errichtet. In den Salons und Zimmern gelingt es dem klassischen Mobiliar, die etwas überladene orientalische Dekoration auszugleichen. Die Gästezimmer sind sehr romantisch mit imposanten Baldachinbetten und schönen Samtstoffen ausgestattet. Die geräumigen Marmorbäder bieten modernsten Komfort und verfügen über Kingzise-Whirlpools. *Villa Crespi* ist ein Familienbetrieb, und der Inhaber ist auch der Küchenchef des regionaltypischen, aber raffinierten Restaurants, das in der ganzen Gegend bekannt ist.

Anreise *(Karte Nr. 2): 20 km westl. von Stresa u. des Lago Maggiore.*

PIEMONT - AOSTATAL

Hotel San Rocco

Lago d'Orta
28016 Orta San Giulio (Novara)
Via Gippini, 11
Tel. 0322-91 19 77 - Fax 0322-91 19 64 - Sig. Bacchetta

Kategorie ★★★★ **Ganzj.** geöffn. **74 Zimmer** m. Tel. Bad, WC, TV, Minibar - Aufzug **Preise** EZ u. DZ: 180-260000 L, 260-380000 L; Suiten: 400-460000 L - Frühst. inkl., von 7.00 bis 10.00 Uhr - HP u. VP: + 60000 L + 110000 L (pro Pers., mind. 3 Üb.) **Kreditkarten** akzeptiert **Verschiedenes** Hunde nicht erlaubt - Sauna (26000 L) - Fitneßcenter - Garage (15000 L) - Parkpl. **Umgebung** Orta San Giulio; Markt: Mi; Sacro Monte; Isola di San Giulio; Calderana-Stiftung in Vacciago - Golfpl. Gignese **Restaurant** von 12.30 bis 14.00 u. ab 20.00 Uhr - Menü: 72000 L - Spezialitäten: Bacetti san Rocco, boconcini tartufati, salmone marinato al timo, code di gamberi con frutti tropicali, zabaglione al frutti di bosco.

Gegenüber der romantischen Landschaft der Insel San Giulio wurde das *San Rocco* auf den Fundamenten eines Klosters aus dem 17. Jahrhundert errichtet und verfügt über eine wundervolle Lage. Das am See und am Klostergang gelegene Hotel hat seine ursprüngliche, muschelartige Form erhalten, im Innern ist die Struktur allerdings modern und effizient. Alle Zimmer haben eine schöne Aussicht, sind von schlichter Eleganz und sehr komfortabel. Sobald das Wetter es erlaubt, kann man sich draußen mit Blick auf den See ausruhen oder im Schwimmbad entspannen. Auch stellt das Hotel zum Entdecken der Insel ein Boot zur Verfügung. Die Küche ist auf delikate Art traditionell.

Anreise (Karte Nr. 2): 20 km westl. von Stresa u. des Lago Maggiore.

PIEMONT - AOSTATAL

Castello di San Giorgio

15020 San Giorgio Monferrato (Alessandria)
Via Cavalli d'Olivola, 3
Tel. 0142-80 62 03 - Fax 0142-80 65 05 - Sig. Grossi

Kategorie ★★★★ **Geschlossen** vom 1. bis 20. August u. vom 27. Dezember bis 10. Januar - **10 Zimmer** u. 1 Suite m. Tel., Bad, WC, TV, Minibar **Preise** EZ u. DZ: 170000 L, 240000 L; Suiten: 320000 L - Frühst.: 25000 L, von 8.00 bis 11.00 Uhr - HP: 240000 L (pro Pers.) **Kreditkarten** akzeptiert **Verschiedenes** Hunde erlaubt - Parkpl. **Umgebung** Marengo (Villa Marengo) - Asti - Abtei von Vezzolano in Albugnano **Restaurant** von 12.00 bis 14.30 u. von 19.30 bis 21.30 Uhr - Mo geschl. - Menü: 85000 L - Karte - Spezialitäten: Agnolotti alla monferrina - Funghi - Tartufi.

Dieses um ein bemerkenswertes Restaurant ergänzte Hotel ist im Bauernhof sowie in den Pferdeställen des Schlosses von Monferrat untergebracht. Das Schloß ist ein enormes Bauwerk, das im 14. Jahrhundert für Gonzales von Mantua errichtet wurde und inmitten eines wunderschönen Parks liegt, der auch heute noch durch seine Originalmauern begrenzt wird. Die alten Gebäude sind herrlich restauriert und zum Teil mit alten Möbeln aus dem Schloß eingerichtet. Die geschmackvollen Zimmer sind luxuriös, und die Aussicht auf die weite Piemonteser Ebene und ihre Hügel ist beeindruckend. Der Direktor, Signore Grossi, ist neben seinen Qualitäten als Hotelier auch ein Experte französischer Gastronomie. Seine Frau ist es jedoch, die über Töpfe und Pfannen herrscht, und das mit erstaunlichen Ergebnissen: im *San Giorgio* ist die Küche von höchster Güte! Und da auch alles andere stimmt, empfehlen wir dringend einen Abstecher.

Anreise (Karte Nr. 8): 26 km nordwestl. von Alessandria über die A 26, Ausf. Casale-Sud, nach 6 km Abzweigung Alessandria - Asti, Straße rechts nach San Giorgio Monferrato.

PIEMONT - AOSTATAL

Hotel Hermitage

11021 Breuil-Cervinia (Aosta)
Tel. 0166-94 89 98 - Fax 0166-94 90 32

Kategorie ★★★★ **Geschlossen** im Mai, Juni, Oktober u. November **36 Zimmer**, 4 Suiten u. 1 Appartement m. Tel., Bad od. Dusche, WC, Satelliten-TV, Minibar, Safe; Aufzug **Preise:** EZ 257-367000 L (Classique), 317-467000 L (Junior-Suite); Suiten: 437-627000 L (Suite m. Kamin) - Frühst. inkl., von 7.30 bis 11.00 Uhr - HP: 220-380000 L (DZ), ab 400000 L (Suiten) (pro Pers.) **Kreditkarten** akzeptiert **Verschiedenes** Hunde nicht erlaubt - Hallenbad - Sauna - Fitneßcenter - Garage (25000 L) - Parkpl. **Umgebung** Ski - Plateau Rosà und Furggen per Seilschwebebahn - Golf in Cervino (9-Lochpl.) **Restaurant** von 13.00 bis 14.00 u. von 20.00 bis 22.00 Uhr - Menüs: 70-90000 L - Karte - Regionale Küche.

Ein Aufenthalt im *Hermitage* bedeutet nicht nur, daß man etwas Besonderes in 3000 Meter Höhe auf den Pisten von Cervinia sucht oder daß es Spaß macht, in der Schweiz bis Zermatt skizulaufen, sondern auch, daß man all das genießen kann, was das Hotel bietet. Exzellenter Komfort eines Luxushotels, moderne; behagliche, für die Berge typische Ausstattung der geräumigen Gästezimmer und auch der neuen, romantischen Dachzimmer, angenehmes Après-Ski im Schwimmbad, Fitneß- oder Beauty-Center. Außerdem die gute Hotelküche, die für ihre alten Familienrezepte berühmt und wo alles wirklich hausgemacht ist, einschließlich des Frühstücksgebäcks und der Konfitüren. In der ruhigen Zeit, d.h. Dezember, Januar und April, bietet das *Hermitage* Aufenthalte (fünf Tage) zu interessanten Preisen an, um in einem Hotel mit Charme von einem der schönsten Skigebiete Europas zu profitieren.

Anreise (Karte Nr. 1): 50 km nordöstl. von Aosta über die A 5, Ausf. Aosta-Ovest, dann RR 47.

PIEMONT - AOSTATAL

Les Neiges d'Antan

11021 Breuil-Cervinia (Aosta)
Frazione Cret Perrères
Tel. 0166-94 87 75 - Fax 0166-94 88 52
Sig. und Sig.ra Bich

Kategorie ★★★ **Geschlossen** vom 17. September bis 5. Dezember u. vom 3. Mai bis 29. Juni **28 Zimmer** m. Tel., Bad od. Dusche, WC, TV, Safe **Preise** EZ u. DZ: 120000 L, 210000 L; Suiten f. 4 Pers.: 380000 L - Frühst. inkl., von 7.30 bis 10.00 Uhr - HP u. VP: 90000 L, 160000 L (pro Pers., mind. 3 Üb.) **Kreditkarten** Visa, Eurocard, MasterCard **Verschiedenes** Hunde im Zimmer erlaubt - Priv. Pendelverkehr zu den Pisten - Parkpl. **Umgebung** Ski, Abfahrt ab Hotel - Plateau Rosà und Furggen per Seilschwebebahn - Golf in Cervino (9-Lochpl.) **Restaurant** von 12.30 bis 14.00 u. von 19.30 bis 21.30 Uhr - Menü: 50000 L - Karte - Regionale Küche.

Mitten in den Bergen gegenüber dem Matterhorn liegt das *Neiges d'Antan:* ein wahres Hotel mit Charme, in dem die liebenswürdige Sorgfalt einer ganzen Familie zu spüren ist. Die Gestaltung ist einfach, aber sehr freundlich und persönlich: eine getäfelte Bar, Wände mit Erinnerungsfotos, ein großer moderner Salon, in dem man Bücher, Zeitungen und Zeitschriften vorfindet und der auch als Musikzimmer dient. Was hier den Luxus ausmacht, ist viel Qualität, verbunden mit großer Einfachheit: die exzellente Küche wird von Signora Bich beaufsichtigt, der auch die selbstgemachten Frühstückskonfitüren zu verdanken sind. Signore Bich stellt mit Hilfe seines Sohnes und Kellermeisters die "Önothek" zusammen. In den Zimmern ist ebenfalls alles sehr geschmackvoll gestaltet, gibt es viel Komfort. Ein wertvolles Hotel, geführt von wertvollen Menschen.

Anreise (Karte Nr. 1): 49 km nordöstl. von Aosta über die A 5, Ausf. Saint-Vincent - Châtillon, dann S 406 (4 km vor Cervinia).

PIEMONT - AOSTATAL

Albergo Villa Anna Maria

11020 Champoluc (Aosta)
5, rue Croues
Tel. 0125-30 71 28 - Fax 0125-30 79 84 - Sig. Origone und Sig. Origone
Web: www.to2.flashnet.it/anna - E-mail: hotel.annamaria@flashnet.it

Kategorie ★★★ **Ganzj.** geöffn. **20 Zimmer** m. Tel., (14 m. Bad od. Dusche, WC), TV **Preise** Zi. m. HP u. VP: 125000 L, 140000 L (pro Pers., mind. 3 Üb) - Frühst.: 10000 L, von 8.15 bis 11.00 Uhr **Kreditkarten** Visa, Eurocard, MasterCard **Verschiedenes** Kleine Hunde erlaubt **Umgebung** Ayas und seine Weiler: Antagnod, Perriax - Saint-Jacques: Ausgangspunkt für Hochgebirgstouren - Schloß Verrès - Kirche von Antagnod **Restaurant** von 12.45 bis 14.00 u. von 19.45 bis 21.00 Uhr - 16. September bis 1. Dezember u. 20. April bis 20 Juni geschl. - Menüs: 30-40000 L - Karte - Spezialitäten: Aosta-Tal-Fondue - Zuppa Valpellinentze.

Dieses charmante Chalet ist eine unserer bevorzugten Adressen. Hinter Tannen versteckt, im Sommer mit Blumen umgeben, im Winter in Schnee eingehüllt, ist das *Anna Maria* eine Adresse für Ruhesuchende und jene, die Orte mit einer ganz besonderen Atmosphäre schätzen. Das mit Holz getäfelte und mit Kupfergeschirr geschmückte Restaurant ist von rustikaler, natürlicher Schönheit. Die Küche ist einfach, aber raffiniert. Die Zimmer haben niedrige Decken, sind etwas dunkel und erinnern an Berghütten. Der Empfang ist von echter Herzlichkeit.

Anreise (Karte Nr. 1): 63 km östl. von Aosta über die A 5, Ausf. Verrès, dann SR 45 (Ayas-Tal) nach Champoluc.

PIEMONT - AOSTATAL

Hotel Bellevue

11012 Cogne (Aosta)
Via Gran Paradiso, 22
Tel. 0165-74 825 - Fax 0165-74 91 92 - Sigg. Jeantet und Roullet
Web: http://www.hotlbellevuecogne.it - E-mail: hotelbellevuecogne@netvalee.it

Kategorie ★★★★ **Geschlossen** vom 3. Oktober bis 23. Dezember **32 Zimmer** u. 3 Chalets m. Tel., Bad, WC, TV, Minibar u. Safe; Aufzug **Preise** DZ: 240-540000 L - Frühst. inkl., von 8.00 bis 10.00 Uhr - HP u. VP: 150-300000 L + 30000 L (pro Pers., mind. 3 Üb.) **Kreditkarten** akzeptiert **Verschiedenes** Hunde nicht erlaubt - Hallenbad - Whirlpool - Türkisches Bad - Sauna - Kochkurse - Weinproben - Mountainbikes - Garage - Parkpl. **Umgebung** Alpengarten von Valnontey - Ausflüge in den Parco Nazionale Gran Paradiso **Restaurant** von 12.30 bis 13.30 u. von 19.30 bis 21.00 Uhr - Regionale Küche.

Das *Bellevue* liegt im Nationalpark Gran Paradiso in einer Wiese, die sich ins Unendliche auszudehnen scheint und ist doch nur einen Steinwurf vom Zentrum von Cogne entfernt. Der Empfang ist sehr nett, die Einrichtung mit hellen Möbeln und in Pastelltönen einfach und freundlich. Das sympathische Personal ist in Trachten gekleidet. Die Küche hat Qualität und wird mit ausgesuchten Produkten der Region zubereitet. Die Zimmer verfügen ausschließlich über einen prachtvollen Ausblick. Das Hotel wurde kürzlich mit modernen Fitneß-Einrichtungen versehen und bietet Musik- oder Kinoabende an.

***Anreise** (Karte Nr. 1): 27 km südl. von Aosta über die Autobahn des Mont-Blanc, Ausf. Aosta-Ovest, dann RR 47.*

Hotel Herbetet

Valnontey 11012 Cogne (Aosta)
Tel. 0165-74 180 - Fax 0165-74 180
Sig. Carlo Cavagnet

Kategorie ★★ **Geschlossen** vom 25. September bis 15. Mai **22 Zimmer** m. Bad od. Dusche, WC
Preise EZ u. DZ: 38-45000 L, 69-90000 L - Frühst.: 8000 L, von 7.30 bis 9.30 Uhr - HP u. VP: 65-95000 L, 75-110000 L (pro Pers.) **Kreditkarten** akzeptiert **Verschiedenes** Hunde erlaubt - Parkpl.
Umgebung Alpengarten von Valnontey - Ausflüge in den Parco Nazionale Gran Paradiso **Restaurant** von 12.30 bis 14.00 u. von 19.30 bis 21.00 Uhr - Do außerh. der Saison geschl. - Menü: 21000 L (Getränke inkl.) - Karte - Spezialitäten: Fondue alla valdotena - Sosa.

Für Liebhaber des Gebirges ist Cogne gewiß ein strategisch interessanter Ort. In einer Höhe von 1535 Metern befindet man sich hier am Fuß des Hochgebirges. Bergtouren im Sommer, Langlaufski im Winter - hier ist das Gebirge jederzeit interessant. Der Hauptvorteil des *Herbetet* ist zweifellos die Aussicht, die es bietet. Zimmer, Balkone und Terrassen liegen dem majestätischen Grand Paradis gegenüber. Da das Hotel vom Dorf etwas abgelegen ist, werden Sie (hin und wieder) vom Zimmer aus Steinböcke beobachten können, die der Nationalpark besonders schützt. Im Innern ist alles sehr schlicht und komfortabel, auch wenn der rustikale Stil hier und da ein wenig übertrieben wirkt. Ideal für diejenigen, die ein paar Tage nichts als Berge sehen möchten.

Anreise (Karte Nr. 1 u. 7): (per Tunnel); Autob. von Morgex bis Aymavilles, dann R 47. 22 km südl. von Aosta über die S 26 bis Sarre, S 507.

PIEMONT - AOSTATAL

Hotel Petit Dahu

11012 Valnontey (Aosta)
Tel. 0165-74 146 - Fax 0165-74 146
Sig. und Sig.ra Cesare - Ivana Charruaz
E-mail: hpdahu@aostanet.com

Kategorie ★★ **Geschlossen** im Mai, Oktober u. November **8 Zimmer** m. Tel., Dusche, WC, 3 m. TV
Preise HP m. EZ: 85-125000 L (pro Pers., mind. 3 Üb.) - Frühst. inkl., von 8.00 bis 10.00 Uhr
Kreditkarten Visa, Eurocard, MasterCard **Verschiedenes** Hunde nicht erlaubt - Parkpl. **Umgebung**
Alpengarten von Valnontey - Ausflüge in den Parco Nazionale Gran Paradiso **Restaurant** (nur f.
Hausgäste) 19.30 Uhr - Menü: 42000 L - Spezialitäten: carbonade, fondutte, raclette.

Wenn der Luxus, den Cogne bietet, für Sie nicht wichtig ist, sollten Sie sich in diesen Weiler des Nationalparks Grand Paradis begeben, der bis heute ausschließlich über Hotels verfügt und ganz auf "Rustikal" setzt. Auf der rechten Seite des Dorfes bilden zwei durch einen Laufsteg miteinander verbundene Häuser das *Petit Dahu*. Es ist ein Miniaturhotel mit kleinen Zimmern, kleinem Garten und kleinem Restaurant. Deshalb ist es aber nicht minder gepflegt, sympathisch und freundlich. Der Chef des Hauses betätigt sich auch als Bergführer für diejenigen, die sich ins Tal begeben oder der hiesigen Fauna begegnen möchten, denn in dieser geschützten Gegend leben recht zutrauliche Murmeltiere, Gemsen und Steinböcke. Wenn Sie sich nach den Ausflügen nach Vittorio Sella, Roccia Viva oder Becca di Gay stärken möchten, wird Ivana Ihnen gute lokale Gerichte wie Fondues oder Raclettes auftischen. Einmal pro Woche findet eine Abendveranstaltung mit einem Festmenü statt, das bei Kerzenlicht eingenommen wird. Ein schlichtes, gastfreundliches Haus.

Anreise (Karte Nr. 1 und 7): 27 km südl. von Aosta über die S 26 bis Sarre, dann R 47.

PIEMONT - AOSTATAL

Chalet Val Ferret

Amouva 11013 Courmayeur (Aosta)
Tel. 0165-84 49 59 - Fax 0165-84 49 59
Sig. und Sig.ra Biondi

Kategorie ★★ **Geschlossen** vom 15. September bis 15. Juni **7 Zimmer** m. Tel., Bad u. Dusche, WC
Preise EZ: 120-140000 L - Frühst. inkl., von 8.00 bis 10.30 Uhr - HP u. VP: 100-110000 L, 110-130000 L **Kreditkarten** Visa, Eurocard, MasterCard **Verschiedenes** Hunde erlaubt - Parkpl.
Umgebung Ski - Wasserfälle und Rutor-See bei Thuile - Col du Géant und Aiguille du Midi per Seilbahn - Seilbahn des Checrouit - Chamonix - Val Veny und Val Ferret - Golfplatz (18-Loch) in Chamonix - Golf von Plainpincieux (9-Lochpl.) **Restaurant** von 12.30 bis 14.00 u. von 19.30 bis 21.30 Uhr - Menü: 35-50000 L - Karte - Regionale Küche.

Über den Mont-Blanc-Tunnel kann man das Aostatal und Norditalien rasch erreichen. Am Ausgang des Tunnels stellt das kleine Dorf Entrèves den Ausgangspunkt der beiden Täler dar, die sich mit Chamonix das berühmte Massiv teilen. Val Veny im Südwesten und Val Ferret im Nordosten stellen die anspruchsvollsten Wanderer und Alpinisten im Sommer und verwöhnte Skiläufer im Winter zufrieden, denn die berühmte Station Courmayeur liegt nur ein paar Kilometer weiter. Das Chalet befindet sich am Ende eines Alpenlärchentales mit üppiger Vegetation am Ufer des Ferret und ist die letzte Etappe vor den Gipfeln. Die Besitzer dieser ehemaligen Schäferei haben das Beste aus dem Haus gemacht und eine traditionelle, sehr geschmackvolle Gestaltung mit modernem Komfort verbunden. Das Ergebnis: ein freundliches Haus voller Wärme. Das Team ist jung und dynamisch, die Küche von bester Qualität. Von allen Zimmern blickt man auf den Wasserfall und die Berge. Für ruheliebende sportliche und nichtsportliche Menschen.

Anreise (Karte Nr. 1): 20 km von Chamonix (Tunnel) - Entrèves, Straße des Val Ferret.

PIEMONT - AOSTATAL

La Grange

Entrèves 11013 Courmayeur (Aosta)
Strada La Brenva
Tel. 0165-86 97 33 - Fax 0165-86 97 44
Sig.ra Berthod

Kategorie ★★★ **Geschlossen** von Oktober bis Ende November u. von Mai bis Juni **23 Zimmer** m. Tel., Bad, WC, TV, Minibar **Preise** EZ u. DZ: 100-150000 L, 150-200000 L; Suiten f. 4 Pers.: 300-400000 L - Frühst. inkl., von 8.00 bis 10.30 Uhr **Kreditkarten** akzeptiert **Verschiedenes** Hunde erlaubt (5000 L) - Sauna (15000 L) - Parkpl. **Umgebung** Ski - Wasserfälle und Rutor-See bei Thuile - Col du Géant und Aiguille du Midi per Seilbahn - Seilbahn des Chécrouit - Chamonix - Val Veny und Val Ferret - Golfplatz (18-Loch) in Chamonix - Golf von Plainpincieux (9-Lochpl.) **Kein Restaurant** im Hotel (siehe unsere Restaurantauswahl S. 512).

Trotz seines Charmes und seiner Beliebtheit ist dieses kleine Hotel ein Geheimtip geglieben. Es liegt versteckt in diesem vormals hintersten Winkel des Aostatals, am Fuße des Brevagletschers und des Mont Blanc. Heute führt die Tunnelstrecke, die Mayerhofen mit Chamonix verbindet, dort entlang. Aber zum Glück liegt Entrèves doch etwas abseits und ist darum ein authentisches Bergdorf geblieben. Das Innere dieser hervorragend restaurierten Scheune ist sehr gemütlich: alte Möbel, allerlei Gegenstände und Kupferstiche schmücken den Salon und das Frühstückszimmer. Die Zimmer sind in gleicher Weise behaglich und kuschelig. Der einzige Nachteil, und dies insbesondere für ein Berghotel im Winter: kein Restaurant. Die Besitzer haben sich allerdings mit den ortsansässigen Restaurants arrangiert.

Anreise (Karte Nr. 1): 20 km von Chamonix (Tunnel) - 42 km westl. von Aosta über die S 26, Courmayeur, Mont-Blanc-Tunnel, Entrèves.

PIEMONT - AOSTATAL

Hotel La Brenva

Entrèves 11013 Courmayeur (Aosta)
Tel. 0165-869 780 - Fax 0165-869 726
Sig. Egidio Biondi
E-mail: labrenva@tin.it

Kategorie ★★★ **Geschlossen** im Mai **14 Zimmer** m. Tel., Dusche, WC, TV **Preise** DZ: 120-220000 L; Suiten (4 Pers.): 180-280000 L - Frühst. inkl., von 8.00 bis 10.00 Uhr **Kreditkarten** akzeptiert **Verschiedenes** Hunde erlaubt - Parkpl. **Umgebung** Ski - Wasserfälle und Ruitor-See bei Thuile - Col du Géant und Aiguille du Midi per Seilbahn - Seilbahn des Chécrouit - Val Veny und Val Ferret - Golf (18-Lochpl.) in Chamonix - Golf von Plainpincieux (9-Lochpl.) **Restaurant** von 12.00 bis 14.00 u. von 19.30 bis 21.30 Uhr - Mo geschl. - Menüs: 50-70000 L - Karte - Aostatal-Küche.

Das an den mächtigen Mont Blanc angelehnte Entrèves bietet sowohl die Annehmlichkeiten eines Wintersportortes als auch die Ruhe eines kleinen Dorfes in den Alpen. Der Gasthof hat im übrigen mit seinen dicken Steinmauern, Kaminen und Balken die behagliche Atmosphäre eines Chalets bewahrt. Die vollständig holzverkleideten Gästezimmer besitzen Balkone mit Blick auf den titanenhaften Mont Blanc. Die maßvolle und komfortable Rustikalität des Hauses ist ideal für den Abend zum Kräftesammeln, um so mehr, als der Herr des Hauses ein begnadeter Koch ist. Hier werden Sie regionale, mit viel Phantasie zubereitete Gerichte entdecken. Ein Wink für Feinschmecker.

Anreise (Karte Nr. 1): 20 km von Chamonix (Tunnel) - 42 km westl. von Aosta über die S 26, Courmayeur, Tunnel-Straße des Mont Blanc, Entrèves.

PIEMONT - AOSTATAL

Hotel Lo Scoiattolo

11020 Gressoney-la-Trinité (Aosta)
Tel. 0125-366 313 - Fax. 0125-366 220
Sig.ra Bethaz

Kategorie ★★★ **Geschlossen** von Oktober bis Ende November u. vom 1. Mai bis 24. Juni **14 Zimmer** m. Tel., Bad, WC, TV **Preise** HP: 70-140000 L (pro Pers.) - Frühst.: 15000 L, von 8.00 bis 10.00 Uhr **Kreditkarten** Visa, Eurocard, MasterCard **Verschiedenes** Hunde nicht erlaubt - Garage **Umgebung** Ski: 500 m zu den Skilifts **Restaurant** nur für Hotelgäste: ab 19.30 Uhr - Menü - Regionale Küche.

Gressoney-la-Trinité ist das letzte Dorf des Aostatals am Monte Rosa. Hauptsächlich von italienischen Familien und fanatischen Bergfans frequentiert, ist die Atmosphäre im Dorf eine ganz andere als in den mondäneren Wintersportorten. Das angenehmste der Hotels ist dieses kleine, vor nur fünf Jahren eröffnete und von Silvana und ihren beiden Töchtern geführte *Lo Scoiattolo*. Die Zimmer sind groß und gut eingerichtet. Die hellen Holztäfelungen schaffen eine echte Bergatmosphäre. Signora Bethaz, die bisweilen eine etwas schroffe Art hat, wacht jedoch mit viel Aufmerksamkeit und Sorge über einen einwandfreien Ablauf im Hotel und in der Küche. Eine interessante Adresse für Ferien mit kleinem Geldbeutel.

Anreise (Karte Nr. 1): 100 km östl. von Aosta über die A 5, Ausf. Pont-Saint-Martin, dann S 505.

APULIEN

Hotel dei Trulli

70011 Alberobello (Bari)
Via Cadore, 28
Tel. 080-432 35 55 - Fax 080-432 35 60
Sig. Farace

Kategorie ★★★★ **Ganzj.** geöffn. **19 Suiten** m. Klimaanl., Tel., Bad od. Dusche, WC, TV, Minibar **Preise** EZ m. HP: 170-200000 L, u. DZ m. HP 140-170000 L (pro Pers., mind. 3 Üb.) **Kreditkarten** akzeptiert **Verschiedenes** Hunde erlaubt - Schwimmb. - Parkpl. **Umgebung** Zona Trulli (Trullo Sovrano) - Locorotondo - Martina Franca - Taranto - Castellana Grotte - Castel del Monte **Restaurant** von 12.30 bis 14.30 u. von 19.30 bis 22.30 Uhr - Menü: 60000 L - Karte - Spezialitäten: Orecchiette alla barese - Purè di fave con cicoria - Agnello Alberobellese.

Alberobello könnte man die Hauptstadt der *trulli* nennen. Wenn deren Stil auch vermuten läßt, daß hier Disneyland als Vorbild diente, sind die ungewöhnlichen kleinen Siedlungen doch authentische alte Bauten und typisch für diese Region. Das vollständig aus *trulli* bestehende Hotel ist jedoch neueren Datums, erlaubt aber trotzdem eine exzellente Einführung in das "trullische" Leben. Jedes *trulli* verfügt über eine Laube, ein oder zwei Zimmer und einen kleinen Salon mit Kamin. Alle sind behaglich, charmant und klimatisiert. Das Restaurant befindet sich im Hauptgebäude. Das Hotel besitzt außerdem einen Swimmingpool, der zwar nicht ausgenommen schön, aber an heißen Sommertagen doch sehr zu schätzen ist.

Anreise (Karte Nr. 22): 55 km südöstl. von Bari über die S 100 bis Casamàssima, dann die S 172 bis Putignano u. Alberobello.

APULIEN

Il Melograno

70043 Monopoli (Bari)
Contrada Torricella, 345
Tel. 080-690 90 30 - Fax 080-74 79 08
Sig. Guerra
Web: http://www.melograno.com - E-mail: melograno@melograno.com

Kategorie ★★★★ **Geschlossen** vom 7. Januar bis 4. April **37 Zimmer** m. Klimaanl., Tel., Bad u. Dusche, WC, Satelliten-TV, Minibar **Preise** EZ u. DZ: 240-360000 L, 360-600000 L; Suiten: 670-930000 L - Frühst. inkl., von 7.30 bis 11.00 Uhr - HP u. VP: 240-360000 L, 280-400000 L (pro Pers., mind. 3 Üb.) **Kreditkarten** akzeptiert **Verschiedenes** Hunde nicht erlaubt - Schwimmb. - Tennis - Health Center m. Schwimmb. - Parkpl. **Umgebung** Ruinen von Egnazia - Polignano a Mare: Matrice-Kirche, Grotte Palazzese, Grotte der Tauben u. der Seehunde - Zona Trulli in Alberobello - Locorotondo - Martina Franca - Taranto - Castel del Monte **Restaurant** von 12.30 bis 14.30 u. von 20.00 bis 22.30 Uhr -Menü: 80000 L - Karte - Spezialitäten: Salmone affumicato in casa - Agnello al forno.

Dieser ehemalige befestigte Pachthof aus dem 16. Jahrhundert ist eine frische, grüne Oase in der überhitzten Landschaft Apuliens. Er ist von einem Labyrinth weißer Gebäude umgeben, die sich mit Oliven- und Zitronenbäumen, Bougainvilleen und Granatapfelbäumen vermischen. Ehedem ein Ferienhaus, wurde es zu einem geschmackvollen Hotel umgewandelt und besitzt noch heute die persönliche Note, die dem Haus so lange innewohnte. Die Zimmer sind von ausgewähltem Geschmack: alte Möbel und Gemälde, schöne Stoffe und der traditionelle *cotto*-Boden. Die Salons scheinen in die Orangerie überzugehen. Am anderen Ende des Gartens liegt das Veranda-Restaurant. Liebenswürdiger Empfang. Seminare, die hier stattfinden, können bisweilen die anderen Gäste "stören".

Anreise (Karte Nr. 22): 50 km südl. von Bari, 3 km von Monopoli über die Straße nach Alberobello.

APULIEN

Villa Cenci

72014 Cisternino (Brindisi)
(Via per Ceglie Messapica)
Tel. 080-444 82 08 - Fax 080-444 82 08
Sig.ra Bianco

Kategorie ★★★ **Geschlossen** von Oktober bis April **25 Zimmer** m. Bad, Dusche, WC **Preise** DZ: 120-160000 L - Frühst.: 10000 L, von 8.30 bis 10.30 Uhr **Kreditkarten** Visa, Eurocard, MasterCard **Verschiedenes** Hunde erlaubt - Schwimmb. - Parkpl. **Umgebung** Zona Trulli in Alberobello - Grotten von Castellana - Locorotondo - Martina Franca - Nationalmuseum von Taranto - Golf (18-Lochpl.) in Riva dei Tessali, Castellaneta -Taranto **Restaurant** von 13.00 bis 14.30 u. von 20.00 bis 22.00 Uhr - Menü: 30000 L - Regionale Küche.

Abseits der Touristenströme dieser vielbesuchten Gegend nimmt Sie dieser große landwirtschaftliche Betrieb gegen eine bescheidene Summe gern auf. Die Ruhe des schönen weißen Hauses inmitten der Weinberge umfängt einen, sobald man die loorbeergesäumte Allee betritt. Das Haus ist umgeben von *trulli*, jenen für Apulien typischen konischen Bauten, die hier einfache, frische und geschmackvolle Zimmer anbieten. Andere, weniger "trullische" Zimmer und einige zweckmäßige kleine Appartements liegen in der Villa. Das Hotel wird von zahlreichen italienischen und englischen Stammgästen besucht. Vom Swimmingpool aus hat man einen hübschen Blick auf die Landschaft. Weine, Früchte und Gemüse, die die Gerichte begleiten, sind aus hauseigener Produktion.

Anreise (Karte Nr. 22): 74 km südöstl. von Bari über die SS 16, bis zum Ortsausgang von Ostuni-Pezze-di-Cisterino dem Meer entlang. In Cisternino die Strada provinciale, dann Ceglie Messapico.

A P U L I E N

Masseria Marzalossa

72015 Fasano (Brindisi)
C.da Pezze Vicine, 65
Tel. 080-44 13 780 - Fax 080-44 13 780 - Sig. Mario Guarini
Web: http://www.iqsnet.it/ipa/agritour/marzalos.htm

Geschlossen Von Oktober bis Ende März **6 Zimmer** u. 1 Suite m. Bad, WC, TV, kl. Kühlschrank **Preise** EZ u. DZ: 180-220000 L, 260-280000 L - Frühst. inkl., von 8.30 bis 9.30 Uhr - HP: 150-170000 L (im DZ), 200-250000 L (pro Pers. mind. 3 Üb. in Suite) **Kreditkarten** Visa, Eurocard, MasterCard **Verschiedenes** Hunde nicht erlaubt - Schwimmb. - Fahrräder - Boot - Parkpl. **Umgebung** Ruinen von Egnazia - Alberobello - Lcorotondo - Martina Franca - Taranto - Grotte von Castellana **Restaurant** von 20.00 bis 21.00 Uhr - Menüs: 50-60000 L - Regionale Küche.

Ein außergewöhnlicher Ort unweit vom schönen Ostuni und des inmitten eines Olivenhains gelegenen "trullischen" Fasano. *Masseria Marzalossa* ist ein befestigtes Bauernhaus aus dem 17. Jahrhundert, das mit Feingefühl und Geschmack restauriert wurde. Das Anwesen besitzt mehrere Innenhöfe. In einem befindet sich die reizvolle Orangerie, im anderen, im Schatten der Zitronenbäume, das phantastische, mit Säulen umgebene Schwimmbad. *Masseria* verfügt nur über einige Appartements in einem alten, eleganten Stil. Dieser ehemalige Besitz einer Kleriker-Familie bewahrte aus der Vergangenheit zahlreiche Zeugnisse, was ihm eine gewisse mysteriöse Atmosphäre verleiht. Die Küche des Hauses ist lokal und edel, verwendet werden eigene Produkte. So gibt es ein bemerkenswert gutes Olivenöl und, zum Frühstück, köstliche Konfitüren. Auch wenn die isolierte Lage zum Charme des Hauses beiträgt, stellen die Hausbesitzer ihren Gästen alles zur Verfügung: u.a. ein Boot.

Anreise (Karte Nr. 22): 60 km südöstl. von Bari, über die SS 379, Ausf. Bari-Nord, Rtg. Brindisi, Ausf. Fasano (2 km), SS 16 bis Ostuni.

Masseria Salamina

72010 Pezze di Greco (Brindisi)
Via dello Strecchino, 32
Tel. 080-489 73 07 - Fax 080-489 85 82 - G.V. de Miccolis Angelini
Web: www.joynet.it/salamania - E-mail: salamina@maibox.media.it

Ganzj. geöffn. **7 Zimmer** u. 8 Appartements (2-4 Pers.) m. Bad, WC **Preise** EZ: 140000 L, App.: 735-1232000 L (pro Woche) - Frühst. inkl., von 8.00 bis 10.00 Uhr - HP: 90000 L, 100000 L (pro Pers.) **Kreditkarten** akzeptiert **Verschiedenes** Hunde erlaubt - Parkpl. **Umgebung** Ostuni (die weiße Stadt) Ruinen von Egnazia - Alberobello - Martina Franca - Grotte von Castellana **Restaurant** ab 13.00 u. 20.00 Uhr - Im Winter Di geschl. - Menüs: 35-50000 L - Regionale Küche.

Zwischen Fasano und Ostuni wechselt die Landschaft zwischen den in Nebel getauchten Olivenhainen der Adria und der Murge-Kalkhochfläche voller Grotten und Höhlen ab und endet in der *città bianca*. In dieser Gegend wurde im 17. Jahrhundert die Festung erbaut, die mit ihrem eleganten, goldgelben Turm das Tal überragt. Die *Masseria* bestellt noch heute ihre sieben Hektar Land, bietet aber auch Reisenden Zimmer und Appartements an. Der Kontrast zwischen der Pracht des imposanten Gebäudes und der kargen Inneneinrichtung kann einen durchaus irritieren. Die Größe der Räume ist unverändert, aber das Mobiliar der Gästezimmer besteht größtenteils aus Betten und Kleinmöbeln aus Rohr und aus Korbsesseln. Die Gestaltung beschränkt sich auf ein Minimum: weiße Wände, geblümte Tagesdecken in Pastelltönen usw. Einige Schlafräume liegen zur Küste, die man hinter den Olivenhainen erblickt. Wie in vielen *agriturismo*-Häusern wird im Restaurant mit frischen Produkten aus dem eigenen Betrieb gekocht.

Anreise *(Karte Nr. 22): 18 km von Ostuni u. 5 km von Fasano.*

APULIEN

Masseria San Domenico

72010 Savelletri di Fasano (Brindisi)
Tel. 080-482 79 90 - Fax 080-955 79 78
Sig. Gianni Chervatin

Geschlossen vom 6. Januar bis 10. Februar **31 Zimmer** u. 1 Suite m. Klimaanl., Bad od. Dusche, WC, Fön, Satelliten-TV, Tel., Safe, Minibar **Preise** EZ u. DZ: 160-220000 L, 310-550000 L; Suite: auf Anfr. - Frühst.: 15000 L, von 7.30 bis 10.30 Uhr - HP u. VP: + 55000 L + 85000 L (pro Pers., mind. 3 Üb.) **Kreditkarten** akzeptiert **Verschiedenes** Hunde nicht erlaubt - Schwimmb. - Fahrräder - Golfpractice - Sauna (25000 L) - Parkpl. **Umgebung** Ruinen von Egnazia bei Monopoli - Zona Trulli in Alberobello Locorotodon - Martina Franca- Golf (18-Lochpl.) in Riva dei Tessali, Castellaneta-Taranto **Restaurant** von 12.30 bis 14.00 u. von 19.30 bis 22.00 Uhr - Di geschl. Menüs: 75-110000 L - Regionale Küche.

Die *Masseria San Domenico* ist eines der schönsten Exemplare der befestigten Bauernhöfe in dieser Region Puliens. Um sich vom 15. bis 17. Jahrhundert vor den Piraten zu schützen, bauten die Großgrundbesitzer ihre *masserie à torre* - mit Umwallung, Wassergraben und Wache. Dieser auf bewundernswerte Art restaurierte, besonders gut möblierte Komplex ist spektakulär, vor allem jener Raum, der als Salon, Speise- und Billardsaal dient und ungewöhnliche Ausmaße besitzt. Die Zimmer und Appartements sind ebenfalls sehr geschmackvoll und bieten besten Komfort. Auch im Hinblick auf die Zerstreuung intra muros hat das Hotel einiges zu bieten. Die Umgebung ermöglicht einen ausgesprochen abwechslungsreichen Urlaub: Strand (800 m), Touren in die Berge von Murgia und Besichtigungen im historischen Hinterland.

Anreise (Karte Nr. 22): 60 km südöstl. von Bari über die Superstrada 379, Ausf. Torre Canne, Rtg. Savelettri.

APULIEN

Hotel Sierra Silvana

72010 Selva di Fasano (Brindisi)
Via Don Bartolo Boggia
Tel. 080-433 13 22 - Fax 080-433 12 07
Web: http://www.iqsnet.it/hotelsierrasilvana - E-mail: htlsierra@mail.media.it

Ganzj. geöffn. **120 Zimmer** m. Klimaanl., Tel., Bad, WC, Satelliten-TV u. Minibar; Aufzug.; Eingang f. Behinderte **Preise** DZ: 135-220000 L - Frühst. inkl., von 7.00 bis 10.00 Uhr - HP u. VP: 82-150000 L, 96-160000 L (pro Pers.) **Kreditkarten** akzeptiert **Verschiedenes** Hunde nicht erlaubt - Schwimmb. - Pendelverkehr zum Privatstrand Del Levante in Torre Canne - Parkpl. **Umgebung** Ruinen von Egnazia bei Monopoli - Grotte Castellana - Zona Trulli in Alberobello - Locorotondo - Martina Franca - Taranto - Golf (18-Lochpl.) in Riva dei Tessali, Castellaneta-Taranto **Restaurant** von 12.30 bis 14.00 u. von 19.30 bis 21.00 Uhr - Karte - Menü: 40000 L - Regionale Küche.

Das Hotel *Sierra Silvana* wurde um einen immensen *trulli* herum konstruiert. Wie bei vielen Ur-Siedlungen machte auch hier die Größe des *trulli* den sozialen Unterschied deutlich. Und dieser hier ist enorm; er beherbergt nämlich vier Zimmer, die schlicht und elegant hergerichtet und die begehrtesten des Hotels sind. Der Großteil der Zimmer befindet sich allerdings in den modernen Gebäuden: ruhige, komfortable Schlafräume, viele mit Balkon zum Garten. Das bestens auf Gesellschaften und Empfänge eingestellte Hotel versteht es dennoch, für die Ruhe und Abgeschiedenheit seiner anderen Gäste zu sorgen. Etwa 50 Kilometer von Brindisi entfernt, kann dies eine interessante Adresse für einen Zwischenstopp auf dem Weg nach Griechenland sein.

Anreise (Karte Nr. 22): 60 km südöstl. von Bari.

APULIEN

Grand Hotel Masseria Santa Lucia

Ostuni Marina 72017 Ostuni (Brindisi)
Tel. 0831-3561 - Fax 0831-30 40 90
Sig. Bartolo d'Amico
Web: http://www.thenet.it/santalucia - E-mail: ghslucia@tin.it

Kategorie ★★★★ **Ganzj.** geöffn. **88 Zimmer** u. 4 Suiten m. Klimaanl., Tel., Bad od. Dusche, WC, Satelitten-TV, Minibar, Safe **Preise** EZ u. DZ: 180-270000 L, 220-320000 L; 3 BZ: 260-380000 L - Frühst. inkl., von 7.30 bis 9.30 Uhr - HP u. VP: 135-225000 L, 150-240000 L (pro Pers., mind. 7 Üb.) **Kreditkarten** akzeptiert **Verschiedenes** Hunde nicht erlaubt - Schwimmb. - Bogenschießen - Tennis (20000 L) - Parkpl. **Umgebung** Ostuni, mittelalterliches Dorf - Carovigno - Ceglie Messapico - Martina Franca - Alberobello - Grotten von Castellana **Restaurant** von 12.30 bis 14.30 u. von 19.30 bis 22.00 Uhr - Karte - Menü: 60000 L - Spezialitäten: Fisch, Regionale Küche.

Ostuni ist zweifellos einer der wundervollen Orte Apuliens. Die auf dem Hügel erbaute Stadt hat von der einstigen spanischen Herrschaft etwas Iberisches bewahrt. Unterhalb, 500 Meter vom Meer entfernt, hat die *Masseria Santa Lucia* versucht, den Charme vergangener Zeiten einzufangen. Wie eine kleine Hazienda konzipiert, umfaßt die Hotelanlage ein Schwimmbad und ein kleines, galloromanisches Theater, in dem im Sommer Konzerte und Aufführungen stattfinden. Wer nicht allergisch ist gegen einen entschieden modernen Designstil, welcher zuweilen ein wenig kalt wirkt, wird die Salons und die Gästezimmer durchaus geschmackvoll finden. Letztere haben eine Terrasse, die durch eine Hecke vor neugierigen Blicken geschützt ist. Verlangen Sie als erstes Zimmer zum Schwimmbad mit Blick aufs Meer. Die pharaonischen Projekte der Direktion lassen den Hotelkomplex, der bis zum Meer ausgebaut werden soll, gewissermaßen noch wie eine Baustelle erscheinen. Der Strand, der phantastisch sein könnte, ist noch nicht ganz so, wie man ihn sich wünscht.

Anreise *(Karte Nr. 22): 25 km von Brindisi; 7 km von Ostuni.*

A P U L I E N

Lo Spagnulo

Rosa Marina 72017 Ostuni (Brindisi)
Tel. 0831-35 02 09 - Fax 0831-33 37 56
Prof. Livino Massari

Ganzj. geöffn. **35 Zimmer** m. Dusche **Preise** m. HP 420-800000 L (pro Pers., 1 Woche) - Frühst.: 6000 L, von 8.30 bis 11.00 Uhr **Kreditkarten** Amex, Visa, Eurocar, MasterCard **Verschiedenes** Kleine Hunde erlaubt - Tennis - Reitbahn (15000 L/Std.) - Bogenschießen - Fahrräder - Parkpl. **Umgebung** Ostuni, mittelalterliches Dorf - Carovigno - Ceglie Messapico **Restaurant** von 13.00 bis 14.30 u. von 20.00 bis 22.30 Uhr - Karte - Menü: 30000 L - Spezialitäten: Purè de fave e cicorie - Pasta e ceci - Arrosto misto alla brace - Coniglio alla cacciatora.

Ostuni inmitten Puliens ist ein Ort, der überrascht und begeistert. Seine Bewohner haben es sich zur Gewohnheit gemacht, jedes Jahr die Fassaden ihrer Häuser frisch zu tünchen, die dann in der Sonne leuchten und ihnen dieses ungezähmte andalusische Aussehen verleihen. Das *Lo Spagnulo* liegt vor den Toren des Dorfes und ist außergewöhnlich. 1600 wurde es von Don Savario Lopez erbaut, dem von der spanischen Krone ernannten "Gouverneur der Region", und ist eine richtige kleine Festung mit einer Kirche, einem gepflegten Garten mit herrlich blühenden Glyzinien und duftenden Orangenbäumen sowie einem zu einem Hotel umgestalteten Herrensitz. Das Haus hat es verstanden, das Rustikale seines ursprünglichen Stils zu bewahren: Steinwände, Balken, imposante Kamine, schmiedeeiserne Betten. Die reizvollsten Gästezimmer sind die hier befindlichen. Einzige "Kritik": Livino Massari, der charmante, dem Landadel angehörende Inhaber, hat sich dazu entschlossen, hier ein populäres Restaurant zu eröffnen. Die Leute aus der Umgebung kommen zum Abendessen.

Anreise (Karte Nr. 22): 25 km von Brindisi; 4,5 km von Ostuni.

APULIEN

1999

Hotel Patria

73100 Lecce (Salento)
Piazzetta Riccardi
Tel. 0832-24 51 11 - Fax 0832-24 50 02
Sig. Antonio Mauro

Kategorie ★★★★ **Ganzj.** geöffn. **67 Zimmer** m. Klimaanl., Tel., Bad od. Dusche, WC, Satelliten-TV, Minibar u. Safe; Aufzug. **Preise** EZ u. DZ: 190000 L, 270-290000 L; Suite: 300-400000 L - Frühst. inkl., von 7.00 bis 10.30 Uhr - HP: + 45000 L, (pro Pers.) **Kreditkarten** akzeptiert **Verschiedenes** Hunde nicht erlaubt - Garage (20000 L) **Umgebung** Lecce: Piazza del Duomo, S.Croce, S. Nicolo, S. Cataldo, die Altstadt - S. Cataldo Stran - Abbazia di S. Maria di Cerrate **Restaurant** von 12.30 bis 15.00 u. von 19.30 bis 23.00 Uhr - Karte - Menü: 50000 L - Regionale Küche.

Lecce zählt zu den bedeutenden europäischen Barockstädten. Die Eröffnung dieses Hotels, in dem der Aufenthalt sehr angenehm ist, kann man nur begrüßen. Die aristokratische Universitätsstadt begann im 17. Jahrhundert, ihre mittelalterlichen Bauten mit diesem lokalen, weichen, ockerfarbenen Stein, dem Tuff, zu beschichten und mit Tier- und Blumenornamenten zu schmücken, die jener Epoche so am Herzen lag. Das Hotel liegt im Zentrum der Stadt in einem kleinen Palast aus dem 18. Jahrhundert, von dem lediglich die Innenräume, die Gewölbe der Halle und des Restaurants sowie die Einfassungen einiger Fenster und Türen erhalten blieben. Das Innere ist von einer Interpretation des Artdéco geprägt, wobei helles Holz und edles Leder in den Empfangsräumen bevorzugt benutzt wurden; die Gästezimmer haben schwere Vorhänge, dicken Teppichboden und Reproduktionen von Jugendstilfresken. Viel Komfort auch in den prachtvollen Marmorbädern. Bei der Reservierung sollten Sie eines der 16 Zimmer mit Blick auf Santa Croce wählen: zweifellos das repräsentativste Monument dieses "ausgelassenen" Leccer Barockstils.

Anreise (Karte Nr. 22): Im Zentrum.

APULIEN

Hotel Villa Ducale

74015 Martina Franca (Taranto)
Piazzetta Sant'Antonio
Tel. 080-480 50 55 - Fax 080-480 58 85
Sig. A. Sforza

Kategorie ★★★★ **Ganzj.** geöffn. **24 Zimmer** m. Klimaanl., Tel., Bad, WC, Minibar **Preise** EZ u. DZ: 95000 L, 140000 L; Suiten: 160000 L - Frühst. inkl., von 7.30 bis 11.30 Uhr **Kreditkarten** akzeptiert **Verschiedenes** Hunde erlaubt - Parkpl. **Umgebung** Martina Franca: Piazza Roma (palazzo ducal) - Zona Trulli in Alberobello - Locorotondo - Taranto - Castellana Grotte - Golf (18-Lochpl.) in Riva dei Tessali, Castellaneta-Taranto - Castel del Monte **Restaurant** von 12.30 bis 14.30 u. von 20.00 bis 22.00 Uhr - Karte - Menü: 40000 L - Lokale Küche.

Der herzogliche Palast von Martina Franca ist eine von Bernini entworfene Pracht. Die ganze Stadt ist architektonisch interessant, wenig touristisch, und man bleibt am besten einige Tage, um sie richtig auf sich einwirken zu lassen. Wie alle Hotels der Stadt hat sich auch *Villa Ducale* für Modernität entschieden. Das an sich uninteressante Gebäude bietet folgende Vorteile: die Nähe zur Altstadt und die Lage an einem öffentlichen Park und an einem Kloster aus dem 16. Jahrhundert. Aber einmal im Innern, vergißt man das Äußere. Die Einrichtung ist avantgardistisch und gestylt. Rezeption, Bar und Zimmer setzen auf "Design". Das Ganze ist recht uneinheitlich, aber sehr komfortabel. Wählen Sie die Eckzimmer (Nr. 105, 205, 305), sie sind heller, bisweilen aber trotz Doppelverglasung auch lauter.

Anreise (Karte Nr. 22): 74 km südöstl. von Bari über die S 100, Locorotondo u. Martina Franca.

SARDINIEN

Hotel Hieracon

Isola di San Pietro
09014 Carloforte (Cagliari)
Corso Cavour, 62/63
Tel. 0781-85 40 28 - Fax 0781-85 48 93 - Sig. Ferrando

Kategorie ★★★ **Ganzj.** geöffn. **17 Zimmer** u. 7 Suiten m. Klimaanl., Tel., Dusche, WC, TV, Minibar **Preise** EZ u. DZ: 80000 L, 130000 L; 3 BZ: 162000 L - Frühst.: 6000 L, von 8.30 bis 10.30 Uhr - HP u. VP: 105000 L, 130000 L (pro Pers., mind. 3 Üb.) **Kreditkarten** akzeptiert **Verschiedenes** Kleine Hunde erlaubt **Umgebung** zum Strand 2 km - Spaziergänge auf der Insel - Bootsvermietung **Restaurant** von 12.30 bis 14.00 u. von 19.30 bis 21.30 Uhr - Menü: 30000 L - Karte - Sizilianische Küche.

San Pietro ist eine hübsche Insel mit felsiger Küste, kleinen Buchten und Stränden. Im Hafen liegt das im Libertystil erbaute Hotel *Hieracon*, ein schönes Gebäude, dessen Inneres mit hellen Kacheln und Pastelltönen harmonisch gestaltet ist. Wir empfehlen die Zimmer der ersten Etage mit Möbeln aus der Jahrhundertwende; die der anderen Stockwerke sind dunkler und weniger behaglich. Hinter dem Hotel liegt ein großer Garten mit Olivenbäumen und einer mächtigen Palme, die wohltuenden Schatten spendet. Vier kleine Appartements, die zu ebener Erde liegen, profitieren hiervon besonders. Das Restaurant mit den schwarzen Fliesen ist superbe, die gerundeten Linien der Empore lassen an die Brücken alter Passagierdampfer denken. Gute Küche mit den für die Insel typischen Gerichten. Dr. Ferrando empfängt seine Gäste besonders liebenswürdig.

Anreise (Karte Nr. 28): 77 km westl. von Cagliari über die SS 130 bis Portoscuso; Fährverbindung ab Porto Vesme (40 Min.).

SARDINIEN

Albergo Paola e Primo Maggio

Isola di San Pietro
09014 Carloforte (Cagliari)
Tacca Rossa
Tel. 0781-85 00 98 - Fax 0781-85 01 04 - Sig. Ferraro

Kategorie ★★ **Geschlossen** von November bis 15. April **21 Zimmer** m. Dusche, WC **Preise** 60-120000 L - Frühst.: 5500 L, von 8.00 bis 11.00 Uhr - HP u. VP: 65-95000 L, 70-110000 L **Kreditkarten** Amex, Visa, Eurocard, MasterCard **Verschiedenes** Hunde erlaubt **Umgebung** zum Strand 500 m - Spaziergänge auf d. Insel - Bootsvermietung **Restaurant** von 13.00 bis 14.30 u. von 19.00 bis 23.00 Uhr - Karte - Spezialitäten: Fisch.

Die *Pensione Paola* liegt drei Kilometer von Carloforte entfernt und bietet Zimmer mit Meerblick zu vernünftigen Preisen an. Das Restaurant im Hauptgebäude verfügt über eine große, schattige Terrasse und über eine gute, reichhaltige Küche mit vielen inseltypischen Gerichten. Zu empfehlen sind die modernen und behaglichen Zimmer Nr. 7, 8 und 9. Die im Erdgeschoß gelegenen gehen direkt auf den Garten hinaus. Sie sind genauso angenehm wie die drei anderen, die sich in einem nahen Bungalow befinden.

Anreise (Karte Nr. 28): 77 km westl. von Cagliari über die SS 130 bis Portoscuro; Fährverbindung ab Porto Vesme (40 Min.) - 3 km nördl. von Carloforte.

SARDINIEN

Is Morus Relais

09010 Santa Margherita di Pula (Cagliari)
Tel. 070-92 11 71 - Fax 070-92 15 96
Sig.ra Ketzer

Kategorie ★★★★ **Geschlossen** von November bis März **85 Zimmer** m. Klimaanl., Tel., Bad od. Dusche, WC, TV, Minibar **Preise** HP: 150-390000 L (pro Pers.) - Frühst. inkl., von 7.30 bis 10.00 Uhr **Kreditkarten** akzeptiert **Verschiedenes** Kleine Hunde erlaubt - Schwimmb. - Tennis - Fahrräder - Minigolf - Privatstrand - Parkpl. **Umgebung** Überreste der Totenstadt Nora (Karthager-Tempel, römisches Theater, Mosaikböden) - Golf Is Molas (18-Lochpl.) in S. Margherita di Pula **Restaurant** von 13.00 bis 14.30 u. von 20.00 bis 21.30 Uhr - Menüs: ab. 50000 L - Regionale Küche - Fisch.

Nach Art der Costa Smeralda erlebt der Küstenstreifen im Süden Cagliaris seit einigen Jahren den Aufschwung seiner Seebäder. Das Luxushotel *Is Morus* in Santa Margherita di Pula erfreut sich einer zweifach guten Lage: der Kiefernwald, der es umgibt, grenzt direkt an das türkisfarbene Meer. Die 80 Zimmer liegen im Haupthaus und in einigen Villen, denen die schattenspendenden Bäume jene Kühle verleihen, die man in diesem Teil Sardiniens besonders schätzt. Das Hauptgebäude erinnert mit seiner niedrigen Bauweise und den weißen Wänden an spanische Villen. Der angelegte Strand ist sehr angenehm; eine Snackbar bietet hier mittags leichte Gerichte an.

Anreise (Karte Nr. 28): 35 km südwestl. von Cagliari über die Küstenstraße (S 195) bis Santa Margherita (6,5 km von Pula entf.).

SARDINIEN

Hotel Su Gologone

Sorgente Su Gologone
08025 Oliena (Nuoro)
Tel. 0784-28 75 12 - Fax 0784-28 76 68
Famiglia Palimodde

Kategorie ★★★★ **Geschlossen** vom 1. bis 30. November u. vom 1. Januar bis 31. März **65 Zimmer** m. Klimaanl., Tel., Bad, WC, TV u. Minibar **Preise** EZ u. DZ: 120-170000 L, 170-250000 L, Suite + 90000 L - Frühst. inkl., von 8.00 bis 9.30 Uhr - HP u. VP: 150-175000 L, 175-225000 L (pro Pers., mind. 3 Üb.) **Kreditkarten** akzeptiert **Verschiedenes** Hunde erlaubt - Tennis (15000 L) - Schwimmb. - Reiten - Minigolf - Ausflüge im Land Rover - Parkpl. **Umgebung** Sorgente su Gologone - Kapelle von San Lussurgiu in Oliena **Restaurant** von 12.30 bis 15.00 u. von 20.00 bis 22.00 Uhr - Menü: 65-70000 L - Karte - Sardische Küche - Fisch.

Wenn auch die Hauptattraktion Sardiniens seine Küste ist, lohnt das Hinterland doch einen Abstecher. Das *Su Gologone* liegt 20 Kilometer von der Küste entfernt zwischen Dorgali und Oliena, am Fuß des Supramonte, eines phantastischen Felsengebirges. Es bietet alles, was man sich wünschen mag: zunächst das 1961 eröffnete Restaurant, das mit seiner exzellenten Küche schnell Berühmtheit erlangte und auch heute noch zahlreiche Gourmets anzieht; außerdem kann die von den Dorfbauten Olienas inspirierte Achitektur des Hauses als sehr gelungen bezeichnet werden. Auch das Innere zeugt von ausgezeichnetem Geschmack. Schöne alte Möbel und Bilder von Biasi, einem talentierten sardischen Maler, harmonieren mit alten Balken. Die Zimmer sind unterschiedlich gestaltet und sehr angenehm. Das Hotel organisiert Ausritte und Touren per Landrover in die Umgebung. Liebenswerter Empfang.

Anreise (Karte Nr. 28): 20 km südöstl. von Nuoro bis Oliena, dann Rtg. Dorgali; ausgeschildert.

SARDINIEN

Villa Las Tronas

07041 Alghero (Sassari)
Lungomare Valencia, 1
Tel. 079-98 18 18 - Fax 079-98 10 44

Kategorie ★★★★ **Ganzj.** geöffn. **28 Zimmer** u. 1 Suite m. Klimaanl., Tel., Bad od. Dusche, TV, Minibar, Safe; Aufzug **Preise** EZ u. DZ: 220-253000 L, 264-3960000 L, Suite: 528-660000 L - Frühst.inkl., von 7.30 bis 10.30 Uhr; HP: 187-396000 L u. VP: 242-462000 L (pro Pers.) **Kreditkarten** akzeptiert **Verschiedenes** Hunde nicht erlaubt - Meerwasser-Schwimmb. - z. Hotel geh. Felsen - eig. Park - Fitneßcenter - Fahrräder - Privatstrand - Parkpl. **Umgebung** Kathedrale von Alghero - Kirche u. Kloster von San Francesco - Stätten von Palmavera - Porto Conte - Neptun-Grotte - altert. Totenstadt Anghelu Ruiu - Bosa-Straße - Antiquarium (Porto Torres) - Sanna-Museum (Sassari) - Kirche della Santissima Trinità di Saccargia 15 km von Sassari entf. **Restaurant** von 13.00 bis 14.30 u. von 20.00 bis 21.30 Uhr - Menüs: 66-77000 L - Karte - Sardische Küche - Fisch.

Dieses ehemalige Lustschloß italienischer Könige mit der eigenartigen, maurisch inspirierten Architektur ist heute ein Hotel mit barocker Atmosphäre. Letztere entsteht durch riesige, überladene Räume mit bemalten Decken und funkelnden Lüstern sowie mehreren farblich unterschiedlichen Salons. Das Hotel mit Park liegt auf einer kleinen Halbinsel oberhalb des Golfs von Alghero. Die Zimmer sind geräumig, mit hohen Decken und modernem Komfort, und haben Blick aufs Meer. Nr. 110, 112, 114, 116, 118 und 216 sind wohl die angenehmsten: sie teilen sich eine sehr große Terrasse mit superbem Panoramablick. Vom Restaurant aus hat man den gleichen Ausblick. Ein schönes Schwimmbad und ein bei den Felsen angelegter Strand vervollständigen das Ganze. Ein geschultes Personal mit sicherem Auftreten trägt zur Eleganz dieses Ortes bei.

Anreise (Karte Nr. 28): 35 km südwestl. von Sassari über die S 291 bis Alghero.

SARDINIEN

Hotel Li Capanni

Cannigione
07020 Arzachena (Sassari)
Tel. 0789-86 041 - Fax 0789-86 200
Sig. Pagni

Kategorie ★★★ Geschlossen von Mai bis September **23 Zimmer** u. 2 Suiten m. Dusche, WC **Preise** HP: 150-250000 L - Frühst. inkl. **Kreditkarten** nicht akzeptiert **Verschiedenes** Hunde nicht erlaubt - Privatstrand - Parkpl. **Umgebung** "Grab der Riesen" in Caprichera u. altert. Totenstadt Li Muri - San Pantaleo - Golf Pevero (18-Lochpl.) in Porto Cervo **Restaurant** nur für Hausgäste: von 13.00 bis 14.00 u. von 20.30 bis 21.00 Uhr - Menüs: 30-35000 L - Regionale Küche.

Nach knapp zwei Kilometern auf einer unbefestigten Straße befinden wir uns plötzlich wie durch ein Wunder abseits jeglichen Trubels der Costa Smeralda, wo man trotz allem Wert auf Naturschutz legt und wo Campen verboten ist. Das *Li Capanni* versteht sich mehr als Club, denn als Hotel - nicht zuletzt, um seine Andersartigkeit zu betonen und die Ruhe des Ortes zu bewahren. Auf einem sehr schönen Anwesen, dem Archipel der Maddalena-Inseln direkt gegenüber und mit Blick aufs Meer liegen kleine ockerfarbene Häuser in einem vier Hektar großen Park, der sanft zum Meer hin abfällt und in einen hübschen Privatstrand mündet. Die Zimmer in diesen Häuschen sind einfach und behaglich, die Gemeinschaftseinrichtungen befinden sich im Hauptgebäude. Das Restaurant ist mit kleinen Tischen, blauen Holzstühlen und schöner Aussicht auf die Bucht ausgesprochen hübsch. Den gemütlichen Salon würde man eher in einem gepflegten Privathaus als in einem klassischen Hotel vermuten.

Anreise (Karte Nr. 28): 32 km nördl. von Olbia über die S 125 bis kurz vor Arzachena, dann die Küstenstraße Rtg. Palau (Sandweg) bis Cannigione; das Hotel liegt 3,5 km hinter Cannigione.

SARDINIEN

Hotel Don Diego

Costa Dorata
07020 Porto San Paolo (Sassari)
Tel. 0789-40 006 - Fax 0789-40 026
Web: hoteldondiego.com

Kategorie ★★★★ **Ganzj.** geöffn. **50 Zimmer** u. 6 Suiten m. Klimaanl., Tel., Bad od. Dusche, WC, TV
Preise DZ: 300-500000 L - Frühst.: 25000 L, von 8.00 bis 10.00 Uhr - HP: 200-390000 L (pro Pers.)
Kreditkarten akzeptiert **Verschiedenes** Hunde nicht erlaubt - Meerwasser-Schwimmb. - Tennis - Privatstrand - Parkpl. **Umgebung** Kirche San Simplicio d'Olbia - Isola di Tavolara - Golf Punta Aldia
Restaurant von 12.30 bis 14.00 u. von 20.00 bis 21.30 Uhr - Menüs: 70-80000 L - Karte - Regionale Küche - Fisch.

Das Hotel *Don Diego* liegt südlich von Olbia. Es besteht aus mehreren kleinen Villen, die verstreut in einem Park inmitten von Bougainvilleen und Pinien liegen. Eine jede verfügt über sechs bis acht angenehm kühle Zimmer mit jeweils separatem Eingang. Die gesamte Anlage befindet sich dem Meer gegenüber. Der Empfang, die Bar, das Restaurant und die Salons sind in jenem Haus untergebracht, das besonders nah am Meer liegt. Außerdem gibt es einen Meerwasser-Swimmingpool und einen Sandstrand. Und direkt gegenüber ragt ein beeindruckender, ja faszinierender Wellenbrecher aus dem klaren Wasser hervor: die Insel Tavolara. Das *Don Diego* ist besonders für Familienurlaube zu empfehlen.

Anreise (Karte Nr. 28): 16 km südöstl. von Olbia über die S 125 bis hinter Porto San Paolo, dann nach links die Küstenstraße (Costa Dorata).

Hotel Cala di Volpe

Porto Cervo
07020 Cala di Volpe (Sassari)
Tel. 0789-97 6111 - Fax 0789-97 6617
Sig. Paterlini

Kategorie ★★★★★ **Geschlossen** vom 19. Oktober bis 6. Februar **123 Zimmer** m. Klimaanl., Tel, Bad od. Dusche, WC, TV, Safe, Minibar **Preise** HP u. VP: 230-785000 L, 270-825000 L (pro Pers.) **Verschiedenes** Hunde nicht erlaubt - Schwimmb. - Fitneßcenter - Strand - Privathafen - Putting Green - Parkpl. **Umbgebung** Costa Smeralda - "Grab der Riesen" in Caprichera und altert. Totenstadt Li Muri - Golf Pevero (18-Lochpl.) in Porto Cervo **Restaurant** auf Reserv. - von 13.00 bis 14.30 u. von 20.00 bis 22.00 Uhr - Spezialitäten: Fisch.

Vor fast 30 Jahren beschlossen Prinz Karim Aga Khan und eine Gruppe internationaler Finanziers, die wilde hügelige Region der Callura unter dem Namen Costa Smeralda luxuriös zu erschließen. Der Baustil ist ein Cocktail mediterraner Architekturen mit spanischen, maurischen und provenzalischen Elementen. Das berühmteste Hotel der Gegend, das *Cala di Volpe*, wurde von Jacques Couelle entworfen. An einer zauberhaften Bucht gelegen, nimmt es mit Türmen und Terrassen, Arkaden und granitgepflasterten Wegen in seinem Aufbau die Form eines mittelalterlichen Dorfes an. Die Innenausstattung mit viel modernem Komfort ist im gleichen Stil gehalten. Die außergewöhnliche Konzeption, das gigantische Schwimmbad, der Privathafen und der professionelle Service machen aus diesem Hotel einen einzigartigen Ort.

Anreise (Karte Nr. 28): 25 km nördl. von Olbia über die S 125, dann Rtg. Porto Cervo bis Abbiadori und rechts Rtg. Capriccioli bis Cala di Volpe.

SARDINIEN

Hotel Le Ginestre

07020 Porto Cervo (Sassari)
Tel. 0789-92 030 - Fax 0789-94 087
Sig. Costa

Kategorie ★★★★ **Geschlossen** von Ende September od. Mitte Oktober bis Mai **78 Zimmer** m. Klimaanl., Tel., Bad od. Dusche, WC, TV, Minibar **Preise** HP u. VP: 195-360000 L + 50000 L (pro Pers.) - Frühst. inkl., von 8.00 bis 10.00 Uhr **Kreditkarten** akzeptiert **Verschiedenes** Hunde nicht erlaubt - Schwimmb. - Tennis (35000 L) - Privatstrand - Parkpl. **Umgebung** Costa Smeralda - "Grab der Riesen" von Caprichera und altert. Totenstadt Li Muri - Golf von Pevero (18-Lochpl.) in Porto Cervo **Restaurant** von 13.00 bis 14.30 u. von 20.00 bis 22.00 Uhr - Karte - Spezialitäten: Fisch.

Neben den Schmuckstücken der Luxushotellerie findet man entlang der Costa Smeralda andere gute Hotels zu erschwinglicheren Preisen. Am Rand eines Kiefernhains liegt das *Ginestre* etwas oberhalb des Golfs von Pevero. Die Zimmer verteilen sich auf mehrere kleine Villen, die zusammen mit den verwinkelten Gäßchen an einen Weiler erinnern. Die Anlage befindet sich in einem Park mit typischer Mittelmeerflora in starken Farben. Wie überall in dieser Region erinnert die "neorealistische" Architektur mit ihren Fassaden in ausgewaschenem Ocker an toskanische Dörfer. Die meisten der hübsch eingerichteten Zimmer verfügen über einen Balkon. Ein abgerundeter Swimmingpool lädt zum Baden ein. Etwas abseits befindet sich unter einer großen Pergola das angenehme Restaurant. Wegen der zahlreichen Zimmer ist die Atmosphäre weniger intim als entspannt.

Anreise (Karte Nr. 28): 30 km nördl. von Olbia über die S 125, dann Rtg. Porto Cervo.

SARDINIEN

Hotel Romazzino

Porto Cervo
07020 Romazzino (Sassari)
Tel. 0789-97 7111 - Fax 0789-96 258 - 789-96 292

Kategorie ★★★★ **Geschlossen** vom 26. Oktober bis 19. März **91 Zimmer** m. Klimaanl., Tel., Bad, WC, TV, Minibar **Preise** HP u. VP: 670-1770000 L, 750-1850000 L (pro 2 Pers., mind. 3 Üb.) **Kreditkarten** akzeptiert **Verschiedenes** Hunde nicht erlaubt - Schwimmb. - Tennis - Privatstrand - Parkpl. **Umgebung** Costa Smeralda - Arcipelago di la Maddalena - "Grab der Riesen" von Caprichera u. altert. Totenstadt Li Muri - Golf von Pevero 18-Lochpl. (5 Min. vom Hotel) **Restaurant** von 12.30 bis 14.30 u. von 20.00 bis 22.30 Uhr - Menü - Regionale Küche.

Wenn sein berühmter Nachbar an ein mittelalterliches Dorf erinnert, so mutet das *Romazzino* mit seinen weißen Mauern, Bogenfenstern und roten Ziegeln eher wie ein andalusisches, wenn nicht gar mexikanisches Dorf an. Auf jeden Fall bietet die zauberhafte Silhouette, die sich über dem Meer erhebt, für den Ankommenden einen wundervollen Anblick. Das *Romazzino* ist ein ruhiges Hotel, das Erholung und Badefreuden bietet, ferner einen feinen Sandstrand und mittags ein köstliches Barbecue. Im Innern erinnern Bögen und Mauern, die zur Decke hin zusammenlaufen, an prächtige Höhlen oder imaginäre Paläste. Die Bar mit Wacholderstümpfen, die in den Fußboden eingelegt wurden, ist ausgefallen. Zu jedem der perfekt ausgestatteten Zimmer gehört eine eigene Terrasse. Ein traumhafter Ort, ganz auf das Meer und seine Freuden ausgerichtet.

Anreise (Karte Nr. 28): 25 km nördl. von Olbia über die S125, dann Rtg. Porto Cervo bis Abbiadori u. rechts Rtg. Capriccioli bis Cala di Volpe - Das Romazzino liegt hinter Capriccioli.

S A R D I N I E N

El Faro

Porto Conte
07041 Alghero (Sassari)
Tel. 079-94 20 10 - Fax 079-94 20 30
Sig. Sarno

Kategorie ★★★★ **Geschlossen** von November bis März **92 Zimmer** m. Klimaanl., Tel., Bad od. Dusche, WC, TV, Minibar **Preise** DZ: 130-295000 L (1 Pers.), 180-450000 L (2 Pers.); Suite: 400-770000 L (2 Pers.) - Frühst. inkl., von 7.30 bis 10.00 Uhr - HP: 120-267000 L (pro Pers.) **Kreditkarten** akzeptiert **Verschiedenes** Hunde außer im Restaurant u. im Schwimmb. erlaubt- Schwimmb. - Tennis - Sauna (25000 L) - Parkpl. **Umgebung** Neptun-Grotte - Panoramastraße nach Capo Caccia - Nuraghe Palmavera **Restaurant** von 13.00 bis 14.00 u. von 20.00 bis 22.00 Uhr - Menü: 70000 L - Karte - Spezialitäten: Langusten - Fisch.

El Faro ist traumhaft mit seinem Blick auf Cap Caccia, das die berühmten Neptungrotten beherbergt, auf einer kleinen Halbinsel neben einem alten Leuchtturm gelegen. Die Aussicht umfaßt den gesamten Golf mit seinen nahezu unbebauten Ufern. Das große Hotel vermittelt selbst mit seinen 92 Zimmern niemals eine anonyme Atmosphäre. Das ist dem besonderen Service und der schlichten, gepflegten Ausstattung im mediterranen Stil zu verdanken. Alle Zimmer verfügen über Balkon und Meerblick. Mit den weißen, mit Motiven aus der Seefahrt verzierten Wänden, den Holzmöbeln und hübschen Bädern sind sie ein Beispiel für guten Geschmack. Weiter unten liegt ein schöner, halbüberdachter Pool; noch etwas tiefer wurde zwischen den Felsen ein Strand angelegt. Ein luxuriöses, aber noch erschwingliches Hotel.

Anreise (Karte Nr. 28): 41 km südwestl. von Sassari über die S 291 bis Alghero, dann S 127 bis Porto Conte.

SIZILIEN

Villa Athena

92100 Agrigento
Via dei Templi
Tel. 0922-59 62 88 - Fax 0922-40 21 80
Sig. Montalbano

Kategorie ★★★★ **Ganzj.** geöffn. **40 Zimmer** m. Klimaanl., Tel., Bad od. Dusche, WC, TV **Preise** DZ: 150000 L, 300000 L - Frühst. inkl., von 7.30 bis 10.00 Uhr - HP u. VP: 360000 L, 390000 L (f. 2 Pers., mind. 3 Üb.) **Kreditkarten** akzeptiert **Verschiedenes** Hunde nicht erlaubt - Schwimmb. - Parkpl. **Umgebung** Agrigento: Valle dei Templi, Geburtshaus von Pirandello - Naro - Palma di Montechiaro **Restaurant** von 12.30 bis 14.30 u. von 19.30 bis 22.00 Uhr - Menü: 45000 L - Karte - Spezialitäten: Involtini di pesce spada - Cavatelli Villa Athena - Fisch.

In Agrigent werden Sie Halt machen, um das Tal der Tempel zu besuchen, das von großer archäologischer Bedeutung ist. Sie werden schnell feststellen, daß es hier nur ein einziges mögliches Hotel gibt: die *Villa Athena*. Diese kürzlich renovierte (ehemals sehr luxuriöse) Villa aus dem 18. Jahrhundert erfreut sich einer außergewöhnlichen Lage gegenüber dem Konkordia-Tempel, dessen Anblick man besonders vom Zimmer 205 aus genießt. Der Pool ist sehr angenehm, bedauerlich ist jedoch, daß die Bar und das Restaurant nicht auf der Terrasse oder in dem schönen Garten untergebracht sind. Der Komfort der Zimmer und Bäder ist gut, die Aussicht auf den Tempel wunderbar. Vergessen Sie nicht, das Geburtshaus von Pirandello und sein Grab unter einer einsamen Pinie aufzusuchen. Für Sizilianer ist diese Pinie ein historisches Denkmal. Ihr umweltbedingter schlechter Zustand wird heftig diskutiert, weshalb einige sogar vorschlagen, sie zu mumifizieren.

Anreise (Karte Nr. 26): 2 km südl. von Agrigent (über die Südküste); folgen Sie der Ausschilderung zum Valle dei Templi.

SIZILIEN

Foresteria Baglio della Luna

92100 Agrigento
Contrada Maddalusa - Valle de' Templi
Tel. 0922-51 10 61 - Fax 0922-59 88 02
Sig. Altieri

Kategorie ★★★★ **Ganzj.** geöffn. **24 Zimmer** m. Klimaanl., Tel., Bad od. Dusche, WC, TV, Minibar
Preise EZ u. DZ: 245000 L, 380-480000 L; Suite: 580-850000 L - Frühst. inkl., von 7.30 bis 10.30 Uhr - HP u. VP: + 65000 L + 95000 L (pro Pers., mind. 2 Üb.) **Kreditkarten** akzeptiert **Verschiedenes** Kleine Hunde in den Zimmern erlaubt - Parkpl. **Umgebung** Agrigento: Valle dei Templi, Geburtshaus von Pirandello - Naro - Palma di Montechiaro **Restaurant** von 13.00 bis 14.30 u. von 19.30 bis 22.00 Uhr - Menüs: 65-70000 L - Karte - Spezialitäten: Fisch u. regionale Küche.

Wenn Sie das Tal der Tempel besuchen möchten, den planlosen Städtebau Agrigentos aber nicht mögen, dann ist das *Foresteria* der richtige, abgelegene Ort für Sie. Dieser außerhalb der Stadt inmitten des archäologischen Gebietes befindliche Turm aus dem 13. Jahrhundert, der im 18. Jahrhundert zu einem Landhaus umgestaltet wurde, wirkt heute wie ein kleines, von einer dicken Mauer umgebenes Relais. Die kürzlich renovierten Räume sind noch ganz frisch mit ihren Gipswänden, und über die "Antiquitäten", mit denen das Hotel ausgestattet wurde, kann man geteilter Meinung sein. Dennoch ist Komfort durchaus vorhanden, außerdem die nach dem Besuch der heißen Täler ersehnte Klimaanlage. Vom Hotel aus erkennt man die auf den umliegenden Hügeln errichteten Tempel. Bei Sonnenuntergang ist dies besonders poetisch. Die Küche interpretiert auf eine gute, raffinierte Art sizilianische Gerichte.

Anreise (Karte Nr. 26): 2 km südl. von Agrigento (an der Südküste); Rtg. Valle dei Templi (ausgeschildert), dann SS 115, Rtg. Trapani.

SIZILIEN

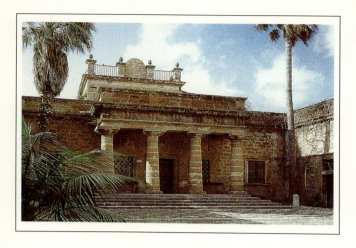

Villa Ravidà

92013 Menfis (Agrigente)
Via Roma, 173
Tel. 0925-71 109 - Fax 0925-71 180 - M. Nicolo Ravidà
E-mail: ravidasrl@iol.it

Ganzj. geöffn. **7 Zimmer** m. Dusche **Preise** EZ u. DZ: 100000 L, 200000 L - Frühst. inkl., von 8.00 bis 10.00 Uhr **Kreditkarten** Nicht akzeptiert **Verschiedenes** Hunde nicht erlaubt **Umgebung** Burgio - Salemi - Segesta - Isola di Mozia - Marsala - Trapani - Erice - Monreale - Palermo **Gemeins. Essen** um 13.00 u. 21.00 Uhr - Menü: 40-45000 L - Karte - Spezialitäten: mit Produkten aus eig. Anbau.

Die ockerfarbene Fassade dieses sizilianischen Palastes aus dem 18. Jahrhundert ist einfach wunderbar. Gekrönt mit einem Giebel und getragen von vier dorischen Säulen, erhebt es sich majestätisch in einem gepflasterten, von Palmen beschatteten Hof. *Villa Ravidà* ist um so erstaunlicher, als die eher banale Architektur des Dorfes einen auf etwas Derartiges nicht vorbereitet. Die Innenausstattung mit dem großen Foyer, den Salons mit Blick auf das Meer in der Ferne und dem Speiseraum mit seinen edlen Ausmaßen und seiner Freskomalerei an Wänden und Decken enttäuscht nicht. Drei Zimmer haben Seeblick, aber das schönste ist das in der einstigen Kapelle mit Fresken, kleinem Balkon und Blick aufs Mittelmeer. Die Hausbesitzer, die seit mehreren Generationen (seit 1700) berühmtes Olivenöl produzieren, empfangen oft, vermieten aber nur wenige Zimmer. Immerhin kann man hier einige Tage in einem echt sizilianischen Palast wohnen. Die Umgebung ist reich an archäologischen Stätten und schönen Stränden.

Anreise (Karte Nr. 26): 64 km westl. von Agrigento über die S 115.

SIZILIEN

Grand Hotel Baia Verde

95020 Cannizzaro-Catània
Via Castello, 6
Tel. 095-49 15 22 - Fax 095-49 44 64 - Sig. Robba

1999

Kategorie ★★★★ **Ganzj.** geöffn. **127 Zimmer** m. Klimaanl., Tel., Bad od. Dusche, WC, Satelliten-TV, Minibar **Preise** EZ u. DZ: 204000 L, 290000 L - Frühst.: inkl., von 7.00 bis 10.00 Uhr - HP u. VP: 190-249000 L, 230-289000 L (pro Pers.) **Kreditkarten** akzeptiert **Verschiedenes** Hunde nicht erlaubt - Schwimmb. - Tennis (20000 L) - Parkpl. **Umgebung** Catanià: Duomo, Schloß Ursino, Museum Bellini, Via dei Crociferi, Kirche S. Nicolovia Etna u. Piazza dell'Università - Etna - Taormina - Syracusa **Restaurant** von 13.00 bis 14.30 u. von 20.00 bis 22.00 Uhr - Menü: 55000 L - Karte - Spezialitäten: cernia all'acqua di mare, Fisch.

Das Schicksal Catanias, am Fuß des Etna, ist ganz den Launen des Vulkans ausgeliefert. Deshalb mußte es auch im 18. Jahrhundert wiederaufgebaut werden; der Architekt G.B. Vacarini verlieh dem Stadtkern diesen entschieden barocken Stil. Das große moderne Hotel *Baia Verde* ist einige Kilometer vom Zentrum und dem Hafen entfernt; es liegt am Meer mit den schwarzen Felsen aus Lava, die alle Küsten Siziliens in der Nähe von Vulkanen kennzeichnet. Die Zimmer sind komfortabel, die Empfangsräume groß und weit zum Meer hin geöffnet. Dennoch sollte man wissen, daß die Kapazität des Hotels ideal für Kongresse ist. Aufgrund der Lage und des sympathischen Empfangs ist es sehr angenehm, hier vor einer Rundfahrt der Insel zu wohnen. Es versteht sich von selbst, daß man ein Zimmer mit Meerblick und Balkon wählen sollte.

Anreise (Karte Nr. 27): An der Ostküste zwischen Taormina und Syracuse. 12 km vom Flugplatz u. 4 km von der Stadtmitte entfernt.

SIZILIEN

Grand Hotel Villa Igiea

90142 Palermo
Via Belmonte, 43
Tel. 091-54 37 44 - Fax 091-54 76 54
Sig. Viviani

Kategorie ★★★★★ **Ganzj.** geöffn. **115 Zimmer** m. Klimaanl., Tel., Bad, WC, Minibar; Aufzug; Eingang f. Behinderte **Preise** EZ u. DZ: 250000 L, 390000 L - Suiten: 800000 L - Frühst. inkl., von 7.00 bis 10.00 Uhr - HP u. VP: 255000 L, 315000 L (pro Pers.) **Kreditkarten** akzeptiert **Verschiedenes** Hunde in den Zimmern erlaubt - Schwimmb. - Tennis - Parkpl. **Umgebung** Palermo: Kirche von Martorana, Palazzo dei Normanni (cappella Palatina, mosaici), S. Giovanni degli Eremiti, S. Francesco d'Assisi, Oratorio de S. Lorenzo, Museo archeologico - Palazzo Abbatellis (affreco del Triomfo della Morte) - Dom u. Kloster von Monreale - Mondello u. der Monte Pellegrino - Villa Palagoniain in Bagheria - Solonte - Piana degli Albanesi **Restaurant** von 12.30 bis 14.30 u. von 19.30 bis 22.30 Uhr - Menü: 80000 L - Karte - Spezialitäten: Pennette alla lido - Spada al forno.

Die *Villa Igiea* ist ein herrliches Beispiel des Libertystils (1900) und gilt als das schönste Hotel im westlichen Sizilien. Seine Lage erlaubt es, dem geschäftigen Treiben Palermos zu entfliehen. Schwer, an diesem großen Hotel einen Makel zu finden. Sein ursprüngliches Mobiliar und seine Ausstattung wurden bewahrt, und den Gästen wird tadelloser Komfort und Service geboten. Die Bar, das Winter-Restaurant, die Veranda und die Salons sind von solcher Behaglichkeit, daß sich jene Einwohner von Palermo, die Stilvolles mögen, hier allabendlich treffen. Das Schwimmbad und die Gärten liegen oberhalb der Badebucht. Wenn Sie Palermo *richtig* besuchen wollen, führt an der *Villa Igiea* kein Weg vorbei.

Anreise (Karte Nr. 26): *Am Meer, nördl. vom Hafen, im Acquasanta-Viertel, über die Via dei Cantieri Navali.*

S I Z I L I E N

Centrale Palace Hotel

90134 Palermo
Corso Vittorio Emanuele, 327
Tel. 091-33 66 66 - Fax 091-33 48 81 - Sig. Schifano
Web: paginegialle.it/cpalacehot - E-mail: cphotel@tin.it

Kategorie ★★★★ **Ganzj.** geöffn. **61 Zimmer** m. Klimaanl., Tel., 6 m. Bad, Dusche, WC, Minibar; 2 Zi. f. Behinderte **Preise** EZ u. DZ: 230000 L, 325000 L + 60000 L (zusätzl. Pers.) - Frühst. inkl., von 7.00 bis 11.00 Uhr - HP: + 50000 L **Kreditkarten** akzeptiert **Verschiedenes** Hunde nicht erlaubt **Umgebung** Palermo: Kirche von Martorana, Kirche Gesù - Palazzo dei Normanni (cappella Palatina, mosaici), S. Giovanni degli Eremiti, S. Francesco d'Assisi - Oratorio de S. Lorenzo, Museo archeologico - Palazzo Abbatellis (affreco del Triomfo della Morte) - Dom u. Kloster von Monreale - Mondello u. der Monte Pellegrino - Villa Palagoniain in Bagheria - Solonte - Piana degli Albanesi **Imbisse** im Hotel (siehe unsere Restaurantauswahl S. 516).

Dieses kleine Hotel fehlte uns in Palermo. Das im historischen Zentrum gelegene *Centrale Palace* renovierte erst kürzlich seine Zimmer und wird demnächst bestimmt auch seine frühere Pracht zurückerlangen. Heute verfügt es über komfortable, traditionell-bürgerlich eingerichtete Zimmer, die immerhin über so moderne Einrichtungen wie eine Klimaanlage verfügen. Die Preise sind alles andere als überhöht. Ein Hotel, das man kennen, und dessen Entwicklung man verfolgen sollte.

Anreise (Karte Nr. 26): Der Corso Vittorio Emanuele zweigt von der Piazza Independenza ab.

SIZILIEN

Grand Hotel et des Palmes

90142 Palermo
Via Roma, 398
Tel. 091-58 39 33 - Fax 091-33 15 45

Kategorie ★★★★ **Ganzj.** geöffn. **183 Zimmer** u. 4 Suiten m. Klimaanl., Tel., Bad, WC, Minibar; Aufzug **Preise** EZ u. DZ: 205000 L, 290000 L; Suiten: + 200000 L - Frühst. inkl., von 7.00 bis 10.00 Uhr **Kreditkarten** akzeptiert **Verschiedenes** Hunde erlaubt **Umgebung** Palermo: Kirche Martorana, Kirche Gesù, Palazzo dei Normanni (cappella Palatina, mosaici), S. Giovanni degli Eremiti, S. Francesco d'Assisi, Oratorio de S. Lorenzo, Museo archeologico - Palazzo Abatellis (affreco del Triomfo della Morte); Botanischer Garten - Veranstaltungen: Fest der hl. Rosalie (11. bis 15. Juli) Flohmarkt nahe der Kathedrale - Dom u. Kloster von Monreale - Mondello u. der Monte Pellegrino - Cefalù - Villa Palagoniain in Bagheria - Solonte - Piana degli Albanesi **Restaurant** von 12.30 bis 15.00 u. von 19.30 bis 23.00 Uhr - Menü: 60000 L - Karte.

Das inmitten der Stadt gelegene legendenumwobene *Grand Hotel et des Palmes* verfügt über den Charme der von Müdigkeit gezeichneten Luxushotels des 19. Jahrhunderts. Aus diesem ehemaligen Palais entstand 1874 ein Grandhotel. Die berühmten Leute, die hier zu Gast waren, kann man gar nicht alle benennen, dennoch sollen erwähnt werden das Ehepaar Wagner (den *Parsifal* beendete der Komponist hier), Auguste Renoir, Maupassant, Lucky Luciano ... Die Salons haben den Glanz dieser Vergangenheit bewahrt; Ernesto Basile, ein großer Künstler des italienischen Libertystils, dekorierte das Foyer. Im Kaminsalon kann man noch heute die Marketerie-Decke, die Fresken, die bleigefaßten Fenster und die Goldverzierung bewundern. Die Zimmer sind schlichter, einige müßten sogar gründlich renoviert werden. Das *Palmetta*, das Restaurant des Hotels, bietet in einem prachtvollen Rahmen lokale Gerichte.

Anreise (Karte Nr. 26): Im Zentrum.

SIZILIEN

Hotel Principe de Villafranca

90141 Palermo
Via G. Turrisi Colonna, 4
Tel. 091-61 18 523 - Fax 091-58 87 05 - Mme Licia Guccione
Web: http://www.market.thecity.it/villafranca

1999

Ganzj. geöffn. **40 Zimmer** m. Klimaanl., Tel., Bad od. Dusche, WC, Satelliten-TV, Safe, Minibar; Aufzug **Preise** EZ u. DZ: 180-250000 L, 250000 L; 3 BZ: 350000 L - Frühst. inkl., von 7.00 bis 10.00 Uhr - HP u. VP: 160000 L, 195000 L (pro Pers., mind. 3 Üb.) **Kreditkarten** akzeptiert **Verschiedenes** Hunde nicht erlaubt - Fitneßcenter - Garage **Umgebung** Palermo: Kirche Martorana, Kirche Gesu, Palazzo dei Normanni (Cappella Palatina, mosaici), S. Giovanni degli Eremiti, S. Francesco d'Assisi, Oratorio de S. Lorenzo, Museo archeologico - Palazzo Abbatellis (Affreco del Triomfo della Morte); Botanischer Garten - Veranstaltungen: Fest der hl. Rosalie (11. bis 15. Juli) Flohmarkt nahe der Kathedrale - Dom u. Kloster von Monreale - Mondello u. der Monte Pellegrino - Cefalù - Villa Palagoniain in Bagheria - Solonte - Piana degli Albanesi **Restaurant** von 13.00 bis 15.00 u. von 20.00 bis 22.30 Uhr - Karte - Regionale Küche.

Das in der Nähe der Luxusgeschäfte der Stadt und des Teatro Massimo gelegene Hotel wurde erst vor kurzem eröffnet. Das Gebäude aus den siebziger Jahren hat gewiß nichts Besonderes, die Innenausstattung hingegen ist sehr geschmackvoll, denn die Designer haben es u.a. verstanden, Gemälde und antike Möbel genau richtig zu plazieren. Das Restaurant ist elegant, und im Salon laden tiefe Sofas dazu ein, sich die Bibliothek näher anzusehen und sich in die Bücher über Sizilien zu vertiefen. Dieser diskrete Luxus ist auch präsent in den Zimmern, in denen der Raum als solcher bevorzugt behandelt wurde. Der Schallschutz ist perfekt, die Bäder sind bestens ausgestattet. Das Ganze wirkt noch ein wenig neu, aber mit der Zeit wird sich das geben. Mit Sicherheit einer der "guten Adressen" in Palermo.

Anreise (Karte Nr. 26): Nahe des Teatro Massimo.

SIZILIEN

Massimo Plaza Hotel

90133 Palermo
Via Maqueda, 437
Tel. 091-32 56 57 - Fax 091-32 57 11 - Sig. Farruggio

Kategorie ★★★ Ganzj. geöffn. **11 Zimmer** m. Klimaanl., Tel., Bad, WC, Satelliten-TV, Safe, Minibar **Preise** EZ u. DZ: 145000 L, 190000 L; 3 BZ: 250000 L; Junior-Suite: 240000 L - Frühst. inkl., von 7.00 bis 10.30 Uhr - HP u. VP: 120-170000 L, 150-200000 L (pro Pers., mind. 3 Üb.) **Kreditkarten** akzeptiert **Verschiedenes** Hunde nicht erlaubt - Audioguide - Garage (15000 L) **Umgebung** Palermo: Kirche Martorana, Kirche Gesu, Palazzo dei Normanni (Cappella Palatina, mosaici), S. Giovanni degli Eremiti, S. Francesco d'Assisi, Oratorio de S. Lorenzo, Museo archeologico - Palazzo Abbatellis (affreco del Triomfo della Morte); Botanischer Garten - Veranstaltungen: Fest der hl. Rosalie (11. bis 15. Juli) Flohmarkt nahe der Kathedrale - Dom u. Kloster von Monreale - Mondello u. der Monte Pellegrino - Cefalù - Villa Palagonia in Bagheria - Solonte - Piana degli Albanesi **Kein Restaurant** im Hotel (siehe unsere Restaurantauswahl S. 516).

Gegenüber einem der berühmtesten Opernhäuser, dem Teatro Massimo, wurde kürzlich im Herzen der Stadt dieses winzige Hotel eröffnet. Fotos erinnern an einige große Aufführungen. Die Adresse hat Seltenheitswert in einer Stadt, in der man am besten in einem der Grandhotels im Libertystil aus dem späten 19. Jahrhundert wohnt, wenn man Qualität wünscht. Das *Massimo Plaza*, mehr ein Guest House als ein Hotel, wurde auf der ersten Etage eines Palastes in der reizvollen und sehr belebten Via Maqueda eingerichtet. Die Gesellschaftsräume wurden von einigen talentierten regionalen Künstlern mit Motiven im Libertystil dekoriert. Die geschmackvoll gestalteten Zimmer sind funktionell, aber nicht luxuriös. Fast alle haben Aussicht auf das imposante Theater, das Ende des letzten Jahrhunderts von Ernesto Basile gebaut wurde. Informeller, sympathischer Empfang.

Anreise (Karte Nr. 26): Nahe des Teatro Massimo.

SIZILIEN

Tenuta Gangivecchio

Gangivecchio 90024 Gangi (Palermo)
Tel. 0921-64 48 04 - Fax 0921-68 91 91
Sig. Tornabene

Geschlossen vom 15. bis 31. Juli **8 Zimmer** u. 1 Suite m. Tel., Dusche, WC **Preise** m. HP: 110-200000 L; m. VP: 130-230000 L - Frühst. inkl., von 8.15 bis 10.00 Uhr - HP u. VP: 120-170000 L, 150-200000 L (pro Pers., mind. 3 Üb.) **Kreditkarten** Diners, Visa, Eurocard, MasterCard **Verschiedenes** Hunde nicht erlaubt - Schwimmb. - Parkpl. **Umgebung** Ausflüge ins Madonie-Massiv: Castelbuono, Gangi (vecchio), Petralia Sottana, Collesano - Cefalù **Restaurant** 13.30 u. 20.30 Uhr - Mo geschl. - Menü: 29000 L.

Sollten Sie Lust verspüren, die Küste und die Küstenstraßen zugunsten von Landstrichen zu verlassen, die herber und wilder sind, dann werden Sie die alten sizilianischen Dörfer entdecken, wo die Traditionen unverändert sind und wo man vorwiegend Männer und Alte antrifft, die abends vor ihren Häusern palavern. Gangi ist ein solches Dorf im Madonie-Massiv mit den höchsten Erhebungen Siziliens; ein interessanter Stopp, mit dem Besuch von Cefalù, wenn man über die Autobahn nach Palermo fahren will. Das historische Zentrum ist zwar unverändert, aber das unkontrollierte Bauen außerhalb macht den Stadtrand nicht gerade ansehnlich. Deshalb sollten Sie sich unverzüglich zum imposanten Kloster Gangivecchio begeben, das heute einer alteingesessen Familie gehört. Die Damen des Hauses haben hier in einem Nebengebäude Gästezimmer mit korrektem Komfort eingerichtet; besonders geschmackvoll sind sie nicht, aber von den Terrassen hat man einen schönen Blick auf die Berge, die alten Steine des Kreuzgangs und auf die hundertjährigen Bäume des Parks. Den Empfang dieser sizilianischen Familie sollten Sie ebenso genießen wie das authentische regionale Essen, das nicht weniger als fünf Gänge umfaßt und bei dem die köstlichen *cannelloni* nicht vergessen werden.

Anreise *(Karte Nr. 27): A 19 Rtg. Catania-Palermo, Ausf. Tremonzelli, dann S 120 bis Gangi.*

SIZILIEN

Hotel Tonnara Trabia

90019 Trabia (Palermo)
Largo Tonnara S.s. 113
Tel. 091-814 79 76 - Fax 091-812 48 10 - Sig. Pellizzano
E-mail: info@tonnara.com - Web: http://www.tonnara.com

Kategorie ★★★ **Ganzj.** geöffn. **114 Zimmer** m. Klimaanl., m. Dusche, WC, Satelliten-TV, Minibar **Preise** EZ u. DZ: 80-130000 L, 120-210000 L; Suite: 170-260000 L - Frühst.: inkl., von 7.30 bis 10.00 Uhr **Kreditkarten** Amex, Visa, Eurocard, MasterCard **Verschiedenes** Hunde erlaubt - Parkpl. **Umgebung** Bagheria (Villa Palagnola) - Solunio - Termini I merese - Cefalù **Restaurant** von 12.30 bis 14.00 u. von 19.30 bis 22.00 Uhr - Menü: 45000 L - Karte.

Eine der Hauptaktivitäten der Nordküste Siziliens ist der Thunfischfang, der im Mai bei der *mattanza* (dem kollektiven Fischen) stattfindet; der berühmteste und derjenige, der die meisten Touristen anzieht, ist der Fischfang auf hoher See bei Trapani. Das in Trabia gelegene Hotel befindet sich in einer ehemaligen *tonnara*, einer Thunfischhalle; *Tonnara Trabia* liegt an der Straße und läßt keineswegs erraten, daß zwei Etagen tiefer das Hotel auf einen Rasen hinausgeht, den die Wellen des Golfs von Termini umspülen. Die Fassade zeigt im übrigen noch einen gewissen industriellen Charakter. Das gesamte Bauwerk vermittelt den Eindruck von Authentizität, haben die Architekten doch traditionelle Materialien wie Stein und Tuff verwandt und die Raumaufteilung und die ursprüngliche Bedachung erhalten. Die Zimmer bieten viel Komfort und wurden identisch in Blau bzw. Grün gestaltet. Wir empfehlen Ihnen, ausschließlich ein Zimmer mit Blick aufs Meer zu nehmen. Trabia, zwischen Palermo und Cefalù gelegen, ist im Sommer ein exzellenter Ausgangspunkt für die Sehenswürdigkeiten und zum Baden im Meer oder in den Swimmingpools des Hotels (das eine ist ein Hallenbad und somit "saisonverlängernd").

Anreise (Karte Nr. 26): 35 km von Palermo u. 25 km von Cefalù.

SIZILIEN

Villa Lucia

96100 Siracusa
Traversa Mondello, 1 - Contrada Isola
Tel. 0336-88 85 37- 0931-721 007 - Fax 0931-72 15 87
Sig.ra Maria Luisa Palermo

Ganzj. geöffn. **7 Zimmer** u. 7 kleine Appart. m. Klimaanl. (+ 10000 L), Tel., Bad od. Dusche, WC, TV, Minibar, 5 in der Dependance **Preise** EZ u. DZ: 195000 L, 290000 L; App. (2-5 Pers.): 60000 L (pro Pers., mind. 2 Üb.); in der Dependance: 100000 L (EZ), 145000 L (DZ) - Frühst.: inkl., von 8.00 bis 10.30 Uhr **Kreditkarten** Visa, Eurocard, MasterCard **Verschiedenes** Kleine Hunde nur in den Zi. erlaubt (Zuschlag) - Schwimmb. - Parkpl. **Umgebung** Siracusa: Museo archeologicoe - Ortygie - Neapolis - Schloß Euryale - zyanidhaltige Quelle (Zugang per Boot od. über die Straße) **Kein Restaurant** im Hotel (Siehe unsere Restaurantauswahl S. 517).

Diese wertvolle Adresse wurde uns von einer Leserin und Kollegin übermittelt. *Villa Lucia* ist ein alter Familienbesitz, den die Hausherrin, Gräfin Maria Luisa Palermo, nach und nach umstaltet, um an diesem wunderbaren Ort Gäste zu empfangen. Eine Pinienallee führt zur Villa, deren blaßrosa Verputz den Charme des Interieur erraten läßt. Dieses Haus ist die Zweitresidenz der Familie: ohne protzigen Luxus, aber mit schönen alten, im Laufe der Generationen angesammelten Möbelstücken, Reiseerinnerungen, Gemälden der Familie ... Im üppigen, sehr angenehmen Park ist die Vegetation mediterran. Von unglaublicher Schönheit sind auch die Promenaden am Meer - direkt an der Villa, mit Blick auf die Insel Ortygia. Dank ihrer zahlreichen Bekanntschaften organisiert Maria Luisa auch Besichtigungen anderer prächtiger sizilianischer Privathäuser. Eine Adresse und eine Gastgeberin mit viel Charme.

Anreise (Karte Nr. 27): 6 km von Siracusa. Ausf. Catania/Siracusa, dann SS 115. Hinter der Stadt den Fluß Citane passieren, 1. Straße links, den Hafen umfahren, dann Contrada Isola.

Grand Hotel di Siracusa

96100 Siracusa
Via Mazzini, 12
Tel. 0931-46 46 00 - Fax 0931-46 46 11
Sig. Calandruccio

Ganzj. geöffn. **38 Zimmer** u. 20 Suiten m. Klimaanl., Tel., Bad, Satelliten-TV, Minibar; Aufzug; Eingang u. Zi. f. Behinderte **Preise** EZ u. DZ: 240000 L, 350000 L; Suiten: 400-450000 L - Frühst. inkl., von 7.30 bis 10.00 Uhr **Kreditkarten** akzeptiert **Verschiedenes** Hunde nicht erlaubt - Pendelverkehr zum Privatstrand (20000 L) - Garage (20000 L) **Umgebung** Siracusa: Museo archeologicoe - Ortygie - Neapolis - Schloß Euryale - zyanidhaltige Quelle (Zugang per Boot od. über die Straße) **Restaurant** von 12.00 bis 14.30 u. von 20.00 bis 22.30 Uhr - Karte - Regionale Küche.

Nach einer langen, kostspieligen und vollständigen Renovierung, die vier Jahre währte, besitzt Syrakus heute ein Luxushotel, das seinem Ruf entspricht. Die Architekten entwarfen neue Räume, so ein Panorama-Terrassenrestaurant, nutzten das gesamte Erdgeschoß für die Empfangsräume, bewahrten aber so viel Ursprüngliches wie nur möglich. Dieser Instandsetzung ist es auch zu verdanken, daß die restlichen spanischen Befestigungsanlagen des Cinquecento heute in einem kleinen Museum des Hotels gezeigt werden können. Die beiden großen Salons sind mit altem sizilianischem Mobiliar eingerichtet, aber auch bedeutende Künstler arbeiteten an der Ausstattung. So schuf Carlo Moretti den Muranolüster für den Salon *Minerva*. Die große Rotunde, die abends am Hafen der Insel Ortigia erleuchtet, ist der Salon *Athena* - ganz aus Stuck und Fresken. Eine große, halbrunde Säulentreppe führt zu den Etagen mit den luxuriösen, komfortablen Zimmern mit Blick aufs Meer. Wunderschön ist auch der eingefriedigte Garten mit einem Panorama-Aufzug inmitten der Palmen und duften Pflanzen.

Anreise (Karte Nr. 27): Auf der Insel Ortigia.

SIZILIEN

Museo Albergo L'Atelier sul Mare

98070 Castel di Tusa (Messina)
Via Cesare Battisti, 4
Tel. 0921-33 42 95 - Fax 0921-33 42 83 - Sig. Antonio Presti
Web: http://www.eniware.it/ateliersulmare - E-mail: apresti@eniware.it

Geschlossen von Dezember bis März **40 Zimmer** m. Tel., Bad od. Dusche, WC; Aufzug **Preise** EZ u. DZ: 80-105000 L, 120-160000 L - Künstlerzimmer: 200000 L - Frühst. inkl., von 7.30 bis 9.30 Uhr - HP u. VP: 95-140000 L, 100-165000 L (pro Pers., mind. 3 Üb.) **Kreditkarten** Amex, Visa, Eurocard, MasterCard **Verschiedenes** Hunde erlaubt (Zuschlag) - Privatstrand - Parkpl. **Umgebung** Halaesa - S. Stefano di Camastra (Terrakotta) - Cefalù **Restaurant** von 13.00 bis 15.00 u. von 20.30 bis 22.30 Uhr - Menüs: 30-40000 L - Karte - Spezialitäten: Fisch.

Die Straße von Messina nach Palermo führt an der wilden Küste des Tyrrhenischen Meeres entlang, wo Badeorte wie Castel di Tusa zahlreich sind. Das *Museo Albergo* liegt direkt am Meer und ist ein Gebäude mediterranen Stils mit mehreren Etagen und großen Terrassen. Das Interessanteste am Hotel ist jedoch die Konzeption der Ausstattung des Hauses, insbesondere der Zimmer, nämlich: Kunst im täglichen Leben. Jedes Zimmer, deren Gestaltung man einem zeitgenössischen Künstler anvertraute, ist ein "Ereignis"; wenn man hier wohnt, lebt man mit einem Werk, das zudem einzigartig ist. In der Rezeption, im Salon und sogar auf dem Strand (sofern die Gemeindeverwaltung sie nicht zerstören ließ) trifft man auf Bilder und Skulpturen. Auch wenn diese Kunst nicht jeden Geschmack trifft, sind hier alle Kriterien eines guten Hotels vereint: Komfort, guter Service und ein gutes Restaurant mit italienischen Spezialitäten und hoteleigenem Fischfang. Wir möchten darauf hinweisen, daß die Zimmer ausschließlich von den Hotelgästen besichtigt werden können.

Anreise (Karte Nr. 27): 90 km östl. von Palermo. A 20 bis Cefalù, dann die Küstenstraße Rtg. Messina.

SIZILIEN

San Domenico Palace Hotel

96039 Taormina (Messina)
Piazza San Domenico, 5
Tel. 0942-23 701 - Fax 0942-62 55 06
Sig. Anna

Kategorie ★★★★★ **Ganzj.** geöffn. **111 Zimmer** m. Klimaanl., Tel., Bad, WC, Satelliten-TV, Minibar; Aufzug **Preise** EZ u. DZ: 380-440000 L u. 630-750000 L - Frühst. inkl., von 8.00 bis 10.00 Uhr - HP u. VP: 480-540000 L, 830-950000 L (in DZ) **Kreditkarten** akzeptiert **Verschiedenes** Hunde in den Zimmern erlaubt - Beheizt. Schwimmbad - Parkpl. (30000 L) **Umgebung** Taormina: Zona archeologica - Castello auf dem Monte Toro - Castelmola (Terrasse, Aussichtsp. des Cafés) - Forza d'Agro - Alcantara-Schlucht - Capo Shiso - Naxos - Strand von Mazzaro - Golfpl. Il Picciolo (18 L.) **Restaurant** von 12.00 bis 14.30 u. von 20.00 bis 22.30 Uhr - Menü: 100000 L - Karte - Sizilianische u. internationale Küche.

Das *San Domenico Palace*, in einem 1430 erbauten Kloster eingerichtet, ist zweifellos das schönste Hotel Siziliens. Frequentiert wird es von einer reichen internationalen Klientel. Um in den herrlichen, sehr gepflegten und das ganze Jahr über blühenden Garten zu gelangen, durchquert man den Kreuzgang und die zahlreichen langen Gänge mit Gemälden des 17. und 18. Jahrhunderts. Die luxuriösen Zimmer erinnern an Mönchszellen. Sie können hier traumhafte Tage (auch) am Schwimmbad verbringen und dabei die Aussicht auf das griechische Theater, das Meer und den Etna genießen. Ein Abendessen bei Kerzenlicht auf der Terrasse wird den Feinschmecker davon überzeugen, daß das *San Domenico* auch die beste Küche Taorminas bietet.

Anreise *(Karte Nr. 27): 52 km südl. von Messina über die A 18, Ausf. Taormina-Nord; in der Nähe des Aussichtspunktes der Via Roma.*

SIZILIEN

Hotel Villa Belvedere

98039 Taormina (Messina)
Via Bagnoli Croci, 79
Tel. 0942-237 91 - Fax 0942-62 58 30 - Sig. Pécaut
E-mail: hotbelve@tao.it - Web: http://www.eniware.it/villabelvedere

Kategorie ★★★ **Geschlossen** 11. Januar bis 3 Wochen vor Ostern u. 11. November bis 19. Dezember **51 Zimmer** (32 m. Klimaanl.) m. Tel., Bad od. Dusche, WC, TV auf Wunsch **Preise** EZ u. DZ: 90-164000 L, 150-252000 L - Frühst. inkl., von 7.00 bis 12.00 Uhr **Kreditkarten** Visa, Eurocard, MasterCard **Verschiedenes** Hunde erlaubt - Schwimmb. - Parkpl. (6000 L) **Umgebung** Taormina: Zona archeologica - Castello auf dem Monte Toro - Castelmola (Terrasse, Aussichtsp. des Cafés) - Forza d'Agro - Alcantara-Schlucht - Capo Shiso - Naxos - Strand von Mazzaro **Kein Restaurant**, aber eine Snackbar (April bis Oktober), von 11.30 bis 18.00 Uhr (siehe unsere Restaurantauswahl S. 516-517).

Nur ein paar Schritte vom sehr schönen öffentlichen Park Taorminas erhebt sich das diskrete Hotel *Belvedere*. Abseits des hektischen Rummels, der die meisten Hotels Taorminas kennzeichnet, ist das *Belvedere* einfach geblieben, ohne daß das seinem Komfort und Charme Abbruch täte. Von einem jungen Mann französischer Herkunft hervorragend geführt, hält das Hotel drei Regeln ein, die seinen Erfolg bei einer Kundschaft ausmachen, welche sich aus Künstlern und Habitués zusammensetzt: Sauberkeit, gute Betten und Ruhe. Mehr würde man gar nicht verlangen, aber der Blick auf die Bucht von Taormina und der angenehme Swimmingpool unter riesigen Palmen bieten einen weiteren Reiz, der sich auf der Rechnung glücklicherweise nicht bemerkbar macht.

Anreise (Karte Nr. 27): 52 km südl. von Messina über die A 18, Ausf. Taormina; das Hotel liegt in der Nähe des Aussichtspunktes der Via Roma.

SIZILIEN

Hotel Villa Ducale

96039 Taormina (Messina)
Via Leonardo da Vinci, 60
Tel. 0942-28 153 - Fax 0942-28 710 - Sig. und Sig.ra Quartucci
E-mail: villaducale@tao.it

Kategorie ★★★ **Geschlossen** vom 10. Januar bis 1. März **10 Zimmer** m. Klimaanl., Tel., Bad od. Dusche, WC, Satelliten-TV, Minibar, Safe **Preise** EZ u. DZ: 180-210000 L, 250-360000 L; Junior-Suite: 300-380000 L; Suite: 400-500000 L - Frühst. inkl. (Buffet), von 8.00 bis 11.00 Uhr **Kreditkarten** akzeptiert **Verschiedenes** Kleine Hunde erlaubt - Parkpl. **Umgebung** Taormina: Zona archeologica - Castello auf dem Monte Toro - Castelmola (Terrasse, Aussichtsp. des Cafés) - Forza d'Agro - Alcantara-Schlucht - Capo Shiso - Naxos - Strand von Mazzaro - Ausflüge zum Etna ab Taormina - Golfpl. Il Picciolo (18 L.) **Kein Restaurant** im Hotel (siehe unsere Restaurantauswahl S. 516-517).

Villa Ducale hat wirklich viel Charme. Erst vor kurzem wurde sie von dem Enkel einer alteingesessenen Familie aus Taormina als Hotel eröffnet, die diese zu Beginn des zwanzigsten Jahrhunderts von dem Großvater gebaute Patriziervilla über all die Jahre behielt. Das Hotel ist komfortabel und sehr elegant. Die Zimmer sind mit alten Möbeln geschmackvoll eingerichtet, und alle haben einen unglaublichen Blick aufs Meer, auf den Etna und das Tal, zudem eine eigene Terrasse mit Tischen und Stühlen. In der gut bestückten Bibliothek kann man alles über Sizilien und seine Geschichte nachlesen. Um keinen Preis das auf der Panoramaterrasse servierte Frühstück (Brunch) versäumen. Kostenloses Schwimmbad 50 Meter vom Hotel entfernt. Im Sommer gebührenfreier Pendelverkehr für Hotelgäste zum Strand. Freundlicher Empfang.

Anreise *(Karte Nr. 27): 52 km südl. von Messina über die A 18, Ausf. Taormina.*

SIZILIEN

Hotel Villa Paradiso

98039 Taormina (Messina)
Via Roma, 2
Tel. 0942-239 21 22 - Fax 0942-625 800
Sig. Martorana

Kategorie ★★★★ **Ganzj.** geöffn. **25 Zimmer** u. 13 Suiten m. Klimaanl., Tel., Bad od. Dusche, WC, Satelliten-TV; Aufzug **Preise** EZ u. DZ: 140-170000 L, 180-270000 L; Suiten: 280-320000 L - Frühst. inkl., von 7.30 bis 10.00 Uhr - HP u. VP: + 35000 L + 70000 L **Kreditkarten** akzeptiert **Verschiedenes** Kleine Hunde erlaubt - Roomservice rund um die Uhr **Umgebung** Taormina: Zona archeologica - Castello auf dem Monte Toro - Castelmola (Terrasse, Aussichtsp. des Cafés) - Forza d'Agro - Alcantara-Schlucht - Capo Schiso - Etna - Naxos - Strand von Mazzaro - Golfpl. Il Picciolo (18 L.) **Restaurant** von 13.00 bis 14.00 u. von 20.00 bis 21.15 Uhr - Menü: 35-45000 L - Karte - Regionale u. Italienische Küche - Fisch.

Das vom Meer und dem majestätischen Etna umgebene Taormina ist ein reizvolles Kondensat Siziliens. *Villa Paradiso* ist das Werk einer englischen Abenteuerin, die sich im 19. Jahrhundert in dieses damals kleine Dorf und in ihren Arzt verliebt hatte. Und da sie ihre reizvolle Entdeckung mit anderen teilen wollte, ließ sie einen kleinen Jagdpavillon bauen. Das Hotel verfügt heute über die Atmosphäre einer Familienpension. Die Zimmer haben elegantes, bemaltes Mobiliar, die größeren Suiten einen weiten Blick aufs Meer. Die Salons sind miteinander verbunden und liegen entweder am Wintergarten, zu dem eine überdachte Galerie führt, oder zum Meer hin. Von der mit Möbeln ausgestatteten Panoramterrasse ist der Blick auf die Bucht noch grandioser. Sobald das Wetter es erlaubt, bringt ein Privatbus die Hotelgäste nach Letojanni, wo das Hotel einen Privatstrand mit Liegen, Schwimmbad und einem Restaurant besitzt.

Anreise (Karte Nr. 27): 52 km südl. von Messina über die A 18, Ausf. Taormina.

SIZILIEN

Hotel Riis

98039 Taormina (Messina)
Via Pietro Rizzo,13
Tel. 0942-248 74 - Fax 0942-62 62 54 - Sig. Sciglio
E-mail: villariis@tao.it

Kategorie ★★★★ **Geschlossen** vom 1. November bis Mitte März **30 Zimmer** m. Klimaanl., Tel., Bad od. Dusche, WC, Satelliten-TV, Fön; Aufzug **Preise** EZ u. DZ: 220000 L, 300000 L; Suite: 380000 L - Frühst (Buffet): 20000 L, von 7.30 bis 10.00 Uhr **Kreditkarten** akzeptiert **Verschiedenes** Kleine Hunde erlaubt - Schwimmb. - Parkpl. **Umgebung** Taormina: Zona archeologica - Castello auf dem Monte Toro - Castelmola (Terrasse, Aussichtsp. des Cafés) - Forza d'Agro - Alcantara-Schlucht - Capo Schiso - Etna - Naxos - Strand von Mazzaro - Golfpl. Il Picciolo (18 L.) **Restaurant** von 13.00 bis 14.00 u. von 20.00 bis 21.15 Uhr - Menü: 35000 L - Karte - Regionale Küche - Fisch.

Daß Taormina einen großen Umweg lohnt, muß man immer wieder sagen. Diese von Andromache gegründete Stadt war also erst griechisch, danach im Besitz der Römer, Sarazener und Christen und hat von all den Eroberern Überreste bewahrt. Das in einem Haus aus dem frühen 20. Jahrhundert unweit des Zentrums errichtete *Riis* hat den großen Vorteil, daß es einen atemberaubenden Ausblick auf den Etna und das Meer bietet. Die Barock-Dekoration der Salons und Gästezimmer ist zwar etwas überladen, verleiht diesem alten, vor nicht langer Zeit renovierten Hotel dennoch einen gewissen Charme. Die meisten Zimmer haben einen kleinen Balkon, auf dem diejenigen, die schon am Morgen starke Eindrücke lieben, das Frühstück mit Panoramablick einnehmen können. Der Speisesaal, der auf eine Terrasse geht, ist superbe. Im unterhalb gelegenen Schwimmbad können Sie sich nach einem Bummel durch das lebendige Zentrum entspannen.

Anreise (Karte Nr. 27): 52 km südl. von Messina über die A 18, Ausf. Taormina.

SIZILIEN

Hotel Villa Schuler

98039 Taormina
Piazzetta Bastione/via Roma, 4
Tel. 0942-23 481 - Fax 0942-23 522 - M. Gerardo Schuler
Web: http://www.tao.it/schuler - E-mail: schuler@tao.it

Geschlossen Vom 15. November bis 10. März **25 Zimmer** u. 1 Suite m. Tel., Bad od. Dusche, WC, Satelliten-TV, Safe **Preise** EZ u. DZ: 94000 L, 134000 L - Frühst.: 10000 L, von 7.00 bis 10.00 Uhr **Kreditkarten** akzeptiert **Verschiedenes** Hunde nicht erlaubt - Fahrradverleih (12000 L/T) - Pendelverkehr zum Strand (5000 L pro Pers.) - Garage (15000 L) **Umgebung** Taormina: Zona archeologica - Castello auf dem Monte Toro - Castelmola (Terrasse, Aussichtsp. des Cafés) - Forza d'Agro - Alcantara-Schlucht - Capo Schiso - Etna - Naxos - Strand von Mazzaro - Golfpl. Il Picciolo (18 L.) **Kein Restaurant** im Hotel (Siehe unsere Restaurantauswahl S. 516-517).

Taormina, das einige Hundert Meter hoch wie ein Balkon am Meer liegt, verfügt über ein natürliches Dekor von großer Schönheit. Der besondere Reiz der Villa ist ihre Lage: sowohl im historischen Zentrum als auch in einem Garten, von dem aus man unter Palmen sitzend auf das Meer und den Etna blickt. Im Park, der das Haus umgibt, wächst und blüht alles besonders üppig und bunt. Die Innenausstattung und die Zimmer verfügen nicht über den Charme des Gartens. Meist klein und eher gewöhnlich gestaltet, haben sie dennoch oft Meerblick; die Zimmer des Obergeschosses erfreuen sich einer echten Terrasse mit Liegestühlen. Die Preise sind, wie der Empfang, sehr freundlich. Ein einfaches, familiäres Hotel.

***Anreise** (Karte Nr. 28): 52 km südl. von Messina über die A 18, Ausf. Taormina.*

SIZILIEN

Hotel Villa Sant'Andrea

98030 Mazzaro - Taormina (Messina)
Via Nazionale, 137
Tel. 0942-23 125 - Fax 0942-24 838

Kategorie ★★★★ **Ganzj.** geöffn. **67 Zimmer** m. Klimaanl., Tel., Bad od. Dusche, WC, TV **Preise** EZ u. DZ: 205-370000 L, 310-540000 L, Suite: + 100000 L - Frühst. inkl., von 7.30 bis 10.00 Uhr - HP u. VP: 200-315000 L, 235-350000 L (pro Pers.) - **Kreditkarten** akzeptiert **Verschiedenes** Kleine Hunde erlaubt - Privatstrand - Parkpl. (50 m., 22000 L) **Umgebung** Taormina: Zona archeologica - Castello auf dem Monte Toro - Castelmola (Terrasse, Aussichtsp. des Cafés) - Forza d'Agro - Alcantara-Schlucht - Capo Schiso - Etna - Naxos - Strand von Mazzaro - Golfpl. Il Picciolo (18 L.) **Restaurant** von 13.00 bis 14.30 u. von 20.00 bis 22.30 Uhr - Menü: 65000 L - Karte - Spezialitäten: Tagliolini con scampi e pesto alla Sant'Andrea - Spigoletta creazione "Olivero" - Parfait alle mandorle.

Wo kann man die Vorzüge Taorminas genießen, ohne mit den Nachteilen in Berührung zu kommen? In der *Villa Sant'Andrea!* Am Meeresufer gelegen, abseits der Touristenstraßen des Ortes (in fünf Minuten mit der Seilbahn erreichbar), ist das Hotel im Gegensatz zu seinen Nachbarn in Mazzaro nicht der Versuchung erlegen, ein Ziel für Touristenbusse zu werden. Ihrer Ruhe in dieser Villa aus den fünfziger Jahren können Sie sich sicher sein. Die Zimmer (die meisten mit Seeblick), das Restaurant, der Privatstrand und die Terrassenbar sind ebenso geschmackvoll wie unaufdringlich.

Anreise (Karte Nr. 27): 52 km südl. von Messina über die A 18, Ausf. Taormina-Nord - das Hotel liegt 5,5 km nördl. von Taormina (über die Küstenstraße).

SIZILIEN

Hotel Elimo Erice

91016 Erice (Trapani)
Via Vittore Emanuele, 75
Tel. 0923-86 93 77 / 86 94 86 - Fax 0923-86 92 52
Sig. Tilotta

Ganzj. geöffn. **21 Zimmer** m. Tel., Bad od. Dusche, WC, TV, Aufzug **Preise** EZ u. DZ: 140000 L, 250000 L - Frühst. inkl., von 7.30 bis 10.00 Uhr - HP u. VP: 140000 L, 180000 L (pro Pers., mind. 3 Üb.) **Kreditkarten** akzeptiert **Verschiedenes** Hunde erlaubt - Parkpl. **Umgebung** Trapani - Egades Inseln (Favignana, Levanzano, Formica) **Restaurant** von 12.30 bis 14.30 u. von 19.30 bis 20.00 Uhr - Menü: 30-60000 L - Karte - Sizilianische Küche.

An der Westspitze Siziliens scheint das auf einem Felsen gelegene *Erice* über eine friedliche, ruhige Welt zu wachen. Das historische Zentrum ist ein Labyrinth aus engen Gassen, Renaissance-Palästen und mittelalterlichen Kirchen. Das Leben findet hinter den Fassaden, in den für Erice typischen Innenhöfen statt. Das Hotel ist in einem dieser alten Gebäude untergebracht. Obwohl es sorgfältig restauriert, komfortabel ausgestattet ist und sich von Farben, Materialien und Motiven vergangener Zeiten inspirieren ließ, wirkt es dennoch etwas standardisiert. Trotz allem ist es ein recht angenehmes Quartier in der schönen Stadt Erice, die bemerkenswerte Bauwerke aus der Vergangenheit vorweisen kann. Und der Spaziergang entlang der erhaltenen Stadtmauer, die wunderbare Ausblicke auf die Küste und das Meer bietet, ist ein Must. Vom Castello di Venere blickt man auf Trapani und die Inseln, und bei klarem Wetter vermag man Tunesien zu erkennen. In den Straßen der Stadt werden Sie alle mögliche Sprachen hören, denn in Erice hat das Internationale Wissenschafts-Zentrum "Ettore Majorana" seinen Sitz.

***Anreise** (Karte Nr. 26): 13 km nördl. von Trapani.*

SIZILIEN

Pensione Tranchina

91014 Scopello (Trapani)
Via A. Diaz, 7
Tel. 0924-54 10 99 - Fax 0924-54 10 99
Sig. Salvatore Tranchina

Kategorie ★ **Ganzj.** geöffn. **10 Zimmer** m. Dusche u. WC **Preise** m. HP: 75-90000 L (pro Pers.) - Frühst. inkl., von 8.00 bis 10.00 Uhr **Kreditkarten** akzeptiert **Verschiedenes** Hunde nicht erlaubt - Parkpl. **Umgebung** Tonnara in disuso - Segesta - Erice - Trapani - Mozia - Palermo - Riserva Naturale Dallo Zingaro **Restaurant** um 19.00 Uhr - Karte - Menüs: 30-35000 L - Lokale Küche.

Scopello ist eine gute Etappe auf Ihrer Reise in Richtung der unumgänglichen Stätten der Nordwestküste, denn Sie werden ein kleines Dorf fern der "normalen" Touristenroute entdecken. Es wurde um den traditionellen Platz mit Brunnen herum gebaut und ist stolz darauf, inmitten der *gelaterie* mit ihren Terrassen den Jagdpavillon des Königs Ferdinand von Bourbon zu besitzen. *Pensione Tranchina* hat den Stil des Dorfes, ist somit einfach und ruhig. Die Zimmer sind klein, die Bäder nicht sonderlich groß, das Mobiliar eher einfach, und dennoch fühlt man sich wohl (von einigen blickt man aufs Meer). Der *padrone* und seine Gattin kümmern sich auf eine besonders reizende Art um ihre Gäste. Dank der obligatorischen Halbpension werden Sie in den Genuß sizilianischer Pasta, des Gemüses aus dem eigenen Garten, der hausgemachten Konfitüren und des täglich frischen Fischfangs kommen. Lassen Sie es sich um keinen Preis nehmen, über die Felder zur wunderbaren *tonnara* (Thunfischhalle) von Scopella hinabzusteigen, die zwischen den Felsen eingeklemmt direkt am Golf von Castellamare liegt.

Anreise (Karte Nr. 26): 30 km östl. von Trapani, über die A 29 Ausf. Castellammare del Golfo dann Rtg. Scopello.

SIZILIEN

Club Il Gattopardo

Isola di Lampedusa (Agrigento)
Tel. 0922-97 00 51 - Fax 817 83 87
Reservierungen: 011-81 24 089

Geschlossen von Mitte Oktober bis Ende Mai **12 Zimmer** u. 2 Suiten m. Tel., Bad, WC. **Preise** VP: 1800-2700000 L (pro Pers., 1 Woche; Transfer vom Flughafen, Boot u. Auto inkl.) **Kreditkarte** Visa, Eurocard - MasterCard **Verschiedenes** Hunde nicht erlaubt **Umgebung** Lampedusa-Insel - Linosa-Inseln **Restaurant** Gemeins. Essen um 13.00 Uhr u. ab 20.30 Uhr - Menü - Karte - Regionale Küche.

Lampedusa ist die größte der Pelagi-Inseln, die zwischen der sizilianischen und der tunesischen Küste verstreut liegen. Seit der Bronzezeit besiedelt, blieb die Insel von der Antike bis 1843 unbewohnt. Roberto liebt das Tiefseetauchen, und in dem Wunsch, diese noch wilde Insel kennenzulernen, gründete er mit seiner Frau Annette dieses Club-Hotel. Der Zusatz "Club" darf nicht mißverstanden werden, denn das *Il Gattopardo* besitzt nicht mehr als 13 Zimmer in Häusern, die dem traditionellen Baustil der Insel vollkommen entsprechen: ockerfarbene Steine und weiße Kuppeln. Die behaglichen Zimmer sind im mediterranen Stil eingerichtet. Ein Motor- und ein Fischerboot stehen zur Verfügung, und drei Fahrzeuge erlauben es, die Insel zu erforschen. Abends kommt man dann in den Genuß von Annettes Diner - auch das von ihr zubereitete Frühstück ist köstlich. Eine Besonderheit: von Mai bis Juni kommen Meeresschildkröten nach Lampedusa, um nachts in warmen Sandgruben am Strand ihre Eier abzulegen. Die schönsten Monate sind September und Oktober: dann ist das Wasser noch warm und dann ist der Himmel voller Vögel auf ihrem Weg nach Afrika. Das Hotel nimmt keine Kinder unter 12 Jahren auf.

Anreise (Karte Nr. 26): Flughafen Palermo (Flugdauer: 30 Min.) - Flughafen Lampedusa, Tel. 0922-97 02 99.

S I Z I L I E N

Hotel Carasco

Isole Eolie o Lipari
98055 Lipari (Messina)
Porto delle Genti
Tel. 090-981 16 05 - Fax 090-981 18 28 - Sig. Marco del Bono
E-mail: carasco@tin.it

Kategorie ★★★ **Geschlossen** von November bis März **89 Zimmer** m. Tel., Bad od. Dusche, WC **Preise** HP u. VP: 85-170000 L, 100-185000 L (pro Pers.) - Frühst. inkl., von 7.30 bis 9.30 Uhr **Kreditkarten** akzeptiert **Verschiedenes** Hunde nicht erlaubt - Meerwasser-Schwimmb. - Parkpl. **Umgebung** Äolisches Museum in Lipari - Inseltour - Canneto - Acquacalda - Puntazze (Ausblick) - Ovattropani - Piano Conte - Aussichtspunkt von Quattrocchi - Liparische Inseln: Überfahrten tägl. ab Milazzo (50 Min. bis 2 Std.), ab Messina (15 Min. bis 2 Std.) **Restaurant** von 12.30 bis 14.30 u. von 20.00 bis 22.00 Uhr - Karte - Sizilianische u. internationale Küche.

Das Hotel *Carasco*, das von einem englisch-italienischen Paar geführt wird, bietet den Komfort eines großen, modernen Hotels. Die geräumigen Zimmer verfügen fast alle über eine Terrasse mit Seeblick. Der Strand beginnt direkt am Hotel. Lipari ist die bedeutendste und meistbesuchte Insel des Archipels.

Anreise (Karte Nr. 27): Schnellboot ab Messina das ganze Jahr über, ab Napoli, Reggio, Cefalù u. Palermo von Juni bis September; aber auch Fähren ab Messina, Napoli u. Milazzo (50 Min bis 2 Std.).

S I Z I L I E N

Hotel Villa Augustus

Isole Eolie o Lipari
98055 Lipari (Messina)
Vico Ausonia, 16
Tel. 090-981 12 32 - Fax 090-981 22 33 - Sig. D'Albora

Kategorie ★★★ **Geschlossen** von November bis Februar **35 Zimmer** m. Klimaanl., Tel., Bad od. Dusche, WC, Satteliten-TV **Preise** EZ u. DZ: 50-150000 L, 70-220000 L; Suiten: 250000 L - Frühst.: 10-20000 L, von 7.00 bis 11.30 Uhr - HP: 100-150000 L (pro Pers.) **Kreditkarten** Visa, Eurocard, MasterCard **Verschiedenes** Hunde erlaubt - Parkpl. **Umgebung** Äolisches Museum in Lipari - Inseltour - Canneto - Acquacalda - Puntazze (Ausblick) - Ovattropani - Piano Conte - Aussichtspunkt von Quattrocchi **Kein Restaurant** im Hotel (siehe unsere Restaurantauswahl S. 517-518).

Eines der angenehmen Hotels Liparis. Das *Augustus*, das wir seiner Einfachheit und seines Gartens wegen mögen, liegt in einer der kleinen Gassen, die von der Hauptstraße abzweigen. *Villa Augustus* ist kein Luxushotel, sondern eher eine Pension, zwar ohne Restaurant, doch mit recht geräumigen Zimmern, die alle mit einem Bad ausgestattet sind. Die Zimmer besitzen entweder einen Balkon oder eine Terrasse mit Blick auf das Meer oder das Schloß von Lipari. Es gibt einige gute kleine Restaurants am Ort.

Anreise (Karte Nr. 27): Schnellboot ab Messina das ganze Jahr über, ab Napoli, Reggio, Cefalù u. Palermo von Juni bis Septembere; aber auch Fähren ab Messina, Napoli u. Milazzo (50 Min bis 2 Std.). 400 m vom Ortskern.

SIZILIEN

Hotel Villa Meligunis

Isole Eolie o Lipari - 98055 Lipari (Messina)
Via Marte, 7
Tel. 090-98 12 426 - Fax 090-98 80 149 - Sig. Guisina D'Ambra
Web: http://www.milazzo.peoples.it/hmeligun - E-mail: hmeligun@milazzo.peoples.it

Kategorie ★★★★ **Ganzj.** geöffn. **32 Zimmer** m. Klimaanl., Tel., Bad, WC, Satelliten-TV, Minibar; Aufzug **Preise** EZ u. DZ: 160-245000 L, 220-340000 L; Suiten: + 80000 L - Frühst. inkl. - HP: 145-210000 L, 170-240000 L (pro Pers.) **Kreditkarten** akzeptiert **Verschiedenes** Hunde nicht erlaubt **Umgebung** Äolisches Museum in Lipari - Inseltour - Canneto - Acquacalda - Puntazze (Ausblick) - Ovattropani - Piano Conte - Aussichtspunkt von Quattrocchi **Restaurant** "Le Terrazze" von 12.30 bis 14.00 u. von 20.30 bis 23.00 Uhr - Menüs: 50-70000 L - Karte - Sizilianische Küche - Fisch.

Im Mittelmeer zählen die Äolischen Inseln zu den letzten Paradiesen mit verhältnismäßig unberührter Natur. Der Direktor der *Villa Meligunis* eröffnete dieses Hotel, um an jene Tradition anzuknüpfen, die nordeuropäische Persönlichkeiten in diesem milden Klima die Winter verbringen ließ. Der Name des Hotels ist von Bedeutung, er bezeichnet das antike Lipari (griechischen Ursprungs) und evoziert Milde: jene des Klimas, des Weins und der Farbe des Meeres. Es ist das alte Gebäude, das, um moderne Bauten mediterranen Stils erweitert, die Struktur des Hotels bestimmt. Die mit jeglichem Komfort versehenen Zimmer (inklusive Klimaanlage) sind geräumig (einige mit Salon) und schlicht ausgestattet. Das Restaurant bietet lokale Gerichte und viel Fisch an. Von der großen Terrasse aus hat man einen schönen Blick aufs Meer.

Anreise (Karte Nr. 27): Schnellboot ab Messina das ganze Jahr über, ab Napoli, Reggio, Cefalù u. Palermo von Juni bis Septembere; aber auch Fähren ab Messina, Napoli u. Milazzo (50 Min bis 2 Std.). 400 m vom Ortskern.

SIZILIEN

Hotel Raya

Isole Eolie o Lipari
Via San Pietro 98050 Isola Panarea (Messina)
Tel. 090-98 30 29 - Fax 090-98 31 03
Sig.ra Beltrami und Sig. Tilche
Web: http://www.netnet.it/hotel/raya/index - E-mail: htlraya@netnet.it

Kategorie ★★★★ **Geschlossen** vom 16. Oktober bis 9. April **36 Zimmer** m. Tel., Dusche, WC, Minibar **Preise** HP: 170-210000 L (EZ), 180-260000 L (DZ-Standard), 240-340000 L (DZ-Executives), HP: 160-270000 L (pro Pers.) - Frühst. inkl., von 8.00 bis 11.30 Uhr **Kreditkarten** akzeptiert **Verschiedenes** Hunde erlaubt **Umgebung** Bronzezeitliches Dorf an der Punta Milazzese - Basiluzzo **Restaurant** von 20.30 bis 24.00 Uhr - Menü: 70000 L - Mittelmeer-Küche u. sizilianische Patisserien - Regionale Küche.

Es ist vollkommen unerwartet, auf dieser kleinen, wilden, sizilianischen Insel ein Hotel anzutreffen, das sehr "in" ist und von der lokalen Bevölkerung als Institution betrachtet wird. Vor etwa 20 Jahren entstanden, setzt sich die Anlage aus einer Reihe rosa und weißer Bungalows zusammen, die von den Höhen des Dorfes bis hinunter ans Meer verstreut liegen (kein Aufzug). Die mediterrane Architektur bildet den idealen Rahmen für eine Inneneinrichtung, die edel und modern, mit primitiven, ozeanischen, afrikanischen und orientalischen Kunstobjekten angereichert ist. Die Salons und alle Zimmer verfügen über große Terrassen mit Blick auf den äolischen Archipel und Stromboli. Wir empfehlen die oberhalb und deshalb ruhiger gelegenen Bungalows. Auch werden Standard-Zimmer im Dorf angeboten: preiswerter und nur einige Minuten vom *Raya* entfernt. Stammgäste und ein "Szene"-Personal bevölkern das Hotel. Kleine Kinder sind nicht erwünscht.

Anreise (Karte Nr. 27): Schnellboot ab Milazzo oder Neapel, Autos sind auf der Insel verboten.

SIZILIEN

Hotel Signum

Isole Eolie o Lipari - Isola Salina 98050
Malfa (Messina), via Scalo, 15
Tel. 090-98 44 222 - Fax 090-98 44 102

Kategorie ★★ **Ganzj.** geöffn. **23 Zimmer** m. Tel., Bad od. Dusche, WC **Preise** DZ: 150-270000 L, EZ: + 35000 L - Frühst. inkl., von 8.00 bis 10.00 Uhr - HP: 115-175000 L (pro Pers.) **Kreditkarten** akzeptiert **Verschiedenes** Hunde auf Anfr. erlaubt **Umgebung** Santa Marina (ökomuseum), Malvoisie-Weinberge, Malfa; Valdichiesa-Tal (Sanktuarium N.-D. del Terzito); Reservat Monte Fossa delle Felci; Monte dei Porri u. Krater von Pollara **Restaurant** von 20.30 bis 22.00 Uhr - von November bis Februar geschl. - Menüs: 25-50000 L - Regionale Küche - Fisch.

In dieses Hotel, das man über eine kleine Straße des Dorfes erreicht, die sich durch Weinberge mit Oleander und Feigenbäumen schlängelt, haben wir uns sofort verliebt. Das *Signum* ist ein altes, traditionelles, äolisches Haus. Von der Terrasse aus, dem wahren Herzen des Hotels, ist der Blick auf die Bucht von Malfa mit Stromboli in der Ferne unvergeßlich. Die Gästezimmer sind besonders individuell gestaltet und wirken, wie in einem bejahrten Familienhaus, etwas veraltet. Unsere Lieblingszimmer sind Nr. 11 (wegen der Terrasse), Nr. 16, aber auch die mit Blick auf den Garten mit schöner Weinlaube. Den Charme des Hauses machen aber auch die Gastgeber aus, d.h. Clara und ihr Mann Michele, der für die Küche verantwortlich ist und mit Produkten vom Bauernhof und stets frischem Fisch Gerichte höchster Güte zaubert. Clara, die Liebenswürdigkeit in Person, kümmert sich um Ihre Ausflüge auf andere Inseln, Bootstouren in die Bucht von Pollara (wo der Film *Il Postino* - der Briefträger - gedreht wurde). Der Abschied wird auch Ihnen schwer fallen.

Anreise (Karte Nr. 27): Schnellboot ab Milazzo, aber auch Fähren.

S I Z I L I E N

Hotel La Sciara Residence

Isole Eolie o Lipari - 98050 Isola Stromboli (Messina)
Tel. 090-98 60 05/98 61 21 - Fax 090-98 62 84
Famiglia d'Eufemia - Sig.ra Raffaelli
Web: www.milazzo.people.it/lasciara - E-mail: lasciara@milazzo.people.it

Kategorie ★★★ **Geschlossen** von Oktober bis 17. Mai **62 Zimmer** m. Tel., Bad od. Dusche, WC **Preise** m. HP: 100-215000 L (pro Pers., Hauptsaison: mind. 7 Üb.) - Frühst. inkl., von 7.30 bis 10.00 Uhr **Kreditkarten** akzeptiert **Verschiedenes** Kleine Hunde erlaubt - Schwimmb. - Tennis - Privatstrand **Umgebung** Vulkan - Bootstouren nach Sciara del Fuoco, Strombolicchio - Ginostra **Restaurant** von 13.00 bis 14.30 u. von 20.00 bis 21.30 Uhr - Menüs: 50-75000 L - Karte - Sizilianische Küche - Fisch.

Und sei es nur wegen des Hotels *La Sciara* - Stromboli muß sein! Der Garten ist eine wahre Pracht: viele Blumen, vorwiegend rote und orangefarbene Bougainvilleen, zeugen von der außergewöhnlichen Qualität der Vulkanerde. Die Zimmer sind geräumig, behaglich und mit alten Möbeln und Objekten verschiedenster Herkunft ausgestattet. Zum Hotel gehören außerdem fünf alte restaurierte Häuser, und jedes verfügt über mehrere Räume, ein oder zwei Badezimmer und eine Kochnische. Sie bieten den Vorteil, direkt aufs Meer hinauszugehen; einige von ihnen sind an den Service des Hotels angeschlossen, das nur einige Meter weiter auf der anderen Straßenseite liegt.

Anreise *(Karte Nr. 27): Schnellboot ab Milazzo oder Neapel, Autos sind auf der Insel verboten; Piscita liegt am Ende der Straße im Norden der Insel.*

SIZILIEN

La Locanda del Barbablu

1999

Isole Eolie o Lipari
98050 Isola Stomboli (Messina)
Via Vittorio Emanuele, 17-19
Tel. 090-98 61 18 - Fax 090-98 63 23 - Sig. Fabricino

Geschlossen November u. Februar **6 Zimmer** m. Tel., Dusche, WC **Preise** EZ u. DZ: 100-220000 L - Frühst inkl. von 9.00 bis 11.00 - HP (außer August): 180-290000 L (pro Pers.) - Frühst inkl., von 7.30 bis 10.00 Uhr **Kreditkarten** Amex - Visa - Eurocard - MasterCard **Verschiedenes** Hunde nicht erlaubt **Umgebung** Vulkan - Bootstouren nach Sciara del Fuoco, Strombolicchio - Ginostra **Restaurant** von 20.00 bis 22.00 Uhr - Menüs: 54000 L - Karte - Regionale Küche.

Bis vor kurzem war *La Locanda del Barbablu* das Restaurant der Eingeweihten von Stromboli. Heute besitzt es auch einige Gästezimmer, um so den treuen Kunden die Möglichkeit zu bieten, diese ganz besondere Relation zur Natur aus Feuer und Wasser (deren Zeremonienmeister, der Vulkan, alles daransetzt, niemals in Vergessenheit zu geraten) noch intensiver zu erleben. Bei der Ankunft wird Sie ein *Ape*-Taxi zur *Locanda* begleiten, die die einfache und intime Seite des (einstigen) Fischerhauses noch immer hat. Die Zimmer, meist mit Fußböden alter Kacheln, sind schlicht mit schönen antiken Möbeln eingerichtet; die kleinen Duschräume sind gut durchdacht. Alle Zimmer haben einen eindrucksvollen Ausblick auf den Vulkan und das Meer. Und diese Annehmlichkeiten werden noch von den Gaumenfreuden erhöht: die talentiert zubereiteten Gerichte sind die großen Klassiker der sizilianischen Küche. Abends sollte man zumindest bis zum Observatorium hinaufsteigen, um das großartige Spektakel des Vulkans zu bewundern, der alle zehn Minuten seine einem Feuerwerk ähnelnde Eruption ausspuckt.

Anreise (Karte Nr. 27): Schnellboot ab Milazzo od. Neapel: Autos sind auf der Insel verboten.

SIZILIEN

La Sirenetta Park Hotel

Isole Eolie o Lipari - 98050 Isola Stromboli (Messina)
Via Marina, 33
Tel. 090-98 60 25 - Fax 090-98 61 24 - Sig. Vito Russow

Kategorie ★★★ **Geschlossen** von November bis März **55 Zimmer** m. Tel., Bad od. Dusche, WC
Preise EZ u. DZ: 100-180000 L, 180-300000 L; Suiten: 280-400000 L - Frühst inkl. von 7.30 bis
10.00 Uhr - HP u. VP: 130-210000 L, 155-250000 L (pro Pers.) **Kreditkarten** akzeptiert **Verschiedenes** Kleine Hunde erlaubt - Schwimmb. **Umgebung** Vulkan - Bootstouren nach Sciara del Fuoco, Strombolicchio - Ginostra **Restaurant** von 13.00 bis 14.30 u. von 20.00 bis 21.30 Uhr - Menüs: 40-60000 L - Karte - Regionale Küche - Fisch.

Strombolie? Für viele ist das der Film von Roberto Rossellini, den er hier mit Ingrid Bergmann drehte. Domenico, der Hotelbesitzer, erinnert sich noch gut an die Begegnung mit dem Regisseur bei den Vorbereitungen des berühmten Streifens. Da es damals auf der ganzen Insel kein einziges Hotel gab, vermietete Domenico sein eigenes Haus an Rossellini und fungierte als Produktionsassistent. Mit dem verdienten Geld ließ er dieses Hotel bauen, das dem dunklen Meer gegenüberliegt. Als Hommage an Odysseus nannte er es *La Sirenetta*. Es ist einfach, dem Strand gegenüber gut gelegen, hat einen Garten mit Komfort und ist das bevorzugte Hotel aller Vulkanologen, die hier auf Stromboli wirken. Wählen Sie eines der Zimmer mit Terrasse oder Balkon mit Blick auf den Strombolicchio. Auch die Bar des Hotels, *Tartana Club*, ist allseits bekannt. Sie sollten wissen, daß wenn Sie den Krater besteigen wollen, der ein unvergeßliches Schauspiel bietet, einen Führer nehmen *müssen* (Dauer: drei Stunden). Der beste Zeitpunkt, oben anzukommen, ist der späte Nachmittag, des Sonnenuntergangs wegen.

Anreise (Karte Nr. 27): Schnellboot ab Milazzo, aber auch Neapel, Autos sind auf der Insel verboten.

S I Z I L I E N

Les Sables Noirs

Isole Eolie o Lipari
98050 Isola Vulcano (Messina)
Porto Ponente
Tel. 090-98 50 - Fax 090-98 52 454 - M. Coppola

Kategorie ★★★★ **Geschlossen** vom 10. Oktober bis 22. April **48 Zimmer** m. Klimaanl., Tel., Bad od. Dusche, WC, TV, Minibar **Preise** m. HP u. VP: 170-265000 L, 200-300000 L (pro Pers.) (Vorzugspreise bei einem Aufenthalt von 10 ad. 14 Tagen) - Frühst. inkl., von 7.00 bis 10.00 Uhr **Kreditkarten** akzeptiert **Verschiedenes** Kleine Hunde erlaubt - Schwimmb. - Tennis - Fahrräder - Privatstrand - Parkpl. **Umgebung** Vulkan **Restaurant** von 13.00 bis 14.30 u. von 20.00 bis 22.30 Uhr - Menü: 65000 L - Karte - Mittelmeer-Küche - Fisch.

Auf dieser äolischen, dem römischen Gott Vulkan gewidmeten Insel, der südlichsten des Lipari-Archipels, ist man sowohl der Hölle als auch dem Paradies nahe. Die Hölle: der große Krater mit einem Durchmesser von 500 Metern, der ununterbrochen Asche, Dämpfe und Fumarolen aus seinem Innern spuckt. Das Paradies: die Küste mit mysteriösen Grotten, kleinen Buchten und Stränden, wo das Wasser türkisfarben, transparent und die Umgebung des Vulcano Piana grün ist. Am Fuß des Vulkans breitet Porto Ponente an den Stränden mit schwarzem Sand seine weißen Häuser aus. Und dort liegt unser kürzlich renoviertes Hotel, das nun ein Luxushotel ist: Komfort und ein wahrer Vier-Sterne-Service. Eine schöne Umgebung - Maquis, aber auch üppigere Vegetation - und ein beeindruckendes Meer mit den aus ihm herausragenden *faraglioni*, ferner Vulcanello. Das touristische Hauptinteresse der Insel ist dennoch der große Krater; wenn man sich in seiner Nähe befindet, ist der Blick auf die gesamte Inselgruppe, die sizilianische Küste und den Etna einzigartig.

Anreise (Karte Nr. 27): Schnellboot ab Milazzo oder Neapel. Autos auf der Insel reglementiert.

Albergo San Michele

52044 Cortona (Arezzo)
Via Guelfa, 15
Tel. 0575-60 43 48 - Fax 0575-63 01 47 - Dr Alunno
Web: http://www.cortona.net/sanmichele - E-mail: sanmichele@ats.it

Kategorie ★★★★ **Geschlossen** im Januar u. Februar **40 Zimmer** m. Klimaanl., Tel., Bad od. Dusche, WC, TV, Minibar - Aufzug **Preise** EZ u. DZ: 120000 L, 180000 L; Suite u. 3 BZ: 210000 L; f. 4 Pers.: 230000 L - Frühst. inkl., von 7.30 bis 9.30 Uhr **Kreditkarten** akzeptiert **Verschiedenes** Hunde nicht erlaubt - Garage (20000 L) **Umgebung** Cortona: Kirche Madonna del Calcinaio, Museum dell' Accademia etrusca - Arezzo - Val di Chiana: Abtei Farneta, Lucignano, Sinalunga - Lago Trasimeno - Perugia **Kein Restaurant** im Hotel (siehe unsere Restaurantauswahl S. 525).

Cortona liegt etwas abseits jener Straßen, die in der Ebene Arezzo mit Perugia, die Toskana und Umbrien verbinden. Seit ewigen Zeiten schon wacht Cortona über das Tal und strahlt auch heute noch die Atmosphäre eines befestigten Ortes aus. Man betritt die Stadt durch die Stadttore der mittelalterlichen Mauern und setzt seinen Weg über enge Gassen und Treppen fort; die schönen etruskischen Funde der Stadt kann man im Museo dell'Accademia bewundern. Die *Albergo San Michele* liegt in einem Palast aus der Renaissance, einer Epoche, die auch hier ihre Spuren hinterlassen hat (Kirche der Madonna del Calcinaio). Schlicht und gekonnt restauriert, bietet der Palazzo heute einen guten Komfort und schön eingerichtete Zimmer. Die charmantesten sind die mit Dachschrägen; die größten haben ein Mezzanin. Der Empfang ist zwar sympathisch, nur entspricht der Komfort nicht dem eines Vier-Sterne-Hotels. Für uns ist das aber kein Handicap, denn das Hotel ist angenehm und die Preise entsprechen nicht denen der angegeben Kategorie.

Anreise *(Karte Nr. 13): 28 km südl. von Arezzo über die SS 71.*

TOSKANA

Hotel Il Falconiere

San Martino a Bolena 52044 (Arezzo)
Tel. 0575-61 26 79 - Fax 0575-61 29 27
Silvia und Riccardo Baracchi
E-mail: rfalco@ats.it - Web: http://www.cortona.net/falconiere

Kategorie ★★★★ **Ganzj.** geöffn. **12 Zimmer** m. Klimaanl. Tel., Bad, WC, Safe, TV, Minibar; Aufzug - 1 Zi. f. Behinderte **Preise** Executive: 380-540000 L; DZ Superior: 450-610000 L; Junior-Suite: 580-740000 L - Frühst. inkl., von 7.00 bis 10.30 Uhr - HP: 240-340000 L (pro Pers., mind. 3 Üb.) **Kreditkarten** akzeptiert **Verschiedenes** Hunde nicht erlaubt - Schwimmb. - Parkpl. **Umgebung** Cortona: Kirche Madonna del Calcinaio, Museum dell' Accademia etrusca - Arezzo - Val di Chiana: Abtei Farneta, Lucignano, Sinalunga - Lago Trasimeno - Perugia **Restaurant** von 13.00 bis 14.00 u. von 20.00 bis 22.00 Uhr - Karte - Spezialitäten: Filetto cinghiale, budino di pane e formaggio con salsa di pere, pici alla cortenese, gnocchi alla ricottarombo con crema di asparagi.

Die prachtvolle Villa aus dem 17. Jahrhundert liegt Cortona gegenüber und wurde auf einem mit Olivenbäumen und Wein bepflanzten Hügel errichtet. Dieser zu einem Hotel umfunktionierte Familienbesitz hat es verstanden, seinen Charme und Luxus von einst zu bewahren. Die großen, behaglichen Zimmer sind geschmackvoll mit klassischem Mobiliar eingerichtet. Überall Komfort und Eleganz, und deshalb fühlt man sich hier auch ausgesprochen wohl. Außer den drei Suiten (mit Swimming-Whirlpool), die zu ebener Erde liegen, empfehlen wir das kleine hübsche Zimmer, das im ehemaligen Taubenhaus eingerichtet wurde und von wo man die majestätische Silhouette der etruskischen Stadt erblickt. Und wenn auch Sie von Fra Angelicos "Ankündigung" (im Diözese-Museum) angetan sind, sollten Sie wissen, daß die mit Fresken ausgestattete Privatkapelle im Garten des Hotels zugänglich ist.

Anreise (Karte Nr. 13): 28 km südl. von Arezzo über die SS 71 - 3 km nördl. von Cortona.

T O S K A N A

Castelletto di Montebenichi

1999

52020 Montebenichi-Bucine (Arezzo)
Tel. 055-99 10 110 - Fax 055-99 10 113 - Marco Gasparini
E-mail: monteben@val.it

Kategorie ★★★★ **Geschlossen** von November bis März **5 Zimmer** u. 4 Suiten m. Bad, WC, Safe, Satelliten-TV, Minibar **Preise** DZ: 320-380000 L - Frühst. inkl., von 7.00 bis 10.30 Uhr **Kreditkarten** akzeptiert **Verschiedenes** Hunde nicht erlaubt - Schwimmb. - Parkpl. **Umgebung** Siena - Le Chianti - Firenze - Arezzo - Kloster des hl. Franz von Assisi in La Verna u. La Penna (1283 m) **Kein Restaurant** im Hotel (Siehe unsere Restaurantauswahl S. 525).

Eines der raffiniertesten Hotels ganz Italiens, das zwischen Arezzo und Siena im winzigen mittelalterlichen Dorf Montebenichi inmitten der Weinberge und Olivenhaine des Chianti liegt. Das *Castelletto*, das sich am kleinen blumenbepflanzten Platz erhebt, ist ein historisches Monument des 12. Jahrhunderts und besitzt noch heute, als Zeuge seiner reichen Vergangenheit, Fresken aus dem 13. Jahrhundert. Dieses Schlößchen birgt aber noch viele andere wertvolle Überraschungen, so zum Beispiel antikes Mobiliar und wunderbare Sammlungen: Manuskripte der Bibliothek, eine Sammlung etruskischer und griechischer Vasen sowie zahlreiche Gemälde, angefangen von den Primitiven bis hin zu moderner Malerei. Die Gästezimmer sind ebenfalls voller Charme und Geheimnisse: ob das kleinste unter dem Dach mit seiner hübschen Aussicht und den erotischen Zeichnungen an den Wänden (eine wird Bonnard zugeschrieben) oder die sehr große, auf zwei Ebenen eingerichtete Suite. Den Eigentümern lag viel daran, die Intimität eines Privathauses zu bewahren. Deshalb stehen den Gästen die Salons zur Verfügung, in denen man sich entspannen und einen Drink servieren kann. Angesichts all dieser Vorteile wird man es den Hausbesitzern verzeihen, daß sie in ihrem Haus weder Kinder noch Raucher aufnehmen möchten.

Anreise (Karte Nr. 13): 30 km östl. von Siena (Rtg. Bucine); vor Ambra links auf die Straße nach Montebenichi.

TOSKANA

Castello di Gargonza

Gargonza
52048 Monte San Savino (Arezzo)
Tel. 0575-84 70 21 - Fax 0575-84 70 54 - Sig. Fucini
E-mail: gargonza@teta.it - Web: www.gargonza.it

Kategorie ★ Geschlossen vom 9. Januar bis 27. Februar **25 Appartements** m. Tel., Bad od. Dusche, WC **Preise** Zi.: 145-280000 L; App.: 840/2695000 L (pro Woche) - Frühst. inkl., von 8.00 bis 10.00 Uhr - HP: 133-185000 L (pro Pers., mind. 3 Üb.) **Kreditkarten** akzeptiert **Verschiedenes** Hunde nicht erlaubt - Schwimmb. **Umgebung** Monte San Savino: Loggia dei Mercanti, Kirche u. Palazzo; Keramik- u. Majolikaherstellung (Keramikmesse, 2. So im Sept.) - Kloster des hl. Franz von Assisi in La Verna u. La Penna (1283 m) - Arezzo **Restaurant** *La Torre di Gargonza:* von 12.30 bis 14.30 u. von 19.30 bis 21.30 Uhr - Di geschl. - Menüs: 40-50000 L - Karte - Toskanische Küche.

Wenn Sie unter Freunden oder mit der Familie reisen, und wenn Sie eine Woche Halt machen möchten, um die Gegend kennenzulernen, dann ist das *Castello di Gargonza* ideal für Sie. In diesem kleinen, wiederhergestellten Dorf in schöner Umgebung kann man Appartements mit der erforderlichen Ausstattung mieten. Die Aussicht ist zwar wunderbar, der Service jedoch inexistent. Bei der Ankunft erhalten Sie die Schlüssel und einen Plan, begleitet werden Sie nicht. Auch dürfen Sie kein schmuckes Inneres erwarten; hier ist alles zweckmäßig, der nötige Komfort ist vorhanden, einige Appartements haben sogar einen Kamin. Es gibt einige Gästezimmer, die auf traditionelle Art vermietet werden, ein Restaurant und ein Schwimmbad. In der Hotelanlage herrscht eine familiäre Atmosphäre.

Anreise (Karte Nr. 13): 29 km südwestl. von Arezzo über die SS 73 bis hinter Monte San Savino, dann Gargonza rechts.

T O S K A N A

Stoppiacce

52044 San Pietro a Dame (Arezzo)
Tel. 0575-69 00 58 - Fax 0575-69 00 58
Scarlett und Colin Campbell

Geschlossen von November bis Februar **2 Zimmer** u. 1 App. m. Bad, WC **Preise** DZ: 200000 L (mind. 2 Üb.), App.: 1200000-2200000 L (1 Woche) - Frühst. inkl., bis 10.00 Uhr **Kreditkarten** nicht akzeptiert **Verschiedenes** Hunde nicht erlaubt - Schwimmb. - Parkpl. **Umgebung** Cortona: Kirche Madonna del Calcinaio, Museo dell' Accademia etrusca - Arezzo - Val di Chiana: Abtei Farneta - Lucignano - Sinalunga - Trasimenischer See - Perugia **Restaurant** (auf Reserv.) - ab 12.30 u. 20.00 Uhr - Menü: 30000 L (mittags), 80000 L (Wein inkl.).

Ab Cortone wird Sie eine reizvolle Straße - auf der man eine wilde und leuchtende Toskana voller grüner Hügel entdeckt, die das nahe Umbrien ankündigen - "zum Ende der Welt" führen, allerdings zu einer sehr britischen Welt. Ein englisches Paar bietet in dieser herrlichen Umgebung zwei Gästezimmer in einem alten, sorgfältig restaurierten Bauernhof an. Innen und außen ist hier alles gepflegt wie in einem *cottage*: adretter Garten und perfekt beschnittene Rosensträucher, ein mit Chintz und alten Porträts verschönter Salon, prachtvolle Bäder. Der Tisch des Restaurants ist auf raffinierte Art mit elegantem Porzellan und Besteck gedeckt und erwartet die Gäste, die ihr Menü auch selbst zusammenstellen können. Ein erstaunliches und sehr erholsames Haus, das zum Kennenlernen dieser Region sehr günstig liegt.

Anreise (Karte Nr. 13): 17 km von Cortona Rtg. Citta del Castello. Sollten Sie Schwierigkeiten haben, den Weg zu finden: ab Portole telefonieren.

TOSKANA

Hotel Helvetia & Bristol

50123 Firenze
Via dei Pescioni, 2
Tel. 055-28 78 14 - Fax 055-28 83 53 - Sig. Panelli
E-mail: hbf@charminghotels.it

Kategorie ★★★★★ **Ganzj.** geöffn. **52 Zimmer** m. Klimaanl., Tel., Bad, WC, Satelliten-TV, Minibar, Safe; Aufzug **Preise** EZ u. DZ: 368500-418000 L, 484-638000 L; Suiten: 803-1650000 L - Frühst.: 37400-55000 L, von 7.00 bis 10.30 Uhr **Kreditkarten** akzeptiert **Verschiedenes** Hunde nicht erlaubt - Parkpl. **Umgebung** Veranstaltungen in Florenz: Scoppio del Carro Ostersonntag morgens, Festa del Grillo Himmelfahrt, musikalischer Mai, Biennale der Antiquitäten (alle zwei Jahre) - Fiesole - Kartause von Galluzzo - Florent. Villen u. Gärten (Tel. Palazzo Pitti: 055 21 48 56) - Abtei Vallombrosa - Golf dell'Ugolino (18-Lochpl.) in Grassina **Restaurant** von 12.30 bis 14.30 u. von 19.30 bis 22.00 Uhr - Menüs: 80-120000 L - Karte - Alte toskanische u. Mittelmeer-Küche.

Das kürzlich renovierte *Helvetia & Bristol* ist zweifellos eines der besten Hotels seiner Kategorie in Florenz. Hier ist alles ausgezeichnet und von gutem Geschmack. Das große, schöne Gebäude, früher Treffpunkt der toskanischen Intelligentsia, hat heute zu seiner Vornehmheit zurückgefunden. Der große Eingangssalon gibt den Ton an: britische Behaglichkeit mit einem Anstrich von italienischem Luxus. Das kleine Restaurant ist stilvoll und elegant, und die auf der Glasveranda eingerichtete Bar hat den Charme grüner Wintergärten. Die Zimmer sind von exquisitem Geschmack: stoffbespannte Wände, Marmorbäder mit Whirlpool. Der Service ist sehr aufmerksam, und zum Frühstück kann man auch ausländische Tageszeitungen lesen. Das Personal entspricht dem Stil des Hotels: tadellos, geschult, aber immmer mit italienischer Freundlichkeit und Lebendigkeit.

Anreise (Karte Nr. 10): Im Zentrum - Piazza della Repubblica - Via Strozzi - Via dei Pescioni.

TOSKANA

Hotel Regency

50121 Firenze
Piazza Massimo d'Azeglio, 3
Tel. 055-24 52 47 - Fax 055-234 67 35
Sig. und Sig.ra Bosi

Kategorie ★★★★★ **Ganzj.** geöffn. **35 Zimmer** m. Klimaanl., Tel., Bad, WC, Satelliten-TV, Safe, Minibar; Aufzug **Preise** EZ u. DZ: 330-400000 L, 400-620000 L - Frühst. inkl. (Buffet) **Kreditkarten** akzeptiert **Verschiedenes** Hunde erlaubt (Zuschlag) - Garage **Umgebung** Veranstaltungen in Florenz: Scoppio del Carro Ostersonntag morgens, Festa del Grillo Himmelfahrt, musikalischer Mai, Biennale der Antiquitäten (alle zwei Jahre) - Fiesole - Kartause von Galluzzo - Florent. Villen u. Gärten (Tel. Palazzo Pitti: 055 21 48 56) - Abtei Vallombrosa - Golf dell'Ugolino (18-Lochpl.) in Grassina **Restaurant** von 12.30 bis 14.30 u. von 19.30 bis 22.30 Uhr - Karte - Toskanische u. internationale Küche.

Der Komfort von heute und die Gastlichkeit von damals - das ist die Devise von Amedeo Ottaviani, dem Besitzer des *Regency*. Das an der Piazza d'Azeglio gelegene Hotel ist eine ehemalige Villa florentinischer Adeliger. Die englisch anmutende Ausstattung der Zimmer und Salons, die exzellenten, in einem getäfelten Restaurant servierten Gerichte und die sich zum Garten hin öffnende Glasfront charakterisieren dieses Haus. Zudem große Sorgfalt im Detail. Praktischer Vorteil: man kann leicht parken (Platz und angrenzende Straßen).

Anreise (Karte Nr. 10): Im Zentrum, Santa Croce-Viertel über die Via Borgo Pinti - Flughafen Peretola (4 km).

TOSKANA

Grand Hotel Villa Cora

50125 Firenze
Viale Machiavelli, 18-20
Tel. 055-22 98 451 - Fax 055-22 90 86 - Sig. Zaccardi
E-mail: villacora@explorer.it

Kategorie ★★★★★ **Ganzj.** geöffn. **48 Zimmer** m. Klimaanl., Tel., Bad od. Dusche, WC, TV, Safe, Minibar; Aufzug **Preise** EZ u. DZ: 335-460000 L, 470-860000 L; Suiten: 820-1400000 L - Frühst. inkl., von 7.00 bis 11.00 Uhr - HP u. VP: + 70000 L + 140000 L **Kreditkarten** akzeptiert **Verschiedenes** Hunde erlaubt - Schwimmb. - Parkpl. **Umgebung** Veranstaltungen in Florenz: Scoppio del Carro Ostersonntag morgens, Festa del Grillo Himmelfahrt, musikalischer Mai, Biennale der Antiquitäten (alle zwei Jahre) - Fiesole - Kartause Galluzzo - Florent. Villen und Gärten (Tel. Palazzo Pitti: 055 214 856) - Abtei Vallombrosa - Golf dell'Ugolino (18-Lochpl.) in Grassina **Restaurant** von 12.00 bis 15.00 u. von 19.30 bis 23.00 Uhr - Karte.

1865 von Baron Oppenheim im neoklassizistischen Stil erbaut, war *Villa Cora* nacheinander im Besitz von Kaiserin Eugenie und der Baronin Van Meck, der Förderin Tschaikowskijs. Das Hotel liegt in einer Wohngegend in einem sehr schönen Garten, fünf Minuten vom Zentrum entfernt. Die Eingangshalle und die Salons sind prächtig, wirken durch ihre Eleganz aber niemals erdrückend, sondern sind sehr behaglich. Das Restaurant unter der Kuppel war früher ein arabischer Salon und vermittelt den Eindruck, exzellente italienische Gerichte in einem marokkanischen Palast einzunehmen. Die geschmackvoll eingerichteten Zimmer sind sehr ansprechend. Wir würden aber immer die etwas bescheideneren (und "preiswerteren") bevorzugen. Diese befinden sich auf der letzten Etage und haben eine Terrasse mit Blick auf Florenz und die umliegenden Gärten. Regelmäßiger Pendelverkehr (Bus) zwischen Hotel und Stadtzentrum.

Anreise (Karte Nr. 10): Nördl. von Florenz - Rtg. Forte Belvedere - Porta Romana.

TOSKANA

Hotel Brunelleschi

50122 Firenze
Piazza S. Elisabetta, 3
Tel. 055-29 03 11 - Fax 055-21 96 53 - Sig. Litta
E-mail: info@hotelbrunelleschi.it

Kategorie ★★★★ **Ganzj.** geöffn. **96 Zimmer** m. Klimaanl., Tel., Bad od. Dusche, WC, TV, Minibar; Aufzug **Preise** EZ u. DZ: 350000 L, 470000 L; Suiten: 700000 L - Frühst. inkl., von 7.00 bis 10.00 Uhr - HP u. VP: + 75000 L + 120000 L (pro Pers.) **Kreditkarten** akzeptiert **Verschiedenes** Hunde erlaubt - Parkpl. (50000 L) **Umgebung** Veranstaltungen in Florenz: Scoppio del Carro Ostersonntag morgens, Festa del Grillo Himmelfahrt, musikalischer Mai, Biennale der Antiquitäten (alle zwei Jahre) - Fiesole - Kartause von Galluzzo - Florent. Villen u. Gärten (Tel. Palazzo Pitti: 055 21 48 56) - Abtei Vallombrosa - Golf dell'Ugolino (18-Lochpl.) in Grassina **Restaurant** von 12.00 bis 14.00 u. von 19.30 bis 22.00 Uhr - So geschl - Menüs - Karte - Florentinische u. internationale Küche.

Das Hotel in diesem schönen Viertel um den Dom ist nach Plänen des renommierten italienischen Architekten Italo Gamberini entstanden. Bei der Konstruktion bezog er einen byzantinischen Turm aus dem 6. Jahrhundert und einige angrenzende alte Häuser mit ein. Die Gestaltung ist eher modern, umfaßt einige Liberty-Elemente und verwendet weiße Hölzer, die gut mit den Ziegeln des Turms harmonieren. Komfort und Service sind die eines Grandhotels, und das Restaurant ist renommiert. Die Zimmer liegen alle zur Fußgängerzone und sind ruhig. Die schönsten sind die der vierten Etage mit Blick auf den Dom und den Turm. Der eindrucksvolle Sonnenuntergang über Florenz, der den Glockenturm des Doms in greifbare Nähe rückt, darf selbstverständlich nicht versäumt werden.

Anreise (Karte Nr. 10): *In der Nähe des Doms.*

TOSKANA

Hotel J & J

50121 Firenze
Via di Mezzo, 20
Tel. 055-234 50 05 - Fax 055-24 02 82 - Sig. Cavagnari
E-mail: jandj@dada.it - Web: http://www.venere.it/firenze/jandj

Kategorie ★★★★ Ganzj. geöffn. **20 Zimmer** m. Klimaanl., Tel., Bad od. Dusche, WC, Satelliten-TV, Minibar **Preise** EZ u. DZ: 300000 L, 350-400000 L; Suiten: 500-600000 L - Frühst. inkl., von 7.30 bis 10.00 Uhr **Kreditkarten** akzeptiert **Verschiedenes** Hunde nicht erlaubt - Parkpl. (35000 L) **Umgebung** Veranstaltungen in Florenz: Scoppio del Carro Ostersonntag morgens, Festa del Grillo Himmelfahrt, musikalischer Mai, Biennale der Antiquitäten (alle zwei Jahre) - Fiesole - Kartause von Galluzzo - Florent. Villen u. Gärten (Tel. Palazzo Pitti: 055 21 48 56) - Abtei Vallombrosa - Golf dell'Ugolino (18-Lochpl.) in Grassina **Kein Restaurant** im Hotel (siehe unsere Restaurantauswahl S. 519-521).

Ein Palast aus dem 16. Jahrhundert beherbergt dieses Hotel im alten Viertel Santa Croce, in der Nähe des Doms und folglich im Zentrum. Überreste dieser Epoche blieben erhalten und wurden restauriert, so der Kreuzgang, die Fresken und die gewölbten Decken. In den komfortablen Zimmern entschied man sich dagegen für zeitgenössische Schlichtheit. Einige sind sehr groß, können drei oder sogar vier Personen beherbergen und haben jeweils eine kleine Sitzecke. Einige Einrichtungen mögen überraschen: z. B. die Badewanne in Suite 9, die aber so gut integriert ist, daß diese kleine Verrücktheit nicht stört. Das Hotel hat keinen Fahrstuhl (der Palast stammt immerhin aus dem 16. Jahrhundert), und die Treppen sind steil.

Anreise (Karte Nr. 10): Im Zentrum, in der Nähe des Doms, von Santa Croce über die Via Borgo Pinti.

TOSKANA

Hotel Monna Lisa

50121 Firenze
Via Borgo Pinti, 27
Tel. 055-247 97 51 - Fax 055-247 97 55 - Sig. Cona
E-mail: monnalis@ats.it - Web: http://www.monnalisa.it

Kategorie ★★★★ **Ganzj.** geöffn. **30 Zimmer** m. Klimaanl., Tel., Bad, WC, Satelliten-TV, Minibar, Safe **Preise** EZ u. DZ: 200-300000 L, 300-500000 L - Frühst. inkl. (Buffet), von 7.30 bis 10.00 Uhr **Kreditkarten** akzeptiert **Verschiedenes** Hunde erlaubt - Parking (20000 L) **Umgebung** Veranstaltungen in Florenz: Scoppio del Carro Ostersonntag morgens, Festa del Grillo Himmelfahrt, musikalischer Mai, Biennale der Antiquitäten (alle zwei Jahre) - Fiesole - Kartause Galluzzo - Florent. Villen u. Gärten (Tel. Palazzo Pitti: 055 21 48 56) - Abtei Vallombrosa - Golf dell'Ugolino (18-Lochpl.) in Grassina **Kein Restaurant** im Hotel (siehe unsere Restaurantauswahl S. 519-521).

Das *Monna Lisa* ist eigentlich mehr eine Luxuspension als ein Vier-Sterne-Hotel, denn die Atmosphäre ist besonders freundlich und intim. Der kleine Garten (zu dem hin Sie ein Zimmer reservieren sollten) ist sehr entspannend und läßt vergessen, daß man sich mitten in Florenz befindet. Außerdem hat diese Künstlerfamilie ein besonderes Gespür für Dekoration und edles Mobiliar. Deshalb verfügt jedes Zimmer - aber auch die Rezeption und der Frühstücksraum - über echte Möbel und Radierungen. All das macht dieses kleine Hotel zu einem gastfreundlichen, eleganten und distinguierten Haus.

Anreise (Karte Nr. 10): Im Zentrum, in der Nähe des Domes und von Santa Croce, über die Via Borgo Pinti.

TOSKANA

Grand Hotel Minerva

50123 Firenze
Piazza Santa Maria Novella, 16
Tel. 055-28 45 55 - Fax 055-26 82 81 - Sig. Alessandro Augier
E-mail: hminerva@sole.it - Web: http://www.sole.it/hminerva

Kategorie ★★★★ **Ganzj.** geöffn. **94 Zimmer** m. Klimaanl., Tel., Bad od. Dusche, WC, TV, Minibar, Safe; Aufzug **Preise** EZ u. DZ: 300-360000 L, 390-500000 L; Suiten: 800-1200000 L - Frühst. inkl., von 7.00 bis 10.30 Uhr- HP: + 60000 L (pro Pers.) **Kreditkarten** akzeptiert **Verschiedenes** Hunde nicht erlaubt - Schwimmb. **Umgebung** Veranstaltungen in Florenz: Scoppio del Carro Ostersonntag morgens, Festa del Grillo Himmelfahrt, musikalischer Mai, Biennale der Antiquitäten (alle zwei Jahre) - Fiesole - Kartause Galluzzo - Florent. Villen u. Gärten (Tel. Palazzo Pitti: 055 21 48 56) - Abtei Vallombrosa - Golf dell'Ugolino (18-Lochpl.) in Grassina **Restaurant** von 12.00 bis 14.00 u. von 19.30 bis 23.00 Uhr - Menüs u. Karte - Florentiner Küche.

An der Piazza Santa Maria Novella befinden Sie sich im Herzen von Florenz. Hier, zwischen der berühmten Kirche aus vielfarbigem Marmor, die dem Platz ihren Namen gegeben hat, und der Loggia di San Paolo, die mit Medaillons von G. della Robbia geschmückt ist, liegt seit dem 19. Jahrhundert das *Minerva*. In diesem Gebäude war einst eine Ordensbruderschaft untergebracht, die dem benachbarten Kloster unterstellt war. Eine kürzlich vorgenommene, umfangreiche Renovierung haben dem Hotel ein ganz neues Aussehen verliehen. Die Architekten setzten auf Modernität: edle Werkstoffe, speziell für das Hotel entworfenes Mobiliar, höchster Komfort. Das Ambiente der Zimmer ist gedämpft, die größten besitzen ein Mezzanin. Viele haben einen Ausblick auf die Fassade oder den Kreuzgang von Santa Maria Novella. Die größte Überraschung ist das Schwimmbad auf dem Dach mit den Dom im Hintergrund.

Anreise (Karte Nr. 10): Im Zentrum.

TOSKANA

Hotel Montebello Splendid

50123 Firenze
Via Montebello, 60
Tel. 055-239 80 51 - Fax 055-21 18 67 - Sig. Lupi
E-mail: hms@tin.it - Web: http://www.milanflorencehotel.it

Kategorie ★★★★ **Ganzj.** geöffn. **54 Zimmer** m. Klimaanl., Tel., Bad od. Dusche, WC, TV, Safe, Minibar; Aufzug **Preise** EZ u. DZ: 260-335000 L, 305-485000 L; 3 BZ: 345-500000 L; Suite: 500-750000 L - Frühst. (Buffet): 30000 L, von 7.00 bis 11.00 Uhr - HP u. VP: + 50000 L + 100000 L (pro Pers., mind. 3 Üb.) **Kreditkarten** akzeptiert **Verschiedenes** Hunde erlaubt - Parkpl. **Umgebung** Veranstaltungen in Florenz: Scoppio del Carro Ostersonntag morgens, Festa del Grillo Himmelfahrt, musikalischer Mai, Biennale der Antiquitäten (alle zwei Jahre) - Fiesole - Kartause Galluzzo - Florent. Villen u. Gärten (Tel. Palazzo Pitti: 055 21 48 56) - Abtei Vallombrosa - Golf dell'Ugolino (18-Lochpl.) in Grassina **Restaurant** von 12.30 bis 14.30 u. von 19.30 bis 23.00 Uhr - So geschl. - Menüs: 50-90000 L - Karte - Florentinische u. internationale Küche.

Dieses elegante, etwas pariserisch wirkende Hotel mit feiner Ausstattung liegt in einer Villa aus dem 14. Jahrhundert mitten in Florenz. In der Rezeption, den Salons und der Bar herrscht eine elegante Atmosphäre ausgesuchten Geschmacks: Fliesen und Mosaiksäulen aus Marmor, Stuckdecken, Sofas im Stil der Jahrhundertwende, Grünpflanzen in verschwenderischer Fülle. Die Zimmer sind ausnahmslos sehr komfortabel und verfügen über TV, Radio, Minibar und Bäder aus weißem Marmor. Die mit Blick zum Garten sind die ruhigsten, und die neuen "de Luxe"-Zimmer besitzen Bäder mit Hydromassage. Das Frühstück und die anderen Mahlzeiten werden auf der angenehmen Glasveranda serviert, die am Garten liegt.

Anreise (Karte Nr. 10): Im Zentrum, Porta al Prato, in der Nähe des Teatro comunale.

TOSKANA

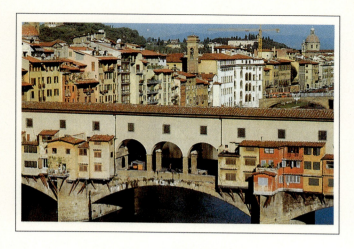

Hotel Lungarno

Borgo Sant' Jacopo, 14
50125 Firenze
Tel. 055-27 26 1 - Fax 055-26 84 37

Kategorie ★★★★ **Ganzj.** geöffn. **54 Zimmer** u. 6 App. m. Klimaanl., Tel., Bad od. Dusche, WC, Satelliten-TV, Minibar, Safe; Aufzug **Preise** DZ: 400-510000 L; Suite: 760-860000 L - Frühst. inkl., von 7.00 bis 11.00 Uhr **Kreditkarten** akzeptiert **Verschiedenes** Hunde nicht erlaubt **Umgebung** Veranstaltungen in Florenz: Scoppio del Carro Ostersonntag morgens, Festa del Grillo Himmelfahrt, musikalischer Mai, Biennale der Antiquitäten (alle zwei Jahre) - Fiesole - Kartause Galluzzo - Florent. Villen u. Gärten (Tel. Palazzo Pitti: 055 21 48 56) - Abtei Vallombrosa - Golf dell'Ugolino (18-Lochpl.) in Grassina **Kein Restaurant** im Hotel (siehe unsere Restaurantauswahl. S. 519-521).

Vom Ponte Vecchio aus ist der Blick auf den Arno einer der schönsten Ausblicke von ganz Florenz, vor allem, wenn sich bei Sonnenuntergang das Wasser des Flusses rot zu färben beginnt. Das und die Bauten der berühmten Brücke werden Sie vom Salon oder den Zimmern des *Lungarno* aus sehen. Die kürzlich durchgeführte Renovierung hat zwar eine luxuriösere Gestaltung geschaffen, aber sein elegantes, modernes Ambiente wurde bewahrt, und die interessanten, modernen Bilder hängen noch immer an den Wänden. Der Komfort und die Ruhe sind weitere Vorzüge. Wenn Sie eines der Zimmer mit Blick auf den Arno wünschen, empfehlen wir Ihnen, frühzeitig zu reservieren. Professioneller, nur eine Spur zu hurtiger Empfang.

Anreise (Karte Nr. 10): Am Ponte Vecchio, an der Seite des Palazzo Pitti.

TOSKANA

Torre di Bellosguardo

50124 Firenze
Via Roti Michelozzi, 2
Tel. 055-229 81 45 - Fax 055-22 90 08
Sig. Franchetti

Kategorie ★★★★ **Ganzj.** geöffn. **10 Zimmer** u. 6 Suiten m. Tel., Bad, Dusche, WC; Aufzug **Preise** EZ u. DZ: 290-340000 L, 450000 L; Suiten: 550-650000 L - Frühst.: 35-45000 L, von 7.30 bis 10.00 Uhr **Kreditkarten** akzeptiert **Verschiedenes** Hunde erlaubt - Schwimmb. - Parkpl. **Umgebung** Veranstaltungen in Florenz: Scoppio del Carro Ostersonntag morgens, Festa del Grillo Himmelfahrt, musikalischer Mai, Biennale der Antiquitäten (alle zwei Jahre) - Fiesole - Kartause Galluzzo - Florent. Villen u. Gärten (Tel. Palazzo Pitti: 055 21 48 56) - Abtei Vallombrosa - Golf dell'Ugolino (18-Lochpl.) in Grassina **Restaurant** im Sommer mittags am Pool (siehe unsere Restaurantauswahl S. 519-521).

Das *Torre di Bellosguardo* liegt auf einem Hügel, etwas außerhalb des Zentrums, und bietet einen hübschen Ausblick auf die Stadt. Die Ruhe und Harmonie des Gartens mit dem Swimmingpool, dem majestätischen Palast und dem Turm aus dem 14. Jahrhundert beeindrucken. Dies ist ein Hotel höchsten Komforts mit zahlreichen Salons, wozu ein spektakulärer Wintersalon zählt, und 16 Zimmern von ungewöhnlicher Größe. Jedes hat seinen eigenen Charme: edle alte Möbel, ausgefallene Holzarbeiten, Fresken. Der Turm beherbergt eine Suite auf zwei Etagen mit einzigartigem Ausblick. Alle Zimmer sind phantastisch und besitzen heute gute Bäder. Dennoch müßten im Hotel ausgiebige Renovierungsarbeiten vorgenommen werden, um - ohne das abzuschaffen, was die Magie diese Ortes darstellt - den Komfort zu verbessern (z.B. jederzeit warmes Wasser und etwas mehr Personal für den Service). Da Sie nun auf eventuelle Unannehmlichkeiten vorbereitet sind, werden Sie die Schönheit der *Torre* vielleicht gelassener erleben.

Anreise (Karte Nr. 10): Rtg. Bellosguardo - Porta Romana.

Villa Belvedere

50124 Firenze
Via Benedetto Castelli, 3
Tel. 055-222 501 - Fax 055-223 163
Sig. und Sig.ra Ceschi-Perotto

Kategorie ★★★★ **Geschlossen** von Dezember bis Februar **26 Zimmer** m. Klimaanl., Tel., Bad od. Dusche, WC, Satelliten-TV, Safe; Aufzug **Preise** EZ u. DZ: 220-240000 L, 290-330000 L - Frühst. inkl., von 7.15 bis 10.00 Uhr **Kreditkarten** akzeptiert **Verschiedenes** Hunde nicht erlaubt - Schwimmb. - Tennis - Parkpl. **Umgebung** Veranstaltungen in Florenz: Scoppio del Carro Ostersonntag morgens, Festa del Grillo Himmelfahrt, musikalischer Mai, Biennale der Antiquitäten (alle zwei Jahre) - Fiesole - Kartause Galluzzo - Florent. Villen u. Gärten (Tel. Palazzo Pitti: 055 21 48 56) - Abtei Vallombrosa - Golf dell'Ugolino (18-Lochpl.) in Grassina **Kein Restaurant** im Hotel, aber auf Wunsch mittags u. abends Snacks (siehe unsere Restaurantauswahl S. 519-521).

Die Villa Belvedere liegt sehr ruhig oberhalb von Florenz in einem großen Garten mit Schwimmbad und Tennisplatz. Dies mag für Florenz unwichtig erscheinen, ist aber ein Vorteil, wenn man im Sommer mit Kindern unterwegs ist. Die moderne Veranda hat dem Haus leider etwas von seinem Charme genommen. Die in den beiden letzen Jahren von Grund auf renovierten Zimmer sind groß und komfortabel, und die meisten haben einen prachtvollen Blick auf Florenz, die Umgebung oder die Kartause. Jene der Fassadenseite besitzen außerdem eine große Terrasse. Kein Restaurant, aber eine Snackbar, die ausreicht, wenn man zu müde zum Ausgehen ist. (Kein Service am Swimmingpool). Der Empfang der Familie Ceschi-Perotto ist besonders herzlich.

Anreise (Karte Nr. 10): Rtg. Forte Belvedere - Porta Romana - Bushaltestelle (Zentrum) 300 m entfernt.

TOSKANA

Villa Carlotta

50125 Firenze
Via Michele di Lando, 3
Tel. 055-233 61 34 - Fax 055-233 61 47
Sig. Gheri

Kategorie ★★★★ **Ganzj.** geöffn. **32 Zimmer** m. Klimaanl., Tel., Bad od. Dusche, TV, Minibar; Aufzug **Preise** EZ u. DZ: 150-280000 L, 210-410000 L - Frühst. inkl., von 7.15 bis 10.15 Uhr - HP u. VP: 160-235000 L, 180-265000 L (pro Pers.) **Kreditkarten** akzeptiert **Verschiedenes** Hunde erlaubt - Parkpl. **Umgebung** Veranstaltungen in Florenz: Scoppio del Carro Ostersonntag morgens, Festa del Grillo Himmelfahrt, musikalischer Mai, Biennale der Antiquitäten (alle zwei Jahre) - Fiesole - Kartause Galluzzo - Florent. Villen u. Gärten (Tel. Palazzo Pitti: 055 21 48 56) - Abtei Vallombrosa - Golf dell'Ugolino (18-Lochpl.) in Grassina **Restaurant** von 12.30 bis 14.30 u. von 19.30 bis 21.30 Uhr - So geschl. - Karte - Toskanische u. internationale Küche.

Villa Carlotta liegt zwischen der Porta Romana und den Boboli-Gärten am Palazzo Pitti. Das bedeutet, daß Sie sich unweit vom historischen Zentrum in einem großen, ruhigen Garten entspannen können. Das Hotel ist komfortabel und gut ausgestattet, der Service effizient und sympathisch. Die Einrichtung besteht aus klassischen Stilmöbeln. Die Dekoration ist nicht mehr ganz frisch, aber die günstigen Preise scheinen dies zu berücksichtigen; die Leistungen, die hier geboten werden, können sich durchaus sehen lassen.

Anreise (Karte Nr. 10): Rtg. Forte Belvedere, Porta Romana.

TOSKANA

Hotel Hermitage

50122 Firenze
Piazza del Pesce - Vicolo Marzio, 1 (Ponte Vecchio)
Tel. 055-28 72 16 - Fax 055-21 22 08 - Sig. Scarcelli
E-mail: hermitage@italyhotel.com - Web: http://www.italyhotel.com/firenze/hermitage

Kategorie ★★★ **Ganzj.** geöffn. **29 Zimmer** m. Klimaanl., Tel., Bad (Jacuzzi) od. Dusche, WC, Satelliten-TV; Aufzug **Preise** EZ u. DZ: 260000 L, 330000 L - Frühst. inkl., von 7.30 bis 9.30 Uhr **Kreditkarten** Visa, Eurocard, MasterCard **Verschiedenes** Kleine Hunde erlaubt **Umgebung** Veranstaltungen in Florenz: Scoppio del Carro Ostersonntag morgens, Festa del Grillo Himmelfahrt, musikalischer Mai, Biennale der Antiquitäten (alle zwei Jahre) - Fiesole - Kartause Galluzzo - Florent. Villen u. Gärten (Tel. Palazzo Pitti: 055 21 48 56) - Abtei Vallombrosa - Golf dell'Ugolino (18-Lochpl.) in Grassina **Kein Restaurant** im Hotel (siehe unsere Restaurantauswahl S. 519-521).

An einer Ecke des Ponte Vecchio liegt dieses kleine Hotel, das sich im vierten und fünften Stock eines Gebäudes niedergelassen hat. (Ein Schlüssel zum Fahrstuhl sorgt für die nötige Bewegungsfreiheit.) Die kürzlich umgestalteten Zimmer sind komfortabel, alle unterschiedlich und im Stil etwas altmodisch. Die Fenster sind doppelverglast und schützen vor dem Lärm der Straße. Die ruhigsten Zimmer liegen zum Hof (Nr. 13 und 14). Was uns veranlaßt hat, dieses Hotel zu empfehlen, ist das gute Preis-Leistungsverhältnis und nicht zuletzt die unvergeßliche Terrasse mit Blick auf den Ponte Vecchio und den Palazzo Pitti zur einen, die Kuppel des Doms und die Dächer der Signoria zur anderen Seite. Wenn Sie allein reisen, sollten Sie unbedingt das Zimmer mit dieser Terrasse nehmen.

Anreise (Karte Nr. 10): Im Zentrum; Rtg. Ponte Vecchio.

TOSKANA

Hotel Loggiato dei Serviti

50122 Firenze
Piazza della SS. Annunziata, 3
Tel. 055-28 95 92 - Fax 055-28 95 95 - Sig. Budini Gattai
E-mail: loggiato.dei.serviti.@italyhotel.com

Kategorie ★★★ Ganzj. geöffn. **25 Zimmer** u. 4 App. m. Klimaanl., Tel., Bad od. Dusche, WC, Minibar, TV, Minibar; Aufzug **Preise** EZ u. DZ: 225000 L, 325000 L; Suiten: 340-700000 L - Frühst. inkl., von 7.15 bis 10.00 Uhr **Kreditkarten** akzeptiert **Verschiedenes** Hunde erlaubt (Zuschlag) **Umgebung** Veranstaltungen in Florenz: Scoppio del Carro Ostersonntag morgens, Festa del Grillo Himmelfahrt, musikalischer Mai, Biennale der Antiquitäten (alle zwei Jahre) - Fiesole - Kartause von Galluzzo - Florent. Villen u. Gärten (Tel. Palazzo Pitti: 055 21 48 56) - Abtei Vallombrosa - Golf dell'Ugolino (18-Lochpl.) in Grassina **Kein Restaurant** im Hotel (siehe unsere Restaurantauswahl S. 519-521).

Eine unserer Lieblingsadressen in Florenz. Wunderschön der Piazza della SS. Annunziat, dem Ospedale degli Innocenti gegenüber gelegen, wurde es ebenso wie dieses von dem genialen toskanischen Renaissance-Künstler Brunelleschi entworfen. Das Hotel ist einfach und elegant gestaltet, wobei die damalige Aufteilung respektiert wurde. Salons und Zimmer sind schlicht und geschmackvoll, und die Auswahl fällt schwer. Einige liegen zum Platz mit dem Reiterbild Ferdinand I. von Medici und zur Säulenhalle von Brunelleschi hin, die mit Medaillons von Della Robbia geschmückt ist. Die anderen gehen zum Garten der Accademia, die der oberen Etage haben sogar Ausblick auf den Dom. Die Zimmer sind still, und es ist verblüffend, wie ruhig der Platz ist. Kein Terrassencafé, kein Souvenirgeschäft stört hier am Abend die heitere Ruhe - man hört nur die Schwalben.

Anreise (Karte Nr. 10): In der Nähe der Piazza del Duomo.

TOSKANA

Hotel Splendor

50129 Firenze
Via San Gallo, 30
Tel. 055-48 34 27 - Fax 055-46 12 76 - Sig.und Sig.ra Masoero

Kategorie ★★★ **Ganzj.** geöffn. **31 Zimmer** (28 m. Klimaanl.) Tel., Fön, (25 m. Bad od. Dusche, WC), Satelliten-TV, Safe **Preise** EZ: 160000 L; DZ: 240000 L, 180000 L (ohne Bad); 3 BZ: 300000 L - Frühst. inkl., von 7.30 bis 9.30 Uhr **Kreditkarten** Amex, Visa, Eurocard, MasterCard **Verschiedenes** Hunde nicht erlaubt - Parkpl. (35000 L) **Umgebung** Veranstaltungen in Florenz: Scoppio del Carro Ostersonntag morgens, Festa del Grillo Himmelfahrt, musikalischer Mai, Biennale der Antiquitäten (alle zwei Jahre) - Fiesole - Kartause Galluzzo - Florent. Villen u. Gärten (Tel. Palazzo Pitti: 055 21 48 56) - Abtei Vallombrosa - Golf dell'Ugolino (18-Lochpl.) in Grassina **Kein Restaurant** im Hotel (siehe unsere Restaurantauswahl S. 519-521).

Das Gebäude aus dem 19. Jahrhundert, in dem sich das *Splendor* befindet, hat eine ideale Lage, d.h. in unmittelbarer Nähe des Klosters von San Marco, berühmt für sein Museum und seine Fresken von Fra Angelico. Aufgrund des freundlichen Empfangs und des elegant eingerichteten Salons mit Eichenparkett, tiefen Sesseln, alten Perserteppichen, angenehmer Beleuchtung und schönen Blumensträußen fühlt man sich hier gleich sehr wohl. Der Frühstücksraum ist besonders reizvoll mit seinen Wandmalereien und den großen Fenstertüren, die sich zur Blumenterrasse hin öffnen lassen (hier kann man ebenfalls frühstücken). Auch zum Lesen kann man sich hier niederlassen, und wer sich für die Geschichte von Florenz besonders interessiert, dem überreicht die Hotelbesitzerin einen kleinen, vom Hotel herausgegebenen Band mit Kurzgeschichten. Die Zimmer mit gutem Schallschutz sind ebenso geschmackvoll gestaltet wie der Rest des Hauses. Die gefragtesten Zimmer sind die mit Blick auf San Marco. Fürs Abendessen ist die nahe Trattoria Tito (112 Via San Gallo) eine gute Adresse.

Anreise *(Karte Nr. 10): Nahe der Piazza San Marco.*

TOSKANA

Hotel Villa Azalee

50123 Firenze
Viale Fratelli Rosselli, 44
Tel. 055-21 42 42 / 28 43 31 - Fax 055-26 82 64 - Sig.ra Brizzi
E-mail: villaazalee@fi.flashnet.it

Kategorie ★★★ **Ganzj.** geöffn. **24 Zimmer** m. Klimaanl., Tel., Bad od. Dusche, WC, TV, Minibar
Preise EZ u. DZ: 178000 L, 268000 L; 3 BZ: 360000 L - Frühst. inkl. (Buffet), von 7.40 bis 11.30 Uhr
Kreditkarten akzeptiert **Verschiedenes** Kleine Hunde erlaubt - Parkpl. u. Garage **Umgebung** Veranstaltungen in Florenz: Scoppio del Carro Ostersonntag morgens, Festa del Grillo Himmelfahrt, musikalischer Mai, Biennale der Antiquitäten (alle zwei Jahre) - Fiesole - Kartause Galluzzo - Florent. Villen u. Gärten (Tel. Palazzo Pitti: 055 21 48 56) - Abtei Vallombrosa - Golf dell'Ugolino (18-Lochpl.) in Grassina **Kein Restaurant** im Hotel (siehe unsere Restaurantauswahl S. 519-521).

V*illa Azalee* liegt in der Nähe der Stazione di Santa Maria Novella, dem Bahnhof von Florenz, in der Viali di circonvallazione, einer der Stichstraßen des Stadtringes. Aber sorgen Sie sich nicht wegen dieser scheinbar lärmintensiven Lage. Die vor kurzem erfolgte Restaurierung der Villa sichert den Gästen ein Maximum an Komfort. Die nicht sehr großen Zimmer sind mit viel Talent gestaltet. In ihrer Ausstattung sind sie modern, die wirklich sehr gelungene Einrichtung erinnert atmosphärisch an eine Privatvilla. Obwohl alle Zimmer klimatisiert sind, bevorzugen wir die mit Blick auf den Garten und sogar jene, die in einem kleinen Nebengebäude liegen. Der Speiseraum, in dem das Frühstück serviert wird, geht direkt zum schönen Garten. Eine hübsche Adresse mit einem guten Preis-Leistungsverhältnis.

Anreise (Karte Nr. 10): In der Nähe des Bahnhofs.

TOSKANA

Hotel Morandi alla Crocetta

50121 Firenze
Via Laura, 50
Tel. 055-234 47 47 - Fax 055-248 09 54 - Sig.ra Doyle Antuono
E-mail: welcome@hotelmorandi.it - Web: http://www.hotelmorandi.it

Kategorie ★★★ **Ganzj.** geöffn. **10 Zimmer** m. Klimaanl., Tel., Dusche, WC, TV, Minibar **Preise** EZ u. DZ: 130000 L, 230000 L; 3 BZ: 300000 L - Frühst.: 18000 L, von 8.00 bis 12.00 Uhr **Kreditkarten** akzeptiert **Verschiedenes** Kleine Hunde erlaubt **Umgebung** Veranstaltungen in Florenz: Scoppio del Carro Ostersonntag morgens, Festa del Grillo Himmelfahrt, musikalischer Mai, Biennale der Antiquitäten (alle zwei Jahre) - Fiesole - Kartause von Galluzzo - Florent. Villen u. Gärten (Tel. Palazzo Pitti: 055 21 48 56) - Abtei Vallombrosa - Golf dell'Ugolino (18-Lochpl.) in Grassina **Kein Restaurant** im Hotel (siehe unsere Restaurantauswahl S. 519-521).

Das kleine angenehme Hotel *Morandi alla Crocetta* wird von der nicht minder angenehmen Katherine Doyle geführt, die vor vielen Jahren als kleines Mädchen das erste Mal nach Florenz kam. Die Pension befindet sich in einem Teil eines Renaissance-Klosters in einer der Gassen um die Piazza della SS. Annunziata. Das Innere strahlt angelsächsische Behaglichkeit aus, die Zimmer sind klimatisiert und verfügen allesamt über Bäder. Die Ausstattung mit altem Mobiliar und Sammelobjekten ist geschmackvoll. Zwei von ihnen besitzen außerdem eine schöne Terrasse zum Hof. Die Atmosphäre ist heitergelassen und sehr ruhig.

Anreise (Karte Nr. 10): Im Zentrum, nahe der Piazza della SS. Annunziata.

T O S K A N A

Hotel Pensione Pendini

50123 Firenze
Via Strozzi, 2
Tel. 055-21 11 70 - Fax 055-28 18 07 - Sigg. Abolaffio
E-mail: pendini@dada.it - Web: http://www.tiac.net/users/pendini

Kategorie ★★★ Ganzj. geöffn. **42 Zimmer** m. Klimaanl., Tel., Bad od. Dusche, WC, Satelliten-TV; Aufzug **Preise** EZ u. DZ: 140-170000 L, 190-250000 L - Frühst. inkl., von 7.30 bis 10.00 Uhr **Kreditkarten** akzeptiert **Verschiedenes** Kleine Hunde erlaubt **Umgebung** Veranstaltungen in Florenz: Scoppio del Carro Ostersonntag morgens, Festa del Grillo Himmelfahrt, musikalischer Mai, Biennale der Antiquitäten (alle zwei Jahre) - Fiesole - Kartause Galluzzo - Florent. Villen u. Gärten (Tel. Palazzo Pitti: 055 21 48 56) - Abtei Vallombrosa - Golf dell'Ugolino (18-Lochpl.) in Grassina **Kein Restaurant** im Hotel (siehe unsere Restaurantauswahl S. 519-521).

Wenn man die große Piazza della Repubblica überquert oder sich auf der Terrasse des *Gilli* oder des *Giubbe Rosse* entspannt, kann einem nicht der enorme Schriftzug entgehen, der seit 1879 das Gebäude schmückt, in dem die *Pensione Pendini* untergebracht ist. Der Eingang hingegen liegt in einer der Seitenstraßen. Ein Fahrstuhl bringt Sie auf die entsprechende Etage. Der erste Eindruck von Komfort trügt nicht. Die Zimmer verfügen alle über Bäder. Jene, die zur verkehrsreichen Piazza della Repubblica hinausgehen, sollte man nicht wählen. Eine interessante Adresse im Hinblick auf Qualität und Preise.

Anreise (Karte Nr. 10): Im Zentrum, an der Piazza della Repubblica, Eingang Via Strozzi.

T O S K A N A

Pensione Annalena

50127 Firenze
Via Romana, 34
Tel. 055-22 24 02/22 24 39 - Fax 055-22 24 03 - Sig.Salvestrini
E-mail: info@hotelannalena.it - Web: http://www.annalena.it

Kategorie ★★★ **Geschlossen** im Mai **20 Zimmer** m. Tel., Bad od. Dusche, WC, Satelliten-TV, Safe **Preise** EZ: 160-190000 L, DZ: 220-270000 L - Frühst. inkl., von 8.00 bis 10.00 Uhr **Kreditkarten** akzeptiert **Verschiedenes** Hunde erlaubt - Parkpl. (20000 L) **Umgebung** Veranstaltungen in Florenz: Scoppio del Carro Ostersonntag morgens, Festa del Grillo Himmelfahrt, musikalischer Mai, Biennale der Antiquitäten (alle zwei Jahre) - Fiesole - Kartause Galluzzo - Florent. Villen u. Gärten (Tel. Palazzo Pitti: 055 21 48 56) - Abtei Vallombrosa - Golf dell'Ugolino (18-Lochpl.) in Grassina **Kein Restaurant** im Hotel (siehe unsere Restaurantauswahl S. 519-521).

Bevor dieses Palais aus dem 15. Jahrhundert - zum Palazzo Pitti und den Boboli-Gärten sind es nur ein paar Schritte - in den Besitz der schönen Annalena überging, die sich wegen einer obskuren Liebesgeschichte aus dem weltlichen Leben zurückzog und ihren Palazzo den Dominikanern vermachte, wohnten hier die Orlandini und die Medici. Somit ein besonders geschichtsträchtiger Ort ... Der ehemalige Empfangssaal wurde umgestaltet zu einem Foyer, in dem noch einige Freskenelemente erhalten sind, zu mehreren Salons und zu einem Frühstücksraum. Die mit altem Mobiliar eingerichteten Zimmer sind eher klein, die Bäder winzig. Wir bevorzugen die an der Empore mit Blick auf die ehemaligen Gärten des Palastes (Nr. 19, 20 und 21), die heute eine Baumschule beherbergen; die an der Terrasse gelegenen Zimmer gefallen uns ebenfalls.

Anreise (Karte Nr. 10): Nahe des Palazzo Pitti. In die Via Romana gelangt man über die Piazzale di Porta Romana.

TOSKANA

Hotel Tornabuoni Beacci

50123 Firenze
Via Tornabuoni, 3
Tel. 055-21 26 45 / 26 83 77 - Fax 055-28 35 94 - Sig.ra Beacci
E-mail: beacci:tornabuani@italyhotel.com

Kategorie ★★★ **Ganzj.** geöffn. **29 Zimmer** m. Klimaanl., Tel., Bad, WC, Satelliten-TV, Minibar; Aufzug **Preise** EZ u. DZ: 210000 L, 300-340000 L - Frühst. (Buffet) inkl., von 7.00 bis 10.30 Uhr **Kreditkarten** akzeptiert **Verschiedenes** Kleine Hunde erlaubt (5000 L) - Garage Inferno Via del Parione, erste Straße rechts, dann erste Straße links **Umgebung** Veranstaltungen in Florenz: Scoppio del Carro Ostersonntag morgens, Festa del Grillo Himmelfahrt, musikalischer Mai, Biennale der Antiquitäten (alle zwei Jahre) - Fiesole - Kartause Galluzzo - Florent. Villen u. Gärten (Tel. Palazzo Pitti: 055 21 48 56) - Abtei Vallombrosa - Golf dell'Ugolino (18-Lochpl.) in Grassina **Restaurant** von 12.30 bis 14.30 u. von 19.30 bis 21.30 Uhr - Menü: 40000 L - Italienische Küche.

Dieses Hotel, das in einer der eleganten Straßen von Florenz liegt, ist in den beiden oberen Stockwerken eines alten Palazzo aus dem 14. Jahrhundert untergebracht. Es zählt zu den ältesten Hotels der Stadt; selbst Bismarck hat hier gewohnt. Heute nutzen viele Amerikaner die Zeit ihres Aufenthaltes in Florenz, um von der exzellenten Küche, den geräumigen Zimmern und der Atmosphäre dieser alten Familienpension Florentiner Art zu profitieren.

Anreise (Karte Nr. 10): Im Zentrum : Lungarno Guicciardini (dem Arno entlang), Ponte S. Trinita, dann Via Tornabuoni.

TOSKANA

Hotel David

50129 Firenze
Viale Michelangelo, 1
Tel. 055-681 16 95 - Fax 055-680 602
Sig. Cecioni

Kategorie ★★★ **Ganzj.** geöffn. **26 Zimmer** m. Klimaanl., Schallisol., Tel., Bad od. Dusche, WC, TV, Minibar **Preise** DZ: 240000 L - Frühst. inkl., von 7.30 bis 10.00 Uhr **Kreditkarten** akzeptiert **Verschiedenes** Hunde nicht erlaubt - Parkpl. **Umgebung** Veranstaltungen in Florenz: Scoppio del Carro Ostersonntag morgens, Festa del Grillo Himmelfahrt, musikalischer Mai, Biennale der Antiquitäten (alle zwei Jahre) - Fiesole - Kartause Galluzzo - Florent. Villen u. Gärten (Tel. Palazzo Pitti: 055 21 48 56) - Abtei Vallombrosa - Golf dell'Ugolino (18-Lochpl.) in Grassina **Kein Restaurant** im Hotel (siehe unsere Restaurantauswahl S. 519-521).

Diese kleine Villa, deren alter Teil vergrößert wurde, als sie zu einem Hotel umgebaut wurde, bietet viel Charme und Komfort. Giovanni Cecioni, der Inhaber, schuf hier das Ambiente eines Privathauses, indem er jedes Gästezimmer individuell gestaltete. Möbel aus dem Familienbesitz und bei den hiesigen Antiquitätenhändlern erworbene Stücke haben Teil an dieser intimen Atmosphäre. Das gilt auch für den Salon, in dem mehrere Sitzecken geschaffen wurden - zum Lesen, Schreiben, Kartenspielen ... Eine große Glasfront bringt viel Licht in den Raum und bietet einen weiten Blick auf das Grün des kleinen Gartens, in dem man sich ebenfalls aufhalten kann. Wer abends zum Essen nicht ausgehen möchte, kann den Service der Trattorien der Umgebung in Anspruch nehmen, mit denen das Hotel eine Vereinbarung getroffen hat.

Anreise (Karte Nr. 10): In der Nähe des Arno-Ufers (Lungarno).

TOSKANA

Hotel Boticelli

1999

50123 Firenze
Via Taddea, 8
Tel. 055-29 09 05 - Fax 055-29 43 22 - Fabrizio Gheri
E-mail: botticelli@italyhotel.com - Web: http://www.venere.it/firenze/botticelli

Kategorie ★★★ **Ganzj.** geöffn. **34 Zimmer** m. Klimaanl., Tel., Bad od. Dusche, WC, Satelliten-TV, Minibar, Safe; Aufzug **Preise** EZ u. DZ: 200000 L, 300000 L; 3 BZ: + 30% - Frühst. inkl., von 7.15 bis 10.00 Uhr **Kreditkarten** akzeptiert **Verschiedenes** Kleine Hunde erlaubt - Parkpl. **Umgebung** Veranstaltungen in Florenz: Scoppio del Carro Ostersonntag morgens, Festa del Grillo Himmelfahrt, musikalischer Mai, Biennale der Antiquitäten (alle zwei Jahre) - Fiesole - Kartause Galluzzo - Florent. Villen u. Gärten (Tel. Palazzo Pitti: 055 21 48 56) - Abtei Vallombrosa - Golf dell'Ugolino (18-Lochpl.) in Grassina **Kein Restaurant** im Hotel (siehe unsere Restaurantauswahl S. 519-521).

Das *Boticelli* liegt im historischen Zentrum der Stadt, in unmittelbarer Nähe der Hallen des sehr lebendigen Marktes San Lorenzo. Unser Hotel ist ein Palast aus dem 16. Jahrhundert mit Bogenfenstern, dem im 19. Jahrhundert ein Anbau hinzugefügt wurde. Die gewölbten Decken der Rezeption und des Frühstücksraumes im Erdgeschoß haben noch immer ihre Freskomalerei voller Putten mit Blumenornamentik. Das Gäßchen, das einst die beiden Gebäude untereinander verband, ist heute überdacht und ein angenehmer Salon. Die vielen Gänge in den Stockwerken, die die Komplexität der Innenräume derartiger Paläste beweisen, haben ebenfalls Charme. Die Gästezimmer sind geräumig, schlichter als der Rest des Hauses, aber durchaus elegant. Wir empfehlen die in den oberen Etagen in Höhe der Dächer von Florenz und der Fiale des Doms; den gleichen Ausblick hat man von der großen Renaissance-Loggia aus mit "göttlichen" Ausmaßen, auf der sich eine kleine Terrasse zum Einnehmen des Aperitifs befindet.

***Anreise** (Karte Nr. 10): Nahe der Plaza San Lorenzo.*

TOSKANA

Residenza Johanna I

50129 Firenze
Via Bonifacio Lupi, 14
Tel. 055-48 18 96 - Fax 055-48 27 21
Sig.ra Gulmanelli und Sig.ra Arrighi

Ganzj. geöffn. **11 Zimmer** (9 m. Dusche od. Bad u. WC), TV; Aufzug **Preise** EZ u. DZ: 75000 L, 120000 L; 3 BZ: 145000 L - Kein Frühst. **Kreditkarten** nicht akzeptiert **Verschiedenes** Hunde erlaubt - Garage (22000 L) **Umgebung** Veranstaltungen in Florenz: Scoppio del Carro Ostersonntag morgens, Festa del Grillo Himmelfahrt, musikalischer Mai, Biennale der Antiquitäten (alle zwei Jahre) - Fiesole - Kartause Galluzzo - Florent. Villen u. Gärten (Tel. Palazzo Pitti: 055 21 48 56) - Abtei Vallombrosa - Golf dell'Ugolino (18-Lochpl.) in Grassina **Kein Restaurant** im Hotel (siehe unsere Restaurantauswahl S. 519-521).

Eine ungewöhnliche Adresse. Im Herzen von Florenz haben vor kurzem zwei junge Frauen die Initiative ergriffen, das Stockwerk eines Gebäudes zu einer Hotelresidenz umzugestalten. Hierbei handelt es sich um eine richtige Wohnung mit zwei langen Fluren. Den Gästen werden einige kleine Zimmer angeboten, die praktisch alle ein Bad besitzen. Selbstverständlich gibt es hier weder Bar noch TV, noch Frühstücksraum (für den morgendlichen Kaffee oder Tee steht ein Wasserkocher zur Verfügung), aber eine Atmosphäre, die kein Hotel bieten kann. Die Einrichtung ist behaglich und sehr geschmackvoll. Der einzige Service, der geboten wird, ist ein Schlüsselbund. Aber man fühlt sich wie zu Hause. Angesichts dieser für Florenz außergewöhnlich niedrigen Preise kann man länger in dieser herrlichen Stadt verweilen.

Anreise (Karte Nr. 10): Im Zentrum, 10 Min. vom Dom.

TOSKANA

Residenza Johanna II

50129 Firenze
Via delle Cinque Giornate, 12
Tel. u. Fax 055-47 33 77
Sig.ra Gulmanelli

Ganzj. geöffn. **6 Zimmer** (3 m. Klimaanl. u. Schallisol.) m. Tel. auf Wunsch, Bad od. Dusche, WC, Satelliten-TV **Preise** DZ: 135000 L; 3 BZ: 160000 L - Frühst. inkl. **Kreditkarten** nicht akzeptiert **Verschiedenes** Hunde nicht erlaubt - Parkpl. **Umgebung** Veranstaltungen in Florenz: Scoppio del Carro Ostersonntag morgens, Festa del Grillo Himmelfahrt, musikalischer Mai, Biennale der Antiquitäten (alle zwei Jahre) - Fiesole - Kartause Galluzzo - Florent. Villen u. Gärten (Tel. Palazzo Pitti: 055 21 48 56) - Abtei Vallombrosa - Golf dell'Ugolino (18-Lochpl.) in Grassina **Kein Restaurant** im Hotel (siehe unsere Restaurantauswahl S. 519-521).

Die Inhaber der *Residenza Johanna* nutzten ihre von Erfolg gekrönten Erfahrungen und gaben ihr eine Zwillingsschwester. In Italien Zimmer in dieser Preisklasse zu finden, die gepflegt, komfortabel, meist groß und angenehm gestaltet sind, ist eine wahre Leistung - und man fragt sich warum. Vielleicht weil der Service den Hotelgästen überlassen wird. Zum Telefonieren erhalten Sie zum Beispiel ein Handy (nur für Inlandsgespräche), um das Frühstück kümmert sich jeder selbst, ein Wasserkocher wie auch Tee, Kaffee, Kakao und Biskuits gibt's in jedem Zimmer, und mit dem eigenen Schlüssel kann man sich jederzeit vollkommen frei bewegen. Drei Zimmer gehen zur Straße, aber da Klimatisierung und Schallschutzfenster sehr effizient sind, sind sie ebenso angenehm wie die im zweiten Stock (ohne Klimaanlage), die zum Garten gehen. Der dient als Parkplatz, aber kann man sich darüber in Florenz beklagen? In der Bibliothek des Salons stehen Kunstbücher über Italien und Florenz zur Verfügung.

***Anreise** (Karte Nr. 10): 15 Min. vom Dom.*

TOSKANA

Villa La Massa

Candeli 50012 Firenze
Via della Massa, 24
Tel. 055-62 611 - Fax 055-633 102 - Sig. Silvano Mamprin
E-mail: info@villadeste.it - Web: http://www.villadeste.it

Kategorie ★★★★★ **Geschlossen** von Dezember bis Februar **38 Zimmer** m. Klimaanl., Tel., Bad, WC, Satelliten-TV, Minibar, Safe; Aufzug **Preise** EZ u. DZ: 330-430000 L, 490-650000 L; Suite: 820-980000 L - Frühst. (Buffet) inkl., von 7.30 bis 10.30 Uhr - HP: + 90000 L (pro Pers.) **Kreditkarten** akzeptiert **Verschiedenes** Kleine Hunde im Zimmer erlaubt - Schwimmb. - Parkpl. **Umgebung** Veranstaltungen in Florenz: Scoppio del Carro Ostersonntag morgens, Festa del Grillo Himmelfahrt, musikalischer Mai, Biennale der Antiquitäten (alle zwei Jahre) - Fiesole - Kartause Galluzzo - Florent. Villen u. Gärten (Tel. Palazzo Pitti: 055 21 48 56) - Abtei Vallombrosa - Golf dell'Ugolino (18-Lochpl.) in Grassina **Restaurant** von 12.30 bis 14.30 u. von 19.30 bis 22.00 Uhr - Menüs: 90-110000 L - Karte - Toskanische Küche.

Wer würde nicht gerne acht Kilometer von Florenz in einer Medici-Villa am Ufer des Arno wohnen? Das gefiel auch David Bowie, der das ganze Haus mietete, um hier seine Hochzeit zu feiern. Das von der Villa-d'Este-Gruppe übernommene Hotel ist heute wieder voller Pracht. Die große Bogenhalle mit den Loggias ist großartig. Alle Zimmer wurden renoviert und besitzen heute mit ihrem antiken Mobiliar und ihren auf die Umgebung abgestimmten Blumenmusterstoffen diskreten Luxus. Auch das Restaurant *Le Verrochio* befindet sich in einem sehr schönen Raum, in dem viereckige Wandpfeiler die Bögen und das Deckengewölbe tragen. Im Winter genießt man die raffinierte Küche am offenen Feuer, im Sommer sitzt man in einer von Blumen überbordenden Loggia. Der Garten ist voller Blumen, das Schwimmbad ideal bei großer toskanischer Hitze, und die paar Kilometer zum Zentrum sind kein Problem, denn alle 15 Minuten fährt ein Bus zum Ponte Vecchio hin und zurück.

Anreise (Karte Nr. 10): A 1, Ausf. Firenze-Sud, Rtg. Pontassieve, Candeli.

TOSKANA

Villa San Michele

Fiesole 50014 Firenze
Via Doccia, 4
Tel. 055-59 451 - Fax 055-59 87 34
Sig. Saccani

Kategorie ★★★★★ **Geschlossen** im Dezember, Januar, Februar **41 Zimmer** m. Klimaanl., Tel., Bad, WC, Satelliten-TV, Safe, Minibar **Preise** EZ u. DZ m. HP: 720000 L, 1210-1580000 L; Junior-Suiten m. HP: 2080-2290000 L; Suite m. HP: 2750000 L - Frühst. inkl. (Buffet), von 7.00 bis 10.30 Uhr - VP: + 110000 L (pro Pers.) **Kreditkarten** akzeptiert **Verschiedenes** Kleine Hunde erlaubt (außer im Restaurant u. am Pool) - Beheizt. Schwimmb. - Parkpl. **Umgebung** Veranstaltungen in Florenz: Scoppio del Carro Ostersonntag morgens, Festa del Grillo Himmelfahrt, musikalischer Mai, Biennale der Antiquitäten (alle zwei Jahre) - Fiesole - Kartause Galluzzo - Florent. Villen u. Gärten (Tel. Palazzo Pitti 055 21 48 56) - Abtei Vallombrosa - Golf dell' Ugolino (18-Lochpl.) in Grassina **Restaurant** von 13.00 bis 14.45 u. von 20.00 bis 21.45 Uhr - Menüs: 120-140000 L - Karte - Toskanische u. internationale Küche.

V*illa San Michele, Hotel Splendido de Portofino* und *Villa d'Este* am Comer See sind zwei Monumente der internationalen Hotellerie. Selbstverständlich sind beide Luxushotels, aber mit dieser gewissen Magie, die der Schönheit innewohnt: Schönheit der Lage und Schönheit der Architektur. Der Entwurf der Fassade dieses ehemaligen Klosters in Fiesole wird Michelangelo zugeschrieben. Umgeben ist *Villa San Michele* von Terrassen und Gärten, die sich rosa färben, wenn abends die Sonne hinter dem Dom und den Dächern von Florenz verschwindet. Ein unvergeßliches Schauspiel. Ebenso unvergeßlich ist das Raffinement der Zimmer, der Küche, der Serviceleistungen.

Anreise (Karte Nr. 10): 8 km nördl. von Florenz. Bushaltestelle (für Florenz) 200 m vom Hotel entfernt.

Pensione Bencistà

Fiesole 50014 Firenze
Via Benedetto da Maiano, 4
Tel. und Fax 055-59 163
Sig. Simone Simoni

Kategorie ★★★ **Geschlossen** vom 20. bis 28. Dezember **44 Zimmer** m. Tel., Bad od. Dusche, WC **Preise** HP u. VP: 120-140000 L, 140-160000 L (pro Pers.) - Frühst. inkl., von 8.00 bis 10.00 Uhr **Kreditkarten** nicht akzeptiert **Verschiedenes** Hunde außer im Restaurant erlaubt - Parkpl. **Umgebung** Veranstaltungen in Florenz: Scoppio del Carro Ostersonntag morgens, Festa del Grillo Himmelfahrt, musikalischer Mai, Biennale der Antiquitäten (alle zwei Jahre) - Fiesole - Kartause Galluzzo - Florent. Villen u. Gärten (Tel. Palazzo Pitti 055 21 48 56) - Abtei Vallombrosa - Golf dell'Ugolino (18-Lochpl.) in Grassina **Restaurant** von 13.00 bis 14.00 u. von 19.30 bis 20.30 Uhr - Menü - Traditionelle toskanische Küche.

Für Toskanaliebhaber eine charmante Adresse in den Hügeln von Fiesole. Diese echte Familienpension ist sehr sorgfältig eingerichtet: alte Möbel und Reiseandenken, Komfort und Einfachheit. Die Bibliothek voller Werke in englischer Sprache ist ein idealer Ort, um sich zurückzuziehen. Von der Terrasse aus überblickt man die Landschaft, der Garten blüht üppig und verströmt den Duft verschiedenster Bäume. Den Zimmern, deren Komfort sich von Jahr zu Jahr verbessert, fehlt es nicht an Charme, die teuersten sind die mit Bad. Die Hausmannskost ist Bestandteil der familiär-entspannten Atmosphäre. Ganzjährig geöffnet, werden hier Weihnachten und das Neue Jahr in toskanischer Tradition gefeiert.

Anreise (Karte Nr. 10): 8 km nördl. von Florenz - Bushaltestelle (für Florenz) 200 m vom Hotel entfernt.

TOSKANA

Hotel Villa Le Rondini

50139 Firenze - Trespiano
Via Bolognese Vecchia, 224
Tel. 055-40 00 81 - Fax 055-26 82 12 - Sig.ra Reali
E-mail: mailbox@villalerondini.it - Web: http://www.villalerondini.it

Kategorie ★★★★ Ganzj. geöffn. **43 Zimmer** m. Klimaanl., Tel., Bad od. Dusche, WC, Satelliten-TV, Minibar **Preise** EZ u. DZ: 150-270000 L, 180-320000 L; Suiten: 250-400000 L - Frühst. inkl., von 7.30 bis 10.00 Uhr - HP: + 50000 L (pro Pers.) **Kreditkarten** akzeptiert **Verschiedenes** Hunde erlaubt (7000 L) - Schwimmb. - Tennis (20000 L) - Parkpl. **Umgebung** Veranstaltungen in Florenz: Scoppio del Carro Ostersonntag morgens, Festa del Grillo Himmelfahrt, musikalischer Mai, Biennale der Antiquitäten (alle zwei Jahre) - Fiesole - Kartause Galluzzo - Florent. Villen u. Gärten (Tel. Palazzo Pitti 055 21 48 56) - Abtei Vallombrosa - Golf dell'Ugolino (18-Lochpl.) in Grassina **Restaurant** von 12.30 bis 14.00 u. von 19.30 bis 21.00 Uhr - Menüs: 50-80000 L - Karte - Italienische u. internationale Küche, Erzeugnisse vom Bauernhof.

Das Anwesen, zu dem man gelangt, nachdem man einen Olivenhain durchquert hat, ist wunderschön. Es ist ein traditionelles, komfortables Hotel, untergebracht in einem alten Haus, in dem nicht alles perfekt ist. Unter Berücksichtung der Preise ist dies dennoch eine gute Adresse, vor allem im Sommer aufgrund der umliegenden Felder. Wenn Sie wählen können, empfehlen wir Ihnen die Zimmer im Stammhaus, die ihren alten Stil bewahrt haben; die anderen Gästezimmer liegen in einer Dependance am Eingang des Besitzes. Sie verfügen über eine modernere Standardeinrichtung, komfortabel sind sie aber trotzdem. Nach Florenz gelangen Sie ohne weiteres: die Bushaltestelle befindet sich dem Haus gegenüber.

Anreise (Karte Nr. 10): 7 km nördl. von Florenz, Rtg. Fortessa da Basso bis zur Piazza della Libertà über Bolognese. Bus Nr. 25 (alle 20 Min.) vor dem Hoteleingang.

Fattoria Il Milione

50100 Firenze - Giogoli
Via di Giogoli, 14
Tel. 055-20 48 713 - Fax 055-20 48 046 - Jessica Guscelli

Ganzj. geöffn. **6 Appartements** m. Küche, Bad **Preise** App.: 150000 L (2 Pers.), 300000 L (4 Pers.) **Kreditkarten** nicht akzeptiert **Verschiedenes** Hunde auf Anfr. erlaubt - Schwimmb. - Parkpl. **Umgebung** Veranstaltungen in Florenz: Scoppio del Carro Ostersonntag morgens, Festa del Grillo Himmelfahrt, musikalischer Mai, Biennale der Antiquitäten (alle zwei Jahre) - Fiesole - Kartause Galluzzo - Florent. Villen u. Gärten (Tel. Palazzo Pitti 055 21 48 56) - Abtei Vallombrosa - Golf dell'Ugolino (18-Lochpl.) in Grassina **Gästetisch** auf Reserv.- Menüs: 50000 L (Wein, Kaffee, Grappa inkl.) - Bodenständige Küche.

Brandimantes *Il Milione* bedeutet eine gewisse Lebensart. Deshalb wäre es schade, hier lediglich seinen Koffer abzustellen, um die Umgebung kennenzulernen. Denn hier erwartet man Sie und freut sich darauf, mit Ihnen die Emotionen und die Harmonie dieser in der Welt einzigartigen Gegend, der "Tochter der Natur und des Menschen", zu teilen. Hier lebt man im Rhythmus der Jahreszeiten und der Landarbeit, hier wird geerntet, gemäht, gepflückt. Das Land ist immer schön: silbrig im grauen Winterlicht, farbig, wenn die großen orangefarbenen Netze die Stämme der Olivenbäume vor der Ernte umgeben, rötlich, wenn die Sonne in Florenz untergeht. Nach dem Vorbild Brandimantes (ein berühmter Florentiner Juwelier) und Jessicas mit ihren sieben Kindern muß die Natur auch am großen Gästetisch zelebriert werden. Wie kam es zum Namen dieses Hauses? Zum Errichten dieses Bauernhofs bat Brandimante seine Freunde um *un millione* und bot als Gegenleistung ein Goldschmiedestück an.

Anreise (Karte Nr. 10): 2 km von Florenz. A 1, Ausf. Florenz-Certosa, Rtg. Florenz, im 1. Dorf Scandicci links (sobald es geht). Via Volterrna (2,5 km), dann 1. Straße rechts Via di Giogoli.

TOSKANA

Hotel Paggeria Medicea

50040 Artimino - Carmignano (Firenze)
Viale Papa Giovanni XXIII, 3
Tel. 055-871 80 81 - Fax 055-871 80 80
Sig. Gualtieri

Kategorie ★★★★ **Ganzj.** geöffn. **37 Zimmer** m. Klimaanl. u. 37 App. m. Tel., Bad, WC, Satelliten-TV, Minibar - Eingang f. Behinderte **Preise** EZ u. DZ: 130-180000 L, 220-260000 L - Frühst. inkl., von 7.30 bis 10.30 Uhr - HP: + 50000 L (pro Pers., mind. 3 Üb.) **Kreditkarten** akzeptiert **Verschiedenes** Hunde erlaubt - 2 Tennisplätze - Schwimmb.- Mountainbikes - Fitneßcenter - Parkpl. **Umgebung** Artimino: etruskische Kirche u. Totenstadt Pian di Rosello - Villa dell'Artimino - Etruskergrab Montefortini in Comeana - Gärten der Villa der Medici in Poggio a Caiano - Prato - Pistoïa - Florenz - Golf Il Pavoniere (18-Lochpl.) in Prato **Restaurant** von 12.30 bis 14.00 u. von 19.30 bis 22.00 Uhr - Mi u. Do geschl. - Menü - Karte.

Das *Paggeria* liegt an einem sehr geschichtsträchtigen Ort (Etruskertempel und –museum, romanische Kirche, Ruinen aus dem Mittelalter und der Renaissance) und bietet die Leistungen eines Luxushotels: komfortable, gut eingerichtete Zimmer, Wagen mit Chauffeur, Tourismusbüro, Tennis usw. Eine hübsche Terrasse läßt auf die umliegenden Hügel und die *Villa Medicea* blicken. Angenehmer Empfang und gute Küche - vor den Toren von Florenz eine erfreuliche Adresse.

Anreise *(Karte Nr. 10): 24 km nördl. von Florenz über die A 1, Ausf. Florenz-Signa; über die A 11, Ausf. Prato.*

TOSKANA

Residenza San Niccolo d'Olmeto

Le Valli 50066 Incisa Valdarno (Firenze)
Tel. 055-23 45 005 - Fax 055-24 02 82
Sig.ra Valenti Cavagnari

Geschlossen von November bis März **6 Appartements** m. Küche, Dusche, WC, 2 m. TV **Preise** 1 Woche: 850000 L (2-3 Pers.); zusätzl. Pers.: 100-150000 L **Kreditkarten** akzeptiert **Verschiedenes** Hunde nicht erlaubt - Schwimmb. - Parkpl. **Umgebung** Florenz - Valdarno (Florenz/Arezzo) **Kein Restaurant** im Hotel.

Nur 18 Kilometer von Florenz in einer Landschaft, die nicht den lieblichen Reiz der schönsten toskanischen Hügel besitzt und unweit der Autobahn werden Sie überrascht sein, inmitten der Obst- und Olivenplantagen plötzlich das ehemalige Kloster *San Niccolo* zu entdecken. Von der Familie Cavagnari (die bereits im Hotel *J & J* von Florenz gezeigt hat, was sie kann) hervorragend restauriert, ist das Ergebnis zugleich ländlich und elegant. Die Appartements liegen in den Gebäuden nahe des Kreuzgangs und der romanischen Kapelle. Mit gut ausgestatteter Kochnische, funktionellen Duschen und gepflegter Gestaltung verfügen alle über guten Komfort. Der mit Terrakottaplatten ausgelegte Boden und die modernen Möbel, die einige alte, ausgesuchte Stücke hervorheben, gefielen uns sehr. Die in der ehemaligen Orangerie eingerichteten Gästezimmer möglichst nicht nehmen. Wenn die Zitronen- und Mandarinenbäume blühen, die die Terrasse überwuchern, dann duftet es an diesem friedlichen Ort besonders angenehm.

Anreise (Karte Nr. 10): 28 km von Florenz über die A 1, Ausf. Incisa Valdarno, SS 69 bis Bùrchio, dann Le Valli.

TOSKANA

Salvadonica

Val di Pesa - 50024 Mercatale (Firenze)
Via Grevigiana, 82
Tel. 055-821 80 39 - Fax 055-821 80 43 - Sig. Baccetti
E-mail: salvadonica@tin.it - Web: http://www.cosmos.it/business/salvadonica

Geschlossen vom 16. November bis März **5 Zimmer** u. 10 App. m. Tel., Dusche, WC; Eingang f. Behinderte **Preise** EZ u. DZ: 130000 L, 160-170000 L - App.: erfragen - Frühst. inkl., von 8.00 bis 10.00 Uhr **Kreditkarten** akzeptiert **Verschiedenes** Hunde nicht erlaubt - Schwimmb. m. Jacuzzi - Tennis - Parkpl. **Umgebung** Florenz - Kartause Galluzzo - Impruneta - Siena - Golf dell'Ugolino (18-Lochpl.) in Grassina **Kein Restaurant** im Hotel (siehe unsere Restaurantauswahl in San Casciano u. in Val di Pesa S. 522).

Ursprünglich bestand das *Salvadonica* aus zwei toskanischen Bauernhöfen aus dem 14. Jahrhundert. Heute ist das Hotel dank des unfehlbaren Geschmacks seines Besitzers eine der besten Adressen der Region. Das Rustikale der Originalbauten wurde erhalten, die Renovierung erfolgte mit alten Materialien, und für die Ausstattung wurden bemalte Bauernmöbel gewählt. Darüber hinaus bietet das Hotel modernen Komfort. Das *Salvadonica* verfügt über luxuriöse Ferienwohnungen: hauptsächlich kleine Appartements mit Kochnischen, vorgesehen für 3-4 Personen (wöchentliches Mieten wird empfohlen). Das Frühstück wird an der gemeinsamen Tafel eingenommen, die Zimmerreinigung erfolgt täglich. Auf dem bewirtschafteten Besitz können Sie Wein und Olivenöl kaufen. Zum Abendessen fahren Sie am besten nach San Casciano oder in die nähere Umgebung.

***Anreise** (Karte Nr. 10): 20 km von Florenz über die A 1, Ausf. Florenz-Certosa, dann Autobahn Siena, Ausf. San Casciano; in San Casciano links hinter Mercatale.*

TOSKANA

Castello di Montegufoni

50020 Montagnana (Firenze)
Via Montegufoni, 20
Tel. 0571-67.11.31 - Fax 0571-67.15.14 - Sig. Posarelli
E-mail: mgufoni@sienanet.it

Geschlossen vom 2. November bis 25. März **25 Appartement** m. Dusche, WC (Münztelefon)
Preise App. f. 2 Pers.: 160000 L (900000 L pro Woche); f. 4 Pers.: 250000 L (1200000 L pro Woche); f. 6 Pers.: 300000 L (16000000 L pro Woche) **Kreditkarten** nicht akzeptiert **Verschiedenes** Hunde nicht erlaubt - 2 Schwimmb. - Parkpl. **Umgebung** Florenz - Kartause Galluzzo - Impruneta - Siena - Golf dell'Ugolino (18-Lochpl.) in Grassina **Kein Restaurant** im Hotel, aber Abendessen auf Best. in *La Taverne* (Mo, Mi u. Fr).

Wohnen Sie während Ihres Toskana-Aufenthaltes in Florenz oder, noch besser, mieten Sie 15 Kilometer von Florenz entfernt ein Appartement im Schloß *Montegufoni*. Hier wird dem Toskana-Reisenden all das geboten, was er besonders mag: üppige Gärten, hochgewachsene dunkle Zypressen, Terrakottagefäße mit überbordenen Blumen und verblichener Putz der Fassaden, der den toskanischen Häusern diese einzigartigen Farbtöne verleiht. Die gut ausgestatteten Appartements können bis zu sechs Personen beherbergen. Obwohl man hier vollkommen unabhängig ist, kann man sich auf Wunsch morgens fürs Frühstück das frische Brot kommen lassen, und hin und wieder werden auch Abendessen angeboten. Damit die Gäste sich nicht gegenseitig behindern, gibt es hier zwei Schwimmbäder. Ideal, um Erwachsene und Kinder auf einer kulturellen Reise zu "versöhnen".

Anreise (Karte Nr. 10): 15 km westl. von Florenz über die Superstrada Rtg. Livorno-Pisa, Ausf. Ginestra, Rtg. Montespertoli. In Ginestra auf die Hinweise Rtg. Montespertoli achten, rechts einbiegen. Nach 4 km, in Baccaiano, links. Das Schloß liegt 1 km weiter links.

TOSKANA

Fattoria La Loggia

50020 Montefiridolfi - San Casciano (Firenze)
Via Collina, 40
Tel. 055-82 44 288 - Fax 055-82 44 283 - Sig. Baruffaldi
Web: http://www.fatlaloggia.it - E-mail: fatlaloggia@ftbcc.it

Ganzj. geöffn. **3 Zimmer** u. 11 App. (f. 2-6 Pers.) m. Zi., Küche., Salon, Bad, WC **Preise** Zi.: 150-200000 L - App.: 200-250000 L (1 Üb. f. 2 Pers.) **Verschiedenes** Hunde erlaubt - Schwimmb. - Mountainbikes - Reiten **Umgebung** Kartause Galluzzo - Impruneta - Florenz - Pisa - Siena - Volterra - San Gimignano - Golf dell'Ugolino (18-Lochpl.) in Grassina **Kein Restaurant** Aber Angebot für Weinverkostung (nach Anmeldg.) - von 20.00 bis 23.00 Uhr - Menüs: 45-55000 L - Toskanische Küche mit Erzeugnissen vom Bauernhof.

Wie fängt man es an, bei einer Reise durch die toskanische Landschaft nicht davon zu träumen, einen dieser schönen Höfe am Hang eines kleinen Hügels mit Blick auf die bestellten Felder im Tal zu besitzen? Nun, in *Fattoria La Loggia* können Sie weiterträumen, denn dieser landwirtschaftliche Betrieb hat einige seiner kleinen Dependancen sehr respektvoll restauriert und mit toskanischem Geschmack eingerichtet. Jede kann nun bis zu sechs Personen aufnehmen. Hier lebt man nach seinem eigenen Rhythmus wie im eigenen Landhaus. *La Loggia* beherbergt seit kurzem ein Museum der Modernen Kunst und ein Kulturzentrum, das zahlreiche Künstler empfängt.

Anreise (Karte Nr. 10): 21 km südl. von Florenz über die A1, Ausf. Florenz-Certosa; dann die SS Florenz-Siena, Ausf. Bargino.

Villa Le Barone

50020 Panzano in Chianti (Firenze)
Via S. Leolino, 19
Tel. 055-85 26 21 - Fax 055-85 22 77
Sig.ra Buonamici

Kategorie ★★★ **Geschlossen** von November bis März **27 Zimmer** m. Tel., Bad od. Dusche, WC
Preise HP: 195-225000 L (pro Pers.) - Frühst. inkl., von 8.00 bis 10.00 Uhr **Kreditkarten** akzeptiert
Verschiedenes Hunde nicht erlaubt - Schwimmb. - Tennis **Umgebung** Greve-Tal über die S 222 - Chianti-Classico-Weinberge von Greve in Gaiole - Florenz - Siena - Golf dell'Ugolino (18-Lochpl.) in Grassina **Restaurant** von 13.00 bis 14.00 u. von 19.30 bis 21.00 Uhr - Menü: 65000 L - Toskanische Küche.

V*illa Le Barone* war und ist ein Anwesen berühmter Persönlichkeiten - gestern gehörte sie den Della Robbias, heute ist sie im Besitz der Duchessa Visconti. Von der alten Bausubstanz ist lediglich die Fassade erhalten geblieben, denn das Innere wurde zu einem intimen, gastfreundlichen Haus umgestaltet. Hier hat man wirklich nicht den Eindruck, sich in einem Hotel zu befinden. Weder im Salon mit seiner Lese-Ecke und dem Kamin noch in den schicken und frischen Gästezimmern mit alten Betten und bunt bedruckten Stoffen. Auch nicht im Schwimmbad mit Rasen und schattigen Ecken, um sich vor der Hitze des Florentiner Sommers zu schützen. Zum Tennisplatz muß man sich zumindest wegen der Aussicht auf Olivenbäume und die Weinberge des *Chianti Classico* begeben.

Anreise *(Karte Nr. 10): 33 km südl. von Florenz über S 222 bis Panzano in Chianti, über Greve in Chianti.*

TOSKANA

Fattoria di Petrognano

Petrognano
Pomino 50060 Rufina (Firenze)
Tel. und Fax 055-831 88 12/831 88 67
Sig.ra Galeotti-Ottieri

Geschlossen von November bis April **7 Zimmer** u. 5 App. (2-8 Pers.) m. Tel., Bad od. Dusche, WC **Preise** DZ: 110000 L; App.: 600000-1450000 L (1 Woche) - Frühst. inkl., von 8.30 bis 10.00 Uhr **Kreditkarten** nicht akzeptiert **Verschiedenes** Hunde erlaubt - Schwimmb., Tennis - Parkpl. **Umgebung** Mugello-Tal: Kloster Santa Maria di Rosano, Vicchio, San Piero a Sieve, Scarperia, Kloster von Bosco ai Frati, Kloster Monte Senario in Bivigliano - Golf ad Scarperia und Poppi (9-Lochpl.) **Restaurant** von 13.00 bis 14.00 von 20.00 bis 21.00 Uhr - Menü: 20000 L (ohne Getränke) - Toskanische Küche.

Das schöne Anwesen gehörte einst den Bischöfen von Fiesole, die seit der Renaissance diesen berühmten Weinberg besonders herausstellten. Die Hauptresidenz, ursprünglich das Kloster, hat seine noblen Proportionen, seine alten Böden, seine riesigen Kamin usw. bewahrt. Mehrere Bauernhöfe, die zur *Fattoria* gehörten, wurden restauriert, so auch die *Locanda Patricino*, wo die einfach eingerichteten Gästezimmer mit Familienfotos untergebracht sind, von denen man dennoch ausnahmslos einen einnehmenden Blick auf die Hügellandschaft hat. Von dem Zimmer mit Dachschrägen ist der Panoramablick besonders eindrucksvoll. Die Appartements sind für längere Aufenthalte einer mehrköpfigen Familie zu empfehlen. Die Mahlzeiten werden in einem rustikalen Raum serviert, wo man nett am großen Tisch sitzt, um die Spezialitäten de Hauses (u.a. Gegrilltes von den hier gezüchteten Rindern) mit anderen zu teilen und den exzellenten Pomino zu trinken, der direkt aus den Weinfässern abgefüllt wird. Eine angenehme Art, in einer alten, toskanischen Familie Gastfreundschaft zu erleben.

Anreise (Karte Nr. 10): 30 km von Florenz. N 67 Rtg. Forli bis Pontassieve, Rufina u. Castiglione-Pomino.

TOSKANA

Villa Rucellai - Fattoria di Canneto

59100 Prato (Firenze)
Via di Canneto, 16
Tel. 0574-46 03 92 - Fax 0574-46 03 92 - Famiglia Piqué-Rucellai
E-mail: canneto@scotty.masternet.it

Ganzj. geöffn. **12 Zimmer** m. Bad od. Dusche, WC **Preise** DZ: 130-150000 L - Frühst. inkl., ab 8.00 Uhr **Kreditkarten** nicht akzeptiert **Verschiedenes** Hunde nicht erlaubt - Schwimmb. - Parkpl. **Umgebung** Prato: Dom, Palazzo Pretorio, Castello dell'Imperatore - Medici-Villa in Poggio, Caiano - Florenz **Kein Restaurant** im Hotel (siehe unsere Restaurantauswahl S. 521).

In diese reizende toskanische Renaissance-Villa muß man sich verlieben! Sie kam im 18. Jahrhundert in den Besitz der Familie Rucellai aus Florenz und gehört ihr bis heute. Es ist die charmante Signora Piqué-Rucellai, die Ihnen am Abend ein Glas Wein auf der Terrasse ihres Gartens reichen wird. Die Villa ist zum Teil als Hotel eingerichtet und wird besucht von internationalen Künstlern auf der Durchreise - wegen des Theaters oder des Museums für moderne Kunst in Prato. Die Salons und Gärten suggerieren Feste und Pracht, und das Hotel hat so viel Charme und so viel Schönheit zu bieten, daß man den rudimentären Komfort der Zimmer und Bäder vergißt. Der quasi inexistente Service wird durch die Freundlichkeit der Gastgeber wettgemacht. Es gibt kein Restaurant, aber einen angenehmen gemeinsamen Frühstückstisch. Ein kleiner Vorbehalt: der ziemlich nahe Eisenbahnverkehr kann im Sommer nachts stören.

Anreise (Karte Nr. 10): 10 km östl. von Florenz, 45 km östl. von Lucas über die A 11, Ausf. Prato-Ost oder A1 Ausf. Calenzano/Sesto Fiorentino. Dann Rtg. Prato u. Bahnhof, rechts Via Machiavelli, links Via Lambruschini; nun rechts "Villa S. Leonardo" u. "Trattoria la Fontana"; links der Eisenbahnlinie folgen (4 km).

TOSKANA

Villa Rigacci

50066 Vaggio - Reggello (Firenze)
Via Manzoni, 76
Tel. 055-865 67 18 / 865 65 62 - Fax 055-865 65 37
Famiglia Pierazzi

Kategorie ★★★★ **Ganzj.** geöffn. **25 Zimmer** m. Klimaanl., Tel., Bad od. Dusche, WC, TV, Minibar **Preise** EZ: 150000 L, 240-280000 L; Suite: 320000 L - Frühst. inkl., von 7.30 bis 10.30 Uhr - HP u. VP: 160-200000 L, 190-230000 L **Kreditkarten** akzeptiert **Verschiedenes** Hunde erlaubt - Schwimmb. - Parkpl. **Umgebung** Abtei Vallombrosa - Kirche Montemignaio - Castello Pretorio in Poppi - Florenz - Siena **Restaurant** von 12.00 bis 14.30 u. von 20.00 bis 22.00 Uhr - Menü: 60000 L - Karte - Französische u. toskanische Küche.

Dieses Bauernhaus stammt aus dem 15. Jahrhundert und ist ganz von wildem Wein bedeckt. Heute kümmert sich um dieses Anwesen, ein Haus mit "echter Persönlichkeit", die Familie Pierazzi. Der Gast empfindet hier als sehr angenehm den Kamin, die umfangreiche Bibliothek, die Möbel, die die provenzalische Heimat der Hausfrau zu erkennen geben, kurz, die gesellige Atmosphäre, die man im Urlaub sucht. Die mit hübschen Stoffen aufgelockerten Gästezimmer sind unterschiedlich gestaltet und so, daß man sich gerne in ihnen aufhält. Selbstverständlich ist auch der gewünschte Komfort vorhanden. Im Sommer sind der Garten und das Schwimmbad gute Alternativen zu touristischen Ausflügen. Das Abendessen in der Alten Presse oder im Sommer auf der Terrasse mit italienischen und toskanischen Spezialitäten wird Sie voll und ganz zufriedenstellen.

Anreise (Karte Nr. 10): 30 km südöstl. von Florenz über die A 1, Ausf. Incisa (Nr. 24), Rtg. Mantassino, dann Vaggio.

TOSKANA

La Callaiola

50021 Barberino Val d'Elsa (Firenze)
Strada di Magliano, 3
Tel. und Fax 055-80 76 598
Sig.ra J. Münchenbach

Ganzj. geöffn. (auf Reserv.) **2 Zimmer** (4 Pers.) m. Bad u. WC **Preise** 70000 L (pro Pers.) - Frühst. inkl. **Kreditkarten** nicht akzeptiert **Verschiedenes** Hunde nicht erlaubt - Parkpl. **Umgebung** Siena - Monteriggioni - Colle di Val d'Elsa - Florenz - San Gimignano - Certaldo - Castellina in Chianti - Volterra **Kein Restaurant** im Hotel (siehe unsere Restaurantauswahl. S. 523).

La *Callaiola* ist ein Bauernhof, der von einer sympathischen Französin betrieben wird, die hier biologische Produkte anbaut. Mit ihrem Gatten, der Italiener ist, restaurierte sie dieses solide Haus aus dem 18. Jahrhundert, ließ ihm aber sein Rustikales. Das Haus, dessen Fassaden mit Blumen verschönt sind, ist von einem Rasen umgeben, an den sich Olivenhaine und Sonnenblumenfelder anschließen. *La Callaiola* ist ein richtiges Landgasthaus, was bedeutet, daß man mit den Gastgebern unter einem Dach wohnt und ein wenig deren Intimität teilt. Man kann hier aber auch recht unabhängig sein, die Küche und den Kühlschrank benutzen, das Essen teilen oder nicht. Das Haus selbst ist sehr angenehm und duftet nach all den Blumensträußen, die Jocelyne zusammenstellt. Die Gästezimmer, in die man über den Salon der Familie gelangt, sind schlicht, aber charmant mit einer Art "Inszenierung", was alles noch hübscher macht. Die Atmosphäre ist informell und das "Zusammenleben" keineswegs lästig.

Anreise (Karte Nr. 13): 33 km südl. von Florenz über die A 1, Ausf. Firenze-Certosa; Rtg. Siena, Ausf. Tavarnelle.

TOSKANA

Il Paretaio

San Filippo 50021 Barberino Val d'Elsa (Firenze)
Via Ponzano, 26
Tel. 055-80 59 218 - Fax 055-80 59 231 - Handy: 0338-737 96 26
Sig.ra de Marchi
E-mail: ilparetaio@dada.it

Ganzj. geöffn. **8 Zimmer** m. Bad od. Dusche, WC **Preise** DZ: 120-160000 L; App. (2-4 Pers.): 700-1400000 L (pro Woche) - Frühst. inkl. - HP: 80-120000 L (pro Pers.) **Kreditkarten** nicht akzeptiert **Verschiedenes** Hunde erlaubt - Reiten (30000 L) - Schwimmb. - Parkpl. **Umgebung** Siena - Monteriggioni - Abbadia Isola - Colle di Val d'Elsa - Florenz - San Gimignano - Certaldo - Castellina in Chianti - Volterra **Restaurant** ab 20.00 Uhr - Menü - Toskanische Küche.

Glücklich sind jene Reiter, die das *Paretaio* entdecken können, diesen großen Besitz mitten in der Toskana, von 200 Hektar Wald, Weinbergen und Olivenhainen umgeben. Die Besitzer und Pferdenarren sind selbst exzellente Reiter und bieten verschiedene Pauschalen vom Wochenende bis zu einer Woche an: Perfektionierung für Kinder und Erwachsene in der Reithalle, Dressurkurse, Ausritte und Tagesausflüge. Haus und Einrichtung sind rustikal, die Zimmer groß und hübsch. Die Atmosphäre ist ausgesprochen freundlich und locker, besonders abends, wenn alle sich an der großen gemeinsamen Tafel zum Einnehmen der ausgezeichneten Gerichte versammeln, bei denen der hervorragende Chianti dann "fließt". Dies ist eine Adresse ausschließlich für Reiter, denn man muß schon pferdebegeistert sein, um in der Einfachheit des *Paretaio* auch dessen ganze "Philosophie" und Qualität zu erkennen.

Anreise (Karte Nr. 13): 33 km südl. von Florenz über die A 1, Ausf. Florenz-Certosa; Rtg. Siena, Ausf. Tavarnelle; Barberino Val d'Elsa hinter sich lassen, nach 2 km die Straße rechts Rtg. San Filippo.

TOSKANA

Fattoria Casa Sola

Cortine 50021 Barberino Val d'Elsa (Firenze)
Tel. 055-807 50 28 - Fax 055-805 91 94
Sig.Gambaro

Ganzj. geöffn. **6 Appartements** m. 2-4 Zi. (f. 2-8 Pers.) m. Küche, Salon, Bad, WC **Preise** App.: 65000-80000 L (pro Pers., 1 Üb.) **Kreditkarten** Visa, Eurocard, MasterCard **Verschiedenes** Hunde nicht erlaubt - Schwimmb. - Parkpl. **Umgebung** Siena - Monteriggioni - Colle di Val d'Elsa - Florenz - San Gimignano - Certaldo - Castellina in Chiant - Volterra **Kein Restaurant** im Hotel (siehe unsere Restaurantauswahl in Colle Val d'Elsa S. 523).

Das auf einem Hügel errichtete Haus ist imposant und hat schöne Proportionen. Der Garten ist verwildert, das Schwimmbad im Olivenhain sehr angenehm, und die Bank unter den Olivenbäumen lädt zum Träumen ein. In diesem Teil des Anwesens wurde nur ein einziges Appartement eingerichtet. Die anderen (auch Maisonnette-Appartements) liegen 500 Meter von der großen Villa entfernt am Zypressenwald, in den alten, von Rosensträuchern bewachsenen Häusern, wo einst die Bauern des Gutes wohnten. Die gut durchdachte Einrichtung ist sowohl einfach als auch luxuriös: komfortable Bäder, funktionelle Küchen, in denen man Lust bekommt, die regionalen Produkte (Chianti Classico, Olivenöl und Vino santo: Besichtigung und Verkostung einmal wöchentlich) zuzubereiten, altes Mobiliar, bequeme Sofas, raffinierte Dekoration. Nahe der Superstrada eine hervorragende Adresse zwischen Siena und Florenz, um das toskanische Land voll zu genießen.

Anreise (Karte Nr. 13): 30 km südl. von Florenz über die A 1, Ausf. Firenze-Certosa; Rtg. Siena, Ausf. San Donato in Poggio, dann Rtg. Cortine.

TOSKANA

Villa Villoresi

50019 Sesto Fiorentino (Firenze)
Via Ciampi, 2 - Colonnata
Tel. 055-44 32 12 - Fax 055-44 20 63 - Sig.ra Villoresi de Loche
Web: http://www.ila-chateau.com/villores/ - E-mail: cvillor@tin.it

Kategorie ★★★★ **Ganzj.** geöffn. **28 Zimmer** m. Tel., Bad, WC, 10 m. TV; Eingang f. Behinderte **Preise** EZ u. DZ: 170-240000 L, 260-360000 L; Suiten: 460000 L - Frühst.: 20000 L, von 7.00 bis 10.30 Uhr - HP: 225-295000 L (pro Pers., mind. 3 Üb.) **Kreditkarten** akzeptiert **Verschiedenes** Hunde erlaubt - Schwimmb. - Parkpl. **Umgebung** Sesto: Dom, S. Maria dei Carceri in Sesto - Castello dell'Imperatore in Prato - Florenz - Golf dell'Ugolino (18-Lochpl.) in Grassina **Restaurant** von 12.00 bis 14.30 u. von 20.00 bis 22.00 Uhr - Mo geschl. (außer für Hotelgäste) - Menüs: 50-55000 L - Karte - Spezialitäten: Penne al coccio - Fagiano alla foglia di vite.

Der moderne Städtebau hat die Florenz umgebende Landschaft erreicht. Deshalb ist nun diese Sommerresidenz im Renaissancestil von weniger interessanten Bauten umgeben. Das Haus selbst, mit seinen Freskodecken, seinen naiven bzw. allegorischen Rundgemälden, seinen Porträts der Vorfahren ist aber nach wie vor anziehend. Von der längsten Loggia der ganzen Toskana aus blickt man auf den Garten und das Schwimmbad, einige Gästezimmer sind so groß wie in Schlössern, und die Ankunft über die *galleria* wird Sie beeindrucken. Signora Villoresi tut alles, damit Ihr Aufenthalt auch in kultureller Hinsicht interessant ist. Korrekter Komfort. Ein Haus, an dem alles echt ist.

__Anreise__ (Karte Nr. 10): 10 km nordwestl. von Florenz, Rtg. Prato-Calenzano. Wenn Sie ein Faxgerät besitzen, sollten Sie sich den Plan faxen lassen.

TOSKANA

Tenuta Bossi

50065 Pontassieve (Firenze)
Via dello Stracchino, 32
Tel. 055-831 78 30 - Fax 055-836 40 08
Sig.ra Gondi

Ganzj. geöffn. **4 Appartements** m. 3-5 Zi. (f. 5-11 Pers.) m. Küche, Salon, Bad, WC **Preise** App.: 800-2000000 L (1 Woche) **Kreditkarten** nicht akzeptiert **Verschiedenes** Hunde erlaubt - Parkpl. **Umgebung** Florenz - Mugello-Tal - Siena - Golf dell'Ugolino (18-Lochpl.) in Grassina **Kein Restaurant** im Hotel (siehe unsere Restaurantauswahl in Florenz S. 519-521).

Seit 1592 betreibt die Familie Gondi dieses große, vor den Toren von Florenz gelegene Weingut des Chianti Rufina, das zudem einen sehr guten Weißwein produziert. Das Schloß, die Kapelle und mehrere Gehöfte teilen sich die 320 Hektar Wald, Olivenhaine und Weinberge. Die Bauernhäuser sind es, die renoviert und in denen Appartements eingerichtet wurden. Das Mobiliar ist ländlich-komfortabel, jedes Appartement hat einen freundlichen Salon mit Kamin und einer kleinen eigenen Terrasse. Die Vegetation der Umgebung ist üppig, und die Gärten, obwohl nicht überfeinert, besitzen immerhin Rosensträucher, vor allem aber Charme. Der Empfang der Tochter des Herrn Grafen ist reizend, und sein Sohn, der sich um die Weinberge kümmert, wird Ihnen bei der Wahl des Tischweines gute Ratschläge erteilen. *Tenuta* produziert außerdem ein gutes Olivenöl und einen *vino santo*, den Sie mit dem knusprigen Gebäck, der Spezialität dieser Gegend, kosten sollten.

Anreise *(Karte Nr. 10): 18 km östl. von Florenz.*

TOSKANA

Villa Campestri

50039 Vicchio di Mugello (Firenze)
Via di Campestri, 19
Tel. 055-84 90 107 - Fax 055-84 90 108 - Sig. Pasquali
Web: http://www.villacampestri.it

Kategorie ★★★ **Geschlossen** 15. November bis 1. März **15 Zimmer** u. 6 Suiten m. Tel., Bad od. Dusche, WC, Satelliten-TV, Minibar **Preise** DZ: 220-270000 L; Suiten: 320-380000 L - Frühst. inkl., von 8.00 bis 10.00 Uhr - HP: + 60000 L (pro Pers., mind. 3 Üb.) **Kreditkarten** Amex, Visa, Eurocard, Master-Card **Verschiedenes** Hunde auf Anfrage (außer im Restaurant u. Schwimmb.) erlaubt - Schwimmb. - Parkpl. **Umgebung** Florenz - Mugello-Tal: Vespignano, Borgo S. Lorenzo, S. Piero a Sieve, Scarperia, Convento Bosco ai Frati, Novoli, Castello del Trebbio, Pratolino, Convento de Monte Senario in Bivigliano, Sesto Fiorentino - Golfpl. Poggio di Medici **Restaurant** von 19.30 bis 21.00 Uhr - Menü: 70000 L.

Der Familie Medici gehörte lange Zeit auch *Villa Campestri*. Heute ist sie im Besitz von Sandra Cesari und Poalo Pasquali, die auch die zum Anwesen gehörenden 160 Hektar Land bewirtschaften. Dieses schöne, mit viel Respekt vor der Vergangenheit renovierte Haus überragt das Tal von Mugello. Die Besitzer richteten in der Villa Gästezimmer ein und in der für Familien vorgesehen Dependance einige Suiten. Altes Florentiner Mobiliar, gepflegte Ausstattung, perfekte Bäder. Ferner gibt man sich Mühe, Ihnen auch alle anderen positiven Dinge der Toskana nahezubringen: zum Beispiel die Küche, in der die natürlichen Produkte der *fattoria* verarbeitet werden. Die Wiesen, die Zypressen, die unendlich weite Landschaft und das Florentiner Licht sind ebenfalls Teil der angenehmen Stunden, die Sie in der *Villa Campestri* verbringen werden.

Anreise (Karte Nr. 10): 35 km nordöstl. von Florenz. Auf der A 1 Rtg. Bologna, Ausf. Barberino di Mugello, Rtg. Borgo San Lorenzo u. Vicchio. 3 km von Vicchio entfernt.

Osteria del Vicario

50052 Certaldo Alto (Firenze)
Via Rivellino, 3
Tel. 0571-66 82 28 - Fax 0571-66 86 76
Sig. Claudio Borchi

Geschlossen im Januar **15 Zimmer** m. Dusche, WC, Satelliten-TV **Preise** EZ: 80000 L, DZ: 100000 L - Frühst.: 8-18000 L, von 8.00 bis 10.00 Uhr - HP: 95000 L (pro Pers., mind. 3 Üb.) **Kreditkarten** akzeptiert **Verschiedenes** Hunde nicht erlaubt **Umgebung** Certaldo, Haus von Boccaccio, Kirche Santi Michele e Iacopo, Palazzo Pretorio u. Kapelle - Collegiata d'Empoli - Vinci und Anchiano - Castelfiorentino: Kirche S. Verdiana u. Kapelle La Visitation - San Gimignano - Montelupo Fiorentino, Kirche San Gimignano - Abtei Badia di San Salvatore in Settimo **Restaurant** von 12.30 bis 14:30 u. von 19.30 bis 22.00 Uhr - Mi geschl. - Menüs: 40-60000 L.

Seien Sie nicht enttäuscht, wenn Sie in Certaldo eintreffen, denn sein historisches Zentrum befindet sich in der Oberstadt. Hier, in den Straßen dieses reizvollen kleinen Dorfes, lebte Boccaccio (auch wenn es in der Broschüre anders steht, wurde der Autor des *Dekameron* in Paris geboren). Die *Osteria del Vicario* liegt in einem ehemaligen Kloster, das an den Palazzo Pretorio grenzt. Es ist ein reizendes Landgasthaus, das sich in erster Linie um sein Restaurant kümmert. Das Ganze hat wirklich viel Charme, ganz gleich, ob man sich im Kreuzgang aufhält, in der Laube oder auf der Terrasse, von wo man die Korn- und Sonnenblumenfelder des Val d'Elsa überblickt. Die regionale Küche ist gepflegt, und der Chef bietet eine gute Auswahl toskanischer Weine an. Die Gästezimmer, nicht sehr groß, aber hübsch, sind auf drei Gebäude aufgeteilt. Eher als für einen Aufenthalt eignet sich die *Osteria* für einen Stopp, um zum Beispiel die kleinen Kirchen des Val d'Elsa und des Val d'Adorno zu besichtigen, die oft unbekannte Schätze bergen.

Anreise (Karte Nr. 13): 40 km südl. von Florenz über die N 429.

TOSKANA

Park Hotel

53100 Siena
Via di Marciano, 18
Tel. 0577-44 803 - Fax 0577-490 20
Sig. Cadirni

Kategorie ★★★★ **Ganzj.** geöffn. **65 Zimmer** u. 4 Suiten m. Klimaanl., Tel., Bad, WC, Satelliten-TV, Safe, Minibar; Aufzug **Preise** EZ u. DZ: 270-320000 L, 350-450000 L; Suiten: 700-800-900000 L; zusätzl. Pers.: 130000 L - Frühst. (Buffet): 34000 L, von 7.30 bis 10.30 Uhr **Kreditkarten** akzeptiert **Verschiedenes** Hunde erlaubt - Schwimmb. - Tennis - Golfpractice (6 L.) - Parkpl. **Umgebung** Siena: Palio (2. Juli u. 16. August) - Abtei Sant'Antimo - Abtei Monte Oliveto Maggiore und Rückkehr über die Kammstraße Asciano-Siena - Convento dell'Osservanza - Rosia: Abtei Torri - Abtei San Galgano **Restaurant** von 12.30 bis 14.45 u. von 19.30 bis 22.00 Uhr - Karte: 90000 L - Toskanische Jahreszeitenküche.

Das frühere Schloß von Marciano wurde am Gipfel eines Passes oberhalb von Siena erbaut und erfreut sich eines wirklich außergewöhnlichen Ausblicks auf das toskanische Umland und das historische Zentrum von Siena. Eine massive und imposante Konstruktion, die wir Peruzzi zu verdanken haben. Eine Reihe stilsicher und herrlich gestalteter Salons geht auf den schönen Innenhof, der eine Nachbildung der berühmten Piazza del Campo ist. Das Restaurant, in einer der Galerien des Schlosses eingerichtet, liegt wie auch die "Veranda" zum italienischen Garten hin. Die Zimmer sind komfortabel; wir bevorzugen die der ersten Etage. Ein sehr schönes Hotel mit Preisen, die auf eine Klientel gut verdienender Geschäftsleute und Kongreßteilnehmer ausgerichtet sind.

Anreise (Karte Nr. 13): 68 km südl. von Florenz, Ausf. Siena-Nord, Via Fiorentina bis Perticcio, dann rechts Via di Marciano, 5 km nordwestl. des Zentrums.

TOSKANA

Hotel Certosa di Maggiano

53100 Siena
Strada di Certosa, 82
Tel. 0577-28 81 80 - Fax 0577-28 81 89
Sig.ra Grossi

Kategorie ★★★★ **Ganzj.** geöffn. **6 Zimmer** u. 12 Suiten m. Klimaanl., Tel., Bad, WC, TV, Minibar, Safe **Preise** EZ u. DZ: 500-700000 L, 700-900000 L; Suiten: 1000-1400000 L - Frühst. inkl., von 7.15 bis 11.00 Uhr - HP u. VP: + 140000 L + 230000 L (pro Pers.) **Kreditkarten** akzeptiert **Verschiedenes** Kleine Hunde erlaubt (70000 L) - Beheizt. Schwimmb. - Tennis - Parkpl. **Umgebung** Siena: Palio (2. Juli u. 16. August) - Abtei Sant'Antimo - Abtei Monte Oliveto Maggiore und Rückkehr über die Kammstraße: Asciano-Siena - Convento dell'Osservanza - Rosia: Abtei Torri - Abtei San Galgano **Restaurant** von 13.00 bis 14.30 u. von 20.00 bis 22.00 Uhr - Menüs: 90-140000 L - Karte.

Was wäre schöner als ein Kartäuserkloster mit seinem Gewölbe, seinen Spitzbögen, seinen Säulen mit Kapitellen und der friedlichen Stimmung, die seinen Kreuzgang noch immer kennzeichnet. Das *Certosa di Maggiano* oberhalb Sienas stammt aus dem Jahr 1316 und mußte gründlich und lange renoviert werden, bevor es aus seinen Ruinen auferstand. Heute ist es ein Hotel und bietet in einem grandiosen Rahmen Gästezimmer an, die einen allerdings weniger begeistern als die Umgebung. Die Gemeinschaftsräume sind jedoch durchweg schön. Die Fußböden sind aus *pietra serena*, ferner gibt es Rohrstühle und farblich abgestimmte Tischdecken. Die Atmosphäre ist ländlich. Der Salon, mit einer eindrucksvollen Kaiserporträt-Galerie, ist imposant. Für die Sommermonate wurde ein Schwimmbad gebaut. Der Ausblick geht auf den sechs Hektar großen Weinberg und die Hügel von Siena.

Anreise (Karte Nr. 13): 68 km südl. von Florenz, Ausf. Siena-Sud, Zentrum, Porta Romana, dann rechts Via Certosa.

T O S K A N A

Grand Hotel Villa Patrizia

53100 Siena
Via Fiorentina, 58
Tel. 0577-50 431 - Fax 0577-50 442
Sig. Brogi

Kategorie ★★★★ **Ganzj.** geöffn. **33 Zimmer** m. Klimaanl., Tel., Bad, WC, TV, Minibar; Aufzug **Preise** EZ u. DZ: 290000 L, 370000 L - Frühst. inkl., von 7.00 bis 10.00 Uhr - HP u. VP: + 50000 L + 75000 L **Kreditkarten** akzeptiert **Verschiedenes** Hunde erlaubt - Schwimmb. - Tennis - Parkpl. **Umgebung** Siena: Palio (2. Juli u. 16. August) - Abtei Sant'Antimo - Abtei Monte Oliveto Maggiore und Rückkehr über die Kammstraße: Asciano-Siena - Convento dell'Osservanza - Rosia: Abtei Torri - Abtei San Galgano **Restaurant** von 12.30 bis 14.00 u. von 19.30 bis 21.30 Uhr - Menü: 50000 L - Karte - Spezialitäten: Ribollita - Pici alla senese.

Villa Patrizia liegt außerhalb der Mauern Sienas. Von ihrer Originalarchitektur wurde das meiste bewahrt, aber für die Innenräume entschied man sich für eine schlichte, moderne Einrichtung, die dennoch üppig und elegant ist. Unter den mit Balken versehenen Decken sind die Wände hell, die großen Ledersessel der Salons groß, die Decken weiß und die Fauteuils des Restaurants aus Rohr. Ungewöhnliche Treppen führen zu den Gästezimmern, die von der gleichen schlichten Eleganz sind. Einige Bäder sind zwar nicht sehr groß, dafür aber perfekt ausgestattet. Auch der Garten mit Baumgruppen, Blumen, Schwimmbad und Tennisplatz ist sehr gepflegt. Höflicher, aufmerksamer Service und alles, was man von einem guten Hotel erwarten darf.

Anreise *(Karte Nr. 13): 68 km von Florenz, Ausf. Siena-Nord, dann Via Fiorentina bis zur Kreuzung Viale Cavon und Via Achille Sclavo; 5 km nordwestl. vom Zentrum.*

T O S K A N A

Hotel Villa Scacciapensieri

53100 Siena
Via di Scacciapensieri, 10
Tel. 0577-41 441 - Fax 0577-27 08 54 - Famiglia Nardi
E-mail: villasca@tin.it

Kategorie ★★★★ **Geschlossen** vom 4. Januar bis 14. März **32 Zimmer** m. Klimaanl., Tel., Bad, WC, TV, Minibar; Aufzug **Preise** EZ u. DZ: 185-215000 L, 280-370000 L; Suiten: 400-460000 L - Frühst. inkl., von 7.30 bis 10.00 Uhr - HP u. VP: 250000 L, 280000 L (pro Pers., mind. 3 Üb.) **Kreditkarten** akzeptiert **Verschiedenes** Hunde erlaubt - Schwimmb. - Tennis - Hotelbus für Hin- u. Rückfahrt Siena - Parkpl. **Umgebung** Siena: Palio (2. Juli u. 16. August) - Abtei Sant'Antimo - Abtei Monte Oliveto Maggiore und Rückkehr über die Kammstraße: Asciano-Siena - Convento dell'Osservanza - Rosia: Abtei Torri - Abtei San Galgano **Restaurant** von 12.30 bis 14.00 u. von 19.30 bis 21.00 Uhr - Mi geschl. - Menüs: 50-70000 L - Karte - Toskanische Küche - Pici alla senese.

Dieser alte Gasthof, der seit langem von ein und derselben Familie mit der gleichen Liebe zum Metier geführt wird, liegt nur einige Kilometer von Siena entfernt. Ein italienischer Garten mit Blumenbeeten, die von Buchsbaum umgeben sind, schmückt die lange, ockerfarbene Fassade der Villa. Charme früherer Zeiten und komfortable Zimmer, liebenswürdiger Empfang und Tradition kennzeichnen dieses gute, alte Haus. *Altri tempi*, andere Zeiten, heißt das Restaurant des Hotels und faßt so die ganze Atmosphäre der *Villa Scacciapensieri* zusammen.

Anreise *(Karte Nr. 13): Autobahn Florenz/Siena, Ausf. Siena-Nord; stazione ferrovaria (Bahnhof) 3 km nördl. vom Zentrum.*

TOSKANA

Hotel Antica Torre

53100 Siena
Via di Fiera Vecchia, 7
Tel. und Fax 0577-22 22 55
Sig.ra Landolfo

Kategorie ★★★ **Ganzj.** geöffn. **8 Zimmer** m. Tel., Dusche, WC, 2 m. TV **Preise** EZ u. DZ: 130000 L, 170000 L - Frühst.: 12000 L, von 8.00 bis 10.30 Uhr **Kreditkarten** akzeptiert **Verschiedenes** Hunde nicht erlaubt **Umgebung** Siena: Palio (2. Juli u. 16. August) - Abtei Sant'Antimo - Abtei Monte Oliveto Maggiore und Rückkehr über die Kammstraße: Asciano-Siena - Convento dell'Osservanza - Rosia: Abtei Torri - Abtei San Galgano **Kein Restaurant** im Hotel (siehe unsere Restaurantauswahl S. 521).

Einige der besten Hotels der Toskana befinden sich außerhalb der Stadtmauer Sienas - selbstverständlich mit entsprechend hohen Preisen. Deshalb waren wir im historischen Zentrum auf der Suche nach einem Hotel mit Charme zu annehmbaren Preisen. Das *Antica Torre* ist dermaßen klein und dermaßen diskret, daß es wirklich nicht leicht war, es ausfindig zu machen. Es ist eine echte "casa torre" aus dem 16. Jahrhundert und liegt in einer der ruhigsten Straße Sienas. Uns hat es begeistert! Eine kleine zentrale Treppe (an der schöne Porträts des 19. Jh. hängen) führt zu jeweils zwei Zimmern pro Etage. Die Ausstattung ist sehr ansprechend: Sinter-Bodenbelag, schmiedeeiserne Betten, einige Radierungen, alte Möbel sowie kleine Duschräume, in denen es wirklich an nichts fehlt. Im Untergeschoß wird in einem ehemaligen kleinen Laden das Frühstück eingenommen. Ein wahres Puppenhaus.

Anreise *(Karte Nr. 13): SS Florenz-Siena, Abfahrt Siena-Sud, dann Rtg. Stadtzentrum (Porta Romana).*

TOSKANA

Hotel Santa Caterina

53100 Siena
Via Enea Silvio Piccolomini, 7
Tel. 0577-22 11 05 - Fax 0577-27 10 87 - Sig.ra Minuti Stasi
Web: http://www.sienanet.it/hsc/ - E-mail: hsc@sienanet.it

Kategorie ★★★ **Ganzj.** geöffn. **19 Zimmer** m. Klimaanl., Tel., Bad, WC, Fön, Minibar, Satelliten-TV **Preise** EZ u. DZ: 120-160000 L, 160-220000 L, 3 BZ: 220-270000 L, f. 4 Pers.: 250-300000 L (außerh. der Saison vom 3. Nov. bis 22. Dez.) - Frühst. (Buffet) inkl., von 8.00 bis 10.00 Uhr **Kreditkarten** akzeptiert **Verschiedenes** Hunde erlaubt - Parkpl. (6 Plätze - 15000 L) **Umgebung** Siena: Palio (2. Juli u. 16. August) - Abtei Sant'Antimo - Abtei Monte Oliveto Maggiore und Rückkehr über die Kammstraße: Asciano-Siena - Convento dell'Osservanza - Rosia: Abtei Torri - Abtei San Galgano **Kein Restaurant** im Hotel (siehe unsere Restaurantauswahl S. 521).

Das *Santa Caterina* liegt in einem alten Haus im Zentrum Sienas, nur einige Kilometer von der Porta Romana entfernt. Weder die Fassade noch die Lage an einer Straßenkreuzung sind besonders einladend. Aber Doppelverglasung und Klimaanlage halten den Straßenlärm ab. Wenn Sie die Wahl haben, sollten Sie ein Zimmer zum Garten hin nehmen. Die Zimmer sind behaglich eingerichtet und mit modernen Bädern ausgestattet. Der Charme dieses Hauses liegt jedoch hauptsächlich in seinem wundervollen blühenden Garten, von dem aus der Blick aufs Tal und auf die rosa Dächer von Siena besonders schön ist.

Anreise (Karte Nr. 13): SS Florenz-Siena, Abfahrt Siena-Sud, dann Rtg. Zentrum bis zur Porta Romana über die Via E.S. Piccolomini.

TOSKANA

Palazzo Squarcialupi

53011 Castellina in Chianti (Siena)
Via Ferruccio, 26
Tel. 0577-74 11 86 - Fax 0577-74 03 86 - Sig.ra targioni
Web: http://chiantinews.it/market/hotsqua.htm - E-mail: h.squarcialupi@agora.stm.it

Kategorie ★★★ **Ganzj.** geöffn. **15 Zimmer** u. 2 Suiten m. Klimaanl., Bad od. Dusche, WC, Satelliten TV u. Minibar; Aufzug **Preise** DZ: 170-220000 L, Suiten: 280000 L - Frühst. inkl. (Buffet), von 7.30 bis 10.30 Uhr **Kreditkarten** Visa, Eurocard, MasterCard **Verschiedenes** Kleine Hunde erlaubt - Schwimmb. - Parkpl. **Umgebung** Florenz - Weinberge des Chianti Classico (S 222) von Impruneta bis Siena - Castello di Meleto - Castello di Brolio (Cappella S. Jacopo u. Palazzo padronale) - Siena -San Gimignano - Volterra **Kein Restaurant** im Hotel (siehe unsere Restaurantauswahl S. 521).

In der Hauptstraße des mittelalterlichen Dorfes Castellina liegt das imposante Renaissance-Palais *Squarcialupi;* die Restaurierung seiner noblen Etagen und die Einrichtung des reizenden Hotels wurde erst vor kurzem abgeschlossen. In einem Teil des Erdgeschosses befindet sich die *cantina enoteca,* denn La Castellina widmet sich nach wie vor der Weinzubereitung des Chianti, den man in der freundlichen Bar kosten kann. Die Gestaltung der Zimmer und Appartements ist schlicht und elegant. Balken, Holzverkleidung, Panoramabilder und altes Mobiliar passen gut zu den modernen Bildern und hübschen Blumensträußen. Alle Zimmer, die ja noch ganz neu sind, bieten guten Komfort. Von der Terrasse des Hotels und einigen Zimmern aus kann man die Schönheit des Horizonts, die Farben und das Licht dieser vielgepriesenen toskanischen Landschaft bewundern. Ein reizvolles, erdverbundenes Haus.

Anreise (Karte Nr. 13): 21 km nördl. von Siena über die S 222.

Hotel Salivolpi

53011 Castellina in Chianti (Siena)
Via Fiorentina, 13
Tel. 0577-74 04 84 - Fax 0577-74 09 98

Kategorie ★★★ **Ganzj.** geöffn. **19 Zimmer** m. Tel., Bad od. Dusche, WC, 5 m. Satelliten-TV **Preise** DZ: 160000 L - Frühst. inkl. (Buffet), von 8.00 bis 10.00 Uhr **Kreditkarte** Amex, Visa, Eurocard, MasterCard **Verschiedenes** Hunde nicht erlaubt - Schwimmb. - Parkpl. **Umgebung** Florenz - Weinberge des Chianti Classico (S 222) von Impruneta bis Siena - Castello di Meleto - Castello di Brolio (Cappella S. Jacopo u. Palazzo padronale) - Siena - San Gimignano - Volterra **Kein Restaurant** im Hotel (siehe unsere Restaurantauswahl S. 521).

Das *Salivolpi* setzt sich aus einem alten und zwei neueren Gebäuden zusammen, die seit einigen Jahren als Hotel dienen. An einer kleinen Straße gelegen, die Castellina mit San Donato verbindet, ist das Hotel dennoch sehr ruhig. Und vom Garten oder von der Terrasse aus hat man einen Panoramablick über jene Landschaft, die den berühmten Gallo-Nero-Wein hervorbringt. Die Zimmer, besonders die im älteren Teil, sind charmant mit ihren hübschen alten Möbeln aus der Gegend. Die im Anbau eingerichteten Zimmer haben den gleichen Stil und das gleiche Ambiente. Viel Komfort, angenehmer Empfang und ein wie von der Vorsehung bestimmter Swimmingpool - und all das zu günstigen Preisen. Eine interessante Adresse für alle, die das Chianti kennenlernen möchten.

Anreise (Karte Nr. 13): 21 km nördl. von Siena über die SS 222, die nordwestl. Abfahrt zur Stadt nehmen.

TOSKANA

Tenuta di Ricavo

Ricavo 53011 Castellina in Chianti (Siena)
Tel. 0577-74 02 21 - Fax 0577-74 10 14
Famiglia Lobrano
Web: http://www.romantikhotels.com/rhcaste/ - E-mail: ricavo@chiantinet.it

Kategorie ★★★★ **Geschlossen** 15. November bis 31. März **23 Zimmer** m. Tel., Bad, WC, Minibar, Safe u. Satelliten-TV **Preise** DZ: 320-420000 L; Suiten: 460-500000 L - Frühst. inkl. (Buffet), von 7.30 bis 10.00 Uhr **Kreditkarten** Visa, Eurocard, MasterCard **Verschiedenes** Hunde nicht erlaubt - Schwimmb. - Tischtennis - Fitneßcenter - Parkpl. (12000 L) **Umgebung** Florenz - Weinberge des Chianti Classico (S 222) von Impruneta bis Siena - Castello di Meleto - Castello di Brolio (Cappella S. Jacopo u. Palazzo padronale) - Siena - San Gimignano - Volterra **Restaurant** *La Pecora Nera,* auf Reserv.: von 19.00 bis 22.00 Uhr (Fr, Sa u. So, von 13.00 bis 14.30 Uhr) - Karte: 65-100000 L - Toskanische Küche - Sehr guter Weinkeller (toskanische Weine).

Eine der schönsten Restaurierungen des Chianti stellt das *Tenuta di Ricavo* dar. In diesem Anwesen wurde ein Dorf wiederaufgebaut, in dem das Bauernhaus und die einstigen Stallungen die Salons, das Restaurant und die behaglichen Gästezimmer beherbergen. Mit Geranien bepflanzte Blumentöpfe stehen am Eingang der Bungalows. Hier ist man wirklich darauf bedacht, alles so zu gestalten, daß Sie sich in Ihrem Ferienquartier tatsächlich wohl fühlen. Die Küche ist ausgezeichnet (wir raten Ihnen zumindest zur Halbpension), das Wasser im Schwimmbad je nach Saison kühl oder warm und die Kiefern, die nach Harz duften und in denen die Zikaden zirpen, lassen erraten, warum seit langem soviel Inspiration von dieser Gegend ausgeht. Dies ist die wahre Toskana.

Anreise *(Karte Nr. 13): 25 km nördl. von Siena. Auf der Schnellstraße Ausf. San Donato in Poggio, dann Rtg. Castellina in Chianti, nach 8 km die kleine Straße links, Tenuta di Rivaco 1 km weiter.*

T O S K A N A

Hotel Villa Casalecchi

53011 Castellina in Chianti (Siena)
Tel. 0577-74 02 40 - Fax 0577-74 11 11
Sig.ra Lecchini-Giovannoni

Kategorie ★★★★ **Geschlossen** von November bis Ende März **19 Zimmer** m. Klimaanl., Tel., Bad, WC **Preise** DZ: 300-380000 L - Frühst. inkl., von 8.00 bis 10.30 Uhr - HP: 230-270000 L (pro Pers.) **Kreditkarten** akzeptiert **Verschiedenes** Hunde erlaubt - Schwimmb. - Tennis - Parkpl. **Umgebung** Florenz - Weinberge des Chianti Classico (S 222) von Impruneta bis Siena - Castello di Meleto - Castello di Brolio (Cappella S. Jacopo u. Palazzo padronale) - Siena - San Gimignano - Volterra **Restaurant** von 12.30 bis 14.30 u. von 19.30 bis 21.30 Uhr - Menüs: 65-85000 L - Karte - Toskanische Küche.

Hier befinden Sie sich im Herzen des Chianti Classico, der edlen toskanischen Weingegend. *Villa Casalecchi* zählt zu jenen Häusern mit ländlichem Ambiente, die dem Reisenden die Türen öffnen und die berühmte Gastfreundschaft der Toskana anbieten. Die verhältnismäßig wenigen Zimmer erklären die hier herrschende ruhige, heitere Atmosphäre: Wohlbefinden, gute Küche, ein großer Garten voller Düfte für milde Abende. Ein gutes Haus, das seit bereits langer Zeit seine Vorzüge unter Beweis gestellt hat.

Anreise (Karte Nr. 13): 21 km nördl. von Siena über die S 222, Ausf. im Nordosten der Stadt.

TOSKANA

Locanda Le Piazze

53011 Castellina in Chianti (Siena)
Tel. 0577-74 31 90 - Fax 0577-74 31 91
Maureen Bonini
E-mail: lepiazze@chiantinet.it

1999

Geschlossen von Mitte November bis Ende März **20 Zimmer** m. Tel., Bad od. Dusche, WC, TV **Preise** DZ: 260-380000 L; zusätzl. Pers.: 70000 L - Frühst. inkl. (Buffet), von 8.00 bis 10.00 Uhr - HP: 230-270000 L (pro Pers.) **Kreditkarten** akzeptiert **Verschiedenes** Hunde erlaubt - Schwimmb. - Parkpl. **Umgebung** Florenz - Weinberge des Chianti Classico (S 222) von Impruneta bis Siena - Castello di Meleto - Castello di Brolio (Cappeila S. Jacopo u. Palazzo padronale) - Siena - San Gimignano - Volterra **Restaurant** nur f. Hausgäste - Menüs: 60000 L.

Die Lage der *Locanda Le Piazze* ist unglaublich schön. Hier ist die Toskana und Chianti-Gegend genau so, wie man sie sich vorstellt. Man muß Castellina verlassen, auf einen Feldweg einbiegen und fünf Kilometer über die Hügel fahren. Von weitem zeichnet sich das Haus aus Stein am Horizont ab. Seine äußere Strenge läßt die Innenräume, die zum Garten hin abgestuft sind, noch anheimelnder erscheinen. Das Erdgeschoß verlängert eine Veranda, in der das Frühstück und das Tagesmenü serviert werden. Daran schließt sich die Terrasse und weiter der Garten voller Oleander und Ginster an; Schwimmbad gleich dahinter schätzt man besonders an heißen Tagen. Im Stammhaus liegen sechs Zimmer mit gutem Komfort; das netteste ist jenes, in dem das Bett in einem Türmchen untergebracht ist und von wo der Blick auf die Umgebung wunderschön ist. Die anderen Zimmer befinden sich im modernen Anbau, einige haben eine Terrasse: sie liegen separat, sind groß und ideal für Aufenthalte.

Anreise (Karte Nr. 13): SS Siena-Firenze, Ausf. Poggibonsi (nicht Poggibonsi-Nord). Auf der Höhe der Brücke Rtg. Alexclub, Villarosa, Belvedere; nach 2 km Le Piazze ausgeschildert. Nicht in Rtg. Castellina fahren.

TOSKANA

Albergo Casafrassi

Casafrassi 53011 Castellina in Chianti (Siena)
Via Chiantigiana, 40
Tel. 0577-74 06 21 - Fax 0577-74 08 05
Sig. Vidali

Kategorie ★★★★ **Geschlossen** vom 3. November bis 31. März **33 Zimmer** m. Klimaanl., Tel., Bad od. Dusche, WC; Aufzug **Preise** EZ u. DZ: 160-180000 L, 240-300000 L - Frühst. inkl., von 8.00 bis 10.00 Uhr **Kreditkarten** akzeptiert **Verschiedenes** Hunde erlaubt (8000 L) - Schwimmb. - Tennis - Parkpl. **Umgebung** Florenz - Weinberge des Chianti Classico (S 222) von Impruneta bis Siena - Castello di Meleto - Castello di Brolio (Cappella S. Jacopo u. Palazzo padronale) - Siena - San Gimignano - Volterra **Restaurant** von 13.30 bis 14.30 u. von 19.30 bis 21.00 Uhr - Menü: 45000 L - Karte - Toskanische Küche.

*C*asafrassi ist eine Villa aus dem 18. Jahrhundert, die an jener schönen Straße liegt, die durch die Weinberge des Chianti Classico führt und "Chiantigiana" heißt. Das Haus wurde in dem Bemühen restauriert, den ursprünglichen Stil und den Geist des Hauses wiederherzustellen. Heute ist es ein gutes Hotel. Fast alle Zimmer liegen in der Villa selbst, sind behaglich, groß und mit alten Möbeln eingerichtet. Die Küche des Restaurants ist gut und bietet vorwiegend regionale Spezialitäten. An der Grenze des Parks liegen mitten im Grünen das Schwimmbad und der Tennisplatz. Eine schöne Adresse für einen langen Aufenthalt. Da die Hoteldirektion wechseln soll, werden wir wachsam bleiben!

Anreise (Karte Nr. 13): 10 km nördl. von Siena über die SS 222, die nordwestl. Abfahrt zur Stadt nehmen, Casafrassi liegt südl. von Castellina.

TOSKANA

Hotel Belvedere di San Leonino

San Leonino 53011 Castellina in Chianti (Siena)
Tel. 0577-74 08 87 - Fax 0577-74 09 24
Sig.ra Orlandi

Kategorie ★★★ **Geschlossen** von Dezember bis Februar **28 Zimmer** m. Tel., Bad od. Dusche, WC **Preise** DZ: 180000 L - Frühst. inkl. (Buffet), von 8.00 bis 10.00 Uhr **Kreditkarten** Amex, Visa, Eurocard, MasterCard **Verschiedenes** Hunde nicht erlaubt - Schwimmb. - Parkpl. **Umgebung** Florenz - Weinberge des Chianti Classico (S 222) von Impruneta bis Siena - Castello di Meleto - Castello di Brolio (Cappella S. Jacopo u. Palazzo padronale) - Siena **Restaurant** ab 19.30 Uhr - Menüs: 28-35000 L - Karte -Spezialitäten: Bruschette toscane - Farfallette confiori di zucca - Lombo di maiale al forno con fonduta di gorgonzola pecorino e funghi - Semi freddo di ricotta e frutti di bosco.

Die Gegend zwischen Florenz und Siena ist ideal zum Reisen und Wohnen, denn zum einen ist die Region des Chianti wunderschön, zum anderen ist sie auch gut erschlossen, und eine Autobahn und eine Schnellstraße verbinden die beiden Städte. Außerdem sind die Preise niedriger als in der Stadt. Das *San Leonino* ist eines dieser preisgünstigen Hotels. Der freundliche Gasthof liegt isoliert in einer sehr schönen Landschaft. Die Zimmer verteilen sich auf mehrere Gebäude. Sie sind geräumig, einfach möbliert und sehr sauber. Salon und Speiseraum liegen zu ebener Erde und sind moderner ausgestattet. Im Sommer wird das Abendessen im Garten serviert, mittags werden kleine Gerichte auf der Terrasse angeboten. Gegenüber erstreckt sich der Garten mit einem Swimmingpool und weitem Panoramablick über das Tal. Eine angenehme Art, die Toskana abseits jeglicher hektischen touristischen Betriebsamkeit kennenzulernen.

Anreise (Karte Nr. 13): 10 km nördl. von Siena über die SS 222, die nordwestl. Abfahrt zur Stadt nehmen; 8 km südl. von Castellina, in Quercegrossa links hinter San Leonino. A 1 (Firenze/Roma), Ausf. Firenze Certosa.

TOSKANA

Castello di Spaltenna

53013 Gaiole in Chianti (Siena)
Tel. 0577-74 94 83 - Fax 0577-74 92 69
Web : http://www.chiantinet.it/castellospalternna
E-mail : castellospalterna@chiantinet.it

Kategorie ★★★★ **Geschlossen** vom 8. Januar bis 28. Februar **29 Zimmer** m. Klimaanl., Tel., Bad, WC, TV, Minibar **Preise** EZ u. DZ: 300000 L, 380-450000 L; Suite: 500-700000 L - Frühst. inkl. **Kreditkarten** akzeptiert **Verschiedenes** Hunde erlaubt (10000 L) - Beheizt. Freibad u. Hallenbad - Sauna - Tennis - Billard - Parkpl. **Umgebung** Siena - Chianti-Classico-Weine (S 222) von Gaiole nach Florenz **Restaurant** von 12.30 bis 14.30 u. von 19.30 bis 22.00 Uhr - Mo mittags geschl. - Karte - Spezialitäten: Bistecca alla fiorentina sulla brace, ribollita, insalada di funghi porcini con rucola e tartufi, raviola di zucchine al profumo di tartufo, medaglioni d'agnello al mosto cotto, sorbetto alla salvia, tortino di cioccolato caldo.

Das *Castello di Spaltenna* hat eine neue Direktion erhalten. Bei der Renovierung und dem Umbau dieses ehemaligen Klosters, das zwischen dem 10. und 13. Jahrhundert entstand, wurde großes Können bewiesen. Deshalb verfügt es noch immer über seine majestätische Würde. Aufgrund seiner bewundernswerten Lage wurde alles daran gesetzt, daß man von den meisten Zimmern und den Gesellschaftsräumen aus diesen Panoramablick über Wälder und Weinberge des Chianti hat. Auch die beeindruckende Innenarchitektur, stets großzügig nach außen geöffnet, konnte bewahrt werden. Die Küche wurde Sabina Busch anvertraut, die lange Zeit eines der besten Restaurants von Florenz führte. Ruhe, Komfort und Gastronomie tragen nicht unbedeutend zum Gelingen eines Aufenthaltes im *Castello di Spaltenna* bei.

Anreise *(Karte Nr. 13): 28 km nordöstl. von Siena über die S 408.*

TOSKANA

Borgo Argenina 🌳

Argenina 53013 Gaiole in Chianti (Siena)
Tel. und Fax 0577-74 71 17
Sig.ra Elena Nappa

1999

Ganzj. geöffn. **5 Zimmer** u. 2 App. (6 m. Klimaanl.) m. Tel., Bad, WC, Satelliten-TV, Minibar **Preise** EZ u. DZ: 150-180000 L; 180-220000 L; Suite: 200-250000 L; App. (f. 2 Pers.): 220-250000 L - Frühst. inkl. (im Zi.: 15000 L), von 9.00 bis 10.30 Uhr **Kreditkarten** nicht akzeptiert **Verschiedenes** Hunde nicht erlaubt - Parkpl. **Umgebung** Florenz - Chianti-Classico-Weine (S 222) von Gaiole nach Florenz - Siena **Kein Restaurant** im Hotel (Siehe unsere Restaurantauswahl S. 523).

Mitten im Chianti Classico zwischen den Weinbergen des Barone Ricasoli wandte die charmante Elena ihre ganze Energie und ihre ganze Liebe zum Restaurieren dieses alten, verlassenen Weilers an. Der Ort ist wunderbar, ebenso die alten Steine. Zu dieser Initiative kann man nur beglückwünschen. Hier ist die Toskana so, wie man sie sich vorstellt: von Wein bedeckte Hügel, Reihen hoher, in den Himmel ragender Zypressen und in der Ferne das einsame Schloß Brolio. Einheimische Handwerker, alte Materialien und gewissenhafte Restaurierungsarbeiten erweckten dieses kleine Dorf zu neuem Leben; die Besitzer leben hier das ganze Jahr über und bieten jenen einige Unterkünfte an, die die Feinheit und die Einfachheit der Tradition dieser Gegend auskosten möchten. Die Zimmer sind komfortabel und mit Stickarbeiten von Elena dekoriert. Die Arkaden des Salons schaffen einen eleganten, aber auch geselligen Raum. In der Küche eine sympathische Unordnung aus Gefäßen, Knoblauch und an der Decke zum Trocken aufgehängter *pomodori*. Von dieser herrlichen, seit Jahrhunderten ungetrübten Natur sind es nur 15 Kilometer bis Siena.

Anreise *(Karte Nr. 14): 15 km von Siena über die SS 408 bis Gaiole, Marcellino Monti, rechts von Straße nach Borgo Argenina.*

TOSKANA

L'Ultimo Mulino

La Ripresa di Vistarenni 53013 Gaiole in Chianti (Siena)
Tel. 0577-73 85 20 - Fax 0577-73 86 59
Andrea Mencarelli
Web: http://www.chiantinet.it/hotelmulino - E-mail: hotelmulino@chiantinet.it

1999

Kategorie ★★★★ **Geschlossen** vom 7. Januar bis 1. März **12 Zimmer** u. 1 Suite m. Tel., Bad, WC, Satelliten-TV, Minibar, Safe; Zi. f. Behinderte **Preise** EZ u. DZ: 280000 L, 345-390000 L; Suite: 500000 L - Frühst. inkl., von 8.00 bis 11.00 Uhr **Kreditkarten** akzeptiert **Verschiedenes** Hunde nicht erlaubt - Schwimmb. - Parkpl. **Umgebung** Florenz - Chianti-Classico-Weine (S 222) von Gaiole nach Florenz - Siena **Kein Restaurant** im Hotel (Siehe unsere Restaurantauswahl S. 523).

In dieser flußarmen Region wurden ab dem 12. Jahrhundert Mühlen gebaut, um auf diese Art und Weise den geringsten Wasserlauf zu nutzen. *L'Ultimo Mulino*, im 15. Jahrhundert errichtet und eine der größten Mühlen, hatte in der Region eine bedeutende wirtschaftliche Rolle inne. Sie wurde restauriert; ihre schönen, edlen Strukturen bieten einen Rahmen voller Charme für dieses elegante Hotel auf dem Land. Der Salon zählt nicht weniger als 13 Arkaden, und in 20 Meter Tiefe kann man noch immer das Mühlrad sehen. Innen wurde alles schlicht-elegant eingerichtet, der Komfort in den Bädern (einige mit Jacuzzi) ist beachtlich. Die Zimmer mit eigener Patio-Terrasse sind ebenfalls sehr angenehm. Die sehr waldige Umgebung bietet absolute Ruhe. Da die Mühle kein Restaurant besitzt, haben Sie Gelegenheit, die *osterie* im Dorf zu entdecken: auch die einfachsten servieren stets besonders gesunde Gerichte und einen guten Chianti.

Anreise (Karte Nr. 10): 6 km von Gaiole in Chianti.

Castello di Tornano

Tornano 53013 Gaiole in Chiati (Siena)
Tel. 0577-74 60 67 - 055-80 918 - Fax 0577-74 60 94
Mmes Selvolini

Geschlossen von November bis April **10 Appartements** (f. 2-7 Pers.) m. Zi., Küche, Bad od. Dusche, WC **Preise** 1 Woche (1 Zi.): 750-1200000 L, (2 Zi.): 1150-2300000 L, "La Torre" (2 Zi.): 1950-3700000 L - Frühst.: 10000 L, ab 9.00 Uhr **Kreditkarten** Amex, Visa, Eurocard, MasterCard **Verschiedenes** Kleine Hunde auf Anfr. erlaubt - Schwimmb. - Tennis (10000 L) - Reiten (25000 L) - Parkpl. **Umgebung** Monteriggioni - Florenz - Siena - San Gimignano - Arezzo **Restaurant** von 12.00 bis 19.00 Uhr - Di u. Mi geschl. (mittags) - Menü: 30000 L - Toskanische Küche.

Castello di Tornano ist ein heute denkmalgeschütztes Schloß aus dem 12. Jahrhundert. Seine Lage auf einem mit Wein und Eichen bewachsenen Hügel ist einzigartig: es überragt die ganze Landschaft. Die landwirtschaftliche Nutzung wurde übernommen von zwei sympathischen Schwestern, die auch den Turm des Anwesens zu einem komfortablen Appartement mit riesigen Räumen umgestaltet haben; Licht erhalten diese Räume von kleinen Fenstern, und man erreicht sie über eine kleine Wendeltreppe, die bis zur Panoramaterrasse hinaufklettert. Weitere, einfachere Zimmer liegen in den alten Bauernhäusern. Umgeben ist das Schloß von einer von Zypressen eingefaßten großen Wiese voller Blumen. Für das Schwimmbad hatte man die gute Idee, es in den ehemaligen Wassergräben anzulegen. Im Restaurant, nur 500 Meter weiter, kann man die Produkte des *Castello* genießen.

Anreise (Karte Nr. 13): 19 km von Siena. A 1, Ausf. Valdarno, dann SS 408 Rtg. Siena. Ab Siena Rtg. Gaiole in Chianti bis Lecchi. Ab Lecchi Tornano-Ristorante Guarnelotto ausgeschildert.

T O S K A N A

Residence San Sano

San Sano 53010 Lecchi in Chianti (Siena)
Tel. 0577-74 61 30 - Fax 0577-74 61 56
Sig. und Sig.ra Matarazzo
E-mail: hotelsansano@chiantinet.it

Kategorie ★★★★ **Geschlossen** vom 4. November bis 14. März **14 Zimmer** m. Klimaanl., Tel., Dusche, WC, Minibar **Preise** DZ: 190-250000 L - Frühst. inkl., von 8.00 bis 10.00 Uhr **Kreditkarten** akzeptiert **Verschiedenes** Hunde auf Anfrage erlaubt - Schwimmb. - Parkpl. **Umgebung** Monteriggioni - Florenz - Siena - San Gimignano - Arezzo **Restaurant** um 19.30 Uhr - So geschl. - Menü: 40000 L - Toskanische Küche.

Um diese alte Festung zu restaurieren und Toskanaliebhabern im Herzen des Chianti elf Gästezimmer anzubieten, kehrten Giancarlo und Heidi aus Deutschland zurück. Die Restaurierung ist vollkommen, die Gestaltung sehr geschmackvoll. Polierte Möbel, rosa Fliesen, Deckenbalken und Steinbögen schaffen eine schlichte Atmosphäre großer Authentizität. Alle Zimmer haben moderne, komfortable Bäder und tragen charakterisierende Namen. Das charmanteste ist das "Zimmer mit Nestern" (die Nester blieben erhalten, wurden aber auf eine ausgeklügelte Art isoliert). Das "Zimmer mit Aussicht" hat Blick auf die grünen Täler und Weinberge. Im sympathischen Speiseraum werden abends die Gerichte einer guten regionalen Küche serviert, und im Sommer erwartet Sie auf der Terrasse das köstliche Frühstück.

__Anreise__ (Karte Nr. 13): 20 km nördl. von Siena über die S 408, links Rtg. Lecchi, dann San Sano.

TOSKANA

Castello di Uzzano

50022 Greve in Chianti (Firenze)
Via Uzzano, 5
Tel. 055-85 40 32 / 33 - Fax 055-85 43 75
Sig.ra de Jacobert

Geschlossen von November bis Ostern - So **6 Appartements** m. Tel., Bad od. Dusche, WC, TV, Küche **Preise** App.: 2000-2500000 L (1 Woche) - Frühst.: 25000 L, von 8.30 bis 10.30 Uhr **Kreditkarten** akzeptiert **Verschiedenes** Hunde erlaubt - Mountainbikes - Parkpl. **Umgebung** Florenz - Siena - Chianti - Classico-Weine (S 222) von Gaiole nach Siena - Castello di Meleto - Castello di Brolio (Cappella S. Jacopo u. Palazzo padronale) - Siena **Kein Restaurant** im Hotel.

Das *Castello di Uzzano* ist ein Besitz mit 500 Hektar Land, davon 60 Hektar Weinberge. Das Schloß wurde an einem romanisch-etruskischem Ort erbaut und um das Jahr 1000 erstmals erwähnt. Während der Renaissance wurde es nach Entwürfen Orcagnas erweitert, und zwischen dem 16. und 17. Jahrhundert zu einem Landhaus umgebaut. Seit 1984 gehört es nun neuen Eigentümern, die das Land bewirtschaften und dem Schloß mit einer sorgfältigen Restaurierung seinen ganzen Charme und seine Seele zurückgegeben haben. Um den Innenhof herum wurden sechs Appartements mit jeglichem Komfort eingerichtet. Die Möbel, Gemälde, alten Stiche und Kamine schaffen eine gemütliche Atmosphäre. Im Park und im Labyrinthgarten ganz im Stil des 17. Jahrhunderts ist es den Hotelgästen gestattet, hier (außer sonntags) lustzuwandeln. Und vor der Abreise können Sie im *Castello* Weine und Olivenöl einkaufen.

Anreise (Karte Nr. 14): 43 km von Siena.

TOSKANA

Hotel Monteriggioni

53035 Monteriggioni (Siena)
Tel. 0577-30 50 09 - Fax 0577-30 50 11
Sig.ra Gozzi

Kategorie ★★★★ **Geschlossen** vom 15. Januar bis 15. Februar **12 Zimmer** m. Klimaanl. Tel., Bad, WC, TV, Minibar; Aufzug **Preise** EZ u. DZ: 200000 L, 340000 L - Frühst. inkl., von 8.00 bis 10.00 Uhr **Kreditkarten** akzeptiert **Verschiedenes** Hunde nicht erlaubt - Schwimmb. **Umgebung** Siena - Abbadia Isola - Colle Val d'Elsa (Oberstadt); Basilica dell' Osservanza u. Kartause von Pontignano; San Gimignano; Volterra **Kein Restaurant** im Hotel (Siehe unsere Restaurantauswahl S. 522).

Wie eine Fata Morgana erscheinen einem an der *superstrada*, die Florenz mit Siena verbindet, die Türme von Monterriggione. Die Schönheit der Mauern und der gekappten Türme fordert einen unmittelbar dazu auf, die Straße zu verlassen und sich dies von nahem anzusehen - vor allem bei Sonnenuntergang. Ob man an der Porta Romea o Franca oder an der Porta San Giovanni ankommt, spielt keine Rolle, denn man ist in jedem Fall unmittelbar von diesem winzigen Dorf eingenommen, in dem sich noch die alten Militärkonstruktionen befinden; in ihnen wurden die Soldaten untergebracht, als Monteriggioni noch eine Siener Garnison war (18. Jh.). Wenn man das Personal des kürzlich eröffneten Hotels mitzählt, hat das Dorf 80 Einwohner. Das der Umgebung angepaßte Hotel ist sehr geschmackvoll und von diskretem Luxus, die unterschiedlichen Gästezimmer sind sehr komfortabel. Was die Aussicht angeht, so bevorzugen wir den Garten, in dem das Frühstück serviert wird, sobald das Wetter es erlaubt. Gleich gegenüber eine der besten Gaststätten der Region: das *Il Pozzo* läßt rasch vergessen, daß das Hotel über kein Restaurant verfügt.

Anreise (Karte Nr. 13): 12 km nördl. von Siena (vierspurige Straße), Abfahrt Monteriggioni.

TOSKANA

La Chiusa

53040 Montefollonico (Siena)
Via della Madonnina, 88
Tel. 0577-66 96 68 - Fax 0577-66 95 93
Sig.ra Masotti und Sig. Lucherini

Geschlossen vom 16. Februar bis 14. März u. 16. bis 26. Dezember **6 Zimmer** u. 6 App. m. Tel., Bad, WC, TV, Minibar **Preise** DZ: 300000 L - Suiten: 490000 L; Luxe: 630000 L - Frühst.: 25000 L, von 8.30 bis 10.30 Uhr **Kreditkarten** akzeptiert **Verschiedenes** Hunde erlaubt **Umgebung** Montepulciano - Monticchiello - Montalcino - Terme in Bagno Vignoli - Val d'Orcia-Dörfer (Castiglione d'Orcia, Rocca d'Orcia, Ripa d'Orcia, Campiglia d'Orcia) - Pienza - Stiftskirche San Quirico d'Orcia - Museo Nazionale Etrusco à Siusi - Chianciano Terme - Siena **Restaurant** von 12.30 bis 15.00 u. von 20.00 bis 22.00 Uhr - Di geschl. - Menü: 140000 L - Karte - Spezialitäten: Collo d'oca ripieno - Pappardelle Dania - Coniglio marinato al romarino - Piccione al vinsanto.

Das *Chiusa* ist in erster Linie das sehr gastfreundliche Haus von Dania, und erst danach ein renommiertes Restaurant mit Hotel. Der Charme dieser liebenswerten jungen Frau und ihre Hingabe an ihr Metier machen den Ruf dieses traumhaften Ortes aus. Für sie ist es natürlich, Sie wie Freunde willkommen zu heißen. Die delikaten Gerichte werden mit Zutaten vom eigenen Bauernhof und Gemüsegarten zubereitet. Die Zimmer und Appartements sind sehr behaglich und gepflegt. Das Frühstück ist reichhaltig: Konfitüre und Gebäck hausgemacht, frische Säfte. Wenn man dann noch einen Sonnenuntergang über dem Val di Chiana und dem Val d'Orcia miterlebt, ist es fast sicher, daß man an diesen Ort zurückkehrt.

Anreise (Karte Nr. 13): 60 km südl. von Siena über die A 1, Ausf. Val di Chiana - Bettole, Torrita di Siena Montefollonico.

La Saracina

53026 Pienza (Siena)
Strada Statale, 146 (km 29,7)
Tel. 0578-74 80 22 - Fax 0578-74 80 18
Sig. ra Vessi Chelli

Ganzj. geöffn. **2 Zimmer**, 3 Suiten u. 1 App. m. Tel., Bad, WC, TV **Preise** DZ: 300000 L; Suiten: 350000 L; App.: 330000 L - Frühst. inkl. **Kreditkarten** akzeptiert **Verschiedenes** Hunde nicht erlaubt - Schwimmb. - Tennis - Parkpl. **Umgebung** Pienza: Kathedrale, Palazzo Piccolomini - Montepulciano - Monticchiello - Montalcino - Terme in Bagno Vignoni - Val d'Orcia-Dörfer (Stiftskirche San Quirico d'Orcia, Castiglione d'Orcia, Rocca d'Orcia, Ripa d'Orcia, Campiglia d'Orcia) - Abtei Sant'Anna Camprena - Spedaletto - Chiusi - Cetona - Chianciano **Kein Restaurant** im Hotel (siehe unsere Restaurantauswahl S. 524).

Es ist schon seltsam, daß eine der schönsten toskanischen Landschaften seit der Renaissance intakt geblieben und kein Touristen-Mekka geworden ist. Pienza ist das Werk von Papst Pius II. Piccolimini, der zusammen mit dem Architekten B. Rossellino die ideale Stadt schaffen wollte. Mehrere Paläste und die Kathedrale waren bereits errichtet, als durch den plötzlichen Tod der beiden Protagonisten der Bau unterbrochen wurde. Zum Glück hat später niemand versucht, die Idylle dieser kleinen Stadt zu zerstören, die Zeffirelli dann als Kulisse für Romeo und Julia diente. Das Hotel, auf das wir schon lange gewartet haben, wurde also endlich eröffnet. Das *Saracina* ist ein ehemaliger landwirtschaftlicher Betrieb, verfügt über sehr behagliche Salons und nur über fünf mit alten Möbeln und großen Bädern ausgestattete Zimmer. Alle sind mit exquisitem Geschmack eingerichtet. Das moderne Appartement kann auch wochenweise gemietet werden. Gefrühstückt wird auf der Veranda.

Anreise (Karte Nr. 13): 52 km südöstl. von Siena über die S 2 bis San Quirico, dann Pienza.

TOSKANA

Relais Il Chiostro di Pienza

53026 Pienza (Siena)
Corso Rossellino, 26
Tel. 0578-74 84 00/42 - Fax 0578-74 84 40
Sig.ra Loriana Codogno

Kategorie ★★★ **Geschlossen** 4. Januar bis 21. März **37 Zimmer** m. Tel., Bad od. Dusche, WC, TV, Minibar - 2 Zi. f. Behinderte **Preise** EZ u. DZ: 170000 L, 240000 L; Suiten: 300000 L - Frühst. inkl. **Kreditkarten** akzeptiert **Verschiedenes** Hunde erlaubt - Schwimmb. **Umgebung** Pienza: Kathedrale, Palazzo Piccolomini - Montepulciano - Monticchiello - Montalcino - Terme in Bagno Vignoni - Val d'Orcia-Dörfer (Stiftskirche San Quirico d'Orcia, Castiglione d'Orcia, Rocca d'Orcia, Ripa d'Orcia, Campiglia d'Orcia) - Abtei Sant'Anna Camprena - Spedaletto - Chiusi - Cetona - Chianciano **Restaurant** von 12.30 bis 14.30 u. von 19.00 bis 21.00 Uhr - Mo. geschl. - Menü - Karte - Toskanische Küche.

Pienza fehlte ein Hotel mit Charme - ein Grund, weshalb das *Relais Il Chiostro di Pienza* unlängst eröffnet wurde. Es befindet sich in einem ehemaligen Kloster aus dem 15. Jahrhundert im historischen Zentrum. Die Restaurierung der Bögen, Balken, Fresken und des Kreuzgangs des Klosters ist mit einem einzigen Adjektiv zu beschreiben: superbe. Die Zimmer sind geräumig, die Möbel und allgemeine Ausstattung schlicht. An diesem Ort ist alles ruhig und friedlich. Das Hotel beabsichtigt, ein Restaurant zu eröffnen - das auf der Terrasse servierte Frühstück ist bereits sehr angenehm. Dieses Hotel ist besonders geeignet, um die wunderbare kleine Renaissance-Stadt Pienza wie auch die zahlreichen mittelalterlichen und etruskisch-römischen Orte der Umgebung zu entdecken.

Anreise (Karte Nr. 13): 52 km südöstl. von Siena. Über die A 1, Ausf. Valdichiana oder Chiusi-Chianciano.

T O S K A N A

L'Olmo

53020 Monticchiello di Pienza (Siena)
Tel. 0578-755 133 - Fax 0578-755 124 - Sig.ra Lindo
Web: http://www.nautilus.mp.com/olmo - E-mail: flindo@tin.it

Geschlossen von November bis März **5 Suiten** u. 1 DZ m. Tel., Bad, WC, TV, Minibar, Safe **Preise** DZ: 250000 L, Suite: 340-360000 L - Frühst. inkl., von 8.30 bis 10.30 Uhr **Kreditkarten** Visa, Eurocard, MasterCard **Verschiedenes** Hunde nicht erlaubt - Beheizt. Schwimmb. - Parkpl. **Umgebung** Pienza - Montepulciano - Montalcino - Terme in Bagno Vignoni - Val d'Orcia-Dörfer (Stiftskirche San Quirico d'Orcia, Castiglione d'Orcia, Rocca d'Orcia, Ripa d'Orcia, Campiglia d'Orcia) - Abtei Sant'Anna Camprena - Spedaletto - Chiusi - Cetona - Chianciano **Restaurant** nur f. Hausgäste, auf Reserv. - Menü: 65000 L.

L'Olmo ist ein besonders raffiniertes Landgasthaus, das ausschließlich Suiten mit einem diskreten, aber effizienten Service anbietet. Das Haus selbst fand nach einer traditionsbewußten Restaurierung die ganze Noblesse seiner sorgfältig bearbeiteten Natursteine wieder. Wenn die Decken im Innern auch Balken zeigen, so ist die Größe der Räume doch entschieden modern. Die Gestaltung mit altem Mobiliar, Kunsthandwerk, schönen Stoffen und traditionellen Fußböden ist sehr elegant. Alle Suiten sind unterschiedlich angesichts ihrer Größe und ihrer Ausstattung. Zwei mit eigener Terrasse liegen ebenerdig am Garten. Von denen des Obergeschosses besitzt die größte zwei Räume für drei Personen, andere haben für die kühlere Jahreszeit einen Kamin, und die letzte ist mit einem Glasdach ausgestattet, das einen Panoramablick über das Val d'Oricia erlaubt. Die Gesellschaftsräune verfügen über den gleichen geschmackvollen Luxus. Wenn Sie bei Kerzenlicht dinieren möchten, müssen Sie vorher reservieren. Schwimmbad und Garten, beide wunderbar, scheinen Teil der umgebenden Landschaft zu sein.

Anreise (Karte Nr. 13): 52 km südöstl. von Siena. Über die A 1, Ausf. Valdichiana, Rtg. Torina di Siena, Pienza, dann Monticchiello.

TOSKANA

Castello di Ripa d'Orcia

Ripa d'Orcia 53023 Castiglione d'Orcia (Siena)
Tel. 0577-89 73 76 - Fax 0577-89 80 38 - Famiglia Aluffi Rossi
Web: http://www.nautilus-mp.com/ripa - E-mail: ripa.dorcia@comune.siena.it

Geschlossen vom 7. Januar bis 1. März **6 Zimmer** u. 7 App. m. Bad od. Dusche, WC **Preise** 140-170000 L - Frühst. inkl. - App.: 750-850000 L (f. 2 Pers., 1 Woche); 1200-127000 L (f. 4 Pers., 1 Woche) **Kreditkarten** akzeptiert **Verschiedenes** Hunde nicht erlaubt - Parkpl. **Umgebung** Val d'Orcia: Pienza - Montepulciano - Monticchiello - Montalcino u. Abtei Sant'Antimo - Terme in Bagno Vignoni - Val d'Orcia-Dörfer (Stiftskirche San Quirico d'Orcia, Castiglione d'Orcia, Rocca d'Orcia, Campiglia d'Orcia) - Abtei Sant'Anna Camprena - Spedaletto - Chiusi - Cetona - Chianciano **Restaurant** von 19.30 bis 20.30 Uhr - Mo geschl. - Karte: 35-50000 L - Toskanische Küche.

Ripa d'Orcia ist ein schöner, alter Weiler und seit dem Mittelalter praktisch unverändert. Um zum Schloß zu gelangen, muß man in San Quirico fünf Kilometer durchs Land fahren. Der Weg ist in schlechtem Zustand, dafür aber sehr schön! Das *Castello* ragt dann hinter Zypressen hervor. Eine intelligente Restaurierung belebt erneut die von den einstigen Bewohnern verlassenen Häuser, in denen man Zimmer und Appartements mieten kann, ferner gibt es ein Restaurant und einen herrlichen Versammlungsraum. Leider entspricht der Komfort nicht der Schönheit dieses Ortes. Wenn auch alles vorhanden ist, so ist die Ausstattung der Appartements doch nur spärlich, weshalb es ratsam ist, die hübscheren und komfortableren Zimmer zu wählen. In Ripa d'Orcia, inmitten wilder und geschützter Natur gelegen, sollte man in jedem Fall einen ausgedehnten Spaziergang machen.

Anreise (Karte Nr. 13): 45 km südl. von Siena (Rtg. Lago di Bolsena u. Viterbo) über die S 2 bis San Quirico u. Ripa d'Orcia. A 1: Ausf. Val di Chiana oder Chiusi-Chanciano, dann Rtg. Pienza.

Cantina Il Borgo

Rocca d'Orcia 53023 Castiglione d'Orcia (Siena)
Tel. und Fax 0577-88 72 80
Sig. Tanganelli

Geschlossen vom 15. Januar bis 15. Februar **3 Zimmer** m. Klimaanl., Dusche, WC (WC f. Behinderte), TV **Preise** 110-130000 L - Frühst. inkl., von 8.30 bis 10.00 Uhr **Kreditkarten** Amex, Visa, Eurocard, MasterCard **Verschiedenes** Hunde erlaubt **Umgebung** Val d'Orcia: Pienza - Montepulciano - Monticchiello - Montalcino u. Abtei Sant'Antimo - Terme in Bagno Vignoni - Val d'Orcia-Dörfer (Stiftskirche San Quirico d'Orcia, Castiglione d'Orcia, Rocca d'Orcia, Ripa d'Orcia, Campiglia d'Orcia) - Abtei Sant'Anna Camprena - Spedaletto - Chiusi - Cetona - Chianciano **Restaurant** von 12.00 bis 14.30 u. von 19.00 bis 21.30 Uhr - Mo geschl.- Karte 40000 L.

Schon von weitem erkennt man die imposante Festung Rocca di Tentennano, die das Val d'Orcia überragt. Dieser mittelalterliche Marktflecken ist sehr diskret unterhalb gelegen, so als würde er sich vor den Augen neugieriger Touristen schützen wollen. Das Dorf scheint seit Jahrhunderten eingeschlafen, und nur die Telefonzelle (von der man ohne weiteres ins Ausland anrufen kann) holt einen in die Wirklichkeit zurück. Das Restaurant von *Cantina Il Borgo* befindet sich auf einem Platz in einem dieser kargen Häuser bzw. einer alten Remise, gegenüber eines wunderschönen achteckigen Brunnens, der bereits in Schriften des 12. Jahrhunderts erwähnt wird. Der auf seinen Besitz stolze und in seine Gegend verliebte Eigentümer wird Ihnen den ganzen Charme dieser Region nahelegen: ihren Wein, ihre Küche und auch die zahlreichen Wanderwege des Val d'Orcia. Zur Freude der Gäste wurden drei, vom Restaurant unabhängige und gepflegte Zimmer eingerichtet.

Anreise (Karte Nr. 13): 50 km südl. von Siena (Rtg. Lago di Bolsena u. Viterbo) über die S 2 Rtg. Castiglione d'Orcia u. Rocca. A 1: Ausf. Val di Chiana oder Chiusi-Chanciano, Rtg. Pienza.

TOSKANA

Castello di Modanella

Modanella 53040 Serre di Rapolano (Siena)
Tel. 0577-70 46 04 - Fax 0577-70 47 40
Sig.ra Cerretti
E-mail: modanell@tin.it

Ganzj. geöffn. 39 Appartements m. Bad, WC, TV **Preise** App. f. 1 Woche: 785-1280000 L (2 Zi.), 985-1615000 L (3 Zi.), 1545-2265000 L (4 Zi.), 1600-2370000 L (5 Zi.). **Kreditkarten** akzeptiert **Verschiedenes** Hunde erlaubt - 3 Schwimmb., Tennis, Tischtennis - Parkpl. **Umgebung** Terme in Rapalano - Bagno Vignoni - Petriolo - Abtei Monte Oliveto Maggiore und Rückkehr über die Kammstraße: Asciano-Siena - Abtei Sant'Antimo - Montalcino - Pienza - Lucignano - Arezzo **Kein Restaurant** im Hotel (siehe unsere Restaurantauswahl in Aciano u. in Montalcino S. 523).

Die Sinter- und Marmorbrüche der Gegend um Serre di Rapolano muß man hinter sich lassen und zuversichtlich weiterfahren, denn unmittelbar hinter der Eisenbahnstrecke werden Sie das Schloß *Modanella*, ein großes Weingut, mit seinen verstreut gelegenen Gehöften entdecken. Um all diese Appartements anbieten zu können, wurden sämtliche Ställe, Schuppen Silos und sogar die ehemalige Schule umgebaut. Die Gestaltung ist geschmackvoll und sehr schlicht und verbindet auf eine angenehme Art Rustikales mit Komfort: weiße Wände, Möbel aus hellem Holz und komfortable Betten, gut ausgestattete Küchen und schöne Bäder - selbstverständlich aus Sinter. Im Schloß selbst, das derzeit restauriert wird, stehen noch keine Gästezimmer zur Verfügung. Das *Castello* ist besonders interessant, die kürzlich vorgenommene Vergrößerung verleiht ihm allerdings ein wenig den Touch eines Ferienclubs.

Anreise (Karte Nr. 13): 35 km von Siena; 30 km von Arezzo; ab Siena Straße E78 326 bis Rapolano Terme, vor Serre di Rapolano rechts nach Modanella.

TOSKANA

Relais La Suvera

La Suvera
53030 Pievescola di Casole d'Elsa (Siena)
Tel. 0577-96 03 00 /1/2/3 - Fax 0577-96 02 20
Marchesi Ricci

Kategorie ★★★★ **Geschlossen** von November bis 15. April **17 Zimmer** u. 18 Suiten m. Tel., Bad, WC, Satelliten-TV **Preise** DZ: 400-600000 L; Suiten: 700-1000000 L - Frühst. inkl. - HP: + 95000 L **Kreditkarten** akzeptiert **Verschiedenes** Hunde erlaubt in der "Villa papale" außer - Schwimmb., Tennis - Parkpl. **Umgebung** Colle di Val d'Elsa - Abbadia Isola - Monteriggioni - Florenz - San Gimignano - Siena - Golf dell'Ugolino (18-Lochpl.) in Grassina **Restaurant** von 13.00 bis 15.00 u. von 19.30 bis 23.00 Uhr - Karte: 90-120000 L - Toskanische Küche.

Wie soll man das *Suvera* beschreiben, ohne dabei in Superlative zu verfallen? Die päpstliche Villa aus dem 16. Jahrhundert gehörte auch mehreren großen italienischen Familien, u.a. den Borghese. Der heutige Besitzer ist Marchesi Ricci. Heute ist das *Suvera* ein Luxushotel von außergewöhnlichem Komfort und großer Originalität und zugleich der prächtige Wohnsitz eines begeisterten Sammlers. Drei Hauptgebäude wurden als Hotel eingerichtet: Das *Olivera* und das *Scuderie* bieten schöne Zimmer von großem Luxus, und in der päpstlichen Villa haben der Marquis und seine Gattin Suiten gestaltet, die jeweils die vollkommene Nachbildung einer Epoche oder einer historischen Persönlichkeit sind. Ein Sammlertraum zwar, aber zur Freude des Reisenden. Der Service ist tadellos, die Küche ausgezeichnet, und die Gärten sind wundervoll.

Anreise (Karte Nr. 13): 61 km südl. von Florenz über die SS Firenze-Siena, Abfahrt Colle di Val d'Elsa-Sud, dann Rtg. Grosseto; Pievescola liegt 15 km weiter.

TOSKANA

Hotel Villa San Lucchese

50036 Poggibonsi (Siena)
Via S. Lucchese, 5
Tel. 0577-93 42 31 - Fax 0577-93 47 29 - Sig. Ninci
Web: http://www.etr.it.hotel-villa-san-lucchese - E-mail: villasanlucchese@etr.it

Kategorie ★★★★ **Ganzj.** geöffn. **36 Zimmer** m. Klimaanl., Tel., Bad od. Dusche, WC, TV, Minibar; Aufzug **Preise** EZ u. DZ: 100-180000 L, 200-300000 L; Suiten: 250-345000 L - Frühst. inkl., von 7.30 bis 10.00 Uhr - HP u. VP: + 40000 L + 80000 L (pro Pers.) **Kreditkarten** akzeptiert **Verschiedenes** Hunde nicht erlaubt - Schwimmb., Tennis - Parkpl. **Umgebung** Florenz - Siena - San Gimignano - Colle Val d'Elsa - Volterra - Monterrigioni - Chianti-Straße **Restaurant** von 12.30 bis 14.00 u. von 19.30 bis 22.00 Uhr - Di geschl. - Menü: 50000 L - Karte - Toskanische Küche.

Zwischen den beiden bedeutendsten Städten der Toskana, also Florenz und Siena, ist Poggibonsi ideal gelegen. Das an das Kloster San Lucchese grenzende Hotel überragt die lebendige Stadt. Es ist eine noble Villa aus dem 15. Jahrhundert, die vor kurzem umgebaut und zu einem sehr komfortablen Hotel umgestellt wurde. Die geräumigen und hellen Zimmer sind klassisch gestaltet. Das Restaurant im Erdgeschoß geht auf eine sehr große Terrasse hinaus, von wo man die Ebene des Val d'Este überblickt. Im Garten, der an einen mit herrlichen hundertjährigen Bäumen bepflanzten Hain grenzt, begrüßt man das Schwimmbad - besonders im heißen toskanischen Sommer. Im Hotel finden hin und wieder Empfänge statt, aber alles ist derart gut organisiert, daß sich die anderen Gäste hierdurch nicht gestört fühlen.

Anreise (Karte Nr. 13): 19 km nördl. von Siena. Superstrada 4 Corsie, Ausf. Poggibonsi. A1, Ausf. Florenz Certosa.

TOSKANA

Hotel Borgo Pretale

Borgo Pretale
53018 Sovicille (Siena)
Tel. 0577-34 54 01 - Fax 0577-34 56 25 - Sig. Ricardini
E-mail: borgopret@ftbcc.it

Kategorie ★★★★ **Geschlossen** vom 1. November bis 31. März **35 Zimmer** m. Tel., Bad, WC, TV, Minibar **Preise** DZ: 175-190000 L (pro Pers.); Suite: +37000 L - Frühst. inkl., von 7.30 bis 10.00 Uhr - HP: +70000 L (pro Pers., mind. 3 Üb.) **Kreditkarten** akzeptiert **Verschiedenes** Hunde nicht erlaubt - Schwimmb., Tennis, Fitneßcenter, Sauna, Mountainbikes, Bogenschießen, Golfpractice - Parkpl. **Umgebung** Villa Cetinale in Sovicille - Rosia: Abtei Tori - Abtei San Galgano - Siena - Abtei Monte Oliveto Maggiore und Rückkehr über die Kammstraße: Asciano-Siena - Siena **Restaurant** von 19.30 bis 21.30 Uhr - Menü: 70000 L - Karte - Toskanische u. italienische Küche.

Das *Borgo Pretale* liegt 18 Kilometer von Siena entfernt in einem ursprünglichen Dorf in den typisch toskanischen Farben. Seine 900jährige Geschichte steht ihm gut zu Gesicht, und kürzlich wurde es zu einem Hotel umgewandelt. Insgesamt stehen 25 prachtvolle Zimmer zur Verfügung. Die Gestaltung umfaßt großen Komfort und beweist exquisiten Geschmack, der Service ist aufmerksam. Im Sommer sind Club-House, Schwimmbad und Tennisplatz besonders für jene angenehm, die gerade die Quattrocento-Pilgerung hinter sich gebracht haben. *Borgo Pretale* liegt im Herzen der historischen Toskana.

Anreise (Karte Nr. 13): 18 km südöstl. von Siena über die SS 73, Rtg. Rosia, dann ausgeschildert.

T O S K A N A

Azienda Agricola Montestigliano

53010 Rosia (Siena)
Tel. 0577-34 21 89 - Fax 0577-34 21 00
Sig. Donati
E-mail: montestigliano@sienanet.it

Ganzj. geöffn. **10 Appartements** (3-8 Pers.) u. 1 Villa (12 Pers.) m. Küche, Dusche, WC, Tel. **Preise** 1 Üb.: 130-255000 L (3-4 Pers.), 170-350000 L (6-8 Pers.), 300-675000 L (Villa Donati f. 12 Pers.) - Frühst.: 12000 L, von 8.30 bis 10.00 Uhr **Kreditkarten** nicht akzeptiert **Verschiedenes** Kleine Hunde erlaubt - 2 Schwimmb. - Parkpl. **Umgebung** Montagnala: Kirche S. Giovanni in Rosia - Abtei Torri - Abtei San Galgano - Monteriggioni - Abbadia Isola - Siena **Gemeins. Abendessen** (nur f. Hausgäste, auf Best.) - ab 20.00 Uhr - Menü: 40000 L. - Toskanische Küche.

Nur 16 Kilometer vor bzw. hinter Siena entdeckt man das Anwesen *Montestigliano,* das seit über 50 Jahren von der Familie Donati verwaltet wird. Die verschiedenen landwirtschaftlichen Gebäudeteile bilden ein richtiges kleines Dorf oberhalb der die weite Merse-Ebene bedeckenden Olivenhaine. Die noblen und die Bauernhäuser wurden traditionsgemäß restauriert und in ländlichem Stil möbliert. Sie alle bieten echten Komfort: gut ausgestattete Küchen (alle mit Waschmaschine, die der Villa außerdem mit Spülmaschine), und jedes hat eine Terrasse oder einen kleinen Garten. Auf Wunsch können Sie Frühstück und Abendessen in einem Flügel des großen Hauses einnehmen (wo sich auch die Büros dieses auf Getreideanbau spezialisierten Betriebes befinden), oder noch besser auf der schattigen Terrasse. Zwei Schwimmbäder sorgen dafür, daß das Zusammenwohnen nicht etwa "eng" wird. Der italienisch-englische Empfang ist sympathisch, und Susan Pennington erteilt gern gute Tips für Wanderungen in der Montagnola.

Anreise (Karte Nr. 13): 15 km südl. von Siena über die SS 73 bis Rosia. Die Azienda liegt 5 km hinter Torri, Stigliano und Montestigliano.

TOSKANA

Relais Fattoria Vignale

53017 Radda in Chianti (Siena)
Via Pianigiani, 9
Tel. 0577-73 83 00 - Fax 0577-73 85 92 - Sig.ra Kummer
E-mail: vignale@chiantinet.it

Kategorie ★★★★ **Geschlossen** vom 6. Januar bis 25. März **34 Zimmer** m. Klimaanl., Tel., Bad, WC, Minibar; Aufzug **Preise** EZ u. DZ: 210000 L, 270-360000 L - Frühst. inkl. (Buffet), von 7.30 bis 10.30 Uhr **Kreditkarten** akzeptiert **Verschiedenes** Hunde nicht erlaubt - Schwimmb. - Parkpl. **Umgebung** Siena - Chianti-Classico-Weine (N 222) - Florenz - Golf dell'Ugolino (18-Lochpl.) in Grassina **Restaurant** von 13.00 bis 14.30 u. von 19.30 bis 21.00 Uhr - Menüs: 60-90000 L - Karte - Toskanische u. Jahreszeitenküche.

Dieses Haus, das einst reichen Grundbesitzern gehörte, wurde 1983 aufgekauft und restauriert. Die zurückhaltende, gut aufeinander abgestimmte Gestaltung der Räume macht sich in diesem Haus außerordentlich gut und zeugt von großem Respekt vor der Vergangenheit: die Kellergewölbe, in denen das Frühstück serviert wird, der riesige Kamin in einem der Salons, die bemalten Wände der Bibliothek, die Strenge der Zimmereinrichtung. Weinkenner sollten es sich nicht nehmen lassen, hier Halt zu machen: das Hotel produziert einen ausgezeichneten Wein und stellt seinen Gästen eine Bibliothek zu dem Thema und eine *Önothek* zur Verfügung.

Anreise (Karte Nr. 13): 30 km nördl. von Siena über die SS 222 bis Castellina in Chianti, dann SS 429.

TOSKANA

Podere Terreno

Volpaia - 53017 Radda in Chianti (Siena)
Tel. 0577-73 83 12 / 73 84 00 - Fax 0577-73 83 12 / 73 84 00
Sig.ra Haniez-Melosi
E-mail: podereterreno@chiantinet.it

Ganzj. geöffn. **7 Zimmer** m. Dusche, WC **Preise** Zi. m. HP: 150-160000 L (pro Pers., mind. 2 Üb. in der Hochsaison) - Frühst. inkl., von 8.30 bis 10.30 Uhr **Verschiedenes** Hunde erlaubt - Mountainbikes auf Wunsch - Parkpl. **Kreditkarten** Amex, Visa, Eurocard, MasterCard **Umgebung** Siena - Chianti-Classico-Weine (N 222) - San Gimignano - Florenz - Golf dell'Ugolino (18-Lochpl.) in Grassina **Restaurant** ab 20.00 Uhr - Menü - Toskanische u. mediterrane Küche.

Volpaia und Radda gehören zu den hübschen Dörfern in der Region des Chianti Classico, die sich durch Eichen- und Kastanienwälder, Weinberge und Olivenhaine auszeichnet. Der Bauernhof ist von einem 50 Hektar großen Besitz umgeben, der einen guten "AOC"-Wein und exzellentes Olivenöl produziert. Das schöne Steinhaus ist einladend, die ehemalige traditionelle toskanische Küche wurde in einen Salon umgewandelt. Das große Sofa vor dem Kamin, rustikale alte Möbel und die Sammelobjekte von Marie-Sylvie, einer Französin, und ihrem Mann Roberto, schaffen eine gemütliche und gesellige Atmosphäre. Gleiches gilt auch für die behaglichen, geschmackvoll eingerichteten Zimmer. Bei unserer Ankunft war Marie-Sylvie gerade damit beschäftigt, die Frühstückskonfitüren zuzubereiten, während Roberto den Braten für das Abendessen beaufsichtigte. Die von hauseigenen Weinen begleiteten Gerichte werden an der großen gemeinsamen Tafel eingenommen. Man kann sich in die Bibliothek oder den Billardraum zurückziehen, die im Keller des Bauernhauses untergebracht sind, aber auch in den Schatten der Gartenlaube.

Anreise (Karte Nr. 13): 30 km nördl. von Siena über die SS 222 bis Panzano in Chianti, Rtg. Radda in Chianti. Vor Radda links Rtg. Volpaia und Podere Terreno.

TOSKANA

Vescine - Il Relais del Chianti

Vescine - 53017 Radda in Chianti (Siena)
Tel. 0577-74 11 44 - Fax 0577-74 02 63
Sig.ra Fleig
E-mail: vescine@chiantinet.it

Geschlossen Mitte November bis März **24 Zimmer** m. Tel., Bad od. Dusche, WC, TV, Minibar **Preise** DZ: 260-280000 L; Suite: 350-370000 L - Frühst. inkl. (Buffet), von 8.00 bis 10.30 Uhr **Verschiedenes** Hunde erlaubt (10000 L) - Tennis, Schwimmb. - Parkpl. **Kreditkarten** Amex, Visa, Eurocard, MasterCard **Umgebung** Siena - Chianti-Classico-Weine (N 222) - Impruneta (Winzerfest, Pferdemarktfest, Keramikherstellung: wundervolle Vasen) - San Gimignano - Florenz - Golf dell'Ugolino (18-Lochpl.) in Grassina **Restaurant** 700 m vom Hotel - Di geschl.

Wenn Sie Ruhe suchen und Abgeschiedenheit Sie nicht stört, ist Vescine der ideale Ort für Sie. Im Herzen des Chianti bietet dieser mit 75 Hektar Wald umgebene Weiler, der zu einem Relais auf dem Land umgestellt wurde, einen einzigartigen Rahmen und ist sehr angenehm für einen Zwischenstopp in der Toskana. Die vollkommen restaurierten und renovierten Gebäudeteile sind durch hübsche, kleine, gepflasterte Straßen voller Blumen miteinander verbunden. Die Direktorin hat es verstanden, die sanfte Toskana mit deutschem, effizientem Komfort zu verbinden. Die Zimmer sind schlicht und sehr funktionell. Die Annehmlichkeiten aufgrund der Zurückgezogenheit dieses Ortes werden durch das schöne Schwimmbad noch erhöht. Der Empfang ist ein wenig unpersönlich. 700 Meter weiter führt das Hotel ein Restaurant, *La Cantoniera di Vescine.*

Anreise (Karte Nr. 13): 54 km südl. von Florenz. A 1, Ausf. Firenze-Certosa, dann Superstrada Rtg. Siena, Ausf. San Donato in Poggio. Bis Castellina in Chianti fahren. Das Hotel liegt an der Straße zwischen Castellina u. Radda in Chianti (Nr. 429).

TOSKANA

Torre Canvalle 🌳

La Villa - 53017 Radda in Chianti (Siena)
Tel. 0577-73 83 21 - Fax 0577-73 83 21
Giorgio und Lele Bianchi Vitali

Geschlossen Dezember bis Ostern **1 Appartement** m. Küche, Salon, 2 Zi., Tel., Bad od. Dusche, WC **Preise** App. f. 1 Woche: 1100-1250000 L **Verschiedenes** Hunde erlaubt - Parkpl. **Kreditkarten** Amex, Visa, Eurocard, MasterCard **Umgebung** Siena - Chianti-Classico-Weine (N 222) - Impruneta (Winzerfest, Pferdemarktfest, Keramikherstellung: wundervolle Vasen) - San Gimignano - Florenz - Golf dell'Ugolino (18-Lochpl.) in Grassina.

Einen toskanischen Turm im Chianti zu mieten, gefällt bestimmt vielen. Es ist wirklich etwas ganz besonders Reizvolles. Von diesem innerhalb des Anwesens isoliert gelegenen Turm, der zu Beginn des 19. Jahrhunderts gebaut wurde, blickt man auf einen kleinen See und die ganze Umgebung. Die Hausbesitzer, die in der Nähe wohnen, haben diesem Turm, in dem vier Personen logieren können, Komfort verliehen. Im Erdgeschoß sind ein Salon und eine Einbauküche untergebracht. Jeder Schlafraum hat "seine" Etage, der im ersten Stock erfreut sich eines Badezimmers. Die Gestaltung ist einfach und rustikal, aber gepflegt. Wenn Sie im Urlaub nicht kochen möchten, können Sie durch Leles Vermittlung mit dem Familienrestaurant *Le Vigne* eine Halbpensions-Formel vereinbaren. Der Empfang ist freundlich und zuvorkommend. Für Ratschläge steht Ihnen die Familie Bianchi, die sich in der Region gut auskennt, jederzeit zur Verfügung.

Anreise (Karte Nr. 13): 54 km südl. von Firenze. A 1, Ausf. Firenze-Certosa, dann die Superstrada nach Siena, Ausf. San Donato in Poggio. Bis Castellina in Chianti fahren. Im Dorf beim Restaurant Villa Miranda Rtg. Canvalle bis zum Turm.

TOSKANA

Castello di Montalto

Montalto 53019 Castelnuovo Berardenga (Siena)
Tel. 0577-35 56 75 - Fax 0577-35 56 82 - Sig.ra Diana Coda-Nunziante
Web: http://www.montalto.it - E-mail: montalto@iol.it

Geschlossen vom 5. November bis 27. Dezember u. vom 7. Januar bis 15. März **7 Appartements** (2-6 Pers.) m. 1-3 Zi., Küche, Salon, Bad, WC (4 App. m. Tel., 1 App. m. TV) **Preise** App. f. 1 Woche: 3500-4000000 L (im Schloß), 750-2400000 L (im Dorf), 900-1200000 L (auf dem Bauernhof, 2 km) **Kreditkarten** Visa, Eurocard, MasterCard **Verschiedenes** Hunde auf dem Bauernhof erlaubt - Schwimmb., Tennis, Fahrräder - Parkpl. **Umgebung** Abtei Berardenga, Abtei Monteoliveto, Abtei Sant'Antimo - Castello di Brolio und Weinberge Chianti (Meleto) - Gaiole - Badia a Coltibuono - Radda und Castellina in Chianti **Kein Restaurant** im Hotel (siehe unsere Restaurantauswahl S. 522-523).

Das *Castello di Montalto* ist ein kleines, befestigtes Dorf für sich; sein Turm und seine authentischen, schönen Fassaden mit Mauerzinnen sind gut erhalten. Die Atmosphäre ist distinguiert, und geführt wird es von der amerikanischen Gattin des Besitzers, eines italienischen Grafen, der die Nebengebäude des Anwesens zu komfortablen Appartements umgebaut hat. Im Schloß selbst befindet sich das größte Appartement mit Zugang zum Terrassendach des Turmes. Ferner besteht die Möglichkeit, ein vollkommen unabhängiges Bauernhaus zu mieten; das ist rustikaler, liegt zwei Kilometer vom Schloß entfernt und ist gut ausgestattet (Telefon, Garage). Die Gestaltung ist je nach Haus unterschiedlich, aber auch die einfachen sind angenehm. Die meisten besitzen einen Kamin und einen kleinen Garten, in dem man frühstücken kann. Auf dem Bauernhof Öl, Honig, Eier und frisches Gemüse einzukaufen, ist sehr angenehm. Der Empfang ist diskret und freundlich. Wer die Natur liebt, wird hier wunschlos glücklich sein.

Anreise (Karte Nr. 13): 20 km östl. von Siena über die SS Siena-Perugia Rtg. Arezzo. An der Kreuzung Rtg. Bucine/Ambra; nach 3 km links den Weg nach Montalto (ca. 3 km).

TOSKANA

Hotel Villa Arceno

53010 San Gusmè - Castelnuovo Berardenga (Siena)
Tel. 0577-35 92 92 - Fax 0577-35 92 76
Sig. Mancini

Kategorie ★★★★ **Geschlossen** von November bis Februar **16 Zimmer** m. Klimaanl., Tel., Bad, WC, TV, Minibar; Aufzug **Preise** EZ u. DZ: 297000 L, 484000 L; Suiten: 650000 L - Frühst. inkl., von 7.30 bis 10.30 Uhr - HP: 340-490000 L (pro Pers.) **Kreditkarten** akzeptiert **Verschiedenes** Hunde nicht erlaubt - Schwimmb., Tennis, Mountainbikes - Parkpl. **Umgebung** Siena - Arezzo - Monte San Savino - Abtei am Monte Oliveto u. Kammstaße von Asciano nach Siena **Restaurant** von 13.00 bis 14.30 u. von 20.00 bis 22.00 Uhr - Menü: ab 90000 L - Karte - Toskanische Küche.

Aus Siena herauszufinden und nach Castelnuovo Berardenga zu gelangen, ist kein Problem, und man genießt dabei das Licht und eine Landschaft wie auf Sienaer Gemälden. Den Weiler San Gusmè am Ortsausgang zu finden, schafft man gerade noch, aber dann die *Villa Arceno* ausfindig zu machen, ist nicht leicht. Deshalb sucht man am besten gar nicht erst nach dem Haus, sondern nach einem großen Torbogen mit der Inschrift *Arceno*. Durchfahren Sie das Tor und folgen Sie der Straße durch Wald, Weinberge und Olivenhaine, und wenn Sie nicht irgendwann wenden, weil Sie meinen, sich verfahren zu haben, kommen Sie unweigerlich an. Das schöne Haus aus dem 17. Jahrhundert war einst der Jagdsitz einer reichen italienischen Familie; es liegt auf einem tausend Hektar großen Besitz, zu dem 19 Bauernhöfe gehören! Die Villa wurde zu einem wunderschönen Hotel umgebaut, und auch die Bauernhöfe wurden zur Freude der Gäste sorgfältig restauriert. Der Empfang ist höchst freundlich.

Anreise (Karte Nr. 13): 25 km östl. von Siena über die A 1, Ausf. Valdichiana oder Monte San Savino, Rtg. Monte San Savino bis Castelnuovo Berardenga, Ortsteil San Gusmè.

TOSKANA

Hotel Relais Borgo San Felice

San Felice
53019 Castelnuovo Berardenga (Siena)
Tel. 0577-35 92 60 - Fax 0577-35 90 89
Sig. Righi

Kategorie ★★★★ **Geschlossen** von November bis Februar **38 Zimmer** u. 12 Suiten m. Klimaanl., Tel., Bad, WC, TV, Minibar **Preise** EZ u. DZ: 305000 L, 450000 L; Suite: 650000 L - Frühst. inkl., von 7.30 bis 10.30 Uhr - HP u. VP: 340-440000 L, 510-530000 L **Kreditkarten** akzeptiert **Verschiedenes** Hunde nicht erlaubt - Schwimmb., Tennis - Parkpl. **Umgebung** Castello delle quattro torri dei Due Ponti - Castello di Brolio - Chianti-Weinstraße über Meleto, Gaiole, Badia a Coltibuoni, Radda u. Castellina in Chianti **Restaurant** von 12.30 bis 14.00 u. von 19.30 bis 21.30 Uhr - Menüs: 80-150000 L - Karte - Toskanische Küche.

Eine Postkartenidylle: der kleine Platz vor der Kappelle, die Gäßchen mit dem Kopfsteinpflaster, gesäumt von blumengeschmückten kleinen Häusern, kleine Gärten, Steintreppen, Fassaden, an denen wilder Wein emporrankt ... Das ist *Borgo San Felice*, ein toskanisches Dorf aus dem Mittelalter, das vollständig restauriert wurde und heute ein charmantes Luxushotel ist. Man hat wahrhaftig den Eindruck, sich in einem Dorf zu befinden, denn die landwirtschaftlichen Aktivitäten sind hier noch immer rege. Die Inneneinrichtung der Häuser ist überaus geschmackvoll: schöne Räume in Ockertönen, hübsche Möbel und viel Komfort. Das angenehme Schwimmbad, der geschulte Service und Empfang und eine exzellente Küche machen das *Borgo San Felice* zu einem Hotel, das wir mit sehr gutem Gewissen empfehlen können. Die Preise, die uns für dieses Jahr nicht übermittelt wurden, sollte man sich bestätigen lassen.

Anreise (Karte Nr. 13): 17 km östl. von Siena - in Siena SS Siena-Perugia, Rtg. Arezzo, nach 7 km links, Rtg. Montaperti.

TOSKANA

Albergo Sette Querce

53040 San Casciano dei Bagni (Siena)
Via Manciati, 2-5
Tel. 0578-58 174 - Fax 0578-58 041 - Mei Guglielmo
Web: http://www.evols.it/settequerce

Kategorie ★★★ **Geschlossen** im Januar **9 Zimmer** m. Klimaanl., Tel., Bad, WC, Satelliten-TV, Minibar **Preise** Zi.: 125-175000 L - Frühst. inkl., von 7.30 bis 10.30 Uhr - HP u. VP: 170-220000 L, 210-260000 L (pro Pers., mind. 3 Üb.) **Kreditkarten** Amex, Visa, Eurocard, MasterCard **Verschiedenes** Kleine Hunde erlaubt - Vereinbarungen mit dem Thermalort Fonteverde **Umgebung** Chiusi - Chianciano Terme - Montpulciano - Siena - Montalcino - Bagno Vignoli - Orvieto **Restaurant** *Bar Centrale:* von 13.00 bis 14.30 u. von 20.00 bis 23.00 Uhr - Menü: 50000 L - Karte - Toskanische Küche.

In der Toskana ist man eigentlich überall gut aufgehoben, ist das kulturelle und ökologische Erbe doch enorm; auch die an Umbrien grenzende etruskische Toskana birgt zahllose Schätze. Entdecken Sie mit diesem Landstrich eines der reizendsten, erst vor kurzem eröffneten kleinen Hotels mit Charme der Region. Die Innenausstattung wurde der Londoner Designer Guild anvertraut - unter der Leitung von Tricia Guild. Wer deren Arbeit kennt, erkennt auch hier ihre Farbpalette wieder. Die insgesamt neun Suiten sind auf der ersten Etage in Gelb gehalten, auf der zweiten in Blau mit Tupftechnik-Anstrich und Stoffen, deren Streifen, Karos und Rauten die Farben noch unterstreichen. Die Suiten sind ausnahmslos reizend und groß, haben eine Sitzecke und Jacuzzi-Bäder. Aufgrund der großen Panoramaterrasse bevorzugen wir Nr. 301 im Obergeschoß. Im Sommer wird das Frühstück im Garten unter den hundertjährigen Eichen serviert, die dem Hotel seinen Namen gaben. Die *Bar Centrale* am Dorfplatz ganz in Bonbonfarben kocht ursprünglich italienisch. Eine empfehlenswerte Adresse.

Anreise *(Karte Nr. 13): 80 km südl. von Siena, A 1, Ausf. Chiusi, dann S 321.*

TOSKANA

Hotel L'Antico Pozzo

53037 San Gimignano (Siena)
Via San Matteo, 87
Tel. 0577-94 20 14 - Fax 0577-94 21 17 - Sig. Marro und Sig. Caponi
Web: http://www.anticopozzo.com - E-mail: anticopozzo@iol.it

Kategorie ★★★ **Ganzj.** geöffn. **18 Zimmer** m. Klimaanl., Tel., Bad u. Dusche, Satelliten-TV, Minibar, Safe, Fön; Aufzug **Preise** EZ u. DZ: 145000 L, 200000 L; Suiten: 250000 L - Frühst. inkl. **Kreditkarten** akzeptiert **Verschiedenes** Hunde nicht erlaubt **Umgebung** San Gimignano: Stiftskirche, Piazza del duomo, Piazza della Cisterna - Etruskische Grabstätte von Pieve di Cellole - Kloster S. Vivaldo - Certaldo - Pinakothek, Capella della Visitazione (Fresken von B. Gozzoli) in Castelfiorentino - Florenz - Siena - Volterra - Golf Castelfalfi (18-Lochpl.) **Kein Restaurant** im Hotel (siehe unsere Restaurantauswahl S. 524).

Im Zentrum von San Gimignano haben zwei junge Leute mit Geschmack und Talent ein sehr schönes Gebäude aus dem 15. Jahrhundert zu neuem Leben erweckt. Ihre Fähigkeiten haben sie bei der Restaurierung des Hauses bewiesen, bei der die ursprüngliche Architektur bewahrt wurde und bis hin zu den Fresken und dem alten Brunnen im Hausinnern alles erhalten blieb. Der gute Geschmack findet sich auch in der perfekten Ausstattung des Hauses mit schönen alten Möbeln und hübschen Stoffen, die eine elegante, stilvolle Atmosphäre schaffen. Wir empfehlen die Zimmer zum Hof, in denen man garantiert ruhige Nächte verbringt, obwohl die meisten Touristen abends San Gimignano verlassen. Oder Sie verlangen das Fresken-Zimmer, das jedoch leider Blick auf die Feuerleiter hat - aber Sicherheit muß sein. Salon und Frühstückszimmer sind ebenfalls sehr einladend.

Anreise (Karte Nr. 13): 38 km nordöstl. von Siena, im Zentrum; zum Parkplatz an der Porta San Matteo: 100 m.

TOSKANA

Hotel La Cisterna

53037 San Gimignano (Siena)
Piazza della Cisterna, 24
Tel. 0577-94 03 28 - Fax 0577-94 20 80 - Sig. Salvestrini
E-mail: lacisterna@id.it

Kategorie ★★★ **Geschlossen** vom 11. Januar bis 9. März **47 Zimmer** u. 2 Suiten m. Tel., Bad od. Dusche, WC, Satelliten-TV, Safe **Preise** EZ u. DZ: 118000 L, 155-195000 L; Suiten: 220000 L - Frühst. inkl., von 7.30 bis 9.30 Uhr - HP u. VP: 123-143000 L, 157-177000 L (pro Pers.) **Kreditkarten** akzeptiert **Verschiedenes** Hunde nicht erlaubt - Parkpl. (20000 L) **Umgebung** San Gimignano: Stiftskirche, Piazza del duomo, Piazza de la Cisterna - Etruskische Grabstätte von Pieve di Cellole - Kloster S. Vivaldo - Certaldo - Pinakothek, Capella della Visitazione (Fresken von B. Gozzoli) in Castelfiorentino - Florenz - Siena - Volterra - Golf Castelfalfi (18-Lochpl.) **Restaurant** von 12.30 bis 14.30 u. von 19.30 bis 21.30 Uhr - Di u. Mi mittags geschl. - Menüs: 55-75000 L - Spezialitäten: Intercosta scaloppata al chianti - Specialita'ai funghi e ai tartufi, pasta fatta in casa, dolci freschiescechi.

Das *Cisterna* ist ein altes, schönes Hotel, liegt im Herzen der Stadt und trägt den Namen des Brunnens, der mit den Türmen zu den Sehenswürdigkeiten San Gimignanos zählt. Von dem alten Palast ist einiges erhalten geblieben, so der wunderbare Salon, dessen Architektur das schönste aller Dekors ist. Die eleganten Florentiner Möbel, die eine gediegene und komfortable Atmosphäre schaffen, sind aufs ganze Hotel verteilt. Vergessen darf man aber nicht *La Terrasse*, das Restaurant von *La Cisterna*, das sowohl für seine gute Küche als auch für seinen Panoramablick über das ganze Tal berühmt ist. Ein Hotel mit Qualitäten in einem kleinen Ort, der einige der besten Adressen der Toskana vorweisen kann.

Anreise (Karte Nr. 13): 38 km nordöstl. von Siena, im Zentrum.

TOSKANA

Hotel Bel Soggiorno

53037 San Gimignano (Siena)
Via San Giovanni, 91
Tel. 0577-94 03 75/94 31 49 - Fax 0577-94 03 75/94 31 49 - Sig. Gigli
Web: http://web.tin.it/san-gimignano - E-mail: pescille@iol.it

Kategorie ★★★ **Geschlossen** Vom 11. Januar bis 9. Februar **21 Zimmer** m. Klimaanl., Tel., Bad, WC, TV, 6 m. Minibar; Aufzug **Preise** DZ: 150000 L; Suiten: 200000 L - Frühst.: 15000 L, von 7.30 bis 10.00 Uhr - HP u. VP: ab 115000 L, ab 150000 L (pro Pers.) **Kreditkarten** akzeptiert **Verschiedenes** Hunde nicht erlaubt - Parkpl. - Garage (20000 L) **Umgebung** San Gimignano: Stiftskirche, Piazza del duomo, Piazza de la Cisterna - Etruskische Grabstätte von Pieve di Cellole - Kloster S. Vivaldo - Certaldo - Pinakothek, Capella della Visitazione (Fresken von B. Gozzoli) in Castelfiorentino - Florenz - Siena - Volterra - Golf Castelfalfi (18-Lochpl.) **Restaurant** m. Klimaanl., von 12.00 bis 14.30 u. von 19.30 bis 21.30 Uhr - Vom 10. Januar bis 28. Februar geschl. - Menü: 45-80000 L - Karte - Traditionelle Küche von San Gimignano.

Dieses wunderbare Haus aus dem 13. Jahrhundert liegt mitten in San Gimignano und wird seit fünf Generationen von der Familie geführt, die sich auch um *Le Pescille* kümmert. Der Empfang ist sehr freundlich, aber die Zimmer variieren stark: einige gehen zur Straße, andere bieten einen wundervollen Balkon mit Blick über das offene Land (Nr. 1, 2 und 6). Auch vom Restaurant aus hat man diesen außergewöhnlichen Ausblick, und nebenbei speist man dort auch sehr gut: seine exzellente traditionelle Küche hat nämlich den Ruf des *Bel Soggiorno* begründet.

Anreise *(Karte Nr. 13): 38 km nordöstl. von Siena, im Zentrum.*

TOSKANA

La Collegiata

Strada Nr. 27 - 53037 San Gimignano (Siena)
Tel. 0577-94 32 01 - Fax 0577-94 05 66
Sig. S. Perko

Geschlossen im Januar **22 Zimmer** m. Klimaanl., Tel., Bad, Satelliten-TV, Minibar, Safe **Preise** DZ: 550-670000 L; Suiten: 670-780000 L - Frühst. inkl., von 7.30 bis 10.30 Uhr **Kreditkarten** akzeptiert **Verschiedenes** Kleine Hunde erlaubt - Schwimmb. - Parkpl. **Umgebung** San Gimignano: Stiftskirche, Piazza del duomo, Piazza de la Cisterna - Etruskische Grabstätte von Pieve di Cellole - Kloster S. Vivaldo - Certaldo - Pinakothek, Capella della Visitazione (Fresken von B. Gozzoli) in Castelfiorentino - Florenz - Siena - Volterra - Golf Castelfalfi (18-Lochpl.) **Restaurant** von 12.30 bis 14.00 u. von 19.30 bis 22.00 Uhr - Menü u. Karte - Kreative toskanische Küche.

Dieses ehemalige Franziskanerkloster wurde 1587 auf Wunsch der Bewohner von San Gimignano erbaut. Es ist ein sehr schönes Bauwerk aus *pierra serena* und rotem Backstein und erhebt sich vor einem Hintergrund aus Zypressen. Der italienische Garten und das von einem Rasen umgebene große Schwimmbad laden dazu ein, die Natur zu genießen. Am Kreuzgang, der den gleichen Brunnen wie die Piazza della Sisterna besitzt, wurden die Rezeption und die Salons untergebracht. Die gewählten Möbel und Stoffe verleihen diesen Räumen viel Eleganz. Das Restaurant liegt in der ehemaligen Kapelle, was beim Genießen der regionalen Jahreszeiten-Spezialitäten eine beinahe andächtige Stimmung schafft. Im Turm befindet sich eine Suite mit einem 190°-Blick, aber wegen ihres enormen Jacuzzi im Hauptraum ist es nicht dieses Zimmer, das wir bevorzugen. Die anderen Gästezimmer sind nicht so aufreizend, sondern hübsch, groß und komfortabel. Guter Service.

Anreise (Karte Nr. 13): 38 km nordöstl. von Siena; 2 km von San Gimignano Rtg. Certaldo.

TOSKANA

Villa San Paolo

53037 San Gimignano (Siena)
Tel. 0577-95 51 00 - Fax 0577-95 51 13
Sig. Squarcia
Web: http://www.sangimignano.com - E-mail: sanpaolo@iol.it

Kategorie ★★★★ **Geschlossen** vom 10. Januar bis 10. Februar **18 Zimmer** m. Klimaanl., Tel., Bad, WC, Satelliten-TV, Minibar, Aufzug; Eingang f. Behinderte **Preise** EZ u. DZ: 115-215000 L, 190-340000 L - Frühst. inkl., von 7.30 bis 10.30 Uhr **Kreditkarten** akzeptiert **Verschiedenes** Hunde nicht erlaubt - Schwimmb., Tennis, Tischtennis - Parkpl. **Umgebung** San Gimignano: Stiftskirche, Piazza del duomo, Piazza de la Cisterna - Etruskische Grabstätte von Pieve di Cellole - Kloster S. Vivaldo - Certaldo - Pinakothek, Capella della Visitazione (Fresken von B. Gozzoli) in Castelfiorentino - Florenz - Siena - Volterra - Golf Castelfalfi (18-Lochpl.) **Restaurant** *Leonetto* des Hotels *Le Renaie* - Menü u. Karte.

Die Besitzer des benachbarten Hotels *Le Renaie* haben aus dieser schönen Villa ein angenehmes kleines Hotel in der Umgebung von San Gimignano gemacht. Die wenigen Zimmer sind klimatisiert und bieten einen tadellosen Komfort. Die Gestaltung ist freundlich und einladend, und man fühlt sich an einen Wintergarten erinnert. Im großen Garten mit Pinien und Olivenbäumen liegt ein wunderschönes Schwimmbad. Von dort hat man einen unvergeßlichen Ausblick auf die Landschaft und die Türme von San Gimigniano. Kein Restaurant im Hotel, aber die Möglichkeit, im *Leonetto*, dem Restaurant des *Renaie*, zu speisen.

Anreise (Karte Nr. 13): 38 km nordöstl. von Siena; 5 km nördl. von San Gimignano, an der Straße nach Certaldo.

Hotel Le Renaie

53037 San Gimignano - Pancole (Siena)
Tel. 0577-95 50 44 - Fax 0577-95 51 26
Sig. Sabatini

Kategorie ★★★ **Geschlossen** vom 5. November bis 5. Dezember **25 Zimmer** m. Klimaanl., Tel., Bad, WC, Satelliten-TV, Safe, Minibar **Preise** EZ u. DZ: 100000 L, 135-180000 L - Frühst.: 15000 L, von 8.00 bis 10.00 Uhr - HP: 125-140000 L (pro Pers., mind. 3 Üb.) **Kreditkarten** akzeptiert **Verschiedenes** Hunde erlaubt - Schwimmb. (15. Mai bis 15. September), Tennis - Parkpl. **Umgebung** San Gimignano: Stiftskirche, Piazza del duomo, Piazza de la Cisterna - Etruskische Grabstätte von Pieve di Cellole - Kloster S. Vivaldo - Certaldo - Pinakothek, Capella della Visitazione (Fresken von B. Gozzoli) in Castelfiorentino - Florenz - Siena - Volterra - Golf Castelfalfi (18-Lochpl.) **Restaurant** von 12.30 bis 14.30 u. von 19.30 bis 22.00 Uhr - Di geschl. - Menüs: 30-60000 L - Karte - Spezialitäten: Coniglio alla vernaccia - Piatti al tartufi - Piatti agli asparagi e ai funghi.

Auf dem Land, aber ganz in der Nähe von San Gimignano, steht dieses Haus neueren Datums, das jedoch mit Materialien und in den Farben der traditionellen toskanischen Bauten errichtet wurde: Backstein, Ziegel, Terrakotta und Holz bilden ein harmonisches, blaßrosa und eierschalfarbenes Ganzes. Der moderne Salon hat einen großen Kamin und eine nette kleine Bar und öffnet sich auf eine Galerie; inmitten von Blumen und Pflanzen kann man dort aufs angenehmste frühstücken oder den Aperitif einnehmen. Die Zimmer sind hübsch und behaglich, aber Sie sollten versuchen, eines von jenen zu bekommen, die außerdem eine Terrasse mit Ausblick haben.

Anreise (Karte Nr. 13): 38 km nordöstl. von Siena; 6 km nordwestl. von San Gimignano bis Pieve di Cellole, dann Pancole.

TOSKANA

Villa Remignoli

Casaglia Nr. 25 - 53037 San Gimignano (Siena)
Tel. und Fax 0577-95 00 48
Renato und Maria Faresi

Geschlossen von November bis Ostern **6 Zimmer** m. Dusche **Preise** DZ: 145-160000 L - Frühst. inkl., von 8.00 bis 10.30 Uhr **Kreditkarten** nicht akzeptiert **Verschiedenes** Hunde nicht erlaubt - Schwimmb., Tennis (15000 L) - Parkpl. **Umgebung** San Gimignano - Etruskische Grabstätte von Pieve di Cellole - Kloster S. Vivaldo - Certaldo - Castelfiorentino - Florenz - Siena - Volterra - Golf Castelfalfi (18-Lochpl.) **Germeins. Essen** auf Best. - Menüs: 15000 L (mittags), 30000 L (abends).

Zur *Villa Remignoli*, ganz von Weinbergen umgeben und auf einem der Hügel San Gimignano gegenüber erbaut, gelangt man zum Schluß über einen Feldweg. Die Hauptaktivitäten der Gastgeber sind zwar der Weinbau, aber es macht ihnen auch viel Freude, in ihrem Haus Menschen auf der Durchreise aufzunehmen. Das Erdgeschoß des Hauses hat nach wie vor seine alten Steine, das erste Stockwerk jedoch, in dem die Gästezimmer liegen, wurde vollkommen renoviert. Die Zimmer von mittlerer Größe sind sehr gepflegt und wurden sorgfältig mit regionalem Mobiliar, hübschen geblümten Tagesdecken und bestickten Deckchen gestaltet. Die Bäder sind nicht sehr groß, haben aber guten Komfort (das Bad eines einzigen Zimmers liegt außerhalb). Das besonders reichhaltige Frühstück wird mit hiesigem Schinken in der alten Küche serviert. Vom unterhalb installierten Schwimmbad blickt man auf die berühmten Türme. Auf Wunsch können Ihnen kleine Gerichte zubereitet werden. Wenn Sie Lust haben, können Sie auf der kleinen Panoramaterrasse des Gartens auch zu Abend essen. Tennis, Ausritte, Besichtigungen ... ein echtes Urlaubsprogramm.

Anreise (Karte Nr. 13): Hinter dem Supermarkt SUPERAL von San Gimignano Rtg. Ulignano, dann Casaglia u. Remignoli (1 km) ausgeschildert.

TOSKANA

Il Casale del Cotone

Il Cotone
53037 San Gimignano (Siena)
Tel. und Fax 0577-94 32 36

Ganzj. geöffn. **6 Zimmer** u. 3 App. m. Dusche, WC, Satelliten-TV, Minibar **Preise** EZ u. DZ: 120000 L, 140000 L; Suiten: 160000 L - Frühst.: 10000 L, von 8.00 bis 10.30 Uhr - HP: 210-260000 L **Kreditkarten** Amex, Visa, Eurocard, MasterCard **Verschiedenes** Hunde erlaubt - Mountainbikes - Parkpl. **Umgebung** San Gimignano: Stiftskirche, Piazza del duomo, Piazza de la Cisterna - Etruskische Grabstätte von Pieve di Cellole - Kloster S. Vivaldo - Certaldo - Pinakothek, Capella della Visitazione (Fresken von B. Gozzoli) in Castelfiorentino - Florenz - Siena - Volterra - Golf Castelfalfi (18-Lochpl.) **Kein Restaurant** im Hotel (Siehe unsere Restaurantauswahl S. 524).

Diese gute, neue Adresse in San Gimignano sollte man sich nicht entgehen lassen - auch dann nicht, wenn es ihrer viele gibt. Die kleine, zwischen Siena, Florenz und Pisa gelegene Stadt ist ein guter Ausgangspunkt zum Kennenlernen der berühmten Region. *Il Casale del Cotone* ist ein von 30 Hektar Weinbergen und Olivenhainen umgebenes Bauernhaus aus dem 18. Jahrhundert. Kürzlich wurden einige Gästezimmer für zwei oder drei Personen eingerichtet, ferner zwei Mini-Appartements mit einem separaten Eingang für Familien. Die Ausstattung mit einigen alten Möbelstücken ist ländlich, die ganz neuen Duschen haben jeglichen Komfort. Je nach Jahreszeit können Sie das Frühstück entweder im Jagdzimmer oder im Garten einnehmen. Die Gastgeber legen großen Wert auf eine gute Betreuung - mit einem Bar-Service praktisch rund um die Uhr - und servieren Ihnen auf Wunsch auch kleine Gerichte. San Gimignano liegt aber nur zwei Kilometer weiter, und der Abend ist wirklich die beste Zeit zum Entdecken dieses kleinen "Wallfahrtsortes". Für den Sommer '99 ist ein Schwimmbad geplant. Lassen Sie es sich bei der Reservierung eventuell bestätigen.

Anreise (Karte Nr. 13): 2 km von San Gimignano, Rtg. Certaldo.

Il Casolare di Libbiano

Libbiano 53037 San Gimignano (Siena)
Tel. und Fax 0577-94 60 02
Sig. Bucciarelli und Sig.ra Mateos

Geschlossen von November bis März **5 Zimmer** m. Dusche, WC u. 1 Suite m. Bad, WC, Salon, Terrasse **Preise** DZ: 230000 L; Suiten: 300000 L - Frühst. inkl., von 8.30 bis 10.00 Uhr - HP: 280000 L (im DZ, 2 Pers.), 350000 L (Suite, 2 Pers.) **Kreditkarten** Visa, Eurocard, MasterCard **Verschiedenes** Hunde nicht erlaubt - Schwimmb., Mountainbikes - Parkpl. **Umgebung** San Gimignano: Stiftskirche, Piazza del duomo, Piazza de la Cisterna - Etruskische Grabstätte von Pieve di Cellole - Kloster S. Vivaldo - Certaldo - Pinakothek, Capella della Visitazione (Fresken von B. Gozzoli) in Castelfiorentino - Florenz - Siena - Volterra - Golf Castelfalfi (18-Lochpl.) **Restaurant** ab 20.00 Uhr - Karte - Toskanische Küche.

San Gimignano verläßt man über die Straße von Certaldo und fährt solange durch die Landschaft des Val d'Elsa, bis man den kleinen Hügel mit der Kirche von Cellole erblickt. Nach einigen Kilometern erreicht man in Libbiano das *Casolare*. Dem dynamischen Gastgeber-Paar ist es zu verdanken, daß dieses alte Bauernhaus heute ein freundliches, komfortables und authentisches Haus mit besonders aufmerksamem Empfang ist. Und wenn die Gastgeber von dieser Gegend sprechen, deren Vorzüge sie mit Ihnen teilen möchten, ist viel Wärme zu spüren. Küche, Wein und Kultur sind hier von großem Interesse, aber auch die herrlichen, vom organisierten Tourismus noch bewahrten Abteien von San Antimo und San Galgano.

Anreise (Karte Nr. 13): 8 km von San Gimignano, Rtg. Gambassi, Weg nach Libbiano links.

TOSKANA

Hotel Pescille

Pescille 53037 San Gimignano (Siena)
Tel. 0577-94 01 86- Fax 0577-94 31 65
Fratelli Gigli
Web: http://web.tin.it/san-gimignano - E-mail: pescille@iol.it

Kategorie ★★★ **Geschlossen** im Januar u. Februar **50 Zimmer** m. Tel., Bad, WC, 12 m. Klimaanl., Satelliten-TV u. Minibar **Preise** DZ: 150-240000 L - Frühst: 15000 L, von 8.00 bis 9.30 Uhr **Kreditkarten** akzeptiert **Verschiedenes** Hunde nicht erlaubt - Schwimmb., Tennis (10000 L) - Parkpl. **Umgebung** San Gimignano: Stiftskirche, Piazza del duomo, Piazza dela Cisterna - Etruskische Grabstätte von Pieve di Cellole - Kloster S. Vivaldo - Certaldo - Pinakothek, Capella della Visitazione (Fresken von B. Gozzoli) in Castelfiorentino - Florenz - Siena - Volterra - Golf Castelfalfi (18-Lochpl.) **Kein Restaurant** im Hotel (siehe unsere Restaurantauswahl S. 524).

Die Türme San Gimignanos zählen zu den bedeutendsten Sehenswürdigkeiten der Toskana. Das ein wenig abgelegene *Pescille* ist ein ehemaliges rustikales Bauernhaus, das seit mehreren Jahren als Hotel dient, aber vor kurzem renoviert wurde und alle Annehmlichkeiten besitzt, mit denen ein Hotel im Zentrum nicht dienen kann: Garten, Schwimmbad, Tennis. Der Ort ist angenehm, kühl und entspannend. In dem Labyrinth der kleinen Gärten kann man sich von den Ausflügen, die man tagsüber unternimmt, angenehm ausruhen. Die Gästezimmer bieten jeglichen wünschenswerten Komfort. Die Einrichtung ist, mit altem und modernem Mobiliar, schlicht-elegant. Ein angenehmes Landgasthaus.

Anreise (Karte Nr. 13): 38 km nordöstl. von Siena; 6 km von San Gimignano, Rtg. Castel San Gimignano-Volterra (3,5 km).

Casanova di Pescille

Pescille 53037 San Gimignano (Siena)
Tel. und Fax 0577-94 19 02
Roberto und Monica Fanciullini
Web: http://www.casanovadipescille.com - E-mail: pescille@casanovadipescille.com

Ganzj. geöffn. **8 Zimmer** u. 1 App. (2 Pers. m. Küche) m. Dusche, Satelliten-TV **Preise** EZ u. DZ: 110-120000 L, 120-130000 L, App: 170-180000 L (2 Pers.) - Frühst. inkl. **Kreditkarten** Visa, Eurocard, MasterCard **Verschiedenes** Hunde erlaubt - Parkpl. **Umgebung** San Gimignano: Stiftskirche, Piazza del duomo, Piazza dela Cisterna - Etruskische Grabstätte von Pieve di Cellole - Kloster S. Vivaldo - Certaldo - Pinakothek, Capella della Visitazione (Fresken von B. Gozzoli) in Castelfiorentino - Florenz - Siena - Volterra - Golf Castelfalfi (18-Lochpl.) **Kein Restaurant** im Hotel (siehe unsere Restaurantauswahl S. 524).

Für lange Aufenthalte, für nicht gerade prall gefüllte Geldbörsen und für junge Leute ist diese Adresse nur zwei Kilometer von San Gimignano genau richtig. Die Eigentümer dieses Bauernhofs, der außer gutem Olivenöl auch den Vernaccia, den "kleinen" Weißwein von San Gimignano produziert, haben einige Gästezimmer eingerichtet. Das Haus ist einfach und hat einen netten, gepflegten Garten, in dem Hortensien in riesigen Töpfen blühen. Die Gestaltung des Erdgeschosses entspricht ganz und gar nicht unserem Geschmack, die Zimmer hingegen sind schlicht, aber hübsch eingerichtet; besonders groß sind sie nicht, aber der Komfort ist ausreichend. In dem kleinen Haus mit Kochnische ist man vollkommen unabhängig. Der Pluspunkt: die wunderbare Aussicht auf die 13 Türme von San Gimignano von den Zimmern aus, aber erst recht von der Terrasse voller Bambusgewächse. Und was will man mehr, wenn einem zudem von der Gastgeberin ein Glas Weißwein serviert wird?

Anreise (Karte Nr. 13): 38 km nordöstl. von Siena; 5 km nördl. von San Gimignano, auf der Straße nach Volterra: nach 2 km links.

TOSKANA

Azienda Lucignanello Bandini

Lucignanello d'Asso 53020 San Giovanni d'Asso (Siena)
Tel. 0577-80 30 68 - Fax 0577-80 30 82
Angelica Piccolomini Naldi Bandini
Web: http://www.nautilus-mp.com/piccolomininaldi - E-mail: piccolomini@comune.siena.it

Ganzj. geöffn. **5 Häuser** m. Küche, Salon, 2-4 Zi., Bad, TV **Preise** 1 Woche: "Casa Severino" (f. 2-4 Pers.): 1400-1600000 L; "Amadeo" (f. 4-6 Pers.), "Clementina" (f. 2-4 Pers.), "Remo" (f. 2-4 Pers.): 1800-2000000 L; "Sarageto" (f. 7 Pers.): 4500-5000000 L **Kreditkarten** Diners, Visa, Eurocard, Master-Card **Verschiedenes** Hunde erlaubt **Umgebung** Val d'Orcia: Pienza, Montepulciano, Monticchiello, Montalcino, Abtei Sant'Antimo, Terme in Bagno Vignoni, Collegiata San Quirico d'Orcia, Castiglione d'Orcia, Rocca d'Orcia, Campiglia d'Orcia - Abtei Sant'Anna Camprena - Abtei Monte Oliveto Maggiore.

Wenn Sie von toskanischen Häusern, Licht und von den typischen Siena-Landschaften träumen, dann sollten Sie sich einen Aufenthalt im Weiler Lucignano d'Asso gönnen, wo fünf Häuser sehr geschmackvoll eingerichtet wurden. Sie haben luxuriöse, sehr komfortable Haushalts- und sanitäre Einrichtungen und viel Charme. Signora Lippi erzählte uns, daß ein Gast, der einige Tage in der "Casa Severino" (es ist das kleinste Haus, aber auch das mit der schönsten Aussicht) verbringen wollte, neun Jahre geblieben ist. Das größte, "Casa Sarageto", ist sehr beeindruckend mit seinem großen Balkon und seinem ausgefallenen Mobiliar, seinen superben Zimmern, seinem Garten und seinem eigenen Schwimmbad. Was die Verpflegung betrifft, so gibt es einen kleinen, sehr "typischen" Laden, der regionale Produkte anbietet, und man kann dort sogar zu Mittag essen. Wer derart angenehm wohnt, kann sich zudem ganz dem Hochgefühl hingeben, das die Natur und die Kunst der Toskana verleihen.

Anreise (Karte Nr. 13): 35 km südl. von Siena, Rtg. Montalcino-S., Quirico d'Orcia. Ab Torrenieri Rtg. S. Giovanni d'Asso. Auf halbem Weg rechts nach Lucignano d'Asso, dann Lucignanello Bandini.

TOSKANA

Locanda dell'Amorosa

L'Amorosa
53048 Sinalunga (Siena)
Tel. 0577-67 94 97 - Fax 0577-63 20 01 - Sig. Citterio
Web: dimorestoriche.it/amorosa - E-mail: locanda.amorosa@interbusiness

Kategorie ★★★★ **Geschlossen** vom 7. Januar bis 5. März **12 Zimmer** u. 5 Suiten m. Klimaanl., Tel., Bad, WC, TV, Minibar **Preise** Standard: 380000 L; Superior: 440000 L; Junior-Suite: 510000 L; Suiten: 580000 L - Frühst. inkl., von 7.30 bis 10.30 Uhr **Kreditkarten** akzeptiert **Verschiedenes** Hunde nicht erlaubt - Parkpl. **Umgebung** Stiftskirche di San Martino u. Kirche von S. Croce de Sinalunga - Museo Civico, Palazzo Comunale, Kirche Madonna della Querce in Lucignano - Monte San Savino (loggia) - Arezzo - Siena **Restaurant** von 12.30 bis 14.30 u. von 20.00 bis 21.30 Uhr - Mo u. Di mittags außer für Hausgäste geschl. - Karte - Regionale "Nouvelle Cuisine" - sehr gute Auswahl italienischer Weine.

Nach einer Anreise durch die Ebene, in der Piero della Francesca geboren wurde, führt eine Zypressenallee zum Eingang der *Locanda*. Passieren Sie das Tor und erfreuen Sie sich am Anblick der alten Gebäude aus Ziegel und rosa Terrakotta aus Siena. Hier, an der Grenze zwischen Umbrien und der Toskana, befindet man sich in einem der schönsten Gasthäuser Italiens. Dieses Hauses, dem es selbstverständlich auch an Komfort nicht mangelt, kann vor allem Stil und Ruhe vorweisen. Die Küche ist ausgezeichnet, viele Produkte stammen aus der eigenen *fattoria*, und die Weine der Region sind mit Bedacht ausgewählt. Ein Haus, das Sie sich wirklich gönnen sollten.

Anreise (Karte Nr. 13): 40 km südöstl. von Siena über die SS 326; über die A 1, Ausf. Val di Chiana; 2 km südl. von Sinalunga im Ort L'Amorosa.

TOSKANA

La Frateria

53040 Cetona (Siena)
Convento San Francesco
Tel. 0578-23 80 15 / 23 82 61 - Fax 0578-23 92 20
E-mail: frateria@ftbcc.it

Kategorie ★★★★ **Geschlossen** vom 5. November bis 5. Dezember **7 Zimmer** m. Bad, WC **Preise** EZ u. DZ: 240000 L, 360000 L; Suiten: 480000 L - Frühst. inkl., von 7.30 bis 10.00 Uhr **Kreditkarte** Amex im Restaurant - Visa, Eurocard, MasterCard **Verschiedenes** Hunde nicht erlaubt - Pakpl. **Umgebung** Montepulciano - Monticchiello - Montalcino - Terme de Bagno Vignoli - Dörfer des Val d'Orcia (Castiglione d'Orcia, Rocca d'Orcia, Ripa d'Orcia, Campiglia d'Orcia) - Pienza - Stiftskirche San Quirico d'Orcia - Museo Nazionale Etrusco in Siusi - Chianciano Terme - Siena **Restaurant** um 13.00 u. 20.00 Uhr - Di geschl. (außer auf Reserv.) - Menü: 120000 L - Regionale Küche.

Vater der *Frateria* ist der Franziskanerpater Padre Eligio, der beschloß, ein verlassenes Kloster mit Hilfe einer Gemeinschaft von Jugendlichen in Schwierigkeiten ("Mondo X") zu restaurieren. Das Ergebnis ist bemerkenswert und Zeugnis eines erstaunlichen Einsatzes. Nach umfangreichen Arbeiten hat das Kloster nun wieder seine Kappellen und lorbeerbepflanzten Kreuzgänge, seine Meditationsräume und seit kurzem auch sein Refektorium. Der Garten versinkt in einem Meer von Klematis, Kamelien und Azaleen, die im Sommer Rosen und Kiwibäumen Platz machen. Außerdem wurde ein Restaurant eingerichtet. Die Küche bedient sich ausschließlich der Produkte des eigenen Bauernhofes und Gemüsegartens und bietet ausgezeichnete toskanische Spezialitäten. Die wenigen Zimmer sind sehr hübsch und verfügen über einen so gar nicht mönchischen Komfort. Was nicht weiter erstaunt, wenn man weiß, daß der Ordensgründer, der heilige Franz von Assisi, sehr lebensbejahend war.

Anreise (Karte Nr. 13): 89 km südl. von Siena, über die A 1, Ausf. Chiusi; Chianciano Terme, S 428bis nach Sarteano, Rtg. Cetona.

La Palazzina

Le Vigne 53040 Radicofani (Siena)
Tel. und Fax 0578-55 585
Sig.ra Nicoletta Innocenti

Geschlossen 2. Woche im November u. 3. Woche im März **10 Zimmer** m. Bad, WC **Preise** HP u. VP: 118-125000 L, 130-150000 L (pro Pers., mind. 2 Üb.) - Frühst. inkl., von 8.00 bis 10.00 Uhr **Kreditkarte** Amex, Visa, Eurocard, MasterCard **Verschiedenes** Hunde erlaubt (15000 L) - Schwimmb. - Parkpl. **Umgebung** Montepulciano - Monticchiello - Montalcino - Terme de Bagno Vignoli - Dörfer des Val d'Orcia (Castiglione d'Orcia, Rocca d'Orcia, Ripa d'Orcia, Campiglia d'Orcia) - Pienza - Collegiale San Quirico d'Orcia - Museo Nazionale Etrusco in Siusi - Chianciano Terme - Siena **Restaurant** von 12.45 bis 13.30 u. von 20.00 bis 20.30 Uhr - Menüs: 45-50000 L - Spezialitäten: Zuppe e vellutate di stagioni - Pici - Gnochetti agli aromi - Tagliolini d'orticaarrosto alla cannella o alla mentta - Mousse al limone - Musse e bavaresi con frutta di stagioni.

In einer Ecke der Toskana stießen wir auf das, was man das Paradies auf Erden nennen könnte: eine in mildes Licht getauchte grüne Hügellandschaft. Auf den Kuppen einige von Zypressen geschützte Bauernhöfe und Villen, so *La Palazzina*. Um die schöne *fattoria* kümmern sich vor allem Frauen, eine Muter und eine Tochter, Bianca und Nicoletta; auch die wunderschönen Gästezimmer tragen Frauennamen. In einer ausgesprochen raffinierten Atmosphäre ist man hier der Natur sehr nah. Bei gedämpfter Barockmusik werden Sie die einfachen Gerichte aus eigener Produktion genießen. Dazu gehört auch der köstliche Hauswein, über den Urbano viel zu erzählen weiß. Ungeahnte Annehmlichkeiten in der Gegend von Siena - jener der Maler Ambrogio Lorenzetti und Simone Martini.

Anreise (Karte Nr. 13): 80 km südl. von Siena über die A 1 Ausf. Chuisi-Chianciano Terme bis Sarteano. Am Platz links nach Radicofani. Am Kilometerstein 14 links Rtg. Celle sul Rigo. 1,5 km weiter, rechts, die Zypressenallee zur La Palazzina.

T O S K A N A

California Park Hotel

55042 Forte dei Marmi (Lucca)
ViaColombo, 32
Tel. 0584-78 71 21 - Fax 0584-78 72 68
Sig. Mario Viacava

Kategorie ★★★★ **Geschlossen** im Oktober **44 Zimmer** m. Klimaanl., Tel., Bad od. Dusche, WC, Satelliten-TV, Safe; Aufzug **Preise** DZ: 280-540000 L; Suiten: 480-1000000 L - Frühst. inkl., von 8.00 bis 10.00 Uhr - HP u. VP: 190-300000 L, 200-320000 L (pro Pers., mind. 3 Üb.) **Kreditkarten** akzeptiert **Verschiedenes** Hunde nicht erlaubt - Schwimmb. - Parkpl. **Umgebung** Dom von Carrara - Marmorbrüche: Cave di marmo di Colonnata, Cava dei Fantiscritti - Lucca - Pisa - Golf-Club Versiglialia (18-Lochpl.) **Restaurant** nur f. Hausgäste - von 12.30 bis 14.00 u. von 20.00 bis 21.30 Uhr - Menü u. Karte.

Ein bewaldeter Park schützt die drei Villen, aus denen sich das *California Park Hotel* zusammensetzt; es liegt im Wohnviertel dieses Badeortes, nur 300 Meter vom Strand. Es handelt sich um große moderne, das Schwimmbad umgebende Häuser mediterranen Stils. Die Einrichtung der hellen Gästezimmer ist zwar sehr zweckmäßig, aber angenehm. Die meisten haben einen Balkon, eine Terrasse oder liegen zu ebener Erde am Garten. Die Küche ist traditionell und gepflegt. Gespeist wird in einem Restaurant, das sich weit auf die Bäume und die Blumenbeete öffnet. Im wunderschönen Park wurden Tische und Liegestühle aufgestellt, damit man sich zurückziehen kann, wenn es am Schwimmbad zu lebhaft zugeht. Professioneller Empfang und Service.

Anreise (Karte Nr. 9): 35 km von Pisa über die A 12 (Genua/Livorno), Ausf. Versilia - Forte dei Marmi.

T O S K A N A

Hotel Byron

55042 Forte dei Marmi (Lucca)
Viale Morin, 46
Tel. 0584-78 70 52 - Fax 0584-78 71 52
Sig. Franco Nardini

Kategorie ★★★★★ **Ganzj.** geöffn. **24 Zimmer** u. 6 Suiten m. Klimaanl., Tel., Bad od. Dusche, WC, Satelliten-TV, Minibar; Aufzug **Preise** EZ u. DZ: 190-420000 L, 295-570000 L; Suiten: 505-990000 L - Frühst.: 40000 L, von 7.30 bis 12.00 Uhr - HP u. VP: 275-465000 L, 315-495000 L (pro Pers., mind. 3 Üb.) **Kreditkarten** akzeptiert **Verschiedenes** Hunde nicht erlaubt - Billard, Schwimmb. - Parkpl. **Umgebung** Dom von Carrara - Marmorbrüche: Cave di marmo di Colonnata, Cava dei Fantiscritti - Lucca - Pisa - Golf-Club Versiglia (18-Lochpl.) **Restaurant** von 13.00 bis 14.30 u. von 20.00 bis 21.30 Uhr - Menüs: 80000 L - Karte - Spezialitäten: Scampi in passatina di cannellini - Crêpes alla crema di asparagi - Risotto con zafferano - Scampi e zucchine - Pesce misto all'acqua pazza - Torta al limone.

Das *Byron*, dessen Terrassen nur einige Meter vom Meer entfernt liegen, besteht aus zwei Villen, die aus dem späten 19. Jahrhundert stammen. In einem ausgesprochenen Wohnviertel in Forte dei Marmi gelegen und von der Außenwelt durch viel Grün abgeschirmt, ist das *Byron* an diesem eher lebendigen Küstenstrich ein Hafen voller Ruhe und Annehmlichkeiten. Außerdem strahlt es die heitere, ruhige Atmosphäre der Häuser im Kolonialstil aus. Die Salons und Gästezimmer haben die Eleganz früherer Zeiten bewahrt, obwohl einiges zu erkennen gibt, daß das Haus unlängst zu einem Hotel umgestaltet wurde. Die Balkone gehen entweder aufs Meer oder auf einen großen Garten, in dem der schöne Swimmingpool liegt. Ein angenehmer Urlaubsort für Reisende, die über die erforderlichen Mittel verfügen.

Anreise (Karte Nr. 9): 35 km von Pisa über die A 12 (Genua/Livorno), Ausf. Versilia - Forte dei Marmi.

TOSKANA

Hotel Tirreno

55042 Forte dei Marmi (Lucca)
Viale Morin, 7
Tel. 0584-78 74 44 - Fax 0584-787 137
Sig.ra Daddi Baralla

Kategorie ★★★ **Geschlossen** von Oktober bis März **59 Zimmer** m. Tel., Bad od. Dusche, WC **Preise** EZ u. DZ: 114000 L, 193000 L - Frühst.: 16000 L, von 7.30 bis 11.00 Uhr - HP u. VP: 165-200000 L, 180-210000 L (pro Pers., mind. 2 Üb.) **Kreditkarten** akzeptiert **Verschiedenes** Hunde nicht erlaubt **Umgebung** Dom von Carrara - Marmorbrüche: Cave di marmo di Colonnata, Cava dei Fantiscritti - Lucca - Pisa **Restaurant** von 13.00 bis 14.00 u. von 20.00 bis 21.00 Uhr - Menüs: 60-80000 L - Karte - Toskanische Küche.

Das, was man von der Straße aus vom Hotel *Tirreno* sieht, kann einen schon verwirren: reinster Stil der Siebziger mit allem, was sofort ins Auge springt. Die eigentliche Überraschung aber liegt im Garten: eine alte Sommervilla aus dem 19. Jahrhundert, die seit fast 20 Jahren als Hotel dient. Ein Aufenthalt im *Tirreno* kommt wirklich nur in diesem Nebengebäude in Frage, und zwar in einem der Zimmer mit Balkon und Blick auf den hübschen Garten (Nr. 57, 58 und 60). Das Hotel liegt im Zentrum, in unmittelbarer Nähe des Strandes. Feiner Empfang und toskanische Küche.

Anreise (Karte Nr. 9): 35 km von Pisa über die A 12 (Genua/Livorno), Ausf. Versilia - Forte dei Marmi.

TOSKANA

Albergo Pietrasanta

55045 Pietrasanta (Lucca)
Via Garibaldi, 35
Tel. 0584-79 37 26 - Fax 0584-79 37 28 - Marisa Guiliano

1999

Kategorie ★★★★ **Geschlossen** von Oktober bis März **14 Zimmer** u. 8 Suiten m. Tel., Bad, WC, Satelliten-TV, Minibar, Safe **Preise** EZ u. DZ: 200-230000 L, 300-390000 L; Suite: 450-540000 L - Frühst. inkl., von 7.30 bis 15.00 Uhr **Kreditkarten** akzeptiert **Verschiedenes** Hunde auf Anfr. erlaubt - Fitneßcenter - Garage (30000 L) **Umgebung** Marina di Pietrasanta - Dom von Carrara - Marmorbrüche: Cave di marmo di Colonnata, Cava dei Fantiscritti - Lucca - Pisa - Viareggio (Strände) - Forte dei Marmi (Strände) - Golf-Club Versiglia (18-Lochpl.) **Kein Restaurant** im Hotel (Siehe unsere Restaurantauswahl S. 526).

Der Ort Pietrasanta, unweit von Carrara, ist nach wie vor aktiv in der Marmorindustrie. In zahlreichen Bildhauerschulen und -ateliers wird die Tradition fortgesetzt, und wenn Sie von einer gewissen Größe träumen, können Sie sich Ihre Büste nach dem Vorbild römischer Kaiser anfertigen lassen. Die an die Apuanischen Alpen angelehnte Stadt liegt nahe der Riviera della Versilia. Das Hotel, ganz bescheiden nennt es sich Albergo, befindet sich im Palazzo Barsanti-Bonetti, der aus dem 17. Jahrhundert stammt. Mit seinen beiden Karyatiden - die den Eingang einrahmen und die elegante Fassade in Rot und Grau prägen - ist es im historischen Zentrum leicht zu erkennen. Die Empfangsräume sind geräumig und haben einen schönen Mosaik- und Marmorfußboden. Bilder moderner Künstler und eine wunderschöne Karaffensammlung dekorieren den Salon, der auf eine Veranda und die wiederum auf einen Garten hinausgeht. Die Gästezimmer, einige besitzen Fresken und Himmelbetten, sind groß, luxuriös und haben Marmorbäder. Eine Flasche Likör und etwas zum Knuspern werden Sie auf Ihrem Zimmer vorfinden - eine kleine Aufmerksamkeit der Direktorin Marisa Giuliano.

Anreise (Karte Nr. 9): 30 km von Pisa über die A 12, Ausf. Versilia-Forte dei Marmi.

T O S K A N A

Hotel Rinascimento

55038 Santa Maria del Giudice (Lucca)
Tel. 0583-37 82 292 - Fax 0584-370 238
Cornelia Tersleeg

Kategorie ★★★ **Geschlossen** von Dezember bis Februar **17 Zimmer** (einige unter dem Dach m. Klimaanlage) m. Tel., Dusche, WC, Satelliten-TV **Preise** DZ in der Villa unter dem Dach: 190-215000 L; DZ in der Villa: 200-225000 L; DZ im nebengebäude: 120-150000 L - Frühst. inkl., von 7.30 bis 10.30 Uhr **Kreditkarten** akzeptiert **Verschiedenes** Hunde erlaubt - Schwimmb., Tennis - Parkpl. u. Garage **Umgebung** Roman. Kirchen von Santa Maria del Giudice - Lucca - Pisa - Golf-Club Versiglia (18-Lochpl.) **Restaurant** von 12.30 bis 13.30 u. von 19.30 bis 21.30 Uhr - Menü: 40000 L - Karte.

Das reizende Dorf Santa Maria del Giudice liegt genau zwischen Lucca und Pisa im fruchtbaren Serchio-Tal, das von der Garfagnana begrenzt wird und welches das Appeningebirge von den Apuanischen Alpen trennt. Die Villa *Rinascimento* (Renaissance) ist, wie ihr Name andeutet, ein wunderbares Beispiel der Architektur jener Sommerhäuser reicher Familien der damaligen Zeit. Diesem edlen Haus fehlen weder die rosa Steine noch die gewölbten Decken, noch die wunderbare Loggia mit harmonischen Arkaden, noch die Terrasse, von wo man eine wunderbare Aussicht auf die Weinberge und die Olivenbäume hat, von denen das Anwesen umgeben ist. Das Innere der Villa ist vom rustikalen Ambiente eines Hauses auf dem Land geprägt: traditionelle eiserne Betten, große regionale Schränke in den Zimmern mit Balkendecke und gekachelten Böden. Der modernere Anbau hat zwar weniger Charme, verfügt aber, mit Schwimmbad- und Tennisplatzbenutzung, über die gleich schöne Aussicht. Zehn Kilometer von zwei historischen toskanischen Städten entfernt, die kein Hotel mit Charme besitzen, ist diese Adresse von besonderem Interesse.

Anreise (Karte Nr. 9): 13 km südl. von Lucca über die S 12r; 9 km nördl. von Pisa.

TOSKANA

Hotel Plaza e de Russie

55049 Viareggio (Lucca)
Piazza d'Azeglio, 1
Tel. 0584-44 449 - Fax 0584-44 031
Sig. Claudio Catani

Web: http://www.versilia.toscana.it/plaza - E-mail: plaza@versilia.toscana.it

Kategorie ★★★★ **Ganzj.** geöffn. **52 Zimmer** m. Klimaanl., Tel., Bad od. Dusche, WC, Satelliten-TV, Minibar; Aufzug **Preise** EZ u. DZ: 160-240000 L, 240-360000 L; Suiten: 380-450000 L - Frühst.: 15000 L, von 7.00 bis 11.00 Uhr - HP u. VP: 160-235000 L, 190-275000 L (pro Pers., mind. 3 Üb.)
Kreditkarten akzeptiert **Verschiedenes** Hunde nicht erlaubt - Parkpl. **Umgebung** Lucca - Pisa - Dom von Carrara - Marmorbrüche: Cave di marmo di Colonnata, Cava dei Fantiscritti - Golf-Club Versiglia (18-Lochpl.) **Restaurant** von 12.30 bis 14.30 u. von 19.00 bis 22.30 Uhr - Menüs: 60-75000 L - Karte - Spezialitäten: Sparnocchi in passatino di finocchio - Stracci neri ai frutti di mare.

Das 1871 erbaute *Plaza e de Russie* war das erste Hotel Viareggios, eines kleinen Ferienortes, dem es trotz einem florierenden Tourismus gelungen ist, einiges von dem Charme zu bewahren, über den es zu Beginn des Jahrhunderts verfügt haben muß. Das Hotel, nur ein paar Schritte vom Meer und den Stränden entfernt, wurde vollkommen renoviert und mit zusätzlichem Marmor und weiteren Lüstern geschmückt. Die Zimmer sind jedoch schlicht und elegant und haben noch immer den Parkettboden von einst. Die im ersten Stock möglichst nicht nehmen, denn das Hotel geht zur bis spät abends lauten Promenade hinaus. Das Restaurant, in dem Sie alle möglichen Fischgerichte probieren können, verfügt über eine Terrasse mit bemerkenswertem Ausblick. Ein strategisch interessantes Quartier zum Besichtigen von Pisa, Lucca und der Region, ohne dabei auf die Annehmlichkeiten des Meeres zu verzichten.

Anreise (Karte Nr. 9): 25 km von Pisa über die A 12 (Genua/Livorno), Ausf. Viareggio.

T O S K A N A

Azienda Costa d'Orsola

Orsola
54027 Pontremoli (Massa Carrara)
Tel. und Fax 0187-83 33 32
Sig.ra Bezzi

Geschlossen vom 3. November bis 1. März **14 Zimmer** m. Tel., Dusche **Preise** DZ: 120-140000 L - Frühst. inkl. - HP: 85-105000 L (pro Pers., mind. 2 Üb) **Kreditkarten** Diners, Visa, Eurocard, Master-Card **Verschiedenes** Kleine Hunde erlaubt - Schwimmb., Tennis - Parkpl. **Umgebung** La Spezia u. Cinqueterra; Val Lunigiana; Aula, Villafranca in Lunigiana; Etrusk. Apennin: Berceto, Cassio, Bardone, Fornovo di Taro Collechio, Parma **Restaurant** von 20.00 bis 21.00 Uhr - mittags außer So geschl. - Menüs: 40-50000 L - Karte - Toskanische Küche.

Von der Straße, die die Toskana mit Ligurien verbindet (von Parma bis La Spezia), sollten Sie von der Gastfreundschaft dieses oberhalb von Pontremoli gelegenen Weilers profitieren. *Costa d'Orsola* ist ein großes altes Bauernhaus, das erst vor kurzem zu einem Hotel umgestaltet wurde. Die verschiedenen Gebäudeteile sind untereinander mit mehreren Treppen verbunden. Die schlichten, aber hübsch eingerichteten Zimmer bieten einen phantastischen Blick auf das Etruskische Apenningebirge und das Lunigiana-Tal. Dank der mit Produkten des Bauernhofs gereichten Hausmannskost werden Sie regionale Spezialitäten wie die köstliche *Testaroli*-Pasta kennenlernen. Alles sehr authentisch und ideal für Wanderungen und somit ein besonderer Tip für Naturfreunde.

Anreise (Karte Nr. 9): 35 km von La Spezia. A 15 (La Spezia/Parma), Ausf. Pontremoli, hinter der Mautstelle rechts u. sofort links Rtg. Costa d'Orsola.

T O S K A N A

Il Frassinello

56040 Montecatini Val di Cecina (Pisa)
Tel. und Fax 0588-300 80 - Handy: 0348-650 80 17
Sig.ra Elga Sclubach Giudici
E-mail: frassinello@sirt.pisa.it

Geschlossen von Oktober bis Ostern **3 Zimmer** u. 4 App. (2-6 Pers.) m. Bad od. Dusche **Preise** DZ: 150000 L (mind. 2 Üb.); App.: 750-1100000 L (1 Woche; -10% ab der 2. Woche) - Frühst.: 10000 L, von 8.00 bis 10.00 Uhr **Kreditkarten** akzeptiert **Verschiedenes** Hunde erlaubt - Parkpl. **Umgebung** Volterra - San Gimignano - Siena - Bibbona - Lucca - Marina di Cecina (am Meer) - Pisa - Vada **Kein Restaurant** im Hotel.

Il Frassinello ist ein besonders reizvolles Landgasthaus in dieser Region, die von wenigen Touristen aufgesucht wird. Hier, knapp 50 Kilometer von den berühmtesten Orten entfernt, werden Sie eine besonders authentische Toskana entdecken (auch wenn die Gastgeberin deutscher Abstammung ist). Dieses isoliert gelegene Bauernhaus empfängt seine Gäste in einem sympathisch-ländlichen Rahmen, dem es dennoch nicht an Komfort mangelt. Zudem ist es ungewöhnlich, denn hier befindet sich die größte Damhirschzucht Europas. Das bedeutet, daß Sie mit einer grandiosen und unverdorbenen Natur Bekanntschaft machen werden. Dennoch ist die Zivilisation nicht weit; auf den Rat der Gastgeberin hin können Sie in Restaurants in Querceto *(Locanda del Sole)*, in Saline di Volterra *(Al Vecchio Molino)*, in Cecina *(Scacciapensieri)* und in Volterra *(La Biscandola, da Nicola)* einkehren. Sollten Sie es vorziehen, im *Frassinello* zu bleiben, können Sie hier auf Vorbestellung zu Abend essen.

Anreise (Karte Nr. 12): 60 km nordwestl. von Siena über die SS (Rtg. Florenz), Ausf. Colle di Val d'Elsa-Süd, Rtg. Volterra, dann Monticatini Val di Cecina. A 12 (Genova/Grosseto) Ausf. S.P. Palazzi Nr. 68, Rtg. Volterra.

TOSKANA

Casetta delle Selve

56010 Pugnano
San Giuliano Terme (Pisa)
Tel. und Fax 050-85 03 59
Sig.ra Nicla Menchi

Geschlossen von November bis März **6 Zimmer** m. Bad od. Dusche u. WC **Preise** DZ: 105-120000 L - Frühst.: 15000 L, ab 9.00 Uhr **Kreditkarte** nicht akzeptiert **Verschiedenes** Hunde erlaubt - Parkpl. **Umgebung** Certosa di Calci - Pisa - Lucca - See u. Strände **Kein Restaurant** im Hotel (siehe unsere Restaurantauswahl S. 525).

Es wird Ihnen bestimmt gefallen, die Straße zu verlassen, um auf den kleinen duftenden Weg abzubiegen, der zur *Cassetta* hochführt - allerdings nur dann, wenn Sie nichts gegen eine kurvenreiche steinige Straße einzuwenden haben. Das lichtdurchflutete, von Oliven- und Kastanienbäumen umgebene Haus mit seinem wundervollen Blick über die Hügel der Toskana bis nach Gorgona und Korsika wird Sie begeistern. Dieses einfache Haus mit B&B-Ambiente, in dem Nicla Sie wie Freunde empfängt, ist sympathisch und freundlich. Die Künstlerin kümmert sich persönlich um die Gestaltung und den Komfort eines jeden Zimmers; Kopfkissen, Teppiche und selbstverständlich auch die Wandmalereien sind ihr Werk. Beim Frühstück, das man auf der herrlichen Terrasse mit Panoramablick einnimmt, wird man mit hausgemachten Konfitüren verwöhnt. Eine gute Adresse in der Nähe von Pisa, Lucca und anderen Sehenswürdigkeiten der Toskana.

Anreise (Karte Nr. 9): 10 km von Lucca. A 11, Ausf. Lucca, dann SS 12 od. 12bis (Rtg. San Giuliano Terme) bis Pugnano (zwischen Ripafrutta u. Molina di Quosa). In Pugnano die kleine Straße (nur zur Hälfte geteert) am Hügel, ausgeschildert.

TOSKANA

Grand Hotel Villa di Corliano

Rigoli 56010 San Giuliano Terme (Pisa)
Via Statale, 50
Tel. 050-81 81 93 - Fax 050-81 88 97
Sig. Agostini della Seta

Kategorie ★★★ **Ganzj.** geöffn. **18 Zimmer** m. Tel., 8 m. Bad, WC **Preise** DZ: 110-164000 L; Suite f. 4 Pers.: 280-300000 L - Frühst.: 18000 L, von 8.00 bis 10.00 Uhr **Kreditkarten** Visa, Eurocard, MasterCard **Verschiedenes** Hunde erlaubt **Umgebung** Santa Maria del Giudice - Pisa - Lucca **Restaurant** im Hotel - Spezialitäten: Fisch.

Villa di Corliano ist ein Juwel in einem schönen Schrein. Dieses Bauwerk eleganter, maßvoller Architektur liegt in einem großen, natürlich belassenen Park. Eine ansehnliche Wiese erstreckt sich vor dem Haus, das sich von den Wäldern und Hügeln im Hintergrund abhebt. Das Innere ist so, wie es immer war mit seinen Lüstern, Fresken und altem Mobiliar, aber zu allem hat man keinen Zugang - einiges bleibt pures Dekor. Die Gästezimmer sind schlichter, der Schloßherr ist jedoch manchmal etwas schwierig. Der Ort ist einzigartig und die Preise sind realistisch, d.h. sie berücksichtigen das tatsächliche Angebot. In diesem Haus sollte man wohnen, bevor es "unter Berücksichtigung seines Alters" restauriert und neu eingerichtet wird. Das Restaurant von *Villa di Corliano* ist empfehlenswert.

Anreise *(Karte Nr. 9): 8 km von Pisa über die SS 12bis Rtg. San Guiliano Terme, dann S 12 Rtg. Nordwesten bis Rigoli.*

TOSKANA

Albergo Villa Nencini

56048 Volterra (Pisa)
Borgo San Stefano, 55
Tel. 0588-86 386 - Fax 0588-80 601
Sig. Nencini

Ganzj. geöffn. **34 Zimmer** u. 1 Suite m. Tel., 31 m. Dusche u. WC, TV auf Wunsch, 21 m. Tel., Bad, WC, Satelliten-TV, einige m. Minibar; Eingang f. Behinderte **Preise** EZ u. DZ: 95000 L, 125000 L - Frühst.: 15000 L, von 7.00 bis 11.00 Uhr **Kreditkarten** Amex, Visa, Eurocard, MasterCard **Verschiedenes** Hunde erlaubt - Schwimmb. **Umgebung** Volterra: Piazza dei Priori, Dom, Museo Etrusco Guarnacci; Les Balze - San Gimignano - Lucignano - Siena - Florenz - Pisa **Kein Restaurant** im Hotel (siehe unsere Restaurantauswahl S. 526).

Im Herzen einer Toskana, die ganz anders ist als die um Florenz und im Chianti, aber genauso schön und noch unberührter, sollten Sie sich bis nach Volterra wagen, der antiken etruskischen Stadt, die übrigens im "Museo etrusco Guarnacci" eine eindrucksvolle Sammlung von Begräbnisurnen ausstellt. Aus dem Mittelalter gibt es noch die Befestigungsanlagen zu bewundern sowie die Piazza di Priori, eine der schönsten mittelalterlichen Plätze Italiens. *Villa Nencini* liegt außerhalb der Mauern, am Rand des Ortes, weshalb die Aussicht auf die Stadt von hier besonders eindruckvoll ist. Das Haus ist alt, eher unauffällig, aber einladend. Dank umfangreicher Bauarbeiten wurde ein weiterer Flügel mit moderneren und komfortableren Zimmern geschaffen. Die im Haus selbst sind besonders authentisch und traditionell. Ein hübscher Garten und ein Swimmingpool mit sehr schönem Panorama.

Anreise (Karte Nr. 12): 60 km nordwestl. von Siena, SS 272 oder A 1, Ausf. Colle di Val d'Elsa.

TOSKANA

Hotel Grotta Giusti

51015 Monsummano Terme (Pistoia)
Via Grotta Giusti, 17
Tel. 0572-51 165/6 - Fax 0572-51 269
A. D'Onofrio

Kategorie ★★★★ **Geschlossen** von Dezember bis Februar **70 Zimmer** m. Klimaanl., Tel., Bad, WC, TV; Aufzug **Preise** EZ u. DZ: 150-170000 L, 250-270000 L - Frühst. inkl., von 7.30 bis 10.00 Uhr - HP: 205-225000 L (1 Pers.), 160-180000 L (pro Pers. im DZ), VP: 215-235000 L (1 Pers.), 170-190000 L (pro Pers. im DZ, 3 Üb. mind.) **Kreditkarten** akzeptiert **Verschiedenes** Kleine Hunde erlaubt - Schwimmb. - Tennis - Thermalbad - Sauna - Fitneßcenter - Parkpl. **Umgebung** Montecatini - Serra Pistoiese - Pistoia - Villa Mansi bei Segromigno Monte - Lucca - Golf von Pievaccia (18-Lochpl., 60% Preisnachlaß) **Restaurant** von 12.30 bis 14.00 u. von 19.30 bis 21.00 Uhr - Menü: 55000 L - Karte - Toskanische Küche.

Der ehemalige Wohnsitz des reichen Dichters Giusti wurde um eine überwältigende Grotte herum gebaut, in der ein Bach fließt, dessen Wasser warm und blau ist. Verdi war oft zu Gast in diesem Haus, das heute ein Hotel mit angeschlossenem Fitneßcenter ist. Die Empfangsräume haben zum Teil die ursprüngliche Ausstattung bewahrt, die Zimmer sind jedoch zweckmäßig eingerichtet, und die im alten Gebäude mit Blick auf den Park sind bei weitem die angenehmsten. Erwähnenswert ist, daß alle Zimmer mit heißem Thermalwasser versorgt werden, und deshalb sollte man auch ein Zimmer mit Bad reservieren. Der schöne Park bietet ein Schwimmbad, einen Tennisplatz und einen Fitneß-Parcours. Ein idealer Ort zum Ausspannen.

Anreise (Karte Nr. 9): 37 km von Florenz, 13 km westl. von Pistoia über die A 11, Ausf. Montecatini, S 435 nach Monsummano Terme.

TOSKANA

Grand Hotel e La Pace

51016 Montecatini Terme (Pistoia)
Viale della Toretta, 1
Tel. 0572-758 01 - Fax 0572-784 51
Sig. Tongiorgi

Kategorie ★★★★★ **Geschlossen** von November bis März **136 Zimmer** u. 14 App. m. Klimaanl., Tel., Bad, WC, TV, Minibar; Aufzug **Preise** EZ u. DZ: 320-350000 L, 490-550000 L - Frühst.: 30000 L, von 7.30 bis 10.30 Uhr **Kreditkarten** akzeptiert **Verschiedenes** Hunde erlaubt (Zuschlag) - Beheizt. Schwimmb. - Sauna - Tennis - Health-Center - Parkpl. **Umgebung** Pescia - Kirche von Castelvecchio - Collodi - Lucca - Pistoia - Golf von Pievaccia u. Monsummano Terme (18-Lochpl.) **Restaurant** von 12.30 bis 14.00 u. von 20.00 bis 21.30 Uhr - Karte - Toskanische Küche.

Die kürzlich unternommene Restaurierung des *La Pace* hat der seit 1870 gebotenen Pracht dieses Palastes zum Glück keinen Abbruch getan. Geblieben sind die prächtigen Salons mit den dicken Teppichen, das große stilvolle Restaurant mit den halbkreisförmigen Doppelfenstern, die mehr als behaglichen Zimmer in harmonischen Pastelltönen - und die warme, gemütliche Atmosphäre des Ganzen. In dem wundervollen, zwei Hektar großen Park liegen das beheizte Schwimmbad und der Tennisplatz, die das Programm des hoteleigenen Health-Centers (Schlamm- und Ozonbäder, Sauna, Massagen und Algenkosmetik) abrunden.

Anreise (Karte Nr. 9): 49 km von Florenz; 15 km westl. von Pistoia über die A 11, Ausf. Montecatini.

TOSKANA

Villa Lucia 🌳

51010 Montevettolini (Pistoia)
Via dei Bronzoli, 144
Tel. 0572-61 77 90 - Fax 0572-62 88 17
Sig.ra Vallera

Geschlossen vom 15. November bis 15. April **10 Zimmer** m. Klimaanl., Tel., 1 m. Bad, 9 m. Dusche u. WC, 4 m. Kabel-TV **Preise** EZ u. DZ (mind. 2 Üb.): 160000 L, 260-360000 L; App.: 1500-3000000 L (1 Woche) - Frühst. inkl. **Kreditkarten** nicht akzeptiert **Verschiedenes** Hunde erlaubt - Kleine Schwimmb. **Umbebung** Florenz - Montecatini - Serra Pistoiese - Pistoia - Villa Mansi bei Segromigno Monte - Lucca - Golf von Pievaccia u. Monsumanno Terme (18-Lochpl.) **Restaurant** auf Reserv., morgens, nur f. Hausgäste, um 20.30 Uhr - Menüs: 30-50000 L.

Für Lucia war es Liebe auf den ersten Blick bei diesem ehemaligen Bauernhaus. Deshalb entschied sie sich, künftig in Europa zu leben. Die in Connecticut geborene Amerikanerin italienischer Abstammung führte lange ein italienisches Restaurant in den Vereinigten Staaten. Die Gäste der *Villa Lucia*, die schmucke Zimmer anbietet, sind international. Entspannte, natürliche Atmosphäre. Nicht selten sitzen die Gäste beim Aperitif oder gemeinsamen Abendessen (morgens bestellen) zusammen und profitieren von der bemerkenswerten kulinarischen Erfahrung der Gastgeberin. Die Sprachbarrieren verschwinden meist nach einem Glas Wein, oft wird sogar Freundschaft geschlossen, und wenn man das Haus mit Bedauern verläßt, verspricht man, zu schreiben und sich wiederzusehen ...

Anreise (Karte Nr. 9): 40 km von Florenz; 13 km westl. von Pistoia über die A 11, Ausf. Montecatini, S 435 bis Monsummano Terme, dann die kleine Straße nach Montevettolini.

TOSKANA

Il Convento

51030 Pontenuovo (Pistoia)
Via San Quirico, 33
Tel. 0573-45 26 51 / 2 - Fax 0573-45 35 78
Sig. Petrini

Ganzj. geöffn. **24 Zimmer** m. Tel., Bad, WC, TV **Preise** EZ u. DZ: 140000 L, 160000 L - Frühst.: 13000 L, von 7.30 bis 9.30 Uhr - HP u. VP: 130000 L, 160000 L (pro Pers., mind. 3 Üb.) **Kreditkarten** Visa, Eurocard, MasterCard **Verschiedenes** Hunde nicht erlaubt - Schwimmb. - Parkpl. **Umgebung** Pistoia - Ausflüge ab Maresca zum Lago Scaffaiolo u. zum Corno alle Scale (1 945 m) - Florenz - Lucca - Golf von Pievaccia u. Monsumanno Terme (18-Lochpl.) in Grassina **Restaurant** von 12.30 bis 14.30 u. von 19.30 bis 22.00 Uhr - Mo u. von Januar bis Ostern geschl. - Menüs: 55-60000 L - Karte - Toskanische Küche.

Dieses ehemalige Franziskanerkloster besitzt heute außer seinem Namen auch noch eine kleine Kappelle - und reichlich Ruhe. Das Hotel wird von einem großen, blühenden Garten umgeben. Das etwas altmodische *Convento* ist nicht ohne Charme, und wenn es auch eine Modernisierung vertragen könnte, ist es doch ein angenehmer Ausgangspunkt für Touren nach Pistoia und in die nördliche Toskana mit den prächtigen florentinischen Renaissance-Villen. Den Gästen steht ein schön angelegtes Schwimmbad oberhalb des Gartens zur Verfügung. Die Küche des Restaurants ist traditionell und toskanisch.

Anreise (Karte Nr. 9): 40 km von Florenz; 5 km östl. von Pistoia Rtg. Montale nach Pontenuovo.

TOSKANA

Le Pisanelle

58014 Manciano (Grosetto)
Strada Provinciale Nr. 32, km 3,9
Tel. 0564-62 82 86 - Fax 0564-62 58 40
Roberto und Milly Maurelli

Geschlossen vom 10. bis 25. Januar u. vom 5. bis 20. Juli **5 Zimmer** m. Tel., Bad od. Dusche, Fön, WC, TV, Minibar **Preise** EZ u. DZ: 140-160000 L, 160-180000 L - Frühst. inkl., von 8.00 bis 10.00 Uhr - HP: 115-135000 L (pro Pers., mind. 3 Üb.) **Kreditkarten** akzeptiert **Verschiedenes** Kleine Hunde erlaubt - Sauna - Parkpl. **Umgebung** Etruskisches Land: Viterbo, Tarquinia, Le Argentaire, Cerveteri, Véio - Isola Bisentina - Lago di Bolsena - Golf "Le Querce" (18 Lochpl.) in Viterbo **Restaurant** von 20.00 bis 20.30 Uhr - So u. Mo geschl. - Menü: 45000 L - Karte - Toskanische Küche.

Zwischen Ortebello und Pitigliano sind die etruskischen Stätten zahlreich; sie liegen nahe der mittelalterlichen, oft befestigten Dörfer, die auf felsigen, die Ebene überragenden Gebirgsvorsprüngen erbaut wurden. Manciano ist eine ehemalige Festung von Siena, *Il Pisanelle* liegt jedoch inmitten der Maremmen. In diesem umgebauten Bauernhäuschen *(casolare)* schufen Roberto und Milly Maurelli mit viel Liebe und Geschick ein reizendes Gasthaus. Die Gästezimmer sind im anheimelnden Stil englischer Cottages gestaltet und bieten den Komfort eines guten Hotels; im Restaurant, wo am großen Tisch gegessen wird, geht es besonders gesellig zu. Die Küche ist sehr gepflegt und bedient sich vorwiegend der guten regionalen Produkte, der Service zeugt von Eleganz. Dieses an der Grenze des Latium gelegene Haus lohnt einen Umweg, sofern Sie auf der Durchreise nach Rom sind, aber erst recht einen Aufenthalt, bei dem Sie eine ganz andere, oft auf die Quattrocento-Sehenswürdigkeiten begrenzte Seite der Toskana entdecken werden.

Anreise (Karte Nr. 13): 60 km südl. von Grosetto über die S 1 bis Albinia, S 74 bis Manciano, dann die Strada provinciale N 2, Rtg. Farnese bis zum Kilometerstein 3,8 von Manciano aus.

TOSKANA

Rifugio Prategiano

58026 Montieri (Grosseto)
Via Prategiano, 45
Tel. 0566-99 77 03 - Fax 0566-99 78 91
Sig. Paradisi

Kategorie ★★★ **Ganzj.** geöffn. **24 Zimmer** m. Tel., Dusche, WC, TV **Preise** EZ u. DZ: 88-150000 L, 140-214000 L - Frühst. inkl. - HP: 90-129000 L (pro Pers., mind. 3 Üb.) **Kreditkarten** akzeptiert **Verschiedenes** Hunde erlaubt - Schwimmb. (von Juni bis August geöffn.) - Reiten - Parkpl. - Organisation von Ausritten (1 Tag u. länger) **Umgebung** romanische u. etruskische Ruinen von Roselle - Vetulonia - Montepescali - Naturpark von Maremma - Volterra **Restaurant** um 13.00 u. 20.00 Uhr - Menüs - Spezialitäten: Tortelloni - Cinghiale - Acqua Cotta.

Das *Rifugio Prategiano* liegt in der tiefsten Toskana in einer wenig bekannten Gegend mitten im Wald. Hier haben wir die Atmosphäre eines Berggasthofs mit einfacher, sehr rustikaler Ausstattung. Das Hotel wird überwiegend von Reitern frequentiert. Reitkurse und Ausritte für Kinder und Anfänger werden organisiert, aber "Fortgeschrittene" können frei über die Hügel und durch die Wälder der Toskana bis zu den einsamen Stränden von Punta Ala und nach Volterra reiten. Der äußere Rahmen ist perfekt, und der sympathische Besitzer sehr um die Sicherheit seiner Gäste bemüht. Eine sehr interessante Adresse für jene, die einen "abenteuerlichen" Urlaub verleben möchten.

Anreise *(Karte Nr. 13): 50 km südwestl. von Siena über die S 73 bis Bivio del Madonnino, 15 km auf der S 441, dann rechts Rtg. Montieri.*

TOSKANA

Hotel Il Pellicano

Lo Sbarcatello 58018 Porto Ercole (Grosseto)
Tel. 0564-858 111 - Fax 0564-83 34 18
Sig. Fanciulli
Web: http://www.pellicanohotel.com - E-mail: info@pellicanohotel.com

Kategorie ★★★★ **Geschlossen** von November bis März **41 Zimmer** m. Klimaanl, Tel., Bad, WC, Minibar, TV **Preise** DZ: 350-990000 L; Suiten: 730-1950000 L - Frühst. inkl., von 7.30 bis 10.30 Uhr **Kreditkarten** akzeptiert **Verschiedenes** Hunde nicht erlaubt - Meerwasser-Schwimmb. - Tennis - Privatstrand - Surfbretter - Garage **Umgebung** Inseln Giannuti u. Giglio - Kiefernwald von Tombolo di Feniglia - Savona - Sorano - Pitigliano **Restaurant** von 13.00 bis 14.30 u. von 20.00 bis 22.00 Uhr - Menü: 120000 L - Karte - Spezialitäten: Risotto mantecato con astice e champagne - Ravioli di verdura con pesto di rucola e pomodoro pachino - Spaghetti saltati con calamari, origano e olive nere.

Das Goldene Buch des *Pellicano* kann sich sehen lassen. Seit es 1975 in Anwesenheit von Charlie Chaplin eröffnet wurde, haben viele berühmte Leute hier gewohnt. Das *Pellicano* liegt in einer mit Zypressen bewachsenen Talmulde oberhalb der Bucht von Argentaro und besteht aus mehreren, nebeneinander gelegenen, aber separaten Villen. Es ist zwar ein Luxushotel, hat aber das Ambiente eines Privathauses. Salons mit Kamin und Bibliothek. Im Sommer wird das Restaurant auf die Terrasse verlegt, von wo aus man hinter Kiefernzweigen das Meer erblickt. Das große, im ausgehöhlten Felsen direkt an den Klippen gelegene Schwimmbad erreicht man über einen Aufzug. Exzellenter Service für eine schicke, anspruchsvolle Kundschaft.

Anreise (Karte Nr. 13): 55 km südl. von Grosseto über die SS 51, die Küstenstraße (über den Pinienhain Tombolo di Feniglia) bis Porto Ercole, dann Strada Panoramica bis Lo Sbarcatello.

TOSKANA

Hotel Cala del Porto

58040 Punta Ala (Grosseto)
Via Cala del Pozzo
Tel. 0564-92 24 55 - Fax 0564-92 07 16
E-mail: cala.puntaala@bcedit.it

Kategorie ★★★★ **Geschlossen** von Oktober bis April **36 Zimmer** u. 5 App. m. Klimaanl., Tel., Bad, WC, TV, Minibar **Preise** EZ u. DZ: 245-496000 L, 400-800000 L; App.: 480-1000000 L - Frühst.: 30000 L - HP u. VP: 205-440000 L, 255-490000 L (pro Pers, mind. 3 Üb.) **Kreditkarten** akzeptiert **Verschiedenes** Hunde nicht erlaubt - Schwimmb. - Tennis (35000 L) - Privatstrand - Parkpl. **Umgebung** Kiefernwald von Tombolo - Massa Marittima - Volterra - Naturpark von Maremma - Golf von Punta Ala (18-Lochpl.) **Restaurant** von 13.00 bis 15.00 u. von 19.30 bis 21.30 Uhr - Menüs: 55-85000 L - Karte - Mittelmeerküche.

Ein modernes, sehr komfortables Hotel direkt am Meer, mit einem schönen blühenden Garten und einem Swimmingpool, die den Jachthafen und das Meer überragen. Die Zimmer sind geschmackvoll eingerichtet und verfügen jeweils über einen Balkon mit Blick auf die Insel Elba. Auf der hübschen Terrasse wird Kulinarisches mit toskanischer Inspiration serviert.

Anreise (Karte Nr. 12): 41 km von Grosseto über die S 327, am Meer entlang bis Punta Ala.

TOSKANA

Piccolo Hotel Alleluja

58040 Punta Ala (Grosseto)
Via del Porto
Tel. 0564-92 20 50 - Fax 0564-92 07 34
E-mail: alleluja.puntaala@baglioni-palacehotels.it

Kategorie ★★★★ **Geschlossen** November bis März **38 Zimmer** m. Klimaanl., Tel., Bad, WC, Safe, Minibar; Aufzug **Preise** EZ u. DZ: 265-405000 L, 195-425000 L - Frühst.: 30000 L, von 7.30 bis 10.30 Uhr - HP u. VP: 230-480000 L, 285-535000 L (pro Pers., mind. 3 Üb., obligat. im Juli u. Aug.) **Kreditkarten** akzeptiert **Verschiedenes** Hunde nicht erlaubt - Schwimmb. - Tennis - Privatstrand - Parkpl. **Umgebung** Kiefernwald von Tombolo - Massa Maritima - Volterra - Naturpark von Maremma - Golf von Punta Ala (18-Lochpl.) **Restaurant** von 13.00 bis 14.30 u. von 19.30 bis 21.30 Uhr - Menüs: 75-85000 L - Karte - Regionale u. internationale Küche - Fisch.

Dieses Hotel ist neueren Datums, seine Architektur respektiert jedoch den regionalen Baustil, z.B. die rosa verputzten Wände, das Ziegeldach und die offenliegenden Balken. Ein luftiger Raum öffnet sich zum Park mit dem tadellos geschnittenen Rasen hin. Zurückhaltende, schlichte Gestaltung der Aufenthaltsräume und der Zimmer, die entweder eine "italienische" Terrasse oder einen kleinen Garten zur Parkseite haben. Zu den Vorzügen dieses Hauses zählen außerdem der Privatstrand, der Swimmingpool, die Tennisplätze und der nahe Golfplatz.

Anreise (Karte Nr. 12): 41 km von Grosseto über die S 327, am Meer entlang bis Punta Ala.

TOSKANA

Fattoria di Peruzzo

Peruzzo 58028 Roccatederighi (Grosseto)
Tel. 0564-56 98 73 oder 0336-71 32 17 - Fax 0564-56 98 73
Sig. Giuseppe Marruchi

Ganzj. geöffn. **6 Appartements** (2-8 Pers.) m. Küche, Salon, Zi., Bad, WC, kl. Garten **Preise** EZ u. DZ: 88-150000 L, 140-214000 L - Frühst. inkl. **Kreditkarten** akzeptiert **Verschiedenes** Hunde erlaubt **Umgebung** Monticiano - Abtei von S. Galgano - Frosini - Abtei von Torri - Siena - Pienza.

Die *Fattoria di Peruzzo* war Teil der riesigen landwirtschaftlichen, 1873 von der Familie Marruchi gegründeten Besitzung. Die ursprünglichen 1500 Hektar Land wurden zwar auf mehrere Familienmitglieder aufgeteilt, aber sie werden noch immer landwirtschaftlich genutzt. Die *Fattoria* gehört Guiseppe Marruchi, der - nach wie vor - berühmtes Olivenöl herstellt. Mit seiner Tochter schuf Gusiseppe auf seiner Besitzung aber auch eine wunderbare Adresse für Touristen. So wurden in der *casa padronale* aus dem 18. Jahrhundert, 300 Meter hoch auf einem Hügel gelegen, von wo die Aussicht auf das Tal, die Schlösser und die mittelalterlichen Dörfer einzigartig ist, die drei schönsten Appartements eingerichtet. Wir bevorzugen *Torre* im ältesten Teil des Hauses, denn im Obergeschoß befindet sich eine Terrasse, von wo man bis zur Insel Giglio sieht: gepflegte Ausstattung eines Landhauses mit modernem Komfort. *Il Giardino* liegt ebenerdig am Garten, während *Logetta* von der Terrasse aus eine schöne, weite Aussicht hat. Auf den Serratina-Anhöhen bietet ein weiteres Haus drei komfortable Appartements an, die allerdings weniger Charme besitzen, auch wenn die Umgebung mit Weinbergen, Obstgärten, drei kleinen Seen, einer Hirsch- und Mufflonschafzucht großartig ist.

Anreise (Karte Nr. 13): 30 km nördl. von Grosetto. A 1, Ausf. Braccagni, Rtg. Montemassi, Roccatederighi-Sassofortino, dann Peruzzo.

TOSKANA

Hotel Terme di Saturnia

58050 Saturnia (Grosseto)
Provinciale della Follonata
Tel. 0564-60 10 61 - Fax 0564-60 12 66 - Sig. Giovanni
Web: http://www.termedisaturnia.com - E-mail: info@termedisaturnia.it

Kategorie ★★★★ **Ganzj.** geöffn. **90 Zimmer** u. 10 Suiten m. Klimaanl., Tel., Bad od. Dusche, WC, Satelliten-TV, Safe, Minibar; Aufzug **Preise** EZ u. DZ: 540-640000 L, Suite: 890000 L - Frühst.: inkl., von 7.30 bis 10.00 Uhr **Kreditkarten** akzeptiert **Verschiedenes** Hunde erlaubt - Schwimmb. - Tennis - Thermen - Parkpl. **Umgebung** Kiefernwald von Tombolo - Massa Maritima - Volterra - Naturpark von Maremma - Golf von Punta Ala (18-Lochpl.) **Restaurant** von 12.45 bis 14.00 u. von 20.00 bis 21.15 Uhr - Menüs: 75000 L - Karte - Regionale Küche.

In den Wäldern von Saturnia soll man Geräusche der mysteriösen Etrusker vernehmen, deren Ursprung und Sprache noch immer Fragen aufwerfen. Die Toskana, deren Name auf die Tusci, ihre ersten Bewohner, zurückgeht, wird allerdings vorwiegend wegen ihrer Kulturgüter aus der Renaissance aufgesucht. Saturnia liegt inmitten interessanter Überreste wie Pitigliano, Sovana und Sorano. Das Hotel ist eng verbunden mit diesem historischen Kontext und den hier seit Jahrtausenden entspringenden Schwefelquellen, die für Körper und Geist sehr wohltuend sind. Deshalb gibt es hier ein riesiges Schwimmbad, das den Mittelpunkt des auf dem letzten Stand befindlichen Schönheits- und Gesundheitskomplexes bildet. Der Komfort, der Garten und die gute Küche des Hauses stehen aber auch denen zur Verfügung, die diesen Service nicht in Anspruch nehmen möchten. Erwähnenswert sind der sympathische Empfang und das besonders aufmerksame Personal.

***Anreise** (Karte Nr. 13): 57 km südöstl. von Grossetto über die A 1 (Rtg. Rom), Ausf. Manciano, Montemerano, Rtg. Saturnia.*

TOSKANA

Villa Clodia

58050 Saturnia (Grosetto)
Via Italia, 43
Tel. und Fax 0564-60 12 12
Sig. Giancarlo Ghezzi

Kategorie ★★★ **Geschlossen** im Dezember **8 Zimmer** u. 2 Suiten m. Klimaanl., Tel., Dusche, WC, TV, Minibar **Preise** EZ: 90000 L, DZ: 140000 L, Suite: 180000 L - Frühst. inkl., von 8.00 bis 10.30 Uhr **Kreditkarten** Visa, Eurocard, MasterCard **Verschiedenes** Hunde nicht erlaubt - Schwimmb. **Umgebung** Kiefernwald von Tombolo - Massa Maritima - Volterra - Naturpark von Maremma - Golf von Punta Ala (18-Lochpl.) **Kein Restaurant** im Hotel (siehe unsere Restaurantauswahl S. 527).

Saturnia ist ein Thermalbad mit vielen Kurgästen. Für einen Stopp auf dem Weg nach Rom oder zu den Städten des Südens bzw. den Stätten der Etrusker in der Toskana und im Latium kann es aber auch interessant sein. Das kleine Hotel *Villa Clodia*, von seinen Besitzern gehegt und gepflegt, ist ein Gedicht. In dem am Hang gelegenen Gebäude mußte die Innenausstattung angepaßt werden, und das ist der Grund, weshalb sich die Räume auf verschiedene Ebenen bis zum Garten verteilen. Die Gestaltung ist elegant und zeugt von bestem Geschmack. Hier ist alles hellblau und weiß, um so in Harmonie mit dem Wohlbefinden zu sein, das die Bäder seit Jahrhunderten bereiten. Nur ein Zimmer bietet keinen Panoramablick über das Tal. Die beiden Suiten sind sehr geräumig und haben zudem eine Terrasse. Im kleinen Garten mit Rasen, der in der Natur zu schweben scheint, setzt das blaue Wasser des sternförmigen Schwimmbads das Tüpfelchen auf das "i" in diesem reizenden Haus.

Anreise (Karte Nr. 13): 57 km südöstl. von Grosseto über die A 1 (Rtg. Rom), Ausf. Manciano, dann Montemerano Rtg. Saturnia.

TOSKANA

Saturnia Country Club

58050 Pomonte Scansano (Grosseto)
Tel. 0564-59 91 88 - Fax 0564-59 92 14
Sig. Grifoni

Ganzj. geöffn. **18 Zimmer** m. Tel., Bad, WC, TV, Minibar **Preise** EZ u. DZ: 130000 L, 190000 L - Frühst.: 14000 L, von 8.00 bis 10.00 Uhr - HP u. VP: 260000 L, 360000 L (für 2 Pers.) **Kreditkarten** akzeptiert **Verschiedenes** Hunde erlaubt - Schwimmb. - Sportangeln - Jagen - Reiten (25000 L) - Thermen - Parkpl. **Umgebung** Saturnia - Kiefernwald von Tombolo - Massa Marittima - Volterra - Naturpark von Maremma - Golf von Punta Ala (18-Lochpl.) **Restaurant** von 13.00 bis 14.30 u. von 20.00 bis 21.30 Uhr - Menüs: 40000 L - Karte - Regionale Küche - Wild in der Saison.

Die Hotelgruppe *Terme di Saturnia* bietet ihren Gästen auch seine *azienda* zum Wohnen an; dabei handelt es sich um einen Bauernhof, der einige Kilometer weiter liegt. Die Gästezimmer sind nicht etwa betont rustikal, aber gut ausgestattet. Fehlen wird es Ihnen hier an nichts, denn Dekor, Komfort und Service sind sehr zufriedenstellend. Um dieses antike Land kennen und schätzenzulernen, bietet die *fattoria* außer der traditionellen Unterkunft auch Themenaufenthalte an: Reiten mit Tagesausflügen, Jagd (Wildschwein, Hirsch ...), Sportangeln (Forelle, Schleie, Aal ...). Das alles läßt sich selbstverständlich mit dem Zugang zu den Thermen kombinieren. Sie sollten außerdem, ganz gleich, wofür Sie sich interessieren, die hervorragend dokumentierte Broschüre des Hotels *Itinerari e passaggiate ecologishe* verlangen, die über künstlerisch und ökologisch Wissenswertes der Region informiert.

Anreise (Karte Nr. 13): 40 km südöstl. von Grossetto über die A 1 (Rtg. Rom), Ausf. Manciano, Montemerano, Rtg. Scansano.

T O S K A N A

Park Hotel Napoleone

Isola d'Elba
57037 San Martino di Portoferraio (Livorno)
Tel. 0565-91 85 02/91 11 11 - Fax 0565-91 78 36 - Sig. Marcello Costantini
E-mail: phnapoleone@elbalink.it

Kategorie ★★★★ **Geschlossen** vom 4. Oktober bis 22. April **64 Zimmer** m. Klimaanl., Tel., Bad, WC, TV, Minibar **Preise** EZ u. DZ: 120-205000 L, 170-410000 L - Frühst. inkl., von 8.00 bis 10.00 Uhr - HP: 155-252000 (pro Pers., mind. 3 Üb.) **Kreditkarten** akzeptiert **Verschiedenes** Kleine Hunde (außer im Restaurant u. am Strand) erlaubt (40000 L) - Privatstrand (30000 L) - Schwimmb. - 2 Tennispl. (27000 L) - Reiten (8 km) - Minigolf (7000 L) - Parkpl. **Umgebung** Casa di Napoleone in Portoferraio - Villa Napoleone in San Martino - Madonna del Monte in Marciana - Golf dell'Acquabona (9-Lochpl.) **Restaurant** von 12.30 bis 14.00 u. von 20.00 bis 21.30 Uhr - November bis März geschl. - Menü: 60000 L - Internationale Küche.

Das *Park Hotel Napoleone* stößt fast an die Villa Imperiale, die man von einigen Fenstern aus sieht. Das Hotel selbst ist ebenfalls ein historisches Bauwerk, das Ende des vorigen Jahrhunderts eine aristokratische Familie aus Rom errichten ließ. Die Villa wurde kürzlich zu einem charmanten Hotel umgebaut, im üppigen Garten liegen nun wie hingestreut weiße Leinensessel. Die Zimmer wurden mit viel Stil und Geschmack gestaltet und eingerichtet. Außerdem bietet das Hotel ein schönes Schwimmbad, einige Reitpferde und ein paar Kilometer weiter auch einen Privatstrand. Die Nähe zur Villa Imperiale birgt allerdings einige Nachteile: z.B. kleine Souvenirstände an der Allee; zum Glück werden die jedoch abends wieder abgebaut.

Anreise (Karte Nr. 12): Überfahrt ab Livorno (2.50 Std.) oder ab Piombino (1 Std.), das Hotel liegt 6 km südwestl. von Portoferraio.

TOSKANA

Hotel Hermitage

Isola d'Elba
La Biodola 57037 Portoferraio (Livorno)
Tel. 0565-93 69 11 - Fax 0565-96 99 84
Sig. De Ferrari

Kategorie ★★★★ **Geschlossen** von Oktober bis April **130 Zimmer** m. Klimaanl., Tel., Bad, WC, Satelliten-TV, Minibar, Safe **Preise** EZ u. DZ: 100-600000 L - Frühst.: 25000 L, von 7.30 bis 10.00 Uhr - HP u. VP: 150-380000 L + 40000 L (pro Pers., mind. 3 Üb.) **Kreditkarten** akzeptiert **Verschiedenes** Hunde erlaubt (35-45000 L) - Schwimmb. - Tennispl. (25000 L) - Privatstrand - Mini-Golf - Parkpl. **Umgebung** Casa di Napoleone in Portoferraio - Villa Napoleone in San Martino - Madonna del Monte in Marciana - Golf dell'Acquabona (9-Lochpl.), Golf Hermitage (6-Lochpl.) **Restaurant** von 12.30 bis 14.00 u. von 19.30 bis 21.00 Uhr - Menüs: 60-70000 L - Regionale u. italienische Küche.

Die schöne Insel Elba ähnelt oft, aber nicht in allem, ihrer großen Schwester Korsika, deren Silhouette man bei klarem Wetter erkennt. Wie diese ist Elba mit dem Namen Napoleons eng verbunden, der nach seiner Abdankung im Jahr 1814 ein Jahr lang ihr Gouverneur war und nicht wenige Spuren hinterließ. Das in einer charmanten Bucht gelegene *Hermitage ist*, wie alle Häuser, in einem Kiefernwald verborgen. Dieser vornehmste Teil der Insel ist von Luxus und Diskretion gekennzeichnet: schöner Privatstrand, drei Meerwasser-Schwimmbäder, Tennis- und Golfplatz ... Das Hotel bietet viel, was einem ganz einfach gefallen muß. Die Gästezimmer sind zwar schlicht eingerichtet, aber alle verfügen über einen Balkon mit Blick aufs Meer. Allgegenwärtiger, gepflegter Service. Wahrscheinlich muß nicht extra erwähnt werden, daß im August der Ansturm auf Biodola groß ist.

Anreise (Karte Nr. 12): Überfahrt ab Livorno (2.50 Std.) oder Piombino (1 Std.); das Hotel liegt 7 km östl. von Portoferraio.

TOSKANA

Hotel da Giacomino

Isola d'Elba
Capo Sant'Andrea 57030 Marciana (Livorno)
Tel. 0565-90 80 10 - Fax 0565-90 82 94
Sig. Giacomino Costa

Kategorie ★★★ **Geschlossen** von November bis März **33 Zimmer** m. Tel., Dusche, WC **Preise** EZ u. DZ: 35-75000 L, 60-125000 L - Frühst.: 20000 L, von 8.00 bis 9.30 Uhr - HP u. VP: 65-135000 L, 80-150000 L (pro Pers.) **Kreditkarten** akzeptiert **Verschiedenes** Hunde erlaubt - Schwimmb. - Tennis - Zugang zum Meer - Parkpl. **Umgebung** Casa di Napoleone in Portoferraio - Villa Napoleone in San Martino - Madonna del Monte in Marciana - Golf dell'Acquabona (9-Lochpl.) **Restaurant** von 13.00 bis 14.00 u. von 20.00 bis 21.00 Uhr - Menü: 45000 L - Regionale Küche.

Das *Giacomino* liegt auf einem kleinen Vorgebirge, das die hochtouristische Bucht von Sant'Andrea isoliert. Diesen Ort werden besonders diejenigen schätzen, die Meer und Ruhe über alles lieben. Die schattigen Gärten reichen bis ans Meer. Ein Strand ist nicht vorhanden, aber unzählige Felsen, auf denen man sich niederlassen kann, um von hier aus zu baden - es sei denn, man bevorzugt das Schwimmbad mit Panoramablick. Der besonders familiäre Service, für den Signore Giacomo zuständig ist, läßt einen die nicht überall geschmackvolle Einrichtung vergessen. Die Gästezimmer verfügen über ausreichenden Komfort; die Dekoration in Pastelltönen, ein wenig aggressiv wirkend, ist minimalistisch. In den Bungalows mit Küche kann man sich von der Betriebsamkeit des Sommers noch etwas mehr isolieren. Ein unprätentiöses Hotel mit unschlagbarem Preis-Leistungsverhältnis auf dieser sehr teuren Insel.

Anreise (Karte Nr. 12): Überfahrt ab Livorno (2.50 Std.) oder Piombino (1 Std.); das Hotel liegt 33 km von Portoferraio.

TRENTINO - SÜDTIROL

Parkhotel Laurin

39100 Bolzano
Via Laurin, 4
Tel. 0471-31 10 00 - Fax 0471-31 11 48 - Sig. Havlik
Web: http://www.laurin.it - E-mail: info@laurin.it

Kategorie ★★★★ **Ganzj.** geöffn. **96 Zimmer** m. Klimaanl., Tel., Bad, WC, Kabel-TV, Minibar, Safe; Aufzug **Preise** EZ u. DZ: 190-285000 L, 285-415000 L - Frühst. inkl., von 7.30 bis 10.30 Uhr **Kreditkarten** Amex, Visa, Eurocard, MasterCard **Verschiedenes** Hunde erlaubt (20000 L) - Beheizt. Schwimmb. - Parkpl. **Umgebung** Weinstraße (N 42) von Appiano bis Caldero-See - Castel Roncolo - Sarentina-Tal **Restaurant** von 12.00 bis 14.00 u. von 19.00 bis 22.00 Uhr - Menüs: 38-56000 L - Karte - Regionale Küche.

Dieser alte Palast liegt im Zentrum von Bozen, 200 Meter vom Bahnhof entfernt: auch heute noch eine gefragte Adresse bei Geschäftsleuten und gutbürgerlichen Familien. Das Restaurant, die Salons und die Zimmer sind groß und ein wenig das, was man einen "internationalen Palast" nennt. Das Ganze verfügt über jeglichen modernen Komfort, und das Personal ist sehr aufmerksam. Das Restaurant *(La Belle Epoque)* zählt zu den bekanntesten der Region. Die Zimmer zum Park hin sind ruhig, und das Schwimmbad im Garten ist sehr angenehm. Ein Hotel mit den Vorzügen einer gewissen Tradition.

Anreise (Karte Nr. 4): 140 km nördl. von Verona über die A 22, Ausf. Bolzano-Sud oder Nord, Rtg. stazione (Bahnhof).

TRENTINO - SÜDTIROL

Hôtel Città

39100 Bolzano
Piazza Walther, 21
Tel. 0471-975 221 - Fax 0471-976 688 - Sig. Benvenutti

Kategorie ★★★ **Ganzj.** geöffn. **105 Zimmer** m. Klimaanl., Tel., Bad, WC, Satelliten-TV, Safe, Minibar; Aufzug **Preise** EZ u. DZ: 130000 L, 170000 L - Frühst. inkl., von 7.30 bis 10.30 Uhr **Kreditkarten** akzeptiert **Verschiedenes** Hunde erlaubt **Umgebung** Weinstraße (N 42) von Appiano bis Caldero-See - Castel Roncolo - Sarentina-Tal **Kein Restaurant** im Hotel (siehe unsere Restaurantauswahl S. 528).

Das Hotel liegt am großen Platz Walter von Bozen, gegenüber dem Dom mit seinem hohen gotischen Glockenturm - ein Werk des Architekten Hans Lutz - , der die Dächer mit ihren bemalten Ziegeln überragt. Besonders interessant ist ein Spaziergang durchs historische Zentrum, das von zwei Kulturen (die der Alpen und Österreichs) geprägt ist: die schönen Häuser mit Arkaden und Bogengängen und die *palazzi* der Via dei Portici und die Piazza delle Erbe sind dafür besonders gute Beispiele. Die unlängst restaurierte rosa Fassade des Hotels ist mit viel Fingerspitzengefühl auf die alten Nachbargebäude abgestimmt. Die Empfangsräume des Erdgeschosses und die langen Gänge sind zwar im banalen, sogenannten "internationalen Stil" gehalten, die Zimmer sind hingegen persönlicher gestaltet: Parkettboden und schöne, gut ausgewählte Stoffe der Tagesdecken und Vorhänge. Die Bäder sind groß und besitzen alles, was bester Komfort verlangt. Vorzuziehen sind die Zimmer mit Blick auf den Platz und die Stadt, aber die Dachzimmer mit kleinen Fenstern und Aussicht auf die Dächer des Domes haben ebenfalls viel Charme. Eine gute Adresse zum Entdecken der Provinzhauptstadt Bozen in der grandiosen Landschaft Südtirols.

Anreise (Karte Nr. 4): 140 km nördl. von Verona über die A 22.

TRENTINO - SÜDTIROL

Hotel Castel Labers

39012 Merano (Bolzano)
Via Labers, 25
Tel. 0473-23 44 84 - Fax 0473-234 146
Sig. G. Stapf-Neubert

Kategorie ★★★ Geschlossen vom 7. November bis 27. März **32 Zimmer** m. Tel., Bad od. Dusche u. WC (TV u. Minibar auf Wunsch), Aufzug **Preise** 100-180000 L - Frühst. inkl., von 7.30 bis 10.00 Uhr - HP: 120-180000 L (pro Pers., mind. 3 Üb.) **Kreditkarten** Amex, Visa, Eurocard, MasterCard **Verschiedenes** Hunde erlaubt (15000 L) - Beheizt. Schwimmb. - Tennis (20000 L) - Parkpl. - Garage **Umgebung** Castel Tirolo - Castel Schenna - Castel Coira in Sluderno - Georenza - Abtei Monte Maria (Malles Venosta) - Golfpl. Pundersberg in Karersee - Golfpl. in Lana (-20 % f. Hausgäste) **Restaurant** von 12.00 bis 14.00 u. von 19.30 bis 21.00 Uhr - Menüs: 45-65000 L - Karte - Tiroler Küche.

Das *Castel Labers* ist eines dieser hübschen Dolomiten-Schlösser, die, von Wein umgeben, über absolute Ruhe verfügen. Eine vertrauliche Atmosphäre und ein Empfang von seltener Qualität erwarten den Reisenden. Salon und Eingangshalle sind mit alten Möbeln eingerichtet. Per Fahrstuhl oder über eine hübsche Treppe erreicht man die Zimmer. Die sind behaglich und von nostalgischem Charme und haben Blick auf ein einzigartiges Panorama. Der Service ist aufmerksam und effizient. Die Hotelbesitzer sind große Kunst- und Musikliebhaber und organisieren bisweilen Konzerte für die Hotelgäste.

Anreise (Karte Nr. 3): 28 km nordwestl. von Bolzano über die A 22, Ausf. Bolzano-Sud, S 38 bis Merano - Sinigo, Rtg. Schenna, dann Via Labers (5 km).

TRENTINO - SÜDTIROL

Hotel Castel Frasburg

Labers 39012 Merano (Bolzano)
Via Fragsburgerstrasse, 4
Tel. 0473-24 40 71 - Fax 0473-24 44 93 - Famiglia Ortner
Web: http://www.fragsburg.com - E-mail: info@fragsburg.com

Kategorie ★★★★ **Geschlossen** vom 5. November bis Ostern **12 Zimmer** u. 4 Suiten m. Tel., Bad od. Dusche, WC, Satelliten-TV; Aufzug **Preise** HP m. EZ: 140-200000 L (1 Pers.) - Frühst. inkl., von 8.00 bis 10.00 Uhr **Kreditkarten** nicht akzeptiert **Verschiedenes** Hunde erlaubt (10000 L pro Tag) - Schwimmb. - Sauna - Fitneßcenter - Parkpl. **Umgebung** Castel Tirolo - Castel Schenna - Castel Coira in Sluderno - Georenza - Abtei Monte Maria (Malles Venosta) - Golfpl. Sarnonico u. Petersberg in Karersee **Restaurant** von 12.00 bis 14.00 u. von 18.45 bis 20.30 Uhr - Menüs: 50-60000 L - Karte.

Die zum Hotel führende Straße ist reizend. Unmittelbar hinter Meran fährt man erst durch grüne Weiden und dann durch Alpenlärchenwälder voller Bäche und Wasserfälle. Sieben Kilometer weiter ist die Landschaft grandios. Das große Haus hat mit seinen breiten Holzbalkonen und Holzschnitzereien, seiner weißen Fassade und seinen roten Fensterläden ganz und gar den Baustil der Region. Die Salons sind geräumig und raffiniert gestaltet, die Beleuchtung schafft viel Intimität und trägt zum Wohlbefinden bei. Das Restaurant mit großer Panoramaterrasse und schattiger Laube kommuniziert wunderbar mit der Natur. Die Aussicht auf den Bergkessel mit Meran ist einzigartig. Die Gästezimmer sind groß und individuell gestaltet. Bergatmosphäre und anheimelnder Komfort mit bestickten Stoffen, auf denen Vögel und Tiere des Waldes dargestellt sind. Hier, in den Bergen, sind Natur und Tradition von jeher eng miteinander verbunden. Eine Adresse mit Seltenheitswert.

Anreise (Karte Nr. 3): 28 km nordwestl. von Bolzano über die A 22, Ausf. Bolzano-Sud, S 38 bis Merano-Sinigo, Rtg. Schenna, dann Via Labers u. Fragsburg.

TRENTINO - SÜDTIROL

Hotel Oberwirt

Marlengo 39020 Merano (Bolzano)
Via San Felice, 2
Tel. 0473-47 111 - Fax 0473-47 130 - Sig. Waldner
E-mail: oberwirt@dnet.it

Kategorie ★★★★ **Geschlossen** vom 12. November bis 15. März **40 Zimmer** m. Tel., Bad u. Dusche, WC, TV, Minibar **Preise** Zi m. HP: 149-166000 L (im DZ), 181-211000 L (pro Pers. mind. 3 Üb. im DZ) - Frühst.: 15000 L, von 7.30 bis 10.30 Uhr **Kreditkarten** akzeptiert **Verschiedenes** Kleine Hunde erlaubt (15000 L pro Tag) - 2 Schwimmb. (1 Hallenbad) - 7 Tennispl. (2 Hallenpl.) - Reiten - Parkpl. - Garage (12000 L) **Umgebung** Castel Tirolo - Castel Schenna - Castel Coira in Sluderno - Georenza - Abtei Monte Maria (Malles Venosta) - Golfpl. Sarnonico u. Petersberg in Karersee **Restaurant** Menüs: 54-76000 L - Karte.

Marling ist ein Dorf in der näheren Umgebung Merans, liegt in der Nähe der Rennbahn und auf den Hügeln der Stadt. Das *Hotel Oberwirt* hat eine lange Familientradition: seit Jahrhunderten wird es von ein und derselben Familie geführt. An Professionalität mangelt es hier bestimmt nicht. Das Hotel ist nicht besonders groß und zählt 40 komfortable, traditionell, aber auch modern eingerichtete Zimmer. Die Suite im Turm mögen wir besonders gern. Die traditionelle "Stube" und die Salons verfügen über die für Tirol typische gemütliche Atmosphäre. Einer von ihnen (der Salon Franz Liszt) diente dem berühmten Klaviervirtuosen und Komponisten im Sommer 1874 als Arbeitszimmer. Für einen angenehmen Aufenthalt ist hier gesorgt: das Hotel bietet außer zwei beheizten Hallenbädern auch Tenniswochen auf eigenen Plätzen an. Zahlreiche Wanderwege.

Anreise (Karte Nr. 3): 28 km nordwestl. von Bolzano über die A 22, Balzano-Sud Ausf. Superstrada 38 bis Merano-Sud. Dann Lana-Passo Palade-Marlengo.

TRENTINO - SÜDTIROL

Hotel Schloß Korb

Missiano
39050 San Paolo Appiano (Bolzano)
Tel. 0471-63 60 00 - Fax 0471-63 60 33
Famiglia Dellago

Kategorie ★★★★ **Geschlossen** vom 3. November bis 3. April **56 Zimmer** m. Tel., Bad, WC, TV; Aufzug **Preise** DZ: 200-280000 L - Frühst. inkl., von 7.30 bis 10.00 Uhr - HP u. VP: 140-230000 L, 170-260000 L (pro Pers.) **Kreditkarten** nicht akzeptiert **Verschiedenes** Hunde erlaubt - 2 Schwimmb. - Sauna - Tennis - Parkpl. **Umgebung** Weinstraße (N 42) von Appiano bis zum Caldaro-See **Restaurant** von 12.00 bis 14.00 u. von 19.00 bis 21.30 Uhr - Menü: 60000 L - Karte - Regionale Küche.

Das auf dem Gipfel eines Hügels gelegene *Schloß Korb* wurde von seinen jetzigen Besitzern zu einem Hotel-Restaurant umgestellt. Es ist absolut ruhig, von Weinbergen umgeben und bietet einen wundervollen Ausblick. Das Hotel ist in einem barocken Tiroler Stil eingerichtet. Farben, Volkskunst-Gegenstände, viel glänzendes Holz und Blumensträuße verleihen dem Ganzen eine sehr behagliche Atmosphäre. Es bietet sich die Möglichkeit eines angenehmen kleinen Ausflugs zu den Ruinen eines benachbarten Schlosses an, in dem den Hotelgästen kalte Speisen und Wein aus eigenem Anbau serviert werden.

Anreise (Karte Nr. 4): 13 km östl. von Bolzano/Bozen über die SS 42 bis San Paolo, dann Rtg. Missiano; das Hotel liegt 3 km weiter nördl.

TRENTINO - SÜDTIROL

Schloß Freudenstein

39057 Appiano (Bolzano)
Via Masaccio, 6
Tel. 0471-66 06 38 - Fax 0471-66 01 22

Geschlossen vom 1. Dezember bis 15. März **15 Zimmer** m. Tel., Bad, WC **Preise** HP: 160-180000 L - Frühst. inkl. **Kreditkarten** nicht akzeptiert **Verschiedenes** Hunde nicht erlaubt - Schwimmb. - Parkpl. **Umgebung** Weinstraße - Caldaro (vom Viertel S. Antonio Drahtseilbahn nach Passo della Mendola) - Caldaro-See (Castel Ringberg u. Museo Atesino del vino) - Termeno - Santa-Giustina-See - Santuario di San Remedio u. Tavon-See **Restaurant** nur für Hotelgäste: von 19.30 bis 22.00 Uhr - Menüs - Regionale Küche.

Das Hinterland von Bozen mit seinen Weinbergen, die bis an den Caldaro-See reichen, ist eine sehr schöne Region. Das Schloß dominiert diesen wunderbaren Südtiroler Landstrich. Die Architektur des Kastells ist einladend und ganz und gar nicht militärisch: die Bögen, Säulen und Loggias, die den kleinen gepflasterten Innenhof umgeben, sind eher elegant. Im Innern schafft eine schlichte Gestaltung aus alten Möbeln, Teppichen und Gemälden eine authentische Atmosphäre. Und auch an Komfort in den Zimmern mangelt es nicht. Im Garten gibt es überdies ein Schwimmbad. Frühstück, traditionelle Gerichte, Weine aus der Gegend - all das zu einem sehr günstigen Preis.

Anreise (Karte Nr. 4): 10 km südwestl. von Bolzano.

TRENTINO - SÜDTIROL

Pensione Leuchtenburg

39052 Caldaro sulla Strada del Vino (Bolzano)
Klughammer, 100
Tel. 0471-96 00 93 - Fax 0471-96 00 93
Sig. Sparer

Kategorie ★★ **Geschlossen** von Dezember bis Februar - Mi geschl. **17 Zimmer** u. 1 Suite m. Dusche, WC **Preise** DZ: 160000 L; Suiten: 220000 L - Frühst. inkl. - HP: + 18000 L (pro Pers.) **Kreditkarten** Visa, Eurocard, MasterCard **Verschiedenes** Hunde erlaubt - Privatstrand am See - Windsurfing - Sauna - Jacuzzi - Mountainbikes - Parkpl. **Umgebung** Weinmuseum (N 42) - Appiano - Caldaro-See - Merano - Golfplatz in Pundersberg **Restaurant** von 12.00 bis 13.30 u. von 19.00 bis 20.30 Uhr.

Diese Region verdient es, entdeckt zu werden. Man verläßt die Autobahn in Bozen, begibt sich auf eine der vielen kleinen Straßen, die von duftenden Apfelbäumen gesäumt sind, und findet sich oberhalb des Caldaro-Sees wieder. Die Berge mit ihren Wiesen und Weinstöcken wirken hier freundlich. Die Pension befindet sich in den Nebengebäuden des Schlosses *Leuchtenburg*. Ein sehr angenehmes Haus mit hübschen, laubenbedeckten Höfen und einer großen, blühenden Terrasse mit Blick zum See. Die Inneneinrichtung hat trotz ihrer Einfachheit viel Charme: die Taverne ist typisch, und die Zimmer sind mit bemalten Möbeln hübsch eingerichtet. Der Privatstrand sowie die Benutzung der Surfbretter und Mountainbikes werden den Hotelgästen kostenlos angeboten. Angenehme Ferien zu interessanten Preisen.

Anreise (Karte Nr. 4): 25 km südl. von Merano über die A 22, Ausf. Ora-Caldaro-See, vor dem Ortseingang von Caldaro (Kaltern) links auf die Uferstraße.

TRENTINO - SÜDTIROL

Berghotel Zirmerhof

39040 Redagno (Bolzano)
Oberradein, 59
Tel. 0471-88 72 15 - Fax 0471-88 72 25 - Sig. Perwanger
Web: http://www.zimerhof.com - E-mail: info@zimerhof

Kategorie ★★★ **Geschlossen** vom 6. Nov. bis 25. Dez. u. vom 30. März bis 15. Mai **32 Zimmer** m. Bad od. Dusche, WC **Preise** Zi. m. HP (pro Pers., mind. 3 Üb.): 101-1450000 L, 140-180000 L (Suiten) - Frühst.: 17000 L, von 8.00 bis 10.00 Uhr **Kreditkarten** nicht akzeptiert **Verschiedenes** Hunde erlaubt - Driving - Parkpl. - Golfpl. in Pundersberg **Umgebung** Naturpark in Monte Corno - Bletterhoch (Canyon von Südtirol) - Bozen **Restaurant** nur f. Hausgäste, ab 19.30 Uhr - Mo geschl. Von 12.00 bis 19.30 Uhr - Menüs: 40-60000 L - Spezialitäten: Minestra di vino - Zirmertorte

Fern vom Massentourismus hat die Region um Redagno und des Naturparks Monte Corno die ganze Schönheit ihrer Ursprünglichkeit und Traditionen bewahrt. Das Gasthaus besteht seit 1890 und war die Sommerfrische der Aristokratie und Bourgeoise Mitteleuropas, aber auch der Zufluchtsort zahlreicher Intellektueller. Das Haus besitzt wirklich viel Charme: die Zimmer sind gemütlich und komfortabel, die "Stube" und Bibliothek haben noch immer etwas von dieser "Zauberberg"-Atmosphäre, und der große "Grimm"-Raum hat seine schönen Fresken, ein Werk von Ignaz Stolz, bewahren können. Die Rezepte der deutschen *nonna*, Hanna Perwanger, die Südtirol sehr liebte, inspirieren noch heute die gute Küche des Hauses, in dem man hervorragend empfangen wird und in dem sich der Gast ausgesprochen wohl fühlt. Ab Frühjahr '99 soll es zudem ein Schwimmbad und einen Weinkeller geben.

Anreise (Karte Nr. 4): 40 km südl. von Bolzano, A 22, Ausf. Egna Ora, Rtg. Cavalese bis Kaltenbrunn, dann links Rtg. Redagno.

TRENTINO - SÜDTIROL

Albergo Monte San Vigilio

Monte San Vigilio
39011 Lana (Bolzano)
Tel. 0473-561 236 - Fax 0473-561 731
Sig. Burger

Kategorie ★★★ **Geschlossen** vom 9. November bis 19. Dezember **40 Zimmer** m. Tel., Bad od. Dusche, WC **Preise** HP: 80-120000 L (pro Pers., mind. 3 Üb.) - Frühst. inkl., von 8.00 bis 10.00 Uhr **Kreditkarten** akzeptiert **Verschiedenes** Hunde erlaubt - Schwimmb., Garage (5000 L) **Umgebung** Ski, Castel Tirolo, Castel Scena, Castel Coira in Sluderno - Glorenza, Golfpl. de Petersberg am Karersee **Restaurant** von 12.00 bis 14.00 u. von 19.00 bis 20.30 Uhr - Menüs: 30-40000 L.

Dieses 1 500 Meter hoch gelegene Landgasthaus, das man im Sommer wie im Winter ausschließlich über die Drahtseilbahn erreichen kann, ist ganz von Wäldern umgeben. Ohne die "Last" des Autos werden Sie so besonders leichtfüßig in Skier schlüpfen, Bergtouren unternehmen oder angeln können - es sei denn, Sie bevorzugen die herrliche Terrasse oder im Sommer das Schwimmbad mit Blick auf die Dolomiten. Die Innenausstattung ist traditionell und freundlich; die Zimmer sind behaglich und komfortabel, einige haben einen Balkon mit Aussicht. Das Restaurant bemüht sich, die Produkte und Bergspezialitäten des Trentino bekannt zu machen. Professioneller Empfang.

Anreise (Karte Nr. 3): 30 km nordwestl. von Bozen über die S 38 Rtg. Meran bis Portal, dann Lana; in Lana die Drahtseilbahn nehmen (Sommer: 8/19 Uhr; Winter: 8/18 Uhr).

TRENTINO - SÜDTIROL

Hotel Turm

39050 Fié allo Sciliar (Bolzano)
Piazza della Chiesa, 9
Tel. 0471-72 50 14 - Fax 0471-72 54 74 - Sig. Pramstrahler
E-mail: turmwirt@cenia.it

Kategorie ★★★★ **Geschlossen** vom 6. November bis 19. Dezember **26 Zimmer** m. Tel., Bad, WC, TV **Preise** EZ u. DZ: 96-145000 L, 192-310000 L; Suiten: 252-350000 L - Frühst. inkl., von 8.00 bis 10.00 Uhr - HP u. VP: 120-180000 L, 146-209000 L (pro Pers.) **Kreditkarten** Visa, Eurocard, Master-Card **Verschiedenes** Hunde erlaubt (12000 L) - Schwimmb. - Sauna - Garage (7000 L) **Umgebung** Ski in Alpe di Siusi (16 km entf.) - Bozen **Restaurant** von 12.00 bis 14.00 u. von 19.00 bis 21.00 Uhr - Do geschl. - Menüs: 38-60000 L - Karte - Spezialitäten: Täubchen m. Pilzen - Maronen-Soufflé m. Waldfrüchten.

Fié (Völs) ist ein kleines Dorf im wunderbaren Grödner-Tal, das vom eindrucksvollen Monte Sciliar (Schlern) beherrscht wird. Das Hotel befindet sich im ehemaligen Gerichtsgebäude im Ortskern und wird seit drei Generationen von derselben Familie geführt. Das im Laufe der Jahre immer mal wieder veränderte Innere ist sehr behaglich, mit alten Möbeln schön eingerichtet und kann auch eine eindrucksvolle Gemäldesammlung vorweisen. Die meisten der gemütlichen und geschmackvoll eingerichteten Zimmer bieten einen wundervollen Ausblick auf die Berge. Der Sohn Stefano, ein begnadeter Koch, leitet das Restaurant. Seine feine Küche ist sehr einfallsreich und verbindet könnerhaft regionale Eigenheiten mit den Finessen einiger großer französischer Küchenchefs. Im Sommer ein idealer Ausgangspunkt für Wanderungen am See; im Winter: Skilanglauf, Schlittschuhlaufen oder Abfahrtsski im 20 Minuten entfernten Alpe di Siusi.

Anreise (Karte Nr. 4): 16 km östl. von Bolzano (A 22, Ausf. Bolzano-Nord) über die S 49 bis Prato all'Isarco, dann Fié.

TRENTINO - SÜDTIROL

Hotel Cavallino d'Oro

39040 Castelrotto (Bolzano)
Piazza Kraus
Tel. 0471-706 337 - Fax 0471-707 172
Sig. und Sig.ra Urthaler
Web:http://www.cavallino.it - E-mail: cavallino@cavallino.it

Kategorie ★★★★ **Ganzj.** geöffn. - Di geschl. **20 Zimmer** m. Tel., Bad u. Dusche, WC, TV, Safe **Preise** EZ u. DZ: 55-80000 L, 100-140000 L - Frühst. inkl., von 7.30 bis 10.00 Uhr - HP u. VP: 76-126000 L, 90-135000 L **Kreditkarten** akzeptiert **Verschiedenes** Hunde erlaubt (m. Zuschlag) **Umgebung** Ski - Alpe di Siusi - Ortisei - Gardena-Tal **Restaurant** von 11.30 bis 14.00 u. von 18.00 bis 21.00 Uhr - Menüs: 25-50000 L - Karte - Regionale Küche.

Castelrotto ist eines dieser Dörfer des Grödner-Tals, in dem man noch Ladinisch spricht, die Bewohner gerne traditionelle Trachten tragen und die Häuser hübsch bemalte Fassaden haben. Das *Cavallino d'Oro* ist ein traditioneller Südtiroler Gasthof: die "Stube" ist einladend, und das Restaurant bietet vorwiegend lokale Spezialitäten an. Die Zimmer sind sehr gepflegt. Im Sommer wird eine Terrasse auf dem Dorfplatz hergerichtet, dem schönsten Flecken des Dorfes. Auch die Preise verdienen es, daß man sich aufmacht, diese Region zu entdecken.

Anreise (Karte Nr. 4): 26 km nordöstl. von Bolzano über die A 22, Ausf. Bolzano-Nord, S 12 (Rtg. Brenner) bis Prati Isarco, dann Rtg. Castelrotto.

TRENTINO - SÜDTIROL

Albergo Tschötscherhof

San Osvaldo 39040 Siusi (Bolzano)
Tel. 0471-70 60 13
Famiglia Jaider

Geschlossen von Ende April bis 1. Dezember **8 Zimmer** m. Bad od. Dusche, WC **Preise** EZ u. DZ: 37-42000 L, 74-84000 L - Frühst. inkl., von 7.30 bis 10.00 Uhr - HP: 49-55000 L + 42000 L (pro Pers.) **Kreditkarten** Nicht akzeptiert **Verschiedenes** Hunde nicht erlaubt **Umgebung** Ski - Alpe di Siusi - Gardena-Tal - Bozen **Restaurant** von 11.30 bis 14.00 u. von 18.00 bis 21.00 Uhr - Menüs: 25-50000 L - Karte - Italienische u. regionale Küche.

Sie träumen von Bergen ohne Mountainbikes, von einem Dorf, das mehr Bauernhäuser als Hotels zählt? Genau das werden Sie in San Osvaldo und an der kleinen Straße entdecken, die sich durch Weiden voller fetter grasender Kühe schlängelt. Das unterhalb gelegene Dörfchen wird vom traditionellen Zwiebelturm seiner Kirche überragt. Das Haus ist ein richtiger Postkartenanblick: ein schönes Chalet mit grünen Fensterläden und Balkonen, die von wildem Wein und Geranien überwuchert sind. Zur Rezeption im ersten Stock gelangt man über die große Terrasse. Im Innern ist alles einfach und rustikal: niedrige Decken, holzverkleidete oder weiße Wände. Regionale Möbel und Kunstgegenstände in den Wohnräumen. Die schlichteren Gästezimmer sind sehr gepflegt und haben durchaus Komfort. Wanderfreunde und alle, die jene frische Luft und jenes Licht suchen, die es nur in den Bergen gibt, sind hier anzutreffen. Gesellige Atmosphäre.

Anreise (Karte Nr. 4): 26 km nordöstl. von Bolzano über die A 22, Ausf. Bolzano-Nord, S 12 (Rtg. Brennero) bis Prato Isarco, dann Rtg. Castelrotto, Seis, San Osvaldo.

TRENTINO - SÜDTIROL

Hotel Adler

39046 Ortisei (Bolzano)
Via Rezia, 7
Tel. 0471-79 62 03 - Fax 0471-79 62 10
Famiglia Sanoner

Geschlossen von Ende Oktober bis 14. Dezember u. vom 16. April bis 14. Mai **100 Zimmer** m. Tel., Bad, WC, TV, Safe, Minibar; Aufzug **Preise** m. HP: 158-266000 L (EZ), 139-247000 L (DZ) - Frühst. inkl., von 7.00 bis 10.00 Uhr **Kreditkarten** Amex, Visa, Eurocard, MasterCard **Verschiedenes** Hunde erlaubt - Hallenbad - Tennis - Sauna - Skibus - Health-Center - Parkpl. - Garage **Umgebung** Ski - Alpe di Siusi (1 996 m) u. Seceda (2 500 m) per Seilbahn - Castelrotto - Gardena-Tal - Bozen **Restaurant** von 12.00 bis 14.00 u. von 19.00 bis 21.30 Uhr - Menüs: 30-49000 L - Karte - Tiroler Küche.

Im Zentrum von Sankt Ulrich/Ortisei ist dieses Hotel durch die Verbindung zweier architektonisch gänzlich unterschiedlicher Gebäude entstanden. Eine grüne Insel der Ruhe, ein Mekka für die (meist deutschen) Urlauber. Das beheizte Schwimmbad ist von einem schönen Rasen umgeben. Das Hotel wird im Sommer wie im Winter von Stammkunden aufgesucht, für die Abgeschiedenheit und Pistennähe nicht unbedingt die wichtigsten Kriterien darstellen und die die belebte Atmosphäre in diesem kleinen Dorf mögen. Alle Zimmer wurden renoviert. Ein behagliches Haus.

Anreise (Karte Nr. 4): 35 km östl. von Bolzano über die A 22, Ausf. Chiusa (oder S 12 bis Ponte Gardena), dann S 242 nach Ortisei.

TRENTINO - SÜDTIROL

Pension Uhrerhof Deur

Bulla 39046 Ortisei
Tel. 0471-79 73 35 - Fax 0471-79 74 57
Famiglia Zemmer
Web: http://val-gardena.com/hotel/uhrerhof - E-mail: uhrerhof@val-gardena.com

Geschlossen vom 13. bis 28 April u. vom 11. November bis 1. Dezember **10 Zimmer** (Nichtraucher) m. Tel., Bad od. Dusche, WC, TV **Preise** DZ: 200-300000 L - Frühst. inkl. (Buffet), von 8.00 bis 10.00 Uhr - HP: 120-160000 L (pro Pers., mind. 3 Üb.) **Kreditkarten** Visa, Eurocard, MasterCard **Verschiedenes** Hunde nicht erlaubt - Sauna, Whirpool, Hammam, Solarium - Parkpl. **Umgebung** Ski - Alpe di Siusi (1 996 m) u. Secada (2 500 m) per Seilbahn - Castelrotto - Gardena-Tal - Bozen **Restaurant** (auf Reserv.) - ab 19.00 Uhr - Menüs: 40-600000 L.

Ortisei ist ein bedeutender Gebirgsort des Val Gardena; die Liebhaber der Berge finden hier ihr Glück beim Skilaufen oder bei Bergtouren in den Wäldern von Rasciesca oder an den Hängen von Alpe di Suisi. Sein Charme ist auch darauf zurückzuführen, daß seine Bewohner mit den Traditionen noch eng verbunden sind, was dem Dorfleben viel Pittoreskes verleiht. Hiervon ist auch die Atmosphäre des *Uhrerhof Deur* geprägt, der nur ein paar Kilometer weiter liegt, ein Gästehaus im wahrsten Sinn des Wortes ist und wo Sie wie Freunde aufgenommen werden. Das Haus ist warm, die Umgebung großartig, die Küche gepflegt, aber hoffentlich haben Sie den praktischen Informationen entnommen, daß dies ein Nichtraucher-Haus ist. Für die, die es nicht sind, eine gute Gelegenheit, sich über die Stärke ihrer Nikotinsucht bewußt zu werden.

Anreise (Karte Nr. 4): 35 km östl. von Bolzano über die A 22, Ausf. Chiusa od. Bolzano-Nord (od. S. 12 bis Ponte Gardena), dann S 242 bis Ortisei. Bulla liegt 5 km von Ortisei.

TRENTINO - SÜDTIROL

Hotel Elephant

39042 Bressanone (Bolzano)
Via Rio Bianco, 4
Tel. 0472-83 27 50 - Fax 0472-83 65 79 - Famiglia Heiss Falk
E-mail: elephant.brixen@acs.it

Kategorie ★★★★ **Geschlossen** vom 11. November bis 24. Dezember u. vom 8. Januar bis 28. Februar **44 Zimmer** m. Tel., Bad, WC, TV **Preise** EZ u. DZ: 116-122000 L, 232-244000 L - Frühst: 24000 L - HP u. VP: 199000 L, 240000 L (pro Pers., mind. 3 Üb.) **Kreditkarten** akzeptiert **Verschiedenes** Hunde in den Zimmern erlaubt (11000 L) - Beheizt. Schwimmb. - Tennis - Parkpl. (12-15000 L) **Umgebung** La Plose (2 504 m) - Kloster Novacella - Gardena-Tal: Schloß Velturno, Chiusa, Ortisei **Restaurant** von 12.00 bis 14.00 u. von 19.00 bis 21.00 Uhr - Mo geschl. - Menü: 65000 L - Karte.

Die zahlreichen Klöster und bischöflichen Schlösser um Brixen/Bressanone zeugen noch von der geistigen, kulturellen und künstlerischen Ausstrahlung, die dieses Dorf im 18. Jahrhundert besaß. Um diese Region zu entdecken, ist das *Elephant* der ideale Ausgangspunkt. Alte Möbel, Holztäfelungen, Teppiche und Gobelins schmücken die Empfangsräume. Die meisten Zimmer liegen zum Park und Schwimmbad hin oder gehen auf die Berge hinaus, nur einige wenige gehen nach Norden. Die Küche ist bemerkenswert und wird von einem sehr aufmerksamen Personal serviert. Ein Hotel, das seit dem Jahr 1550 (als es das Geleit des Elefanten und auch den Elefanten selbst beherbergte, den der König von Portugal dem Kaiser Ferdinand von Habsburg als Geschenk übersandte) seinem Ruf stets gerecht geworden ist.

Anreise (Karte Nr. 4): 40 km nordöstl. von Bolzano über die A 22, Ausf. Bressanone; das Hotel liegt nordwestl. vom Zentrum; Via Fienili, dann Via Rio Bianco (von der Via Roma kommend).

TRENTINO - SÜDTIROL

La Perla

39033 Corvara in Badia (Bolzano)
Via Centro, 44
Tel. 0471-83 61 32 - Fax 0471-83 65 68
Famiglia Costa
Web: http://www.altabadia.it/perla - E-mail: perla@altabadia.it

Kategorie ★★★★ **Geschlossen** vom 26. Septembre bis 3. Dezember u. vom 6. April bis 25. Juni **52 Zimmer** m Tel., Bad, WC, TV **Preise** EZ u. DZ: 170-340000 L, 300-640000 L; Suiten: 360-740000 L - Frühst. inkl., von 7.30 bis 11.00 Uhr - HP: 168-338000 L (pro Pers., mind. 3 Üb.) **Kreditkarten** Amex, Visa, Eurocard, MasterCard **Verschiedenes** Kleine Hunde erlaubt - Beheizt. Schwimmb. - Sauna - Fitneßcenter - Parkpl. - Garage **Umgebung** Ski - Badia-Tal - Große Dolomitenstraße (N 48) von Cortina d'Ampezzo nach Bozen - Ortisei **Restaurant** La Stüa de Michil (vom 3. Dezember bis 6. April) von 19.00 bis 21.30 Uhr - Menüs: 58-85000 L - Karte - Spezialitäten: Gamberini rosolati su crema di fagioli cannellini - ravioli di zucca con pomodore e pecorino frasco - Guancio di vitello al forno con porri e finferli - torta di gelato "La Perla" con pere al cassis.

Dieses Hotel verdient seinen Namen. Das schöne Chalet *La Perla*, recht ruhig im Corvarer Zentrum gelegen, ist einfach perfekt. Ausstattung und Atmosphäre sind weniger rustikal als raffiniert. Die Inneneinrichtung schafft eine ungezwungene Atmosphäre - trotz all der Leistungen, die einem Grandhotel Ehre machen (Friseur, beheiztes Schwimmbad, Weinkeller, Weinproben usw.). 45 Kilometer von Cortina d'Ampezzo entfernt, ist dieses Hotel im Sommer wie im Winter zu empfehlen.

Anreise *(Karte Nr. 4): 65 km östl. von Bolzano über die A 22, Ausf. Chiusa (oder S 12 bis Ponte Gardena), dann S 242 nach Corvara über Ortisei.*

TRENTINO - SÜDTIROL

Hotel Armentarola

39030 San Cassiano (Bolzano)
Via Prè de Vì, 78
Tel. 0471-84 95 22 - Fax 0471-84 93 89 - Famiglia Wieser
Web: http://www.armentarola.com - E-amil: info@armentarola.com

Kategorie ★★★★ **Geschlossen** von Mitte Oktober bis Mitte Dezember u. von Mitte April bis Mitte Juni **50 Zimmer** m. Tel., Bad od. Dusche, WC, Safe, TV, Minibar **Preise** m. HP (pro Pers.): 140-225000 L, 120-225000 L (pro Pers. in DZ); 180-260000 L (Suiten, pro Pers.) - Frühst. inkl., von 7.30 bis 10.30 Uhr **Kreditkarten** nicht akzeptiert **Verschiedenes** Hunde erlaubt (25000 L) - Hallenbad - Tennis - Reiten - Sauna - Solarium - Garage (10000 L) **Umgebung** Ski - Cortina d'Ampezzo **Restaurant** von 11.00 bis 18.00 u. von 19.00 bis 21.00 Uhr - Menüs: 45-90000 L - Karte - Regionale Küche.

Die Geschichte des *Armentarola* begann 1938 mit der Geschichte der Familie, als Paolo und Emma Wieser beschlossen, ihr Chalet zu einem Gasthof umzubauen. Seitdem ist das einsam, 1600 Meter hoch gelegene Hotel immer wieder modernisiert worden und hat doch nichts von seinem Charme verloren. Holz bestimmt die Inneneinrichtung: nachgedunkelt in den älteren Teilen des Hauses, farbig in den neueren Bereichen und im großen Restaurant. Im Sommer wird den Gästen Tennis und Reiten angeboten. Im Winter gibt es das Hallenbad und den Skilift, der das *Armentarola* mit dem Skigebiet von Badia verbindet. Nur wenige Kilometer von Cortina d'Ampezzo entfernt, ist dies ein Hotel mit großem Komfort in grandioser Natur.

Anreise (Karte Nr. 4): 75 km östl. von Bolzano über die S 12, S 242d u. S 242 Rtg. Selva di Valgardena, dann S 243 nach Corvara u. 11 km auf der S 244.

TRENTINO - SÜDTIROL

Parkhotel Sole Paradiso

39038 San Candido - Innichen (Bolzano)
Via Sesto, 13
Tel. 0474-91 31 20 - Fax 0474-91 31 93 - Famiglia Ortner
Web: http://www.sole-paradiso.com - E-mail: parkhotel@sole-paradiso.com

Kategorie ★★★ **Geschlossen** vom 5. Oktober bis 21. Dezember u. vom 9. April bis 1. Juni **39 Zimmer** u. 4 Suiten m. Tel., Bad od. Dusche, WC, TV **Preise** EZ u. DZ: 130-175000 L, 220-350000 L - Frühst. inkl. (Buffet), von 8.00 bis 10.30 Uhr - HP u. VP: 125-215000 L, 155-245000 L (pro Pers., mind. 3 Üb.) **Kreditkarten** akzeptiert **Verschiedenes** Hunde nicht erlaubt - Hallenbad - Tennis (15000 L) - Sauna - Garage (15000 L) **Umgebung** Lago di Braies - Lago di Misurina - Croda Rossa - Tre Cime di Lavaredo - Cortina d'Ampezzo **Restaurant** von 12.30 bis 13.30 u. von 19.00 bis 20.30 Uhr - Menüs: 45-70000 L - Karte - Spezialitäten: Schlutzkrapfen - Maccheroni alla boscaiola - Trota del vivaio Kaiserschmarrn.

Die Architektur und die rotgelben Farben dieses großen Chalets erinnern daran, daß die österreichische Grenze nur einige Kilometer weiter verläuft. Im ganzen Haus herrscht eine gemütliche Atmosphäre, wie sie in den Bergen üblich ist: die Wände sind mit hellem Holz getäfelt, Lampen und Leuchter sind eindrucksvoll holzgeschnitzt, in den Zimmern beeindrucken schwere Stoffe und Baldachinbetten. Alle Zimmer besitzen außerdem hübsche, bepflanzte Balkone und einen schönen Blick über das Pusteria-Tal. Das Hotel ist bestens ausgerüstet: ein Tennisplatz, ein im Sommer wie im Winter beheiztes Schwimmbad, Langlaufbahnen und ein Skibus direkt am Hotel.

Anreise (Karte Nr. 4): 100 km nordöstl. von Bolzano über die A 22, Ausf. Bressanone, dann SS 49 nach San Candido. 200 km nördl. von Venedig.

TRENTINO - SÜDTIROL

Albergo Uridl

39038 S. Cristina Valgardena (Bolzano)
Tel. 0471 79 32 15 - Fax 0471 79 35 54 - Sig. Delmetz
E-mail: uridl@val-gardena.com

1999

Kategorie ★★★ **Geschlossen** Oktober bis 24. Dezember u. Mai **15 Zimmer** m. Tel., Bad, WC, Satelliten-TV; Aufzug **Preise** EZ u. DZ m. HP: 93-128000 L - VP: + 10-220000 L - Frühst. inkl., von 8.00 bis 9.30 Uhr **Kreditkarten** Nicht akzeptiert **Verschiedenes** Hunde nicht erlaubt - Schwimmb., Tennis u. Squash im Sportcenter von Ortisei (4 km) - Parkpl. u. Garage (5000 L) **Umgebung** Alpe di Siusi (1 996 m) u. Secada (2 500 m) per Seilbahn - Castelrotto - Val Gardena - Bozen **Restaurant** von 12.00 bis 13.30 u. von 18.30 bis 20.30 Uhr - Menüs: 35000 L - Karte - Spezialitäten: Regionale Küche.

Wintersportorten wie Santa Christina, einem echten Schnittpunkt zahlreicher Ausflüge in jeder Saison, bietet Val Gardena ein wunderbares natürliches Dekor. Das kleine Dorf in 1500 Meter Höhe im Herzen der Dolomiten hat es verstanden, seine Authentizität zu bewahren; zu verdanken ist das Initiativen wie der von *Albergo Uridl*, die dieses Chalet sinn-und geschmackvoll sanierte. Im ersten Stock liegen die Rezeption und die Salons - holzgetäfelt, wie es sich gehört. Das Restaurant umfaßt drei kleine Räume; der von uns bevorzugte ist selbstverständlich der traditionellste mit alter Täfelung und mit Innenfensterläden. Der große Kachelofen, die Kuckucksuhren und die Tiroler Stube spiegeln die Tradition dieser Gegend wider. Die Schlafzimmer haben zwar weniger Charme, besitzen aber modernen Komfort. Die außergewöhnliche Aussicht einiger Zimmer läßt die Inneneinrichtung, für die man sich nicht wirklich begeistern kann, leicht vergessen. Im Keller wurde ein großer Spielraum mit Tischtennis, Tischfußball, Billard etc. eingerichtet.

Anreise (Karte Nr. 4): 40 km östl. von Bolzano über die A 22, Ausf. Chiusa (od. S 12 bis Ponte Gardena), dann S 242 bis Santa Christina.

Albergo Accademia

38100 Trento
Vicolo Colico, 4-6
Tel. 0461-23 36 00 - Fax 0461-23 01 74
Sig.ra Fambri

Kategorie ★★★★ **Geschlossen** 24. Dezember bis 6. Januar **43 Zimmer** m. Klimaanl.,Tel., Bad od. Dusche, WC, Satelliten-TV, Minibar; Aufzug **Preise** EZ u. DZ: 180000 L, 250000 L - Frühst. inkl., von 7.30 bis 10.30 Uhr **Kreditkarten** akzeptiert **Verschiedenes** Hunde erlaubt **Umgebung** Gardasee - Dolomiten - Trento - La Paganella - "Ormeri" di Segonzaro (Feenkamine) **Restaurant** von 12.30 bis 14.30 u. von 19.30 bis 22.30 Uhr - So geschl. - Menüs: 45-55000 L - Karte - Spezialitäten: Storione affumicato con finferli crudi - Ravioli fatti in casa - Filetto di agnello in crosta di pane alla salvia - Croccante alle mandorle.

Die in der Altstadt gelegene *Albergo Accademia* befindet sich in einem mittelalterlichen Haus an einem winzigen Platz in einer hübschen Gegend Trentos. Wenn auch einiges der Originalarchitektur bewahrt wurde, so ist die Gestaltung doch bewußt modern, was die wenigen alten Stücke schön zur Geltung bringt. Die Zimmer sind groß, hell und sehr komfortabel. Das Restaurant ist bekannt für seine phantasievolle Küche, ohne jedoch die lokalen Spezialitäten zu vernachlässigen. Der frühere Innenhof des Hauses wurde zu einem Garten umgestaltet, in dem nun das Frühstück serviert wird. Und um den Ausblick über die Dächer und Türme Trentos zu genießen, wurde unlängst eine Terrasse gebaut. Eine charmante Adresse in einer Stadt, die eine Reise durchaus wert ist.

Anreise (Karte Nr. 3 und 4): 101 km nördl. von Verona über die A 22, Ausf. Trento Centro, in der Stadt der Ausschilderung folgen.

TRENTINO - SÜDTIROL

Castello Pergine

38057 Pergine Valsugana (Trento)
Tel. 0461-53 11 58 - Fax 0461-53 13 29
Sig. und Sig.ra Schneider-Neff

Geschlossen von November bis Ostern **21 Zimmer** m. Tel., Bad od. Dusche, WC, TV **Preise** HP: 100000 L (pro Pers.) - Frühst. inkl., von 8.00 bis 9.30 Uhr **Kreditkarten** Amex, Visa, Eurocard, Master-Card **Verschiedenes** Hunde im Zi. erlaubt - Parkpl. **Umgebung** San Cristoforo al Lago am See von Caldonazzo - Brenta-Kanal (Engpaß) über die N 47 hinter Primolano - Trento - Verona **Restaurant** von 12.30 bis 14.00 u. von 19.30 bis 21.30 Uhr - Mo mittags geschl. - Karte: 50000 L - Spezialitäten: strangolapreti su salsa di fromaggi, Carpaccio di carne salada.

Trient ist eine interessante, von romanischer und germanischer Kultur geprägte Stadt; eine Besichtigung des Doms und des Castello del Buonconsiglio können wir nur empfehlen. Auch das Hinterland, in dem es viele Dörfer wie Pergine Valsugana mit landwirtschaftlichen Aktivitäten gibt, ist angenehm. Das Hotel befindet sich im mittelalterlichen Schloß. Sein Restaurant, in dem man mit den Spezialitäten der Gegend Bekanntschaft macht, hat einen besonders guten Ruf, und dank der Renovierung verfügen die Zimmer heute über guten Komfort. Die Lage im Grünen schafft eine besonders ungetrübte Atmosphäre. Ein Hotel, dem man Zuneigung entgegenbringt.

Anreise (Karte Nr. 4): 11 km östl. von Trento über die S 47; zur Stadt sind es 2,5 km.

TRENTINO - SÜDTIROL

Lido Palace Hotel

Lago di Garda
38066 Riva del Garda (Trento)
Viale Carducci, 10
Tel. 0464-55 26 64 - Fax 0464-55 19 57 - Sig. Genetin
Web: http://www.garda.com/hotels/riva/lido - E-mail: lidopalace@anthesi.com

Kategorie ★★★★ **Geschlossen** von November bis Ende März **62 Zimmer** m. Tel., Bad od. Dusche WC,TV, Minibar; Aufzug **Preise** DZ: 220-3000000 L - Frühst. inkl., von 7.30 bis 10.00 Uhr - HP u. VP: 135-175000 L, 165-200000 L (pro Pers., mind. 3 Üb.) **Kreditkarten** akzeptiert **Verschiedenes** Kleine Hunde erlaubt (15000 L) - Schwimmb. - Tennis - Parkpl. **Umgebung** Varone-Wasserfall - Lago di Tenno - Trento **Restaurant** von 12.30 bis 14.00 u. von 19.30 bis 21.00 Uhr - Menü: 40000 L - Karte - Internationale Küche.

Der Hauptvorteil des *Lido Palace* ist seine Lage in unmittelbarer Nähe des kleinen Hafens von Riva del Garda. Sein Park grenzt an den öffentlichen Park und an das Seeufer, und die Atmosphäre erinnert an jene eines Kurortes im 19. Jahrhundert. Das Gebäude aus eben jener Zeit wurde sehr geschmackvoll renoviert. Aus den sehr hellen und bewußt schlicht eingerichteten Zimmern nimmt man hinter Zedern den See wahr. Trotz der klassisch-konventionellen Erscheinung dieses Hotels herrscht hier eine ungezwungene Atmosphäre.

Anreise (Karte Nr. 3): 50 km südwestl. von Trento - 87 km nördl. von Verona über die A 22, Ausf. Roverto-Sud, dann SS 240.

TRENTINO - SÜDTIROL

Palace Hotel

38050 Roncegno (Trento)
Casa di Salute Raphael
Tel. 0461-76 40 12 - Fax 0461-76 45 00
Sig. Palombo

Kategorie ★★★★ **Geschlossen** von November bis März **85 Zimmer** m. Tel., Bad od. Dusche, WC, TV; Aufzug **Preise** EZ u. DZ: 130000 L, 220000 L - Frühst. inkl., von 7.30 bis 10.00 Uhr - HP u. VP: 145000 L, 160000 L (pro Pers., mind. 3 Üb.) **Kreditkarten** Amex, Visa, Eurocard, MasterCard **Verschiedenes** Hunde nicht erlaubt - Hallenbad - Tennis - Squash - Health-Center - Parkpl. **Umgebung** Schloßruinen von Borgo Valsugana - Brenta-Kanal (Engpaß) über die N 47 hinter Primolano - Trento **Restaurant** von 12.30 bis 14.00 u. von 19.30 bis 21.30 Uhr - Menüs: 40-50000 L - Karte - Spezialitäten: Tronco de pontesel - Cumel alla paesana.

Das zu Beginn des Jahrhunderts in einem fünf Hektar großen Park angelegte *Palace Hotel* verfügt noch heute über die Eleganz und das Pittoreske dieser Epoche. Lange Zeit war es der sommerliche Treffpunkt der italienischen Aristokratie. Die Salons und besonders das Restaurant zeugen von dieser Vergangenheit. Heute vollständig renoviert, verfügt es nicht nur über den Komfort der Hotels dieser Kategorie, sondern außerdem über einige unerwartete Einrichtungen wie z.B. Squash und Health-Center mit Hallenbad und Sauna. Diese Verbindung von Tradition, ja Nostalgie, mit moderner Lebensart und Effizienz ist der größte Vorteil dieses Hotels.

Anreise *(Karte Nr. 4): 33 km östl. von Trento über die SS 47.*

VENETO - FRIAUL

Hotel Cipriani und Palazzo Vendramin

30133 Venezia
Isola della Giudecca, 10
Tel. 041-520 77 44 - Fax 041-520 39 30/77 45 - Sig. N. Rusconi
Web: http://www.orient-expresshotels.com - E-mail: cipriani@gpnet.it

Kategorie ★★★★ **Ganzj.** geöffn. **106 Zimmer** m. Klimaanl., Tel., Bad, WC, TV, Minibar; Aufzug **Preise** EZ u. DZ: 700-990000 L, 990-1650000 L - Frühst. inkl., von 7.00 bis 10.30 Uhr (amerikanisches Buffet) **Kreditkarten** akzeptiert **Verschiedenes** Kleine Hunde erlaubt - Schwimmb. - Tennis (40000 L) - Sauna (25000 L) - Türkisches Bad - Yachthafen **Umgebung** Regata Storica (1. So im Sept.), Mostra von Venedig (Aug.-Sept.), Biennale von Venedig - Murano (Glasmuseum) - Torcello (Kathedrale S. M. Assunta, S. Fosca) - Burano - Friedhof San Michele - Villa Foscari in Fusina - Villen des Veneto - Kreuzfahrt auf der Brenta an Bord der *Burchiello* - Golf al Lido Alberoni (18-Lochpl.) **Restaurant** von 12.30 bis 15.00 u. von 20.00 bis 22.30 Uhr - Karte - Venezianische Küche.

Das *Cipriani*, das an den Pontons liegt, die den Markusplatz säumen, ist das einzige Hotel, das einen Platz für seinen eigenen Pendelverkehr besitzt, den luxuriöse Schnellboote gewährleisten. So ist alles in diesem Hotel, das ein Synonym für Luxus und Qualität ist. Der letzte Guiseppe Cipriani war es, der auch die *Harry's Bar* gründete, die in aller Welt für ihre Küche und ihre Bellini-Cocktail berühmt ist ... Hier, an der Spitze der Giudecca, trägt auch das olympische Schwimmbad zum Luxus bei, außerdem bietet das Hotel einen Yachtclub für die Hotelgäste, Salons und Zimmer von großem Raffinement und herrlichem Ausblick auf die Lagune, aber auch auf S. Giorgio Maggiore oder die Palladio-Kuppel des Redentore und der Zitadelle. Der Service ist persönlich, aber keineswegs unterwürfig. Was anderes wäre zum *Palazzo Vendramin*, die luxuriöse Dependance des Cipriani, zu sagen, als folgendes: wir bevorzugen das alte Haus! Der ganz neue Palazzo bietet Appartements an und besitzt ein Restaurant mit Salon und Café: bestimmt eine der In-Adressen von Venedig.

Anreise (Karte Nr. 4): Vaporetto stündl. ab San Marco.

VENETO - FRIAUL

Bauer Grünwald et Grand Hotel

30124 Venezia
Campo San Moise, 1459
Tel. 041-520 70 22 - Fax 041-520 75 57
Sig. D'Este

Kategorie ★★★★★ **Ganzj.** geöffn. **214 Zimmer** m. Klimaanl., Tel., Bad od. Dusche, WC, Satelliten-TV, Minibar; Aufzug **Preise** EZ u. DZ: 250-440000 L, 360-850000 L - Frühst. inkl., von 7.00 bis 10.30 Uhr **Kreditkarten** akzeptiert **Verschiedenes** Hunde erlaubt (60000 L) **Umgebung** Karneval von Venedig, Regata Storica (1. So im Sept.), Mostra von Venedig (Aug.-Sept.), Biennale von Venedig - Murano (Glasmuseum) - Torcello (Kathedrale S. M. Assunta, S. Fosca) - Burano - Friedhof San Michele - Villa Foscari in Fusina - Villen des Veneto - Kreuzfahrt auf der Brenta an Bord der *Burchiello* - Golf al Lido Alberoni (18-Lochpl.) **Restaurant** von 12.30 bis 14.30 u. von 19.00 bis 22.30 Uhr - Menü: 90000 L - Karte - Spezialitäten: Risotto alla torcellana - Fegato alla veneziana.

Das *Bauer Grünwald* entstand dank der Einheit Italiens: als ein junger Venezianer (Jules Grünwald) das Fräulein Bauer ehelichte. Zusammen eröffneten sie zuerst eine Taverne, die bald sehr erfolgreich war, und dann dieses Grandhotel. Was das *Bauer* von den anderen Palästen Venedigs unterscheidet, ist sein Stil. Hier ist der Luxus diskret und traditionell. Das gut gelegene Hotel bietet außer seiner Nähe zum Markusplatz eine Terrasse zum Canal Grande, auf der man bei Kerzenlicht speisen und die Aussicht auf die Kirche Santa Maria della Salute und die Insel San Giorgio genießen kann.

Anreise (Karte Nr. 4): In der Nähe der Piazza San Marco, am Canal Grande, zwischen der Kirche Santa Maria della Salute u. der Insel San Giorgio.

Gritti Palace Hotel

30124 Venezia
Campo Santa Maria del Giglio, 2467
Tel. 041-79 46 11 - Fax 041-520 09 42
Sig. Feriani

Kategorie ★★★★★ **Ganzj.** geöffn. **87 Zimmer** u. 6 Suiten m. Klimaanl., Tel., Bad od. Dusche, WC, TV, Safe, Minibar; Aufzug **Preise** EZ u. DZ: 540-570000 L, 830-1130000 L; Junior-Suite: 2050-2120000; Suiten L: 2550-4620000 L - Frühst. 35-60000 L, von 7.30 bis 11.00 Uhr (auf dem Zi. jederzeit) **Kreditkarten** akzeptiert **Verschiedenes** Kleine Hunde erlaubt (außer im Restaurant) **Umgebung** Karneval von Venedig, Regata Storica (1. So im Sept.), Mostra von Venedig (Aug.-Sept.), Biennale von Venedig - Murano (Glasmuseum) - Torcello (Kathedrale S. M. Assunta, S. Fosca) - Burano - Friedhof San Michele - Villa Foscari in Fusina - Villen des Veneto - Kreuzfahrt auf der Brenta an Bord der *Burchiello* - Golf al Lido Alberoni (18-Lochpl.) **Restaurant** von 12.30 bis 15.00 u. von 19.30 bis 22.30 Uhr - Menüs: 140-170000 L - Karte - Spezialitäten: Bresaola Gritti Palace - Risotti del Gritti - Scampi fritti in erbaria.

Das *Gritti Palace Hotel* ist wahrscheinlich das Nonplusultra der venezianischen Paläste. Über diesen im 15. Jahrhundert von dem Dogen Andrea Gritti erbauten Palazzo sagte Ernest Hemingway: "Das beste Hotel Venedigs, einer Stadt, die aus Grandhotels besteht." Seine berühmte Terrasse am Canal Grande ist ein absolut magischer Ort; die Zimmer, Salons und Speisesäle verfügen über eine Atmosphäre von Luxus, Eleganz und Komfort höchsten Niveaus. Auch das Restaurant ist eines der besten Venedigs. Wenn Sie vorhaben, im *Gritti* zu wohnen, sollten Sie, um dieses Spektakel solange wie möglich zu genießen, ein Zimmer zum Canal Grande reservieren.

Anreise *(Karte Nr. 4): Am Canal Grande.*

VENETO - FRIAUL

Hotel Monaco e Grand Canal

30124 Venezia
San Marco - Calle Vallaresso, 1325
Tel. 041-520 02 11 - Fax 041-520 05 01 - Sig. Zambon
E-mail: hmonaco@tin.it

Kategorie ★★★★ **Ganzj.** geöffn. **72 Zimmer** m. Klimaanl., Tel., Bad od. Dusche., WC, TV, Minibar; Aufzug **Preise** EZ u. DZ: 400-490000 L, 650-850000 L, Suiten: 900-1100000 L - Frühst. inkl., von 7.00 bis 10.30 (im Rest.) u. 11.00 Uhr (im Zi.) **Kreditkarten** akzeptiert **Verschiedenes** Kleine Hunde erlaubt **Umgebung** Karneval von Venedig, Regata Storica (1. So im Sept.), Mostra von Venedig (Aug;-Sept.), Biennale von Venedig - Murano (Glasmuseum) - Torcello (Kathedrale S. M. Assunta, S. Fosca) - Burano - Friedhof San Michele - Villa Foscari in Fusina - Villen des Veneto - Kreuzfahrt auf der Brenta an Bord der *Burchiello* - Golf al Lido Alberoni (18-Lochpl.) **Restaurant** von 12.30 bis 15.00 u. von 19.30 bis 22.00 Uhr - Karte - Spezialitäten: Bigoli-Spaghetti m. Sardellensauce - Geröstete Langustinen - Fegato alla veneziana con polenta - Zabaglione con amaretti.

Das *Monaco e Grand Canal* liegt in einer der schönsten Gegenden dieser Stadt der Pfahlbauten. Die eleganten und behaglichen Salons, der blühende Innenhof, die freundliche, stilvolle Atmosphäre und die kleinen, aber angenehm eingerichteten Zimmer machen es zu einem der guten Hotels von Venedig. Auf der wundervollen Terrasse zum Canal Grande wird mittags und abends gespeist; sie ist sicherlich ein weiterer Pluspunkt dieses Hotels. Die Küche ist gut. Im Sommer ist es empfehlenswert, ein Zimmer zum Innenhof zu nehmen; wenn Ihnen aber der Blick auf den Canal Grande wichtig ist, sollten Sie eines der Zimmer reservieren, die etwas entfernt von der Vaporetto-Haltestelle des Hotels liegen. Dennoch verfügt das Hotel über Zimmer mit Klimaanlage und Schallisolierung (wir bevorzugen Nr. 308). Sehr gutes Preis-Leistungsverhältnis, vor allem außerhalb der Saison.

Anreise (Karte Nr. 4): In der Nähe der Piazza San Marco.

Hotel Londra Palace

30124 Venezia
San Marco - Riva degli Schiavoni, 4171
Tel. 041-520 05 33 - Fax 041-522 50 32 - Sig. Samueli
Web: http://www.hotelondra.it - E-mail: info@hotelondra.it

Kategorie ★★★★ **Ganzj.** geöffn. **53 Zimmer** m. Klimaanl., Tel., Bad, Jacuzzi, WC, Fön, Satelliten-TV, Safe, Minibar; Aufzug **Preise** DZ: 375-680000 L; Junior-Suite: 520-950000 L - Frühst. inkl., von 7.00 bis 11.00 Uhr **Kreditkarten** akzeptiert **Verschiedenes** Hunde erlaubt **Umgebung** Karneval von Venedig, Regata Storica (1. So im Sept.), Mostra von Venedig (Aug.-Sept.), Biennale von Venedig - Murano (Glasmuseum) - Torcello (Kathedrale S. M. Assunta, S. Fosca) - Burano - Friedhof San Michele - Villa Foscari in Fusina - Villen des Veneto - Kreuzfahrt auf der Brenta an Bord der *Burchiello* - Golf al Lido Alberoni (18-Lochpl.) **Restaurant** von 11.30 bis 16.00 u. von 19.00 bis 24.00 Uhr - Menüs: 70-93000 L - Karte - Italienische u. venezianische Küche.

Das *Londra Palace*, neben anderen Palästen am Becken von San Marco, gehört dank einer kürzlich durchgeführten Restaurierung nun wieder zu den Grandhotels von Venedig. Der neogotische Palast aus der zweiten Hälfte des 19. Jahrhunderts, der schon d'Annunzio und Tschaikowskij beherbergte, hat seinen ganzen Charme früherer Zeiten zurückgewonnen. Alle Zimmer sind mit altem Mobiliar eingerichtet und verfügen selbstverständlich über jenen Komfort, den man in einem Grandhotel erwarten darf. Die zur Lagune gelegenen Zimmer mit Blick auf die Insel San Giorgio Maggiore sind ein Traum. Zum Hotel gehört auch ein sehr gutes Restaurant, *Do Leoni*. In Anbetracht all dessen sind die Preise eigentlich nicht überhöht.

Anreise (Karte Nr. 4): In der Nähe der Piazza San Marco.

VENETO - FRIAUL

Hotel Gabrielli Sandwirth

30122 Venezia
San Marco - Riva degli Schiavoni, 4110
Tel. 041-523 15 80 - Fax 041-520 94 55
Famiglia Perkhofer

Kategorie ★★★★ **Geschlossen** vom 28. November bis 4. Februar **110 Zimmer** m. Tel., Bad od. Dusche, WC, TV **Preise** EZ u. DZ: 370000 L, 620000 L - Frühst. inkl., von 7 30 bis 10.30 Uhr - HP u. VP: 770000 L, 820000 L **Kreditkarten** akzeptiert **Verschiedenes** Hunde erlaubt **Umgebung** Karneval von Venedig, Regata Storica (1. So im Sept.), Mostra von Venedig (Aug.-Sept.), Biennale von Venedig - Murano (Glasmuseum) - Torcello (Kathedrale S. M. Assunta, S. Fosca) - Burano - Friedhof San Michele - Villa Foscari in Fusina - Villen des Veneto - Kreuzfahrt auf der Brenta an Bord der *Burchiello* - Golf al Lido Alberoni (18-Lochpl.) **Restaurant** "Corte Gabrielli" von 12.30 bis 14.30 u. von 19.30 bis 21.30 Uhr - Buffet: 44000 L - Italienische u. venezianische Küche.

Dieser gotische Palast aus dem 13. Jahrhundert erhebt sich an der Riva degli Schiavoni, Seite an Seite mit einigen der luxuriösesten Hotels Venedigs. Da auch zwei mittelalterliche Häuser in das Hotel einbezogen wurden, ist das Innere ein wahres Labyrinth. Die klassisch gestalteten Zimmer sind komfortabel, ideal sind die gegenüber der Kirche San Giorgio mit Loggia und Blick auf das Becken von San Marco. In der modernen Bar hat man nicht mehr den Eindruck, sich in einem alten Palast zu befinden. Aber dieses Hotel ist das einzige an der Riva degli Schiavoni, das einen Innenhof und einen Rosengarten mit Palmen besitzt. Abends wird hier im Schein von Kerzen und venezianischen Laternen gespeist. Und von der Dachterrasse hat man noch immer jenen Blick auf den Canal Grande und die Lagune, den einst Guardi und Canaletto malten.

Anreise (Karte Nr. 4): In der Nähe der Piazza San Marco, an der Riva degli Schiavoni.

VENETO - FRIAUL

Hotel Metropole

30122 Venezia
San Marco - Riva degli Schiavoni, 4149
Tel. 041-520 50 44 - Fax 041-522 36 79 - Sig. Beggiato
Web: http://www.venere.it/venezia/metropole - E-mail: hotel.metropole@venere.it

Kategorie ★★★★ **Ganzj.** geöffn. **73 Zimmer** m. Klimaanl., Tel., Bad od. Dusche, WC, TV, Safe, Minibar **Preise** EZ u. DZ: 240-440000 L, 350-650000 L; Suiten: 600-800000 L - Frühst. inkl., von 7.00 bis 10.30 Uhr - HP u. VP: + 62000 L + 124000 L **Kreditkarten** akzeptiert **Verschiedenes** Kleine Hunde erlaubt **Umgebung** Karneval von Venedig, Regata Storica (1. So im Sept.), Mostra von Venedig (Aug.-Sept.), Biennale von Venedig - Murano (Glasmuseum) - Torcello (Kathedrale S. M. Assunta, S. Fosca) - Burano - Friedhof San Michele - Villa Foscari in Fusina - Villen des Veneto - Kreuzfahrt auf der Brenta an Bord der *Burchiello* - Golf al Lido Alberoni (18-Lochpl.) **Restaurant** Trattoria "al buffet" von 12.30 bis 15.00 u. von 19.00 bis 22.00 Uhr - Menü: 62000 L (Buffet) - Karte - Italienische u. venezianische Küche.

Nehmen wir es gleich vorweg: dieses Hotel liegt in einer der von Touristen meistbesuchten Gegenden Venedigs und ist deshalb außerhalb der Saison um vieles angenehmer. Hinter der etwas alltäglichen Fassade verbirgt sich ein altes Hotel, das angenehm nostalgisch und ganz und gar nicht alltäglich ist. Der Salon ist groß und hübsch, das reizende Frühstückszimmer geht auf einen kleinen Kanal. Die Flure zieren Sammelobjekte, Spiegel und Bilder im venezianischen Stil. Die Gästezimmer sind verhältnismäßig geräumig, die im Obergeschoß haben kleine Terrassen und einen ungewöhnlichen Ausblick auf Venedig. Meiden Sie die Zimmer der Fassadenseite, insbesondere im Sommer.

Anreise (Karte Nr. 4): An der Lagune, 100 m von der Piazza San Marco, zwischen Riva degli Schiavoni u. Canale di San Marco.

VENETO - FRIAUL

Pensione Accademia - Villa Maravegie

30123 Venezia
Dorsoduro - Fondamenta Bollani 1058
Tel. 041-521 01 88 / 523 78 46 - Fax 041-523 91 52
Sig. Dinato

Ganzj. geöffn. **27 Zimmer** m. Tel., Bad od. Dusche, WC, TV **Preise** EZ u. DZ: 130-185000 L, 200-345000 L - Frühst. inkl., von 7.15 bis 10.30 Uhr **Kreditkarten** akzeptiert **Verschiedenes** Hunde nicht erlaubt **Umgebung** Karneval von Venedig, Regata Storica (1. So im Sept.), Mostra von Venedig (Aug.-Sept.), Biennale von Venedig - Murano (Glasmuseum) - Torcello (Kathedrale S. M. Assunta, S. Fosca) - Burano - Friedhof San Michele - Villa Foscari in Fusina - Villen des Veneto - Kreuzfahrt auf der Brenta an Bord der *Burchiello* - Golf al Lido Alberoni (18-Lochpl.) **Kein Restaurant** im Hotel (siehe unsere Restaurantauswahl S. 529-535).

Diese charmante Pension, deren Erfolg anhält, befindet sich in der Nähe der Accademia und der Guggenheim-Stiftung, am Ende eines kleinen Kanals, in einem absolut romantischen Garten. Vom Innern sind wir ebenso angetan, denn die Salons haben altes Mobiliar und eine poetische Note, und von den Gästezimmern ähnelt keines dem anderen. Einige liegen in der Villa, andere im angrenzenden Haus, das geschickt mit dem Stammhaus verbunden wurde. Möbel aus dem Familienbesitz und allerlei Erinnerungsstücke sammeln sich hier seit langem an und schaffen die Atmosphäre eines Privathauses. Ganz gleich, ob der Blick auf den Kanal oder den Garten geht - beide sind hübsch. Um zunächst ein privilegierter Gast zu sein und dann zu einem Stammgast zu werden, muß man seinen Aufenthalt früh genug buchen, um (auch wenn nicht alles perfekt ist) den seit langem vollkommen überzeugten Kunden zuvorzukommen.

Anreise (Karte Nr. 4): Vaporetto Nr. 1, Haltestelle Accademia - Nr. 2, Haltestelle Zattere.

VENETO - FRIAUL

Hotel Flora

30124 Venezia
Via XXII Marco, 2283 A
Tel. 041-520 58 44 - Fax 041-522 82 17
Sig. Romanelli

Kategorie ★★★ **Ganzj.** geöffn. **44 Zimmer** m. Klimaanl., Tel., Bad od. Dusche, WC; Aufzug **Preise** EZ u. DZ: 250000 L, 340000 L - Frühst. inkl. **Kreditkarten** akzeptiert **Verschiedenes** Hunde erlaubt **Umgebung** Karneval von Venedig, Regata Storica (1. So im Sept.), Mostra von Venedig (Aug.-Sept.), Biennale von Venedig - Murano (Glasmuseum) - Torcello (Kathedrale S. M. Assunta, S. Fosca) - Burano - Friedhof San Michele - Villa Foscari in Fusina - Villen des Veneto - Kreuzfahrt auf der Brenta an Bord der *Burchiello* - Golf al Lido Alberoni (18-Lochpl.) **Kein Restaurant** im Hotel (siehe unsere Restaurantauswahl S. 529-535).

Am Ende einer kleinen, versteckten Gasse in der Nähe von San Marco liegt das *Hotel Flora*, eine wahre Oase im Hinblick auf Kühle und Ruhe. Die alte Bauweise des Hauses bestimmte seine Einrichtung und den Komfort der Zimmer; aufgrunddessen sind die Bäder verhältnismäßig klein. Die Ausstattung ist im englischen Stil gehalten. Dieses Zugeständnis stammt aus einer Zeit, da die meisten Gäste aus Großbritannien kamen. Wenn Sie frühzeitig reservieren, können Sie vielleicht das Zimmer mit Blick auf die Kirche San Moise bekommen, die wegen ihrer zahlreichen Gemälde aus dem 17. und 18. Jahrhundert (darunter ein Tintoretto und ein *Abendmahl* von Palma d. J.) einen Besuch lohnt. Salon und Restaurant sind entzückend, aber unvergeßlich ist das im Garten, am Brunnen serviert Frühstück.

Anreise *(Karte Nr. 4): Canale di San Marco, hinter dem Museo Correr.*

VENETO - FRIAUL

Hotel Torino

30124 Venezia
Calle delle Ostreghe, 2356
Tel. 041-520 52 22 - Fax 041-522 82 27 - Sig. Moro
Web: http://www.hoteltorino.it - E-mail: info@hoteltorino.it

Kategorie ★★★ **Ganzj.** geöffn. **20 Zimmer** m. Klimaanl., Tel., Dusche, WC, Satelliten-TV, Minibar u. Safe **Preise** EZ: 150-230000 L, DZ: 200-320000 L - Frühst. inkl., von 7.30 bis 10.00 Uhr **Kreditkarten** akzeptiert **Verschiedenes** Hunde erlaubt **Umgebung** Karneval von Venedig, Regata Storica (1. So im Sept.), Mostra von Venedig (Aug.-Sept.), Biennale von Venedig - Murano (Glasmuseum) - Torcello (Kathedrale S. M. Assunta, S. Fosca) - Burano - Friedhof San Michele - Villa Foscari in Fusina - Villen des Veneto - Kreuzfahrt auf der Brenta an Bord der *Burchiello* - Golf al Lido Alberoni (18-Lochpl.) **Kein Restaurant** im Hotel (siehe unsere Restaurantauswahl S. 529-535).

Via Larga XXII Marzo, eine der Geschäftsstraßen Venedigs, liegt hinter dem Markusplatz in der Nähe des Museum Corer. Hier, in Richtung San Giglio, liegt das *Hotel Torino*. Das Foyer ist intim und gedämpft, eine Treppe führt zu den Etagen, wo sich ein kleiner Salon und der mit schönen, frischen Blumensträußen dekorierte Frühstücksraum befindet. Die Zimmer sind gepflegt, mit antikem Mobiliar eingerichtet und ausgestattet mit kleinen Duschen, die diesem kleinen Palast entsprechen. Wer geräuschempfindlich ist, sollte ein Zimmer nach hinten heraus nehmen, und wer etwas mehr Licht wünscht, sollte eines in den oberen Stockwerken wählen. All das können Sie allerdings nur dann verlangen, wenn Sie frühzeitig reservieren, denn ein derartig preisgünstiges Haus in guter Lage ist in dieser Stadt selbstverständlich sehr gefragt.

Anreise (Karte Nr. 4): Vaporetto Nr. 1, Stazione Santa Maria del Giglio, dann Rtg. Piazza San Marco od. Linie Nr. 82, Stazione San Marco, Via XXII Marzo, Calle delle Ostreghe.

VENETO - FRIAUL

Hotel Bel Sito & Berlino

30124 Venezia
San Marco - Campo Santa Maria del Giglio, 2517
Tel. 041-522 33 65 - Fax 041-520 40 83
Sig. Serafini

Kategorie ★★★ **Ganzj.** geöffn. **38 Zimmer** m. Klimaanl., Tel., Bad od. Dusche, WC, 30 m. Minibar; Aufzug **Preise** EZ u. DZ: 140-210000 L, 215-320000 L; 3 BZ: 273000-410000 L - Frühst. inkl., von 8.00 bis 10.00 Uhr **Kreditkarten** Amex, Visa, Eurocard, MasterCard **Verschiedenes** Hunde erlaubt **Umgebung** Karneval von Venedig, Regata Storica (1. So im Sept.), Mostra von Venedig (Aug.-Sept.), Biennale von Venedig - Murano (Glasmuseum) - Torcello (Kathedrale S. M. Assunta, S. Fosca) - Burano - Friedhof San Michele - Villen des Veneto - Kreuzfahrt auf der Brenta an Bord der *Burchiello* - Golf al Lido Alberoni (18-Lochpl.) **Kein Restaurant** im Hotel (siehe unsere Restaurantauswahl S. 529-535).

In seiner Kategorie ist das *Bel Sito* vermutlich das beste Hotel. Es liegt günstig im *sestiere* von San Marco, in der Nähe des *Gritti;* die im venezianischen Stil eingerichteten Zimmer sind komfortabel, klimatisiert und ruhig, besonders die zum Kanal gelegenen. Wir bevorzugen dennoch die Fassadenzimmer, insbesondere das sonnige Nr. 30 mit einem Balkon voller Blumen und Blick auf die Barockstatuen der Kirche Santa Maria del Giglio. Das Frühstück und ein Barservice auf der Terrasse sorgen dafür, daß man diesen zauberhaften Ort mit einer Atmosphäre, wie es sie eben nur in Venedig gibt, in Ruhe genießen kann. Die Vaporetto-Haltestelle ist nicht weit, aber wenn Sie es venezianisch großzügig mögen, sollten Sie ein Taxiboot nehmen und sich am Hoteleingang am Kanal absetzen lassen.

Anreise *(Karte Nr. 4): Vaporetto, Haltestelle Santa Maria del Giglio.*

VENETO - FRIAUL

Hotel La Fenice et des Artistes

30124 Venezia
San Marco - Campiello de la Fenice, 1936
Tel. 041-523 23 33 - Fax 041-520 37 21 - Sig. Appollonio
E-mail: fenice@fenicehotels.it

Kategorie ★★★ **Ganzj.** geöffn. **68 Zimmer** m. Klimaanl., Tel., Bad od. Dusche, WC, Satelliten-TV; Aufzug. **Preise** EZ u. DZ: 200000 L, 350000 L; Suiten: 340-460000 L - Frühst. inkl., von 7.30 bis 10.30 Uhr **Kreditkarten** akzeptiert **Verschiedenes** Hunde erlaubt **Umgebung** Karneval von Venedig, Regata Storica (1. So im Sept.), Mostra von Venedig (Aug.-Sept.), Biennale von Venedig - Murano (Glasmuseum) - Torcello (Kathedrale S. M. Assunta, S. Fosca) - Burano - Friedhof San Michele - Villa Foscari in Fusina - Villen des Veneto - Kreuzfahrt auf der Brenta an Bord der *Burchiello* - Golf al Lido Alberoni (18-Lochpl.) **Kein Restaurant** im Hotel (siehe unsere Restaurantauswahl S. 529-535).

Das Hotel liegt an einem hübschen, ruhigen, kleinen Platz hinter dem Fenice-Theater. Es besteht aus zwei schönen, durch einen Innenhof miteinander verbundenen Häusern. Im Patio läßt es sich gut frühstücken und entspannen nach langen Märschen durch die Stadt. Die Zimmer sind komfortabel, aber versuchen Sie doch, eines von den drei Zimmern mit Terrasse zu bekommen. Das (Nr. 354, 355 und 406) sind nämlich die schönsten.

Anreise (Karte Nr. 4): In der Nähe des Fenice.

Hotel Do Pozzi

30124 Venezia
Via XXII Marzo, 2373
Tel. 041-520 78 55 Fax. 041-522 94 13
Sig.ra Salmaso

Kategorie ★★★ **Geschlossen** im Januar **35 Zimmer** m. Klimaanl., Tel., Bad od. Dusche, WC, TV, Minibar; Aufzug **Preise** EZ u. DZ: 130-190000 L, 200-280000 L - Frühst. inkl., von 7.00 bis 10.30 Uhr - HP u. VP: + 40000 L + 80000 L (pro Pers.) **Kreditkarten** akzeptiert **Verschiedenes** Hunde erlaubt **Umgebung** Karneval von Venedig, Regata Storica (1. So im Sept.), Mostra von Venedig (Aug.- Sept.), Biennale von Venedig - Murano (Glasmuseum) - Torcello (Kathedrale S. M. Assunta, S. Fosca) - Burano - Friedhof San Michele - Villa Foscari in Fusina - Villen des Veneto - Kreuzfahrt auf der Brenta an Bord der *Burchiello* - Golf al Lido Alberoni (18-Lochpl.) **Restaurant** von 12.00 bis 15.00 u. von 18.45 bis 22.30 Uhr - Dez., Jan., u. Do geschl. - Menü: 40000 L - Karte - Italienische Küche.

Nachdem man sich seinen Weg durch die Händlergassen des Viertels von San Marco gebahnt hat, wird man mit Mühe eine kleine Einfahrt entdecken, die zum Hotel *Do Pozzi* führt. Das Hotel liegt nämlich an einem der winzigen, für Venedig typischen Plätze und ist darum vor den Menschenmassen dieser Stadt geschützt. Die Zimmer und Bäder sind klein, modern und gut ausgestattet; die zum Innenhof sind besonders ruhig. Der Charme dieses Hauses liegt in seinem üppig blühenden *campullo*, der dem Hotel die Atmosphäre eines Gasthofes verleiht, aber auch in seinem Restaurant *Da Raffaele*. Im Sommer speist man entlang des Kanals, im Winter im großen Restaurant, das mit dem Kaminfeuer, den alten Kupfergegenständen und den Waffen besonders behaglich wirkt. Die Küche ist gut, und für Hotelgäste gelten günstigere Preise.

Anreise *(Karte Nr. 4): Vaporetto, Haltestelle San Marco, hinter Museo Correr.*

Hotel Panada

30124 Venezia
Calle dei Specchieri, 646
Tel. 041-520 90 88 - Fax 041-520 96 19
E-mail: htlpanve@spacehotels.it - Web://www.meetingvenice.it/panada

Kategorie ★★★ **Ganzj.** geöffn. **48 Zimmer** m. Klimaanl., Tel., Bad, WC; Aufzug **Preise** EZ u. DZ: 180-350000 L, 220-450000 L - f. 3 Pers.: 270-520000 L - f. 4 Pers.: 320-590000 L - Frühst. inkl., von 7.00 bis 10.30 Uhr **Verschiedenes** Hunde erlaubt **Kreditkarten** akzeptiert **Umgebung** Karneval von Venedig, Regata Storica (1. So im Sept.), Mostra von Venedig (Aug.-Sept.), Biennale von Venedig - Murano (Glasmuseum) - Torcello (Kathedrale S. M. Assunta, S. Fosca) - Burano - Friedhof San Michele - Villa Foscari in Fusina - Villen des Veneto - Kreuzfahrt auf der Brenta an Bord der *Burchiello* - Golf al Lido Alberoni (18-Lochpl.) **Kein Restaurant** im Hotel (siehe unsere Restaurantauswahl S. 529-535).

Die Calle dei Specchieri zu finden, ist etwas schwierig, obwohl sie nur einige Meter von San Marco, nordöstlich vom Torre dell'Orologio liegt. Da man im Zentrum zu diesem Preis schwerlich etwas besseres findet, lohnt sich diese kleine Mühe allemal. Schon beim Eintreten vergißt man die Menschenmassen vor der Tür. Das kürzlich vollständig renovierte Hotel ist ruhig und behaglich. Die Zimmer sind mit ihren venezianischen Möbeln und ihren Pastelltönen sehr ansprechend. Die Bäder sind komfortabel. Ein Restaurant gibt es nicht, aber die sehr gemütliche *Ai Speci*-Bar, die auch von zahlreichen Venezianern besucht wird. Die Wände sind holzgetäfelt und mit einer Ansammlung kleiner Spiegel dekoriert, die das Rot der Biedermeierstühle reflektieren und die Flüssigkeiten in den Alkoholflaschen golden schimmern lassen. Der Treffpunkt für einen entspannten Aperitif. Ein leichter Imbiß wird hier ebenfalls serviert.

Anreise *(Karte Nr. 4): Vaporetti Nr. 1, 82, 52, Haltestelle San Marco.*

VENETO - FRIAUL

Hotel Ai Due Fanali

30120 Venezia
S. Croce, 946
Tel. 041-71 84 90 - Fax 041-71 83 44 - Sig.ra Ferron
E-mail: ai2fanali@venicehotel.com - Web: http://www.venicehotel.com/ai2fanali

Kategorie ★★★ **Geschlossen** vom 10. bis 30. Januar **16 Zimmer** m. Tel., Bad od. Dusche, WC, TV, Safe, Minibar **Preise** EZ u. DZ: 160-275000 L, 200-350000 L; 3 BZ: 260-390000 L; Appart.: 350-600000 L - Frühst. inkl., von 7.30 bis 10.00 Uhr **Verschiedenes** Hunde nicht erlaubt **Kreditkarten** Amex, Visa, Eurocard, MasterCard **Umgebung** Karneval von Venedig, Regata Storica (1. So im Sept.), Mostra von Venedig (Aug.-Sept.), Biennale von Venedig - Murano (Glasmuseum) - Torcello (Kathedrale S. M. Assunta, S. Fosca) - Burano - Friedhof San Michele - Villa Foscari in Fusina - Villen des Veneto - Kreuzfahrt auf der Brenta an Bord der *Burchiello* - Golf al Lido Alberoni (18-Lochpl.) **Kein Restaurant** im Hotel (siehe unsere Restaurantauswahl S. 529-535).

Im *sestiere* Santa Croce in unmittelbarer Nähe des Bahnhofs Santa Lucia und unweit vom Parkplatz Piazzale Roma liegt dieses hübsche Hotel, das in der ehemaligen Schule der angrenzenden Kirche San Simeon Grando eingerichtet wurde. Gleich neben der mit antikem Mobiliar gestalteten Rezeption liegt der Raum fürs Frühstück, das ebenfalls auf der Terrasse im dritten Stock oder auch vor dem Haus serviert wird. Die Zimmer sind zwar nicht sehr groß, bieten jedoch jeglichen Komfort und sind in einem eleganten, venezianischen Stil eingerichtet; von einigen blickt man auf den Canal Grande. Ferner werden zwei Appartements an der Riva degli Shiavoni mit Blick auf das Markus-Becken und die Insel San Giorgio angeboten.

Anreise (Karte Nr. 4): Vaporetto Nr. 1, Haltestelle Riva di Biario.

VENETO - FRIAUL

Hotel La Residenza

30122 Venezia
Castello 3608 Campo Bandiera e Moro
Tel. 041-52 85 315 - Fax 041-52 38 859
Sig. Giovanni Ballestra

Kategorie ★★ **Ganzj.** geöffn. **15 Zimmer** m. Klimaanl., Tel., Bad od. Dusche, WC, TV u. Minibar **Preise** EZ: 100-150000 L, DZ: 180-230000 L - Frühst. inkl., von 7.45 bis 9.30 Uhr **Kreditkarten** akzeptiert **Verschiedenes** Hunde nicht erlaubt **Umgebung** Regata Storica, Mostra von Venedig (Aug.-Sept.), Biennale von Venedig - Murano - Torcello (Kathedrale S. M. Assunta, S. Fosca) - Burano - Friedhof San Michele - Villa Foscari in Fusina - Villen des Veneto - Kreuzfahrt auf der Brenta an Bord der *Burchiello* - Golf al Lido Alberoni (18-Lochpl.) **Kein Restaurant** im Hotel (siehe unsere Restaurantauswahl S. 529-535).

La Residenza liegt am Campo Bandiera e Moro, einem ruhigen Platz in der Nähe der Kais des Arsenale, der einstigen Schiffswerft Venedigs, und der Kirche San Giovanni in Bragora (wo ein schönes Bild von Cima da Conegliano hängt). Das Gebäude, das einst der Familie Gritti gehörte, hat mit seiner gotischen Fassade, seinen Fresken aus dem 18. Jahrhundert, seinem Stuck und seinen Lüstern aus glitzerndem Muranoglas den Charme der alten Paläste bewahrt. Ein Ort, von dem man träumt, wenn man an die Stadt der Dogen denkt. Der Salon ist besonders majestätisch, aber man muß wissen, daß dies für die Zimmer nicht zutrifft; die sind viel schlichter und viel kleiner, im venezianischen *laccato*-Stil gehalten und haben Bäder aus den fünfziger Jahren. Das soll dem sehr ähneln, was man noch heute in zahlreichen Patrizierhäusern vorfindet (durchgreifende Maßnahmen beim Bewahren des Kulturgutes verpflichtet ...). Diese Adresse werden Sie nicht zuletzt wegen der ruhigen Lage und der besonderen Palazzo-Atmosphäre schätzen.

Anreise (Karte Nr. 5): Vaporetto, Haltestelle Arsenale. Am Kai links, hinter der Brücke 1. Straße rechts; der Platz liegt am Ende links.

Locanda Ai Santi Apostoli

30131 Venezia
Strada Nova, 4391
Tel. 041-521 26 12 - Fax 041-521 26 11 - Sig. Stefano Bianchi Michiel

Kategorie ★★★ **Geschlossen** vom 10. bis 24. August u. vom 15. Dezember bis Karneval **11 Zimmer** m. Klimaanl., Tel., Bad od. Dusche, WC, TV, Minibar; Aufzug **Preise** EZ u. DZ: 220-300000 L, 290-460000 L; f. 4 Pers. (m. 1 Bad): 500-660000 L - Frühst. inkl., von 7.20 bis 11.30 Uhr **Kreditkarten** akzeptiert **Verschiedenes** Hunde erlaubt **Umgebung** Veranstaltungen: Karneval von Venedig, Regata Storica (1. So im Sept.), Mostra von Venedig (Aug.-Sept.), Biennale von Venedig - Murano (Glasmuseum) - Torcello (Kathedrale S. M. Assunta, S. Fosca) - Burano - Friedhof San Michele - Villa Foscari in Fusina - Villen des Veneto - Kreuzfahrt auf der Brenta an Bord der Burchiello - Golf al Lido Alberoni (18-Lochpl.) **Kein Restaurant** im Hotel (siehe unsere Restaurantauswahl S. 529-535).

Die *Locanda Ai Santi Apostoli* liegt am Canal Grande in unmittelbarer Nähe der Rialto-Brücke, befindet sich im dritten Stock eines alten Palastes und verfügt über die Atmosphäre und Gastfreundschaft eines Patrizierhauses früherer Zeiten. Die Hausbesitzer verstehen es, auf eine liebenswürdige Art mit viel Disponibilität und Diskretion zu empfangen. Die kürzlich renovierten Zimmer sind mit Möbeln aus dem Familienbesitz elegant eingerichtet. Zwei gehen zum Canal Grande. Der Ausblick ist unvergeßlich. Von hier aus blickt man auf die berühmte Brücke, den Fischmarkt und hört man die Serenaden der *gondolieri*. Sollten diese beiden sehr gefragten Zimmer nicht frei sein, ist es trotzdem ratsam, hier einkehren, denn von dem angenehmen Salon aus hat man das gleiche Schauspiel. Auch das glamouröse, aber familiäre Ambiente trägt dazu bei, daß man dieses Haus sehr schätzt. Wahrscheinlich wissen Sie, daß sich einige der besten kleinen und großen Restaurants Venedigs in der Nachbarschaft (Rialto und San Paolo) befinden.

Anreise *(Karte Nr. 4): Vaporetto Nr. 1, Haltstellte Ca'd'Oro.*

VENETO - FRIAUL

Hotel Agli Alboretti

30123 Venezia
Dorsoduro - Rio Terrà Foscatini, 884
Tel. 041-523 00 58 - Fax 041-521 01 58 - Sig.ra Linguerri
E-mail: alboretti@gpnet.it

Kategorie ★★ Ganzj. geöffn. **20 Zimmer** m. Klimaanl., Tel., Bad od. Dusche, WC, TV **Preise** EZ u. DZ: 160000 L, 250000 L - Frühst. inkl., von 7.30 bis 9.30 Uhr **Kreditkarten** akzeptiert **Verschiedenes** Hunde erlaubt **Umgebung** Karneval von Venedig, Regata Storica (1. So im Sept.), Mostra von Venedig (Aug.-Sept.), Biennale von Venedig - Murano (Glasmuseum) - Torcello (Kathedrale S. M. Assunta, S. Fosca) - Burano - Friedhof San Michele - Villa Foscari in Fusina - Villen des Veneto - Kreuzfahrt auf der Brenta an Bord der *Burchiello* - Golf al Lido Alberoni (18-Lochpl.) **Restaurant** Mi geschl., 3 Wo. im Juli-August sowie im Januar geöffnet. - Menüs: 50-70000 L - Karte - Venezianische Küche; guter Weinkeller.

Die Via Alboretti zwischen Accademia und Zattere war ursprünglich ein Kanal, der Ende des 15. Jahrhunderts zugeschüttet wurde, wodurch eine der wenigen Alleen Venedigs entstand. Die Eingangshalle des Hotels mit ihrem hellen Parkettboden ist ebenso angenehm wie der liebenswürdige Empfang von Isabella und Federica Linguerri. Die Zimmer sind ansprechend und von unterschiedlicher Größe. Am schönsten sind jene mit Blick auf die Gärten (Nr. 18), besonders aber Nr. 15 mit einem Balkon, der groß genug ist, um darauf zu frühstücken. Anna, die Tochter des Hauses, eine diplomierte Kellermeisterin, kümmert sich um das Restaurant. Die Speiseräume sind freundlich gestaltet, aber noch schöner sind die Terrasse und die Pergola. Für uns das Hotel in Venedig mit dem besten Preis-Leistungsverhältnis.

Anreise (Karte Nr. 4): Vaporetto Nr. 1 u. 82, Haltestelle Accademia.

VENETO - FRIAUL

Hotel Santo Stefano

30124 Venezia
San Marco - Campo San Stefano, 2957
Tel. 041-520 01 66 - Fax 041-522 44 60
Sig. Roberto Quatrini

Kategorie ★★ **Ganzj.** geöffn. **11 Zimmer** m. Tel., Bad, WC, Satelliten-TV, Safe, Minibar; (Klimaanlage auf Wunsch); Aufzug **Preise** EZ u. DZ: 230-270000 L, 250-330000 L; 3 BZ: 310-398000 L; Suite: 350-430000 L - Frühst. inkl., von 8.30 bis 10.00 Uhr **Kreditkarten** Amex, Visa, Eurocard, MasterCard **Verschiedenes** Kleine Hunde erlaubt **Umgebung** Karneval von Venedig, Regata Storica (1. So im Sept.), Mostra von Venedig (Aug.-Sept.), Biennale von Venedig - Murano (Glasmuseum) - Torcello (Kathedrale S. M. Assunta, S. Fosca) - Burano - Friedhof San Michele - Villa Foscari in Fusina - Villen des Veneto - Kreuzfahrt auf der Brenta an Bord der *Burchiello* - Golf al Lido Alberoni (18-Lochpl.) **Kein Restaurant** im Hotel (siehe unsere Restaurantauswahl S. 529-535).

Das *Santo Stefano* liegt an jenem großen Platz, an dem man vorbeikommt, wenn man sich vom Markusplatz aus zum Museum Accademia begibt. Das Hotel befindet sich in einem winzigen, sechsstöckigen Palast mit pro Etage nicht mehr als zwei Zimmern perfekten Komforts (Klimaanlage, gut ausgestattete Bäder). Wenn die venezianische Dekoration modern ist, ist sie leicht etwas kitschig, aber nicht geschmacklos. Einem kleinen Hotel seine kleine Rezeption und seine kleinen Bäder; klein sind auch der Patio und die Terrasse zum Platz hin, wo man feststellt, daß es nicht nur in Pisa einen schiefen Turm gibt: man braucht sich nur den Glockenturm der Kirche San Stefano anzuschauen.

Anreise *(Karte Nr. 4): Vaporetto Nr. 82, Haltestelle San Samuele - Nr. 1, Haltestelle Accademia.*

VENETO - FRIAUL

Pensione Seguso

30123 Venezia
Dorsoduro-Zattere, 779
Tel. 041-522 23 40 - Fax. 041-522 23 40
Sig. Seguso

Kategorie ★★ **Geschlossen** von Dezember bis Ende Februar **36 Zimmer** m. Tel., 16 m. Bad od. Dusche, 10 m. WC; Aufzug; Eingang f. Behinderte **Preise** HP f. 1 Pers.: 190-200000 L (ohne Bad), 210-240000 L; HP f. 2 Pers.: 310-320000 L (ohne Bad), 330-350000 L - Frühst. inkl., von 8.00 bis 10.00 Uhr **Kreditkarten** Amex, Visa, Eurocard, MasterCard **Verschiedenes** Hunde erlaubt **Umgebung** Regata Storica (1. So im Sept.), Mostra von Venedig (Aug.-Sept.), Biennale von Venedig - Murano (Glasmuseum) - Torcello (Kathedrale S. M. Assunta, S. Fosca) - Burano - Friedhof San Michele - Villa Foscari in Fusina - Villen des Veneto - Kreuzfahrt auf der Brenta an Bord der *Burchiello* - Golf al Lido Alberoni (18-Lochpl.) **Restaurant** von 13.00 bis 14.00 u. von 19.30 bis 20.30 Uhr - Mi geschl. - Menü: 60000 L - Venezianische Küche.

Zattere ist ein verhältnismäßig schickes Wohnviertel von Venedig. Es ist ruhig und liegt am Canal Grande, von wo man die großen Schiffe beobachten kann, die zum Lido hinausfahren, die *vaporetti,* die von einem Ufer zum anderen fahren, und den Sonnenuntergang hinter der Guidecca und der Kirche San Giorgio. Die Abende, die man auf der Terrasse der *Pensione Seguso* verbringt, sind unvergeßlich. Dieses kleine Haus, das vom Kai etwas Abstand hält, wird seit vielen Jahren von der gleichen Familie geführt. Die Tradition der Pension, mit einem von der venezianischen *mama* in einem intimen Speiseraum servierten Abendessen (außer Juli/August) wird hier fortführt. Die Zimmer sind altmodisch, aber gepflegt und haben schöne Möbel aus dem 19. Jahrhundert. Eine jener Adressen, die man gekannt haben sollte, bevor alles "europäischen Normen" entspricht.

Anreise (Karte Nr. 4): Vaporetto Nr. 52 u. 82, Haltestelle Zattere Gesuati - Nr. 1 u. 82, Haltestelle Accademia.

VENETO - FRIAUL

Pensione La Calcina

30123 Venezia
Dorsoduro Zattere, 780
Tel. 041-520 64 66 - Fax 041-522 70 45 - Sig. und Sig.ra Szemere

Kategorie ★★★ **Ganzj.** geöffn. **29 Zimmer** m. Tel., Bad od. Dusche **Preise** EZ u. DZ: 140-160000 L, 180-280000 L - Frühst. inkl., von 7.30 bis 10.00 Uhr **Kreditkarten** akzeptiert **Verschiedenes** Hunde nicht erlaubt **Verschiedenes** Veranstaltungen: Karneval von Venedig, Regata Storica (1. So im Sept.), Mostra von Venedig (Aug.-Sept.), Biennale von Venedig- Murano (Glasmuseum) - Torcello (Kathedrale S. M. Assunta, S. Fosca) - Burano - Friedhof San Michele - Villa Foscari in Fusina - Villen des Veneto - Kreuzfahrt auf der Brenta an Bord der *Burchiello* - Golf al Lido Alberoni (18-Lochpl.) **Kein Restaurant** im Hotel (siehe unsere Restaurantauswahl S. 529-535).

Die Pension liegt an den *zattere* (Flöße), einer bevorzugten Gegend der echten Venezianer, denn sie schätzen ihre Ruhe, die lange Promenade den Kais entlang und ihre Pontons, auf denen man Sonnenbäder nimmt. Von hier aus ist der Blick auf den Kanal, ganz gleich zu welcher Tages- und Nachtzeit, einer der schönsten von ganz Venedig. *La Calcina*, lange eine wirklich gute Adresse aufgrund der Lage und der günstigen Preise, hat renoviert, um funktionellere Zimmer und Bäder anbieten zu können. Heute ist die Einrichtung unpersönlich, keineswegs aber geschmacklos. Der Blick auf den Kanal La Guidecca läßt im übrigen alles vergessen. Die von uns bevorzugten Zimmer sind Nr. 33 und 34. Wissen sollte man, daß nur 20 der insgesamt 42 Zimmer auf den Kanal hinaus gehen. Die Zimmer Nr. 37, 38 und 39 haben keinen Ausblick, aber einen Balkon.

Anreise (Karte Nr. 4): Vaporetto Nr. 52 u. 82, Haltestelle Zattere Gesuatti - Nr. 1 u. 82, Haltestelle Accademia.

VENETO - FRIAUL

Pensione Alla Salute Da Cici

30123 Venezia
Fondamenta Cà Balla, 222
Tel. 041-523 54 04 - Fax. 041-522 22 71
Sig. Cici

Geschlossen vom 8. November bis zum Karneval u. 2 Wochen im Dezember **38 Zimmer** m. Tel., Dusche, WC **Preise** EZ u. DZ: 110-150000 L, 140-200000 L - f. 3 Pers.: 200-260000 L - Frühst. inkl., von 7.30 bis 10.00 Uhr **Kreditkarten** nicht akzeptiert **Verschiedenes** Hunde nicht erlaubt **Umgebung** Karneval von Venedig, Regata Storica (1. So im Sept.), Mostra von Venedig (Aug.-Sept.), Biennale von Venedig - Murano (Glasmuseum) - Torcello (Kathedrale S. M. Assunta, S. Fosca) - Burano - Friedhof San Michele - Villa Foscari in Fusina - Villen des Veneto - Kreuzfahrt auf der Brenta an Bord der *Burchiello* - Golf al Lido Alberoni (18-Lochpl.) **Kein Restaurant** im Hotel (siehe unsere Restaurantauswahl S. 529-535).

Das *Alla Salute Da Cici* ist eine der ältesten Pensionen Venedigs. Das in einer der stimmungsvollsten Gegenden der Stadt gelegene Haus (an einem Kanal hinter der Kirche Santa Maria della Salute) hat im Laufe der Jahre allerdings etwas an Tradition verloren. Aber die alten Möbel aus dem Familienbesitz schmücken noch immer die großen Zimmer, die jedoch nicht alle über ein Bad verfügen. Zögern Sie nicht, ein Zimmer zum Kanal zu nehmen: die Gegend ist sehr ruhig. Trotz eines Innenhofes und einer Küche, die nur darauf wartet, wieder in Betrieb genommen zu werden, hat das tadellos geführte *Alla Salute Da Cici* kein Restaurant mehr. Dafür gibt es aber einen sehr angenehmen Barservice in dem kleinen Garten.

Anreise (Karte Nr. 4): Vaporetto Nr. 1, Haltestelle Salute (am Ausgang über die Holzbrücke, geradeaus bis zur ersten Kanalbrücke; sofort links die Fondamenta (linkes Ufer) Cà Balla; Nr. 52 Haltestelle Zattere; Nr. 82 *Haltestelle* Accademia.

Hotel Pausania

30123 Venezia
Dorsoduro, 2824
Tel. 041-522 20 83 - Fax 041-52 22 989
Sig. Gatto

Kategorie ★★★ **Ganzj.** geöffn. **26 Zimmer** m. Klimaanl., Tel., Bad, WC, TV, Minibar **Preise** EZ u. DZ: 90-210000 L, 150-320000 L - Frühst. inkl., von 7.30 bis 10.30 Uhr **Kreditkarten** Amex, Visa, Eurocard, MasterCard **Verschiedenes** Kleine Hunde erlaubt **Umgebung** Karneval von Venedig, Regata Storica (1. So im Sept.), Mostra von Venedig (Aug.-Sept.), Biennale von Venedig - Murano (Glasmuseum) - Torcello (Kathedrale S. M. Assunta, S. Fosca) - Burano - Friedhof San Michele - Villa Foscari in Fusina - Villen des Veneto - Kreuzfahrt auf der Brenta an Bord der *Burchiello* - Golf al Lido Alberoni (18-Lochpl.) **Kein Restaurant** im Hotel (siehe unsere Restaurantauswahl S. 529-535).

Das *Pausania* liegt im Stadtteil San Polo, einem sehr populären Viertel, wo man endlich einmal Venezianer sieht, die arbeiten, Kinder, die zur Schule gehen, und sogar venezianische Hunde: kleine Kläffer, die oft auf alten Gemälden abgebildet sind. Außerdem ist man hier in unmittelbarer Nähe des Palazzo Ca'Rezzonico und zwei weiterer wundervoller Bauwerke, nämlich der Scuola Grande del Carmine mit ihren bewundernswerten, von Tiepolo bemalten Decken, und der gotischen Kirche Santa Maria del Carmelo. Gewiß sind diese Denkmäler entschieden interessanter als das Hotel, das immerhin ein ruhiges, komfortables und gastfreundliches Haus ist (weniger Gruppen wären uns allerdings lieber).

Anreise *(Karte Nr. 4): Vaporetto Nr. 1, Haltestelle Ca'Rezzonico (in der Nähe des Palazzo Rezzonico) u. Nr 11.*

VENETO - FRIAUL

Palazzetto da Schio

30123 Venezia
Dorsoduro 316/B - Fondamenta Soranzo
Tel. und Fax 041-523 79 37 - Comtesse da Schio
E-mail: avenezia@tin.it - Web: http://web.tin.it/rent&receptionvenice

Ganzj. geöffn. **3 Appartements** m. Klimaanl., 1 od. 2 Zi., Salon, Küche, Bad, Tel., TV **Preise** App.: 1300000 L (pro Woche), 2400000 L (2 Wochen; alles inkl.) **Kreditkarten** nicht akzeptiert **Verschiedenes** Hunde nicht erlaubt **Umgebung** Regata Storica (1. So im Sept.), Mostra von Venedig (Aug.-Sept.), Biennale von Venedig - Murano (Glasmuseum) - Torcello (Dom S. M. Assunta, S. Fosca) - Burano - Friedhof San Michele - Villa Foscari in Fusina - Villen des Veneto - Kreuzfahrt auf der Brenta an Bord der *Burchiello* - Golf al Lido Alberoni (18-Lochpl.) **Kein Restaurant** im Hotel (siehe unsere Restaurantauswahl S. 529-535).

Wenn Sie mit der Familie reisen und länger als zwei Nächte in Venedig verbringen möchten, dann ist ein angenehmes Appartement im Herzen der Stadt gewiß die preiswerteste Lösung. *Palazzetto da Schio* liegt in einem kleinen Palast voller Charme in unmittelbarer Nähe der Accademia und wird Ihnen jegliche touristenspezifische Unruhe ersparen. Die beiden hellen und großen Appartements (100 qm) liegen unter dem Dach. Das alte Mobiliar aus dem Familienbesitz schafft eine romantische und intime Atmosphäre. Die ausgesprochen liebenswürdigen Besitzer wohnen im Stockwerk darunter, d.h. in der "noblen" Etage des Hauses. Dank dieser Formel kann man sich eine zeitlang als Venezianer fühlen (und geht dann nicht mehr als typischer Tourist zum Rialto-Markt), von der Intimität einer eigenen Wohnung und dem Komfort eines Hotels profitieren (auf Wunsch werden alle Hausarbeiten vom Personal verrichtet). Allerdings werden hier Referenzen und eine Kaution verlangt.

Anreise (Karte Nr. 4): Vaporetto Nr. 1, Haltestelle Salute (am Ausgang über die Holzbrücke, geradeaus bis zur ersten Kanalbrücke; sofort links die Fondamenta (linkes Ufer) Cà Balla; Nr. 52, Haltestelle Zattere; Nr. 82, Haltestelle Accademia.

VENETO - FRIAUL

Hotel des Bains

30126 Venezia
Lido - Lungomare Marconi, 17
Tel. 041-526 59 21 - Fax 041-526 01 13

Kategorie ★★★★ **Geschlossen** vom 11. November bis 15. März **191 Zimmer** m. Tel., Bad, TV, Minibar; Aufzug **Preise** EZ u. DZ: 382-584000 L, 581-870000 L; Suiten: 825-1558000 L - Frühst. inkl., von 7.00 bis 10.30 Uhr - HP u. VP: + 132000 L + 231000 L (pro Pers.) **Kreditkarten** akzeptiert **Verschiedenes** Kleine Hunde erlaubt - Schwimmb. - Tennis - Privatstrand - Sauna - Parkpl. **Umgebung** Veranstaltungen: Karneval von Venedig, Regata Storica (1. So im Sept.), Mostra von Venedig (Aug.-Sept.), Biennale von Venedig - Murano (Glasmuseum) - Torcello (Dom S. M. Assunta, S. Fosca) - Burano - Friedhof San Michele - Villa Foscari in Fusina - Villen des Veneto - Kreuzfahrt auf der Brenta an Bord der *Burchiello* - Golf al Lido Alberoni (18-Lochpl.) **Restaurant** von 12.30 bis 14.30 u. von 19.30 bis 22.30 Uhr - Menüs: 130000-165000 L - Karte - Spezialitäten: Fisch.

Das *Hotel des Bains* wurde durch Viscontis Film *Tod in Venedig* verewigt. Auch wenn es nicht ganz so prachtvoll wie die Rekonstruktion des Films ist, hat es dennoch den ganzen Charme bewahrt, über den der Strand des Lido zu Beginn des 20. Jahrhunderts verfügt haben muß, als Thomas Mann und die Eleganz der Belle Epoque ihn aufsuchten. Große, nostalgische Salons, Zimmer voller Komfort mit Blick auf die berühmten Laufstege und Kabinen des Lido, großer Speisesaal für die beiden Restaurants *La Pagoda* und *Le Liberty*, Terrassen und ein Garten, vor allem aber die Atmosphäre eines Grandhotels, die allein Paläste der damaligen Zeit besitzen.

Anreise (Karte Nr. 4): Vaporetto zum Lido ab Piazza San Marco.

VENETO - FRIAUL

Albergo Quattro Fontane

30126 Venezia
Lido - Via delle Quattro Fontane, 16
Tel. 041-526 02 27 - Fax 041-526 07 26 - Famiglia Friborg-Bevilacqua
E-mail: quafonve@tin.it

Kategorie ★★★★ **Geschlossen** vom 21. Oktober bis 19. April **61 Zimmer** m. Klimaanl., Tel., Bad, TV **Preise** (außerh. des Filmfestivals) EZ u. DZ: 290-320000 L, 380-450000 L - Frühst. inkl., von 7.00 bis 10.30 Uhr - HP u. VP: 240-330000 L, 330000-390000 L (pro Pers., mind. 3 Üb.) **Kreditkarten** akzeptiert **Verschiedenes** Hunde erlaubt **Umgebung** Karneval von Venedig, Regata Storica (1. So im Sept.), Mostra von Venedig (Aug.-Sept.), Biennale von Venedig - Murano (Glasmuseum) - Torcello (Kathedrale S. M. Assunta, S. Fosca) - Burano - Friedhof San Michele - Villa Foscari in Fusina - Villen des Veneto - Kreuzfahrt auf der Brenta an Bord der *Burchiello* - Golf al Lido Alberoni (18-Lochpl.) **Restaurant** von 12.45 bis 14.30 u. von 19.45 bis 22.30 Uhr - Menüs: 85-95000 L - Karte - Spezialitäten: Fisch.

Für diejenigen, die Lust auf ein "anderes" Venedig haben, bietet sich diese zauberhafte Villa am Lido an. Sie wird von zwei sehr freundlichen Schwestern geführt, die würdige Nachfahren der großen venezianischen Reisenden sind. Eine der beiden interessiert sich vorwiegend für Afrika, die andere zieht es nach Südamerika. Aus dieser Reiselust resultiert die phantastische Sammlung, die in den Salons zu bewundern ist. Stil und Komfort sind hier vollkommen: der erstklassig gepflegte Garten, die gefliesten, schattigen Terrassen mit den Korbmöbeln, die individuell gestalteten Zimmer mit Blick auf den Garten, die ausgesprochen venezianische Küche und der tadellose Service. Das im typischen Stil der Laguneninseln erbaute Nebengebäude bietet Zimmer, die moderner und *noch* komfortabler sind.

Anreise (*Karte Nr. 4*): *Vaporetto zum Lido: an der Piazza San Marco.*

VENETO - FRIAUL

Hotel Villa Mabapa

30126 Venezia
Lido - Riviera San Nicolo, 16
Tel. 041-526 05 90 - Fax 041-526 94 41 - Sig. Vianello
E-mail: mabapa@mbox.vol.it - Web: http://www.villamabapa.com

Kategorie ★★★★ **Ganzj.** geöffn. **60 Zimmer** m. Klimaanl., Tel., Bad od. Dusche, WC, Fön, Safe, TV; Aufzug **Preise** EZ u. DZ: 105-290000 L, 200-450000 L - Frühst. inkl., von 7.30 bis 10.00 Uhr (Buffet) - HP u. VP: + 45-55000 L + 80-100000 L (pro Pers. mind. 3 Üb.) **Kreditkarten** akzeptiert **Verschiedenes** Kleine Hunde erlaubt (außer im Restaurant) - Parkpl. **Umgebung** Karneval von Venedig, Regata Storica (1. So im Sept.), Mostra von Venedig (Aug.-Sept.), Biennale von Venedig - Murano (Glasmuseum) - Torcello (Kathedrale S. M. Assunta, S. Fosca) - Burano - Friedhof San Michele - Villa Foscari in Fusina - Villen des Veneto - Kreuzfahrt auf der Brenta an Bord der *Burchiello* - Golf al Lido Alberoni (18-Lochpl.) **Restaurant** von 12.30 bis 14.00 u. von 19.30 bis 21.30 Uhr - Menü: 60-70000 L - Karte - Venezianische Küche - Fisch.

Sich im August mitten in Venedig wie auf dem Land zu fühlen - das ist möglich. Wo? In diesem 1930 errichteten Besitz, der anschließend zu einem Hotel umgebaut wurde und seitdem von der Familie geführt wird. Wie der Name schon sagt: *Mabapa* - mamma, bambini e papa. Im Hotel selbst fühlt man sich noch immer an ein Privathaus erinnert. Die charmantesten Zimmer liegen im ersten Stock des Stammhauses. Im Sommer werden die Mahlzeiten im Garten zur Lagune hin serviert. Das Haus befindet sich zwar etwas vom Zentrum entfernt, es bestehen aber gute Vaporetto-Verbindungen. Das *Mabapa* ist eine besonders angenehme Zuflucht für jene, die der sommerlichen Betriebsamkeit Venedigs eher distanziert gegenüberstehen.

Anreise (Karte Nr. 4): Ab Bahnhof Vaporetto Nr. 1, 52, 82 (im Sommer); mit dem Auto: ab Tronchetto die Fähre Linie 17 (30 Min.) - Ab Flugplatz "cooperative S. Marco" (40 Min).

VENETO - FRIAUL

Locanda Cipriani

30012 Venezia
Isola Torcello - Piazza Santa Fosca, 29
Tel. 041-73 01 50 - Fax 041-73 54 33 - Sig. Brass
E-mail: infobb@tin.it - locanda.cipriani@italy.net

Kategorie ★★★ **Geschlossen** vom 5. Januar bis 5. Februar u. Di **6 Zimmer** m. Klimaanl., Tel., Bad u. WC **Preise** HP u. VP: 260000 L, 350000 L (pro Pers.) - Frühst.: inkl., von 7.00 bis 12.00 Uhr **Kreditkarten** Amex, Visa, Eurocard, MasterCard **Verschiedenes** Hunde nicht erlaubt **Umgebung** Karneval von Venedig, Regata Storica (1. So im Sept.), Mostra von Venedig (Aug.-Sept.), Biennale von Venedig - Murano (Glasmuseum) - Torcello (Dom S. M. Assunta, S. Fosca) - Burano - Friedhof San Michele - Villa Foscari in Fusina - Villen des Veneto - Kreuzfahrt auf der Brenta an Bord der *Burchiello* - Golf al Lido Alberoni (18-Lochpl.) **Restaurant** von 12.00 bis 15.00 u. von 19.00 bis 22.00 Uhr - Di geschl. - Menüs: 60-80000 L - Karte - Spezialitäten: Risotto alla torcellana - Zuppa di Pesce.

Als Guiseppe Cipriani einmal eine Touristengruppe durch die Lagune führte, entdeckte er auf der Insel Torcello dieses altes Gasthaus. Und da es Liebe auf den ersten Blick war, wurde er sein Eigentümer. Heute ist die *Locanda* hauptsächlich wegen ihrer raffinierten Küche und der Fischspezialitäten bekannt, aber es gibt immerhin vier Zimmer. Wenn das Äußere des Hauses auch seinen rustikalen Charakter bewahrt hat, so sind die Salons und die Zimmer doch elegant eingerichtet. Die Mahlzeiten werden im Garten oder in der offenen Galerie mit den Arkaden serviert. Ein längerer Aufenthalt auf Torcello lohnt kaum, da es außer der Kirche Santa Fosca und der Kathedrale Santa Maria Assunta im venezianisch-byzantinischen Stil eigentlich nichts zu besichtigen gibt. Aber die isolierte Lage und der Charme des Gasthofs sind es wert, daß man hier zumindest einen Abend verbringt. Reservierung unumgänglich.

Anreise (Karte Nr. 4): Ab San Marco per Boot nach Torcello (30/45 Min.).

VENETO - FRIAUL

Villa Ducale

30031 Dolo (Venezia)
Riviera Martiri della Libertà, 75
Tel. 041-56 080 20 - Fax 041-56 080 04

Kategorie ★★★ **Ganzj.** geöffn. **11 Zimmer** m. Klimaanl. u. Schallschutz, Tel., Bad od. Dusche, WC, Satelliten-TV, Safe, Minibar **Preise** EZ u. DZ: 120-160000 L, 160-280000 L - Frühst. inkl. (Buffet), von 7.00 bis 10.00 Uhr - HP u. VP: + 60000 L + 120000 L (pro Pers.) **Kreditkarten** Amex, Visa, Eurocard, MasterCard **Verschiedenes** Kleine Hunde erlaubt - Parkpl. **Umgebung** Palladio-Villen: per Auto von Padua nach Venedig der Brenta entl. (N 11) (Villa Ferretti-Angeli in Dolo - Villa Venier-Contarini-Zen in Mira Vecchia - Palazzo Foscarini in Mira - Villa Widmann) - Venedig - Padua - Golf Ca' della Nave (18-Lochpl.) in Martellago **Restaurant** Di geschl. - Menü u. Karte - Spezialitäten: Fisch.

Gestern noch eine Patriziervilla in einem schönen Park, der von Statuen bevölkert ist, heute leider an einer geräuschvollen Straße in einer belanglosen Umgebung gelegen. Das Gebäude der kürzlich vollkommen restaurierten und neu eingerichteten Villa ist jedoch immer noch majestätisch, die elegante Eingangshalle mit ihren verzierten Decken wundervoll. Heute sind auch die mit echten Stilmöbeln eingerichteten Zimmer sehr komfortabel, und den Straßenlärm hört man dank guter Isolierung nicht mehr. Exzellenter Servive rund um die Uhr; zudem verfügt das Hotel nun über ein gutes Restaurant. In diesem phatastischen Rahmen glaubt man, mit offenen Augen zu träumen. Und wenn Sie dann noch ein Zimmer mit Terrasse zum Park bekommen, werden Sie garantiert wunschlos glücklich sein. Wir übertreiben nicht.

Anreise (Karte Nr. 4): 22 km westlich von Venedig über die A 4, Ausf. Dolo-Mirano, dann Rtg. Dolo - 2 km östl. vom Zentrum über die S 11, Rtg. Venedig.

Hotel Villa Margherita

30030 Mira Porte (Venezia)
Via Nazionale, 416/417
Tel. 041-426 58 00 - Fax 041-426 58 38 - Famiglia Dal Corso
E-mail: hvillam@tin.it

Kategorie ★★★★ **Ganzj.** geöffn. **19 Zimmer** m. Klimaanl., Tel., Bad od. Dusche, WC, Satelliten-TV, Safe, Minibar **Preise** EZ u. DZ: 165-185000 L, 230-320000 L - Frühst. inkl., von 7.30 bis 10.30 Uhr - HP: 195000 L (pro Pers.) **Kreditkarten** akzeptiert **Verschiedenes** Kleine Hunde erlaubt - Parkpl. **Umgebung** Palladio-Villen: per Auto von Padua nach Venedig der Brenta entl. - Asolo - Treviso - Conegliano - Kreuzfahrt auf der Brenta an Bord der *Burchiello* - Venedig - Padua - Golf al Cà della Nave u. Lido Alberoni **Restaurant** von 12.00 bis 14.30 u. von 19.00 bis 22.00 Uhr - Di abends u. Mi geschl. - Karte - Venezianische Küche - Fisch.

Diese alte Patriziervilla aus dem 17. Jahrhundert liegt ideal am touristischen Rundreiseweg zur Besichtigung jener Villen, die reiche Venezianer einst an den Ufern der Brenta erbauen ließen. *Villa Margherita* ist bis ins kleinste Detail luxuriös eingerichtet und besticht durch die Auswahl der Materialien, die Mischung der alten und modernen Möbel, die Dekoration mit Fresken, Malereien und Stoffen. Das von Feldern umgegebene Hotel mit nur wenigen Zimmern ist sehr ruhig, selbst das Restaurant liegt in einem Gebäude 50 Meter weiter. Der Empfang ist charmant, das Personal sehr zurückhaltend, der Preis gerechtfertigt.

Anreise (Karte Nr. 4): 15 km westl. von Venedig über die A 4, Ausf. Dolo-Mirano, dann S 11 Rtg. Dolo/Venezia.

VENETO - FRIAUL

Villa Soranzo Conestabile

30037 Scorzé (Venezia)
Via Roma, 1
Tel. 041-44 50 27 - Fax 041-584 00 88
Sig.ra Martinelli

Kategorie ★★★ **Ganzj.** geöffn. 20 Zimmer m. Tel., Bad u. Dusche, WC, TV **Preise** EZ u. DZ: 130-150000 L, 180-220000 L - Frühst. inkl., von 7.00 bis 10.00 Uhr - HP: 160000 L (EZ), 150000 L (pro Pers., DZ) **Kreditkarten** Amex, Visa, Eurocard, MasterCard **Verschiedenes** Hunde erlaubt (+ 25000 L) - Parkpl. **Umgebung** Palladio-Villen am Ufer der Brenta (N 11) zwischen Padua u. Venedig - Golf Ca' della Nave (18-Lochpl.) in Martellago **Restaurant** von 12.30 bis 14.00 u. von 19.30 bis 21.30 Uhr - So geschl. - Menü: 39000 L - Regionale Küche.

Diese im Zweiten Weltkrieg stark beschädigte und 1960 restaurierte Villa war seit dem 16. Jahrhundert die Sommerresidenz einer adeligen venezianischen Familie. Die Fassade ist ein schönes Beispiel des neoklassischen Stils. Auch die Innenräume sind ein Spiegelbild der Architektur venezianischer Villen mit zweiarmigen Treppen, Säulen und Geländerstützen. Die kürzlich renovierten Gästezimmer sind groß und ruhig. 20 Kilometer von Venedig und 30 Kilometer von Padua entfernt, kann man sich hier an einem romantischen Park erfreuen, der von Giuseppe Japelli entworfen wurde; eines seiner bekannteren Werke ist das Café Pedrocchi in Padua. Angesichts der nahen Städte ist hier die Landschaft nicht mehr ganz jungfräulich.

Anreise (Karte Nr. 4): 28 km nordöstl. von Padua über die A 4, Ausf. Padova-Est, Rtg. Treviso.

VENETO - FRIAUL

Hotel Bellevue

32043 Cortina d'Ampezzo (Belluno)
Corso Italia, 197
Tel. 0436-88 34 00 - Fax 0436-86 75 10
Sig.ra Fabiani

Kategorie ★★★★ **Geschlossen** von September bis Dezember u. von April bis Juli **20 Zimmer** u. App. m. Tel., Bad od. Dusche, WC, Satelliten-TV, Safe, Minibar; Aufzug **Preise** DZ: 290-520000 L - Frühst. inkl. - HP: 185-300000 L (pro Pers.) **Kreditkarten** Amex, Visa, Eurocard, MasterCard **Verchiedenes** Hunde erlaubt - Garage **Umgebung** Ausflüge per Seilbahn - Ghedina-See - Misurina-See - Haus von Tizian in Pieve di Cadore **Restaurant** "Il Meloncino al Bellevue", Via del Castello - von 12.30 bis 14.00 u. von 19.00 bis 21.30 Uhr - Menüs: 40-70000 L - Karte - Italienische Küche.

Das *Bellevue,* seit Beginn des Jahrhunderts eines der historischen Häuser von Cortina, in dem zahlreiche Persönlichkeiten gewohnt haben, wurde kürzlich von Grund auf renoviert und ist nun ein echtes "Hotel mit Charme". Bei der Ausstattung sowohl in den Salons als auch in den Zimmern wurde vorwiegend Holz verwandt: getäfelt, bemalt, als Parkett oder geschnitzt - das Ergebnis ist wundervoll. Tradition und herkömmliche Techniken standen bei der Renovierung im Vordergrund, und das verleiht dem Hotel seine Wärme, seinen Komfort und auch seine Eleganz. Schöne Stoffe von Pierre Frey und Rubelli harmonieren bestens mit den alten regionalen Möbeln. Im Restaurant mit exzellenter Küche herrscht die gleiche angenehme Atmosphäre. Diese Zurückhaltung und dieser gute Geschmack sind wohl das, was man *Klasse* zu nennen pflegt.

Anreise (Karte Nr. 4): 168 km nördl. von Venedig über die A 27 bis Alemagna, dann S 51 nach Cortina d'Ampezzo.

VENETO - FRIAUL

Hotel de la Poste

32043 Cortina d'Ampezzo (Belluno)
Piazza Roma, 14
Tel. 0436-42 71 - Fax 0436-86 84 35 - Sig. Renato Manaigo
Web: http://www.hotels;cortina;it.delaposte - E-mail: posta@hotels.cortina.it

Kategorie ★★★★ **Geschlossen** April, Mai, Oktober u. November **81 Zimmer** m. Tel., Bad, Fön, WC, Satelliten-TV, Safe, Minibar; Aufzug **Preise** EZ u. DZ: 190-350000 L, 250-480000 L - Frühst.: 27000 L - HP u. VP: 190-380000 L, 220-410000 L (pro Pers.) **Kreditkarten** akzeptiert **Verschiedenes** Hunde nicht erlaubt - Garage (25000 L) **Umgebung** Ski - Drahtseilbahn (Tofane, Cristallo) - Ghedina-See - Misurina-See - Haus von Tizian in Pieve di Cadore **Restaurant** von 12.30 bis 14.30 u. von 19.30 bis 21.30 Uhr - Menü u. Karte: 95000 L - Karte - Italienische Küche.

Die Perle der Dolomiten besitzt bereits seit langem ihr historisches Hotel. Es ist das *Hotel de la Poste*, in dem sich das Leben des äußerst mondänen Cortina abspielt. Selbstverständlich bietet es die allergrößten Annehmlichkeiten eines Berghotels. Es liegt im Zentrum, in der Sonne, ruhig. Seine Bar ist begehrt (der Hauscocktail heißt *dolomite*), seine Küche stets vom Feinsten, sein Service gepflegt. Trotz gewisser Nachteile, die seiner Berühmtheit zuzuschreiben sind, ist und bleibt das *Hotel de la Poste* eine der bemerkenswertesten Adressen dieser Gegend. Die Zimmer sind komfortabel und behaglich. Dieses Haus empfehlen wir all denen, die das Gebirge lieben, aber auf die Annehmlichkeiten von Shopping oder Begegnungen nicht verzichten möchten.

Anreise (Karte Nr. 4): 168 km nördl. von Venedig über die A 27 bis Alemagna, dann S 51 bis Cortina d'Ampezzo; 132 km südl. von Brenner über die A 22 bis Bressanone, dann SS 49 Pusteria.

VENETO - FRIAUL

Hotel Ancora

32043 Cortina d'Ampezzo (Belluno)
Corso Italia, 62
Tel. 0436-32 61 - Fax 0436-32 65 - Sig.ra Flavia Sartor
Web: http://www.sunrise;it/cortina/alberghi/ancora - E-mail: hancona@sunrise.it

Kategorie ★★★★ **Geschlossen** von April bis Juli u. von Oktober bis Dezember **42 Zimmer** u. 11 Suiten m. Tel., Bad od. Dusche, WC, Satelliten-TV, Safe, Minibar; Aufzug **Preise** EZ u. DZ: 175-270000 L, 270-460000 L; Suiten: + 100-200000 L - Frühst. inkl., von 8.00 bis 10.00 Uhr - HP + 40000 L - u. VP: 4200-5040000 L Weihnachten (pro Pers., mind 7-10 Üb.) **Kreditkarten** akzeptiert **Verschiedenes** Hunde erlaubt (+ 30000 L) - Garage **Umgebung** Ski - Drahtseilbahn (Tofane, Cristallo) - Ghedina-See - Misurina-See - Haus von Tizian in Pieve di Cadore **Restaurant** von 12.30 bis 14.00 u. von 19.00 bis 21.00 Uhr - Menüs: 40-60000 L - Karte - Italienische Küche.

Ein wunderbares Haus dank der Besitzerin, Flavia, einer Expertin für Einrichtungen und Antiquitäten, die diesem hübschen Hotel viel Persönlichkeit verlieh. Die traditionelle Fassade dieses schlichten Chalets verbirgt unsäglich viel Eleganz und Raffinement. Die Salons und die Zimmer haben Charme und sind behaglich, ebenso das Restaurant *Petite Fleur*, dessen Küche kreativ und italienisch inspiriert ist. Die *Terrazza Viennese* ist der Treffpunkt all derer, die sich nach dem Ski eine Sachertorte gönnen oder an der Piano-Bar etwas trinken möchten. Auch ist das *Ancora* gut gelegen, d.h. dort, wo man in Cortina sein *muß*.

Anreise (Karte Nr. 4): 168 km nördl. von Venedig über die A 27 bis Alemagna, dann S 51 bis Cortina d'Ampezzo.

VENETO - FRIAUL

Hotel Pensione Menardi

32043 Cortina d'Ampezzo (Belluno)
Via Majon, 110
Tel. 0436-24 00 - Fax 0436-86 21 83 - Famiglia Menardi
Web: http://www.sunrise.it/cortina/alberghi/menardi - E-mail: hmenardi@sunrise.it

Kategorie ★★★ **Geschlossen** vom 19. September bis 21. Dezember u. vom 1. Mai bis 16. Juni
51 Zimmer m. Tel., Bad od. Dusche, WC, Satelliten-TV **Preise** EZ u. DZ: 70-150000 L, 120-280000 L - Frühst.: 10000 L, von 7.30 bis 10.00 Uhr - HP u. VP: 115-205000 L, 125-220000 L (pro Pers.) **Kreditkarten** akzeptiert **Verschiedenes** Hunde nicht erlaubt - Garage **Umgebung** Ausflüge per Seilbahn - Ghedina-See - Misurina-See - Haus von Tizian in Pieve di Cadore **Restaurant** von 12.30 bis 14.00 u. von 19.30 bis 21.00 Uhr - Menü: 35000 L - Italienische Küche.

Die *Pensione Menardi* ist eine ehemalige Postkutschenstation. Man sieht das hübsche Haus mit den grünen Holzbalkonen und der üppigen Blumenpracht schon vom Dorfeingang aus. Innen herrscht der gleiche Charme, die gleiche Gemütlichkeit, betont durch eine Einrichtung, bei der Holz und regionaler Stil dominieren. Lassen Sie sich von der Lage am Straßenrand nicht irritieren: das Hotel besitzt einen großen, hinter dem Haus gelegenen Park. Von den ruhigsten Zimmern blickt man auf ebendiesen Park und auf die Dolomiten. Dank der besonders liebenswürdigen Betreuung der Familie Menardi hat das Haus viele Stammgäste. Unter Berücksichtigung der guten Servicequalität muß man zugeben, daß die Preise ganz besonders interessant sind.

***Anreise** (Karte Nr. 4): 168 km nördl. von Venedig über die A 27 bis Alemagna, dann S 51 nach Cortina d'Ampezzo.*

VENETO - FRIAUL

Franceschi Park Hotel

32043 Cortina d'Ampezzo (Belluno)
Via Cesare Battisti, 86
Tel. 0436-86 70 41 - Fax 0436-2909
Famiglia Franceschi

Kategorie ★★★ **Geschlossen** nach Ostern bis 19. Juni u. vom 21. September bis 18. Dezember **49 Zimmer** m. Tel., Bad, WC, TV; Aufzug **Preise** EZ u. DZ u. Junior-Suite: 60-400000 L - App.: 240-800000 L - Frühst. inkl., von 7.40 bis 10.15 Uhr **Kreditkarten** akzeptiert **Verchiedenes** Hunde nicht erlaubt - Tennis - Spielraum - Sauna - Solarium - Fitneßcenter - Parkpl. **Umgebung** Ski - Ausflüge per Seilbahn - Ghedina-See - Misurina-See - Haus von Tizian in Pieve di Cadore **Restaurant** von 12.30 bis 13.45 u. von 19.30 bis 20.45 Uhr - Menü: 43-75000 L.

In diesem hübschen, zu Beginn des Jahrhunderts errichteten Haus befindet sich seit drei Generationen das Familienhotel *Franceschi*. Besonders schön in einem großen Park mit hübschem Garten unweit vom Stadtzentrum gelegen, hat dieses Hotel seinen ursprünglichen Charakter bewahrt. Täfelwerk, Parkett und Balken aus hellem Holz wie auch die Möbel und der große österreichische Ofen verleihen dem Haus viel Wärme. Die gemütlichen und komfortablen Zimmer sind im gleichen Stil ausgestattet. Ein im Sommer wie im Winter geöffnetes, gut eingerichtetes Center zum Relaxen ist ebenfalls vorhanden. Eine ideale Adresse für einen Familienurlaub.

Anreise (Karte Nr. 4): 168 km nördl. von Venezia über die A 27 bis Alemagna, dann S 51 bis Cortina d'Ampezzo.

Baita Fraina

Fraina 32043 Cortina d'Ampezzo (Belluno)
Tel. 0436-36 34 - Fax 0436-86 37 61
Famiglia Menardi

Kategorie ★★ **Geschlossen** vom 20. April bis 25. Juni u. vom 15. Oktober bis 15. Dezember **6 Zimmer** m. Tel., Bad od. Dusche, WC, TV **Preise** DZ: 140-190000 L - Frühst. inkl., von 7.00 bis 9.00 Uhr - HP: 110-140000 L (pro Pers.) **Kreditkarten** akzeptiert **Verschiedenes** Hunde nicht erlaubt - Sauna **Umgebung** Ski - Drahtseilbahn (Tofane, Cristallo) - Ghedina-See - Misurina-See - Haus von Tizian in Pieve di Cadore **Restaurant** von 12.00 bis 14.30 u. von 19.30 bis 21.30 Uhr; Mo außerh. der Saison geschl.- Menüs: 46-75000 L - Spezialitäten: Capriola con polenta.

Etwas abseits der schicken, belebten Szene Cortinas werden Sie hier die Schönheit der Lage ohne touristischen Wirbel genießen. Im Winter wie im Sommer ist dies nur ein knapper Kilometer vom Zentrum entfernt ein regelrechtes Eintauchen in die Natur. Das Hotel besitzt nicht mehr als sechs schlichte, aber komfortable Zimmer. Geführt wird *Baita Fraina* von der Familie, was weiter zu dieser wohltuenden Intimität und Schlichtheit beiträgt. Eine wertvolle Adresse zu günstigen Preisen im schicksten Wintersportort Italiens.

Anreise (Karte Nr. 4): 168 km nördl. von Venedig über die A 27 bis Alemagna, dann S 51 bis Cortina d'Ampezzo.

VENETO - FRIAUL

Villa Marinotti

32040 Tai di Cadore (Belluno)
Via Manzago, 21
Tel. 0435-322 31 - Fax 0435-333 35
Sig. und Sig.ra Giacobbi de Martin

Ganzj. geöffn. **5 Suiten** u. 2 Bungalows m. Tel., Bad, WC **Preise** EZ u. DZ: 110-130000 L, 150-180000 L - Frühst. inkl., bis 10.00 Uhr **Kreditkarten** akzeptiert **Verschiedenes** Kleine Hunde erlaubt - Tennis (15000 L) - Sauna (20000 L) - Parkpl. **Umgebung** Ski in Pieve di Cadore (2 km) u. in Cortina d'Ampezzo (25 km) - Große Dolomitenstraße - Haus von Tizian in Pieve di Cadore **Restaurant** ausschl. im Sommer geöffn. - von 19.30 bis 21.00 Uhr - Familienküche.

Die Inhaber der *Villa Marinotti* hatten die gute Idee, das Chalet der Familie in ein kleines Hotel umzuwandeln. Das Haus bietet nur vier Zimmer, eigentlich Suiten mit eigenen kleinen Salons, und ist wirklich ein Geheimtip. Die Gestaltung ist schlicht und geschmackvoll, die schönste Suite heißt "Rosa". Ein großer Park (mit Tennisplatz) umgibt das Haus. Das Frühstück ist exzellent, und über ein Restaurant verfügt *Villa Marinotti* ebenfalls. Charmanter und liebenswürdiger Empfang.

Anreise *(Karte N. 4): 34 km nördl. von Belluno über die S 51.*

VENETO - FRIAUL

Golf Hotel

34070 San Floriano del Collio (Gorizia)
Via Oslavia, 2
Tel. 0481-88 40 51 - Fax 0481-88 40 52 - Comtesse Formentini
Web: http://www.alterego.it - E-mail: alterego@alterego.it

Kategorie ★★★★ **Geschlossen** vom 15. November bis 6. März **14 Zimmer** u. 1 App., "Torre della Bora", einige m. Klimaanl., Tel., Bad od. Dusche, WC, TV **Preise** EZ u. DZ: 195000 L, 325000 L - App.: 480000 L - Frühst. inkl. **Kreditkarten** akzeptiert **Verschiedenes** Hunde erlaubt - Schwimmb.- Tennis - Golf (9-Lochpl.) - Parkpl. **Umgebung** Festung von Gradisca d'Isonzo - Schloß Gorizia - Trieste - Kloster Kostanjevica, 2 km von Nova Gorica (Slowenien) - Kloster Cividale - Dome von Grado u. Aquileja **Restaurant** von 12.00 bis 14.00 u. von 20.00 bis 21.30 Uhr - Mo u. Di geschl. - Menüs: 70-90000 L - Karte - Regionale Küche.

Das *Golf Hotel* hat sich in zwei Häusern niedergelassen, die zum Schloß von San Floriano gehören. Jedes Zimmer trägt den Namen einer der berühmten Rebenarten der Region. Sie sind in einer bunten Stilmischung eingerichtet, vom 17. Jahrhundert bis Biedermeier, ganz wie in alten Familienhäusern, in denen jede Generation ihre Spuren hinterläßt. Das Hotel besitzt einen Golfplatz mit "practice" und "putting green". Das *Castello Formentini* liegt gleich neben dem Schloß und zählt zu den guten Restaurants der Gegend.

***Anreise** (Karte Nr. 5): 47 km nordwestl. von Triest über die A 4, Ausf. Villesse-Gorizia u. San Floriano.*

VENETO - FRIAUL

Haus Michaela

32047 Sappada (Belluno)
Borgata Fontana, 40
Tel. 0435-46 93 77 - Fax 0435-66 131
Sig. Piller Roner

Kategorie ★★★ **Geschlossen** vom 1. April bis 20. Mai u. vom 27. September bis 4. Dezember **20 Zimmer** m. Tel., Dusche, 1 m. Bad, WC, Satelliten-TV **Preise** DZ: 100-150000 L; Suiten: 170-210000 L - Frühst. 15000 L, von 8.00 bis 10.00 Uhr - HP u. VP: 75-145000 L, 85-160000 L (pro Pers., mind. 3 Üb.) **Kreditkarten** Visa, Eurocard, MasterCard **Verschiedenes** Hunde nicht erlaubt - Schwimmb. - Sauna - Parkpl. u. Garage **Umgebung** Ski - Cortina d'Ampezzo - Haus von Tizian in Pieve di Cadore **Restaurant** von 12.30 bis 13.30 u. von 19.30 bis 20.30 Uhr - Menü: 35-45000 L - Regionale Küche.

Am Rande Venetiens, wo der Charme Österreichs (5 Kilometer weiter) sich bereits eindeutig zeigt, breitet sich Sappada in einem Tal aus, das von den majestätischen, abrupt abfallenden und schroffen Gipfeln der Dolomiten beherrscht wird. Ein Skiort im Winter und eine liebenswürdige Sommerfrische in der warmen Jahreszeit. In den schlichten Zimmern ist der Komfort recht gut. Das Hotel verfügt darüberhinaus über drei große Studios, die für Familien ideal sind. Außer dem beheizten Schwimmbad steht den Gästen ein vollständiges Fitneßcenter, darunter z.B. auch ein türkisches Bad, zur Verfügung. Um danach erneut zu Kräften zu kommen, können Sie im Restaurant die regionalen und Tiroler Spezialitäten probieren; Reh wird in vielen Varianten angeboten. Von den zahlreichen Wanderwegen sollten Sie nicht versäumen, zur Quelle der Piave hochzusteigen, dem legendären Fluß, der ganz Venetien, vor allem aber die Lagune von Venedig, mit Wasser versorgt.

Anreise (Karte Nr. 4): 169 km nördl. von Venedig. A 27, Ausf. Vittorio Veneto, dann Rtg. Cortina. In Calalzo Rtg. Sappada.

VENETO - FRIAUL

Albergo Leon Bianco

35122 Padova
Piazzeta Pedrocchi, 12
Tel. 049-65 72 25 - Fax 049-875 61 84 - Sig. Morosi
Web: http://www.favela.com - E-mail: leonbianco@:writeme.com

Kategorie ★★★ **Ganzj.** geöffn. **22 Zimmer** m. Klimaanl., Tel., Bad od. Dusche, WC, TV, Minibar; Aufzug **Preise** EZ u. DZ: 106-131000 L, 155-167000 L - Frühst.: 15000 L, von 7.30 bis 10.30 Uhr **Kreditkarten** akzeptiert **Verschiedenes** Hunde erlaubt (12000 L) - Garage (25000 L) **Umgebung** Padova: Piazza delle Erbe u. Palazzo della Ragione, Basilika Saint-Antoine, Kirche Eremitani u. Capella Scrovegni (Fresken von Giotto) - Palladio-Villen: per Auto von Padua nach Venedig der Brenta entl. (N 11) (Villa Pisani, Villa La Barbariga, Villa Foscari); oder an Bord der *Burchiello* - Villa Simes in Piazzola sul Brenta - Villa Barbarigo in Valsanzibio - Abtei Praglia - Petrarca-Haus in Arqua Petrarca - Venedig - Golf von Valsanzibio (18-Lochpl.) **Kein Restaurant** im Hotel (siehe unsere Restaurantauswahl S. 537).

Théophile Gauthier frappierten zwei Dinge bei seinem Aufenthalt in der Stadt Padua, die er in *Voyage en Italie* beschreibt. Erstens das (noch heute existierende) *Café Pedrocchi*. Für den Schriftsteller war es "monumental klassisch". - "Nichts als Pfeiler, Säulen, Eierstäbe und Palmetten, in der Art von Percier und Fontaine, alles sehr groß und ganz aus Marmor ..." Und zweitens die Kapelle Scovegni voller Fresken von Giotto. Aber noch vieles andere rechtfertigt einen Besuch dieser kleinen, sehr lebendigen Universitätsstadt. Die *Albergo Leon Bianco* liegt im Zentrum. Es ist ein kleines Hotel, das sich bemüht, Komfort, Service und Empfang stets zu verbessern. Die Einrichtung der Zimmer ist standardisiert - alles in allem ein gutes Haus.

Anreise (Karte Nr. 4): 37 km östl. von Venedig über die A 4, Ausf. Padova-Est, dann Rtg. Zentrum (im Zentrum, nahe des Palazzo della Ragione).

VENETO - FRIAUL

Hotel Villa Regina Margherita

45100 Rovigo
Viale Regina Margherita, 6
Tel. 0425-36 15 40 - Fax 0425-313 01
Sig. Calore

Kategorie ★★★★ **Ganzj.** geöffn. **22 Zimmer** m. Klimaanl., Tel., Bad od. Dusche, WC, TV, Minibar; Aufzug **Preise** EZ u. DZ: 130000 L, 160000 L; 3 BZ: 180000 L; Suiten: 220000 L - Frühst.: 12000 L (Buffet), von 7.30 bis 9.30 Uhr - HP u. VP: 160000 L, 180000 L (pro Pers., mind. 3 Üb.); 3 BZ: 220000 L (pro Pers., mind. 3 Üb.) **Kreditkarten** akzeptiert **Verschiedenes** Piano-Bar - Parkpl. **Umgebung** Villa Badoer (Palladio), Villa Bragadin, Villa Molin in Fratta Polesine - Abtei Vangadizza in Badia Polesino - Padua - Ferrara **Restaurant** von 12.30 bis 14.00 u. von 19.30 bis 22.00 Uhr - Menüs: 35-50000 L - Karte - Spezialitäten: Pesce spada all'aceto balsamico - Risotto.

Diese wirklich sehr schöne Artdeco-Villa beherbergt ein charmantes Hotel. Das *Regina Margherita* wurde erst kürzlich in einer hübschen alten Wohnstraße im Zentrum der Kleinstadt Rovigo eröffnet, und wir wünschen ihm viel Erfolg, denn den verdient es. Die Renovierung der Villa beweist Geschmack; die Fenster, die in den dreißger Jahren sehr in Mode waren, wurden ebenso erhalten wie einige schöne Möbel, die den in warmen Tönen gehaltenen Salons und der Rezeption einen ganz besonderen Charme verleihen. Die Zimmer, von denen einige zum Garten gehen, sind gefällig, sehr komfortabel und ausgesprochen gepflegt. Das Restaurant muß besonders erwähnt werden: sowohl der äußere Rahmen als auch der Service und nicht zuletzt die Küche sind bemerkenswert und ausgesprochen gepflegt.

Anreise (Karte Nr. 10): 45 km südl. von Padova über die A 13, Ausf. Boara.

VENETO - FRIAUL

Hotel Villa Cipriani

31011 Asolo (Treviso)
Via Canova, 298
Tel. 0423-95 21 66 - Fax 0423-523 411
Sig. Burattin

Kategorie ★★★★ **Ganzj.** geöffn. **31 Zimmer** m. Klimaanl., Tel., Bad, WC, TV, Minibar; Aufzug **Preise** EZ u. DZ: 327-437000 L, 437-572000 L; 704000 L (m. Terrasse) - Frühst.: 30800-53900 L, von 7.00 bis 10.30 Uhr - HP: + 140000 L (pro Pers.) **Kreditkarten** akzeptiert **Verschiedenes** Hunde erlaubt (außer im Restaurant) - Parkpl. u. Garage **Umgebung** Possagno (Haus u. Tempio del Canova von Antonio Canova) - Villa Barbaro in Maser - Villa Rinaldi-Barbini - Villa Emo in Panzolo - Venedig - Golfpl. (7 km) **Restaurant** von 12.30 bis 14.30 u. von 20 bis 22.30 Uhr - Karte - Spezialitäten: Risotto Asolo - Pasta - Fisch.

Wenn man das Veneto bereist, ist Asolo ein Must. Lassen Sie sich nicht von einigen kleinen Industrieorten, die man durchquert, negativ beeindrucken. Asolo wird Ihnen noch schöner erscheinen, wenn Sie auf dem Hügel inmitten der Landschaft das Schloß erblicken, das das kleine mittelalterliche Dorf überragt. Ein weiteres Must ist die superbe *Villa Cipriani*, die über höchst raffinierte Gästezimmer verfügt, einen nach den Rosen der Laube duftenden Garten und eine wunderschöne Aussicht auf die weite Umgebung; und abends kommt ein charmanter Sänger, der zur Stunde des Aperitifs mit heiserer Stimme unwiderstehliche italienische Lieder singt.

Anreise (Karte Nr. 4): 65 km nordwestl. von Venedig. 35 km nordwestl. von Treviso über die S 348 bis Montebelluna, dann S 248 bis Asolo; Rtg. Bassano, D/Grappa.

VENETO - FRIAUL

Albergo al Sole

31011 Asolo (Treviso)
Via Collegio, 33
Tel. 0423-52 81 11 - Fax 0423-52 83 99
Silvia de Checchi

Kategorie ★★★★ Ganzj. geöffn. **23 Zimmer** u. 5 Suiten (für Nichtraucher) m. Klimaanl., Tel., Bad, WC, Satelliten-TV, Minibar, Safe; Eingang f. Behinderte **Preise** EZ u. DZ: 150-200000 L, 250-350000 L, Suite: 350-450000 L - Frühst.: 25000 L, von 7.30 bis 10.00 Uhr **Kreditkarten** akzeptiert **Verschiedenes** Hunde erlaubt - Parkpl. **Umgebung** Possagno (Haus u. Tempel von Antonio Canova) - Villa Barbaro in Maser - Villa Rinaldi-Barbini - Villa Emo in Panzola - Golf (7 km) **Kein Restaurant** im Hotel (siehe unsere Restaurantauswahl S. 538).

Zwischen Treviso und Bassano liegen die schönsten venezianischen Villen, die man heute besichtigen kann. Asolo ist eine ideale Etappe, nicht nur weil es eine herrliche Lage hat, sondern weil man in dem gänzlich unveränderten Dorf sehr angenehm wohnt. Die schöne, frisch verputzte orangefarbene Fassade des Hotels überragt den großen Platz. Die Rezeption und die Salon-Bar mit mehreren Sofas und Sesseln haben die üppige Ausstattung von Grandhotels. Die Zimmer sind persönlicher gestaltet. Sie sind groß und haben viel Komfort. Die der linken Seite mit Blick aufs Dorf sind vorzuziehen. Am schönsten sind selbstverständlich die an der Hauptfassade gelegenen Suiten, da noch größer und mit antikem Mobiliar eingerichtet. Die Terrasse des ersten Stockwerks mit Blick auf den Platz und die Gärten ist ideal zum Einnehmen des Frühstücks oder des Aperitifs bei Sonnenuntergang. Ein weiterer Vorteil dieser in einem hübschen Dorf gelegenen *Albergo* sind die günstigen Preise.

Anreise (Karte Nr. 4): 65 km nordwestl. von Venedig; 35 km nordwestl. von Treviso über die S 348 bis Montebelluna, dann S 248 bis Asolo: Rtg. Bassano, D/Grappa.

Villa Emo

31050 Fanzolo (Treviso)
Stazione, 5
Tel. 0423-47 64 14 - Fax 0423-48 70 43
Sig. Leonardo Emo Capodilista

Kategorie ★★★★ **Ganzj.** geöffn. **8 Zimmer** u. 3 Suiten, m. Klimaanl., Tel., Bad, WC, Minibar **Preise** EZ: 240000 L, DZ: 300000 L, Suite: 600000 L - Frühst. inkl., von 7.00 bis 10.30 Uhr **Kreditkarten** akzeptiert **Verschiedenes** Hunde nicht erlaubt - Parkpl. **Umgebung** Castelfranco - Conegliano: Weinstraße (Spumante-Fest im Sept.) - Rundfahrt der Palladio-Villen (Villa Maser) - Treviso - Venedig - Asolo - Vicenza - Golf in Ca' Amata **Restaurant** von 12.30 bis 14.30 u. von 19.30 bis 22.00 Uhr - Mo u. Di mittags geschl. - Regionale Küche.

Andrea Palladio ist gewiß der italienische Architekt, der im dennoch sehr ergiebigen 16. Jahrhundert über die größte Originalität verfügt. Bei ihm gab der Patrizier Lunardo Emo 1536 diese Villa in Auftrag. Sie ist zwar noch immer im Besitz der Familie Emo, aber aufgeteilt auf ein Museum, in dem sich die Fresken von Giovanni Zelotti befinden, ein Restaurant und seit kurzem erst ein Hotel. Da die Architektur der Villa bewahrt werden sollte, weisen die Zimmer, die bestimmt nicht ohne Reiz sind, einen originellen Zuschnitt auf. Alle sind eingerichtet mit Möbeln, die mit den Motiven der Fresken bemalt sind; die Bäder sind riesig. Wenn die Schönheit dieses Hauses Ihnen Muße läßt für materielle Freuden, empfehlen wir Ihnen, die feinen Gerichte der Küche des Hauses zu genießen. Im Sommer wird unter den hohen und kühlen Arkaden gegenüber dem Garten zu Mittag gegessen.

Anreise (Karte Nr. 4): 20 km nördl. von Treviso.

VENETO - FRIAUL

Hotel Abbazia

31051 Follina (Treviso)
Via Martiri della Libertà
Tel. 0438-97 12 77 - Fax 0438-97 00 01 - Sig.ra Zanon de Marchi
Web: http://www.hotelabbazia.it - E-mail: info@hotelabbazia.it

Kategorie ★★★ **Ganzj.** geöffn. **17 Zimmer** u. 7 Suiten m. Klimaanl., Tel., Bad od. Dusche, WC, Satelliten-TV, Minibar **Preise** EZ u. DZ: 130-160000 L, 190-240000 L; Suiten: 300-400000 L - Frühst.: 25000 L (Buffet), von 7.30 bis 10.00 Uhr **Kreditkarten** akzeptiert **Verschiedenes** Hunde auf Anfr. erlaubt - Parkpl. **Umgebung** Abtei Follina - Conegliano: Weißweinstraße bis nach Valdobbiadene (Spumante-Fest im Sept.) - Tour der Palladio-Villen - Treviso - Venedig - Asolo - Asolo Golf Club (7-Lochpl.) in Cavano del Tomba (16 km), *green-fees*, kostenlos für Hotelgäste **Kein Restaurant** im Hotel (siehe unsere Restaurantauswahl in Miane S. 538 od. "Lino" in Solighetto S. 468).

Das *Abbazia*, ein hübsches Haus aus dem 17. Jahrhundert, das kürzlich zu einem kleinen Luxushotel umgestellt wurde, liegt gegenüber einer herrlichen Zisterzienserabtei in den venezianischen Voralpen. An Komfort, Service und stilvoller Gestaltung bietet es alles, was man sich wünschen mag. Die Zimmer sind groß und individuell gestaltet, in sanften, beruhigenden Farben gehalten und mit edlen alten Möbeln und Radierungen eingerichtet - einige haben zudem eine blühende Terrasse. Einen kleinen, angenehmen Garten besitzt dieses Traumhaus ebenfalls. Außerdem sei darauf hingewiesen, daß Follina in einer reizvollen Gegend mit vielen unbekannten Palladio-Villen und -Bauernhöfen liegt.

Anreise (Karte Nr. 4): 40 km nördl. von Treviso - A 4, Ausf. A 27, Vittorio Veneto - Lago Revine - Follina 15 km weiter.

VENETO - FRIAUL

Villa Stucky

31021 Mogliano Veneto (Treviso)
Via Don Bosco, 47
Tel. 041-590 45 28 - Fax 041-590 45 66
Sig. Pianura

Kategorie ★★★★ **Ganzj.** geöffn. **20 Zimmer** m. Klimaanl., Tel., Fax, Bad od. Dusche (7 m. Jacuzzi), WC, TV, Video, Safe, Minibar; Aufzug **Preise** EZ u. DZ: 170000 L, 270000 L; Suiten: 320000 L - Frühst.: 15000 L, von 7.30 bis 10.30 Uhr **Kreditkarten** akzeptiert **Verschiedenes** Hunde nicht erlaubt - Parkpl. **Umgebung** Venedig - Treviso - Golf Villa Condulmer (18-Lochpl.) **Restaurant** von 19.30 bis 22.30 Uhr - Karte.

Mogliano Veneto liegt an der alten Römerstraße, die Venedig mit Treviso verbindet. Einige Bürgerinitiativen haben sich dafür eingesetzt, daß der Ort nicht zum Vorort von Mestre wird und die Authentizität dieser Landschaft erhalten bleibt, die im 18. Jahrhundert eine Blütezeit venezianischer Villen erlebte. *Villa Stucky* ist eine von ihnen. Leider war der von der Gräfin Seymour in Auftrag gegebene Bau zuletzt in einem sehr schlechten Zustand, und nur eine umfangreiche Restaurierung konnte das Gebäude retten. Heute ist es ein luxuriöses Hotel mit 20 individuell gestalteteten Zimmern, die Aussicht auf den Park haben. Die Ausstattung entspricht stets dem Zimmernamen; "Prinzessin Sissi" ist in feinen Pastelltönen gehalten, andere sind schlichter, aber sehr elegant. In den Zimmern der obersten Etage kann man mit Blick auf den Sternenhimmel einschlafen, denn sie besitzen Dachfenster, die sich auch ganz öffnen lassen. Gehobene Preisklasse, aber günstige Wochenend-Angebote.

Anreise (Karte Nr. 4): 12 km südl. von Treviso über die S 13.

VENETO - FRIAUL

Villa Giustinian

31019 Portobuffolé (Treviso)
Via Giustiniani, 11
Tel. 0422-85 02 44 - Fax 0422-85 02 60

Kategorie ★★★★ **Ganzj.** geöffn. **40 Zimmer** (im Dependance) u. 8 Suiten (im Villa) m. Klimaanl., Tel., Bad od. Dusche, WC, TV, Radio, Minibar **Preise** EZ u. DZ: 120-140000 L, 220-250000 L; Suiten: 400-550000 L - Frühst.: 15000 L, von 7.30 bis 10.30 Uhr **Kreditkarten** akzeptiert **Verschiedenes** Hunde nicht erlaubt - Parkpl. **Umgebung** Venedig - Conegliano: Weißweinstraße bis nach Valdobbiadene (Spumante-Fest im Sept.), Rotweinstraße in der Piave-Ebene (linkes Ufer) bis nach Roncade - Treviso **Restaurant** von 12.30 bis 14.30 u. von 19.30 bis 22.30 Uhr - Karte.

Portobuffolé ist ein reizendes, mittelalterliches Dorf, zwischen dem östlichen Venetien und Friaul gelegen. Diese herrliche Villa sehr klassischer Bauweise ließ eine adelige Familie aus Venedig in einem großen Park errichten. Das Interieur ist auf prächtige Art barock: Stuckarbeit, Fresken der Veroneser Schule, Trompe-l'œil ... Dennoch gelang es, in diesem grandiosen Dekor eine intime Atmosphäre zu schaffen. Eine superbe Treppe führt zu den Zimmern. Die sind alle unterschiedlich groß, geschmackvoll und komfortabel ausgestattet. Die Suiten mit venezianischem Mobiliar haben die Ausmaße von Ballsälen, und die Präsidenten-Suite mit ihrem geschnitzten Bett ist ausgesprochen beeindruckend. Ein gutes Restaurant und eine exzellente Weinkarte werden Sie, falls erforderlich, endgültig überzeugen. Dieses Hotel sollten Sie möglichst bald aufsuchen, denn die günstigen Preise sind möglicherweise darauf zurückzuführen, daß es vor nicht langer Zeit eröffnet wurde.

Anreise (Karte Nr. 5): 40 km nordöstl. von Treviso, Rtg. Oderzo, Mansuè, dann Portobuffolé.

VENETO - FRIAUL

Locanda Da Lino

31050 Solighetto (Treviso)
Via Brandolini, 31
Tel. 0438-84 23 77 - 0438-82 150 - Fax 0438-98 05 77 - Sig. Lino Toffolin
Web: http://www.seven.it/locanda-da-lino - E-mail: dalino@tmn.it

Kategorie ★★★ **Geschlossen** im Juli u. Mo **17 Zimmer** m. Tel., Bad, WC, TV, Minibar **Preise** EZ u. DZ: 100000 L, 130000 L; Suiten: 150000 L - Frühst.: 15000 L, von 8.00 bis 11.00 Uhr **Kreditkarten** akzeptiert **Verschiedenes** Hunde erlaubt - Parkpl. **Umgebung** Venedig - Villa Lattes in Istrana - Villa Barbaro Maser - Villa Emo Fanzolo di Vedelago - Conegliano: Weißweinstraße bis Valdobbiadene, Rotweinstraße in der Piave-Ebene (linkes Ufer) bis nach Roncade - Treviso - Golf Villa Condulmer (18 Lochpl.) **Restaurant** von 12.00 bis 15.00 u. von 19.00 bis 22.00 Uhr - Juli, Mo und Weihnachten geschl. - Karte: 50-60000 L - Spezialitäten Tagliolini alla Lino - Spiedo - Faraona con salsa peverada - Dolci della casa.

Lino ist eine wahre Persönlichkeit. Von seinem Dorf Solighetto aus, in einer wunderbaren Landschaft des Montello und der hügeligen Voralpenlandschaft zwischen Venedig und Cortina gelegen, sorgt er für Abwechslung und ist berühmt für seinen von Don Juan besungenen Prosecco und Marzemino. *Da Lino* war zunächst ein Restaurant der neuen venezianischen Küche, das rasch berühmt wurde. Die Karte ist schlicht, aber subtil, und *funghi* und *trevisana* werden auf wunderbare Art zubereitet. Linos Künstlerfreunde - Maler, Romanciers und Dichter - sind Stammgäste, und die große Sängerin Toti del Monte verbrachte hier ihre letzten Tage. Ihr zu Ehren verleiht Lino den *Premio Simpatia:* ein wahres kulturelles Ereignis. Marcello Mastroianni ist auf dem Rückumschlag des Buches *Que Bontà* abgebildet, das Lino gewidmet ist und die Vorzüge des Hauses preist. Die Zimmer tragen die Namen von Stammgästen und Freuden, wie "Marcello", und sind komfortabel und phantasiereich gestaltet.

Anreise (Karte Nr. 4): 33 km nordwestl. von Treviso.

VENETO - FRIAUL

Hotel Villa Condulmer

31020 Zerman Mogliano Veneto (Treviso)
Via Zermanese
Tel. 041-45 71 00 - Fax 041-45 71 34
Sig. Zuindavide

Kategorie ★★★★★ **Ganzj.** geöffn. **49 Zimmer** m. Klimaanl., Tel., Bad, WC, TV **Preise** EZ u. DZ: 200000 L, 300000 L; Suiten: 460000 L - Frühst. inkl., von 7.00 bis 10.30 Uhr **Kreditkarten** akzeptiert **Verschiedenes** Hunde nicht erlaubt - Schwimmb. - Tennis - Golf (27-Lochpl.) - Reiten - Parkpl. **Umgebung** Venedig - Treviso **Restaurant** von 12.30 bis 14.30 u. von 19.30 bis 22.00 Uhr - Menüs: 80-100000 L - Karte - Regionale Küche.

Im 18. Jahrhundert entstanden zahlreiche venezianische Villen. Es war jene Zeit, in der die reichen Händler, die mit dem Orient Geschäfte machten, beschlossen, ihr Vermögen auf dem Land anzulegen. So entstanden diese Herrensitze neuer Bauart mit einem zentralen, prachtvollen Gebäude, in dem die Familie wohnte, und zwei Seitenflügeln, *barcchese* genannt, die als Remisen benutzt wurden. Die Gesellschaftsräume der *Villa Condulmer* sind besonders gut erhalten. In ihnen kann man die ausschweifenden Stuckdecken mit zwei enormen venezianischen Lüstern bewundern, die großen Medaillons, die die Wände schmücken, und den *cotto*-Boden. Die schönsten Gästezimmer sind die der Villa, aber die der *barcchese* verfügen über moderneren Komfort. Nur 20 Kilometer von Venedig auf dem Land in der Nähe einer Bucht in einem Hotel mit großem Schwimmbad zu wohnen ist - vor allem im Sommer - besonders wohltuend. Deshalb empfehlen wir es Ihnen.

Anreise (Karte Nr. 4): 18 km nördl. von Venedig über die A 4, Ausf. Mogliano Veneto, dann Rtg. Zerman.

VENETO - FRIAUL

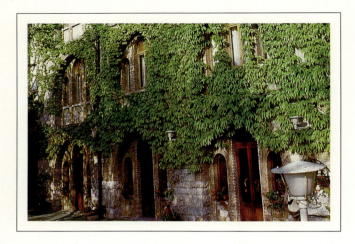

Locanda Al Castello

33043 Cividale del Friuli (Udine)
Via del Castello, 20
Tel. 0432-73 32 42 / 73 40 15 - Fax 0432-70 09 01 - Sig. Balloch
Web: http://www.infotech.it/castello - E-mail: castello@ud.nettuno.it

Kategorie ★★★ **Geschlossen** vom 1. bis 15. November **17 Zimmer** m. Tel., Bad u. Dusche, WC, Fön, Satelliten-TV, Minibar, Safe; Aufzug; Eingang u. Zi f. Behinderte **Preise** EZ u. DZ: 100000 L, 135000 L; zusätzl. Bett (30000 L) - Frühst.: 12000 L - HP u. VP: 110000 L, 140000 L **Kreditkarten** akzeptiert **Verschiedenes** Hunde erlaubt - Parkpl. **Umgebung** Cividale: Tempietto, Duomo u. Museo archeologico - Udine - Villa Manin in Passariano - Golf von Lignano (18-Lochpl.); Golf von Tarvisio (9 Lochpl.) **Restaurant** (m. Klimaanl.) von 12.00 bis 14.30 u. von 19.00 bis 22.00 Uhr - Mi geschl. - Menü: 45000 L - Karte - Spezialitäten: Antipasti misti di pesce e di selvagigina - Pesce e carne ai ferri - Maltagliata alla longobarda.

Wer sich für das weniger spektakuläre Italien interessiert, kann im Friaul freundliche Landschaften und einige interessante Städte kennenlernen. Cividale del Friuli bewahrt in seinem Archäologischen Nationalmuseum einige schöne Sammlungen aus dem frühen Mittelalter auf, der Dom aus dem 16. Jahrhundert besitzt Gemälde von Palma Giovane und einen bewundernswerten Altaraufsatz ganz aus Silber. *Locanda Al Castello* ist ein schlichtes, aber sympathisches Haus. Es ist der typische Gasthof einer kleinen Provinzstadt mit Gästezimmern, die üppig sein sollen, einem Restaurant mit großzügiger Küche und einem besonders natürlichen Empfang.

Anreise (Karte Nr. 5): 17 km östl. von Udine über die A 23, Ausf. Udine, Rtg. Cividale (1,5 km von Cividale).

VENETO - FRIAUL

Hotel Gabbia d'Oro

37121 Verona
Corso Porta Borsari, 4a
Tel. 045-800 30 60 - Fax 045-59 02 93
Sig.ra Balzarro

Kategorie ★★★★★ **Ganzj.** geöffn. **22 Suiten** u. 5 Suiten m. Klimaanl., Tel., Bad, WC, TV, Minibar; Aufzug **Preise** DZ: 250-550000 L; Suiten: 410-1200000 L - Frühst.: 40000 L, von 7.00 bis 11.00 Uhr **Kreditkarten** akzeptiert **Verschiedenes** Kleine Hunde erlaubt - Parkpl. (50000 L) **Umgebung** Verona: Piazza delle Erbe, Piazza dei Signori, das Amphitheater, Haus von Romeo u. Julia, Arche Scaligere, Basilika San Zeno, Castelvecchio - Opernfestival im Amphitheater von Mitte Juli bis Mitte August - Villa Boccoli-Serego in Pedemonte - Villa della Torre in Fumane - Soave - Gardasee - Schloß Villafranca di Verona - Venedig - Golf (18-Lochpl.) in Sommacampagna **Kein Restaurant** im Hotel (siehe unsere Restaurantauswahl S. 535-537).

Das *Gabbia d'Oro*, ein diskreter Palast des 14. Jahrhunderts, ist seit kurzem ein nicht minder diskretes "Hotel mit Charme". Der Eingang ist von der Straße aus kaum auszumachen. Die kleinen Salons mit den herrlichen Balken und den schönen Stilmöbeln und Sesseln sowie dem alten Kamin sind reizend. Um den reizenden blühenden Innenhof herum liegen die nicht sehr großen, aber sehr luxuriösen Zimmer. Im Obergeschoß dann eine ruhige Terrasse mit Blick auf die Dächer der Altstadt. Hier ist absolut alles luxuriös. Leider muß man für alles bezahlen, und darum sind die Preise hoch, aber gerechtfertigt. Das Hotel liegt in der Fußgängerzone der Altstadt. Falls Sie mit dem Auto kommen, geleitet Sie ein Taxi auf Kosten des Hotels zu der nahegelegenen Garage.

Anreise *(Karte Nr. 3 u. 4): Via A 4, Ausf. Verona-Sud - via, A 22, Ausf. Verona-Ovest.*

VENETO - FRIAUL

Hotel Due Torri Baglioni

37121 Verona
Piazza Sant' Anastasia, 4
Tel 045-59-50-44 - Fax 045-800 41 30 - Sig. Mariotti

Kategorie ★★★★ **Ganzj.** geöffn. **81 Suiten** u. 9 Suiten m. Klimaanl., Tel., Bad, WC, TV, Minibar; Nichtraucher-Zi.; Aufzug **Preise** DZ: 285-540000 L; Suiten: 450-750000 L; Suiten: 720-1300000 L - Frühst. inkl., von 7.30 bis 10.30 Uhr **Kreditkarten** akzeptiert **Verschiedenes** Parkpl. **Umgebung** Piazza delle Erbe, Piazza dei Signori, das Amphitheater, Haus von Romeo u. Julia, Arche Scaligere, Basilika San Zeno, Castelvecchio - Opernfestival im Amphitheater von Mitte Juli bis Mitte August - Villa Boccoli-Serego in Pedemonte - Villa della Torre in Fumane - Soave - Gardasee - Schloß Villafranca di Verona - Venedig - Golf (18-Lochpl.) in Sommacampagna **Restaurant** *L'Aquila* von 12.30 bis 14.30 u. von 19.30 bis 22.00 Uhr - Menü: 65000 L - Karte - Regionale Küche.

In diesem Palast, ehemalige Residenz der Scaglieri, der Herren von Verona, wurden im 13. Jahrhundert bereits die privaten Gäste der Familie Della Scala empfangen. Die mehrmaligen Restaurierungsarbeiten haben der ursprünglichen Gestaltung des Hauses keineswegs geschadet. Das Hotel liegt unmittelbar neben der Kirche S. Anastasia; die beiden Gebäude schließen den kleinen (leider vom Parkplatz eingenommen) Platz. Hinter dem von zwei Karyatiden eingerahmten Eingang betritt man das monumentale Foyer, dessen schachbrettartiger Fußboden den Raum noch vergrößert. Einige schöne Fresken an der Decke wurden erhalten, und die Arkaden erinnern an einen Kreuzgang. Das Mobiliar und die Farben verleihen dem Ganzen ein theatralisches Ambiente, das Künstlern und Festivalbesuchern besonders zu gefallen scheint. Die besten Zimmer sind die zum Platz gelegenen und die des Obergeschosses mit Blick auf die roten und ockerfarbenen Dächer der Stadt. Stolz darauf, einst Mozart, Goethe und Garibaldi beherbergt zu haben, genießt das *Due Torri Baglioni* nach wie vor den Ruf *des* Grandhotels von Verona.

Anreise *(Karte Nr. 3 u. 4): A 4: Ausf. Verona-Sud - A 22: Ausf. Verona-Ovest.*

Hotel Aurora

37121 Verona
Piazza Erbe, 2
Tel. 045-59 47 17 - Fax 045-801 08 60
Sig.ra Rossi

Ganzj. geöffn. **19 Suiten** m. Klimaanl., Tel., Bad od. Dusche, WC, Satelliten-TV, Minibar; Aufzug **Preise** EZ u. DZ: 110-160000 L, 130-190000 L; Suiten: 220-330000 L (kl. App. m. 2 DZ u. 1 Bad) - Frühst. inkl. (Buffet), von 7.30 bis 10.00 Uhr **Kreditkarten** akzeptiert **Verschiedenes** Hunde erlaubt **Umgebung** Verona: Piazza delle Erbe, Piazza dei Signori, das Amphitheater, Haus von Romeo u. Julia, Arche Scaligere, Basilika San Zeno, Castelvecchio - Opernfestival im Amphitheater von Mitte Juli bis Mitte August- Villa Boccoli-Serego in Pedemonte - Villa della Torre in Fumane - Soave - Gardasee - Schloß Villafranca di Verona - Venedig - Golf (18-Lochpl.) in Sommacampagna **Kein Restaurant** im Hotel (siehe unsere Restaurantauswahl S. 535-537).

In Verona gibt es zwar einige Luxushotels, aber keine Hotels mit Charme. Was wäre zur *Albergo Aurora* zu sagen? Daß die Lage an der Piazza dell'Erbe im Zentrum (das zudem eine Fußgängerzone, also sehr ruhig ist) nicht besser sein könnte, daß das Haus sehr gepflegt und komfortabel ist (Klimaanlagen und gut ausgestattete Bäder), daß der diskrete Empfang charmant und die Preise unschlagbar sind; nur: Einrichtung und Beleuchtung sind die eines Bahnhofshotels. Sollten Sie sich trotzdem für *Aurora* entschließen, raten wir Ihnen, die Fassadenzimmer mit Blick auf den Platz zu wählen (es sind zwar die kleinsten, aber sie sollen vergrößert werden); und für die Siesta empfehlen wir Ihnen die bewundernswerte Terrasse oberhalb der berühmten Sonnenschirme.

Anreise (Karte Nr. 3): A 4: Ausf. Verona-Sud - A 22: Ausf. Verona-Nord (Parkplatz Cittadella, piazze Arsenale u. Taxis zum nahen Zentrum ohne Autoverkehr).

VENETO - FRIAUL

Hotel Villa del Quar

37020 Pedemonte (Verona)
Via Quar, 12
Tel. 045-680 06 81 - Fax 045-680 06 04
Sig.ra Acampora Montresor

Kategorie ★★★★ **Ganzj.** geöffn. **22 Zimmer** m. Klimaanl., Tel., Bad od. Dusche, WC, TV u. Minibar; Aufzug **Preise** DZ: 400-450000 L; Suiten: 565-630000 L - Frühst. inkl., von 7.30 bis 10.00 Uhr **Kreditkarten** akzeptiert **Verschiedenes** Hunde erlaubt - Schwimmb. - Parkpl. **Umgebung** Pedemonte: Villa Boccoli-Serègo - Villa della Torre in Fumane - Soave - Verona - Schloß Villafranca di Verona - Gardasee - Venedig - Golf (18-Lochpl.) in Sommacampagna **Restaurant** von 12.30 bis 14.00 u. von 19.30 bis 22.00 Uhr - Mo geschl. (außerh. des Saison) - Menü: 120000 L - Spezialitäten: Zuppa di funghi con scanpi, frittura del mare e dell'orto, coulins di fichi in salsa di amarone.

Die neue Generation der Inhaber der *Villa del Quar* haben aus dem Familienbesitz ein luxuriöses Hotel gemacht, ohne jedoch auf den Anbau von Wein zu verzichten, weshalb das Haus nach wie vor von einigen Hektar Weinbergen umgeben ist (und deshalb können Sie hier an Weinverkostungen teilnehmen). Die Architektur des Hauses, mit drei, einen Garten umschließenden Gebäudeteilen, ist typisch für diese Region. Die Salons sind wunderschön, die individuell gestalteten Gästezimmer bieten raffinierten Komfort. Hier, wenn auch mitten auf dem Land, ist Eleganz überall präsent. Morgens einen Spaziergang durch die Weinberge nur einige Kilometer von Verona zu unternehmen, stimmt einen für den Rest des Tages glücklich.

Anreise (Karte Nr. 3): 5 km nordwestl. von Verona, Rtg. Trento; vor Parona auf die Straße Valpolicella, dann Rtg. Pedemonte. A 4, Ausf. Verona-Nord, Superstrada (Rtg. San Pietro in Cariano), rechts Rtg. Verona bis Pedemonte.

VENETO - FRIAUL

Foresteria Serègo Alighieri

37020 Gargagnago di Valpolicella (Verona)
Tel. 045-770 36 22 - Fax 045-770 35 23
Sig. Pieralvise Segèro Alighieri

Geschlossen im Januar **8 Appartements** m. Klimaanl., Tel., Bad, WC, TV, Minibar **Preise** App. f. 2-4 Pers.: 210-490000 L (1 Üb.); 130-350000 L (1 Woche) - Frühst. 15000 L, von 8.00 bis 10.00 Uhr **Kreditkarten** Amex, Visa, Eurocard, MasterCard **Verschiedenes** Hunde nicht erlaubt - Parkpl. **Umgebung** Verona: Opernfestival im Amphitheater von Mitte Juli bis Mitte Aug. - Valpolicella-Weinberge (Villa Boccoli-Serego, S. Floriano, Fumane, Villa della Torre, San Giorgio, Volargne u. Villa del Bene) - Soave - Gardasee - Golf (18-Lochpl.) in Sommacampagna **Kein Restaurant** im Hotel (siehe unsere Restaurantauswahl in Verona S. 535-537).

Als Dante in Verona wohnte, verbrachte er den Sommer im *Casal dei Ronchi*, das sein Sohn Pietro 1353 fertigstellte und noch immer der Wohnsitz der Nachkommen des Dichters ist. Heute ist dieses Haus ein prosperierender landwirtschaftlicher Betrieb, dessen Öl und Wein Sie probieren sollten. Nach einer langen, von majestätischen Zypressen gesäumten Allee erblickt man inmitten der Valpolicella-Weinberge das massive Gebäude, das einen großen gepflasterten Hof umschließt. Hier stehen acht komfortabel und geschmackvoll eingerichtete Appartements zur Verfügung (für zwei bzw. vier Personen). Knapp 100 Kilometer von Venedig entfernt zwischen dem Gardasee und Verona, ist diese Villa ein märchenhafter Aufenthaltsort, der seinesgleichen sucht.

Anreise (Karte Nr. 3): 20 km von Verona über die A 22, Ausf. Verona-Nord, dann Rtg. S. Ambrogio di Valpolicella.

VENETO - FRIAUL

Relais Villabella

37047 San Bonifacio (Verona)
Via Villabella, 72
Tel. 045-61 01 777 - Fax 045-61 01 799
Sig. Cherubin

Kategorie ★★★ **Ganzj** geöffn. **9 Zimmer** m. Klimaanl., Tel., Bad od. Dusche, WC, TV, Minibar **Preise** DZ: 290000 L; Suiten: 340000 L **Kreditkarten** akzeptiert **Verschiedenes** Hunde erlaubt - Parkpl. **Umgebung** San Bonifacio: Kirche S. Abbondio, Verona - Soave - Vicenza - Gardasee - Venedig - Golf (18-Lochpl.) in Sommacampagna **Restaurant** 1. bis 10. Januar u. 1. bis 15. August, So u. Mo geschl. - von 12.00 bis 14.00 u. von 20.00 bis 22.00 Uhr - Karte: 90-110000 L.

Im Tal von Alpone ist der kleine Ort Soave bekannter als die anderen. Das hat er seinem Wein zu verdanken. *Relais Villabella* liegt unweit dieses sympathischen, befestigten Dorfes aus dem Mittelalter. Die traditionelle Villa im Stil der Region ist heute ein komfortables Hotel auf dem Land. Die Gästezimmer sind sorgfältig ausgestattet. Die besonders gepflegte Küche zieht einerseits Leute aus der Umgebung an, die das Wochenende auf dem Land zu verbringen wünschen, und andererseits Touristen, die abends, nach den Besichtigungen am Tage, Ruhe suchen. Außerdem gelangt man rasch von der Autobahn aus zum Hotel, ohne jedoch die Nachteile dieser Nähe zu verspüren.

Anreise (Karte Nr. 4): 20 km westl. von Verona. A 4, Ausf. Soave-San Bonifacio. Villabella liegt in unmittelbarer Nähe der Autobahnausfahrt.

VENETO - FRIAUL

Coop. 8 Marzo - Ca' Verde

Ca' Verde 37010 Sant' Ambrogio di Valpolicella (Verona)
Tel. 045-686 17 60 - Fax 045-686 12 45
Sig.ra Vilma Zamboni

Ganzj. geöffn. (außer im Januar u. Februar) **10 Zimmer** (4 m. Bad, WC) **Preise** EZ: 28-45000 L, DZ: 50-70000 L - Frühst. 8000 L, von 8.30 bis 10.00 Uhr **Kreditkarten** Visa, Eurocard, MasterCard **Verschiedenes** Hunde nicht erlaubt - Parkpl. **Umgebung** Verona - Villa Boccoli-Serègo in Pedemonte - Villa della Torre in Fumane - Soave - Schloß Villafranca di Verona - Gardasee **Restaurant** von 12.30 bis 14.00 u. von 19.30 bis 21.30 Uhr - Mo geschl. - Menü: 35000 L - Spezialitäten: pasta fatta in casa, Gnocchi di ricotta, Carni alla griglia, piatti vegetariani.

Diese landwirtschaftliche Genossenschaft machte ungenutztes Land nutzbar, besteht offiziell seit ca. zehn Jahren und ist eine sehr rustikale Adresse. Heute kümmert sich ein Team nicht nur um die Landwirtschaft, sondern auch um Kommerzielles, denn die Produkte werden direkt vertrieben. So steht Interessenten eine *latteria* zur Verfügung, die Milch, Käse, Joghurt, Honig, biologische Produkte vom Bauernhof und Unterkünfte anbietet. Die sind unterschiedlich. In einem Flügel des Hauses befinden sich die erst kürzlich fertiggestellten Schlafräume mit dem besten Komfort; gegenüber liegen die "Schlafsäle" und einige Zimmer für Familien mit Außenduschen. Zum Picknicken stehen große Tische zur Verfügung, nur sind die Preise derart, daß man eher ins Restaurant gehen sollte: mit eigenen Produkten zubereitete Hausmannskost. *Ca' Verde* liegt mitten auf dem Land und ist deshalb nicht leicht zu finden. Wenn Sie die Straße verlassen, müssen Sie noch zwei Kilometer auf dem Weg weiterfahren.

Anreise (Karte Nr. 3): 20 km von Verona, Ausf. Verona-Nord bis S. Ambrogio. Im Dorf, Rtg. Monte; nach der 3. Kurve links den Weg (ca. 2 km).

Hotel Gardesana

Lago di Garda - 37010 Torri del Benaco (Verona)
Piazza Calderini, 20
Tel. 045-722 54 11 - Fax 045-722 57 71 - Sig. Lorenzini
E-mail: gardesana@easynet.it

Kategorie ★★★ **Geschlossen** vom 26. Oktober bis 27. Dezember u. vom 16. Januar bis Ende Februar **34 Zimmer** m. Klimaanl. (Juli u. August), Tel., Bad od. Dusche, WC, TV; Aufzug **Preise** EZ u. DZ: 70-95000 L, 95-170000 L - Frühst.: 20000 L, von 7.00 bis 11.00 Uhr **Kreditkarten** akzeptiert **Verschiedenes** Hunde nicht erlaubt - Parkpl. **Umgebung** Cap San Vigilio: Landschaft u. Villa Guarienti - Verona - Golf Marciaga (18-Lochpl.) **Restaurant** von 19.00 bis 23.00 Uhr - Menüs: 50-90000 L - Karte - Spezialitäten: Fisch - Zuppetta di pesci del garda.

Diese alte Statthalterschaft aus dem 15. Jahrhundert liegt den Ruinen des Scalinger Schlosses auf der anderen Seite des Hafens gegenüber und wurde mit viel Geschick zu einem charmanten Hotel umgewandelt. Die Terrasse, auf der das Frühstück und das Abendessen serviert werden, liegt oberhalb des kleinen Yachthafens am Gardasee. Alle Zimmer sind gleich gestaltet. Trotzdem sollten Sie versuchen, eines im dritten Stock zu bekommen: von dort hat man den schönsten Blick auf den See, und sie sind auch ruhiger. Das beliebte Restaurant zieht zahlreiche Gäste von außerhalb an. Der Empfang des Besitzers und seiner Familie ist sehr angenehm, und Torri del Benaco ist zweifellos einer der charmantesten Orte am Gardasee. André Gide verlebte hier glückliche Tage, und deshalb wurde Zimmer 123 nach ihm benannt.

Anreise (Karte Nr. 3): 39 km nordwestl. von Verona über die A 4, Ausf. Peschiera - über die A 22: Ausf. Affi-Lago di Garda.

VENETO - FRIAUL

Hotel Villa Michelangelo

31011 Arcugnagno (Vicenza)
Via Sacco, 19
Tel. 0444-550 300 - Fax 0444-550 490 - Sig. Leder

Kategorie ★★★★ **Ganzj.** geöffn. **55 Zimmer** m. Klimaanl., Tel., Bad, WC, Satelliten-TV, Safe, Minibar; Aufzug **Preise** EZ u. DZ: 195-255000 L, 275-316000 L; Suite: 395-415000 L - Frühst. inkl., von 7.00 bis 10.00 Uhr - HP: + 55/60000 L (pro Pers.) **Kreditkarten** akzeptiert **Verschiedenes** Hunde erlaubt (außer im Rest.) - Hallenbad im Winter - Parklp. **Umgebung** Possagno (Haus u. Tempel von Antonio Canova) - Villa Barbaro in Masser - Villa Rinaldi-Barbini - Villa Emo in Panzolo - Golf (7 km) **Restaurant** "La Loggia" von 12.30 bis 14.30 u. von 20.00 bis 22.30 Uhr - So geschlossen - Karte: 65-95000 L.

Knapp zehn Kilometer von der Villa des berühmten Palladio entfernt zeigt *Villa Michelangelo* ihre Fassaden an einer großen Rasenfläche. Von hier hat man eine Aussicht auf die Umgebung von Venedig und einen Panoramablick auf die Berici-Berge. Das direkt am Garten gelegene Restaurant wird von einer Loggia verlängert, wo im Sommer gespeist wird. Das Restaurant mit seinen perfekt gedeckten Tischen und seiner hübschen Blumendekoration ist elegant. In der intimeren Bar sitzt man sehr angenehm. Die Gästezimmer sind nicht sonderlich persönlich gestaltet, haben aber luxuriösen Komfort. Zwei Suiten (106 und 113) sind bemerkenswert angesichts ihrer gigantischen, 15 Meter langen Glasfront, die sich zur Landschaft hin öffnen läßt. Auch 301 ist empfehlenswert. Das große Hallenbad im Untergeschoß kann ebenfalls seine Glasfassade mit Blick auf die Hügel öffnen. Da im Hotel auch Seminare stattfinden, sollte man sich beim Reservieren danach erkundigen.

Anreise (Karte Nr. 4): 7 km von Vicenza. A 4, Ausf. Vicenza-Ovest, dann im Süden nach Arcugnano über die Dorsale dei Berici.

VENETO - FRIAUL

Il Castello

36021 Barbarano Vicentino (Vicenza)
Via Castello, 6
Tel. 0444-88 60 55 - Fax 0444-88 60 55
Sig.ra Elda Marinoni

Ganzj. geöffn. **4 Appartements** m. Küche, Bad, WC **Preise** 40000 L (pro Pers., mind. 7 Üb.) + 15000 L für Heizung in der kühlen Jahreszeit **Kreditkarten** nicht akzeptiert **Verschiedenes** Hunde nicht erlaubt - Parkpl. **Umgebung** Vicenza - Villa Guiccioli, Villa Valmarana, Villa La Rotonda - Arcugnano: Villa Franceschini, Villa Canera di Salasco - Costoza di Longare: Villa Trento-Carli und Villa Garzadori-Da Schio - Montegalda: La Deliziosa - Barbano di Grisignano: Villa Ferramosca-Beggiato - Vancimuglio: Villa Trissino-Muttoni - Bretisina da Vicenza: Villa Ghislanzoni-Curti und Villa Marcello-Curti **Kein Restaurant** im Hotel (siehe unsere Restaurantauswahl in Vicenza S. 537-538).

Wenn von venezianischen Villen die Rede ist, denkt man unmittelbar an jene, die am Brenta-Kanal liegen. Dennoch wurden innerhalb von drei Jahrhunderten, d.h. bis zum Ende des 18. Jahrhunderts, ungefähr zweitausend Villen auf den Hügeln der kleinen Städte unweit Venedigs errichtet. *Il Castello*, das oberhalb des alten Dorfes liegt, empfehlen wir, außerdem kann man so die Berici-Berge kennenlernen. Durch das Portal gelangen Sie in einen Garten, der zum *Castello* führt, in dem Elda Marinoni mit ihren beiden charmanten Töchtern wohnt; ferner gibt es ein landwirtschaftliches Gebäude und die Dependance, in der die Appartements liegen. In der freundlichen Rezeption hängen einige alte Fotos, die Aufschluß geben über das Leben in Barbarano zu Beginn dieses Jahrhunderts. Die Appartements sind sehr funktionell und komfortabel. Der romantische, unterhalb gelegene und mit Orangenbäumen bepflanzte Garten ist sehr angenehm. Diskreter, freundlicher Empfang.

Anreise (Karte Nr. 4): 25 km südöstl. von Vicenza. A 4, Ausf. Vizenza-Est, Rtg. Noventa-Est bis Ponte di Barbarano u. Barbarano.

VENETO - FRIAUL

Azienda A & G da Schio

1999

36023 Costozza di Longare (Vicenza)
Piazza da Schio
Tel. 0444-55 50 73 - Fax 0444-55 50 73 - Conte Giulio da Schio

Ganzj. geöffn. **Appartements** 1 (10 Pers.) m. Tel., TV, Küche, 3 Zi., 3 Bädern, 1 Salon **Preise** 2800000 L (pro Pers./Woche) **Kreditkarten** nicht akzeptiert **Verschiedenes** Hunde erlaubt (auf Verantwortung des Gastes) - Garage **Umgebung** Vicenza - Villa Guiccioli, Villa Valmarana, Villa La Rotonda - Arcugnano: Villa Franceschini, Villa Canera di Salasco - Costoza di Longare: Villa Trento-Carli und Villa Garzadori-Da Schio - Montegalda: La Deliziosa - Barbano di Grisignano: Villa Ferramosca-Beggiato - Vancimuglio: Villa Trissino-Muttoni - Bretisina da Vicenza: Villa Ghislanzoni-Curti und Villa Marcello-Curti **Kein Restaurant** im Hotel (siehe unsere Restaurantauswahl in Vicenza S. 537-538).

Sie träumen von Vicenza-Villen? Allein das Dorf Costozza beherbergt die Villa Trento-Carli mit Fresken, die zum Teil Nicolas Poussin zugeschrieben werden, ferner die Villa da Schio, bekannt wegen ihrer Grotte, die von jeher als Weinkeller diente aufgrund ihres wunderbaren Spalier-Gartens und des in ihr befindlichen Ateliers des Bildhauers Marinale (1643-1720), dessen Statuen die schönsten Villen schmücken. Graf Schio baute vor kurzem die früheren Pferdeställe um und richtete dort Appartements ein, die bequem bis zu zehn Personen aufnehmen können. Die funktionelle Ausstattung ist sehr gepflegt, die Möbel aus dem Familienbesitz und die Radierungen verleihen ihnen den nötigen Charme. Die Gärten und Obstgärten sind allen zugänglich, und keiner wird sich aufregen, wenn Sie Lust auf einen Barbecue verspüren sollten. Die Umgebung ist reich an historischen Stätten; eine ganz in der Nähe ist die Dorftaverne *Eolia*, deren Gewölbe Fresken des 17. Jahrhunderts besitzt und die dank der Nachbargrotten über eine konstante Temperatur verfügt. Eine Urlaubsadresse. Ideal für mehrere Freunde.

Anreise (Karte Nr. 4): 11 km südöstl. von Vicenza. A 4, Ausf. Vicenza-Est, Rtg. SS 247: "Riviera Berica". Costozza liegt 5 km weiter.

VENETO - FRIAUL

Relais Ca' Masieri

Masieri 36070 Trissino (Vicenza)
Tel. 0445-490 122 - Fax 0445-490 455
Sig. Vassena

Ganzj. geöffn. (außer Ende Januar bis Anfang Febr.) **8 Zimmer** (5 m. Klimaanl.), Tel., Bad, WC, TV, Minibar **Preise** EZ: 100000 L, DZ: 150000 L, App.: 200000 L - Frühst.: 14000 L, von 7.30 bis 11.00 Uhr **Kreditkarten** akzeptiert **Verschiedenes** Hunde erlaubt - Schwimmb. - Parkpl. **Umgebung** Trissino: Villa Marzotto - Montecchio Maggiore: Castlelodi Bellaguardia und Schloß della Villa, das sog. Schloß von Romeo u. Julia (Panorama) - Villa Cordellina-Lombard - Vicenza **Restaurant** von 12.30 bis 14.00 u. von 19.30 bis 22.00 Uhr - Menüs: 70-90000 L - Spezialitäten: insalta di capresante, Bigoli al torchio, Filetto bollito.

Dieses reizende Gasthaus auf dem Land um Vicenza wird vor allem wegen seiner Küche und seines Kellers aufgesucht und geschätzt. Es ist aber auch sehr angenehm für einen Stopp zum Entdecken dieser Palladio-Gegend. Die Umgebung, die aus sanften Hügeln besteht, ist ruhig. Im Innern des Hauses ist alles sehr komfortabel. In den Nebengebäuden, die vom Stil des großen venezianischen Architekten Carlo Scarpa geprägt sind, entstanden Gästezimmer, die groß und herkömmlich sind. Die Gestaltung dieser geräumigen Zimmer ist nicht überwältigend, aber korrekt. Das noch größere Appartement besitzt außerdem eine schöne Terrasse. Köstliche Speisen erwarten Sie im Restaurant, das gleich neben dem Hotel liegt. Der Empfang ist zuvorkommend.

Anreise (Karte Nr. 4): 20 km nordwestl. von Vicenza. A 4, Ausf. Montecchio Maggiore, nach ca. 15 km Rtg. Valdagno.

VENETO - FRIAUL

Grand Hotel Duchi d'Aosta

34121 Trieste
Piazza Unità d'Italia, 2
Tel. 040-760 00 11 - Fax 040-36 60 92
Sig.ra Hedy Benvenuti

Kategorie ★★★★ **Ganzj.** geöffn. **48 Zimmer** u. 2 Suiten m. Klimaanl., Tel., Bad od. Dusche, WC, TV, Minibar; Aufzug **Preise** EZ u. DZ: 248-260000 L, 330000 L; Suiten: 525-548000 L - Frühst. inkl., von 7.00 bis 10.30 Uhr **Kreditkarten** akzeptiert **Verschiedenes** Hunde erlaubt - Garage (37000 L) - Parkpl. **Umgebung** Triest: Piazza dell'Unita, röm. Theater, S. Giusto - Castello di Miramare (Licht- u. Tonschau) - Grotta Gigante - Befestigte Kirche von Monrupino **Restaurant** von 12.30 bis 14.30 u. von 19.30 bis 22.30 Uhr - Menüs: 50-70000 L - Karte - Spezialitäten: Fischgerichte.

Triest hat den nostalgischen Charme von Orten mit großer Vergangenheit. Das *Duchi d'Aosta*, ein Palast aus einer anderen Zeit und Spiegelbild seiner Stadt, hat genau diese Ausstrahlung. Man erwartet jeden Moment, daß hier zwischen zwei Baumfarnen in den behaglichen Salons eine österreich-ungarische Familie auf der Durchreise nach Venedig erscheint und von Pagen zu ihrer Suite geleitet wird. Aber zurück zur Realität: Das Hotel, mit großen, schönen Zimmern jeglichen modernen Komforts, ist ausgezeichnet. Das Besondere jedoch liegt im Service mit einem - wie es früher in großen internationalen Hotels üblich war - zwei- oder sogar dreisprachigen Personal: stets aufmerksam, liebenswürdig, diskret und effizient. Das Hotel, das zudem ein exzellentes Restaurant besitzt, liegt im Zentrum von Triest; zu Fuß sind es nur ein paar Minuten zum Fort.

Anreise (Karte Nr. 5): Über die A 4, Ausf. Trieste-Sistiana - Costeria-Centro.

RESTAURANTS

BASILICATA KALABRIEN

Maratea

Taverna Rovita, via Rovita 13 - Tel. 0973-876 588 - vom 1. Nov. bis 15. März geschl. - 35-50000 L - Ein hübsches Restaurant in einer der Gassen des historischen Zentrums von Mara-

tea - Regionale Küche, guter Weinkeller.

Fiumicello

5 km von Maratea entfernt

La Quercia, Tel. 0973-876 907 - vom 1. Okt. bis Ostern geschl. - 30-40000 L - Traditionelle lokale italienische Küche, Fischgerichte. Man sitzt entweder in einem rustikalen, aber eleganten Raum oder im Garten unter großen Eichen. Romantische Atmosphäre – **Za' Mariuccia**, im Hafen - Tel. 0973-876 163 - Do (außer im Sommer) und von Dez. bis Febr. geschl. - 50-80000 L - Zahlreiche Fischgerichte - Reserv. empfohlen.

Matera

Il Terrazzino, Bocconcino II, vico San Giuseppe 7 - Tel. 0835-332 503 - Di geschl. - 40000 L - Die Stadt mit ihren erstaunlichen Überresten der Troglodyten ist einen Besuch wert und das Terrazino ein empfehlenswertes Restaurant: Hausmannskost. Das Brot von Matera ist eines der besten Italiens. – **Trattoria Lucana**, Via Lucana 48 - Tel. 0835-336 117 - So, vom 1. bis 15. Sept. geschl. - 35000 L - Zwei Brüder begeistern sich hier für die Tradition ihrer Region.

LOKALE SPEZIALITÄTEN

Il Buongustaio, piazza Vittorio Veneto 1 - geräucherter Schinken aus Lauria, Picemo und Palazzo San Gervasio; der Wein *Aglianico*.

Potenza

Taverna Oraziana, via Orazio Flacco 2 - Tel. 0971-21 851 - So und im Aug. geschl. - 40-50000 L - Dieses klassische Restaurant wird von den Notabeln der Stadt frequentiert - großzügige und reichhaltige Küche. Der *Aglianico* ist ein guter regionaler Wein.

Altomonte

Barbieri, via San Nicolas 32 - Tel. 0981-948 072 - Regionale, im ganzen Land berühmte Küche.

LOKALE SPEZIALITÄTEN

Bottega di Casa Barbieri, sehr gute Auswahl regionaler Produkte, u.a.: *Ciro classico*, einer der besten Weine Kalabriens.

Cosenza

Da Giocondo, via Piave 53 - Tel. 0984-29 810 - So und im Aug. geschl. - 30-50000 L - Wenige Tische, unbedingt reservieren.

Castrovillari

La Locanda di Alia, via Jetticelle 69 - Tel. 0981-46 370 - So geschl. - 50-70000 L - Nur einige Kilometer von der antiken griechischen Siedlung Sibari entfernt. Ein "Tempel" der traditionellen kalabrischen Küche in sehr angenehmem Ambiente.

Reggio di Calabria

Bonaccorso, via Nino Bixio 5 - Tel. 0965-896 048 - Mo und im Aug. geschl. - 45-50000 L - Italienische Küche mit einigen kalabrischen (*fettucine, cinzia, semifreddi*) und französichen Spezialitäten – **Conti**, via Giulia 2 - Tel. 0965-29 043 - Mo geschl. - 45-60000 L - 2 Speiseräume; der eine elegant, der andere mit Piano-Bar – **Caffe' Arti et Mestri**, via Emilia S. Pietro 16 - Tel. 0522-432 202 - So, Mo, Weihnachten, Neujahr, 11. Juni und 3. Juli geschl. - 40-60000 L - Sowohl Bar als auch Restaurant, im Sommer wird auf der Terrasse serviert – **La Cupola**, via santi 13 - Tel. 0522-337 010 - Mo, Januar und August geschl. - 60-100000 L - Fisch- und Meeresfrüchte-Restaurant. Reservieren.

Gallina

2 km von Reggio di Calabria entfernt.
La Collina dello Scoiattolo, via Provinciale 34 - Tel. 0965-682 255 - Mi und im Nov. geschl. - 35-40000 L - Angenehmes Ambiente, aber immer sehr voll. Eine Riesenauswahl an *antipasti, penne all'imbriacata*, sehr gute Desserts.

Soverato

Il Palazzo, Corso Umberto I 40 - Tel. 0967-25 336 - Mo und im Nov. geschl. - 40000 L - Ein ehemaliger, sehr gut restaurierter und geschmackvoll eingerichteter Palast – im Sommer sitzt man im Garten. Vorwiegend regionale Küche.

Catanzaro Lido

La Brace, 102 via Melito di Porto Salvo - Tel. 0961-31 340 - Mo und im Juli geschl. - 40-60000 L - Hübscher Panorama-Speiseraum mit Blick auf den Golf von Squillace. Gute, raffinierte Küche: Spaghetti mit "fleurs de courgette", Ravioli mit Tintenfisch, hausgemachte Obsttorten, gute Auswahl kalabrischer Weine.

KAMPANIEN

Neapel

La Cantinella, via Cuma 42 - Tel. 081-764 86 84 - So, vom 13. bis 31. Aug., Weihn. u. Neujahr geschl. - 45-90000 L - Blick auf den Vesuv, neapolitanische Küche bester Tradition, elegant – **La Sacrestia**, via Orazio 116 - Tel. 081-761 10 51 - Mo und im Aug. geschl. - 70-100000 L - In diesem Restaurant schlichter Eleganz genießt man voller Ehrfurcht die hervorragenden Speisen und die großen Kampania-Weine – **Amici Miei**, via Monte di Dio 78 - Tel. 081-764 60 63 - Mo und

im Aug. geschl. - 40000 L - Gute Küche, vorwiegend Fleischgerichte, ungezwungene Atmosphäre – **Ciro a Santa Brigida**, via Santa Brigida 71 - Tel. 081-5524 072 - So, Weihn. und

vom 15. bis 31. Aug. geschl. - 60000 L - Hierher kommt man wegen der einfachen und authentischen neapolitanischen Küche – **Ciro a Mergellina**, via Mergellina, 21 - Tel. 081-68 17 80 - Mo und Fr vom 15. Juli bis 25. Aug. geschl. - An der Strandpromenade, Spezialitäten Meeresfrüchte und *Ostrecaro Ficico*.

Don Salvatore , via Mergellina 5 - Tel. 081-681 817 - Mi und im Juni

geschl. - 50000 L - Ein Must für die Pizza, was die anderen neapolitanischen Spezialitäten und Fischgerichte nicht ausschließt – **I Primi**, via Margellina 1 - Tel. 081-761 6108 - Mo und im Mai geschl. - 45000 L - Mediterrane Küche – **Bellini**, via Santa Maria di Costantinopoli 80 - Tel. 081-459 774 - Mi und im Aug. geschl. - 45000 L - Gute neapolitanische Spezialitäten – **Giuseppone a Mare**, via F. Russo 13 - Tel. 081-575 60 02 - Mo, Weihnachten und Neujahr geschl. - 25-40000 L - Hervorragende, typisch neapolitanische Adresse in einer Bucht des Posilippe, Spezialität: Fischgerichte – **Dante et Beatrice**, piazza Dante 44 - Tel. 081-549 94 38 - authentische neapolitanische Trattoria – **Bersagliera**, Borgo Marino - Tel. 081-764 60 16 - gegenüber vom Castel dell'Ovo, am kleinen Hafen Santa Lucia, berühmt, Reservierung erwünscht – **Al Poeta**, piazza Giacomo, 134, Moderestaurant, junge Leute – **A'Fenestrella**, calata Ponticello a Marechiaro - Tel. 081-769 00 20 - So, im August mittags und 2. Augusthälfte geschl. - 40-60000 L - Balkon mit Blick aufs Meer.

CAFES UND BARS

Scaturchio, piazza San Domenico Maggiore - Do geschl. - Hier gibt es den besten traditionellen Rumkuchen und den *brevettata* (Schokoladenkuchen) – **Bar Marino**, via dei Mille, 57 – **Caffe' Latino**, Gradini di Chiesa, 57 - hier gibt es den besten *espresso* – **Bilancione**, via Posillipo, 238 - hier gibt es das beste Eis von Neapel - Mi geschl. – **Gambrinus**, via Chiaia 1 - Ehemaliges, von den Faschisten geschlossenes Café, in

dem eine Bank eingerichtet wurde. Fachmännisch restauriert.

LOKALE SPEZIALITÄTEN, HANDWERK

Pintauro, angle via S. M. di Constantinopoli und vico Affuto, stellt seit 1848 die *sfogliatelle,* eine Spezialität des Hauses, her – **Light**, via Chiaia 275 - großes Korallenangebot – **Marinella**, via Chiaia 287 - Hier gibt es jene Seidenkravatten, die Don Corleone bevorzugte.

Pompeji

Il Principe, piazza B. Longo 8 - Tel. 081-850 55 66 - Mo und vom 1. bis 15. Aug. geschl. - 50-70000 L - das beste, aber auch das teuerste Restaurant am Platz – **Zi Caterina**, via Roma - Di vom 28. Juni bis 8. Juli geschl. - 30-50000 L - typischer und preiswerter.

Caserta

Antica Locanda-Massa 1848, via Mazzini, 55 - Tel. 0823-321 268 - nur ca. 30 km von Neapel entfernt; Palazzo Reale und Parco-Giardino der Stadt sollten ebenfalls besichtigt werden. Regionale Spezialitäten, im Sommer kann man im Garten speisen.

CASERTA VECCHIA (10 km)

La Castellana, Do geschl. - 20-50000 L - rustikal, regional, im Sommer eine kühle Terrasse.

Capri

CAPRI: **La Capannina**, via Le Botteghe 12 b - Tel. 081-8370 732 - Mi und vom 7. Nov. bis 15. März geschl. - 50-75000 L - Klassisch, elegant, sehr guter Fisch – **La Pigna**, via Roma 30 - Tel. 081-837 0280 - Di außerh. der Saison und vom 15. Okt. bis Ostern geschl. - 50-60000 L - Seit 1876 eine Weinbar, heute eines der beliebtesten Restaurants der Insel. Eleganter Speiseraum, hübscher Garten voller Zitronenbäume mit Blick auf die Bucht von Neapel – **Luigi**, ai Faraglioni - Tel. 081-837 0591 - von Okt. bis Ostern geschl. - 60-80000 L - Ein hübscher Ausflug zu den berühmten, Capri gegenüber gelegenen Faragolioni-Felsen. Zu Fuß: eine halbe Stunde, mit dem Boot: ab Marina Piccola. Schöne blumenbewachsene Terrasse, wunderbarer Ausblick. – **Pizzeria Aurora**, via Fuorlovado 18 - Tel. 081-837

0181 - Di und vom 10. Dez. bis 10. März geschl. - 40-50000 L - Peppinos Küche kann sich sehen lassen.

ANACAPRI: **Da Gelsomina**, in Migliara 72, (30 Gehminuten) - Tel. 081-837 14 99 - Di in der Nachsaison und vom 1. bis 15. Februar geschl. - Auf der Terrasse erblickt man hinter Weinbergen und Olivenbäumen das Meer und den Golf.

HANDWERK

Capri Flor, via Tragara, Baumschule; in Capri träumt man von schönen Gärten und Parfums; letztes gibt es bei **Carthusia**, via Matteotti 2 – **Massimo Godericci**: große Auswahl an Tonwaren und Majoliken.

Ischia

ISCHIA PONTE

Giardini Eden, via Nuova Portaromana - Tel. 081-993 9091 - von Okt. bis April abends geschl. - 40-50000 L - Fern des Touristenstroms, zu Mittag ißt man in einem Garten voller exotischer Pflanzen - gute süditalienische Küche – **Gennaro**, via Porto, Tel. 081-992 917 - belebt, unkompliziert, typisch.

ISCHIA-FORIO

La Romantica, via Marina 46 - Tel. 081-997 345 - Mi und im Jan. geschl. - 30-60000 L - Klassisch und elegant. Vorwiegend Fischgerichte.

BAGNO-LIDO PORTO D'ISCHIA

Alberto, Tel. 081-981 259 - Mo abends und von Nov. bis März geschl. - 40000 L - Freundliche Trattoria mit Veranda am Strand - regionale Küche, guter offener Hauswein.

Ravello

Palazzo della Marra, via della Marra 7 - Tel. 089-85 83 02 - Di (außer April und Oktober) geschl. - 30-50000 L - Abends stark besucht – **Garden**, via Boccaccio 4 - Tel. 089-857 226 - im Winter Di geschl. - 30-45000 L - Im Sommer malerische Terrasse mit Blick auf den Golf.

Sorrent

O Parrucchiano, Corso Italia 71 - Tel. 081-878 13 21 - im Winter Mi geschl. - 35-50000 L - Seit einem Jahrhundert eine unumgängliche

Adresse in Sorrent; das Essen mit einem *limoncello*, dem hauseigenen Likör, abzuschließen, ist ein Must – **Il Glicine**, via Sant'Antonio 2 - Tel. 081-877 2519 - Mi außerh. der Saison und vom 15. Jan. bis 1. März geschl. - 30-50000 L - Elegant, freundlich, Reservierung empfehlenswert – **La Pentolaccia**, via Fuorimura 25 - Tel. 081-878 5077 - Do geschl. - 35000 L -

Klassisches Rest. der Innenstadt, traditionelle Küche.

HANDWERK

Handkerchiefs, via Luigi di Maio 28 u.a. reizende bestickte Taschentücher und Spezialitäten aus Sorrent. Monogramme auf Bestellung.

Sant'Agata Sui Due Golfi

9 km von Sorrent entfernt

Don Alfonso 1890, piazza Sant'Agata - Tel. 081-878 0026 - Mo in der Hochsaison und Di in der Vor- und Nachsaison geschl. - 70-95000 L - Das beste Restaurant ganz Kampaniens und eines der besten Italiens, traditionelle Jahreszeitenküche. Wundervolle Umgebung, auf einem Hügel zwischen Sorrent und Amalfi gelegen.

Vico Equense

Piazza A Metro Da Gigino, via Nicotera 10 - Tel. 081-879 8426 - 35000 L - Großes Angebot köstlicher Pizzas, aber auch lokale Spezialitäten.

Salerno

Vicolo della Neve, Vicolo della Neve 24 - Tel. 089-225 705 - Mi und Weihnachten geschl. - 30000 L - Gute lokale traditionelle Küche (Prod. aus eig. Betrieb) - **Al Fusto d'Oro**, via Fieravecchia 29, Pizzas und einfache Fischgerichte - **La Brace**, lungomare Trieste 11 - Tel. 225 159 - So und vom 20. bis 31. Dez. geschl. - 40-60000 L.

Paestum

Nettuno, an der archäologischen Ausgrabungsstätte - abends, Mo (außer Juli-Aug.) und Weihnachten geschl. - 30-50000 L - Von innen und der Terrasse Blick auf die Tempel.

Palinuro

Da Carmelo, Isca - Tel. 0974-931 138 - Mi außerh. der Saison, von Mitte Okt. bis Mitte Nov. geschl. - 45000 L - An der Küste Rtg. Matera, sollte man sich nicht entgehen lassen. Rest. rustikal, hübscher, sehr grüner Garten, traditionelle Küche, Fisch und Meeresfrüchte.

Positano

San Pietro, via Laurito 2,2 km von der Küste entf. - Tel. 089-875 455 - das Abendessen in diesem auf einem Felsen gelegenen Restaurant ist ein wahres Vergnügen. Phantastischer Ausblick, hervorragende Küche – **Chez Black**, via Brigantino 19 - Tel. 089-875 036 - vom 7. Jan. bis 7. Febr. - 35-45000 L - Charmant, in der Nähe des Strandes. Pizzas, gegrillter Fisch, Spaghetti – **Da Constantino**, via Corvo 95 - Tel. 089-875 738 - vom 1. Nov. bis 31. Dez. geschl. - 20000 L - 5 km von Positano entf., herrlicher Blick aufs Meer. Bei Bedarf Minibus - im Sommer unbedingt reservieren.

Praiano

9 km von Positano entfernt

La Brace, via G. Capriglione - Tel. 089-874226 - vom 15. März bis 15. Okt. geöffn., Mi außerh. der Saison geschl. - Von der Terrasse aus herrlicher Blick auf Positano und die *faraglioni* (Capri).

Amalfi

Da Gemma, via Cavalieri di Malta -

Tel. 089-871 345 - Di und vom 15. Jan. bis 15. Febr. geschl. - 35-45000 L - Ein altes Restaurant, in dem neapolitanische Spezialitäten wie *genovese* mit gutem Landwein serviert werden. **Il Tari'**, via Capuano - Tel. 089-871 832 - Di und im Nov. geschl. - 40-70000 L - Guter Fisch und gute Meeresfrüchte – **La Caravella**, via M. Camera - Tel. 089-871 029 - Di und im Nov. geschl. - 40-70000 L - Auch hier ist die Küche klassisch, Reservierung empfehlenswert.

EMILIA ROMAGNA

Bologna

I Carracci, via Manzoni 2 - Tel. 051-270 815 - So und im Aug. geschl. - 60-80000 L - Raffinierte Küche für elegante Soupers – **Il Battibecco**, via Battibecco 4 - Tel. 051-223 298 - So, zw. Weihnachten und Neujahr und vom 10. bis 20. Aug. geschl. - 60-90000 L - Köstliches Rissotto, Spaghetti mit Venusmuscheln, Rinderfilet in Blätterteig – **Il Bitone**, via Emilia Levante 111 - Tel. 051-546 110 - Mo, Di und im Aug. geschl. - 50-70000 L - Das Lieblingsrestaurant der Bologneser; im Sommer sitzt man im großen Garten – **Diana**, via Indipendenza 24 - Tel. 051-231 302 - Mo und im Aug. geschl. - 50000 L - Küche und Rest. traditionell – **Rodrigo**, via della Zecca 2h - Tel. 220-445 - So und vom 4. bis 24. Aug. geschl. Exzellent **Rosteria Da Luciano**, via Nazario Sauro 19 - Tel. 051-231 249 - Di abends, Mi, im Aug., Weihnachten und Neujahr geschl. - 35-60000 L - Eine der besten Küchen Bolognas, reservieren – **Torre de' Galluzzi'**, corte de' Galluzzi 5/A - Tel. 051-267

638 - Im alten Turm, Spezialitäten: Fleisch und Fisch – **Anna Maria**, via delle Belle Arti 17 - Tel. 051-266 894 - Mo und vom 1. bis 20. Aug. geschl. - 45000 L. Hier wird die *cucina povera* zelebriert, also: Qualität und

keine Kalorien. Ein einziges Menü, aber dieser "Zwang" enttäuscht nicht – **Rostaria Antico Brunetti**, via Caduti di Cefalonia 5 - Tel. 051-234 441 - 40000 L - Ein sehr altes Restaurant, hervorragende Teigwaren, guter *lambrusco* – **Antica Trattoria del Cacciatore**, 7 km von Casteldebole entfernt - Tel. 051-564 203 - Mo, im Aug. und Jan. geschl. - 50000 L - westl. von Bologna, eine schlichte, aber sehr schicke Trattoria, gute Küche.

LOKALE SPEZIALITÄTEN

Bottega del vino Olindo Faccioli, via Altabella 15/B - großes Weinangebot: *Lambrusco*, jung und perlend, und der *Sangiovese* – **Salsamenteria Tamburini**, via Caprarie 1 - Parmaschinken, Mortadella und *culatello*, gilt als beste italienische Salami – **Casa delle Sfoglia**, via Rialto 4 - Hier werden die traditionellen Bologneser Teigwaren hergestellt sowie die *tagliatelle*, die der Legende nach zur Hochzeit der Lucrezia Borgia und des Herzogs von Ferrare (1487) erfunden wurden.

Imola

30 km von Bologna entfernt

San Domenico, via Sacchi 1 - Tel. 0542-29000 - Mo, vom 1. bis 13. Jan., im Juli und vom 1. bis 22. Aug. geschl. - 90-130000 L - Feinschmecker aus aller Welt wallfahrten zum San Domenico. Hervorragende regionale italienische Küche.

Brisighella

La Grotta, via Metelli 1 - Tel. 0546-81 829 - Di, Jan. geschl. - 30-70000 L - La Grotta teilt sich mit Gigiolé den gastronomischen Ehrenplatz dieser sehr hübschen kleinen Stadt – **Gigiolé**, piazza Carducci 5 - Tel. 0546-81 209 - Mo geschl. - Lassen Sie sich von Tarcisio Raggani eines jener Menüs

zusammenstellen, die das Haus berühmt machten - enttäuscht werden Sie bestimmt nicht sein.

Ferrara

Grotta Azzurra, piazza Sacrati 43 - Tel. 0532-209 152 - Mi, So abends, vom 2. bis 10. Jan. und vom 1. bis 15. Aug. geschl. - 45000 L - Mediterraner Dekor, traditionelle Küche Norditaliens, aber auch einige Spezialitäten der Emilia Romagna – **Vecchia Chitarra**, via Ravenna 13 - Tel. 0532-62 204 - Di und vom 1. bis 15. Aug. geschl. - 30000 L - Rustikal und familiär, hausgemachte Teigwaren – **La Provvidenza**, corso Ercole I d'Este 92 - Tel. 0532-205 187 - Mo, 11.-17. Aug. geschl. - 40-60000 L - Die Innenausstattung ähnelt einem Bauernhaus, der kleine

Garten wird von den Stammkunden in Beschlag genommen - Reservieren – **Quel Fantastico Giovedì**, via

Castelnuovo, 9 - Tel. 0532-76 05 70 - Mi u. 10. Juli u. vom 20. bis 31. Jan. - Menü: 25000 L (mittags), 45000 L (abends) - Da Marco gerade nichts besseres einfiel, benannte er sein Restaurant nach dem Titel des Buches von Steinbeck, das er gerade las. Das war 1985. Seitdem hat sein Tagesgericht-Angebot großen Erfolg – **Enoteca Al Brindisi**, via degli Adelardi II - Im Guinness Book steht, dies sei die älteste Taverne der Welt. Benvenuto Cellini, also Tizian, soll diese "osteria del Chinciolino" aufgesucht haben. Weinprobe und -verkauf – **Centrale**, via Boccaleone 8 - Tel. 0532-306-735 - So, Mi abends und vom 20. Juli bis 20. August geschl. - 20-50000 L - Terrasse.

Argenta

34 km von Ferrara entfernt
Il Trigabolo, piazza Garibaldi 4 - Tel. 0532-804 121 - So abends und Mo geschl. - 100-130000 L - Ein berühmtes gastronomisches Restaurant in der Emilia Romagna.

Modena

Bianca, via Spaccini 24 - Tel.059-311 524 - Sa mittags, So, Weihn. und

Neujahr geschl. - 45-65000 L - Eine Trattoria mit authentischer Küche, wie man sie liebt – **Fini**, rua Frati Minori 54 - Tel. 059-223 314 - Mo, Di, im Aug. und Weihnachten geschl. - 80-100000 L - Finis *tortellini* und *zamponi* sind beinahe ebenso bekannt wie die Ferraris aus Modena. – **Hostaria Giusti**, vivolo Squallore 46 - Tel. 059-222 553 - mittags geöffn.,

abends ausschl. auf Reserv.; So, Mo, Nov., Dez. und Aug. geschl. - 50000 L - In einem Hinterraum der berühmten Salumeria Giusti einige Tische für die Glücklichen, die hier mit der regionalen Küche des Hauses Bekanntschaft machen.

Ravenna

Al Gallo, via Maggiore 87 - Tel. 213 775 - So abends, Mo, Di, Weihn. und Ostern geschl. - 50000 L - Die Trat-

toria mit Cortiletto und Pergola befindet sich seit fast hundert Jahren in diesem schönen Gebäude. Was einiges über seinen Ruf aussagt. Reservieren – **Tre Spade**, via Faentina 136 - Tel. 0544-500 5222 - So abends und Mo geschl. - 50-70000 L - Küche verschiedener Regionen, hübsche Ausstattung – **La Gardèla**, via Ponte Marino 3 - Tel. 0544-217 147 - Do und vom 10. bis 25. Aug. geschl. Eine Küche, die sich sehen lassen kann – **Enoteca Ca' de Ven**, via Ricci 24 - Mo geschl. Weinbar in einem alten Palais, Weinprobe und -verkauf, kleine Speisekarte.

Parma

La Greppia, via Garibaldi 39/a - Tel. 0521-233 686 - Mo, Di und im Juli

geschl. - 50-70000 L - In der Nähe der Oper, äußerst gute ital. Küche, freundliche Ausstattung, reservieren – **L'Angiol d'Or**, vicolo Scutellari 1 - Tel. 0521-282 632 - So, Weih-

nachten, 14.-15. Aug. und 10.-20. Jan. geschl. - 65000 L - An der Ecke der piazza del Duomo genießt man außer den hervorragenden Gerichten auch das beleuchtete Baptisterium. Elegant – **Croce di Malta**, Borgo Palmia - Tel. 0521-235 643. Ein

kleines Rest. mit Terrasse, authentische Küche, reservieren – **La Filoma**, via XX Marzo 15 - Tel. 0521-234 269 - So und im Aug. geschl. - 50-70000 L - Atmosphäre, eigenwillige regionale Küche, eine unserer

Lieblingsadressen – **Il Cortile**, borgo Paglia 3 - Tel. 0521-285 779 - Mo mittags und vom 1. bis 22. Aug. geschl. - 30-50000 L - Reservieren – **Vecchio Molinetto**, viale Milazzo 39 - Tel. 0521-526 72 - Traditionelle Trattoria – **Gallo d'Oro**, Borgo della Salina 3 - Tel. 0521-208 846 - In dieser Taverne wird der berühmte *culatello* aus Parma aufgetischt, aber auch *maltaglioti* und *tortellini*.

DIE UMGEBUNG VON PARMA

Sacca di Colorno, 15 km von Parma entfernt: **Le Stendhal**, Tel. 0521-815 493 - Di, vom 1. bis 15. Jan. und vom 20. Juli bis 10. Aug. geschl. - Auf den Spuren von Fabrice del Dongo.

Noceto, 14 km von Parma: **Aquila Romana**, via Gramsci 6 - Tel. 0521-62 398 - Mo, Di und vom 15. Juli bis 15. Aug. geschl. - 30-50000 L - Ehemalige Posthalterei, berühmt für regionale Spezialitäten nach alten Rezepten.

Busseto, 35 km von Parma entfernt: **Ugo**, via Mozart 3 - Ländliche Atmosphäre.

Polesine Parmense, Santa Franca, 6 km von Busseto entfernt: **Da Colombo**, Tel. 0524-98 114 - Mo abends, Di, im Jan. und vom 20. Juli bis 10. Aug. geschl. - 40000 L - Berühmt, reservieren.

Zibello, 10 km von Busseto entfernt: **Trattoria La Buca**, Tel. 0524-99 214 - Mo abends, Di und vom 1. bis 15. Juli geschl. - 45000 L - Berühmt, reservieren.

Berceto, 50 km von Parma entfernt: **Da Rino**, piazza Micheli 11 - Tel. 0525-64 306 - Mo und vom 20. Dez. bis 15. Febr. geschl. - 45000 L - In der Saison berühmt für seine Pilze, Ravioli aller Art.

Reggio nell'Emilia

5 Pini-da-Pelati, viale Martiri di Cervarolo 46 - Tel. 0522-5536 63 - Di abends, Mi und vom 1. bis 20. Aug. geschl. - 45-70000 L – **La Zucca**, piazza Fontanesi 1/L - Tel. 437 222 - So, vom 5. bis 12. Jan. und im Aug. geschl. – **Enoteca Il Pozzo**, viale Allegri 6/A - Weinprobe und -verkauf (gute Qualität). Restaurant mit Garten.

Santarcangelo di Romagna,

Osteria la Sangiovese, via Saffi 27 - Tel. 0541-620 710 - mittags, Mo, Weihn. und Neujahr geschl. - 45000 L - Küche und Ambiente von der Gegend geprägt – **Osteria della Violina**, vicolo Denzi 3/5 - Tel. 0541-620 416 - Mi und vom 6. bis 22. Aug. geschl. - 35000 L - Wir bevorzugen den rustikaleren Raum im Erdgeschoß, in dem regionale Gerichte serviert werden.

LATIUM ABRUZZEN

Rom

in der Nähe der Villa Borghese

Il Caminetto, viale Parioli 89 - Tel. 06-808 3946 - Do und im Aug. geschl. - 50000 L - Der Erfolg hat dieses Restaurant Gott sei Dank nicht verdorben.

in der Nähe des Pantheon

La Campana, vicolo della Campana 18 - Tel. 06-686 7820 - Mo und im

Aug. geschl. - 45-55000 L - Eine der ältesten Trattorias Roms: gute römische Küche, guter Weinkeller – **Il Bacaro**, via degli Spagnoli 27 - Tel. 06-686 4110 - So geschl. - 60000 L - Ausstattung eines schicken, raffinierten Bistros – **L'Eau Vive**, via Monterone 85 - Tel. 06-688 01 095 - So, Aug. geschl. - 50-70000 L - Missionarsschwestern aus aller Welt servieren hier täglich ihre Spezialitäten – **La Rosetta**, via della Rosetta 9 - Tel. 06-686 1002 - Sa mittags, So und im Aug. geschl. - 80-100000 L - Fischgerichte – **Papa' Giovanni**, via dei Sediari 4 - Tel. 06-686 1002 - So und im Aug. geschl. - 80000 L - Zwischen Palazzo Madama und Pantheon, römische Nouvelle Cuisine – **Trattoria al Panthéon**, vial del Panthéon 55 - Tel. 06-679 27 88.

in der Nähe der piazza di Spagna

Nino, via Borgognona 11 - Tel. 06-679 5676 - So geschl. - 50000 L - Unter den Kunden gibt es viele Maler und Schriftsteller, die die hier servierten Spezialiäten der Toskana und den Nachtisch des Hauses, den "Mont Blanc", sehr schätzen – **Osteria Margutta**, via Margutta 82 - Tel. 06-679 8190 - So geschl. - 40000 L - in der Straße gibt es viele Galerien und Antiquitätenläden - in dieser sympathischen Trattoria, nur ein paar Schritte von der piazza di Spagna entfernt, herrscht eine besonders angenehme Atmosphäre; früher traf man hier Fellini, der in der gleichen Straße wohnte - **Da Mario**, via delle vite - Tel. 06-678 38 18 - So und im Aug. geschl. - 50000 L - toskanische Küche – **Alfredo l'Ori-ginale**, piazza Augusto Imperatore 30 - Tel. 06-678 10 72 - Gäste aus dem Showbusiness, sehr touristisch. Reservieren.

in der Nähe der piazza Navona

Pino e Dino, piazza di Montevecchio 22 - Tel. 06-686 1319 - Mo und im Aug. geschl. - 70000 L - Hinter schweren Vorhängen auf jenem Renaissance-Platz, den Raffael und Bramante sehr liebten und wo Lucrezia Borgio zahlreiche Intrigen anstiftete. Intim, reservieren – **Majella**, 45 piazza Sant'Appolinare 45 - Tel. 06-65 64 174 - So geschl. - Das Restauraut befindet sich in einem schönen alten Haus.

in der Nähe der piazza di Trevi

Al Moro, vic. delle Bollette 13 - Tel. 06-67 83 495 - eine authentische römische Trattoria - Reservieren.

in der Nähe der Caracalla

Checchino dal 1887, Via Monte Testaccio 30 - Tel. 06-574 38 16 - So abends, Mo, im Aug. und Weihnachten geschl. - 60-80000 L - Hier speist man unter altem Gewölbe, die Küche ist typisch römisch, Spezialität: *coda alla vaccinara*; sehr guter Weinkeller.

in der Nähe der piazza del Campidoglio und des Teatro di Marcello

Vecchia Roma via della tribuna di Campitelli - Tel. 06-686 46 04 - Mi und vom 10. bis 25. Aug. geschl. - 50-60000 L - römische Spezialitäten und Fisch – **Da Giggetto**, via del Portico d'Ottavia 21/a - Tel. 06-686 11 05 - Typisch - Patio.

in der Nähe des Janikulus

Antica Pesa, 18, via Garibaldi - Tel. 06-58 09 236 - So geschl. - Man kann in dem von den Künstlergästen dekorierten Raum oder im Patio bei Kerzenlicht dinieren; Spezialität des Hauses: *trittico di pastasciutta*.

in der Nähe der Piazza Barberini

Il Giardino, via Zucchelli 29 - Mo geschl. - kleine Preise in einer der besten Trattorias der Stadt. – **La Carbonara**, piazza Campo dei Fiori - Tel. 06-68 64 783 - Di geschl. - An einem der schönsten Märkte Roms; Spezialität: Fischgerichte – **El Tartufo**, vicolo Sciarra - Tel. 06-678 02 26 - So geschl. - Eine authentische Adresse, das Menü *Navone* wird Sie begeistern.

Abendessen in Travestere

Romolo, via di Porta Settimania - Tel. 06-581 8284 - Mo und im Aug. geschl. - Abends diniert man bei Kerzenlicht in jenem Garten, in dem Raffael sich einst aufhielt. Auch die Innenräume sind angenehm. Charme und Atmosphäre – **Sabatini I**, piazza Santa Maria in Trastevere 10 - Tel. 06-581 20 26 - Mi und 2 Wochen im Aug. geschl. - 60000 L - Das bekannteste und beliebteste Restaurant von Trastevere. Sollte kein Tisch frei sein, empfehlen wir das **Sabatini II**, vicolo di Santa Maria in Trastevere 18 - Tel. 06-5818307 – **Checco er Carettiere**, via Benedetta 10 - Tel. 06-581 70 18 - So abends, Mo, im Aug. und Weihnachten geschl. - 50-75000 L - eine typische Trastevere-Osteria mit einem Dekor, das an die Zeiten der *carettieri* erinnert. Hervorragende römische Küche, alte Rezepte – **La Tana de Noiantri**, via della Paglia 13 - Di geschl. - Einfache Küche, im Sommer stehen die Tische auf dem Trottoir, sympatisch und preiswert – **Alberto Ciarla**, piazza San Cosimato - Tel. 581 86 68 - So mittags vom 1.-13. Jan., vom 1.-15. Aug. geschl. - 70-90000 L - Intim, Terrasse im Sommer - Reservieren.

PIZZERIAS

Pizzeria Berninetta, via Pietro Cavallini 14 - Tel. 06-360 3895 - Mo und im Aug. geschl. - nur abends geöffn. - 25000 L - Pizza, *crostini*, *pasta* - sehr gefragt – **Pizzeria Da Fieramosca ar Fosso**, piazza de Mercanti 3 - Tel. 06-589 0289 - So geschl. - nur abends geöffn. - 20-30000 L - Beste Pizzeria in Trastevere – **Pizzeria San Marco**, via Taano 29 - Tel. 06-687 8494 - Mi und im Aug. geschl. - 20000 L - Hier ißt man die feine und knusprige römische Pizza. Die Yuppie-Kundschaft trinkt lässig Champagner zur Pizza, dennoch: gute Weine – **Ivo a Trastevere**, via di San Francesco a Ripa 150 - In einem winzigen Raum werden köstliche Pizzas serviert.

CAFES UND BARS

in der Nähe der piazza Navona:

Tre Scalini, piazza Navona, dem Bernini-Brunnen gegenüber. - Hier gibt es

den besten *granita di caffè* und den besten *tartufo*, ohne den *triumfo* zu vergessen. – **Cul de Sac**, piazza di Pasquino 73, hinter der piazza Navona - eine reizende Weinbar, gute römische und französische Küche, große Auswahl an Weinen – **Antico Caffe' della Pace**, via della Pace 6 - Künstleratmosphäre der Jahrhundertwende, abends sehr "in" und viel Intelligenz – **Enoteca Navona**, piazza Navona Weinproben und *crostini*.

via Veneto und Umgebung

Gran Caffe' Doney, via Veneto 39 - Der Gründer wurde 1822 in Florenz geboren, ließ sich 1884 in Rom, und 1946 an der via Veneto nieder: Cocktails, Salate, Gebäck - **Harry's Bar**, via Veneto 148 - Wie alle seine Brüder: schick und elegant.

in der Nähe der piazza del Popolo

Casina Valadier, Pincio, Villa Borghese - Aussicht bei Sonnenuntergang, gute Cocktails, gutes Eis, die Terrasse des Restaurants ist sehr angenehm, schick – **Caffe' Rosati**, piazza del Popolo - Die große Terrasse ist im Sommer sehr bevölkert; Sandwiche, Patisserien.

in der Nähe der picca di Spagna:

Caffe' Greco, via Conditi 86 - von Casanova in seinen Memoiren erwähnt - auch Stendhal, Goethe, D'Annuncio, Keats u.a. kamen hierher. Napoleon III-Dekor. Spezialität des Hauses: *paradiso* - kleine Sandwiche – **Babington**, an der piazza di Spagna - eine Institution, wo man Tee nach englischer Art trinkt. – **Le Cornacchie**, piazza Rondanini - Modisch, sympathisch, "in", Hausmannskost.

DER BESTE CAPPUCINO: **Caffe' San Eustachio**, piazza San Eustachio – **La Tazza d'Oro**, via degli Orfani, nahe der piazza del Pantheon.

DAS BESTE EIS: **Giolitti**, Offici del Vicario 40.

DIE ÄLTESTE KONDITOREI IN ROM: **Valzani**, via del Moro 37.

SHOPPING MIT CHARME

Gamarelli, via Santa Chiara 34 - Sa geschl. - Artikel für den Klerus, aber auch die Weltlichen kaufen hier die berühmten Socken: violett (der Kardinäle), rot (der Bischöfe) – **La Stelletta**, via delle Stelletta 4 - Modeschmuck - **Aldo Fefe**, via delle Stelletta 20b - Sa geschl. - sehr schöne Kartonschachteln – **Papirus**, via Capo le case, große Auswahl raffinierter Schreibwaren – **Libreria antiquaria Cascianelli**, largo Febo 14, gegenüber vom Hotel Raphael - spezialisiert auf alte und neue Werke über Rom – **Limentani**, via Portico d'Ottavia 25 (im ehemaligen Ghetto) - im Untergeschoß große Auswahl an Bett- und Tischwäsche – **Ai Monasteri**, corso Rinascimento 72 - bietet

in einem schönen neugotischen Rahmen zahlreiche, von Mönchen hergestellte Produkte wie Liköre und Elixire an – **Trimani Wine Bar**, via Cernaia 37/B - besonders gute italienische Lebensmittel zum unmittelbaren Verzehr und Mitnehmen.
Antiquitätenhändler: via del Babbuino, via dei Coronari - Trödler im Viertel des corso Emanuele.

DIE UMGEBUNG VON ROM

Tivoli

Le Cinque Statue, via Quintilio Varo 1 - Tel. 0774-20 366 - Öffnungszeiten tel. erfragen. Angenehm, wenn man die Gärten der Villa d'Este besucht – **Sibella**, via delle Sibella 50 - Tel. 0774-20281 - 45000 L - Innen sehr schön und ein Garten, den im Jahre 1803 auch Chateaubriand sehr schätzte.

Villa Adriana

Albergo Ristorante Adriano, Tel. 0774-382 235 - So abends geschl. - Terrakotta-Wände, korinthische Säulen, hübscher schattiger Garten, besonders angenehm nach dem Besuch der Hadriansvilla.

Frascati, 22 km von Rom entfernt

Cacciani, via Armando Diaz 13 - Tel. 06-9420 378 - Mo, vom 7. bis 17. Jan. und vom 17. bis 27. Aug. geschl. - 50-70000 L - 30 Jahre römische Küche, köstlicher Hauswein, sehr schöne Terrasse, lohnt den Umweg – **Cantina Comandini**, via E. Filiberto - So geschl. - Weinbar, Weinprobe – **Pasticceria Renato Purificato**, piazza del Mercato oder **Bar degli Specchi** via Battisti 3 - der *biscottini* wegen.

Villa Simone, via Toricella 2, in Monteporzio Catone; hier gibt es einen der besten *frascati* der ganzen Gegend sowie sehr gutes Olivenöl.

Castelgandolfo, 22 km von Rom entfernt

Sor Campana, corso della Repubblica - Mo geschl. - Eines der ältesten Restaurants der Region.

Anagni

Del Gallo, Via V. Emanuele 164 - Tel. 0775-727 309 - Regionale Küche mit großer Familientradition.

Alatri

La Rosetta, via Duomo, 35 - Tel. 0775-43 45 68 - Di und vom 5. bis 30. Nov. geschl.

L'Aquila

Tre Marie, via Tre Marie - Tel. 0862-413 191 - So abends und Mo geschl. -

unter Denkmalschutz, herrliche Ausstattung, gute Küche (Dessert-Tip: "Tre Marie") – **Ernesto**, (Ai benefattori del Grillo), piazza palazzo 22 - Tel. 0862-2 10 94 - So, Mo und im Aug. geschl. - Erst sollte man *sagnarelle alla pastora*, *pastasciutta* oder *bigolo al torchio* kosten, und danach die beiden "botti a camera" besichtigen: bewundernswerte Räume, in denen der Wein aufbewahrt wird.

Isola di Ponza

Da Mimi, Terrazza Mari, via dietro la Chiesa - Tel. 0771-80 338 - 50000 L - Eines der guten Restaurants der Insel – **Eéa**, via Umberto 1 und **La Kambusa**, via Banchina Nuova 15 - Regionale Küche.

Viterbo

Il Grottino, via della Cava 7 - Tel. 0761-308 188 - Di und vom 20. Juni bis 10. Juli geschl. - 50000 L - Wenige Tische, reservieren – **Aquilanti**, in La Quercia (3 km entfernt) - Tel. 0761-341 701 - So abends, Di und vom 1. bis 20. Aug. geschl. - 50000 L - In dieser Region ein Must. Es gibt einen schönen "etruskischen Raum", aber auch modernere. Reservieren.

Bolsena

Angela e Piero, via della Rena 98/b - Di u. Okt. geschl.

L I G U R I E N

San Remo

Da Giannio, lungomare Trento e Trieste 23 - Tel. 0184-504 014 - So abends, Mo und vom 15. bis 31. Mai geschl. - 80-90000 L - *Das* schicke und gastronomische Restaurant der Stadt – **Paolo e Barbara**, via Roma, 47 - Tel. 0184-53 16 53 - Mi u. vom 15. Dez. bis 6. Jan., u. 10 Tage im Juni u. Juli geschl. - 80-100000 L - Regionale Küche. Reservieren – **Pesce d'oro**, corso Cavalotti 300 - Tel. 0184-576 332 - Mo und vom 15. Febr. bis 15. März geschl. - 65000 L - Gehört zu den Restaurants an der Riviera, die die besten Gerichte auftischen – **Osteria del Marinaio da Carluccio**, via Gaudio 28 - Tel. 0184-501 919 - Mo, im Okt. und Dez. geschl. - 70-90000 L - Eine winzige Osteria, in der einer distinguierten Kundschaft hervorragende Fischgerichte serviert werden. Reservieren.

Cervo
35 km von San Remo entfernt

San Giorgio, im historischen Zentrum, via Volta 19 - Tel. 0183-400 175 - Di und in der Weihnachtszeit geschl. - 50-60000 L - Ein wunderbares kleines Restaurant: *antipasti* (Meeresfrüchte), gutes Fleisch, *zabaione*. Reservierung erwünscht.

Savona

Vino e Farinata, Via Pia 15 R. 20000 L - Populär, typisch, sympathisch.

Genova

Gran Gotto, viale Brigate Bisagno 69r - Tel. 010-564 344 - Sa mittags, So und im Aug. geschl. - 60-80000 L - Elegante Ausstattung, das schickste Restaurant der Stadt, gute ligurische Küche – **Giacomo**, Corso Italia - Tel. 010-369 67 - So und im Aug. geschl. - 65-80000 L - Raffiniert, elegant, schöner Blick aufs Meer - **Il Cucciolo**, viale Sauli 33 - Tel. 010-546 470 - Mo und im Aug. geschl. - 40-50000 L - Gute toskanische Küche. Wenn man die Stadt nicht kennt, ist es ratsam, ein Taxi zu nehmen – **Da**

Walter, vico Colasanto 2 rosso - Tel. 010-290 524 - mittags tägl., abends ausschl. Sa geöffnet. - So, Weihn., Aug., geschl. - 40000 L - Im Hafen-

viertel, da nicht leicht zu finden, am besten ein Taxi nehmen. Ihre Hartnäckigkeit wird entlohnt. – **Antica Osteria el Bai**, via Quarto 12, Quarto dei Mille - Tel. 010)387 478 - Mo, am 20. Jan. und vom 1. bis 20. Jan. geschl. - 55-90000 L. Hinter dem Hafen der Küstenstraße folgen, Rtg. Nervi. Superbe Fischgerichte und Krustentiere - **L'Angolo della Luciana**, via della Libertà - Tel. 010-54 00 63 - Mo und 3 Wochen im Juli geschl. - 50000 L - Nur wenige Gedecke, deshalb: unbedingt reservieren. Gute Produkte. Gute, gepflegte Küche.

Bruxaboschi, in San Desideriovia Mignone 8 - So abends, Mo, Weihn., Aug. geschl. - 50000 L - Das Sturla-Tal durchqueren. Küche des ligurischen Hinterlandes: *picaggia al pesto antico, frito misto, cuculli*.

Ferrando in San Cipriano auf dem Hügel - Tel. 010-75 19 25 - So, Mo und Mi abends geschl. - Spezialität: Pilzgerichte.

CAFES IN GENUA

Caffe' Mangina, via Roma 91 - Mo geschl. - Ein elegantes Café, in dem man die Reiterstatue von Viktor Emanuel II. auf dem Corvetto-Platz bewundern kann – **Caffe' Klainguti**, piazza Soziglia 98 - Zählt zu den historischen Cafés Italiens.

Finale Ligure

Osteria della Briga, altipiano delle Marie - Tel. 019-698 579 - Di und Mi geschl. - 25000 L - Rustikale, familiäre Atmosphäre, die *lasagne alle ortiche* sind bei den Gästen sehr beliebt. Den erstaunlichen Grappa "al latte" sollten Sie ebenfalls probieren.

Rapallo

Da Monique, lungomare Vittorio Veneto 6 - Tel. 0185-50 541 - Di und im Febr. geschl. - 45-50000 L - Das bekannteste der Restaurants am Hafen - Spezialität: Fisch und Meeresfrüchte – **U Giancu**, in San Massimi (3 km) - Tel. 0185-260 505 - Mi, Do mittags, vom 4. bis 13. Okt. und vom 13. Nov. bis 6. Dez. geschl. - 30000 L - Auf eine nette Art rustikal, Terrasse, reservieren.

Santa Margherita Ligure

Trattoria Cesarina, via Mameli 2 - Tel. 0185-286 059 - Mi und im Dez. geschl. - 85000 L - Eines der guten Restaurants an der ligurischen Küste, bester Empfang – **Trattoria**

l'Ancora, via Maragliano 7 - Tel. 0185-280 559 - Mo, im Jan. und Febr. geschl. - Die Gäste sind meist einfache Leute und kommen aus der Umgebung. Spezialität des Hauses: marinierte Spaghetti.

Portofino

Puny, piazza M. Olivetta 7 - Tel.

0185-269 037 - Do geschl. - 45-70000 L - Von diesem klassischen Restaurant mit Meeresdekor hat man einen schönen Blick auf den Hafen – **Il Pistoforo**, Molo Umberto 1 - Tel. 0185-269 020 - Di, Mi mittags, Jan. und Febr. geschl. - 70-100000 L - Fischsuppe, Bouillabaisse, gegrillter Fisch - serviert wird all das im Schatten eines hundertjährigen *pistoforum* – **Delfino**, piazza M. dell' Olivetta 40 - Tel. 0185-269 081 - Do, Nov., Dez. geschl. - 75000 L - Ein Mode-Restaurant am Hafen – **Da Ü Batti**, vico Nuovo 17 - Tel. 0185-269 379 - Mini-Trattoria (Fisch), unbedingt reservieren – **Chuflay Bar**, am Hafen - Das neue Restaurant mit Bar des Splendiodo Mare, Nebengebäude des Splendido. Sämtlichen Mahlzeiten, angefangen vom Frühstück bis zum späten Abendessen - Die neue In-Terrasse von Portofino – **Tripoli**, piazza M. Olivetta 1 - Am Hafen, einfache, aber gute traditionelle Küche, im Sommer Terrasse am Hafen.

CAFES UND BARS

Bar Sole, piazza Olivetta - Sandwiche, Aperitifs. Man kommt hierher, um zu sehen und gesehen zu werden – **Caffe' Excelsior**, piazza M. Olivetta - In dieser Bar trinkt man seinen *cappucino* und liest dabei die Morgenpresse.

Sestri Levante

El Pescador, via Pilade Queirolo 1 - Tel. 0185-41 491 - Di außerh. der Saison, vom 15. Dez. bis 1. März geschl. - Fisch-Spezialitäten – **San Marco**, am Hafen - Tel. 0185-41 459 - Mi außerh. der Saison, vom 1. bis 15. Febr. und vom 15. bis 30. Nov. geschl. - 40-60000 L – **Santi's**, viale Rimembranza 46 - Tel. 0185-48 50 19 - Mo und vom 5. Nov. bis 13. Dez. geschl. - 60000 L – **Polpo Mario**, 136 via XXV aprile - eine weniger bekannte, also besonders interessante Adresse – **Fiammenghilla Fieschi**, in Erigox, Riva Trigoso, 2 km via Pestella 6 - Tel. 0185-481 041 - außerh. der Saison Mo mittags geschl. - 50-85000 L - Sehr gute traditionelle Küche, hübscher Garten - unbedingt reservieren.

Portovenere

La Taverna del Corsaro, lungomare Doria 102 - Tel. 0187-790 622 - Di, Mitte Nov. und vom 1. bis 22. Juni geschl. - 60000 L - Von innen hat man einen hübschen Blick auf die gegenüberliegende Insel Palmaria. Jahreszeitenküche, Schwerpunkt Fischgerichte, aber auch lokale Spezialitäten.

LOMBARDEI

Milano

in der Nähe des historischen Zentrums

Trattoria Bagutta, via Bagutta 14 - Tel. 02-7600 27 67 - So und Weihn. geschl. - 60-100000 L - Große Karikaturen schmücken die Wände der hintereinander gelegenen Räume dieser Trattoria, in der alljährlich ein Literaturpreis verliehen wird. Der Dekor ist noch immer interessant, die Küche läßt inzwischen allerdings sehr zu wünschen übrig – **Papper moon**, via Bagutta 1, in der Nähe von via Spiga und Montenapoleone. Pizza, Risotto - gleich daneben das ebenfalls sehr angenehme *Peppermoon* – **Moon Fish** gegenüber, Nr. 2, über der Garage - So geschl. – **Trattoria Milanese**, via Santa Marta 11 - Tel. 02-864 519 91 - Di geschl., der besten aller Tradition treu.
Peck, via Victor Hugo 4 - Tel. 02-876 774 - So, 1. bis 10. Jan., 1. bis 10. Juli geschl. - 60000 L - Traditionelle und kreative Küche, oben Snackbar, unten Gourmettreff.
Don Lisander, via Manzoni 12 - Tel. 02-7602 0130 - 68-105000 L - Sa abends und So geschl. Schicke Kundschaft. Im Sommer sehr angenehme, italienisch ausgestattete Terrasse mit Sonnenschutz. Gute Küche, Reserv. erbeten.
Franco il Contadino, via Fiori Chiari 20 - Tel. 02-8646 3446 - Di, Mi mittags und Juli geschl. – 45-60000 L - Ungezwungene Atmosphäre, zahlreiche Künstler. Wichtig: So geöffn.
Boeucc, piazza Belgioioso 2 - Tel. 02-760 20224 - Sa, So mittags, vom 23. bis 5. Jan., Aug. geschl. - 60-80000 L - Reservierung erwünscht; bei schönem Wetter sitzt man auf der Terrasse. Edel.

DOPO SCALA

Le Santa Lucia, via San Pietro

all'orto 3 (nach via Montenapoleon) - Tel. 02-760 23155 - Höchste Güte, sympathisch, und man kann sicher sein, den Abend auf nette Art zu beenden.

Biffi Scala, piazza della Scala - Tel. 02-86 66 51 - So, Weihnachten und vom 10. bis 20. Aug. geschl. - Traditionell.

Don Carlos, das Restaurant des

phantastischen Grand Hôtel, in dem Verdi starb. Entsprechende theatralische Atmosphäre.

Porta Romana, Corso Vittoria

Giannino, via Amatore Sciesa 8 - Tel. 02-551 955 82 - So und im Aug. geschl. - 60-100000 L - Eine der besten lombardischen Küchen, gastromisch, edel, ein Klasssiker Mailands.

Masuelli San Marco, viale Umbria - Tel. 02-551 841 38 - So, Mo mittags, vom 25. Dez. bis 6. Jan. und vom 15. Aug. bis 15. Sept. geschl. - 50000 L.

in der Nähe des centre direzionale

La Tana del Lupo, viale Vittorio Veneto, 30 - Tel. 02-6 59 90 06 -

abends geöffn., So, Ende Juli u. Aug. geschl. - 40-65000 L - Spezialitäten: Trentino- u. Veneto-Küche.

Rigolo, largo Treves angle via Solferino - Tel. 02-8646 3220 - Mo, Aug. geschl. - 30-50000 L - Im Brera-Viertel, sehr treue Klientel. Ein weiteres Plus: So geöffn.

Alla Cucina delle Langhe, corso Como, 6 - Tel. 02-6 55 42 79 - So u. 3 Wochen im Juli u. Weihnachten geschl. - 60000 L - Spezialitäten: Piemont.

Trattoria della Pesa, via Pasubio - Tel. 02-65 55 74 - So und im Aug.

geschl. - 70000 L - Zählt zu den besten Restaurants der Stadt.

Navigli

Osteria del Binari, via Tortona 1 - Tel. 02-8940 9428 - So mittags und vom 10. bis 20. Aug. geschl. - 50000 L - Ein Restaurant mit Atmosphäre, sehr freundlich eingerichtet, schöner schattiger Garten. Regionale Küche mit Pfiff.

Fiera-Sempione

Alfredo Gran San Bernardo via Borghese 14 - Tel. 02-3319000 - Weihn., Aug., Sa, So, Juni und Juli geschl. - Besonders empfehlenswert *risotto all'osso buco*.

Pizzeria il Mozzo, via Marghera (Ecke via Ravizza) - Tel. 02-498 4746 - Mi und im Aug. geschl. - Bis 2 Uhr morgens geöffn. - Rustikale Einrichtung, gute solide Küche, schicke Kundschaft.

Torre di Pisa, via Fiori Chiari 21 - Tel. 02-874 877 - So geschl. - 40-50000 L - Sehr gutes toskanisches Restaurant, Kundschaft: aus Mode und Design.

CAFES UND BARS

Cova, via Montenapoleone 8 - das schickste Café von ganz Mailand: Tee, Kaffee, Kuchen, Champagner und Cocktails in reicher Auswahl – **Pozzi**, piazza Cantore 4 - Eiscafé. Eis und Sorbets in Hülle und Fülle – **Pasticceria Marchesi**, via Santa Maria alla Porta 1 - Hier kann man lediglich einen Kaffee trinken und dazu ein italienisches Marmeladen-Hörnchen essen, aber dieses Haus stellt seit 1824 ebenfalls die besten Weihnachts-*pannetone* und Oster-*colombe* her – **Bar del Comparino**, seit kurzem wieder mit Fresken und Mosaiken im Libertystil. Ein historischer Ort, das Stammcafé von Toscanini, Verdi und Carrà. – **Sant Ambrœus**, corso Matteoti 7 - Spezialität: *ambrogitto*, der schickste Teesalon Mailands, aber auch **Biffi**, corso Magenta 87 - **Taveggia**, via Visconti di Modrone 2 - **Galli**, corso di Porta Romana 2 (vor allem: kandierte Maronen).

SHOPPING MIT CHARME

Casa del formaggio, via Speronari 3 - hier gibt es sämtliche Käsesorten Italiens – **Peck**, via Spadari 9 - seit jeher das feinste Delikatessengeschäft Mailands – **La Fungheria di Bernardi**, viale Abruzzi 93 - alle möglichen Pilzsorten (frisch und konserviert) – **Enoteca Cotti**, via Solferino 32 – **Memphis Design**, Kreationen von Ettore Sottsass – **De Padova**, corso Venezia 14 - Möbel von Vico Magistretti und Gae Aulenti – **High Tech**, piazza 25 Aprile - ein schönes (und preiswerteres) Angebot – **Pratesi**, via Montenapoleone 27 - wundervolle Bett- und Tischwäsche – **Libreria Rizzoli**, galleria Vittorio Emanuele 79 - Antiquariat und Kunstbücher – **Libreria Hoepli**, via Hoepli 5 - Neuerscheinungen, Manuskripte, signierte Zeichnungen.

Bergamo

Lio Pellegrini, via San Tomaso 47 - Tel. 035-247 813 - Mo, Di mittags, vom 4. bis 11. Jan. und vom 2. bis 24. Aug. geschl. - 50-90000 L - Wenige Tische, reservieren – **Taverna del **Colleoni**, piazza Vecchia 7 - Tel. 035-232 596 - Mo und im Aug. geschl. - 50-70000 L - Regionale Küche, Renaissance-Austattung. Spezialität des Hauses: *tagliatelle* und *filetto alla Colleoni* - aber auch – **Il Gourmet**, via San Vigilio, 1 - Tel. 035-437 30 04 - Di und vom 1. bis 6. Jan. geschl. - 40-60000 L, im Sommer Panoramaterrasse – **La Marianna**, largo Colle Aperto 2/4 - Tel. 035-23 70 27 - Mo und vom 1. bis 14. Jan. geschl. - Ab dem Frühjahr eine wunderschöne Terrasse voller Blumen.

Brescia

La Sosta, via San Martino della Battaglia 20 - Tel. 030-295 603 - Mo und im Aug. geschl. - 50-80000 L - In einem schönen Gebäude des 17. Jh., die Küche ist bemerkenswert.

Cremona

Ceresole, via Ceresole 4 - Tel. 0372-23 322 - So abends, Mo, im Jan. und Aug. geschl. - 60-80000 L - Eine Institution in dieser berühmten Geigenbauer-Stadt. Sollten Sie sich dafür interessieren: Museum Antonio Strativari – **Antica Trattoria del Cigno**, via del Cigno 7 - Tel. 0372-21 361 - So, Jan. und vom 20. Juli bis 4. Okt. geschl. - 30000 L - Diese im Schatten des Campanile del Torrazzo gelegene alte Trattoria ist die bevorzugte Adresse der Cremoner.

Mantova

San Gervasio, via San Gervasio 13 - Tel. 0376-323 873 - Mi und vom 12. bis 31. Aug. geschl. - 40-70000 L - Im Sommer speist man in zwei charmanten Patios – **L'Aquila Nigra**, vicolo Bonacolsi 4 - Tel. 0376-327 180 - So, Mo, Weihnachten und Aug. geschl. - 45000 L - Die schönen Fresken sind Überreste des alten Klosters. Berühmte Küche – **Cento Rampini**, p. delle Erbe - Tel. 0376-366 349 - Unter dem Palazzo della Ragione-

Portikus, Terrasse.

CAFFE'

Caravatti, seit 1865 an der piazza delle Erbe. Spezialität des Hauses: *Sbrizolona* (Sandkuchen).

Pavia

Antica Trattoria Ferrari da Tino, via del Mille 111 - Tel. 0382-31033 - So abends, Mo und im Aug. geschl. - 35-70000 L - Traditionelle Land-Trattoria. Köstliche Küche.

Certosa di Pavia

Vecchio Mulino, via al Monumento 5 - Tel. 0382-925 894 - So abends, Mo, vom 1. bis 10. Jan. und vom 1. bis 20. Aug. geschl. - 60-80000 L - *Die* gastronomische Adresse, wenn man die berühmte Kartause besichtigt. Reservieren – **Chalet della Certosa**, vor dem Ortseingang von Certosa - Mo und vom 11. bis 24. Jan. geschl.

Iseo

Il Volto, via Mirolte, 2 - Tel. 030-98 14 62 - Mi, Do mittags, vom 1. bis 15. Juli geschl. - 60000 L - Speiseraum einfach u. elegant. Spezialitäten: Brescia-Küche.

M A R K E N

Ancon

Passetto, piazza IV Novembre - Tel. 071-33 214 - Mi und im Aug. geschl. - 45-75000 L - Von der Terrasse, auf der der Tee serviert wird, hat man einen schönen Blick auf die Adria.
Osteria Teatro Strabacco, via Oberdan 2 - Tel. 071-542 13 - Mo und im Mai geschl. - 40000 L - sehr gastfreundliche Atmosphäre dank "Mischung" mehrerer Generationen, bis um 3 Uhr morgens geöffn., Menü und Karte für jedes Alter.

Pesaro

Da Teresa, viale Treste 180 - Tel. 0721-30 096 - Mo und im Nov. geschl. - 60000 L - Innen elegant, Blick aufs Meer. Fischgerichte.

Ascoli Piceno

Gallo d'Oro Corso V. Emanuele 13 - Tel. 0736-535 20, - Mo und im Aug. geschl. - In der Nähe des Domes. 3 moderne Räume. Hier kehrt man ein wegen des berühmten *pollo alla diavola*, aber auch die Fischgerichte und Trüffeln aus den nahen Bergen sind bemerkenswert – **Tornassaco,** piazza del Popolo 36 - Fr und im Juli geschl. – **Caffe' Meleni**, piazza del Popolo - Sartre und Hemmingway kehrten hier wegen der Patisserien ein.

Urbino

Vecchia Urbino, via dei Vasari 3 - Tel. 0722-4447 - Di außerh. der Saison geschl. - 40-60000 L - Befindet

sich in einem der Säle des Viviani-Palastes, regionale Küche, bemerkenswert: *formaggio di fossa* – **Il nuovo Coppiere**, via Porta Maja 20 - Tel. 0722-320 092 - Mi und im Febr. geschl. - 30000 L - Spezialitäten der Marken – **Self-Service Franco**, via de Possio - So geschl. - 15000 L - In der Nähe des Museums, sehr zufriedenstellend.

UMBRIEN

Perugia

Osteria del Bartolo, via Bartolo 30 - Tel. 075-573 15 61 - So, vom 7. bis 15. Jan. und vom 25. Juli bis 7. Aug. geschl. - 60000 L - Gute solide Küche nach alten umbrischen Rezepten – **La Taverna**, via delle Streghe 8 - Tel. 075-572 41 28 - Mo geschl. - 40000 L - Großer, gewölbter Speiseraum, rustikale Küche – **Del Sole**, via delle Rupe 1 - Tel. 075-65 031 - Mo und vom 23. Dez. bis 10. Jan. geschl. - 35000 L - Im Sommer speist man auf der Panorama-Terrasse.

CAFES UND BARS

Pasticceria Sandri, corso Vannucci 32 - Für alle, die Süßes lieben – **Caffe' del Cambio**, corso Vannucci 29 - Dieses Studenten-Café ist stets sehr gut besucht.

Assisi

Buca di San Francesco, via Brizi 1 - Tel. 075-812 204 - Mo, Febr. und Juli geschl. - 30-60000 L - Mittelalterliches Palais mit hübschem Garten, traditionelle Küche – **Medio Evo**, via Arco del Priori 4 - Tel. 075-81 30 68 - Mi, Jan. und Juli geschl. - 45000 L - Sehr ansprechendes Äußeres, gepflegte und raffinierte Küche – **La Fortezza**, vic. Fortezza 2/B - Tel. 075-812 418 - Do geschl. 30000 L - Auf den Ruinen eines römischen Hauses errichtet. Umbrische Küche.

Spello

Il Cacciatore, via Giulia 42 - Tel. 65 11 41 - Mo und vom 6. bis 20. Juli geschl. - 30-50000 L - Trattoria mit Terrasse – **Il Molino**, piazza Matteotti - Tel. 65 79 05 - Di geschl. - 40-50000 L

Spoleto

Il Tartufo, piazza Garibaldi 24 - Tel. 0743-40 236 - Mi und vom 15. Juli bis 10. Aug. geschl. - 35-70000 L - exzellente Taverne, regionale Küche, Spezialität des Hauses: *fettucine al tartufo* – **Sabatini**, corso Mazzini 52/54 - Tel. 22 18 31 - Mo und vom 1. bis 10. Aug. geschl. – **Tric Trac da Giustino**, piazza del Duomo - Tel. 0743-44 592 - 20-50000 L - In der Zeit des Festivals stark besucht.

CAMPELLO SUL CLITUNNO, 9 km von Spoleto – **Casaline**, Tel. 0743-62 213 - Mo geschl. - 45000 L - Nach

dem Besuch des Tempietto sul Clitunno. Hervorragende Küche - regionale Produkte. Die *crostini* mit Trüffeln sind ein Traum.

Todi

Umbria, via San Bonaventura, 13 - Tel. 075-89 42 737 - Di u. vom 19. Dez. bis 8. Jan. geschl. - 40-60000 L – **Jacopone-da Peppino**, piazza jacopone, 5 - Tel. 075-89 48 366 - Mo u. vom 10. bis 30. Juli geschl. - 40-60000 L.

Gubbio

Taverna del Lupo, via G. Ansidei 21 - Tel. 075-927 43 68 - Mo außerh. der Sasison geschl. - 30-50000 L - Wie eine mittelalterliche Taverne

ausgestattet. Lokale Spezialitäten – **Alle Fornace di Mastro Giogio,** via Mastro Giogio 3 - Tel. 927 57 40 - So abends, Mo und im Febr. geschl. - 60000 L.

Trevi

L'Ulivo, 3 km - Tel. 0742-78 969 - Sa, Mo u. Di geschl. - Gute Tagesgerichte. Spezialitäten: Regional Küche.

Orvieto

Giglio d'Oro, piazza Duomo 8 - Tel. 0763-341 903 - Mi geschl. - 40-70000 L - Klassisch und gut - **Grotte del Funaro**, v. Ripa Serancia 41 - Tel. 343 276 - Mo außerh. der Saison geschl. In einer ursprünglichen Grotte; typisch – **Dell'Ancora**, via di Piazza del Popolo 7 - Tel. 0763-342 766 - Do und im Jan. geschl. - 35000 L - Regionale Küche.

LOKALE SPEZIALITÄTEN

Dai Fratelli, via del Duomo 11 - zahlreiche Käsesorten und die berühmten umbrischen Fleisch- und Wurstwaren.

PIEMONT AOSTATAL

Torino

Vecchia Lanterna, corso Re Umberto 21, Tel. 011-537 047 - Sa mittags, So und vom 10. bis 20. Aug. geschl. - 30-100000 L - Eines der besten Restaurants Italiens. Der Inhaber, Armando Zanetti, kocht auf bewundernswerte Weise traditionell, ist aber stets auf der Suche nach neuen Rezepten. Hervorragender (ital.) Weinkeller – **Del Cambio**, piazza Carignano 2 - Tel. 011-546 690 - So und im Aug. geschl. - 60-95000 L - Im historischen Zentrum Turins, der ersten Hauptstadt Italiens, gelegen, hat dieses Restaurant den Glanz aus der Zeit des Camillo Cavour bewahrt, der hier jeden Tag sein Mittagessen einzunehmen pflegte. Die Atmosphäre, die Küche und der Service entsprechen der Tradition des Piemont im 19. Jahrhundert – **Mina**, via Ellero 36 - Tel. 011-696 3608 - So abends im Juni- Juli, Mo im Aug. geschl. - 70000 L - Typisch piemontesische Küche (*antipasti, sformati, finanziera*) – **Al Gatto Nero**, corso Turati 14 - Tel. 011-590 414 - So und im Aug. geschl. - 70000 L - Köstliche toskanische Küche. Beson-

ders empfehlenswert: *assassini*, eine Auswahl der besten Spezialitäten des Hauses – **Trattoria della Posta**, strada Mongreno 16 - Tel. 011-8980 193 - So abends, Mo und im Juli geschl. Berühmt für seinen Käse und Weinkeller – **Tre Galline,** via Bellezia 37 -Tel. 011-436 65 53 - So und Mo mittags geschl. - 50000 L - Typische piemontesisische Küche – **Salsamentario**, via Santorre di Santarosa 7/B - Tel. 011-819 50 75 - So abends, Mo und vom 15. bis 22. Aug. geschl. - Ein großes Buffet für 35000 L; direkt daneben: Traiteur – **Il Ciacalon** viale 25 Aprile - Tel.

011-661 09 11 - So und vom 11. bis 24. Aug. geschl. - in der Nähe des Ausstellungsgeländes, schöner rustikaler Speiseraum – **Ostu Bacu**, corso Vercelli 226 - Tel. 011-265 79 - So geschl. - Typische piemontesiche Küche, rustikale, familiäre Atmosphäre.

CAFES UND BARS

Caffe' Mulassano, piazza Castello 15 - Ein Café im Libertystil mit besonderem Ambiente. Köstliche *tramezzini* (32 versch. Sorten kleiner Sandwiche).

Caffe' San Carlo, piazza San Carlo 156-1822 eröffnet, Treffpunkt der europäischehn Intelligenzia; D'Azeglio, Cavour, Crespi, Cesare Pavese, James Stewart und viele andere Berühmtheiten kehrten hier ein. Spezialität: *bicerin*

Caffe' al Bicerin, piazza della Consolata 5 - Illustre Gäste wie Alexandre Dumas tranken hier den berühmten *bicerin* (Kakao, Kaffee, Milch, Zuckerrohrsirup): die Spezialität des Hauses – **Caffe' Il Fiorio**, via Po - *caffè dei condini* genannt, weil sich hier die damalige konservative Gesellschaft einfand. *Sabaione, gelato al gianduia.*

LOKALE SPEZIALITÄTEN

Stratta, piazza San Carlo 191, in erster Linie: *caramelle alla gioca di gelatinases*, "kandierte Maronen", *amaretti, meringhe con panna montata.*

Peyrano, corso Moncalieri 47 - hier werden die berühmten Turiner Pralinen wie *givu, diablottini* und vor allem die *giandujotti* hergestellt; letztere werden auch in der Konditorei Peyrano-Pfatisch, corso V. Emanuel II Nr. 76, verkauft.

Cantine Marchesi di Barolo, via Maria Vittoria: zum Kaufen der piemontesischen Weine wie *Barolo Barbera, Barbaresco, Gattinara* und selbstverständlich der *Asti Spumante* sowie aller möglichen *Grappa*-Sorten.

Carmagnola
29 km von Turin entfernt

La Carmagnole, via Sottotenente Chiffi 31 - Tel. 011-971 26 73 - 120000 L - in einem alten Palais, nur auf Reservierung.

Loranzé
46 km von Turin entfernt

Panoramica, Lungo Tanaro 4 - Tel. 0125-66 99 69 - Sa mittags, So abends und Weihnachten geschl. - 50-95000 L - Ebenfalls eines der besten Lokale des Piemont.

Alba

Il Vicoletto, via Bertero, 6 - Tel. 0173-36 31 96 - Mo, u. vom 20. Juli bis 15 Aug. geschl. - 50-80000 L - Gastronomisch, *langarola*-Küche.

Osteria dell'Arco, piazza Savona 5 - Tel. 0173-36 39 74 - So u. Mo mittags außer vom 25 Sept. bis 25. Nov. geschl. - 30-45000 L - Im historischen Zentrum.

Daniel's, corso canale, 28 - Tel. 0173-44 19 77 - Weihnachten u. Neujahr, vom 1. bis 15. Aug., So außer vom Okt. bis Dez. geschl. - 45-60000 L - 1 km von Stradtzentrum Regional Küche.

Porta san Martino, via Enaudi 5 - Tel. 0173-36 23 35 - Mo, vom 20. Aug. bis 20. Sept. geschl. - 45-60000 L - Spezialitäten: Trüffel (in der Saison).

Asti

Gener Neuv, Lungo Tanaro 4 - Tel. 0141-557 270 - Da häufig geschlossen, ist es ratsam, sich telefonisch zu erkundigen - 85000 L - Traditionelle piemontesische Küche, eine der besten Adressen.

L'Angolo del Beato, via Guttuari 12 - Tel. 0141-531 668 - So, vom 1. bis 10. Juli und vom 1. bis 20. Aug. geschl. - 50000 L - In einem alten Haus, reservieren.

Il Cenacolo, viale al Pilone 59 - Tel. 0141-531 110 - Mo und Di mittags, vom 10. bis 20. Jan. und vom 5. bis 20. Aug. geschl. - 40000 L - Ein kleiner, intimer Speiseraum, regionale Gerichte, reservieren.

Costigliole d'Asti

15 km von Asti entfernt

Guido, Piazza Umberto I 27 - Tel. 0141-966 012 - mittags, So, vom 1. bis 24. Aug. und vom 22. Dez. bis 10. Jan. geschl. - 100000 L - Nur auf Reservierung, Spezialität: eine besonders neue und raffinierte Art der *Langhe*.

Canelli

29 km von Asti entfernt

San Marco, via Alba 136 - Tel. 0141-82 35 44 - Di abends, Mi und vom 20. Juli bis 13. Aug. geschl. - Gerichte à la carte: 40-65000 L - Küche von höchster Güte, reservieren.

Cannobio

Del Lago, à Carmine Inferiore (3 km) - Tel. 0323-705 95 - im Nov. und Febr. geschl. - 60-100000 L - Reservieren. Am Seeufer, gute, herkömmliche Küche.

Aosta

Le Foyer, corso Ivrea 146 - Tel. 0165-32 136 - Mo abends, Di, vom 5. bis 20. Juli und vom 15. bis 31. Jan. geschl. - 50000 L - Komfortabel, warme Atmosphäre, lokale Spezialitäten, reservieren. – **Vecchia Aosta**, piazza Porta Pretoria, 4 - Tel. 0165-3611 86 - Di abends, Mi, vom 5. bis 20. Juni u. vom 15. bis 30. Okt. geschl. - 30-40000 L - Regionale Küche. Reservieren – **Vecchio Ristoro**, via Tourneuve 4 - Tel. 0165-3 32 38 - Juni, So und Mo mittags außerh. der Saison geschl. - 40-70000 L - Authentische, hervorragende Alpen- und Aostatal-Küche. Der Rahmen: eine alte Wassermühle. Nur wenige Gedecke. Reservieren.

St. Christophe

4 km von Aosta

Casale, Tel. 0165-54 12 03 - vom 5. bis 20. Jan. u. vom 5. bis 20. Juni geschl. - 50000 L - Aostatal-Spezialitäten; im Winter in einem freundlich-rustikalen Rahmen, im Sommer draußen auf der Terrasse. Ein Muß.

Breuil-Cervinia

Cime Bianche, Tel. 0166-949 046 - im Winter: direkt an den Pisten - 30-50000 L - Typische Küche in hübschem Bergdekor, wundervoller Blick auf die Berge (Matterhorn) – **Matterhorn**, Tel. 0166-948 518 - Im Zentrum: Pizza, gegrilltes Fleisch, Fischgerichte – **Maison de Saussure**, via Carrel 4 - Tel. 0166-948 259 - Die authentische Aostatal-Küche dieses Hauses ist so gefragt, daß eine Reservierung unumgänglich ist – **Hostellerie des guides**, von 7 Uhr bis Mitternacht geöffn. - der hier servierte Irish-Coffee findet großen Anklang.

Courmayeur

Pierre Alexis 1877, via Marconi 54 - Tel. 0165-84 35 17 - Okt., Nov., Mo (außer Aug.) u. Di mittags von Dez. bis März geschl. – **Al Camin**, in Larzey, via dei Bagni - Tel. 0165-844 687 - Di außer in der Hauptsaison u. im Nov. geschl. - Bergatmosphäre, Hausmannskost – **Leone Rosso**, via Roma 73 - Tel. 0165-845 726 - Mo

außerh. der Saison, vom 15. Mai bis 15. Juni u. im Okt. geschl. - 50000 L - Regionale Jahreszeitenküche in rustikal-elegantem Rahmen – **Caffe' Della Posta**, via Roma 41 - In diesem Café, das seit hundert Jahren besteht, trinkt man Alpen-Cocktails und -Alkohol (*grappa, genepi, grolla dell'amizia*) und sitzt in komfortablen Sofas.

Entrèves

4 km von Courmayeur entfernt

La Maison de Filippo, Tel. 0165-89 668 - Di, von Juni bis 15. Juli u. im Nov. geschl. - 50000 L - Eine berühmte Taverne des Aostatals, unbedingt reservieren.

Planpincieux Val Ferret

7 km von Courmayeur entfernt

La Clotze, Tel. 0165-89 928 - 45000 L - Gute regionale Küche.

La Palud Val Ferret

5 km von Courmayeur entfernt

La Palud-da-Pasquale, Tel. 0165-89 169 - Mi u. im Nov. geschl. - 30-40000 L - Spezialitäten des Aostatals und aus den Bergen.

Plan-de-Lognan Val Veny

12 km von Courmayeur entfernt

Le Chalet del Miage, im Juli u. Sept. geschl. - Berggerichte.

Cogne

Lou Ressignon, rue des Mines 22 - Tel. 0165-74 034 - Mo abends u. Di geschl. - *Fonduta, carbonara*, ferner köstlicher Käse und Nachtisch.

Verres

Chez Pierre, via Martorey 43 - Tel. 0125-929 376 - Mo u. Di (außer im Aug.) geschl. - 50-80000 L - Ein phantastisches Restaurant 37 km von Aosta entfernt, behagliche Atmosphäre.

A P U L I E N

Alberobello

Trullo d'Oro, via Cavallotti 31 - Tel. 080-721 820 - Mo u. vom 7. Jan. bis 8. Febr. geschl. - 40-60000 L - Malerisch-rustikale Einrichtung, regionale Küche – **Cucina dei Trulli**, piazza San Fernandino 31 - Tel. 080-721

179 - Do außer im Sommer geschl. - 20000 L, abwechslungsreiche regionale Küche – **Il Poeta Contadino**, via Indipendenza 21 - Tel. 080-721 917 - So abends, Mo, Jan. und Juni

geschl. - 65000 L - Exzellente Küche.

Castel del Monte

Ostello di Federico, Castel del Monte - Tel. 0883-56 98 77 - Mo, 2 Wochen im Jan. u. 2 Wochen im Nov. geschl. - 40000 L - Spezialitäten: *tortieri di riso e patate, cannelloni di baccalà e ricotta...*

Bari

Nuova Vecchia Bari, via Dante Alighieri 47 - Tel. 080-521 64 96 - Fr und So abends geschl. - 50000 L - In einer ehemaligen Ölpresse. Apulische Küche – **La Pignata**, corso Vittorio Emanuele 173 -Tel. 523 24 81 – **Deco'**, largo Adua 10 - Tel. 524 60 70 - Elegant.

Polignano al Mare

Grotta Polazzese, via Narciso 59 - Tel. 080-740 0677 - 50-90000 L - Im Sommer werden in diesem Restaurant, das eine natürliche Grotte ist, Langusten und Fischgerichte serviert.

Martina Franca

Da Antonietta, via Virgilio 30 - Tel. 080-706 511 - Mi außerh. der Saison geschl. - 25000 L - Küche von höchster Güte – **Rosticceria Ricci**, via Cavour 19 - In einem hinter der Metzgerei gelegenen Raum werden gute Fleischgerichte serviert – **Trattoria delle Ruote**, via Ceglie (4,5 km) - Tel. 080-883 74 73 - Mo geschl. - 30-45000 L - Eine gute Adresse, wenige Tische, deshalb: reservieren – **Ristoranre In**, piazza Magli 6 - Tel. 080-705 021 - Di abends, Mi, 1 od. 2 Wochen im Nov. geschl. - 50000 L - Das Restaurant dieser superben Villa ist eine elegante Interpretierung des regionalen Stils.

Produkte höchster Qualität, vowon die *galantina d'anatra al pistacchio* zeugt.
Caffe' Tripoli, piazza Garibaldi - Ein herrliches, altes Café: Patisserien, Marzipan – **Bar Derna**, piazza Settembre 4. Besonders schmackhafte Patisserien.

Taranto

Il Caffé, via San Tomaso d'Aquino 8 - Tel. 099-452 5097 - So abends, Mo mittags, 2 Wochen im Aug. geschl. - 50000 L - Ein sehr gutes Haus mit

bemerkenswerten, frischen Fischgerichten wie *papardelle al pesce affumicato* und Desserts der Tochter des Hauses, Francescaromana, die sich nicht nur um köstliche Nachtische kümmert, sondern auch erfolgreich Jura studiert.

Lecce

Villa della Monica, via SS. Giacomo e Filippo 40 - Tel. 0832-458 432 - Di vom 1. bis 20. Nov. geschl. - 20-40000 L - Prachtvolle Ausstattung des 16. Jh. – **Gino e Gianni**, via Adriatica (2 km) - Tel. 0832-399 210 - Mi geschl. - 45000 L - Das "Florenz des Barock", eine herrliche Stadt. Traditionelle Küche – **Il Satirello**, Tel. 0832-378 672, (9 km, an der Straße Rtg. Torre Chianca) - Di geschl. - Ein ehemaliger Bauernhof mit hübschem Garten, in dem man bei schönem Wetter speist.

S A R D I N I E N

Alghero

Le Lepanto, via Carlo Alberto 135 - Tel. 079-979 116 - Mo außerh. der Saison geschl. - 50000 L - Nach dem Besuch der Neptun-Grotten ist es sehr angenehm, sich hier an Langusten oder regionalen Spezialitäten zu laben – **Al Tuguri**, via Majorca 113 od. **Dieci Metri**, vicolo Adami 37.

Santa Teresa Gallura

Canne al Vento, via Nazionale 23 - Tel. 0789-754 219 - Sa und im Okt., Nov. geschl. - *Zuppa galurese, antipasti del mare*, gekonnt zubereitete Fischgerichte.

Nuoro

Canne al Vento, viale Repubblica 66 - Tel. 0784-201 762 - Große Auswahl an Fleisch- und Fischgerichten.
Monte Ortobene, 7 km von Nuoro entf., **Dai Fratelli Sacchi**, Tel. 0784-31 200 - Die Brüder Sacchi empfangen ihre Gäste sehr freundlich und bewirten sie bestens.

Dorgali

Il Colibri, via Gramsci 44 - Tel. 0784-960 54 - So von Okt. bis Mai und von Dez. bis Febr. geschl. - 40-60000 L - Hier, an der Straße des Dolmen Mottora und der Ispinigoli-Grotten, sollte man pausieren und die sardische Küche genießen.

Olbia

Ristorante dell' Hotel Gallura, corso Umberto 145 - Tel. 0789-246 48 - Eine seit über 50 Jahren bestehende Institution. Einfach, aber gut zubereitete Fischgerichte und Meeresfrüchte –

Leone e Anna, via Barcelona 90 - Tel. 0789-263 33 - Mi außerh. der Saison und im Jan. geschl. - Sardische Küche und venezianische Spezialitäten.

Cagliari

Dal Corsaro, viale Regina Margherita 28 - Tel. 070-664 318 - So, Weihn. und im Aug. geschl. - 60000 L - Wenn Sie vor der Weiterfahrt eine Nacht in Cagliari verbringen möchten, werden Sie von der authentischen sardischen Küche dieses Restaurants bestimmt nicht enttäuscht sein – **Antica Hostaria**, via Cavour 60 - Tel. 070-665 870 - So und im Aug. geschl. - Eines der angenehmsten Restaurants Cagliaris. Antonello Floris "modernisiert" mit viel Talent die traditionellen Gerichte. Die guten Desserts werden von seiner Frau Lilly zubereitet.

Isola San Pietro Carloforte

Al Tonno di Cosa, via Marconi 47 - Tel. 0781-855 106 - Von Okt. bis 10. Nov. Mo geschl. - Feine lokale Küche: *tonno alla carlofortina*, *"casa"* (Couscous nach sardischer Art). Terrasse mit Seeblick – **Miramare**, piazza Carlo Emanuele 12 - Tel. 0781-85 653 - Lokale, sardische und arabische Spezialitäten.

Porto Cervo

Il Pescatore, sul Molo Vecchio - Tel. 0789-92 296 - von Okt. bis Mai geschl., nur abends geöffn. - 65000 L - Abendessen bei Kerzenlicht auf blumengeschmückter Terrasse – **Bar degli archi**, piazzetta degli Archi. Hier frühstückt man, hier ißt man mittags seinen Sandwich, und hier trinkt man abends seinen Aperitif – **Pevero Golf Club**, Pevero - Tel. 0789-96 210 - von Nov. bis April geschl. - 80000 L - Einer der schönsten Golfplätze - Die Küche vom Club-House-Restaurant ist leicht und raffiniert, ganz der elganten Klientel entsprechend.

Isola la Maddalena

La Grotta, via Principe di Napoli 3 - Tel. 0789-737 228 - Nov. geschl. - 30-50000 L - Typische Trattoria: Fischgerichte und Meeresfrüchte – **Mangana**, via Mazzini - Tel. 0789-738 477 - Mi und vom 20. Dez. bis 20. Jan. geschl. - 35-60000 L - Auch hier alle möglichen Fischgerichte.

Oristano

Il Faro, via Bellini 25 - Tel. 0783-700 02 - So und vom 11. bis 25. Juli geschl. - 6000 L - Sehr kreative Küche, regionale Spezialitäten. Unbedingt reservieren.

S I Z I L I E N

Palermo

Renato l'Approdo, via Messina Marina 28 - Tel. 091-630 2881 - Mi und vom 10. bis 25. Aug. geschl. - 50-70000 L - Eine der besten Küchen der Insel, alte sizilianische Rezepte – **La Scuderia**, viale del Fante 9 - Tel. 091-520 323 - So abends geschl. - 55-80000 L - Eine der schönsten Terrassen der Stadt, Abendessen für verwöhnte Gaumen – **Al Ficondindia**, via Emerico Amari 64 - Tel. 091-324 214 - Do geschl. - 25000 L - Rustikales Rest., lokale Küche – **Gourmand's**, via Libertà 37/e - Tel. 091-323 431 - So und vom 5. bis -25. Aug. geschl. - Elegant, guter selbstgeräucherter Fisch.

IN MONREALE, 8 km von Palermo entfernt, **La Botte**, contrada Lenzitti 416 - Tel. 091-414 051 - Mo, im Juli und Aug. geschl. - 45000 L - Die Küche ist köstlich und die Kathedrale bewundernswert – IN MONDELLO, 11 km von Palermo entfernt, **Charleston le Terrazze**, viale Regina Elena - Tel. 091-450 171 - von Juni bis Sept. geöffn. - am eleganten Strand von Palermo. Dieses *Charleston* ist der Sommersitz des *Charleston* in Palermo: elegant, superbe Terrasse am Meer – **Gambero Rosso**, via Piano Gallo 30 - Tel. 091-454 685 - Mo und im Nov. geschl. - 45000 L - Trattoria, Fisch und Meeresfrüchte sehr gut.

CAFES UND BARS

Caffe' Mazzara, via Generale Magliocco 15 - Tomaso di Lampedusa schrieb hier mehrere Kapitel seines *Leoparden* – **Bar du Grand Hotel des Palmes** - In diesen superben Salons sollte man einen Drink nehmen oder zu Abend essen.

Cefalù

La Brace, via XXV Novembre 10 - Tel. 0921-23 570 - Mo und vom 15. Dez. bis 15. Jan. geschl. - 30-60000 L - Im kleinen Speiseraum werden typisch italienische Gerichte serviert.

Messina

Alberto, via Ghibellina 95 - Tel. 090-710 711 - Seit nunmehr 30 Jahren ist die Küche des Alberto Sardella phantastisch. Eine seiner Spezialitäten: *spiedini di pesce spada*. Einfacher, aber sehr freundlich ist **Pippo Nunnari**, via Ugo bassi 157 - Mo und im Juni geschl. - 50000L.

Taormina

La Griglia, corso Umberto 54 - Tel.0942-239 80 - Di und vom 20. Nov. bis 20. Dez. geschl. - 40-60000 L - rustikal, gepflegt, regional – **A' Zammàrra**, via Fratelli Bandieri 15 - Tel. 0942-24 408 - Mi und im Winter geschl. - 45000 L - Fein interpretierte regionale Küche – **Rosticepi**, via S. Pancrazio, 10 - Tel. 0942-24149 - *Die* Trattoria von Taormina – **Giova Rosy Senior**, corso Umberto 38 - Tel. 0942-24 411 - Do,

Jan. und Febr. geschl. - 50000 L - Große *antipasti*-Auswahl, Fischgerichte, wunderschöne, mit Jasmin bedeckte Terrasse – **Maffei's,** hübsche, von Bananenbäumen umgebene Terrasse. Schick und raffiniert – **Ciclope**, corso Umberto - Tel. 0942-625 910 - Mi geschl. - 25-35000 L - Eine der besten Adressen – **La Chiocca d'Oro**, via Leonardo da Vinci - Tel. 0942-28 066 - Do u. im Nov. geschl. - 30-45000 L.

Catania

La Siciliana, via Marco Polo 52/A - Tel. 095-376 400 - Mo und vom 15. bis 31. Aug. geschl. - 50-60000 L - Der *Ripiddu nivicatu*, eine der Spezialitäten des Hauses, hat die Form des Etna – **Costa Azzura**, via de Cristofaro in Ognina (4 km) - Tel. 494 920 - Mo geschl. Im Sommer sehr schöne Terrasse - Meeresgerichte – ACIREALE (16 km), **Panoramico**, Sta Maria Ammalati, Blick auf den Etna, serviert wird eine fabelhafte *pastciutta al raguttino di mare*, "castellane di Leonardo" - Mo geschl.

Syrakus

Don Camillo, via Maestranza 92/100

- Tel. 0931-67 133 - So geschl. - 40-60000 L.
Archimede, via Gemellaro 8 - Tel. 0931-69 701 - So und im Mai geschl. - 40000 L - Sein Name ist eine Hommage an den berühmtesten aller Syrakuser, seine Küche eine Hommage an den Fisch, z.B. *zuppa di pesce* et *riso al nero di seppia e ricotta fresca*.
Darsena, riva garibaldi 6 - Tel. 0931-66 104 - Mi geschl. - 25-50000 L - Spezialität: Fisch. Seeblick.
La Follia, eine gute neue Adresse.

Agrigento

Le Caprice, strada panoramica dei Tempi 51 - Tel. 0922-264 69 - 30-60000 L - Fr und vom 1. bis 15. Juli geschl., Blick auf das Tal der Tempel.

– **Taverna Mosé**, contrada San Biago 6, von der Terrasse blickt man auf den Juno-Tempel, und hier gibt es die Spaghetti, die Pinrandello besonders gerne gegessen haben soll!
San Leone, 7 km von Agrigento – **Il Pescatore**, von einem Leser empfohlen.

Eolie-Lipari

Filippino, piazza Municipio - Tel. 090-981 1002 - Mo außer im Sommer und vom 15. Nov. bis 15. Dez. geschl. - 45000 L - Traditionell, der beste Fisch der ganzen Insel.

E Pulera, via Stradale Diana 51 - Tel. 090-981 1158 - Von Juni bis Okt. geöffn., mittags geschl. - 35-65000 L - Abends speist man in einer hübschen Pergalo. Unbedingt reservieren – **Pescecane**, corso V. Emanuele - Sehr gute Pizzas.

Eolie-Vulcano

Lanterna Bleu, Porto Ponente, via Lentia - Tel. 090-985 2287 - 40000 L - Das Beste auf dieser kleinen, noch sehr unberührten Insel, gute Fischgerichte.

Eolie-Panarea

Da Pina, via S. Pietro und **Trattoria da Adelina**, am Hafen, *die* beiden guten Adresen der Insel.

Eolie-Salina

Da Franco, in Santa Marina, authentische Küche.

TOSKANA

Florenz

Enoteca Pinchiorri, via Ghibellina 87 - Tel. 055-242 777 - So, Mo mittags, im Aug., im Febr., Weihn. und Neuj. geschl. - 125-150000 L - Eines der raffiniertesten Restaurants und einer der besten Weinkeller Italiens. Wundervolle Ausstattung, reizender blumenbewachsener Patio, edel und teuer – **Trattoria Coco Lezzone**, via del Parioncino 26r - Tel. 055-287 178 - So, Di abends, im Aug. und Weihn. geschl. - 45-80000 L - Mehrere, hintereinander gelegene Speiseräume, in denen Stammgäste aus Florenz und internationale Persönlichkeiten verkehren. Der *padrone* zählt zwar alle Gerichte auf, aber alle Spezialitäten werden Sie nicht probieren können, auch wenn sie köstlich zubereitet sind – **Da Gannino**, piazza del Cimatori, Tel. 055-214 125 - So und im Aug. geschl. - Typische kleine Osteria in der Nähe der Signoria; im Sommer sitzt man auf dem kleinen Platz, reservieren – **Il Cibreo**, via dei Macci 118r - Tel. 055-234 1100 - So, Mo, im Aug. und Weihn. geschl. - 60000 L - In der Nähe von Santa Croce, Szenelokal, italienische Nouvelle Cuisine – **Il Latini**, via Palchetti 6r - Tel. 055-210 916 - So und im Aug. geschl. -

30000 L - Am Ende einer kleinen Straße versteckt, warten oft viele Gäste mit einen Glas Wein in der Hand auf einen Tisch; besonders: *prosciutto* und *vitello arrosto*, die Spezialität des Hauses. Sympathisch laut – **Trattoria Cammillo**, borgo San Iacopo 57 - Tel. 055-212 427 - Mi, Do, 1. Wo im Aug. und Weihn. geschl. - Eine der beliebtesten Trattorias von Florenz - Florentiner Küche mit einigen Phantasiegerichten wie Tortellini mit Curry, reservieren – **Mamma Gina**, borgo S. Iacopo 37 - Tel. 055-2396 009 - So und im Aug. geschl. - 30-40000 L - Traditionelle Küche – **Cantinone del Gallo Nero**, via San Spirito 6 - Tel. 055-218 898 - 25000 L - In einem Keller, dessen Eingang man leicht übersehen kann, dem Cammillo schräg gegenüber; *crostini*, *chianti* und *tiramisu* – **Sostanza**, via della Porcellàna - Tel. 055-212 691 - Sa, So und im Aug. geschl. -

40000 L - Ein winziges Restaurant mit Lebensmittelgeschäft in der Nähe von Santa Maria Novella. Besonders authentisch, einfache Gerichte - Spezialität des Hauses: Kohlsuppe und *bistecca alla fiorentina*. Ungezwungen – **13 Gobbi**, Via del Porcellana 9r - Tel. 055-2398 769 - Kleine Bänke an diskret beleuchteten Tischen, lokale Küche – **Sabatini**, via de Panzani 9/a - Tel. 055-210 293 - Mo geschl. - 70000 L - Die *antipasti* des Hauses eignen sich besonders zum Kennenlernen der guten klassischen toskanischen Küche – **Da Noi**, via Fiesolana 46/r - Tel. 055-242 917 - So, Mo, im Aug. und Weihnachten geschl. - 50000 L - Kleines raffiniertes Restaurant, kreative Küche, Fisch und Meeresfrüchte – **Dino**, via Ghibellina 51/r - Tel. 055-241 452 - So abends, Mo und im Aug. geschl. - 35-50000 L - Eine der ältesten Adressen Florenz', Jahreszeitenküche mit viel toskanischer Tradition – **Cantinetta Antinori**, piazza Antinori 3 - Tel. 055-292 234. Verborgen im Hof des Palais Antinori gelegen, in der Nähe des Rathauses. Viele schätzen hier die besonders guten toskanischen Weine, die Küche ist einfach – **Buca Lipi**, via del Trebbio 1/r - Tel. 055-213 768 - Mi und im Aug. geschl. - 30-50000 L - Pittoresker Keller im bereits erwähnten Antinori-Palais, gute Küche – **Buca Mario**, piazza Ottaviani 161 - Tel. 055-214 179 - Mi und im Aug. geschl. - 30-50000 L - Typischer Keller, traditionelle Küche – **Le Fonticine**, via Nazionale 79 r - Tel. 055-282 106 -

Großer rustikaler Raum mit zahlreichen Gemälden - toskanische Küche und einige Spezialitäten der Emilia Romagna; Gutes vom Grill, einzige Kritik: die Tische sind zu eng gestellt – **Campannia di Sante**, piazza Ravenne - Tel. 055-68 8343 - Der abendliche Spaziergang entlang dem Arno Rtg. Verrazzano-Brücke ist sehr schön. Ausschließlich Fischgerichte. Schöner Blick auf den Ponte Vecchio und den Signoria-Turm – **Antico Fattore**, via Lambertesca 1 - Tel. 055-238 12 15 - So, Mo und im Aug. geschl. - 35000 L - Traditionelle toskanische Spezialitäten, Familien-Trattoria in der Nähe der Uffici – **Fagioli**, corso Tintori 47/r - Tel. 055-244 285 - Sa, So, im Aug. und Weihn. geschl. - 30-40000 L - Die hier angebotenen Spezialiten werden von einem echten Toskaner zubereitet.

CAFES UND BARS

Rivoire, piazza della Signoria - Eine große Terrasse am schönsten Platz der Welt. Es tut sehr wohl, sich hier nach dem Besuch der Uffici auszuruhen. Sandwiche, Kuchen, vor allem die *cantucci di Prato* mit *vino santo* – **Giacosa**, via Tornabuoni 83 - Dieses elegante Café ist stets sehr belebt. Cappuccino und Gebäck – **Gilli**, piazza della Repubblica - mit großer palmengeschützter Terrasse am beliebtesten Platz der Stadt. Innen Belle-Epoque-Ausstattung – **Vivoli**, via Isola delle Strinche - Mo geschl. Sehr gutes Eis - Gebäck – **Dolce Vita**, piazza del Carmine. Junger Szene-Treffpunkt der Stadt - **Paszkowski**, piazza della Repubblica 6 - Konzert-Café und Restaurant.

SHOPPING MIT CHARME

Pineider, piazza della Signoria 13/r - einst Lieferant Napoleons und Verdis; hier kaufen noch immer die Großen der Welt wie auch Ästheten ihr Briefpapier (mit Monogramm), ihre Tinte usw.

Officina Profumo Farmaceutica di Santa Santa Maria Novella, piazza Sta. Maria Novella - Eau de Cologne, Parfums, Elixire, Seifen; das Geschäft befindet sich in einer Kapelle des 14. Jh., nach Vereinbarung kann man die hinteren Räume

besichtigen. Wundervoll.
Taddei, via Sta. Margherita 11 - ein hübsches Lederwarengeschäft (Handarbeit) - der Laden der **Leather School**, hier werden die in der benachbarten Schule hergestellten Lederwaren verkauft. Florentiner

Schmuck gibt es auf dem Ponte Vecchio - wer ausgefalleneren Schmuck zu kaufen wünscht: **Bottega Orafa di Cassigoli e Costanza**, via degli Ramaglienti 12 - handgearbeiteter Schmuck – **Gusceli Brandimarte**, via Bartolini 18 - handgearbeitete Goldwaren.

Via de' Tumabuoni ist *das* Modegeschäfts-Zentrum. Seide und Besticktes, bester Florentiner Tradition der Renaissance entsprechend – **Antico Sattifico Fiorentini**, via Bartolini. Taschentücher sowie Bett- und Tischwäsche (Stick- und Häkelarbeit) – **Loretta Caponi**, borgo Ognissanti 10-12/r.

Procacci, via de' Tomabuoni, Delikatessengeschäft – **Gastronomia Palmieri**, via Manni 48/r und **Gastronomia Vera**, piazza Frescobaldi 3/r - Wurstwaren, Wein, Käse und andere toskanische Produkte.

Prato

Il Piraña, via Valentini 110 - Tel. 0574-25746 - Sa mittags, So und im Aug. geschl. - 60-80000 L - Elegant, moderne Einrichtung, gute Küche.
Trattoria Lapo, piazza Mercatale. Einfach und preiswert.
Tonio, piazza Mercatale 161 - Tel. 0574-21 266 - So, Mo und im Aug. geschl.

Siena

Cane e Gatto, via Pagliaresi 6 - Tel. 0577-287545 - mittags reservieren - zwei sehr gute Trattorias in einer kleinen Straße gegenüber der Pinakothek – **Guido**, Vic. Pettinaio, 7 - Tel. 0577-28 00 42 - Mi., vom 10. bis 25. Jan. und vom 15. bis 30. Juli geschl. - eine absolut authentische Küche – **Al Mangia** oder **Il Campo**, piazza del Campo 43 - 45-50000 L - An der berühmten piazza del Campo, allein der Lage wegen! – **Nello La Taverna**, via del Porrione 28 - Tel. 0577-289 003 - Mo und Febr. geschl. - 25-50000 L - Ein von den Familien

der Stadt aufgesuchtes Gasthaus. Gute Küche, gute toskanische Weine **Osteria Le Logge**, via del Porrione 33 -Tel. 0577-480 13 - So geschl. - 40-50000 L - In einem ehemaligen Lebensmittelgeschäft, recht edel. Reservieren, wenn Sie im angenehmsten Raum (Erdgeschoß) sitzen möchten – **Grotta Santa Caterina da Bogaga**, via della Galluzza 26 - Tel. 0577-282 208 - So abends, Mo und im Juli geschl. - 30000 L - Küche und Atmosphäre rustikal – **Antica Trattoria Botteganova**, strada Chiantigiana 29 - Tel. 0577-284 230 - So, Mo mittags und 10 Tage im Aug. geschl. - 40-70000 L - Sehr angenehm, Küche und Empfang könnten nicht besser sein, lohnt durchaus einen kleinen Umweg.

DIE TOSKANA ZWISCHEN FLORENZ UND SIENA

Fiesole

5 km von Florenz entfernt
Trattoria Cave di Malano, in Maiano

(3 km), via delle cave 16 - Tel. 055-591 33 - Do, So abends und im Aug. geschl. - 35000 L - Im Sommer wird das Mittagessen an großen Holztischen auf der schattigen Terrasse serviert - im Winter im pittoresken Speiseraum.

Bagno a Ripoli
9 km von Florenz entfernt

Cent'Anni, via Centanni 7 - Tel. 055-630 122 - Sa mittags, So und im Aug., geschl. - 50000 L - Garten und Speiseraum sehr hübsch; die traditionellen toskanischen Gerichte werden von der Familie zubereitet: Mamma Lucia kocht, ihr Sohn Luciono kümmert sich um den Nachtisch und Silvano um den Wein.

Settignano
7 km von Florenz entfernt

Caffe' Desiderio, Ein altes Café aus dem späten 19. Jh. - Kaffee, Schokolade, Gebäck, Cocktails und ein wunderbarer Blick auf die Hügel von Fiesole.

Serpiolle
8 km von Florenz entfernt

Lo Strettoio, via di Serpiolle 7 - Tel. 055-4250 044 - mittags, So, Mo und im Aug. geschl. - Ein schönes Restaurant in einer alten Villa, die ihre alte Olivenölpresse (worauf auch der Name zurückgeht) bewahrt hat. Raffinierte Atmosphäre und ein Jahreszeiten-Menü, das von den *camerieri* in schwarzem Gewand mit weißem Kragen serviert wird.

Carmignano
22 km von Florenz entfernt

Da Delfina, in Artimino (6 km), via della Chiesa - Tel. 055-871 8175 - Mo abends, Di, im Aug. und vom 1. bis 15. Jan. geschl. - Mamma Delfina wacht über alles, und deshalb stammt auch alles aus eigener Produktion (Gemüse, Eier, Geflügel) oder wird eigenhändig zubereitet, insbesondere die unvergeßlichen *pappardelle*.

San Casciano in Val di Pesa
18 km von Florenz entfernt

IN MERCATALE, **La Biscondola**, Tel. 055-821 381 - Mo, Di mittags und im Nov. geschl. - 40-50000 L.

IN CERBAIA (6 km), **La Tenda Rossa**, Tel. 055-826 132 - Mi, Do mittags und vom 5. bis 28. Aug. geschl. - 75000 L - Dieses kleine Restaurant ist ein Familienbetrieb. Die Küche, in der vorwiegend frische Produkte verwendet werden, ist hervorragend. Reservieren.

Monterriggioni
15 km von Siena entfernt

Il Pozzo, piazza Roma 2 - Tel. 0577-304 127 - So abends, Mo, im Jan.

und von Ende Juli bis 15. Aug. geschl. - 40-50000 L - Gerichte und Weinkarte hervorragend. Gastronomische (regionale) Küche.

Castelnuovo Berardenga
20 km von Siena entfernt

La Bottega del 30, in Villa a Sesta,

5 km von Castelnuovo - Tel. 0577-35 92 26 - mittags (außer So u. an Feiertagen), Di u. Mi geschl. - 40-80000 L. Reservieren.

San Piero a Sieve

21 km von Siena entfernt

Villa Ebe, borgo San Lorenzo - Tel. 0551-845 7507 - Mo geschl. - 40000 L - Allein das Dorf und die Umgebung lohnen einen Umweg, die frische Pasta der Signora Ebe aber machen diesen Ort unumgänglich!

Castellina in Chianti

26 km von Siena entfernt

Antica Trattoria La Torre, Tel. 0577-740 236 - Fr und vom 1. bis 15. September geschl. - 30-45000 L - Hier wird die Familientradition fortgesetzt und mit Produkten aus der Region gekocht.

Gaiole in Chianti

28 km von Siena entfernt

Badia, in Coltibuono (5 km) - Tel. 0577-749 424 - Mo und vom 1. November bis 15. Dezember geschl. - 45000 L - Hier herrscht noch die Tradition der humanstischen Beniktiner mit besonders feinem Gaumen, die einst das Kloster bewohnten. Ein höchst angenehmer Ort.

Colle Val d'Elsa

25 km von Siena entfernt

Arnolfo, piazza Santa Caterina 2 - Tel. 0577-920 549 - Di, vom 1. bis 10. August und vom 10. Januar bis 10. Februar geschl. - 60-100000 L - Auf dem Weg von San Gimignano nach Volterra sollte man hier einkehren, denn: Tradition und Innovation des jungen Küchenchefs.

Antica Trattoria, piazza Arnolfo 23 - Tel. 923 747 - Di geschl. - 50-80000 L - reservieren.

Abbaye de Monteoliveto Asciano

37 km von Siena entfernt

La Torre, in den Gärten der Abtei - Es ist sehr angenehm, in diesem Gasthaus auf die Öffnung der Abtei, die mittags schließt, zu warten; sobald das Wetter es erlaubt, stehen die Tische in der Laube: Sandwiche und Menüs 25-50000 L - Di geschl.

Osteria della Pievina, stratale 438 Lauretana - Wenn Sie die einmalig schöne Straße von Asciano nach Siena

benutzen, ist dies ein besonders schöner Ort zum Rasten. Ein Restaurant mit Ambiente, guter Küche und gutem Weinkeller.

Abtei San Antimo Montalcino

41 km von Siena entfernt

La Cucina di Edgardo, via Saloni, 33 - Tel. 0577-84 82 32 - Regionale

Küche, sehr rustikal.
Poggio Antico, in Poggio Antico (4 km) - Tel. 0577-849 200 - Mo geschl. - 60-80000 L - Reservieren.
Taverna della Fattoria dei Barbi, in Podenovi, 5 km von Montalcino - Tel. 0577-849 357 - Vom 1. bis 15. Juli Di abends und Mi sowie 2. Januarwoche geschl. - 50000 L - Nach der unumgänglichen Besichtigung der Abtei San Antimo raten wir Ihnen, hier all die guten Produkte der *fattoria* zu kosten.

Montefollonico

60 km von Siena entfernt

La Chiusa, via Madonnina - Tel. 0577-669 668 - Di (außer August bis September), vom 5. Januar bis 19. März und vom 5. November bis 5.

Dezember geschl. - 80-120000 L - Köstliche Gerichte in charmanter Umgebung. Reservieren.

Pienza

52 km von Siena entfernt

La Buca delle Fate, corso il Rossellino 38/a - Tel. 0578-748 448 - Mo und Juni geschl. - Echte toskanische Küche: rustikal und großzügig – **Dal Falco**, piazza Dante Alighieri 7 - Tel. 0578-74 85 51 - Fr, vom 10. bis 20. Juli und vom 10. bis 30. Nov. geschl. - 30-40000 L - Spezialitäten des Hauses, familiäre Atmosphäre – **Il Prato**, piazza Dante Alighieri 25 - Tel. 0578-74 86 01 - Mi und vom 1. bis 20. Juli geschl. - Regionale Küche, sehr freundliche Aufnahme.

San Gimignano

38 km von Siena entfernt

Le Terrazze, piazza della Cisterna - Tel. 0577-575 152 - Di, Mi mittags u. vom 1. Jan. bis 10. Febr. geschl. - 40000 L - Spezialitäten der Toskana, schöner Ausblick auf das Val d'Elsa – **Dorando'**, vicolo dell'oro 2 – Mo geschl. - In unmittelbarer Nähe des Doms, hervorragende Küche, elegante, intime Atmosphäre - 50000 L – **La Griglia**, Tel. 940 005 - Do geschl. - Blick auf die Umgebung.

Arezzo

Buca di San Francesco, via San Francesco - Tel. 0575-23 271 - Mo abends, Di und im Juli geschl. - 55000 L - Küche von höchster Güte, Renaissance-Ausstattung mit viel Atmosphäre – **Al Principe**, in Govi (7 km), Tel. 362 046 - Mo und vom 20. Juli bis 20. Aug. geschl. - 50000 L - Eine alte traditionelle Trattoria.

Cortona

28 km von Arezzo entfernt

Il Falconiere, in S. M. in Bolena, 3 km - Mi geschl. - 60000 L - Sehr empfehlenswert – **La Grotta**, Piazzetta Baldini, 3 - Gute, traditionelle Trattoria – **Preludio**, via Guelfa, 11 – **Dardano**, via Dardano, 24. 2 gute Adressen.

Sogna-Bucine

30 km von Arezzo

Le Antiche Sere, 3 km von Ambra, Tel. 055-998 149 - außer Sa, So und Di mittags geschl. Das Restaurant liegt in einem der Häuser dieses mittelalterlichen kleinen Dorfes. Einzigartige Umgebung, hervorragende Küche. Nicht versäumen. Reservieren.

Lucignano

27 km von Arezzo entfernt

Osteria da Toto, piazza Tribunale 6 - Tel. 0575-836 988 - Di, im Nov. und Febr. geschl. - Diese superbe Villa ist eine ausgesprochen angenehme Zwischenstation.

Lucca

Buca di Sant' Antonio, via della Cervia 1 - Tel. 0583-55 881 - So abends, Mo u. im Juli geschl. - 30-50000 L - Alles sehr intim u. freundlich, eine der besten Küchen dieser Gegend. – **Antico Caffe' delle Mura**, piazzale Vittorio Emanuele 2 - Tel. 0583-47 962 – Di, 3 Wo im Jan. u. 10 Tage im Aug. geschl. - 40000 L - Ein altes Café, in dem großzügige regionale Gerichte serviert werden – **Da Giulio in Pelleria**, via delle Conce 45 - Tel. 0583-55 948 - So u. Mo geschl. - 35000 L - Die von der Familie zubereiteten regionalen Gerichte sind besonders wohlduftend u. authentisch – **Solferino**, San Macario in Piano (6 km) - Tel. 0583-59 118 - Mi, Do mittags, 2 Wochen im Aug. u. 1 Woche Weihn. geschl. - **Vipore**, in Pieve Santo Stefano (9 km) - Tel. 0583-39 4107 - Mo u. Di abends geschl. - Dieses alte Bauernhaus aus dem 18. Jh. wurde zu einem wundervollen Restaurant mit Blick auf die Ebene von Lucca umgebaut - 60000 L.

Pugnano San Giuliano Terme

Le Arcate, Tel. 050-850 105 - Mo und im Aug. geschl. - Traditionelle Küche - **Sergio**, *das* berühmte Restaurant in Pisa, verfügt über eine "Zweigstelle" in der Villa di Corliano in Rigoli San Giulinao Terme.

Pisa

Al Ristoro dei Vecchi Macelli, via Volturno 49 - Tel. 050-20 424 - Vom 10. bis 20. Aug. Mi und So mittags geschl. - 60000 L - Regionale, sehr eigenwillige Küche. Besonders mochten wir die *colorita* (rote Bohnensuppe), den Fisch und den zabaione gratinato.

Sergio, lungarno Pacinotti 1 - Tel. 050-58 0580 - So, Mo mittags und im Jan. geschl. - 70-95000 L - Kreative Jahreszeitenküche, köstliche Desserts – **Emilio**, via Roma 26 - Tel. 050-562 131 - Fr geschl. - 25-45000 L - Eine gute Adresse fürs Mittagessen zwischen Arno und Turm: großes *antipasti*-Buffet – **Da Bruno**, via Bianchi 12 - Tel. 050-560 818 - Mo abends, Di und vom 5. bis 18. Aug. geschl. - 25-60000 L - Traditionelle Küche in freundlichem Rahmen – **Lo Schiaccianoci**, via Vespucci 104 - Tel. 21024 - eigenwillige lokale Küche.

Volterra

60 km von Pisa entfernt

Da Beppino, via delle Prigioni 15 - Tel. 0588-86 051 - Mi und vom 10. bis 20. Jan. geschl. - Traditionelle Trattoria im historischen Zentrum - 30000 L – **Etruria**, piazza dei Priori 8 - Tel. 0588-86 064 - Do und im Nov. geschl. - 45000 L - Das Restaurant befindet sich in einem ehemaligen Palast am herrlichen Volterra-Platz.

Pietrasanta

Lo Sprocco, via barsanti 22 - Tel. 0584-707 93 - von Juni bis Sept. mittags geschl., in den anderen Monaten Mi - 35-55000 L - Bei schönem Wetter wird auf der Terrasse serviert – **Martinatica**, Tel. 0584-79 25 34 - Di geschl. - 50-70000 L - In Baccatoio, 1 km weiter, eine gute Adresse – **Il Bafardello**, in Fiumetto-Marina di Pietrasanta, Tel. 0584-21 034 - im Sommer Di mittags geschl. - Pizzeria.

Livorno

La Barcarola, viale Carducci 63 - Tel. 0586-402 367 - So und im Aug. geschl. - 40-60000 L - Ein Palast aus dem frühen 19. Jh., beste Spezialitäten Livornos: die Fischsuppe *caciucco* und Barsch nach lokaler Art – **Gennarrino**, via Santa Fortunata 11 - Tel. 0586-888 093 - Mi und im Febr. geschl. - 45000 L - Ein gutes, klassisches Rest., reservieren – **Il Fanale**, Scali Novi Lena 15 - Tel. 0586-881 346 - Di geschl. - 50000 L. - Reservieren.

Viarregio

Grand Caffé Margherita, lungomare Margherita 30 - Tel. 0584-962 553 - So und im Aug. geschl. - 40-

60000 L - Orientalisch inspirierte Architektur der Fassaden, Libertystil in den Salons, das Caffé ist heute erneut prachtvoll, die Speisekarte des Restaurants klassisch, die Qualit sehr gut – **L'Oca Bianca**, via Coppino 409 - Tel. 0584-672 05 - Außer Sa und So mittags, Di und im Nov. geschl. - 90000 L - *Die* Adresse in

Viareggio für Fischgerichte und solche, die *mare* und *monti* gekonnt verbinden (s. Probiermenü).

Saturnia

I Due Cippi, piazza Veneto, 26.

Isola d'Elba

Publius, in Poggio (Marciana) - Tel. 0565-99 208 - von der 2. Oktoberhälfte bis Ostern geschl. - 35-70000 L - Das berühmteste Restaurant der Insel, schöner Blick aufs Meer – **Rendez-vous da Marcello**, in Marciana Marina, piazza della Vittoria 1 - Tel. 0565-99 251 - Vom 10. Jan. bis 10. Febr. Mi geschl. - 40-60000 L.

TRENTINO SÜDTIROL

Trient

Chiesa, via Marchetti 9, Tel. 0461-238 766 – Mi abends, So u. vom 10. bis 25. Aug. geschl. - 60-80000 L - Die Spezialitäten sind den Jahreszeiten angepaßt: In der Zeit der Apfelernte werden z.B. alle Gerichte mit Äpfeln zubereitet - im Frühjahr viel frisches Gemüse, im Sommer Fischgerichte (mit Fischen aus dem See); raffiniert, elegant – **Orso Grigio**, via degli Orti 19 - Tel. 0461-984 400 - So u. vom 1. bis 15. Jan. geschl. - Raffinierte (trientinisch-französische) Küche. Im Sommer: hübscher Garten – **Hostaria del Buonconsiglio**, via Suffragio 23 - Tel. 0461-986 619 - außer So nur abends geöffn. - 30000 L - Rustikal u. freundlich – **Birreria Forst**, via Oss Mazzurana 38 - Tel. 0461-235 590 - Mo geschl. - 30000 L - Eine gute Adresse fürs Mittagessen, das man an der Bar oder im hinteren Raum einnimmt – **Le Bollicine**, via dei Ventuno 1 - Tel. 0461-983 161 - So u. im Aug. geschl. - 35000 L - An der Straße des Schlosses Buon Consiglio, Rest. u. Kneipe
IN CIVEZZANO, 6 km von Trento entfernt, **Maso Cantanghel**, via Madonnina 33 - Tel. 0461-858 714 - So, Ostern u. im Aug. geschl. - 35000 L - Ein schönes altes u. gut restauriertes Bauernhaus etwas außerhalb der Stadt. Küche u. Service gepflegt.

CAFES UND BARS

Caffe'Campregher, via Mazzini - Köstliche Cocktails mit viel *spumante*, dem Schaumwein dieser Gegend.

Calavino

19 km von Trient entfernt

Castel Toblino, Tel. 0461-44 036 - Am Gardasee, in einer wundervollen

Berg- und Seenlandschaft, wurde ein Raum dieses romantischen Schlosses als Restaurant eingerichtet. Garantiert charmant.

Riva del Garda

28 km von Trient entfernt

Vecchia Riva, via Bastione 3 - Tel. 0464-555 061 - Außerh. der Saison Di und Mi abends geschl. - 50000 L - Restaurant sehr edel, Service gepflegt.

Bastione, via Bastione 19/a - Tel. 0464-552 652 - Mi und vom 4. Nov. bis 11. Dez. geschl. - 30000 L - Typische Trientiner Küche, sehr angenehme Atmosphäre, reservieren.

Madonna di Campiglio

Prima o Poi, pozze 8 - Tel. 0465-57 175 - Mi und im Juni geschl. - Einige km vom Zentrum entfernt, an der Straße nach Pinzolo. Zögern Sie nicht, dieses kleine Holzhaus zu betreten. Die Familie Recagni wird Sie freundlich empfangen und großzügig mit Berggerichten bewirten.

Rifugio Malghette, Pradalgo - Tel. 0465-41 144 - vom 20. Sept. bis Weihn. und von Mai bis 10. Juni geschl. - 30000 L - Ein freundlich-sympathisches Chalet im Naturpark dell'Andamello-Brenta. Die schönste Zeit ist Anfang Juli, wenn die Rhododendren blühen. Das Risotto mit Pilzen und Preiselbeeren und die selbstgemachte Pasta sind eine wahre Freude.

Bozen

Da Abramo, piazza Gries 16 - Tel. 0471-280 141 - So und im Aug. geschl. - 45-65000 L - Ein elegantes Restaurant.

Chez Frederic, via Armando Diaz 12 - Tel. 0471-271 011 - 35000 L - Besonders angenehm im Sommer, wenn man im schattigen Hof sitzt. Französisch inspirierte Küche.

Castel Mareccio, via Claudia de' Medici 12 - Tel. 0471-979 439 - Dieses mit Wein umgebene Schloß ist auf eine rustikale Art elegant.

LOKALE SPEZIALITÄTEN

Antica Salumeria Salsamenteria Guillano Masé, via Goethe 15 - hausgemachter Tiroler Speck, *salami di selvaggina* und andere Spezialitäten.

Bressanone

Fink, Portici Minoni 4 - Tel. 0472-83 48 83 - Mi und vom 1. bis 15. Juli geschl. - Typische Bergküche in einem früheren, unter den mittelalterlichen Arkaden des im Zentrum von Bressanone gelegenen Palastes.

Oste Scuro, vicolo Duomo 3 - Tel. 0472-83 53 43 - So abends, Mo und vom 10. Jan. bis 5. Febr. geschl. - 40000 L - Im Speiseraum Barockde-

kor und im Sommer eine schöne Terrasse - Südtiroler Küche.

Fie allo Scilliar

Tschafon, Fié di Sopra 57 - Tel. 0471-72 5024 - nur abends geöffn., Mo, vom 9. bis 22. Jan. und vom 1. bis 14. Nov. geschl. - Thérèse Bidart wird Sie hier sehr freundlich empfangen und Ihnen französische Gerichte auftragen. Zwischen Okt. und April ein außergewöhnlich gutes Fisch-Buffet.

Merano

Andrea, via Galilei 44 - Tel. 0473-237 400 - Mo und vom 4. bis 25. Febr. geschl. - 45-85000 L - Über die Dolomiten hinaus berühmt und elegant, unbedingt reservieren.

Flora, via Portici 75 - Tel. 0473-231 484 - So, Mo mittags und vom 15. Jan. bis 28. Febr. geschl. - 55-85000 L - Tiroler und italienische Küche. Edel.

Terlaner Weinstube, via Portici 231 - Tel. 0473-235 571 - Mi geschl. - Regionaltypische Küche. Reservieren.

LOKALE SPEZIALITÄTEN

Casa del Miele Schenk, via casa di Risparmio 25 - Hier gibt es selbstverständlich Honig und köstlichen Gelee, aber auch eine Auswahl handgefertigter Kerzen.

Santa Gertrude Val D'ultimo

28 km von Meran entfernt
Genziana, via Fontana Bianca 116 - Tel. 0473-79 133 - Fr und vom 1. Nov. bis 26. Dez. geschl. - 50000 L - Eines der besten und gewiß auch am höchsten gelegenen Restaurants (2000 m). Tiroler und Trentiner Küche: *polenta, porcini*, aber auch Linzer- und Sachertorte sowie Strudel.

Villabassa

Friedlerhof, via Dante 40 - Tel. 0474-75 003 - Di und im Juni geschl. - 40000 L - 23 km von Brunico entfernt, ein angenehmes Restaurant im Tiroler Stil - die Gerichte wie auch die Ausstattung betreffend.

Ortisei

Ramoser, via Purger 8 - Tel. 0471-796 460 - Do geschl. - 40000 L - Die Atmosphäre ist sehr behaglich und die Speisen sind echt und typisch. Eine der guten Adressen des Val Gardena.

Janon, via Rezia 6 - Tel. 0471-796 412 - Di und im Nov. geschl. - 30000 L - Typische Tiroler Küche, guter Nachtisch.

V E N E T O

Venedig

in der Nähe der Markuskirche

RESTAURANTS

Harry's Bar, calle Vallaresco 1323 - Tel. 041-528 5777 - Mo und vom 4.

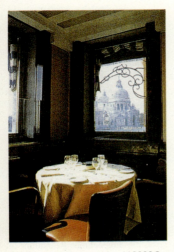

Jan. bis 15. Febr. geschl. - 110000 L - *Bellini*, *carpaccio* und *risotto* sind die Spezialitäten dieses in aller Welt berühmten Hauses. Der beliebteste Tisch ist der an der Bar. Unbedingt reservieren.

Trattoria alla Colomba, Piscina-Frezzeria 1665, San Marco - Tel. 041-522 11 75 - Mi außerh. der Saison geschl. - 70-100000 L - Zahlreiche Bilder zeitgenössischer Künstler; exzellente Küche, eine der begehrtesten Trattoris in Venedig.

Antico Martini, gegenüber der Oper, Tel. 041-522 41 21 - Di und Mi mittags geschl. - 70-120000 L - köstlich.

Al Teatro, campo San Fantin 1917 - Tel. 041-523 72 14 - Mo geschl. - 40000 L - Pizzeria mit Briefmarken- und Zigarettenverkauf.

La Caravella, via XXII Marzo - Tel. 041-520 89 01 - Mi außerh. der Saison geschl. - 75-132000 L.

Vini da Arturo, calle degli Assassini 3656 - Tel. 041-528 69 74 - Die 7 Tische werden meist im Sturm genommen; wer die hervorragenden Fleischgerichte dieses Hauses probieren möchte, muß unbedingt reservieren.

Da Raffaele, San Marco 2347 (fondamenta della Ostreghe) - Tel. 041-523 23 17 - Do, Weihn. geschl. Im Winter Kaminfeuer, im Sommer sitzt man am Kanal mit Gondelverkehr.

Do Forni, calle dei Specchieri 457 - Tel. 523-77 29 - im Winter Do und von Ende Nov. bis Anf. Dez. geschl. - 60-90000 L.

CAFÉS UND BACCARI

Florian, piazza San Marco 56 - Mi

geschl. - Besteht seit 1720, berühmt sind die prachtvollen Innenräume und die große schattige Terrasse am Markusplatz. Um 5 Uhr nachmittags: Schokolade; zum Aperitif: im Sommer den *Bellini* und im Winter den *Tintoretto* – **Quadri**, piazza San Marco. Gegenüber, an der Sonnenseite -

ebenfalls sehr elegant – **Caffe' Lavena**, piazza San Marco 134. Trotz seines hohen Alters (200 Jahre) läßt es sich von seinen illustren Nachbarn nicht unterkriegen – **Caffe' Paolin**, campo San Stefano 2692, San Marco - Eine große Terrasse am Campo (in der Sonne); hier gibt es das beste Eis der Stadt u. den *spritz* (Prosecco und Bitter) zum Aperitif – **Vino Vino**, Ponte delle Veste 2007-a, ein paar Schritte vom Theater La Fenice entfernt; eine kleine beliebte Bar, in der die *gondolieri* u. die Musiker von La Fenice hin und wieder pausieren. Gute Auswahl italienischer Weine, die nicht schlecht zu einem Teller *pasta e fagioli* schmecken – **Enoteco Volto**, calle Cavalli 4081, San Marco - Tel. 041-522 89 45 - Eine fürs Mittagessen ideale Weinbar. Köstliche kleine Sandwiche, aber auch gute *brunello, barolo, barbaresco* - zahlreiche Biersorten – **Al Bacareto**, San Samuele 3447, köstlich u. lebhaft.

in der Nähe der Rialtobrücke

RESTAURANTS

Trattoria Madonna, calle de la Madonna 594 - Tel. 041-522 38 24 - 40000 L - Eines der typischsten Rest. ganz Venedigs, nur bekommt man nicht immer einen Tisch – **Poste Vecie**, Pescheria Rialto - Tel. 041-721 822 - In unmittelbarer Nähe des Fischmarktes. Besonders schön ausgestattete Speiseräume, eine große, sehr romantische Terrasse am Kanal, gute Küche mit großem Fischangebot. Sehr touristisch – **Al Graspo de Ua**, calle de Bombaseri 5094 - Tel. 041-522 36 47 - Mo,

Di und vom 25. Juli bis 10. Aug. geschl. - 70000 L - Es verdient den Ruf, eines der besten Fischrestaurants der Stadt zu sein. Pittoreske Ausstattung

BACCARI

Vini da Pinto, campo della Pescaria, die Lieblingsbar der Fischer vom Markt, die sich hier an der Theke aufwärmen, indem sie ein Glas Weißwein trinken und dazu einige *crostini* essen; Fisch- und Langustinenplatte. Im Sommer mittags eine angenehme Terrasse – **Alla Botte**, nahe der Rialtobrücke und des campo San Bartolomeo: eine echte italienische Bar, in der einem die gewünschte Anzahl von Mortadellascheiben geschnitten werden und wo der Wein glasweise ausgeschenkt wird. Ideal für die Mittagspause.

San Polo

Osteria da Fiore, calle del Scaleter - Tel. 041-72 13 08 - So, Mo, Weih-

nachten und im Aug. geschl. - der hier servierte Fisch ist sehr begehrt, reservieren – **Ai Mercanti**, Pescheria Rialto - Tel. 041-524 02 82 - So geschl. - 60000 L – **Da Ignazio**, calle

del Saoneri - Tel. 041-523 48 52 - Sa geschl. - 60000 L - Sehr freundlicher Innenraum, berühmt für seine *baccalà mantecado* und seine Fischgerichte.

Cannaregio

Osteria Al Million, S. Giovanni Crisostomo 5841 - Mi geschl. Eines der ältesten *Baccari* von Venedig. Weißweine: *Soave* oder *Prosecco* - Rotweine: *Valpolicella* oder *Bardolino*; das paßt besonders gut zu den

molecche (weiche Krabben) oder *cichetti*.

Fiaschetteria Toscana S. Giovanni Crisostomo - Tel. 041-528 52 81 - Fisch-Spezialitäten: Seebarsch, Risotto.

Vini da Gigio, in der Nähe von Ca' d'Oro - Tel. 041-528 51 40 - Mo geschl. - 45000 L.

Ca d'Oro oder alla Vedova, calle del Pistor, hinter Ca' d'Oro, eine typische Bar: guter Fisch und die Spezialität *polpette d'Alda* (köstliche Frikadellen).

BACCARI

Do Mori, calle dei Do Mori, in der Nähe der Rialto-Brücke. Wenn man in dieser Gegend ist, muß man hier einkehren, nur: mittags geschlossen.

Do Sprade, calle Le do Spade, die Verlängerung der Straße do Mori - hier wird an der Theke serviert.

Alla Pergola, fondamenta della Sensa Cannaregio 3318 - nahe des Tintoretto-Hauses, ein typisches, authentisches *baccaro*: Hausmannskost (Risotto, Cichetti, Canocce).

Antica Mola Fondamenta Ormesini - Im Ghetto, dem einstigen Jüdischen Stadtteil Venedigs, das von Touristen kaum aufgesucht wird. Besonders nostalgisches Ambiente, wo Cinephile den Platz erkennen werden, auf dem Visconto einst eine Szene drehte ... Im Sommer sitzt man draußen am Kanal.

in der Nähe von Dorsoduro, Accademia

RESTAURANTS

Ai Cugnai, Dorsoduro San Vio - Tra-

ditionelle Trattoria.
Ai Gondolieri, Dorsoduro San Vio 366 - Tel. 041-528 63 96 - Di geschl. - 90000 L - Spezialitäten: Fleisch - Reserv. empfohlen.
Locanda Montin, fondamenta di Borgo 1147 - Tel. 041-522 71 51 -

Di abends und Mi geschl. - 30000 L - In der Nähe der Guggenheim Foundation, traditionelle Gerichte. Das Restaurant ist zwar berühmt, aber die Küche ist mittelmäßig. In der Laube des großen Hofes fühlt man sich

allerdings sehr wohl.
Linea d'ombra, Zattere 19 - eine große Terrasse in der Nähe der Salute-Kirche, abends Piano-Bar.

BARS UND BACARI

Cantinone Già Schiavi, San Trovaso 992 - Die Universität und Akademie, beide in unmittelbarer Nähe, machen die *Cantinone* zur bevorzugten Adresse der Akademiker, die hier meist ein *panini* mit einem *spritz al bitter* bestellen.

zwischen Riva degli Schiavonni, Giardini und Arsenal

RESTAURANTS

Corte Sconta, calle del Pestrin 3886 - Tel. 041-522 70 24 - So und Mo geschl. - Die Kundschaft besteht größtenteils aus Intellektuellen und Künstlern, hervorragende Küche; die beste Adresse in Venedig ist noch immer vertraulich, da nicht leicht zu finden.
Al Cavo, campiello della Pescaria 3968 - Tel. 041-522 38 12 - Mi, Do und vom 10. bis 20. Aug. geschl. - Eine der der bevorzugten Adressen der Venezianer.
Hostaria da Franz, fondamenta San Isepo 754 - Tel. 041-522 75 05 - Di

außerh. der Saison und im Jan. geschl. - 50-60000 L - Spezialität: Fisch und Meeresfrüchte. Im Sommer stehen die Tische dem Kanal entlang, (reservieren, Vaporetto Nr. 18, Station Giardini) schick.

Die Guidecca

RESTAURANTS

Cip's at the Palazetto, Das neue Pizzeria-Grill-Restaurant der neuen Dependance des Cipriani. Schwimmende Terrasse mit Blick auf San Marco.

Harry's Dolci, fondamenta San Biagio - Tel. 041-522 48 44 - Mo und vom 10. November bis 10. März geschl. - 70000 L - Hier trifft man im Sommer die besonders schicken Venezianer.

L'Altanella, Wenn man am Kanal der Guidecca entlangspaziert, entdeckt man die kleine, von Wein verborgene Altanella-Terrasse. Ein Familienbetrieb mit echter venezianischer Küche.

SHOPPING MIT CHARME

Stefano Zanin, geschnitzte Blattgold-Rahmen – **Renato Andreatta**, Spiegel- und Bilderrahmen, Masken - **Mondonova**, ponte dei Pugni 3063 - Dorsoduro. Giano Lavato stellt wunderbare Masken her und arbeitet fürs Theater.

Legatoria Piazzesi, S. Maria del Giglio 2511 - Hier gibt es marbriertes, nach herkömmlicher Art handgedrucktes Papier ("carta varese") sowie andere venezianische handwerkliche Produkte wie alte Bucheinbände, besondere Einrichtungsgegenstände.

Antichità V. Troïs, campo S. Maurizio - herrliche, in Guidecca hergestellte Fortuny-Stoffe – **Rubelli**, palais Cornerspinelli, campo S. Gallo - Damast, Seide und Brokat – **Delphos** und **Venetia Studium**, campo S. Fantin 1997 - moderne Kopien von Fortuny-Kleidern, -Taschen, -Seidenschals (plissiert) in zahlreichen Farben, aber auch Lampen im Fortunystil – **Mazzaron**: handgearbeitete Spitze (darunter auch die berühmte venezianische) – **Jesurum**, ponte della Canonica S. Marco, in einer Kirche des 12. Jh. - Bett- und Tischwäsche, alte Spitze – **Pantofola**, calle della Mandola - S. Marco 3718 - Samtschuhe, die einst die *gondolieri* trugen.

Pauly, piazza S. Marco: sehr schönes Kunstglas – **L'Isola**, campo S. Moise - hier stellt Carlo Moretti Gläser und Karaffen her – **Rigattieri**, calle de la Mandola; verkauft die Produkte der berühmtesten Glashersteller wie Seguso, Barovier-Toso, Venini, usw. – **Industrie Veneziane**, in der Nähe der Haltestelle S. Marco, **Battiston**, calle Vallaresco 1320 - Hier gibt es die berühmten Karaffen der Harry's Bar.

Codognato, calle del Ascensione, hinter S. Marco - alter Schmuck,

Artdeco, Cartier, Fabergé, Tiffany – **Nardi**, piazza S. Marco, eines der größten Schmuckgeschäfte - u.a. eine herrliche Othello-Serie (nur Einzelstücke) – **M. Antiquités**, Schmuck von Monica Zecchi, Kleider und Seidensamt-Kappen von Mirella Spinella – **Enoteca Al Volto**, calle Cavalli 4081 - Wein des Veneto – **Pasticceria Dal Col**, San Marco 1035 - alle traditionellen Süßigkeiten Venedigs.

Murano

Ai Frati, Tel. 041-736 694 - Do und im Febr. geschl. - Die älteste Osteria Muranos; hier wird noch immer ein typisch venezianisches Menü ange-

boten. Terrasse am großen Kanal von Murano.

Torcello

Ponte del Diavolo, Tel. 041-730 401 - Do, im Jan., Febr. und abends außer Sa geschl. - 40-70000 L - Spezialitäten: Fisch und Meeresfrüchte. Im Sommer ißt man in einem hübschen Garten zu Mittag – **Locanda Cipriani**, Tel. 041-735433 - Di, im Jan. und vom 1. bis 18. Febr. geschl. - 80-100000 L - Unmittelbar neben der Kathedrale Santa Maria Assunta, deren Mosaiken man sich unbedingt ansehen sollte. Cipriani, das heißt: schlicht, aber viel Qualität.

Burano

Osteria ai Pescatori, Tel. 041-730 650 - Mo und im Jan. geschl. - 50000 L - Seit 200 Jahren gibt es hier die authentische Burano-Küche. Speiseraum und Garten sehr hübsch – **Al Gato Nero-da Ruggero**, Tel. 041-730 120 - Mo, vom 8. bis 30. Jan. und vom 20. Okt. bis 20. Nov. geschl. - 50000 L - Typisch.

Verona

Arche, via delle Arche Scaligere 6 - Tel. 045-800 7415 - So, Mo mittags und im Jan. geschl. - 80000 L - Liegt dem berühmten Grabmal von Della Scala gegenüber und ist ein höchst edles Restaurant.

Il Desco, via Dietro San Sebastiano 7 - Tel. 045-595 358 - So, Weihnachten, Ostern und im Juni geschl. - 70-100000 L - Im historischen Zentrum von Verona. Italienische Nouvelle Cuisine, sehr guter Weinkeller.

12 Apostoli, vicolo Corticella San Marco 3 - Tel. 049-596 999 - So abends, Mo, vom 2. bis 8. Jan. und

Ende Juni geschl. - 85000 L - Ein Must in Verona.

Nuovo Marconi, via Fogge 4 - Tel. 045-591 910 - So und im Juli geschl. - 70000 L - Ein elegantes Restaurant, raffinierte ital. Küche, Empfang sympathisch.

Re Teodorico, piazzale CasTel. San Pietro - Tel. 045-8349 990 - Mi und im Jan. geschl. - 55000 L - Schöner Blick auf Stadt und Fluß (Etsch).

Bottega del Vino, via scudo di Francia 3 - Tel. 045-80 04 535 - Angenehme Weinbar, traditionelle Küche, fröhlich-ungezwungenes Ambiente.

Osteria dal Duca, via Arche Scaligere 2 - Tel. 045-59 44 74 - Hauptsächlich einheimische Gäste, die wegen der *pastisada de caval* (Pferderagout), der Spezialität Veronas, hier einkehren.

Rubiani, piazetta Scalette Rubiani 3 - Tel. 045-800 68 30 - Fr und Sa geschl. - 60000 L - Eines der guten Restaurants dieses nahe des Amphitheaters gelegenen Viertels, in dem es an Speiseangeboten nicht mangelt: *risotto ai bruscandoli* und für die Neugierigen ein *coniglio al càffé*.

Trattoria Al Camiere, piazza San Zeno 10 - Tel. 045-803 0765 - Mi abends, Do und im Juli geschl. - Gepflegte Küche, vorwiegend lokale Produkte.

Osteria all' Oste Scuro, vicolo San Silvestro 10 - Tel. 045-59 26 50 - Sa mittags, So, Weihn. und vom 20. bis 31. Aug. geschl. - 40000 L - Zwei kleine Räume in einem Palast des historischen Zentrums, wo Sie dank Giuseppinas die Spezialitäten von Verona entdecken werden: *sfilacciata di cavalo* und *la pastisada*.

CAFES UND BARS

Caffe' Dante, piazza dei Signori - Die Atmosphäre dieses schönen Cafés, das an dem herrlichen, von Palästen und der Loggia del Consiglio umgebenen

Platz liegt, ist sehr behaglich. Auch ißt man hier sehr gut. Ein Besuch lohnt sich – **Campidoglio**, piazzetta Tirabosco 4 - Die in einem ehemaligen Kloster (mit alten Fresken) eingerichtete Bar für Yuppies – **Enothèque Dal Zovo**, Vicolo San Marco in Foro 7 - Weine in großer Auswahl: *amarone* und *recioto*.

Padua

Antico Brolo, Corso Milano 22 - Tel. 049-656 088 - So und vom 8. bis 28. Aug. geschl. - 50-90000 L - stets frische Jahreszeitenküche. Im Sommer Abendessen bei Kerzenschein im Garten - **El Toula'**, via Belle Parti 11 - Tel. 049-8751822 - So, Mo abends und im Aug. geschl. - 65-80000 L - In diesem elegant-konventionellen Toula ist man nie enttäuscht – **Il Michelangelo**, corso Milano 22 - Tel. 049-65 60 88 - Sa mittags, Mo, und Ende Aug. geschl. - 45000 L - reservieren – **Mario e Mercedes**, via S. Giovanni da Verdara 13 - Tel. 049-871 97 31 - Mi, Weihn., Neujahr und vom 15. bis

31. Aug. geschl. - 45000 L - Die besten venezianischen Spezialitäten, ein Familienbetrieb, schöne Einrichtung, kurz, eine gute Adresse.

CAFES UND BARS

Caffe' Pedrocchi, piazzetta Pedrocchi - 1831 von Antonio Pedrocchi eröffnet, galt es lange als das eleganteste Café Europas. Die Salons sind in

Grün, Weiß und Rot gehalten - in den Farben der italienischen Flagge. Hier muß man gewesen sein.

Dolo

Locanda alla Posta, Tel. 041-410 740 - Mo geschl. - 55000 L - Fischrestaurant.

Vicenza

Scudo di Francia, contrà Piancoli 4 - Tel. 0444-323 322 - So abends, Mo und im Aug. geschl. - 50000 L - In einem venezianischen Palast unweit der piazza Signori. Spezialität: Fisch und Meeresfrüchte – **Cinzia e Valerio**, piazetta Porto Padova 65 - Tel. 0444-505 213 - Mo, vom 1. bis 7. Jan. und Aug. geschl. - 70000 L - Fischrestaurant – **Gran Caffe' Garibaldi**, piazza dei Signori 5 - Tel. 0444-544 147 - Di abends, Mi und im Nov. geschl. - 35000 L - Entweder trinkt und ißt man hier eine Kleinigkeit an einem der Marmortische im schönen großen Raum des Erdgeschosses oder man begibt sich ins Restaurant mit traditioneller Küche im 1. Stock – **Osteria Cursore**, stradella Cursore 10 - Tel. 0444-32 35 04 - Sympathisch, einfach und beliebt.

Treviso

Le Beccherie, piazza Ancillotto 10 - Tel. 0422-56 601 - So abends, Mo

und Ende Juli geschl. - Eines der ältesten und berühmtesten Restaurants der Stadt, das sich bemüht, die große kulinarische Tradition der Region fortzuführen – **Al Bersagliere**, via Barberia 21 - Tel. 0422-541 988 - So, Sa mittags, Anf. Jan. und Anf. Aug. geschl. - Gute regionale Küche, reservieren.

Asolo

Ai Due Archi, via Roma 55 - Tel. 0423-95 22 01 - Mi abends, Do und vom 15. bis 30. Jan. geschl. - 45000 L – **La Tavanetta**, via Schiavonesca 45 (2 km entf.) - Tel. 0423-22 73 - Di geschl. - 30-50000 L - Wenige Gedecke. Reservieren.

Miane

Da Gigetto, via A. de Gasperi 4 - Tel. 0438-960020 - Mo abends, Di, vom 7. bis 22. Jan. und vom 1. bis - 22. Aug. geschl. - 50000 L - Ein hervorragendes Restaurant; rustikal und gediegen. Italienische Küche: fein und originell, mit den Vorzügen, aber nicht den Nachteilen der Nouvelle Cuisine. Weinkeller und Empfang außergewöhnlich gut.

Belluno

Al Borgo, via Anconetta 8 - Tel. 0437-926 755 - Mo abends, Di und vom 15. bis 30. Jan. geschl. - 35000 L - Diese schöne venezianische Villa ist ein privilegierter Ort: Kultur verbunden mit guter Küche.

Mel, 14 km von Belluno entfernt

Antica Locanda al Capello, piazza Papa Luciani - Tel. 0437-753 651 - Di abends, Mi und 2 Wo im Juli geschl. - 30000 L - Eine ehemalige Posthalterei, was auch die alten Schilder an diesem Palais aus dem 17. Jh. bezeugen. Hier wird nach alten Rezepten gekocht.

Cortina d'Ampezzo

Bellavista-Melocino, in Gillardon - Tel. 0436-861 043 - Di, im Juni und Nov. geschl. - 50000 L - Ab Cortina-Zentrum Rtg. Falzarego. Ein kleines, von den Habitués des Wintersportortes sehr geschätztes Restaurant – **El Toulà**, Ronco 123 - Tel. 0435-3339 - Mo geschl., vom 20. Dez. bis 12. April und vom 20. Juli bis Ende Aug. geöffn. - 90000 L - Das eleganteste Restaurant Cortinas – **Da Beppe Sello,** via Ronco 67 - Tel. 0436-3236 - 40-50000 L - Uns gefällt die großzügige Küche dieses kleinen Chalet-Hotels dritter Kategorie; man sitzt entweder im Speiseraum im Tiroler Stil oder (im Sommer) auf der Terrasse – **Da Leone e Anna**, via Alverà 112 - Tel. 0436-2768 - 50-60000 L - ardische Spezialitäten – **El Zoco**, via Cademai 18 - Tel. 860 041 - 50-70000 L - Reservierung erbeten – **Baita Fraina**, Fraina - Tel. 0436-3634 - Mo, im Okt., Nov., Mai und Juni geschl. - 40000 L - Die Atmosphäre dieses isoliert in einem Wald in den Bergen gelegenen Chalets ist freundlich und ungezwungen. Hausmannskost – **Il Meloncino al Lago**, lago Ghedina - Tel. 0436-860 376 - Di, im Juli und Nov. geschl. - Ein geschmackvoll-rustikales Chalet

in wundervoll natürlicher Umgebung.

CAFES UND BARS

Bar del Posta, *Hôtel de la Poste*, piazza Roma. Hemmingway soll sich in dieser Bar mit plüschiger Atmosphäre sehr wohl gefühlt haben. Der Cocktail des Hauses heißt *dolomite*.

Udine

Alla Vedova, via Tavagnacco 8 - Tel. 0432-470 291 - So abends, Mo u. im Aug. geschl. - 45000 L - Atmosphäre sympathisch, Küche wie man sie liebt.

Triest

Harry's Grill, Hotel Duchi d'Aosta, piazza dell' Unita d'Italia - Tel. 040-62 081 - 90000 L - Die Bar des Hotels ist der Treffpunkt der Geschäftsleute der Stadt. Fischgerichte und Meeresfrüchte – **Ai Fiori**, piazza Hortis 7 - Tel. 040-300 633 - So, Mo u. vom 15. Juni bis 15. Juli geschl. - 40000 L - Ein elegantes Fischrestaurant – **Suban**, via Comici 2 - Tel. 040-54 368 - Mo, Di u. 3 Wo im Aug. geschl. - 60000 L - Erst, ab 1865, war dieses Restaurant eine Landschenke. Heute hat die Stadt es zwar eingeholt, aber im Innern ist alles unverändert - probieren Sie das köstliche Kräuter-Risotto; im Sommer sitzt man in der schönen Laube - Probieren sollten Sie: *zuppe di verdura, filetto di manzo alle verze, studel di mele* - im Sommer unter einer angenehmen Pergola – **Elefante Bianco**, riva Tre Novembre 3 - Tel. 040-365 784 - Sa mittags u. So geschl. - 35-75000 L - Wenn Sie hier speisen möchten, müssen Sie vorher reservieren – **Al Granzo**, piazza Venezia 7 - Tel. 040-306 788 - Mi geschl. - 50000 L - Eines der beliebtesten Fischrestaurants von Triest. Versuchen Sie, einen Tisch dem hübschen Fischmarkt gegenüber zu bekommen – **Al Bragozzo**, riva Nazario Sauro 22 - Tel. 040-303 001 - So u. vom 25. Juni bis 10. Juli Mo geschl. - Eines der besten und beliebtesten Restaurants am Hafen.

CAFES UND BARS

Caffe' San Marco - 1904, zur Zeit der Doppelmonarchie eröffnet; die

kürzlich vorgenommene Restauration sollte die Atmosphäre jenes Literatencafés wiederherstellen, in dem sich einst Umberto Saba und Itali Svevo trafen und heute Schriftsteller wie Claudio Magris und Giorgio Voghera. Anläßlich der Wiedereröffnung verband sich das San Marco partnerschaftlich mit zwei Cafés, die im kulturellen Leben Europas ebenfalls eine große Rolle spielen: dem *Hungeria* in Budapest und dem *Florian* in Venedig. – **Caffe' degli Specchi**, piazza dell'Unità de' Italia - Am größten Platz von Triest und Ausgangspunkt der Stadtbesichtigung. Hier sollten Sie abends etwas trinken und den Sonnenuntergang am Meer betrachten – **Para Uno**, via Cesare Battisti 13. Der hier gereichte Cappucino ist phantastisch.

VERZEICHNIS

ORTSVERZEICHNIS

A

Agrigento
  Villa Athena 232
  Foresteria BaglioBaia di Luna 233
Alba (Cuneo) : Villa La Meridiana - Cascina Reine 186
Alberobello (Bari) : Hotel dei Trulli 210
Alghero (Sassari) : Hotel Villa Las Tronas....................................225
Altomonte (Cosenza) : Hotel Barbieri 1
Amalfi (Salerno)
  Hotel Luna Convento 29
  Hotel Santa Caterina 30
  La Conchiglia 31
Amalfi - Conca dei Marini (Napoli) : Hotel Belvedere....................32
Amelia (Terni) : El Piccolo Hotel del Carleni 182
Anagni (Frosinone) : Villa La Floridiana 86
Appiano (Bolzano) : Schloss Freudenstein 402
Arcugnano (Vicenza) : Hotel Villa Michelangelo 479
Argenina - Gaiole in Chianti (Siena) Borgo Argenina 329
Artimino - Carmignano (Firenze) : Hotel Paggeria Medicea 299
Arzachena-Cannigione (Sassari) : Hotel Li Capanni.....................226
Asolo (Treviso)
Asolo (Treviso)
  Hotel Villa Cipriani 462
  Hotel del Sole 463
Assisi (Perugia)
  Hotel Subasio...158
  Hotel Umbra..159
  Le Silve di Armenzano *(Armenzano)*...160

B

Baia Domizia (Caserta) : Hotel Della Baia..6
Barbarano Vicentino (Vicenza) : Il Castello 480
Barberino Val d'Elsa (Firenze)
  La Callaiola 308
  Il Paretaio *(San Filippo)*..309
  Fattoria Casa Sola *(Cortine)*...310
Bergamo : Agnello d'Oro 108
Bevagna (Perugia) : L'Orto degli Angeli 161
Bologna
  Hotel Corona d'Oro 44
  Hotel Commercianti..45
  Hotel Orologio 46
Bolsena (Viterbo) : Hotel Royal 89
Bolzano
  Park Hotel Laurin 396
  Hotel Città..397

Bovara di Trevi (Perugia) : **Casa Giulia** 162
Bressanone (Bolzano) : **Hotel Elephant**............411
Breuil Cervinia (Aosta)
   L'Hermitage............200
   Les Neiges d'Antan............201
Brisighella (Ravenna)
   Il Palazzo............57
   Relais Torre Pratesi *(Cavina)*............58

C

Caldaro (Bolzano) : **Pensione Leuchtenburg**............403
Camogli (Genova) : **Hotel Cenobio dei Dogi**............93
Canalicchio (Perugia)
  – **Relais Il Canalicchio**............163
Canelli (Asti) : **La Luna e i Falo'**............187
Canizzaro-Catania : **Grand Hotel Baia Verde**............235
Cantello (Varese)
  – **Albergo Madonnina**............142
Capri Isola di (Napoli)
   Villa Brunella............12
   Europa Palace Hotel............13
   Hotel Luna............14
   Hotel Punta Tragara............15
   Hotel Villa Sarah............16
   Pensione Quattro Stagioni............17
Castel del Piano Umbro (Perugia) : **Villa Aureli**............155
Castel di Tusa (Messina) : **Museo Albergo L'Atelier sul Mare**............245
Castelfranco Emilia (Modena) : **Villa Gaidello Club**............51
Castellina in Chianti (Siena)
   Palazzo Squarcialupi............321
   Hotel Salivolpi............322
   Tenuta di Ricavo *(Ricavo)*............323
   Hotel Villa Casalecchi............324
   Locanda Le Piazze............325
   Albergo Fattoria Casafrassi *(Casafrassi*............326
   Hotel Belvedere di San Leonino *(San Leonino)*............327
Castelnuovo Berardenga (Siena)
   Castello di Montalto............350
   Hotel Villa Arceno San Gusmè............351
   Hotel Relais Borgo San Felice San Felice............352
Castelrotto-Siusi (Bolzano)
   Hotel Cavallino d'Oro............407
   Albergo Tschötscherhof............408
Castiglione d'Orcia-Rocca d'Orcia (Siena) : **Cantina Il Borgo**............340
Cenito (Salerno) : **Giacaranda**............25
Certaldo Alto (Firenze) : **Osteria del Vicario**............314
Cetona (Siena) : **La Frateria**............367
Cetraro (Cosenza) : **Grand Hotel San Michele**............2
Champoluc (Aosta) : **Villa Anna Maria**............202
Cioccaro di Penango (Asti) : **Locanda del Sant'Uffizio**............192

Cisternino (Brindisi) : **Villa Cenci** 212
Citta di Castello (Perugia) : **Hotel Tiferno** 164
Cividale del Friuli (Udine) : **Locanda al Castello** 470
Cogne (Aosta) : **Hotel Bellevue** 203
Colle di San Paolo di Tavernelle (Perugia) : **Villa di Monte Solare** ..165
Colline di Iseo - Iseo (Brescia) : **I Due Roccoli** 109
Cologne Franciacorta (Brescia) : **Cappuccini** 110
Cortina d'Ampezzo (Belluno)
    Hotel Bellevue 451
    Hôtel de la Poste 452
    Hôtel d'Ancora 453
    Hotel Pensione Menardi 454
    Hotel Franceschi 455
    Baita Fraina *(Fraina)* 456
Corvara in Badia (Bolzano) : **Hotel La Perla** 412
Cortona (Arezzo)
    Albergo San Michele 265
    Hotel Il Falconiere *(San Martino)* 266
Costozza di Longare (Vicenza) : **Azienda A & G da Schio** 481
Courmayeur-Arnouva (Aosta) : **Chalet Val Ferret** 206
Courmayeur-Entrèves (Aosta)
    La Grange 207
    Hotel La Brenva 208

D
Dolo (Venezia) : **Villa Ducale**..448

E
Erbusco (Brescia) : **L'Albereta**...111
Erice (Trapani) : **Hotel Elimo Erice**..253

F
Fanzolo (Treviso) : **Villa Emo** 464
Farnese (Viterbo) : **Il Voltone** 90
Fasano (Brindisi) : **Masseria Marzalossa**..213
Ferrara
    Hotel Duchessa Isabella 47
    Locanda della Duchessina 48
    Locanda Borgonuovo 49
Fié Allo Sciliar (Bolzano) : **Hotel Turm** 406
Finale Ligure (Savona) : **Hotel Punta Est**......................................105
Firenze
    Hotel Helvetia & Bristol 270
    Hotel Regency 271
    Grand Hotel Villa Cora 272
    Hotel Brunelleschi 273
    Hotel J & J 274
    Hotel Monna Lisa 275
    Grand Hotel Minerva 276
    Hotel Montebello Splendid 277

Hotel Lungarno 278
Torre di Bellosguardo 279
Villa Belvedere 280
Villa Carlotta (....281
Hotel Hermitage 282
Hotel Loggiato dei Serviti 283
Hotel Splendor...284
Hotel Villa Azalee..285
Hotel Morandi alla Crocetta..286
Hotel Pensione Pendini 287
Pensione Annalena 288
Hotel Tornabuoni Beacci 289
Hotel David 290
Hotel Boticelli 291
Residenza Johanna I 292
Residenza Johanna II...293
Villa La Massa *(Candeli)* 294
Villa San Michele *(Fiesole)*...295
Pensione Bencistà *(Fiesole)* 296
Hotel Villa Le Rondini *(Trespiano)*....................................297
FattoriaI Milione *(Giogoli)*...298
Follina (Treviso) : Hotel Abbazia 465
Formia (Latina) : Hotel Castello Miramare.............................62
Forte dei Marmi (Lucca)
    California Park Hotel 369
    Hotel Byron 370
    Hotel Tirreno..371

G

Gaeta (Latina) : Gran Hotel Le Rocce 7
Gaiole in Chianti (Siena) :
    Castello di Spaltenna..328
    Borgo Argenina *(Argenina)* 329
    L'Ultimo Molino **(Ripresa di Vistarenni)** 330
Gangi (Palermo) : Tenuta Gangivecchio................................241
Gargagnano di Valpolicella (Verona) : Foresteria Serègo Alghieri....475
Garlenda (Savona) : La Meridiana 106
Gubbio (Perugia) : Villa Montegranelli Hotel *(Monteluiano)*..........167
Gressoney-la-Trinité (Aosta) : Hotel Lo Scoiattolo 209
Greve in Chianti (Siena) : Castello di Uzzano 333
Grimaldi Inferiore (Imperia) : Baia Benjamin 103
Grottaferratta (Roma)-: Park Hotel Villa Grazioli 84

I

Isola d'Elba (Livorno)
    Park Hotel Napoleone..393
    Hotel Hermitage 394
    Hotel da Giacomino..395
Isole Eolie ou Lipari (Messina)
    Lipari
    Hotel Carasco..256
    Villa Augustus Hotel 257

    Villa Meligunis 258
    Panarea : Hotel Raya 259
    Salina
    Hotel Signum 260
    Stromboli
    Hotel La Sciara Residence 261
    La Locanda del Barbablu 262
    La Sirenetta Park Hotel 263
    Vulcano : Les Sables Noirs 264

Isola d'Ischia (Napoli)
    Park Hotel Miramare 18
    Pensione Casa Garibaldi 19
    Pensione Casa Sofia 20
    Hotel Villarosa 21
    Hotel Bagattella 22
    Albergo Terme San Montano 23
    Hotel Residence Punta Chiarito 24

Isola Lampedusa (Agrigento) : Club Il Gattopardo 255

Isola di San Pietro - Carloforte (Cagliari)
    Hotel Hieracon 221
    Pensione Paola e primo Maggio 222

L

Lago di Como
    Como
    Albergo Terminus 119
    Hotel Villa Flori 120
    Bellagio
    Grand Hotel Villa Serbelloni 121
    Hotel Florence 122
    Cernobbio : Grand Hotel Villa D'Este 123
    Moltrasio : Grand Hotel Imperiale 124
    Lenno : San Giorgio Hotel 125
    Menaggio : Grand Hotel Victoria 126
    San Mamete : Hotel Stella d'Italia 127
    Varenna
    Hotel Royal Vittoria 128
    Hotel Olivedo 129

Lago di Garda
    Fasano di Gardone Riviera (Brescia)
    Villa del Sogno 112
    Grand Hotel Fasano 113
    Gardone Riviera : Villa Fiordaliso 114
    Gargnano
    Baia d'Oro 115
    Villa Giulia 116
    Salo : Hotel Laurin 117
    Sirmione : Villa Cortine Palace Hotel 118
    Riva del Garda (Trento) : Lido Palace Hotel 418

Lago Maggiore (Varese)
   Ranco (Varese) : **Albergo Ristorante Il Sole di Ranco** 145
   Cannobio (Novara) : **Hotel Pironi**..................194
   Ghiffa (Novara) : **Hotel Ghiffa** 195
   Stresa (Novara) : **Hotel Verbano** 196
Lago d'Orta
   Orta San Giulio
    Villa Crespi 197
    Hotel San Rocco...............198
Lago Trasimeno (Perugia)
   Passignano sul Trasimena : **Poggio del Belvedere** 168
   Isola Maggiore : **Hotel da Sauro** 169
Lecce (Salento) : **Hotel Patria** 219
Lecchi - SanSano (Siena) : **Residence San Sano** 332
Lecchi - Tornano (Siena) : **Castello di Tornano** 331
Le Valli-Incisa Val d'Arno : **Residenza San Nicolo d'Olmeto** 300
Le Vigne (Siena) : **La Palazzina** 368
Lucignano d'Asso (Siena) : **Azienda Picolomini Bandini** 365

M

Maleo (Milano) : **Albergo del Sole** 143
Manciano (Grosseto) : **Le Pisanelle** 384
Mantova : **Albergo San Lorenzo** 131
Maratea (Potenza)
   Locanda delle Donne Monache 3
Martina Franca (Taranto) : **Hotel Villa Ducale** 220
Matera : **Hotel Sassi** 4
Menfi (Agrigento) : **Casa Ravidà** 234
Merano (Bolzano)
   Hotel Castel Labers 398
   Castel Fragsburg...............399
   Hotel Oberwirt *(Marling)* 400
Mercatale (Firenze) : **Salvadonica** 301
Milano
   Hotel Four Seasons...............133
   Excelsior Hotel Gallia...............134
   Grand Hotel del Duomo 135
   Hotel Pierre Milano 136
   Hotel Diana Majestic 137
   Hotel Spadari al Duomo 138
   Hotel de la Ville 139
   Antica Locanda dei Mercanti)...............140
Mira Porte (Venezia) : **Hotel Villa Margherita**...............449
Missiano - Appiano (Bolzano) : **Hotel Schloss Korb** 401
Modanella-Serre di Rapolano (Siena) : **Castello di Modanella** 341
Modena : **Canalgrande Hotel** 50
Mogliano Veneto (Treviso) : **Villa Stucky** 466
Monopoli (Bari) : **Il Melograno** 211
Monsummano Terme (Pistoia) : **Hotel Grotta Giusti** 380
Montagnane (Firenze) : **Castello di Montegufoni** 302

Montali - Tavernelle di Panicale : **Azienda Agrituristica Montali**.....166
Monte San Savino (Arezzo) : **Castello di Gargonza**.........268
Montebenichi - Bucine (Arezzo) **Castelletto di Montebenichi**.........267
Montecatini Terme (Pistoia) : **Grand Hotel e la Pace**.........381
Montecatini Val di Cecina (Pisa) : **Il Frassinello**.........376
Montefalco (Perugia) : **Villa Pambuffeti**.........170
Montefiridolfi (Firenze) : **Fattoria La Loggia**.........303
Montefollonico (Siena) : **La Chiusa**.........335
Monteriggioni (Siena) : **Hotel Monteriggioni**.........334
Monterosso al Mare (La Spezia) : **Hotel Porto Roca**.........107
Montevetollini (Pistoia) : **Villa Lucia**.........382
Monticchiello di Pienza (Siena) : **L'Olmo**.........339
Montieri (Grosseto) : **Rifugio Prategiano**.........385
Monza (Milano) : **Hotel de la Ville**.........141

N
Napoli
   Hotel Santa Lucia.........8
   Hotel Elxelsior.........9
   Grand Hotel Parker's.........10
   Hotel Paradiso.........11

O
Ortisei (Bolzano)
   Hotel Adler.........409
   Pension Uhrerhof Deur *(Bulla)*.........410
Orvieto (Terni) :
   Villa Ciconia.........183
   Hotel Ristorante La Badia.........184
Ostuni (Brindisi)
   Grand Hotel Masseria Santa Lucia.........217
   Lo Spagnolo.........218

P
Paciano (Perugia) : **Locanda della Rocca**.........171
Padova : **Albergo Leon Bianco**.........460
Palermo
   Grand Hotel Villa Igiea.........236
   Centrale Palace Hotel.........237
   Grand Hotel et des Palmes.........238
   Hotel Principe di Villafranca.........239
   Massimo Plaza Hotel.........240
Panzano in Chianti (Firenze) : **Villa Le Barone**.........304
Parma : **Hotel Verdi**.........54
Pergine Valsugana : **Castello Pergine**.........417
Perugia
   Locanda della Posta.........152
Perugia-Cenerente - *carte 14*
   Castello dell' Oscano.........153
   Villa Ada.........154

Pesaro (Varese) :
  Hotel Vittoria 1349
  Villa Serena 150
Pezze di Greco (Brindisi) : Masseria Salamina 214
Pienza (Siena)
  La Saracina..336
  Il Chiostro di Pienza 337
Pietrasanta (Lucca) : Albergo Pietrasanta.....................................372
Pievescola di Casole d'Elsa (Siena) : Relais La Suvera....................342
Pissignano-Campello (Perugia) : Albergo Vecchio Molino 172
Poggibonsi (Siena) : Hotel Villa San Lucchese 343
Poggio (Rieti) : Hotel Borgo Paraelios...68
Pomino-Rufina (Firenze) : Fattoria di Petrognano 305
Pomponesco (Mantova) : Il Leone 132
Pontenuovo (Pistoia) : Il Convento...383
Pontessieve (Firenze) : Tenuta di Bossi 312
Pontremoli (Massa Carrara) : Azienda Costa d'Orsola....................375
Ponza Isola di (Latina) : Hotel Cernia..64
Portico di Romagna (Forli) : Hotel Al Vecchio Convento.................52
Porto Cervo (Sassari)
  Hotel Cala di Volpe...228
  Hotel Ginestre..229
  Hotel Romazzino 230
Porto Conte (Sassari) : El Faro...231
Porto Ercole (Grosseto) : Il Pellicano..386
Porto San Paolo (Sassari) : Hotel Don Diego 228
Portobuffolé (Treviso) : Villa Giustinian 467
Portofino (Genova)
  Albergo Splendido 95
  Albergo Splendido Mare 96
  Piccolo Hotel 97
  Hotel Nazionale 98
Portonovo (Ancona)
  Hotel Fortino Napoleonico 146
  Hotel Emilia..147
Positano (Salerno)
  Hotel San Pietro 33
  Le Sirenuse 34
  Hotel Poseidon 35
  Hotel Palazzo Murat 36
  Albergo Casa Albertina 37
  La Fenice 38
  Casa Cosenza 39
Praiano (Salerno) : Grand Hotel Tritone..40
Prato (Firenze)
  Villa Rucellai - Fattoria di Canneto 306
Pretale-Sovicille (Siena) : Albergo Borgo Pretale............................344
Pugnano (Pisa) : Casetta delle Selve 377
Puinello (Reggio Nell'Emilia) : Casa Matilda 61

Punta Ala (Grosseto)
  Hotel Cala del Porto..387
  Piccolo Hotel Alleluja...388

R

Radda in Chianti (Siena)
  Relais Fattoria Vignale 346
  Podere Terreno (*Volpaia*)..347
  Albergo Vescine (*Vescine*) 348
  Torre Canvalle (*La Villa*) 349
Ravello (Salerno)
  Hotel Caruso Belvedere 41
  Villa Cimbrone 42
  Hotel Palumbo-Palazzo Gonfalone 43
Ravenna : Bisanzio Hotel..56
Redagno (Bolzano) : Berghotel Zum Zirmerhof 404
Regello - Vaggio (Firenze) : Villa Rigacci..................................307
Reggio Nell'Emilia
  Hotel Posta...59
  Albergo delle Notarie...60
Rigoli - San Giuliano Terme (Pisa) : Hotel Villa di Corliano...........378
Roccatederighi (Grosseto) : Fattoria di Peruzzo....................389
Roma
  Hotel Lord Byron 69
  Hotel Giulio Cesare 70
  Hotel d'Inghilterra..71
  Hotel Raphaël 72
  Hotel Sole Al Pantheon 73
  Hotel dei Mellini 74
  Hotel Carriage 75
  Mecenate Palace Hotel...76
  Hotel Villa Grazioli 77
  Hotel Gregoriana 78
  Hotel Locarno...79
  Hotel Teatro di Pompeo..80
  Hotel Sant'Anselmo 81
  Hotel Villa del Parco..82
  Pensione Scalinata di Spagna 83
Roncegno (Trento) : Palace Hotel...419
Rosia (Siena) : Azienda Montestigliano 345
Rovigo : Hotel Regina Margherita...461

S

Sabaudia : Hotel Le Dune 65
Salvetrini di Fasano (Brindisi) : Masseria San Domenico 215
Santarcangelo di Romagna (Forlì) : Hotel della Porta...............53
San Candido (Bolzano) : Parkhotel Sole Paradiso 414
San Casciano dei Bagni (Siena) : Sette Querce 353
San Cassiano - Armentarola (Bolzano) : Hotel Armentarola 413
San Fedele d'Intelvi (Como) : Villa Simplicitas e Solferino 130
San Felice Circeo (Latina) : Hotel Punta Rossa 66

San Floriano del Collio (Gorizia) Golf Hotel 458
San Fruttuoso (Genova) : **Albergo Da Giovanni**..............................94
San Gimignano (Siena)
San Gimignano (Siena) - carte 13
    Hotel L'Antico Pozzo *(190 000 L)*..354
    Hotel La Cisterna *(146 000/186 000 L)*......................................355
    Hotel Bel Soggiorno *(150 000 L)*..356
    La Collegiata *(550/650 000 L)*..357
    Villa San Paolo *(180/320 000 L)*..358
    Hotel Le Renaie *(135/180 000 L)*...359
    Villa Remignoli *(Casaglia)*..360
    Il Casale del Cotone *(Il Cotone)*...361
    Il Casolare di Libbiano *(Libbiano)*..362
    Hotel Pescille *(Pescille)*..363
    Casanova di Pescille *(Pescille)*..364
San Giorgio Monferrato (Alessandria) : **Castello di San Giorgio** 199
San Pietro a Dame (Arezzo) : **Stoppiacce** 269
San Quirico d'Orcia-Ripa d'Orcia : **Castello di Ripa d'Orcia** 339
San Remo (Imperia) : **Hotel Royal**..104
San Vigilio - Lana (Bolzano) : **Albergo Monte San Vigilio** 405
Sant'Ambrogio di Valpolicella (Verona) : **Coop 8 Marzo-Ca`Verde** .477
Santa Cristina (Bolzano) : **Albergo Uridl** 415
Santa Margherita Ligure (Genova) : **Imperiale Palace Hotel** 99
Santa Maria del Guidice (Lucca) : **Hotel Villa Rinascimento** 373
Santa Maria di Castellabate (Napoli) **Palazzo Belmonte** 26
Santa Margherita de Pula (Cagliari) : **Is Morus Hotel** 223
Sappada : **Haus Michaela**...459
Saturnia (Grosseto)
    Hotel Terme di Saturnia 390
    Hotel Villa Claudia 391
    Azienda Saturnia Country Club *(Pomonte Scansano)*..............392
Sauze d'Oulx (Torino) : **Il Capricorno** 190
Scopello (Trapani)- : **Pensione Tranchina** 254
Scorze (Venezia) : **Villa Conestabile**..450
Selva di Fasano (Brindisi) : **Sierra Silvana** 216
Sesto Fiorentino (Firenze) : **Villa Villoresi** 311
Sestriere (Torino) : **Hotel Principi di Piemonte** 191
Sestri Levante (Genova)
    Grand Hotel Villa Balbi 100
    Hotel Helvetia 101
    Hotel Miramare 102
Siena
    Park Hotel..315
    Hotel Certosa di Maggiano 316
    Grand Hotel Villa Patrizia 317
    Hotel Villa Scacciapensieri 318
    Hotel Antica Torre 319
    Hotel Santa Caterina 320
Sinalunga (Siena) : **Locanda dell'Amorosa**......................................366

Siracusa
  Villa Lucia 243
  Grand Hotel di Siracusa 244
Sirolo (Ancona) : Hotel Monte Conero 148
Solighetto (Treviso) : Locanda Da Lino 468
Soragna (Parma) : Locanda del Lupo 55
Sorrento (Napoli)
  Grand Hotel Excelsior Vittoria 27
  Hotel Bellevue Syrene 28
Sperlonga (Latina) : Park Hotel Fiorelle 67
Spello (Perugia)
  Hotel Palazzo Bocci 177
  Hotel La Bastiglia 178
Spoleto (Perugia)
  Hotel Gattapone 173
  Palazzo Dragoni 174
  Hotel San Luca 175
  Hotel Eremo delle Grazie *(Monteluco)* 176
Su Gologone-Oliena (Nuoro) : Hotel Su Gologone 224

T

Tai de Cadore (Belluno) : Villa Marinotti 457
Taormina (Messina)
  San Domenico Palace Hotel 246
  Hotel Villa Belvedere 247
  Hotel Villa Ducale 248
  Villa Paradiso 249
  Hotel Riis 250
  Hotel Villa Schuler 251
  Hotel Villa Sant'Andrea *(à Mazzarro)* 252
Telese Terme (Benevento) : Grand Hotel Telese 5
Titignano-Orvieto (Terni) : Fattoria di Titignano 185
Tivoli (Roma) : Hotel Ristorente Adriano 85
Todi (Perugia)
  Hotel Convento San Valentino 179
  Hotel Fonte Cesia 180
  Poggio d'Asproli *(Asproli)* 181
Torgiano (Perugia)
  Relais Le Tre Vaselle 56
  La Bondanzina 157
Torino
  Villa Sassi-Toula 188
  Hotel Victoria 189
Torri del Benaco (Verona) : Hotel Gardesana 478
Tuscania (Viterbo) : Hotel Al Gallo 91
Trabia (Palermo) : Hotel Tonnara Trabia 243
Trento : Albergo Accademia 416
Trieste : Hotel Duchi d'Aosta 483
Trissino (Vicenza) : Relais Ca' Masieri 482

U

Urbino : Hotel Bonconte 151

V

Valnontey (Aosta)
   Hotel Herbetet 204
   Hotel Petit Dahu 205
Varese : Hotel Colonne 144
Venafro (Isernia) : Dimora DelPrete di Belmonte 92
Venezia
   Hotel Cipriani et Palazzo Vendramin 420
   Bauer Gründwald et Grand Hotel 421
   Gritti Palace Hotel 422
   Hotel Monaco e Grand Canal 423
   Hotel Londra Palace 424
   Hotel Gabrielli Sandwirth 425
   Hotel Metropole 426
   Pensione Accademia-Villa Maravegie 427
   Hotel Flora 428
   Hotel Torino 429
   Hotel Bel Sito & Berlino) 430
   Hotel La Fenice et des Artistes 431
   Hotel Do Pozzi 432
   Hotel Panada 433
   Hotel Ai due Fanali 434
   Hotel Residenza 435
   Locanda Ai Santi Apostoli 436
   Hotel Agli Alboretti 437
   Hotel Santo Stefano 438
   Pensione Seguso 439
   Pensione La Calcina 440
   Pensione Alla Salute da Cici 441
   Hotel Pausania 442
   Palazetto da Schio 443
   Hotel des Bains *(Lido)* 444
   Albergo Quattro Fontane *(Lido)* 445
   Hotel Villa Mabapa *(Lido)* 446
   Locanda Cipriani *(Torcello)* 447
Verduno : Albergo del Castello 193
Verona
   Hotel Gabbia d'Oro 471
   Hotel Due Torri 472
   Albergo Aurora 473
   Hotel Villa del Quar *(Pedemonte)* 474
Viareggio (Lucca) : Hotel Plaza e de Russie 374
Vicchio (Firenze) : Villa Campestri 313
Vico Equense (Napoli) : Hotel Capo La Gala 29
Vignola (Chieti) : Villa Vignola 87
Villabella-S. Bonifacio (Verona) : Relais Villabella 476
Viterbo: Country Hotel Il Rinaldone 88
Volterra (Pisa) : Albergo Villa Nencini 379

Z
Zerman-Mogliano Veneto (Treviso) : **Hotel Villa Condulmer**..........469

Guide *de* Charme

HOTELS UND LANDGASTHÄUSER MIT CHARME IN SPANIEN

230 Adressen und Straßenkarten

1999

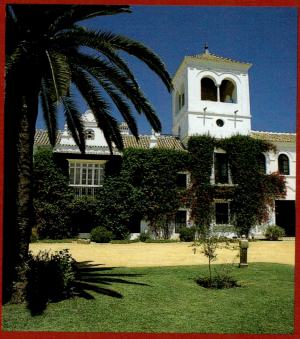

Rivages/FALK-VERLAG

Guide de Charme

HOTELS UND LANDGASTHÄUSER MIT CHARME IN PORTUGAL

190 Adressen und 7 Straßenkarten

1999

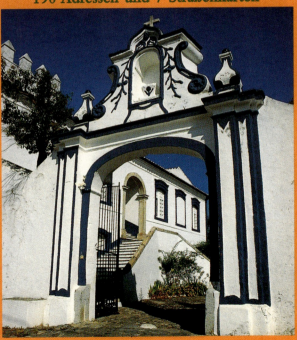

Rivages/FALK-VERLAG

DIE REISEFÜHRER MIT CHARME VON RIVAGES

34,80 DM 254 OES 33,60 SFR

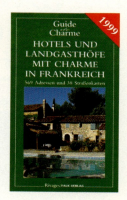

34,80 DM 254 OES 33,60 SFR

44 DM 322 OES 42 SFR

19,80 DM 145 OES 19,60 SFR

19,80 DM 145 OES 19,60 SFR

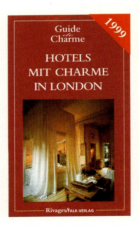

19,80 DM 145 OES 19,60 SFR

34,80 DM 254 OES 33,60 SFR

19,80 DM 145 OES 19,60 SFR

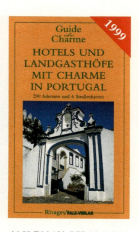

16,80 DM 123 OES 16,60 SFR

NOTIZEN

NOTIZEN